U0216126

吉林人民出版社

简体字本二十六史

晋书

卷一——卷三六

（一）

[唐] 房玄龄 等 撰

曹文柱 等 标点

目 录

晋书卷一
帝纪第一

高祖宣帝

宣皇帝,讳懿,字仲达,河内温县孝敬里人,姓司马氏。其先出自帝高阳之子重黎,为夏官祝融。历唐、虞、夏、商,世序其职。及周,以夏官为司马。其后程伯休父,周宣王时,以世官克平徐方,锡以官族,因而为氏。楚汉间,司马卬为赵将,与诸侯伐秦。秦亡,立为殷王,都河内。汉以其地为郡,子孙遂家焉。自卬八世,生征西将军钧,字叔平。钧生豫章太守量,字公度。量生颍川太守俊,字元异。俊生京兆尹防,字建公。帝即防之第二子也。

少有奇节,聪明多大略,博学洽闻,伏膺儒教。汉末大乱,常慨然有忧天下心。南阳太守同郡杨俊,名知人,见帝,未弱冠,以为非常之器。尚书清河崔琰,与帝兄朗善,亦谓朗曰:"君弟聪亮明允,刚断英特,非子所及也。"

汉建安六年,郡举上计掾。魏武帝为司空,闻而辟之。帝知汉运方微,不欲屈节曹氏,辞以风痹,不能起居。魏武使人夜往密刺之,帝坚卧不动。及魏武为丞相,又辟为文学掾,敕行者曰:"若复盘桓,便收之。"帝惧而就职。于是,使与太子游处,迁黄门侍郎,转议郎、丞相东曹属,寻转主簿。

从讨张鲁,言于魏武曰:"刘备以诈力虏刘璋,蜀人未附。而远争江陵,此机不可失也。今若曜威汉中,益州震动。进兵临之,势必瓦解,因此之势,易为功力。圣人不能违时,亦不失时矣。"魏武曰:

"人若无足。既得陇右,复欲得蜀!"言竟不从。既而从讨孙权,破之。军还,权遣使乞降,上表称臣,陈说天命。魏武帝曰:"此儿,欲踞吾著炉炭上邪!"答曰:"汉运垂终,殿下十分天下而有其九,以服事之。权之称臣,天人之意也。虞、夏、殷、周不以谦让者,畏天知命也。"

魏国既建,迁太子中庶子。每与大谋,辄有奇策,为太子所信重,与陈群、吴质、朱铄号曰"四友"。

迁为军司马,言于魏武曰:"昔箕子陈谋,以食为首。今天下,不耕者盖二十余万。非经国远筹也。虽戎甲未卷,自宜且耕且守。"魏武纳之。于是务农积谷,国用丰赡。

帝又言荆州刺史胡脩粗暴,南乡太守傅方骄奢,并不可居边。魏武不之察。及蜀将关羽围曹仁于樊,于禁等七军皆没,脩、方果降羽,而仁围甚急焉。

是时,汉帝都许昌,魏武以为近贼,欲徙河北。帝谏曰:"禁等为水所没,非战守之所失,于国家大计未有所损,而便迁都,既示敌以弱,又淮、沔之人大不安矣。孙权、刘备,外亲内疏,羽之得意,权所不愿也。可喻权所,令掎其后,则樊围自解。"魏武从之。权果遣将吕蒙西袭公安,拔之,羽遂为蒙所获。

魏武以荆州遗黎及屯田在颍川者,逼近南寇,皆欲徙之。帝曰:"荆、楚轻脱,易动难安。关羽新破,诸为恶者,藏窜观望。今徙其善者,既伤其意,将令去者不敢复还。"从之。其后诸亡者悉复业。

及魏武薨于洛阳,朝野危惧。帝纲纪丧事,内外肃然。乃奉梓宫还邺。

魏文帝即位,封河津亭侯,转丞相长史。会孙权帅兵西过,朝议以樊、襄阳无谷,不可以御寇。时曹仁镇襄阳,请召仁还宛。帝曰:"孙权新破关羽,此其所自结之时也,必不敢为患。襄阳水陆之冲,御寇要害,不可弃也。"言竟不从。仁遂焚弃二城,权果不为寇,魏文悔之。

及魏受汉禅,以帝为尚书。顷之,转督军、御史中丞,封安国乡侯。

黄初二年，督军官罢，迁侍中、尚书右仆射。

五年，天子南巡，观兵吴疆。帝留镇许昌，改封向乡侯，转抚军、假节，领兵五千，加给事中、录尚书事。帝固辞。天子曰："吾于庶事，以夜继昼，无须臾宁息。此非以为荣，乃分忧耳。"

六年，天子复大兴舟师征吴，复命帝居守，内镇百姓，外供军资。临行，诏曰："吾深以后事为念，故以委卿。曹参虽有战功，而萧何为重。使吾无西顾之忧，不亦可乎！"天子自广陵还洛阳，诏帝曰："吾东，抚军当总西事；吾西，抚军当总东事。"于是帝留镇许昌。

及天子疾笃，帝与曹真、陈群等见于崇华殿之南堂，并受顾命辅政。诏太子曰："有间此三公者，慎勿疑之。"明帝即位，改封舞阳侯。

及孙权围江夏，遣其将诸葛瑾、张霸并攻襄阳，帝督诸军讨权，走之。进击，败瑾，斩霸，并首级千余。迁骠骑将军。

太和元年六月，天子诏帝屯于宛，加督荆、豫二州诸军事。

初，蜀将孟达之降也，魏朝遇之甚厚。帝以达言行倾巧不可任，骤谏不见听，乃以达领新城太守，封侯，假节。达于是连吴固蜀，潜图中国。蜀相诸葛亮恶其反覆，又虑其为患。达与魏兴太守申仪有隙，亮欲促其事，乃遣郭模诈降，过仪，因漏泄其谋。达闻其谋漏泄，将举兵。帝恐达速发，以书喻之曰："将军昔弃刘备，托身国家，国家委将军以疆场之任，任将军以图蜀之事，可谓心贯白日。蜀人愚智，莫不切齿于将军。诸葛亮欲相破，惟苦无路耳。模之所言，非小事也，亮岂轻之而令宣露，此殆易知耳。"达得书大喜，犹与不决。帝乃潜军进讨。诸将言达与二贼交构，宜观望而后动。帝曰："达无信义，此其相疑之时也，当及其未定促决之。"乃倍道兼行，八日到其城下。吴、蜀各遣其将向西城安桥、木阑塞以救达，帝分诸将以距之。

初，达与亮书曰："宛去洛八百里，去吾一千二百里，闻吾举事，当表上天子，比相反覆，一月间也，则吾城已固，诸军足办。则吾所在深险，司马公必不自来；诸将来，吾无患矣。"及兵到，达又告亮曰："吾举事八日,而兵至城下,何其神速也!"上庸城三面阻水,达于城外为木栅以自固。帝渡水,破其栅,直造城下。八道攻之,旬有六日,达甥邓贤、将李辅等开门出降。斩达,传首京师。俘获万余人,振旅还于宛。乃劝农桑,禁浮费,南土悦附焉。

初,申仪久在魏兴,专威疆场,辄承制刻印,多所假授。达既诛,有自疑心。时诸郡守以帝新克捷,奉礼求贺,皆听之。帝使人讽仪,仪至,问承制状,执之,归于京师。又徙孟达余众七千余家于幽州。蜀将姚静、郑他等帅其属七千余人来降。

时边郡新附,多无户名,魏朝欲加隐实。属帝朝于京师,天子访之于帝。帝对曰："贼以密网束下,故下弃之。宜弘以大纲,则自然安乐。"又问二虏宜讨,何者为先?对曰："吴以中国不习水战,故敢散居东关。凡攻敌,必扼其喉而捣其心。夏口、东关,贼之心喉。若为陆军以向皖城,引权东下,为水战军向夏口,乘其虚而击之,此神兵从天而堕,破之必矣。"天子并然之,复命帝屯于宛。

四年,迁大将军,加大都督、假黄钺,与曹真伐蜀。帝自西城斫山开道,水陆并进,溯沔而上,至于朐腮,拔其新丰县。军次丹口,遇雨,班师。

明年,诸葛亮寇天水,围将军贾嗣、魏平于祁山。天子曰："西方有事,非君莫可付者。"乃使帝西屯长安,都督雍、梁二州诸军事,统车骑将军张郃、后将军费曜、征蜀护军戴凌、雍州刺史郭淮等讨亮。

张郃劝帝分军住雍、郿为后镇,帝曰："料前军独能当之者,将军言是也。若不能当,而分为前后,此楚之三军所以为黥布擒也。"遂进军隃麋。亮闻大军且至,乃自帅众将芟上邽之麦。诸将皆惧,帝曰："亮虑多决少,必安营自固,然后芟麦,吾得二日兼行足矣。"于是卷甲晨夜赴之,亮望尘而遁。帝曰："吾倍道疲劳,此晓兵者之所贪也。亮不敢据渭水,此易与耳。"进次汉阳,与亮相遇,帝列阵以待之。使将牛金轻骑饵之,兵才接而亮退,追至祁山。亮屯卤城,据南北二山,断水为重围。帝攻拔其围,亮宵遁,追击破之,俘斩万计。天子使使者劳军,增封邑。

　　时军师杜袭、督军薛悌皆言明年麦熟，亮必为寇，陇右无谷，宜及冬豫运。帝曰："亮再出祁山，一攻陈仓，挫衄而反，纵其后出，不复攻城，当求野战，必在陇东，不在西也。亮每以粮少为恨，归必积谷，以吾料之，非三稔不能动矣。"于是表徙冀州农夫佃上邽，兴京兆、天水、南安监冶。

　　青龙元年，穿成国渠，筑临晋陂，溉田数千顷，国以充实焉。

　　二年，亮又率众十余万出斜谷，垒于郿之渭水南原。天子忧之，遣征蜀护军秦朗督步骑二万，受帝节度。诸将欲住渭北以待之，帝曰："百姓积聚皆在渭南，此必争之地也。"遂引军而济，背水为垒。因谓诸将曰："亮若勇者，当出武功，依山而东。若西上五丈原，则诸军无事矣。"亮果上原，将北渡渭，帝遣将军周当屯阳遂以饵之。数日，亮不动。帝曰："亮欲争原而不向阳遂，此意可知也。"遣将军胡遵、雍州刺史郭淮共备阳遂，与亮会于积石。临原而战，亮不得进，还于五丈原。会有长星坠亮之垒，帝知其必败，遣奇兵掎亮之后，斩五百余级，获生口千余，降者六百余人。

　　时朝廷以亮侨军远寇，利在急战，每命帝持重，以候其变。亮数挑战，帝不出，因遗帝巾帼妇人之饰。帝怒，表请决战，天子不许，乃遣骨鲠臣卫尉辛毗杖节为军师以制之。后亮复来挑战，帝将出兵以应之，毗杖节立军门，帝乃止。初，蜀将姜维闻毗来，谓亮曰："辛毗杖节而至，贼不复出矣。"亮曰："彼本无战心，所以固请者，以示武于其众耳。将在军，君命有所不受，苟能制吾，岂千里而请战邪！"

　　帝弟孚书问军事，帝复书曰："亮志大而不见机，多谋而少决，好兵而无权，虽提卒十万，已坠吾画中，破之必矣。"与之对垒百余日，会亮病卒，诸将烧营遁走，百姓奔告，帝出兵追之。亮长史杨仪反旗鸣鼓，若将距帝者。帝以穷寇，不之逼，于是杨仪结阵而去。经日，乃行其营垒，观其遗事，获其图书、粮谷甚众。帝审其必死，曰："天下奇才也！"辛毗以为尚未可知。帝曰："军家所重，军书密计、兵马粮谷，今皆弃之，岂有人捐其五藏而可以生乎？宜急追之。"关中多蒺藜，帝使军士二千人著软材平底木屐前行，蒺藜悉著屐，然后马步俱进。追到赤岸,乃知亮死审问。时百姓为之谚曰:"死诸葛走生仲达。"帝闻而笑曰:"吾便料生,不便料死故也。"

先是,亮使至,帝问曰:"诸葛公起居何如,食可几米?"对曰:"三四升。"次问政事,曰:"二十罚已上皆自省览。"帝既而告人曰:"诸葛孔明其能久乎!"竟如其言。亮部将杨仪、魏延争权,仪斩延,并其众。帝欲乘隙而进,有诏不许。

三年,迁太尉,累增封邑。蜀将马岱入寇,帝遣将军牛金击走,斩千余级。

武都氐王苻双、强端帅其属六千余人来降。

关东饥,帝运长安粟五百万斛输于京师。

四年,获白鹿,献之。天子曰:"昔周公旦辅成王,有素雉之贡。今君受陕西之任,有白鹿之献,岂非忠诚协符,千载同契,俾乂邦家,以永厥休邪!"

及辽东太守公孙文懿反,征帝诣京师。天子曰:"此不足以劳君,事欲必克,故以相烦耳。君度其作何计?"对曰:"弃城预走,上计也。据辽水以距大军,次计也。坐守襄平,此成擒耳。"天子曰:"其计将安出?"对曰:"惟明者能深度彼己,豫有所弃,此非其所及也。今悬军远征,将谓不能持久,必先距辽水而后守,此中下计也。"天子曰:"往还几时?"对曰:"往百日,还百日,攻百日,以六十日为休息,一年足矣。"

是时,大修宫室,加之以军旅,百姓饥弊。帝将即戎,乃谏曰:"昔周公营洛邑,萧何造未央,今宫室未备,臣之责也。然自河以北,百姓困穷,外内有役,势不并兴,宜假绝内务,以救时急。"

景初二年,帅牛金、胡遵等步骑四万,发自京都。车驾送出西明门,诏弟孚、子师送过温,赐以谷帛牛酒,敕郡守典农以下皆往会焉。见父老故旧,宴饮累日。帝叹息,怅然有感,为歌曰:"天地开辟,日月重光。遭遇际会,毕力遐方。将扫群秽,还过故乡。肃清万里,总齐八荒。告成归老,待罪舞阳。"遂进师,经孤竹,越碣石,次于辽水。文懿果遣步骑数万,阻辽隧,坚壁而守,南北六七十里,以距帝。

帝盛兵多张旗帜，出其南，贼尽锐赴之。乃泛舟潜济，以出其北，与贼营相逼，沉舟焚梁，傍辽水作长围，弃贼而向襄平。诸将言曰："不攻贼而作围，非所以示众也。"帝曰："贼坚营高垒，欲以老吾兵也。攻之，正入其计，此王邑所以耻过昆阳也。古人曰：'敌虽高垒，不得不与我战者，攻其所必救也。'贼大众在此，则巢窟虚矣。我直指襄平，必人怀内惧，惧而求战，破之必矣。"遂整阵而过。贼见兵出其后，果邀之。帝谓诸将曰："所以不攻其营，正欲致此，不可失也。"乃纵兵逆击，大破之，三战皆捷。贼保襄平，进军围之。

初，文懿闻魏师之出也，请救于孙权。权亦出兵遥为之声援，遗文懿书曰："司马公善用兵，变化若神，所向无前，深为弟忧之。"

会霖潦，大水平地数尺，三军恐，欲移营。帝令军中敢有言徙者斩。都督令史张静犯令，斩之，军中乃定。贼恃水，樵牧自若。诸将欲取之，皆不听。司马陈圭曰："昔攻上庸，八部并进，昼夜不息，故能一旬之半，拔坚城，斩孟达。今者远来而更安缓，愚窃惑焉。"帝曰："孟达众少而食支一年，吾将士四倍于达而粮不淹月，以一月图一年，安可不速？以四击一，正令半解，犹当为之。是以不计死伤，与粮竞也。今贼众我寡，贼饥我饱，水雨乃尔，功力不设，虽当促之，亦何所为？自发京师，不忧贼攻，但恐贼走。今贼粮垂尽，而围落未合，掠其牛马，抄其樵采，此故驱之走也。夫兵者，诡道，善因事变。贼凭众恃雨，故虽饥困，未肯束手，当示无能以安之。取小利以惊之，非计也。"朝廷闻师遇雨，咸请召还。天子曰："司马公临危制变，计日擒之矣。"既而雨止，遂合围。起土山地道，楯橹钩橦，发矢石雨下，昼夜攻之。

时有长星，色白，有芒鬣，自襄平城西南流于东北，坠于梁水。城中震慑。文懿大惧，乃使其所署相国王建、御史大夫柳甫乞降，请解围面缚。不许，执建等，皆斩之。檄告文懿曰："昔楚郑列国，而郑伯犹肉袒牵羊而迎之。孤为王人，位则上公，而建等欲孤解围退舍，岂楚郑之谓邪！二人老耄，必传言失旨，已相为斩之。若意有未已，可更遣年少有明决者来。"文懿复遣侍中卫演乞克日送任。帝谓演曰:"军事大要有五:能战当战,不能战当守,不能守当走,余二事惟有降与死耳。汝不肯面缚,此为决就死也,不须送任。"文懿攻南围突出,帝纵兵击败之,斩于梁水之上星坠之所。既入城,立两标以别新旧焉。男子年十五已上七千余人皆杀之,以为京观。伪公卿已下皆伏诛,戮其将军毕盛等二千余人。收户四万,口三十余万。

初,文懿篡其叔父恭位而囚之。及将反,将军纶直、贾范等苦谏,文懿皆杀之。帝乃释恭之囚,封直等之墓,显其遗嗣。令曰:"古之伐国,诛其鲸鲵而已,诸为文懿所诖误者,皆原之。中国人欲还旧乡,恣听之。"

时有兵士寒冻,乞襦,帝弗之与。或曰:"幸多故襦,可以赐之。"帝曰:"襦者官物,人臣无私施也。"乃奏军人年六十已上者罢,遣千余人,将吏从军死亡者致丧还家。遂班师。天子遣使者劳军于蓟,增封食昆阳,并前二县。

初,帝至襄平,梦天子枕其膝,曰:"视吾面。"俯视有异于常,心恶之。先是,诏帝便道镇关中;及次白屋,有诏召帝,三日之间,诏书五至。手诏曰:"间侧息望到,到便直排阁入,视吾面。"帝大遽,乃乘追锋车昼夜兼行,自白屋四百余里,一宿而至。引入嘉福殿卧内,升御床。帝流涕问疾,天子执帝手,目齐王曰:"以后事相托。死乃复可忍,吾忍死待君,得相见,无所复恨矣。"命与大将军曹爽并受遗诏辅少主。

及齐王即帝位,迁侍中、持节、都督中外诸军、录尚书事,与爽各统兵三千人,共执朝政,更直殿中,乘舆入殿。爽欲使尚书奏事先由己,乃言于天子,徙帝为大司马。朝议以为前后大司马累薨于位,乃以帝为太傅,入殿不趋,赞拜不名,剑履上殿,如汉萧何故事。嫁娶丧葬取给于官,以世子师为散骑常侍,子弟三人为列侯,四人为骑都尉。帝固让子弟官不受。

魏正始元年春正月,东倭重译纳贡,焉耆、危须诸国,弱水以南,鲜卑名王,皆遣使来献。天子归美宰辅,又增帝封邑。

初,魏明帝好修宫室,制度靡丽,百姓苦之。帝自辽东还,役者犹万余人，雕玩之物，动以千计。至是，皆奏罢之，节用务农。天下欣赖焉。

二年夏五月，吴将全琮寇芍陂，朱然、孙伦围樊城，诸葛瑾、步骘掠柤中，帝请自讨之。议者咸言，贼远来围樊，不可卒拔。挫于坚城之下，有自破之势，宜长策以御之。帝曰："边城受敌，而安坐庙堂，疆场骚动，众心疑惑，是社稷之大忧也。"

六月，乃督诸军南征，车驾送出津阳门。帝以南方暑湿，不宜持久，使轻骑挑之，然不敢动。于是休战士，简精锐，募先登，申号令，示必攻之势。吴军夜遁走，追至三州口，斩获万余人，收其舟船军资而还。天子遣侍中、常侍劳军于宛。

秋七月，增封食郾、临颍，并前四县，邑万户，子弟十一人皆为列侯。帝勋德日盛，而谦恭愈甚。以太常常林乡邑旧齿，见之每拜。恒戒子弟曰："盛满者，道家之所忌。四时犹有推移，吾何德以堪之。损之又损之，庶可以免乎！"

三年春，天子追封谥皇考京兆尹为舞阳成侯。

三月，奏穿广漕渠，引河入汴，溉东南诸陂，始大佃于淮北。

先是，吴遣将诸葛恪屯皖，边鄙苦之，帝欲自击恪。议者多以贼据坚城，积谷，欲引致官兵。今悬军远攻，其救必至，进退不易，未见其便。帝曰："贼之所长者，水也。今攻城以观其变。若用其所长，弃城奔走，此为庙胜也。若敢固守，湖水冬浅，船不得行，势必弃水相救，由其所短，亦吾利也。"

四年秋九月，帝督诸军击诸葛恪，车驾送出津阳门。军次于舒，恪焚烧积聚，弃城而遁。

帝以灭贼之要，在于积谷，乃大兴屯守，广开淮阳、百尺二渠，又修诸陂于颍之南北，万余顷。自是淮北仓庾相望，寿阳至于京师，农官屯兵连属焉。

五年春正月，帝至自淮南，天子使持节劳军。

尚书邓扬、李胜等欲令曹爽建立功名，劝使伐蜀。帝止之，不可，爽果无功而还。

六年秋八月，曹爽毁中垒中坚营，以兵属其弟中领军羲。帝以先帝旧制禁之，不可。冬十二月，天子诏帝朝会，乘舆升殿。

七年春正月，吴寇柤中，夷夏万余家避寇北渡沔。帝以沔南近贼，若百姓奔还，必复致寇，宜权留之。曹爽曰："今不能修守沔南而留百姓，非长策也。"帝曰："不然。凡物致之安地则安，危地则危。故兵书曰'成败，形也；安危，势也。'形势，御众之要，不可以不审。设令贼以二万人断沔水，三万人与沔南诸军相持，万人陆梁柤中，将何以救之？"爽不从，卒令还南。贼果袭破柤中，所失万计。

八年夏四月，夫人张氏薨。

曹爽用何晏、邓飏、丁谧之谋，迁太后于永宁宫，专擅朝政，兄弟并典禁兵，多树亲党，屡改制度。帝不能禁，于是与爽有隙。

五月，帝称疾不与政事。时人为之谣曰："何、邓、丁，乱京城。"

九年春三月，黄门张当私出掖庭才人石英等十一人，与曹爽为伎人。爽、晏谓帝疾笃，遂有无君之心，与当密谋，图危社稷，期有日矣。帝亦潜为之备，爽之徒属亦颇疑帝。会河南尹李胜将莅荆州，来候帝。帝诈疾笃，使两婢侍，持衣衣落，指口言渴，婢进粥，帝不持杯饮，粥皆流出沾胸。胜曰："众情谓明公旧风发动，何意尊体乃尔！"帝使声气才属，说"年老枕疾，死在旦夕。君当屈并州，并州近胡，善为之备。恐不复相见，以子师、昭兄弟为托。"胜曰："当还忝本州，非并州。"帝乃错乱其辞曰："君方到并州。"胜复曰："当忝荆州。"帝曰："年老意荒，不解君言，今还为本州，盛德壮烈。好建功勋！"胜退告爽曰："司马公尸居余气，形神已离，不足虑矣。"他日，又言曰："太傅不可复济，令人怆然。"故爽等不复设备。

嘉平元年春正月甲午，天子谒高平陵，爽兄弟皆从。是日，太白袭月。帝于是奏永宁太后废爽兄弟。时景帝为中护军，将兵屯司马门。帝列阵阙下，经爽门。爽帐下督严世上楼，引弩将射帝。孙谦止之，曰："事未可知。"三注三止，皆引其肘不得发。大司农桓范出赴爽，蒋济言于帝曰："智囊往矣。"帝曰："爽与范内疏而智不及，驽马恋短豆，必不能用也。"于是假司徒高柔节，行大将军事，领爽营，谓柔曰:"君为周勃矣。"命太仆王观行中领军,摄羲营。帝亲帅太尉蒋济等勒兵出迎天子,屯于洛水浮桥,上奏曰:"先帝诏陛下、秦王及臣升于御床,握臣臂曰'深以后事为念'。今大将军爽背弃顾命,败乱国典,内则僭拟,外专威权。群官要职,皆置所亲;宿卫旧人,并见斥黜。根据盘牙,纵恣日甚。又以黄门张当为都监,专共交关,伺侯神器。天下汹汹,人怀危惧。陛下便为寄坐,岂得久安?此非先帝诏陛下及臣升御床之本意也。臣虽朽迈,敢忘前言?昔赵高极意,秦是以亡;吕、霍早断,汉祚永延。此乃陛下之殷鉴,臣受命之秋也。公卿群臣,皆以爽有无君之心,兄弟不宜典兵宿卫;奏皇太后,皇太后敕如奏施行。臣辄敕主者及黄门令罢爽、羲、训吏兵,各以本官,侯就第。若稽留车驾,以军法从事。臣辄力疾将兵诣洛水浮桥,伺察非常。"爽不通奏,留车驾宿伊水南,伐树为鹿角,发屯兵数千人以守。桓范果劝爽奉天子幸许昌,移檄征天下兵。爽不能用,而夜遣侍中许允、尚书陈泰诣帝,观望风旨。帝数其过失,事止免官。泰还以报爽,劝之通奏。帝又遣爽所信殿中校尉尹大目谕爽,指洛水为誓,爽意信之。桓范等援引古今,谏说万端。终不能从,乃曰:"司马公正当欲夺吾权耳。吾得以侯还第,不失为富家翁。"范拊膺曰:"坐卿,灭吾族矣!"遂通帝奏。

　　既而有司劾黄门张当,并发爽与何晏等反事,乃收爽兄弟及其党与何晏、丁谧、邓扬、毕轨、李胜、桓范等诛之。蒋济曰:"曹真之勋,不可以不祀。"帝不听。

　　初,爽司马鲁芝、主簿杨综斩关奔爽。及爽之将归罪也,芝、综泣谏曰:"公居伊、周之任,挟天子,杖天威,孰敢不从?舍此而欲就东市,岂不痛哉!"有司奏收芝、综科罪,帝赦之,曰:"以劝事君者。"

　　二月,天子以帝为丞相,增封颍川之繁昌、鄢陵、新汲、父城,并前八县,邑二万户,奏事不名。固让丞相。

　　冬十二月,加九锡之礼,朝会不拜。固让九锡。

　　二年春正月,天子命帝立庙于洛阳,置左右长史,增掾属、舍人满十人,岁举掾属任御史、秀才各一人,增官骑百人,鼓吹十四人,封子肜平乐亭侯,伦安乐亭侯。帝以久疾不任朝请,每有大事,天子亲幸第以谘访焉。

兖州刺史令狐愚、太尉王凌贰于帝,谋立楚王彪。

三年春正月,王凌诈言吴人塞涂水,请发兵以讨之。帝潜知其计,不听。

夏四月,帝自帅中军,泛舟沿流,九日而到甘城。凌计无所出,乃迎于武丘,面缚水次,曰:"凌若有罪,公当折简召凌,何苦自来邪!"帝曰:"以君非折简之客故耳。"即以凌归于京师。道经贾逵庙,凌呼曰:"贾梁道!王凌是大魏之忠臣,惟尔有神知之。"至项,仰鸩而死。收其余党,皆夷三族,并杀彪。悉录魏诸王公置于邺,命有司监察,不得交关。

天子遣侍中韦诞持节劳军于五池。帝至自甘城,天子又使兼大鸿胪、太仆庚嶷持节,策命帝为相国,封安平郡公,孙及兄子各一人为列侯,前后食邑五万户,侯者十九人。固让相国、郡公不受。

六月,帝寝疾,梦贾逵、王凌为祟,甚恶之。秋八月戊寅,崩于京师,时年七十三。天子素服临吊,丧葬威仪依汉霍光故事,追赠相国、郡公。弟孚表陈先志,辞郡公及辒辌。

九月庚申,葬于河阴,谥曰文,后改谥文宣。先是,预作终制,于首阳山为土藏,不坟不树;作《顾命》三篇,敛以时服,不设明器,后终者不得合葬。一如遗命。晋国初建,追尊曰宣王。武帝受禅,上尊号曰宣皇帝,陵曰高原,庙称高祖。

帝内忌而外宽,猜忌多权变。魏武察帝有雄豪志,闻有狼顾相,欲验之。乃召使前行,令反顾,面正向后而身不动。又尝梦三马同食一槽,甚恶焉。因谓太子丕曰:"司马懿非人臣也,必预汝家事。"太子素与帝善,每相全佑,故免。帝于是勤于吏职,夜以忘寝,至于刍牧之间,悉皆临履,由于魏武意遂安。及平公孙文懿,大行杀戮。诛曹爽之际,支党皆夷及三族,男女无少长,姑姊妹女子之适人者,皆杀之,既而竟迁魏鼎云。

明帝时,王导侍坐。帝问前世所以得天下,导乃陈帝创业之始,及文帝末高贵乡公事。明帝以面覆床曰:"若如公言,晋祚复安得长远!"迹其猜忍,盖有符于狼顾也。

制曰:夫天地之大,黎元为本;邦国之贵,元首为先。治乱无常,兴亡有运。是故五帝之上,居万乘以为忧;三王已来,处其忧而为乐。竞智力,争利害,大小相吞,强弱相袭。逮乎魏室,三方鼎峙,干戈不息,氛雾交飞。宣皇以天挺之恣,应期佐命,文以缵治,武以稜威。用人如在己,求贤若不及;情深阻而莫测,性宽绰而能容。和光同尘,与时舒卷,戢鳞潜翼,思属风云。饰忠于已诈之心,延安于将危之命。观其雄略内断,英猷外决,殄公孙于百日,擒孟达于盈旬,自以兵动若神,谋无再计矣。既而拥众西举,与诸葛相持。抑其甲兵,本无斗志,遗其巾帼,方发愤心。杖节当门,雄图顿屈,请战千里,诈欲示威。且秦、蜀之人,勇懦非敌,夷险之路,劳逸不同,以此争功,其利可见。而返闭军固垒,莫敢争锋。生怯实,而未前,死疑虚,而犹遁,良将之道,失在斯乎!

文帝之世,辅翼权重,许昌同萧何之委,崇华甚霍光之寄。当谓竭诚尽节,伊、傅可齐。及明帝将终,栋梁是属,受遗二主,佐命三朝,既承忍死之托,曾无殉生之报。天子在外,内起甲兵,陵土未乾,遽相诛戮,贞臣之体,宁若此乎!尽善之方,以斯为惑。夫征讨之策,岂东智而西愚?辅佐之心,何前忠而后乱?故晋明掩面,耻欺伪以成功;石勒肆言,笑奸回以定业。古人有云,"积善三年,知之者少;为恶一日,闻于天下"。可不谓然乎!虽自隐过当年,而终见嗤后代。亦犹窃钟掩耳,以众人为不闻;锐意盗金,谓市中为莫睹。故知贪于近者则遗远,溺于利者则伤名;若不损己以益人,则当祸人而福己。顺理而举,易为力,背时而动,难为功。况以未成之晋基,逼有余之魏祚?虽复道格区宇,德被苍生,而天未启时,宝位犹阻,非可以智竞,不可以力争,虽则庆流后昆,而身终于北面矣。

晋书卷二
帝纪第二

世宗景帝　太祖文帝

景皇帝,讳师,字子元,宣帝长子也。雅有风彩,沈毅多大略。少流美誉,与夏侯玄、何晏齐名。晏常称曰:"惟几也能成天下之务,司马子元是也。"魏景初中,拜散骑常侍,累迁中护军。为选用之法,举不越功,吏无私焉。宣穆皇后崩,居丧以至孝闻。

宣帝之将诛曹爽,深谋秘策,独与帝潜画,文帝弗之知也,将发夕乃告之。既而使人觇之,帝寝如常,而文帝不能安席。晨会兵司马门,镇静内外,置阵甚整。宣帝曰:"此子竟可也。"初,帝阴养死士三千,散在人间,至是一朝而集,众莫知所出也。事平,以功封长平乡侯,食邑千户,寻加卫将军。及宣帝薨,议者咸云"伊尹既卒,伊陟嗣事",天子命帝以抚军大将军辅政。

魏嘉平四年春正月,迁大将军,加侍中,持节、都督中外诸军、录尚书事。命百官举贤才,明少长,恤穷独,理废滞。诸葛诞、母丘俭、王昶、陈泰、胡遵都督四方,王基、州泰、邓艾、石苞典州郡,卢毓、李丰掌选举,傅嘏、虞松参计谋,钟会、夏侯玄、王肃、陈本、孟康、赵酆、张缉预朝议,四海倾注,朝野肃然。或有请改易制度者,帝曰:"'不识不知,顺帝之则',诗人之美也。三祖典制,所宜遵奉;自非军事,不得妄有改革。"

五年夏五月,吴太傅诸葛恪围新城,朝议虑其分兵以寇淮泗,欲戌诸水口。帝曰:"诸葛恪新得政于吴,欲徼一时之利,并兵合肥,以冀万一,不暇复为青、徐患也。且水口非一,多戍则用兵众,少戍则不足以御寇。"恪果并力合肥,卒如所度。帝于是使镇东将军毌丘俭、扬州刺史文钦等距之。俭、钦请战,帝曰:"恪卷甲深入,投兵死地,其锋未易当。且新城小而固,攻之未可拔。"遂命诸将高垒以弊之。相持数月,恪攻城力屈,死伤太半。帝乃敕钦督锐卒趋合榆,要其归路,俭帅诸将以为后继。恪惧而遁,钦逆击,大破之,斩首万余级。

正元元年春正月,天子与中书令李丰、后父光禄大夫张缉、黄门监苏铄、永宁署令乐敦、穴从仆射刘宝贤等谋以太常夏侯玄代帝辅政。帝密知之,使舍人王羡以车迎丰。丰见迫,随羡而至,帝数之。丰知祸及,因肆恶言。帝怒,遣勇士以刀镮筑杀之。逮捕玄、缉等,皆夷三族。

三月,乃讽天子废皇后张氏,因下诏曰:"奸臣李丰等,靖谮庸回,阴构凶慝。大将军纠虔天刑,致之诛辟。周勃之克吕氏,霍光之擒上官,曷以过之。其增邑九千户,并前四万。"帝让不受。

天子以玄、缉之诛,深不自安。而帝亦虑难作,潜谋废立,乃密讽魏永宁太后。秋九月甲戌,太后下令曰:"皇帝春秋已长,不亲万机,耽淫内宠,沉嫚女德,日近倡优,纵其丑虐,迎六宫家人留止内房,毁人伦之叙,乱男女之节。又为群小所迫,将危社稷,不可以承奉宗庙。"帝召群臣会议,流涕曰:"太后令如是,诸君其如王室何?"咸曰:"伊尹放太甲以宁殷,霍光废昌邑以安汉,权定社稷,以清四海。二代行之于古,明公当之于今,今日之事,惟命是从。"帝曰:"诸君见望者重,安敢避之?"乃与群公卿士共奏太后曰:"臣闻天子者,所以济育群生,永安万国。皇帝春秋已长,未亲万机,日使小优郭怀、袁信等裸袒淫戏。又于广望观下作辽东妖妇,道路行人莫不掩目。清商令令狐景谏帝,帝烧铁灸之。太后遭合阳君丧,帝嬉乐自若。清商丞庞熙谏帝,帝弗听。太后还北宫,杀张美人,帝甚恚望。熙谏,帝怒,复以弹弹熙。每文书入,帝不省视。太后令帝在式乾殿讲学,帝又不从。不可以承天序。臣请依霍光故事,收皇帝玺绶,以齐王归藩。"奏可,于是有司以太牢策告宗庙,王就乘舆副车,群臣从至西掖门。帝泣曰:"先臣受历世殊遇,先帝临崩,托以遗诏。臣复忝重任,不能献可替否。群公卿士,远惟旧典,为社稷深计,宁负圣躬,使宗庙血食。"于是使使者持节卫送,舍河内之重门。诛郭怀、袁信等。

　　是日,与群臣议所立,帝曰:"方今宇宙未清,二虏争衡,四海之生,惟在贤哲。彭城王据,太祖之子,以贤,则仁圣明允;以年,则皇室之长。天位至重,不得其才,不足以宁济六合。"乃与群公奏太后。太后以彭城王先帝诸父,于昭穆之序为不次,则烈祖之世永无承嗣。东海定王,明帝之弟,欲立其子高贵乡公髦。帝固争不获,乃从太后令,遣使迎高贵乡公于元城而立之,改元曰正元。天子受玺堕,举趾高,帝闻而忧之。

　　及将大会,帝训于天子曰:"夫圣王重始,正本敬初,古人所慎也。明当大会,万众瞻穆穆之容,公卿听玉振之音。《诗》云:'示人不佻,是则是效。'《易》曰:'出其言善,则千里之外应之。'虽礼仪周备,犹宜加之以祗恪,以副四海颙颙式仰。"

　　癸巳,天子诏曰:"朕闻创业之君,必须股肱之臣;守文之主,亦赖匡佐之辅。是故文、武以吕、召彰受命之功,宣王倚山甫享中兴之业。大将军,世载明德,应期作辅。遭天降险,帝室多难,齐王莅政,不迪率典。公履义执忠,以宁区夏,式是百辟,总齐庶事。内摧寇虐,外静奸宄,日昃忧勤,劬劳夙夜。德声光于上下,勋烈施于四方。深惟大议,首建明策,权定社稷,援立朕躬,宗庙获安,亿兆庆赖。伊挚之保乂殷邦,公旦之绥宁周室,蔑以尚焉。朕甚嘉之。夫德茂者位尊,庸大者禄厚,古今之通义也。其登位相国,增邑九千,并前四万户;进号大都督、假黄钺,入朝不趋,奏事不名,剑履上殿,赐钱五百万,帛五千匹,以彰元勋。"帝固辞相国。

　　又上书训于天子曰:"荆山之璞虽美,不琢不成其宝;颜冉之才虽茂,不学不弘其量。仲尼有云:'予非生而知之者,好古敏以求之者也。'仰观黄轩五代之主,莫不有所禀则,颛顼受学于录图,高辛问道于柏招。逮至周成，旦、望作辅，故能离经辩志，安道乐业。夫然，故君道明于上，兆庶顺于下。刑措之隆，实由于此。宜遵先王下问之义，使讲诵之业屡闻于听，典谟之言日陈于侧也。"

时天子颇修华饰，帝又谏曰："履端初政，宜崇玄朴。"并敬纳焉。

十一月，有白气经天。

二年春正月，有彗星见于吴楚之分，西北竟天。

镇东大将军毋丘俭、扬州刺史文钦举兵作乱，矫太后令移檄郡国，为坛盟于西门之外，各遣子四人质于吴以请救。二月，俭、钦帅众六万，渡淮而西。帝会公卿谋征许，朝议多谓可遣诸将击之，王肃及尚书傅嘏、中书侍郎钟会劝帝自行。戊午，帝统中军步骑十余万以征之。倍道兼行，召三方兵，大会于陈、许之郊。

甲申，次于㶚桥，俭将史招、李续相次来降。俭、钦移入项城，帝遣荆州刺史王基进据南顿以逼俭。帝深壁高垒，以待东军之集。诸将请进军攻其城，帝曰："诸君得其一，未知其二，淮南将士本无反志。且俭、钦欲蹈纵横之迹，习仪秦之说，谓远近必应。而事起之日，淮北不从，史招、李续前后瓦解。内乖外叛，自知必败，困兽思斗，速战更合其志。虽云必克，伤人亦多。且俭等欺诈将士，诡变万端，小与持久，诈情自露，此不战而克之也。"乃遣诸葛诞督豫州诸军自安风向寿春，征东将军胡遵督青、徐诸军出谯、宋之间，绝其归路。

帝屯汝阳，遣兖州刺史邓艾督太山诸军进屯乐嘉，示弱以诱之。钦进军将攻艾，帝潜军衔枚，径造乐嘉，与钦相遇。钦子鸯，年十八，勇冠三军，谓钦曰："及其未定，请登城鼓噪，击之可破也。"既谋而行，三噪而钦不能应，鸯退，相与引而东。帝谓诸将曰："钦走矣。"命发锐军以追之。诸将皆曰："钦旧将，鸯少而锐，引军内入，未有失利，必不走也。"帝曰："一鼓作气，再而衰，三而竭。鸯三鼓，钦不应，其势已屈，不走何待？"钦将遁，鸯曰："不先折其势，不得去也。"乃与骁骑十余摧锋陷阵，所向皆披靡，遂引去。帝遣左长史司马琏督骁骑八千翼而追之，使将军乐綝等督步兵继其后。比至沙阳，频陷钦阵，弩矢雨下，钦蒙楯而驰。大破其军，众皆投戈而降，钦父子与麾下走保项。俭闻钦败，弃众宵遁淮南。安风津都尉追俭，斩之，传首京都。钦遂奔吴，淮南平。

初，帝目有瘤疾，使医割之。鸯之来攻也，惊而目出。惧六军之恐，蒙之以被，痛甚，啮被败而左右莫知焉。闰月疾笃，使文帝总统诸军。辛亥，崩于许昌，时年四十八。

二月，帝之丧至自许昌，天子素服临吊，诏曰："公有济世宁国之勋，克定祸乱之功，重之以死王事，宜加殊礼。其令公卿议制。"有司议以为忠安社稷，功济宇内，宜依霍光故事，追加大司马之号以冠军大将军，增邑五万户，谥曰武公。

文帝表让曰："臣亡父不敢受丞相、相国九命之礼，亡兄不敢受相国之位，诚以太祖常所阶历也。今谥与二祖同，必所祗惧。昔萧何、张良、霍光，咸有匡佐之功，何谥文终，良谥文成，光谥宣成。必以文武为谥，请依何等就加。"诏许之，谥曰忠武。晋国既建，追尊曰景王。武帝受禅，上尊号曰景皇帝，陵曰峻平，庙称世宗。

文皇帝，讳昭，字子上，景帝之母弟也。魏景初三年，封新城乡侯。正始初，为洛阳典农中郎将。值魏明奢侈之后，帝蠲除苛碎，不夺农时，百姓大悦。转散骑常侍。

大将军曹爽之伐蜀也，以帝为征蜀将军，副夏侯玄出骆谷，次于兴势。蜀将王林夜袭帝营，帝坚卧不动。林退，帝谓玄曰："费祎以据险距守，进不获战，攻之不可，宜亟旋军，以为后图。"爽等引旋，祎果驰兵趣三岭，争险乃得过。遂还，拜议郎。及诛曹爽，帅众卫二宫，以功增邑千户。

蜀将姜维之寇陇右也，征西将军郭淮自长安距之。进帝位安西将军、持节，屯关中，为诸军节度。淮攻维别将句安于麹，久而不决。帝乃进据长城，南趣骆谷以疑之。维惧，退保南郑，安军绝援，帅众来降。转安东将军、持节，镇许昌。

及大军讨王凌，帝督淮北诸军事，帅师会于项。增邑三百户，假金印紫绶。寻进号都督，统征东将军胡遵、镇东将军诸葛诞伐吴，战于东关。二军败绩,坐失侯。

蜀将姜维又寇陇右,扬声欲攻狄道。以帝行征西将军,次长安。雍州刺史陈泰欲先贼搏狄道,帝曰:"姜维攻羌,收其质任,聚谷作邸阁讫,而复转行至此,正欲了塞外诸羌,为后年之资耳。若实向狄道,安肯宣露,令外人知?今扬声言出,此欲归也。"维果烧营而去。会新平羌胡叛,帝击破之,遂耀兵灵州,北虏震詟,叛者悉降。以功复封新城乡侯。

高贵乡公之立也,以参定策,进封高都侯,增封二千户。

毋丘俭、文钦之乱,大军东征,帝兼中领军,留镇洛阳。

及景帝疾笃,帝自京都省疾,拜卫将军。景帝崩,天子命帝镇许昌,尚书傅嘏帅六军还京师。帝用嘏及钟会策,自帅军而还。至洛阳,进位大将军,加侍中,都督中外诸军、录尚书事,辅政,剑履上殿。帝固辞不受。

甘露元年春正月·加大都督,奏事不名。夏六月,进封高都公,地方七百里,加之九锡,假斧钺,进号大都督,剑履上殿。又固辞不受。秋八月庚申,加假黄钺,增封三县。

二年夏五月辛未,镇东大将军诸葛诞杀扬州刺史乐綝,以淮南作乱,遣子靓为质于吴以请救。议者请速伐之,帝曰:"诞以毋丘俭轻疾倾覆,今必外连吴寇,此为变大而迟。吾当与四方同力,以全胜制之。"乃表曰:"昔黥布叛逆,汉祖亲征;隗嚣违戾,光武西伐;烈祖明皇帝乘舆仍出,皆所以奋扬赫斯,震耀威武也。陛下宜暂临戎,使将士得凭天威。今诸军可五十万,以众击寡,蔑不克矣。"

秋七月,奉天子及皇太后东征,征兵青、徐、荆、豫,分取关中游军,皆会淮北。师于项,假廷尉何桢节,使淮南,宣尉将士,申明逆顺,示以诛赏。甲戌,帝进军丘头。吴使文钦、唐咨、全端、全怿等三万余人来救诞,诸将逆击,不能御。将军李广临敌不进,泰山太守常时称疾不出,并斩之以徇。

八月,吴将朱异帅兵万余人,留辎重于都陆,轻兵至黎浆。监军石苞、兖州刺史州泰御之,异退。泰山太守胡烈以奇兵袭都陆,焚其粮运。苞、泰复进击异，大破之。异之余卒馁甚，食葛叶而遁，吴人杀异。帝曰："异不得至寿春，非其罪也，而吴人杀之，适以谢寿春而坚诞意，使其犹望救耳。若其不尔，彼当突围，决一旦之命。或谓大军不能久，省食减口，冀有他变。料贼之情，不出此三者。今当多方以乱之，备其越逸，此胜计也。"因命合围，分遣羸疾就谷淮北，廪军士大豆，人三升。钦闻之，果喜。帝愈羸形以示之，多纵反间，扬言吴救方至。诞等益宽恣食，俄而城中乏粮。石苞、王基并请攻之，帝曰："诞之逆谋，非一朝一夕也，聚粮完守，外结吴人，自谓足据淮南。钦既同恶相济，必不便走。今若急攻之，损游军之力。外寇卒至，表里受敌，此危道也。今三叛相聚于孤城之中，天其或者将使同毙。吾当以长策縻之，但坚守三面。若贼陆道而来，军粮必少，吾以游兵轻骑绝其转输，可不战而破外贼。外贼破，钦等必成擒矣。"全怿母，孙权女也，得罪于吴，全端兄子祎及仪奉其母来奔。仪兄静时在寿春，用钟会计，作祎、仪书以谲静。静兄弟五人帅其众来降，城中大骇。

三年春正月壬寅，诞、钦等出攻长围，诸军逆击，走之。初，诞、钦内不相协，及至穷蹙，转相疑贰。会钦计事与诞忤，诞手刃杀钦。钦子鸯攻诞，不克，逾城降。以为将军，封侯，使鸯巡城而呼。帝见城上持弓者不发，谓诸将曰："可攻矣！"

二月乙酉，攻而拔之，斩诞，夷三族。吴将唐咨、孙曼、孙弥、徐韶等帅其属皆降，表加爵位，廪其馁疾。或言吴兵必不为用，请坑之。帝曰："就令亡还，适见中国之弘耳。"于是徙之三河。

夏四月，归于京师，魏帝命改丘头曰武丘，以旌武功。

五月，天子以并州之太原、上党、西河、乐平、新兴、雁门，司州之河东、平阳八郡，地方七百里，封帝为晋公，加九锡，进位相国，晋国置官司焉。九让，乃止。于是增邑万户，食三县，诸子之无爵者皆封列侯。

秋七月，奏录先世名臣元功大勋之子孙，随才叙用。

四年夏六月，分荆州置二都督，王基镇新野，州泰镇襄阳。使石苞都督扬州,陈骞都督豫州,钟毓都督徐州,宋钧监青州诸军事。

景元元年夏四月,天子复命帝爵秩如前,又让不受。

天子既以帝三世宰辅,政非己出,情不能安,又虑废辱,将临轩召百僚而行放黜。

五月戊子夜,使冗从仆射李昭等发甲于陵云台,召侍中王沉、散骑常侍王业、尚书王经,出怀中黄素诏示之,戒严俟旦,沉、业驰告于帝,帝召护军贾充等为之备。天子知事泄,帅左右攻相府,称有所讨,敢有动者族诛。相府兵将止不敢战,贾充叱诸将曰:"公畜养汝辈,正为今日耳!"太子舍人成济抽戈犯跸,刺之,刃出于背,天子崩于车中。

帝召百僚谋其故,仆射陈泰不至。帝遣其舅荀颉舆致之,延于曲室,谓曰:"玄伯,天下其如我何?"泰曰:"惟腰斩贾充,微以谢天下。"帝曰:"卿更思其次。"泰曰:"但见其上,不见其次。"于是归罪成济而斩之。太后令曰:"昔汉昌邑王以罪废为庶人,此儿亦宜以庶人礼葬之,使外内咸知其所行也。"杀尚书王经,贰于我也。

庚寅,帝奏曰:"故高贵乡公帅从驾人兵,拔刃鸣鼓向臣所,臣惧兵刃相接,即敕将士不得有所伤害,违令者以军法从事。骑督成倅弟太子舍人济入兵阵,伤公至陨。臣闻人臣之节,有死无贰,事上之义,不敢逃难。前者变故卒至,祸同发机,诚欲委身守死,惟命所裁。然惟本谋,乃欲上危皇太后,倾覆宗庙。臣忝当元辅,义在安国,即骆驿申敕,不得迫近舆辇。而济妄入阵间,以致大变,哀恒痛恨,五内摧裂。济干国乱纪,罪不容诛,辄收济家属,付廷尉。"太后从之,夷济三族。与公卿议,立燕王宇之子常道乡公璜为帝。

六月,改元。景辰,天子进帝为相国,封晋公,增十郡,加九锡如初,群从子弟未侯者封亭侯,赐钱千万,帛万匹。固让,乃止。

冬十一月,吴吉阳督萧慎以书诣镇东将军石苞伪降,求迎。帝知其诈也,使苞外示迎之,而内为之备。

二年秋八月壬寅,天子使太尉高柔授帝相国印绶,司空郑冲致晋公茅土九锡,固辞。

三年夏四月，肃慎来献楛矢、石砮、弓甲、貂皮等，天子命归于大将军府。

四年春二月丁丑，天子复命帝如前，又固让。

三月，诏大将军府增置司马一人，从事中郎二人，舍人十人。

夏，帝将伐蜀，乃谋众曰："自定寿春已来，息役六年，治兵缮甲，以拟二虏。略计取吴，作战船，通水道，当用千余万功，此十万人百数十日事也。又南土下湿，必生疾疫。今宜先取蜀，三年之后，因巴蜀顺流之势，水陆并进，此灭虞定虢，吞韩并魏之势也。计蜀战士九万，居守成都及备他郡不下四万，然则余众不过五万。今绊姜维于沓中，使不得东顾，直指骆谷，出其空虚之地，以袭汉中。彼若婴城守险，兵势必散，首尾离绝。举大众以屠城，散锐卒以略野，剑阁不暇守险，关头不能自存。以刘禅之暗，而边城外破，士女内震，其亡可知也。"征西将军邓艾以为未有衅，屡陈异议。帝患之，使主簿师纂为艾司马以喻之，艾乃奉命。于是征四方之兵十八万，使邓艾自狄道攻姜维于沓中，雍州刺史诸葛绪自祁山军于武街，绝维归路，镇西将军钟会帅前将军李辅、征蜀护军胡烈等自骆谷袭汉中。

秋八月，军发洛阳，大赉将士，陈师誓众。将军邓敦谓蜀未可讨，帝斩以徇。

九月，又使天水太守王颀攻维营，陇西太守牵弘邀其前，金城太守杨欣趣甘松。钟会分为二队，入自斜谷，使李辅围王含于乐城，又使部将易恺攻蒋斌于汉城。会直指阳安，护军胡烈攻陷关城。姜维闻之，引还，王颀追败维于强川。维与张翼、廖化合军守剑阁，钟会攻之。

冬十月，天子以诸侯献捷交至，乃申前命曰：

朕以寡德，获承天序，嗣我祖宗之洪烈。遭家多难，不明于训。曩者奸逆屡兴，方寇内侮，大惧沦丧四海，以隳三祖之弘业。

惟公经德履哲，明允广深，迪宣武文，世作保傅，以辅乂皇家。栉风沐雨，周旋征伐，劬劳王室，二十有余载。毗翼前人，仍断大政，克厌不端，维安社稷。暨俭、钦之乱，公绥援有众，分命兴师，统纪有方，用缉宁淮浦。其后巴蜀屡侵，西土不靖，公奇画指授，制胜千里。是以段谷之战，乘衅大捷，斩将搴旗，效首万计。孙峻猾夏，致寇徐方，戎军首路，威灵先迈，黄钺未启，鲸鲵窜迹。孙壹构隙，自相疑阻，幽鉴远照，奇策洞微，远人归命，作藩南夏，爰授锐卒，毕力戎行。暨诸葛诞滔天作逆，称兵扬楚，钦、咨逋罪，同恶相济，帅其螯贼，以入寿春，凭阻淮山，敢距王命。公躬擐甲胄，龚行天罚，玄谋庙算，遵养时晦。奇兵震击，而朱异摧破；神变应机，而全琮稽服；取乱攻昧，而高墉不守。兼九伐之弘略，究五兵之正度。用能战不穷武，而大敌歼溃；旗不再麾，而元憝授首。收勍吴之俊臣，系亡命之逋虏。交臂屈膝，委命下吏，俘馘十万，积尸成京。雪宗庙之滞耻，拯兆庶之艰难。扫平区域，信威吴会，遂戢干戈，靖我疆土，天地鬼神，罔不获乂。乃者王室之难，变起萧墙，赖公之灵，弘济艰险。宗庙危而获安，社稷坠而复宁。忠格皇天，功济六合。是用畴咨古训，稽诸典籍，命公崇位相国，加于群后，启土参墟，封以晋域。所以方轨齐鲁，翰屏帝室。而公远蹈谦损，深履冲让，固辞策命，至于八九。朕重违让德，抑礼亏制，以彰公志，于今四载。上阙在昔建侯之典，下违兆庶具瞻之望。

惟公严虔王度，阐济大猷，敦尚纯朴，省繇节用，务穑劝分，九野康乂。耆叟荷崇养之德，鳏寡蒙矜恤之施，仁风兴于中夏，流泽布于遐荒。是以东夷西戎，南蛮北狄，狂狡贪悍，世为寇仇者，皆感义怀惠，款塞内附。或委命纳贡，或求置官司。九服之外，绝域之氓，旷世所希至者，咸浮海来享，鼓舞王德，前后至者八百七十余万口。海隅幽裔，无思不服；虽西旅远贡，越裳九译，义无以逾。维翼朕躬，下匡万国，思靖殊方，宁济八极。以庸蜀未宾，蛮荆作猾，潜谋独断，整军经武。简练将帅，授以成策，始践贼境，应时摧陷。狂狡奔北，首尾震溃，禽其戎帅，屠其城邑。巴汉震叠，江源云彻，地平天成，诚在斯举。公有济六合之勋，加以茂德，实总百揆，允厘庶政。敦五品以崇仁，恢六典以敷训。而靖恭夙夜，劳谦昧旦，难尚父之左右文武，周公之勤劳王家，罔以加焉。

昔宣王选建德，光启诸侯，体国经野，方制五等。所以藩翼王畿，垂祚百世也。故齐鲁之封，于周为弘，山川土田，邦畿七百，官司典策，制殊群后。惠襄之难，桓文以翼戴之劳，犹受锡命之礼，咸用光畴大德，作范于后。惟公功迈于前烈，而赏阙于旧式，百辟于邑，人神同恨焉，岂可以公谦冲而淹弘典哉？今以并州之太原上党西河乐平新兴雁门、司州之河东平阳弘农、雍州之冯翊凡十郡，南至于华，北至于陉，东至于壶口，西逾于河，提封之数，方七百里，皆晋之故壤，唐叔受之，世作盟主，实纪纲诸夏，用率旧职。爰胙兹土，封公为晋公。命使持节、兼司徒、司隶校尉陔即授印绶策书，金兽符第一至第五，竹使符第七至第十。锡兹玄土，苴以白茅，建尔国家，以永藩魏室。

昔在周、召，并以公侯，入作保傅。其在近代，酂侯萧何，实以相国，光尹汉朝。随时之制，礼亦宜之。今进公位为相国，加绿綟绶。又加公九锡，其敬听后命。以公思弘大猷，崇正典礼，仪刑作范，旁训四方，是用锡公大辂、戎辂各一，玄牡二驷。公道和阴阳，敬授人时，啬夫反本，农殖维丰，是用锡公衮冕之服，赤舄副焉。公光敷显德，惠下以和，敬信思顺，庶尹允谐，是用锡公轩悬之乐、六佾之舞。公镇靖宇宙，翼播声教，海外怀服，荒裔款附，殊方驰义，诸夏顺轨，是用锡公朱户以居。公简贤料材，营求俊逸，爰升多士，置彼周行，是用锡公纳陛以登。公严恭寅畏，底平四国，式遏寇虐，苛厉不作，是用锡公武贲之士三百人。公明慎用刑，简恤大中，章厥天威，以纠不虔，是用锡公铁钺各一。公爰整六军，典司征伐，犯命陵正，乃维诛殛，是用锡公彤弓一、彤矢百，玈弓十、玈矢千。公飨祀蒸蒸，孝思维则，笃诚之至，通于神明，是用锡公秬鬯一卣，圭瓒副焉。晋国置官司以下，率由旧式。

　　往钦哉！祗服朕命，弘敷训典，光泽庶方，永终尔明德，丕
显余一人之休命。
公卿将校皆诣府喻旨，帝以礼辞让。

　　司空郑冲率群官劝进，曰："伏见嘉命显至，窃闻明公固让，冲
等眷眷，实有愚心。以为圣王作制，百代同风，褒德赏功，有自来矣。
昔伊尹，有莘氏之媵臣耳，一佐成汤，遂荷阿衡之号。周公藉已成之
势，据既安之业，光宅曲阜，奄有龟蒙。吕尚，磻溪之渔者也，一朝指
麾，乃封营丘。自是以来，功薄而赏厚者，不可胜数，然贤哲之士，犹
以为美谈。况自先相国以来，世有明德，翼辅魏室，以绥天下，朝无
秕政，人无谤言。前者明公西征灵州，北临沙漠，榆中以西，望风震
服，羌戎来驰，回首内向，东诛叛逆，全军独克。禽阖闾之将，虏轻锐
之卒以万万计，威加南海，名慑三越，宇内康宁，苛慝不作。是以时
俗畏怀，东夷献舞。故圣上览乃昔以来礼典旧章，开国光宅，显兹太
原。明公宜承奉圣旨，受兹介福，允当天人。元功盛勋，光光如彼；
国士嘉祚，巍巍如此。内外协同，靡愿靡违。由斯征伐，则可朝服济
江，扫除吴会，西塞江源，望祀岷山。回戈弭节，以麾天下，远无不
服，迩无不肃。令大魏之德，光于唐虞；明公盛勋，超于桓文。然后
临沧海而谢文伯，登箕山而揖许由，岂不盛乎！至公至平，谁与为
邻，何必勤勤小让也哉。"帝乃受命。

　　十一月，邓艾帅万余人自阴平逾绝险至江由，破蜀将诸葛瞻于
绵竹，斩瞻，传首。进军雒县，刘禅降。天子命晋公以相国总百揆，
于是上节传，去侍中、大都督、录尚书之号焉。表邓艾为太尉，钟会
为司徒。会潜谋叛逆，因密使潜艾。

　　咸熙元年春正月，槛车征艾。乙丑，帝奉天子西征，次于长安。
是时，魏诸王侯悉在邺城，命从事中郎山涛行军司事，镇于邺，遣护
军贾充持节、督诸军，据汉中。钟会遂反于蜀，监军卫瓘、右将军胡
烈攻会，斩之。

　　初，会之伐蜀也，西曹属邵悌言于帝曰："钟会难信，不可令
行。"帝笑曰："取蜀如指掌，而众人皆言不可，唯会与吾意同。灭蜀

之后,中国将士,人自思归,蜀之遗黎,犹怀震恐,纵有异志,无能为也。"卒如所量。

景辰,帝至自长安。

三月己卯,进帝爵为王,增封并前二十郡。

夏五月癸未,天子追加舞阳宣文侯为晋宣王,舞阳忠武侯为晋景王。

秋七月,帝奏司空荀颛定礼仪,中护军贾充正法律,尚书仆射裴秀议官制,太保郑冲总而裁焉。始建五等爵。

冬十月丁亥,奏遣吴人相国参军徐劭、散骑常侍水曹属孙彧使吴,喻孙皓以平蜀之事,致马锦等物,以示威怀。丙午,天子命中抚军新昌乡侯炎为晋世子。

二年春二月甲辰,朐䏰县献灵龟,归于相府。

夏四月,孙皓使纪陟来聘,且献方物。

五月,天子命帝冕十有二旒,建天子旌旗,出警入跸,乘金根车,驾六马,备五时副车,置旄头云罕,乐舞八佾,设钟虡宫悬,位在燕王上。进王妃为王后,世子为太子,王女王孙爵命之号皆如帝者之仪。诸禁网烦苛及法式不便于时者,帝皆奏除之。晋国置御史大夫、侍中、常侍、尚书、中领军、卫将军官。

秋八月辛卯,帝崩于露寝,时年五十五。

九月癸酉,葬崇阳陵,谥曰文王。武帝受禅,追尊号曰文皇帝,庙称太祖。

史臣曰:世宗以睿略创基,太祖以雄才成务。事殷之迹空存,翦商之志弥远,三分天下,功业在焉。及逾剑销氛,浮淮静乱,桐宫胥怨,或所不堪。若乃体以名臣,格之端揆,周公流连于此岁,魏武得意于兹日。轩悬之乐,大启南阳,师挚之图,于焉北面。壮矣哉,包举天人者也!为帝之主,不亦难乎。

赞曰:世宗继文,邦权未分。三千之士,其从如云。世祖无外,灵关静氛。反虽讨贼,终为弑君。

晋书卷三
帝纪第三

世祖武帝

　　武皇帝，讳炎，字安世，文帝长子也。宽惠仁厚，沉深有度量。魏嘉平中，封北平亭侯，历给事中、奉车都尉、中垒将军，加散骑常侍，累迁中护军、假节。迎常道乡公于东武阳，迁中抚军，进封新昌乡侯。及晋国建，立为世子，拜抚军大将军，开府、副贰相国。

　　初，文帝以景帝既宣帝之嫡，早世无后，以帝弟攸为嗣，特加爱异，自谓摄居相位，百年之后，大业宜归攸。每曰："此景王之天下也，吾何与焉。"将议立世子。属意于攸，何曾等固争曰："中抚军聪明神武，有超世之才。发委地，手过膝，此非人臣之相也。"由是遂定。咸熙二年五月，立为晋王太子。

　　八月辛卯，文帝崩，太子嗣相国、晋王位。下令宽刑宥罪，抚众息役，国内行服三日。是月，长人见于襄武，长三丈，告县人王始曰："今当太平。"

　　九月戊午，以魏司徒何曾为丞相，镇南将军王沉为御史大夫，中护军贾充为卫将军，议郎裴秀为尚书令、光禄大夫，皆开府。

　　十一月，初置四护军，以统城外诸军。乙未，令诸郡中正以六条举淹滞：一曰，忠恪匪躬；二曰，孝敬尽礼；三曰，友于兄弟；四曰，洁身劳谦；五曰，信义可复；六曰，学以为己。

　　是时晋德既洽，四海宅心。于是天子知历数有在，乃使太保郑冲奉策曰："咨尔晋王：我皇祖有虞氏诞膺灵运，受终于陶唐，亦以命于有夏。惟三后陟配于天，而咸用光敷圣德。自兹厥后，天又辑大命于汉。火德既衰，乃眷命我高祖。方轨虞夏四代之明显，我不敢知。惟王乃祖乃父，服膺明哲，辅亮我皇家，勋德光于四海。格尔上下神祇，罔不克顺，地平天成，万邦以乂。应受上帝之命，协皇极之中。肆予一人，祇承天序，以敬授尔位，历数实在尔躬。允执其中，天禄永终。于戏！王其钦顺天命。率循训典，底绥四国，用保天体，无替我二皇之弘烈。”帝初以礼让，魏朝公卿何曾、王沉等固请，乃从之。

泰始元年冬十二月景寅，设坛于南郊，百僚在位及匈奴南单于四夷会者数万人，柴燎告类于上帝曰：“皇帝臣炎敢用玄牡明告于皇皇后帝：魏帝稽协皇运，绍天明命以命炎。昔者唐尧，熙隆大道，禅位虞舜，舜又以禅禹，迈德垂训，多历年载。暨汉德既衰，太祖武皇帝拨乱济时，扶翼刘氏，又用受命于汉。粤在魏室，仍世多故，几于颠坠，实赖有晋匡拯之德，用获保厥肆祀，弘济于艰难，此则晋之有大造于魏也。诞惟四方，罔不祇顺，廓清梁岷，包怀扬越，八纮同轨，祥瑞屡臻，天人协应，无思不服。肆予宪章三后，用集大命于兹。炎维德不嗣，辞不获命。于是群公卿士，百辟庶僚，黎献陪隶，暨于百变君长，佥曰：‘皇天鉴下，求人之瘼，既有成命，固非克让所得距违。天序不可以无统，人神不可以旷主。’炎虔奉皇运，寅畏天威，敬简元辰，升坛受禅，告类上帝，永答众望。”礼毕，即洛阳宫幸太极前殿，诏曰：“昔朕皇祖宣王，圣哲钦明，诞应期运，熙帝之载，肇启洪基。伯考景王，履道宣猷，缉熙诸夏。至于皇考文王，睿哲光远，允协灵祇，应天顺时，受兹明命。仁济于宇宙，功格于上下。肆魏氏弘鉴于古训，仪刑于唐虞，畴咨群后，爰辑大命于朕身。予一人畏天之命，用不敢违。惟朕寡德，负荷洪烈，托于王公之上，以君临四海，惴惴惟惧，罔知所济。惟尔股肱爪牙之佐，文武不贰之臣，乃祖乃父，实左右我先王，光隆我大业。思与万国，共享休祚。”于是大赦，改元。赐天下爵，人五级；鳏寡孤独不能自存者谷，人五斛。复天下租赋及关市之税一年，逋债宿负皆勿收。除旧嫌，解禁锢，亡官失爵者悉复之。

丁卯，遣太仆刘原告于太庙。封魏帝为陈留王，邑万户，居于邺宫；魏氏诸王皆为县侯。追尊宣王为宣皇帝，景王为景皇帝，文王为文皇帝，宣王妃张氏为宣穆皇后。尊太妃王氏曰皇太后，宫曰崇化。

封皇叔祖父孚为安平王，皇叔父干为平原王，亮为扶风王，伷为东莞王，骏为汝阴王，肜为梁王，伦为琅邪王，皇弟攸为齐王，鉴为乐安王，几为燕王，皇从伯父望为义阳王，皇从叔父辅为渤海王，晃为下邳王，瑰为太原王，圭为高阳王，衡为常山王，子文为沛王，泰为陇西王，权为彭城王，绥为范阳王，遂为济南王，逊为谯王，睦为中山王，陵为北海王，斌为陈王，皇从父兄洪为河间王，皇从父弟楙为东平王。

以骠骑将军石苞为大司马，封乐陵公，东骑将军陈骞为高平公，卫将军贾充为车骑将军、鲁公，尚书令裴秀为钜鹿公，侍中荀勖为济北公，太保郑冲为太傅、寿光公，太尉王祥为太保、睢陵公，丞相何曾为太尉、朗陵公，御史大夫王沉为骠骑将军、博陵公，司空荀颢为临淮公，镇北大将军卫瓘为菑防公。其余增封进爵各有差，文武普增位二等。

改《景初历》为《太始历》，腊以酉，社以丑。

戊辰，下诏大弘俭约，出御府珠玉玩好之物，颁赐王公以下各有差。置中军将军，以统宿卫七军。

己巳，诏陈留王载天子旌旗，备五时副车，行魏正朔，郊祀天地，礼乐制度皆如魏旧，上书不称臣。赐山阳公刘康、安乐公刘禅子弟一人为驸马都尉。

乙亥，以安平王孚为太宰、假黄钺、大都督中外诸军事。诏曰："昔王凌谋废齐王，而王竟不足以守位。邓艾虽矜功失节，然束手受罪。今大赦其家，还使立后。兴灭继绝，约法省刑。除魏氏宗室禁锢。诸将吏遭三年丧者，遣宁终丧。百姓复其徭役。罢部曲将长吏以下质任。省郡国御调，禁乐府靡丽百戏之伎及雕文游畋之具。开直言之路，置谏官以掌之。"是月，凤凰六、青龙三、白龙二、麒麟各一见于郡国。

二年春正月景戌，遣兼侍中侯史光等持节四方，循省风俗，除禳祝之不在祀典者。丁亥，有司请建七庙，帝重其役，不许。庚寅，罢《鸡鸣歌》。辛丑，尊景皇帝夫人羊氏曰景皇后，宫曰弘训。丙午，立皇后杨氏。

二月，除汉宗室禁锢。己未，常山王衡薨。诏曰："五等之封，皆录旧勋。本为县侯者传封次子为亭侯，为乡侯为关内侯，亭侯为关中侯，皆食本户十分之一。"

丁丑，郊祀宣皇帝以配天，宗祀文皇帝于明堂以配上帝。庚午，诏曰："古者百官，官箴王阙。然保氏特以谏净为职，今之侍中、常侍实处此位。择其能正色弼违匡救不逮者，以兼此选。"

三月戊戌，吴人来吊祭，有司奏为答诏。帝曰："昔汉文、光武怀抚尉佗、公孙述，皆未正君臣之仪，所以羁縻未宾也。皓遣使之始，未知国庆，但以书答之。"

夏五月戊辰，诏曰："陈留王操尚谦冲，每事辄表，非所以优崇之也。主者喻意，非大事皆使王官表之上。"壬子，骠骑将军博陵公王沉卒。

六月壬申，济南王遂薨。

秋七月辛巳，营太庙，致荆山之木，采华山之石；铸铜柱十二，涂以黄金，镂以百物，缀以明珠。戊戌，谯王逊薨。景午晦，日有蚀之。

八月景辰，省右将军官。

初，帝虽从汉魏之制，既葬除服，而深衣素冠，降席撤膳，哀敬如丧者。戊辰，有司奏改服进膳，不许，遂礼终而后复吉。及太后之丧，亦如之。九月乙未，散骑常侍皇甫陶、傅玄领谏官，上书谏净，有司奏请寝之。诏曰："凡关言人主，人臣所至难，而苦不能听纳，自古忠臣直士之所慷慨也。每陈事出付主者，多从深刻，乃云恩贷当由主上，是何言乎？其详评议。"

戊戌，有司奏："大晋继三皇之踪，蹈舜禹之迹，应天顺时，受禅有魏，宜一用前代正朔服色，皆如虞遵唐故事。”奏可。

冬十月景午朔，日有蚀之。丁未，诏曰：“昔舜葬苍梧，农不易亩；禹葬成纪，市不改肆。上惟祖考清简之旨，所徙陵十里内居人，动为烦扰，一切停之。”

十一月己卯，倭人来献方物。并圜丘、方丘于南、北郊，二至之祀合于二郊。罢山阳公国督军，除其禁制。己丑，追尊景帝夫人夏侯氏为景怀皇后。辛卯，迁祖祢神主于太庙。

十二月，罢农官为郡县，是岁，凤凰六、青龙十、黄龙九、麒麟各一见于郡国。

三年春正月癸丑，白龙二见于弘农、渑池。

丁卯，立皇子衷为皇太子。诏曰：“朕以不德，托于四海之上，兢兢祗畏，惧无以康济寓内，思与天下式明王度，正本清源，于置胤树嫡，非所先务。又近世每建太子，宽宥施惠之事，间不获已，顺从王公卿士之议耳。方今世运垂平，将陈之以德义，示之以好恶，使百姓蠲多幸之虑，笃终始之行，曲惠小仁，故无取焉。咸使知闻。”

三月戊寅，初令二千石得终三年丧。丁未，昼昏。罢武卫将军官。以李憙为太子太傅。太山石崩。

夏四月戊午，张掖太守焦胜上言，氐池县大柳谷口有玄石一所，白画成文，实大晋之休祥，图之以献。诏以制币告于太庙，藏之天府。

秋八月，罢都护将军，以其五署还光禄勋。

九月甲申，诏曰：“古者以德诏爵，以庸制禄，虽下士犹食上农，外足以奉公忘私，内足以养亲施惠。今在位者，禄不代耕，非所以崇化之本也。其议增吏俸。”赐王公以下帛各有差。以太尉何曾为太保，义阳王望为太尉，司空荀𫖮为司徒。

冬十月，听士卒遭父母丧者，非在疆场，皆得奔赴。

十二月，徙宗圣侯孔震为奉圣亭侯。山阳公刘康来朝。禁星气谶讳之学。

四年春正月辛未，以尚书令裴秀为司空。

景戌,律令成,封爵赐帛各有差。有星孛于轸。丁亥,帝耕于籍田。戊子,诏曰:"古设象刑而众不犯,今虽参夷而奸不绝,何德刑相去之远哉! 先帝深愍黎元,哀矜庶狱,乃命群后,考正典刑。朕守遗业,永惟保乂皇基,思与万国以无为为政。方今阳春养物,东作始兴,朕亲率王公卿士耕籍田千亩。又律令既就,班之天下,将以简法务本,惠育海内。宜宽有罪,使得自新,其大赦天下。长吏、郡丞、长史各赐马一匹。"

二月庚子,增置山阳公国相、郎中令、杂工宰人、鼓吹车马各有差。罢中军将军,置北军中候官。甲寅,以东海刘俭有至行,拜为郎。以中军将军羊祜为尚书左仆射,东莞王伷为尚书右仆射。

三月戊子,皇太后王氏崩。

夏四月戊戌,太保、睢陵公王祥薨。己亥,祔葬文明皇后王氏于崇阳陵。罢振威、扬威护军官。置左右积弩将军。

六月甲申朔,诏曰:"郡国守相,三载一巡行属县,必以春,此古者所以述职宣风展义也。见长吏,观风俗,协礼律,考度量,存问耆老,亲见百年。录囚徒,理冤枉,详察政刑得失,知百姓所患苦。无有远近,便若朕亲临之。敦喻五教,劝务农功,勉励学者。思勤正典,无为百家庸末,致远必泥。士庶有好学笃道,孝悌忠信,清白异行者,举而进之;有不孝敬于父母,不长悌于族党,悖礼弃常,不率法令者,纠而罪之。田畴辟,生业修,礼教设,禁令行,则长吏之能也。人穷匮,农事荒,奸盗起,刑狱烦,下陵上替,礼义不兴,斯长吏之否也。若长吏在官公廉,虑不及私,正色直节,不饰名誉者,及身行贪秽,谄黩求容,公节不立,而私门日富者,并谨察之。扬清激浊,举善弹违,此朕所以垂拱总纲,责成于良二千石也。于戏戒哉!"

秋七月,太山石崩,众星西流。

戊午,遣使者侯史光循行天下。己卯,谒崇阳陵。

九月,青、徐、兖、豫四州大水,伊洛溢,合于河,开仓以振之。诏曰:"虽诏有所欲,及奏得可而于事不便者,皆不可隐情。"

冬十月,吴将施绩入江夏,万郁寇襄阳。遣太尉义阳王望屯龙陵。荆州刺史胡烈击败郁。吴将顾容寇郁林，太守毛炅大破之，斩其交州刺史刘俊、将军修则。

十一月，吴将丁奉等出芍陂，安东将军汝阴王骏与义阳王望击走之。己未，诏王公卿尹及郡国守相，举贤良方正直言之士。

十二月，班《五条诏书》于郡国：一曰正身；二曰勤百姓；曰抚孤寡；四曰敦本息末；曰去人事。庚寅，帝临听讼观，录廷尉洛阳狱囚，亲平决焉。扶南、林邑各遣使来献。

五年春正月癸巳，申戒郡国计吏守相令长，务尽地利，禁游食商贩。景申，帝临听讼观，录囚徒，多所原遣。青龙二见于荥阳。

二月，以雍州陇右五郡及凉州之金城、梁州之平阳置秦州。辛巳，白龙二见于赵国。青、徐、兖三州水，遣使振恤之。壬寅，以尚书左仆射羊祜都督荆州诸军事，征东大将军卫瓘都督青州诸军事，东莞王伷镇东大将军、都督徐州诸军事。丁亥，诏曰："古者岁书群吏之能否，三年而诛赏之。诸令史前后，但简遗疏劣，而无有劝进，非黜陟之谓也。其条勤能有称尤异者，岁以为常。吾将议其功劳。"己未，诏蜀相诸葛亮孙京随才署吏。

夏四月，地震。

五月辛卯朔，凤凰见于赵国。曲赦交趾、九真、日南五岁刑。

六月，邺奚官督郭廙上疏陈五事以谏，言甚切直，擢为屯留令。西平人麴路伐登闻鼓，言多妖谤，有司奏弃市。帝曰："朕之过也。"舍而不问。罢镇军将军，复置左右将军官。

秋七月，延群公，询谠言。

九月，有星孛于紫宫。

冬十月景子，以汲郡太守王宏有政绩，赐谷千斛。

十一月，追封谥皇弟兆为城阳哀王，以皇子景度嗣。

十二月，诏州郡举勇猛秀异之才。

六年春正月丁亥朔，帝临轩，不设乐。吴将丁奉入涡口，扬州刺史牵弘击走之。

三月，赦五岁刑已下。

夏四月，白龙二见于东莞。

五月，立寿安亭侯承为南宫王。

六月戊午，秦州刺史胡烈击叛虏于万斛堆，力战，死之。诏遣尚书石鉴行安西将军、都督秦州诸军事，与奋威护军田章讨之。

秋七月丁酉，复陇右五郡遇寇害者租赋，不能自存者廪贷之。乙巳，城阳王景度薨。诏曰："自泰始以来，大事皆撰录秘书，写副。后有其事，辄宜缀集以为常。"丁未，以汝阴王骏为镇西大将军、都督雍凉二州诸军事。

九月，大宛献汗血马，焉耆来贡方物。

冬十一月，幸辟雍，行乡饮酒之礼，赐太常博士、学生帛牛酒各有差。立皇子柬为汝南王。

十二月，吴夏口督、前将军孙秀帅众来奔，拜骠骑将军、开府仪同三司，封会稽公。戊辰，复置镇军官。

七年春正月景午，皇太子冠，赐王公以下帛各有差。匈奴帅刘猛叛出塞。

三月，孙皓帅众趋寿阳，遣大司马望屯淮北以距之。景戌，司空、钜鹿公裴秀薨。癸巳，以中护军王业为尚书左仆射，高阳王圭为尚书右仆射。孙秀部将何崇帅众五千人来降。

夏四月，九真太守董元为吴将虞汜所攻，军败，死之。北地胡寇金城，凉州刺史牵弘讨之。群虏内叛，围弘于青山，弘军败，死之。

五月，立皇子宪为城阳王。雍、梁、秦三州饥，赦其境内殊死以下。

闰月，大雩，太官减膳。诏交趾三郡、南中诸郡，无出今年户调。

六月，诏公卿以下举将帅各一人。辛丑，大司马义阳王望薨。大雨霖，伊、洛、河溢，流居人四千余家，杀三百余人，有诏振贷给棺。

秋七月癸酉，以车骑将军贾充为都督秦、凉二州诸军事。吴将陶璜等围交趾，太守杨稷与郁林太守毛炅及日南等三郡降于吴。

八月景戌，以征东大将军卫瓘为征北大将军、都督幽州诸军事。景申，城阳王宪薨。分益州之南中四郡置宁州，曲赦四郡殊死已下。

冬十月丁丑，日有蚀之。

十一月丁巳，卫公姬署薨。

十二月，大雪。罢中领军，并北军中候。以光禄大夫郑袤为司空。

八年春正月，监军何桢讨匈奴刘猛，累破之，左部帅李恪杀猛而降。癸亥，帝耕于籍田。

二月乙亥，禁雕文绮组非法之物。壬辰，太宰、安平王孚薨。诏内外群官举任边郡者各三人。帝与右将军皇甫陶论事，陶与帝争言，散骑常侍郑徽表请罪之。帝曰："谠言謇谔，所望于左右也。人主常以阿媚为患，岂以争臣为损哉！徽越职妄奏，岂朕之意。"遂免徽官。

夏四月，置后将军，以备四军，六月，益州牙门张弘诬其刺史皇甫晏反，杀之，传首京师。弘坐伏诛，夷三族。壬辰，大赦。丙申，诏复陇右四郡遇寇害者田租。

秋七月，以车骑将军贾充为司空。

九月，吴西陵督步阐来降，拜卫将军、开府仪同三司，封宜都公。吴将陆抗攻阐，遣车骑将军羊祜帅众出江陵，荆州刺史杨肇迎阐于西陵，巴东监军徐胤击建平以救阐。

冬十月辛未朔，日有蚀之。

十二月，肇攻抗，不克而还。阐城陷，为抗所禽。

九年春正月辛酉，司空、密陵侯郑袤薨。

二月癸巳，司徒、乐陵公石苞薨。立安平亭侯隆为安平王。

三月，立皇子祗为东海王。

夏四月戊辰朔，日有蚀之。

五月，旱。以太保何曾领司徒。

六月乙未，东海王祗薨。

秋七月丁酉朔，日有蚀之。吴将鲁淑围弋阳，征虏将军王浑击败之。罢五官左右中郎将、弘训太仆、卫尉、大长秋等官。鲜卑寇广宁,杀略五千人。诏聘公卿以下子女以备六宫,采择未毕,权禁断婚姻。

冬十月辛巳,制女年十七父母不嫁者,使长吏配之。

十一月丁酉,临宣武观大阅诸军,甲辰乃罢。

十年春正月辛亥,帝耕于籍田。

闰月癸酉,太傅、寿光公郑冲薨。己卯,高阳王圭薨。庚辰,太原王瑰薨。

丁亥,诏曰:"嫡庶之别,所以辨上下,明贵贱。而近世以来,多皆内宠,登妃后之职,乱尊卑之序。自今以后,皆不得登用妾媵以为嫡正。"

二月,分幽州五郡置平州。

三月癸亥,日有蚀之。

夏四月己未,太尉、临淮公荀颢薨。

六月癸巳,临听讼观录囚徒,多所原遣。是夏,大蝗。

秋七月景寅,皇后杨氏崩。壬午,吴平虏将军孟泰、偏将军王嗣等帅众降。

八月,凉州虏寇金城诸郡,镇西将军、汝阴王骏讨之,斩其帅乞文泥等。戊申,葬元皇后于峻阳陵。

九月癸亥,以大将军陈骞为太尉。攻拔吴枳里城,获吴立信校尉庄祐。吴将孙遵、李承帅众寇江夏,太守嵇喜击破之。立河桥于富平津。

冬十一月,立城东七里涧石桥。庚午,帝临宣武观,大阅诸军。

十二月,有星孛于轸。置籍田令。立太原王子缉为高阳王。吴威北将军严聪、扬威将军严整、偏将军朱买来降。

是岁,凿陕南山,决河,东注洛,以通运漕。

咸宁元年春正月戊午朔,大赦,改元。

二月,以将士应已娶者多,家有五女者给复。辛酉,以故郫令夏谡有清称,赐谷百斛。以奉禄薄,赐公卿以下帛有差。叛虏树机能送质请降。

夏五月，下邳、广陵大风，拔木，坏庐舍。

六月，鲜卑力微遣子来献。吴人寇江夏。西域戊己校尉马循讨叛鲜卑，破之，斩其渠帅。戊申，置太子詹事官。

秋七月甲申晦，日有蚀之。郡国螟。

八月壬寅，沛王子文薨。以故太傅郑冲、太尉荀颢、司徒石苞、司空裴秀、骠骑将军王沉、安平献王孚等及太保何曾、司空贾充、太尉陈骞、中书监荀勖、平南将军羊祜、齐王攸等皆列于铭飨。

九月甲子，青州螟，徐州大水。

冬十月乙酉，常山王殷薨。癸巳，彭城王权薨。

十一月癸亥，大阅于宣武观，至于己巳。

十二月丁亥，追尊宣帝庙曰高祖，景帝曰世宗，文帝曰太祖。是月大疫，洛阳死者太半。封裴颁为钜鹿公。

二年春正月，以疾疫废朝。赐诸散吏至于士卒丝各有差。

二月景戌，河间王洪薨。甲午，赦五岁刑以下。东夷八国归化。并州虏犯塞，监并州诸军事胡奋击破之。

初，敦煌太守尹璩卒，州以敦煌令梁澄领太守事，议郎令狐丰废澄，自领郡事。丰死，弟宏代之。至是，凉州刺史杨欣斩宏，传首洛阳。

先是，帝不豫，及瘳，群臣上寿。诏曰："每念顷遇疫气死亡，为之怆然。岂以一身之休息，忘百姓之艰邪？诸上礼者皆绝之。"

夏五月，镇西大将军、汝阴王骏讨北胡，斩其渠帅吐敦。立国子学。庚午，大雩。

六月癸丑，荐荔支于太庙。甲戌，有星孛于氐。自春旱，至于是月始雨。吴京下督孙楷帅众来降，以为车骑将军，封丹杨侯。白龙二见于新兴井中。

秋七月，有星孛于大角。吴临平湖自汉末雍塞，至是自开。父老相传云："此湖塞，天下乱；此湖开，天下平。"癸丑，安平王隆薨。东夷十七国内附。河南、魏郡暴水，杀百余人，诏给棺。鲜卑阿罗多等寇边，西域戊己校尉马循讨之，斩首四千余级，获生九千余人，于是来降。

八月庚辰,河东、平阳地震。己亥,以太保何曾为太傅,太尉陈骞为大司马,司空贾充为太尉,镇军大将军齐王攸为司空。有星孛于太微,九月又孛于翼。丁未,起太仓于城东,常平仓于东西市。

闰月,荆州五郡水,流四千余家。

冬十月,以汝阴王骏为征西大将军,平南将军羊祜为征南大将军。丁卯,立皇后杨氏,大赦,赐王公以下及于鳏寡各有差。

十一月,白龙二见于梁国。

十二月,征处士安定皇甫谧为太子中庶子,封后父镇军将军杨骏为临晋侯。是月,以平州刺史傅询、前广平太守孟桓清白有闻,询赐帛二百匹,桓百匹。

三年春正月景子朔,日有蚀之。立皇子裕为始平王,安平穆王隆弟敦为安平王。诏曰:"宗室戚属,国之枝叶,欲令奉率德义,为天下式。然处富贵,而能慎行者寡,召穆公纠合兄弟而赋《棠棣》之诗,此姬氏所以本枝百世也。今以卫将军、扶风王亮为宗师,所当施行,皆谘之于宗师也。"

庚寅,始平王裕薨。有星孛于西方。使征北大将军卫瓘讨鲜卑力微。

三月,平虏护军文淑讨叛虏树机能等,并破之。有星孛于胃。乙未,帝将射雉,虑损麦苗而止。

夏五月戊子,吴将邵凯、夏祥帅众七千余人来降。

六月,益、梁八郡水,杀三百余人,没邸阁别仓。

秋七月,以都督豫州诸军事王浑为都督扬州诸军事。中山王睦以罪废为丹水侯。

八月癸亥,徙扶风王亮为汝南王,东莞王伷为琅邪王,汝阴王骏为扶风王,琅邪王伦为赵王,渤海王辅为太原王,太原王颙为河间王,北海王陵为任城王,陈王斌为西河王,汝南王柬为南阳王,济南王耽为中山王,河间王威为章武王。立皇子玮为始平王,允为濮阳王,该为新都王,遐为清河王,钜平侯羊祜为南城侯。以汝南王亮为镇南大将军。大风拔树，暴寒且冰，郡国五陨霜，伤谷。

九月戊子，以左将军胡奋为都督江北诸军事。兖、豫、徐、青、荆、益、梁七州大水，伤秋稼，诏振给之。立齐王子蕤为辽东王，赞为广汉王。

冬十一月景戌，帝临宣武观大阅，至于壬辰。

十二月，吴将孙慎入江夏、汝南，略千余家而去。

是岁，西北杂虏及鲜卑、匈奴、五溪蛮夷、东夷三国前后十余辈，各帅种人部落内附。

四年春正月庚午朔，日有蚀之。

三月甲申，尚书左仆射卢钦卒。辛酉，以尚书右仆射山涛为尚书右仆射。东夷六国来献。

夏四月，蚩尤旗见于东井。

六月丁未，阴平、广武地震。甲子又震。凉州刺史杨欣与虏若罗拔能等战于武威，败绩，死之。弘训皇后羊氏崩。

秋七月己丑，祔葬景献皇后羊氏于峻平陵。庚寅，高阳王缉薨。癸巳，范阳王绥薨。荆、扬郡国二十皆大水。

九月，以太傅何曾为太宰。辛巳，以尚书令李胤为司徒。

冬十月，以征北大将军卫瓘为尚书令。扬州刺史应绰伐吴皖城，斩首五千级，焚谷米百八十万斛。

十一月辛巳，太医司马程据献雉头裘，帝以奇技异服，典礼所禁，焚之于殿前。甲申，敕内外敢有犯者罪之。吴昭武将军刘翻、厉武将军祖始来降。辛卯，以尚书杜预都督荆州诸军事。征南大将军羊祜卒。

十二月乙未，西河王斌薨。丁未，太宰朗陵公何曾薨。

是岁，东夷九国内附。

五年春正月，虏帅树机能攻陷凉州。乙丑，使讨虏护军武威太守马隆击之。

二月甲午，白麟见于平原。

三月，匈奴都督拔弈虚帅部落归化。乙亥，以百姓饥馑，减御膳之半。有星孛于柳。

夏四月，又孛于女御。大赦，降除部曲督以下质任。丁亥，郡国八雨雹，伤秋稼，坏百姓庐舍。

秋七月，有星孛于紫宫。

九月甲午，麟见于河南。

冬十月戊寅，匈奴余渠都督独雍等帅部落归化。汲郡人不准掘魏襄王冢，得竹简小篆古书十余万言，藏于秘府。

十一月，大举伐吴，遣镇军将军、琅邪王伷出涂中，安东将军王浑出江西，建威将军王戎出武昌，平西将军胡奋出夏口，镇南大将军杜预出江陵，龙骧将军王濬、广武将军唐彬率巴蜀之卒浮江而下，东西凡二十余万。以太尉贾充为大都督，行冠军将军杨济为副，总统众军。

十二月，马隆击叛虏树机能，大破，斩之，凉州平。肃慎来献楛矢、石砮。

太康元年春正月己丑朔，五色气冠日。癸丑，王浑克吴寻阳赖乡诸城，获吴武威将军周兴。

二月戊午，王濬、唐彬等克丹杨城。庚申，又克西陵，杀西陵都督、镇军将军留宪，征南将军成璩，西陵监郑广。壬戌，濬又克夷道乐乡城，杀夷道监陆晏、水军都督陆景。

甲戌，杜预克江陵，斩吴江陵督伍延；平南将军胡奋克江安。于是诸军并进，乐乡、荆门诸戍相次来降。

乙亥，以濬为都督益、梁二州诸军事，复下诏曰："濬彬东下，扫除巴丘，与胡奋、王戎共平夏口、武昌，顺流长鹜，直造秣陵，与奋、戎审量其宜。杜预当镇静零、桂，怀辑衡阳。大兵既过，荆州南境固当传檄而定，预当分万人给濬，七千给彬。夏口既平，奋宜以七千人给濬。武昌既了，戎当以六千人增彬。太尉充移屯项，总督诸方。"濬进破夏口、武昌，遂泛舟东下，所至皆平。王浑、周浚与吴丞相张悌战于版桥，大破之，斩悌及其将孙震、沈莹，传首洛阳。孙皓穷蹙请降，送玺绶于琅邪王伷。

三月壬寅，王濬以舟师至于建邺之石头，孙皓大惧，面缚舆榇，降于军门。濬杖节解缚焚榇，送于京都。收其图籍，克州四，郡四十三，县三百一十三，户五十二万三千，吏三万二千，兵二十三万，男女口二百三十万。其牧守已下皆因吴所置，除其苛政，示之简易，吴人大悦。

乙酉，大赦，改元，大酺五日，恤孤老困穷。

夏四月，河东、高平雨雹，伤秋稼。遣兼侍中张侧、黄门侍郎朱震分使扬、越，慰其初附。白麟见于顿丘。三河、魏郡、弘农雨雹，伤粟麦。

五月辛亥，封孙皓为归命侯，拜其太子为中郎，诸子为郎中。吴之旧望，随才擢叙。孙氏大将战亡之家徙于寿阳，将吏渡江复十年，百姓及百工复二十年。

景寅，帝临轩大会，引皓升殿，群臣咸称万岁。丁卯，荐鬴禄酒于太庙。郡国大雹，伤秋稼。庚午，诏诸士卒年六十以上罢归于家。

庚辰，以王濬为辅国大将军、襄阳侯，杜预当阳侯，王戎安丰侯，唐彬上庸侯，贾充、琅邪王伷以下增封。于是论功行封，赐公卿以下帛各有差。

六月丁丑，初置翊军校尉官。封丹水侯睦为高阳王。甲申，东夷十国归化。

秋七月，虏轲成泥寇西平、浩亹，杀督将以下三百余人。东夷二十国朝献。庚寅，以尚书魏舒为尚书右仆射。

八月，车师前部遣子入侍。己未，封皇弟延祚为乐平王。白龙三见于永昌。

九月，群臣以天下一统，屡请封禅，帝谦让弗许。

冬十月丁巳，除五女复。

十二月戊辰，广汉王赞薨。

二年春二月，淮南、丹杨地震。

三月景申，安平王敦薨。赐王公以下吴生口各有差。诏选孙皓妓妾五千人入宫。东夷五国朝献。

夏六月，东夷五国内附。郡国十六雨雹，大风拔树，坏百姓庐舍。江夏、泰山水，流居人三百余家。

秋七月，上党又暴风、雨雹，伤秋稼。

八月，有星孛于张。

冬十月，鲜卑慕容廆寇昌黎。

十一月壬寅，大司马陈骞薨。有星孛于轩辕。鲜卑寇辽西，平州刺史鲜于婴讨破之。

三年春正月丁丑，罢秦州，并雍州。甲午，以尚书张华都督幽州诸军事。

三月，安北将军严询败鲜卑慕容廆于昌黎，杀伤数万人。

夏四月庚午，太尉、鲁公贾充薨。

闰月景子，司徒、广陆侯李胤薨。癸丑，白龙二见于济南。

秋七月，罢平州、宁州刺史三年一入奏事。

九月，东夷二十九国归化，献其方物。吴故将莞恭、帛奉举兵反，攻害建邺令，遂围扬州，徐州刺史嵇喜讨平之。

冬十二月甲申，以司空齐王攸为大司马、督青州诸军事，镇东大将军、琅邪王伷为抚军大将军，汝南王亮为太尉，光禄大夫山涛为司徒，尚书令卫瓘为司空。景申，诏四方水旱甚者，无出田租。

四年春正月甲申，以尚书右仆射魏舒为尚书左仆射，下邳王晃为尚书右仆射。戊午，司徒山涛薨。

二月己丑，立长乐亭侯实为北海王。

三月辛丑朔，日有蚀之。癸丑，大司马齐王攸薨。

夏四月，任城王陵薨。

五月己亥，大将军、琅邪王伷薨。徙辽东王蕤为东莱王。

六月，增九卿礼秩。牂柯獠二千余落内属。

秋七月壬子，以尚书右仆射、下邳王晃为都督青州诸军事。景寅，兖州大水，复其田租。

八月，鄯善国遣子入侍，假其归义侯。以陇西王泰为尚书右仆射。

冬十一月戊午,新都王该薨。以尚书左仆射魏舒为司徒。

十二月庚午,大阅于宣武观。

是岁,河内及荆州、扬州大水。

五年春正月己亥,青龙二见于武库井中。

二月景寅,立南宫王子祐为长乐王。壬辰,地震。

夏四月,任城、鲁国池水赤如血。五月景午,宣帝庙梁折。

六月,初置黄沙狱。

秋七月戊申,皇子恢薨。任城、梁国、中山雨雹,伤秋稼。减天下户课三分之一。

九月,南安大风折木,郡国五大水,陨霜,伤秋稼。

冬十一月甲辰,太原王辅薨。

十二月庚午,大赦。林邑、大秦国各遣使来献。

闰月,镇南大将军、当阳侯杜预卒。

六年春正月庚申朔,以比岁不登,免租贷宿负。戊辰,以征南大将军王浑为尚书左仆射,尚书褚䂮都督扬州诸军事,杨济都督荆州诸军事。

三月,郡国六陨霜,伤桑麦。

夏四月,扶南等十国来献,参离四千余落内附。郡国四旱,十大水,坏百姓庐舍。

秋七月,巴西地震。

八月景戌朔,日有蚀之。减百姓绵绢三分之一。白龙见于京兆。以镇军大将军王濬为抚军大将军。

九月景子,山阳公刘康薨。

冬十月,南安山崩,水出。南阳郡获两足兽。龟兹、焉耆国遣子入侍。

十二月甲申,大阅于宣武观,旬日而罢。庚子,抚军大将军、襄阳侯王濬卒。

七年春正月甲寅朔,日有蚀之。乙卯,诏曰:"比年灾异屡发,日蚀三朝,地震山崩。邦之不臧,实在朕躬。公卿大臣各上封事,极言其故,勿有所讳。"

夏五月,郡国十三旱。鲜卑慕容廆寇辽东。

秋七月,朱提山崩,犍为地震。

八月,东夷十一国内附。京兆地震。

九月戊寅,骠骑将军、扶风王骏薨。郡国八大水。

冬十一月壬子,以陇西王泰都督关中诸军事。

十二月,遣侍御史巡遭水诸郡。出后宫才人、妓女以下二百七十人归于家。始制大臣听终丧三年。己亥,河阴雨赤雪二顷。

是岁,扶南等二十一国、马韩等十一国遣使来献。

八年春正月戊申朔,日有蚀之。太庙殿陷。

三月乙丑,临商观,震。

夏四月,齐国大水,陨霜伤麦。

六月,鲁国大风,拔树木,坏百姓庐舍。郡国八大水。

秋七月,前殿地陷,深数丈,中有破船。

八月,东夷二国内附。

九月,改营太庙。

冬十月,南康平固县吏李丰反,聚众攻郡县,自号将军。

十一月,海安令萧辅聚众反。

十二月,吴兴人蒋迪聚党反,围阳羡县,州郡捕讨,皆伏诛。南夷扶南、西域康居国各遣使来献。

是岁,郡国五地震。

九年春正月壬申朔,日有蚀之。诏曰:"兴化之本,由政平讼理也。二千石长吏不能勤恤人隐,而轻挟私故,兴长刑狱,又多贪浊,烦挠百姓。其敕刺史二千石纠其秽浊,举其公清,有司议其黜陟。令内外群官举清能,拔寒素。"江东四郡地震。

二月,尚书右仆射、阳夏侯胡奋卒,以尚书朱整为尚书右仆射。

三月丁丑,皇后亲桑于西郊,赐帛各有差。壬辰,初并二社为一。

夏四月,江南郡国八地震;陇西陨霜,伤宿麦。

五月，义阳王奇有罪，黜为三纵亭侯。诏内外群官举守令之才。

六月庚子朔，日有蚀之。徙章武王威为义阳王。郡国三十二大旱，伤麦。

秋八月壬子，星陨如雨。诏郡国五岁刑以下决遣，无留庶狱。

九月，东夷七国诣校尉内附。郡国二十四螟。

冬十二月癸卯，立河间平王洪子英为章武王。戊申，青龙、黄龙各一，见于鲁国。

十年夏四月，以京兆太守刘宵、阳平太守梁柳有政绩，各赐谷千斛。郡国八陨霜。太庙成。乙巳，迁神主于新庙，帝迎于道左，遂祫祭。大赦，文武增位一等，作庙者二等。丁未，尚书右仆射、广兴侯朱整卒。癸丑，崇贤殿灾。

五月，鲜卑慕容廆来降，东夷十一国内附。

六月庚子，山阳公刘瑾薨。复置二社。

冬十月壬子，徙南宫王承为武邑王。

十一月丙辰，守尚书令、左光禄大夫荀勖卒。帝疾瘳，赐王公以下帛有差。含章殿鞠室火。

甲申，以汝南王亮为大司马、大都督、假黄钺。改封南阳王柬为秦王，始平王玮为楚王，濮阳王允为淮南王，并假节之国，各统方州军事。立皇子乂为长沙王，颖为成都王，晏为吴王，炽为豫章王，演为代王，皇孙遹为广陵王。立濮阳王子迪为汉王，始平王子仪为毗陵王，汝南王次子为兼西阳公。徙扶风王畅为顺阳王，畅弟歆为新野公，琅邪王觐弟澹为东武公，繇为东安公，漼为广陵公，卷为东莞公。改诸王国相为内史。

十二月庚寅，太庙梁折。

是岁，东夷绝远三十余国、西南夷二十余国来献。虏壬戌奚轲男女十万口来降。

太熙元年春正月辛酉朔，改元。己巳，以尚书左仆射王浑为司徒，司空卫瓘为太保。

二月辛丑，东夷七国朝贡。琅邪王觐薨。

　　三月甲子,以右光禄大夫石鉴为司空。

　　夏四月辛丑,以侍中车骑将军杨骏为太尉、都督中外诸军、录尚书事。己酉,帝崩于含章殿,时年五十五,葬峻阳陵,庙号世祖。

　　帝宇量弘厚,造次必于仁恕;容纳谠正,未尝失色于人;明达善谋,能断大事,故得抚宁万国,绥静四方。承魏氏奢侈刻弊之后,百姓思古之遗风,乃厉以恭俭,敦以寡欲。有司尝奏御牛青丝绋断,诏以青麻代之。临朝宽裕,法度有恒。高阳许允既为文帝所杀,允子奇为太常丞。帝将有事于太庙,朝议以奇受害之门,不欲接近左右,请出为长史。帝乃追述允凤望,称奇之才,擢为祠部郎,时论称其夷旷。

　　平吴之后,天下乂安,遂怠于政术,耽于游宴,宠爱后党,亲贵当权,旧臣不得专任,彝章紊废,请谒行矣。爰至末年,知惠帝弗克负荷,然恃皇孙聪睿,故无废立之心。复虑非贾后所生,终致危败,遂与腹心共图后事。说者纷然,久而不定,竟用王佑之谋,遣太子母弟秦王柬都督关中,楚王玮、淮南王允并镇守要害,以强帝室。又恐杨氏之逼,复以佑为北军中候,以典禁兵,既而寝疾弥留,至于大渐,佐命元勋,皆已先没,群臣惶惑,计无所从。会帝小差,有诏以汝南王亮辅政,又欲令朝士之有名望年少者数人佐之,杨骏秘而不宣。帝复寻至迷乱,杨后辄为诏以骏辅政,促亮进发。帝寻小间,问汝南王来未,意欲见之,有所付托。左右答言未至,帝遂困笃。中朝之乱,实始于斯矣。

　　制曰:武皇承基,诞膺天命,握图御宇,敷化导民,以佚代劳,以治易乱。绝缣纶之贡,去雕琢之饰,制奢俗以变俭约,止浇风而反淳朴。雅好直言,留心采擢,刘毅、裴楷以质直见容,嵇绍、许奇虽仇雠不弃。仁以御物,宽而得众,宏略大度,有帝王之量焉。

　　于时民和俗静,家给人足,聿修武用,思启封疆。决神算于深衷,断雄图于议表。马隆西伐,王濬南征,师不延时,获丑削迹;兵无血刃,扬越为墟。通上代之不通,服前王之未服。祯祥显应,风教肃清，天人之功成矣，霸王之业大矣。虽登封之礼，让而不为，骄泰之心，因斯以起。

　　见土地之广，谓万业而无虞；睹天下之安，谓千年而永治。不知处广以思狭，则广可长广；居治而忘危，则治无常治。加之建立非所，委寄失才，志欲就于升平，行先迎于祸乱。是犹将适越者，指沙漠以遵途，欲登山者，涉舟航而觅路，所趣逾远，所尚转难，南北倍殊，高下相反，求其至也，不亦难乎！况以新习易动之基，而无久安难拔之虑；故贾充凶竖，怀奸志以拥权；杨骏豺狼，苞祸心以专辅。及乎宫车晚出，谅暗未周，藩翰变亲以成疏，连兵竞灭其本；栋梁回忠而起伪，拥众各举其威。曾未数年，纲纪大乱，海内版荡，宗庙播迁。帝道王猷，反居文身之俗；神州赤县，翻成被发之乡。弃所大以资人，掩其小而自托，为天下笑，其故何哉？良由失慎于前，所以贻患于后。

　　且知子者贤父，知臣者明君；子不肖则家亡，臣不忠则国乱；国乱不可以安也，家亡不可以全也。是以君子防其始，圣人闭其端。而世祖惑荀勖之奸谋，迷王浑之伪策，心屡移于众口，事不定于己图。元海当除而不除，卒令扰乱区夏；惠帝可废而不废，终使倾覆洪基。全一人者德之轻，拯天下者功之重，弃一子者忍之小，安社稷者孝之大；况乎资三世而成业，延二孽以丧之，所谓取轻德而舍重功，畏小忍而忘大孝。圣贤之道，岂若斯乎！虽则善始于初，而乖令终于末，所以殷勤史策，不能无慷慨焉。

晋书卷四
帝纪第四

孝惠帝

孝惠皇帝，讳衷，字正度，武帝第二子也。泰始三年，立为皇太子，时年九岁。

太熙元年四月己酉，武帝崩。是日，皇太子即皇帝位，大赦，改元为永熙。尊皇后杨氏曰皇太后，立妃贾氏为皇后。

夏五月辛未，葬武皇帝于峻阳陵。景子，增天下位一等，预丧事者二等，复租调一年，二千石已上皆封关中侯。以太尉杨骏为太傅，辅政。

秋八月壬午，立广陵王遹为皇太子，以中书监何劭为太子太师，吏部尚书王戎为太子太傅，卫将军杨济为太子太保。遣南中郎将石崇、射声校尉胡奕、长水校尉赵俊、扬烈将军赵欢将屯兵四出。

冬十月辛酉，以司空石鉴为太尉，前镇西将军、陇西王泰为司空。

永平元年春正月乙酉朔，临朝，不设乐。诏曰："朕凤遭不造，淹恤在疚。赖祖宗遗灵，宰辅忠贤，得以眇身托于群后之上。昧于大道，不明于训，战战兢兢，夕惕若厉。乃者哀迷之际，三事股肱，惟社稷之重，率遵翼室之典，犹欲长奉先皇之制，是以有永熙之号。然日月逾迈，已涉新年，开元易纪，礼之旧章。其改永熙二年为永平元年。"又诏子弟及群官并不得谒陵。景午，皇太子冠。丁未，见于太庙。

二月甲寅，赐王公已下帛各有差。癸酉，镇南将军楚王玮、镇东将军淮南王允来朝。戊寅，复置秘书监官。

三月辛卯，诛太傅杨骏，骏弟卫将军瑶，太子太保济，中护军张劭，散骑常侍段广、杨邈，左将军刘预，河南尹李斌，中书令蒋俊，东夷校尉文淑，尚书武茂，皆夷三族。

壬辰，大赦，改元。贾后矫诏废皇太后为庶人，徙于金墉城，告于天地宗庙。诛太后母庞氏。壬寅，征大司马、汝南王亮为太宰，与太保卫瓘辅政。以秦王柬为大将军，东平王楙为抚军大将军，镇南将军、楚王玮为卫将军，领北军中候，下邳王晃为尚书令，东安公繇为尚书左仆射，进封东安王。督将侯者千八十一人。

庚戌，免东安王繇及东平王楙，繇徙带方。

夏四月癸亥，以征东将军、梁王肜为征西大将军、都督关西诸军事，太子少傅阮坦为平东将军、监青徐二州诸军事。己巳，以太子太傅王戎为尚书右仆射。

五月甲戌，毗陵王轨薨。壬午，除天下户调绵绢，赐孝悌、高年、鳏寡、力田者帛，人三匹。

六月，贾后矫诏使楚王玮杀太宰、汝南王亮，太保、菑阳公卫瓘。乙丑，以玮擅害亮、瓘，杀之。曲赦洛阳。以广陵王师刘实为太子太保，司空、陇西王泰录尚书事。

秋七月，分扬州、荆州十郡为江州。

八月庚申，以赵王伦为征东将军、都督徐兖二州诸军事；河间王颙为北中郎将，镇邺；太子太师何劭为都督豫州诸军事，镇许昌。徙长沙王乂为常山王。己巳，进西阳公羕爵为王。辛未，立陇西世子越为东海王。

九月甲午，大将军秦王柬薨。辛丑，征征西大将军、梁王肜为卫将军、录尚书事，以赵王伦为征西大将军、都督雍梁二州诸军事。

冬十二月辛酉，京师地震。

是岁，东夷十七国、南夷二十四部，并诣校尉内附。

二年春二月己酉，贾后弑皇太后于金墉城。

秋八月壬子,大赦。

九月乙酉,中山王耽薨。

冬十一月,大疫。

是岁,沛国雨雹,伤麦。

三年夏四月,荥阳雨雹。

六月,弘农郡雨雹,深三尺。

冬十月,太原王泓薨。

四年春正月丁酉朔,侍中、太尉、安昌公石鉴薨。

夏五月,蜀郡山移,淮南寿春洪水出,山崩地陷,坏府及百姓庐舍。匈奴郝散反,攻上党,杀长吏。

六月,寿春地大震,死者二十余家。上庸郡山崩,杀二十余人。

秋八月,郝散帅众降,冯翊都尉杀之。上谷居庸、上庸并地陷裂,水泉涌出,人有死者。大饥。

九月景辰,赦诸州之遭地灾者。甲午,枉矢东北竟天。

是岁,京师及郡国八地震。

五年夏四月,彗星见于西方,孛于奎,至轩辕。

六月,金城地震。东海雨雹,深五寸。

秋七月,下邳暴风,坏庐舍。

九月,雁门、新兴、太原、上党大风,伤禾稼。

冬十月,武库火,焚累代之宝。

十二月景戌,新作武库,大调兵器。丹杨雨雹。有石生于京师宜年里。

是岁,荆、扬、兖、豫、青、徐等六州大水,诏遣御史巡行振贷。

六年春正月,大赦。司空、下邳王晃薨。以中书监张华为司空,太尉、陇西王泰为尚书令,卫将军、梁王肜为太子太保。丁丑,地震。

三月,东海陨霜,伤桑麦。彭城吕县有流血,东西百余步。

夏四月,大风。

五月,荆、扬二州大水。匈奴郝散弟度元,帅冯翊、北地马兰羌、卢水胡反,攻北地,太守张损死之。冯翊太守欧阳建与度元战,建败绩。征征西大将军、赵王伦为车骑将军,以太子太保、梁王肜为征西大将军、都督雍梁二州诸军事,镇关中。

秋八月,雍州刺史解系又为度元所破。秦雍氐、羌悉叛,推氐帅齐万年僭号称帝,围泾阳。

冬十月乙未,曲赦雍、凉二州。

十一月景子,遣安西将军夏侯骏、建威将军周处等讨万年,梁王肜屯好畤。关中饥,大疫。

七年春正月癸丑,周处及齐万年战于六陌,王师败绩,处死之。

夏五月,鲁国雨雹。

秋七月,雍、梁州疫。大旱,陨霜,杀秋稼。关中饥,米斛万钱。诏骨肉相卖者不禁。丁丑,司徒、京陵公王浑薨。

九月,以尚书右仆射王戎为司徒,太子太师何劭为尚书左仆射。

八年春正月景辰,地震。诏发仓廪,振雍州饥人。

三月壬戌,大赦。

夏五月,郊禖石破二。

秋九月,荆、豫、扬、徐、冀等五州大水,雍州有年。

九年春正月,左积弩将军孟观伐氐,战于中亭,大破之,获齐万年。征西大将军梁王肜录尚书事。以北中郎将、河间王颙为镇西将军,镇关中;成都王颖为镇北大将军,镇邺。

夏四月,邺人张承基等妖言署置,聚党数千。郡县逮捕,皆伏诛。

六月戊戌,太尉、陇西王泰薨。

秋八月,以尚书裴頠为尚书仆射。

冬十一月甲子朔,日有食之。京师大风,发屋折木。

十二月壬戌,废皇太子遹为庶人,及其三子幽于金墉城,杀太子母谢氏。

永康元年春正月癸亥朔,大赦,改元。己卯,日有蚀之。景子,皇孙霖卒。

二月丁酉,大风,飞沙拔木。

三月,尉氏雨血,妖星见于南方。癸未,贾后矫诏害庶人遹于许昌。

夏四月辛卯,日有蚀之。癸巳,梁王肜、赵王伦矫诏废贾后为庶人,司空张华、尚书仆射裴颁皆遇害,侍中贾谧及党与数十人皆伏诛。甲午,伦矫诏大赦,自为相国、都督中外诸军,如宣文辅魏故事,追复故皇太子位。

丁酉,以梁王肜为太宰,左光禄大夫何劭为司徒,右光禄大夫刘实为司空,淮南王允为骠骑将军。

己亥,赵王伦矫诏害贾庶人于金墉城。

五月己巳,立皇孙臧为皇太孙,尚为襄阳王。

六月壬寅,葬愍怀太子于显平陵。抚军将军、清河王遐薨。癸卯,震崇阳陵标。

秋八月,淮南王允举兵讨赵王伦,不克,允及其二子秦王郁、汉王迪皆遇害。曲赦洛阳。平东将军、彭城王植薨。改封吴王晏为宾徒县王。以齐王冏为平东将军,镇许昌;光禄大夫陈准为太尉、录尚书事。

九月,改司徒为丞相,以梁王肜为之。

冬十月,黄雾四塞。

十一月戊午,大风飞沙石,六日乃止。甲子,立皇后羊氏,大赦,大酺三日。

十二月,彗星见于东方。益州刺史赵廞与洛阳流人李庠害成都内史耿胜、犍为太守李密、汶山太守霍固、西夷校尉陈总,据成都反。

永宁元年春正月乙丑,赵王伦篡帝位。景寅,迁帝于金墉城,号曰太上皇,改金墉曰永昌宫。废皇太孙臧为濮阳王。五星经天,纵横无常。癸酉,伦害濮阳王臧。略阳流人李特杀赵廞,传首京师。

三月,平东将军、齐王冏起兵以讨伦,传檄州郡,屯于阳翟。征北大将军、成都王颖,征西大将军、河间王颙,常山王乂,豫州刺史李毅，兖州刺史王彦，南中郎将、新野公歆，皆举兵应之，众数十万。伦遣其将闾和出伊阙，张泓、孙辅出堮坂以距颙，孙会、士猗、许超出黄桥以距颖。及颖将赵骧、石超战于溴水，会等大败，弃军走。

闰月景戌朔，日有蚀食之。

夏四月，岁星昼见。颙将何勖、卢播击张泓于阳翟，大破之，斩孙辅等。辛酉，左卫将军王舆与尚书、淮陵王漼勒兵入宫，禽伦党孙秀、孙会、许超、士猗、骆休等，皆斩之。逐伦归第，即日乘舆反正。群臣顿首谢罪，帝曰：“非诸卿之过也。”

癸亥，诏曰：“朕以不德，纂承皇统，远不能光济大业，靖绥四方；近不能闲明刑威，式遏奸宄，至使逆臣孙秀敢肆凶虐，窥间王室，遂奉赵王伦饕据天位。镇东大将军、齐王冏，征北大将军、成都王颖，征西大将军、河间王颙，并以明德茂亲，忠规允著，首建大策，匡救国难。尚书漼共立大谋，左卫将军王舆与群公卿士，协同谋略，亲勒本营，斩秀及其二子。前赵王伦为秀所误，与其子等已诣金墉迎朕幽宫，旋轸闱阖。岂在余一人独飨其庆，宗庙社稷实有赖焉。”于是大赦，改元，孤寡赐谷五斛，大酺五日，诛赵王伦、义阳王威、九门侯质等及伦之党与。

五月，立襄阳王尚为皇太孙。

六月戊辰，大赦，增吏位二等。复封宾徒王晏为吴王。庚午，东莱王蕤、左卫将军王舆谋废齐王冏，事泄，蕤废为庶人，舆伏诛，夷三族。甲戌，以齐王冏为大司马、都督中外诸军事，成都王颖为大将军、录尚书事，河间王颙为太尉。罢丞相，复置司徒官。己卯，以梁王肜为太宰，领司徒。封齐王冏功臣葛旟牟平公，路季小黄公，卫毅平阴公，刘真安乡公，韩泰封丘公。

秋七月甲午，立吴王晏子固为汉王，复封常山王乂为长沙王。

八月，大赦。戊辰，原徙边者。益州刺史罗尚讨羌，破之。己巳，徙南平王祥为宜都王。下邳王韩麃。以东平王茂为平东将军、都督徐州诸军事。

九月，追东安王繇复其爵。丁丑，封楚王玮子范为襄阳王。

冬十月，流人李特反于蜀。

十二月，司空何劭薨。封齐王冏子冰为乐安王，英为济阳王，超为淮南王。是岁，郡国十二旱，六蝗。

太安元年春正月庚子，安东将军、谯王随薨。

三月癸卯，赦司、冀、兖、豫四州。皇太孙尚薨。

夏四月，彗星昼见。

五月乙酉，侍中、太宰、领司徒、梁王肜薨。以右光禄大夫刘实为太傅。太尉、河间王颙遣将衙博击李特于蜀，为特所败。特遂陷梓潼、巴西，害广汉太守张微，自号大将军。癸卯，以清河王遐子覃为皇太子，赐孤寡帛，大酺五日。以齐王冏为太师，东海王越为司空。

秋七月，兖、豫、徐、冀等四州大水。

冬十月，地震。

十二月丁卯，河间王颙表齐王冏窥伺神器，有无君之心，与成都王颖、新野王歆、范阳王虓同会洛阳，请废冏还第。长沙王乂奉乘舆屯南止车门，攻冏，杀之，幽其诸子于金墉城，废冏弟北海王实。大赦，改元。以长沙王乂为太尉、都督中外诸军事。封东莱王蕤子蕤为齐王。

二年春正月甲子朔，赦五岁刑。

三月，李特攻陷益州。荆州刺史宋岱击特，斩之，传首京师。

夏四月，特子雄复据益州。

五月，义阳蛮张昌举兵反，以山都人丘沈为主，改姓刘氏，伪号汉，建元神凤，攻破郡县，南阳太守刘彬，平南将军羊伊，镇南大将军、新野王歆并遇害。

六月，遣荆州刺史刘弘等讨张昌于方城，王师败绩。

秋七月，中书令卞粹、侍中冯荪、河南尹李含等贰于长沙王乂，乂疑而害之。

张昌陷江南诸郡，武陵太守贾隆、零陵太守孔纮、豫章太守阎济、武昌太守刘根皆遇害。昌别帅石冰寇扬州，刺史陈徽与战，大败，诸郡尽没。临淮人封云举兵应之，自阜陵寇徐州。

八月，河间王颙、成都王颖举兵讨长沙王乂，帝以乂为大都督，帅军御之。

庚申，刘弘及张昌战于清水，斩之。

颙遣其将张方，颖遣其将陆机、牵秀、石超等来逼京师。乙丑，帝幸十三里桥，遣将军皇甫商距方于宜阳。己巳，帝旋军于宣武场。庚午，舍于石楼。天中裂，无云而雷。

九月丁丑，帝次于河桥。壬午，皇甫商为张方所败。甲申，帝军于芒山。丁亥，幸偃师。辛卯，舍于豆田。癸巳，尚书右仆射、兴晋侯羊玄之卒，帝旋于城东。景申，进军缑氏，击牵秀，走之。大赦。张方入京城，烧清明、开阳二门，死者万计。石超逼乘舆于缑氏。

冬十月壬寅，帝旋于宫。石超焚缑氏，服御无遗。丁未，破牵秀、范阳王虓于东阳门外。戊申，破陆机于建门，石超斩其大将贾崇等十六人，悬首铜驼街。张方退屯十三里桥。

十一月辛巳，星昼陨，声如雷。王师攻方垒，不利。方决千金堨，水碓皆涸。乃发王公奴婢手春给兵廪，一品已下不从征者、男子十三以上皆从役。又发奴助兵，号为四部司马。公私穷踧，米石万钱。诏命所至，一城而已。

壬寅夜，赤气竟天，隐隐有声。景辰，地震。

癸亥，东海王越执长沙王乂，幽于金墉城，寻为张方所害。甲子，大赦。

丙寅，扬州秀才周玘、前南平内史王矩、前吴兴内史顾秘起义军以讨石冰。冰退，自临淮趣寿阳。征东将军刘准遣广陵度支陈敏击冰。李雄自郫城攻益州刺史罗尚，尚委城而遁，雄尽有成都之地。封鲜卑段勿尘为辽西公。

永兴元年春正月景午，尚书令乐广卒。成都王颖自邺讽于帝，乃大赦，改元为永安。帝逼于河间王颙，密诏雍州刺史刘沈、秦州刺史皇甫重以讨之。沈举兵攻长安，为颙所败。张方大掠洛中，还长安。于是军中大馁，人相。以成都王颖为丞相。颖遣从事中郎成夔等以兵五万屯十二城门，殿中宿所忌者，颖皆杀之，以三部兵代宿卫。

二月乙酉，废皇后羊氏，幽于金墉城，黜皇太子覃复为清河王。

三月，陈敏攻石冰，斩之，扬、徐二州平。

河间王颙表请立成都王颖为太弟。戊申，诏曰："朕以不德，纂承鸿绪，于兹十有五载。祸乱滔天，奸逆仍起，至乃幽废重宫，宗庙圮绝。成都王颖温仁惠和，克平暴乱。其以颖为皇太弟、都督中外诸军事，丞相如故。"大赦，赐鳏寡高年帛三匹，大酺五日。景辰，盗窃太庙服器。以太尉颙为太宰，太傅刘实为太尉。

六月，新作三城门。

秋七月景申朔，右卫将军陈眕以诏，召百僚入殿中，因勒兵讨成都王颖。戊戌，大赦，复皇后羊氏及皇太子覃。己亥，司徒王戎、东海王越、高密王简、平昌公模、吴王晏、豫章王炽、襄阳王范、右仆射荀藩等奉帝北征。至安阳，众十余万，颖遣其将石超距战。己未，六军败绩于荡阴，矢及乘舆，百官分散，侍中嵇绍死之。帝伤颊，中三矢，亡六玺。帝遂幸超军，馁甚，超进水，左右奉秋桃。超遣弟熙奉帝之邺，颖帅群官迎谒道左。帝下舆涕泣，其夕幸于颖军。颖府有九锡之仪，陈留王送貂蝉文衣鹖尾，明日，乃备法驾幸于邺，唯豫章王炽、司徒王戎、仆射荀藩从。庚申，大赦，改元为建武。

八月戊辰，颖杀东安王繇。张方复入洛阳，废皇后羊氏及皇太子覃。匈奴左贤王刘元海反于离石，自号大单于。安北将军王浚遣乌丸骑攻成都王颖于邺，大败之。颖与帝单车走洛阳，服御分散，仓卒上下无赍，侍中黄门被囊中赍私钱三千，诏贷用。所在买饭以供，宫人止食于道中客舍。宫人有持升余糠米饭及燥蒜盐豉以进帝，帝啖之，御中黄门布被。次获嘉，市粗米饭，盛以瓦盆，帝啖两盂。有老父献蒸鸡，帝受之。至温，将谒陵，帝丧履，纳从者之履，下拜流涕，左右皆歔欷。及济河，张方帅骑三千，以阳燧青盖车奏迎。方拜谒，帝躬止之。辛巳，大赦，赏从者各有差。

冬十一月乙未，方请帝谒庙，因劫帝幸长安。方以所乘车入殿中,帝驰避后园竹中。方逼帝升车,左右中黄门鼓吹十二人步从,唯中书监卢志侍侧。方以帝幸其垒,帝令方具车载宫人宝物,军人因妻略后宫,分争府藏。魏晋已来之积,扫地无遗矣。行次新安,寒甚,帝堕马伤足,尚书高光进面衣,帝嘉之。河间王颙帅官属步骑三万,迎于霸上,颙前拜谒,帝下车止之。以征西府为宫。唯仆射荀藩、司隶刘暾、太常郑球、河南尹周馥与其遗官在洛阳,为留台,承制行事,号为东西台焉。景午,留台大赦,改元复为永安。辛丑,复皇后羊氏。李雄僭号成都王,刘元海僭号汉王。

十二月丁亥,诏曰:“天祸晋邦,冢嗣莫继。成都王颖,自在储贰,政绩亏损,四海失望,不可承重,其以王还第。豫章王炽,先帝爱子,令问日新,四海注意,今以为皇太弟,以隆我晋邦。以司空越为太傅,与太宰颙夹辅朕躬。司徒王戎参录朝政,光禄大夫王衍为尚书左仆射。安南将军虓、安北将军浚、平北将军腾各守本镇。高密王简为镇南将军,领司隶校尉,权镇洛阳;东中郎将模为宁北将军、都督冀州,镇于邺;镇南大将军刘弘领荆州,以镇南土。周馥、缪胤各还本部,百官皆复职。齐王冏前应还第,长沙王乂轻陷重刑,封其子绍为乐平县王,以奉其嗣。自顷戎车屡征,劳费人力,供御之物皆减三分之二,户调田租三分减一。蠲除苛政,爱人务本。清通之后,当还东京。”大赦,改元。以河间王颙都督中外诸军事。

二年春正月甲午朔,帝在长安。

夏四月,诏封乐平王绍为齐王。景子,张方废皇后羊氏。

六月甲子,侍中、司徒、安丰侯王戎薨。陇西太守韩稚攻秦州刺史张辅,杀之。李雄僭即帝位,国号蜀。

秋七月甲午,尚书诸曹火。烧崇礼闼。东海王越严兵徐方,将西迎大驾。成都王颖部将公师藩等聚众攻陷郡县,害阳平太守李志、汲郡太守张延等,转攻邺,平昌公模遣将军赵骧击破之。

八月辛丑,大赦。骠骑将军、范阳王虓逐冀州刺史李义。扬州刺史曹武杀丹杨太守朱建。李雄遣其将李骧寇汉安。车骑大将军刘弘逐平南将军、彭城王释于宛。

九月庚寅朔，公师藩又害平原太守王景、清河太守冯熊。庚子，豫州刺史刘乔攻范阳王虓于许昌，败之。壬子，以成都王颖为镇军大将军、都督河北诸军事，镇邺。河间王颙遣将军吕朗屯洛阳。

冬十月景子，诏曰："得豫州刺史刘乔檄，称颍川太守刘舆迫胁骠骑将军虓，距逆诏令，造构凶逆，擅劫郡县，合聚兵众，擅用苟晞为兖州，断截王命。镇南大将军、荆州刺史刘弘，平南将军、彭城王释等，其各勒所统，径会许昌，与乔并力。今遣右将军张方为大都督，统精卒十万，建武将军吕朗、广武将军骞犷、建威将军刁默等为军前锋，共会许昌，除舆兄弟。"

丁丑，使前车骑将军石超，北中郎将王阐讨舆等。赤气见于北方，东西竟天。有星孛于北斗。平昌公模遣将宋胄等屯河桥。

十一月，立节将军周权诈被檄，自称平西将军，复皇后羊氏。洛阳令何乔攻权，杀之，复废皇后。

十二月，吕朗等东屯荥阳，成都王颖进据洛阳，张方、刘弘等并桉兵不能御。范阳王虓济自官渡，拔荥阳，斩石超，袭许昌，破刘乔于萧，乔奔南阳。右将军陈敏举兵反，自号楚公，矫称被中诏，从沔汉奉迎天子，逐扬州刺史刘机，丹杨太守王旷。遣弟恢南略江州，刺史应邈奔弋阳。

光熙元年春正月戊子朔，日有蚀之。帝在长安。河间王颙闻刘乔破，大惧，遂杀张方，请和于东海王越，越不听。宋胄等破颖将楼裒，进逼洛阳，颖奔长安。

甲子，越遣其将祁弘、宋胄、司马纂等迎帝。

三月，东莱惤令刘柏根反，自称惤公，袭临淄，高密王简奔聊城。王浚遣将讨柏根，斩之。

夏四月己巳，东海王赵屯于温。颙遣弘农太守彭随、北地太守刁默距祁弘等于湖。

五月，枉矢西南流。范阳国地燃，可以爨。

壬辰，祁弘等与刁默战，默大败，颙、颖走南山，奔于宛。弘等所部鲜卑大掠长安，杀二万余人。是日，日光四散，赤如血。甲午又如之。

己亥，弘等奉帝还洛阳，帝乘牛车，行宫藉草，公卿跋涉。戊申，骠骑、范阳王虓杀司隶校尉邢乔。己酉，盗取太庙金匮及策文各四。

六月景辰朔，至自长安，升旧殿，哀感流涕。谒于太庙。复皇后羊氏。辛未，大赦，改元。

秋七月乙酉朔，日有蚀之。太庙吏贾苞盗太庙灵衣及剑，伏诛。

八月，以太傅、东海王越录尚书，骠骑将军、范阳王虓为司空。

九月，顿丘太守冯嵩执成都王颖，送之于邺。进东嬴公腾爵为东燕王，平昌公模为南阳王。

冬十月，司空、范阳王虓薨。虓长史刘舆害成都王颖。

十一月庚午，帝崩于显阳殿，时年四十八，葬太阳陵。

帝之为太子也，朝廷咸知不堪政事，武帝亦疑焉。尝悉召东宫官属，使以尚书事令太子决之，帝不能对。贾妃遣左右代对，多引古义。给事张泓曰："太子不学，陛下所知。今宜以事断，不可引书。"妃从之。泓乃具草，令帝书之。武帝览而大悦，太子遂安。

及居大位，政出群下，纲纪大坏，货赂公行，势位之家，以贵陵物，忠贤路绝，谗邪得志，更相荐举，天下谓之"互市"焉。高平王沉作《释时论》，南阳鲁褒作《钱神论》，庐江杜嵩作《任子春秋》，皆疾时之作也。帝又常在华林园，闻虾蟆声，谓左右曰："此鸣者为官乎，私乎？"或对曰："在官地为官，在私地为私。"及天下荒乱，百姓饿死，帝曰："何不食肉糜？"其蒙蔽皆此类也。后因食饼中毒而崩，或云司马越之鸩。

史臣曰：不才之子，则天称大，权非帝出，政迹宵人。褒姒共叔带并兴，襄后与犬戎俱运。昔者，丹朱不肖，赧王逃责，相彼凶德，事关休咎，方乎土梗，以坠其情。潦暑之气将阑，淫蛙之音罕记，乃彰嗤笑，用符颠陨。岂通才俊彦犹形于前代，增淫助虐独擅于当今者欤？物号忠良，于兹拔本，人称妖孽，自此疏源。长乐不祥，承华非命，生灵版荡，社稷丘墟。古者败国亡身，分镳共轸，不有乱常，则多庸暗。岂明神丧其精魄,武皇不知其子也!

　　赞曰:惠皇居尊,临朝听言。厥体斯昧,其情则昏。高台望子,长夜奚冤。金墉毁冕,荡阴释胄。及尔皆亡,滔天来遘。

晋书卷五
帝纪第五

孝怀帝　愍帝

孝怀皇帝，讳炽，字丰度，武帝二十五子也。太熙元年，封豫章郡王。属惠帝之时，宗室构祸，帝冲素自守，门绝宾游，不交世事，专玩史籍，有誉于时。

初拜散骑常侍，及赵王伦篡，见收。伦败，为射声校尉。累迁车骑大将军、都督青州诸军事，未之镇。

永兴元年，改授镇北大将军、都督邺城守诸军事。十二月丁亥，立为皇太弟。帝以清河王覃本太子也，惧不敢当。典书令庐陵修肃曰："二相经营王室，志宁社稷，储贰之重，宜归时望，亲贤之举，非大王而谁？清河幼弱，未允众心，是以既升东宫，复赞藩国。今乘舆播越，二宫久旷，常恐氐羌饮马于泾川，蛲众控弦于霸水。宜及吉辰，时登储副，上翼大驾，早宁东京，下允黔首喁喁之望。"帝曰："卿，吾之宋昌也。"乃从之。

光熙元年十一月庚午，孝惠帝崩。羊皇后以于太弟为嫂，不得为太后，催清河王覃入，已至尚书阁，侍中华混等急召太弟。

癸酉，即皇帝位，大赦，尊皇后羊氏为惠皇后，居弘训宫，追尊所生太妃王氏为皇太后，立妃梁氏为皇后。

十二月壬午朔，日有蚀之。己亥，封彭城王植子融为乐城县王。南阳王模杀河间王颙于雍谷。

辛丑，以中书监温羡为司徒，尚书左仆射王衍为司空。

己酉，葬孝惠皇帝于太阳陵。李雄别帅李离寇梁州。

永嘉元年春正月癸丑朔，大赦，改元，除三族刑。以太傅、东海王越辅政，杀御史中丞诸葛玫。

二月辛巳，东莱人王弥起兵反，寇青、徐二州，长广太守宋罴、东牟太守庞伉并遇害。

三月己未朔，平东将军周馥斩送陈敏首。丁卯，改葬武悼杨皇后。庚午，立豫章王诠为皇太子。辛未，大赦。

庚辰，东海王越出镇许昌。以征东将军、高密王简为征南大将军、都督荆州诸军事，镇襄阳；改封安北将军、东燕王腾为新蔡王、都督司、冀二州诸军事，镇邺；以征南将军、南阳王模为征西大将军、都督秦、雍、梁、益四州诸军事，镇长安。并州诸郡为刘元海所陷，刺史刘琨独保晋阳。

夏五月，马牧帅汲桑聚众反，败魏郡太守冯嵩，遂陷邺城，害新蔡王腾。烧邺宫，火旬日不灭。又杀前幽州刺史石尠于乐陵，入掠平原，山阳公刘秋遇害。洛阳步广里地陷，有二鹅出，色苍者冲天，白者不能飞。建宁郡夷攻陷宁州，死者三千余人。

秋七月己酉朔，东海王越进屯官渡，以讨汲桑。己未，以平东将军、琅邪王睿为安东将军、都督扬州江南诸军事、假节、镇建邺。

八月己卯朔，抚军将军苟晞败汲桑于邺。甲辰，曲赦幽、并、司、冀、兖、豫等六州。分荆州、江州八郡为湘州。

九月戊申，苟晞又破汲桑，陷其九垒。辛亥，有大星如日，小者如斗，自西方流于东北，天尽赤，俄有声如雷。始修千金堨于许昌以通运。

冬十一月戊申朔，日有蚀之。甲寅，以尚书右仆射和郁为征北将军，镇邺。

十二月戊寅，并州人田兰、薄盛等斩汲桑于乐陵。甲午，以前太傅刘实为太尉。庚子，以光禄大夫、延陵公高光为尚书令。东海王越矫诏囚清河王覃于金墉城。癸卯，越自为丞相。以抚军将军苟晞为征东大将军。

二年春正月景子朔，日有蚀之。丁未，大赦。

二月辛卯，清河王覃为东海王越所害。庚子，石勒寇常山，安北将军王浚讨破之。

三月，东海王越镇鄄城。刘元海侵汲郡，略有顿丘、河内之地。王弥寇青、徐、兖、豫四州。夏四月丁亥，入许昌，诸郡守将皆奔走。

五月甲子，弥遂寇洛阳，司徒王衍帅众御之，弥退走。

秋七月甲辰，刘元海寇平阳，太守宋抽奔京师，河东太守路述力战，死之。

八月丁亥，东海王越自鄄城迁屯于濮阳。

九月，石勒寇赵郡，征北将军和郁自邺奔于卫国。

冬十月甲戌，刘元海僭帝号于平阳，仍称汉。

十一月乙巳，尚书令高光卒；丁卯，以太子少傅荀藩为尚书令。己酉，石勒寇邺，魏郡太守王粹战败，死之。

十二月辛未朔，大赦。立长沙王乂子硕为长沙王，尚为临淮王。

三年春正月甲午，彭城王释薨。

三月戊申，征南大将军、高密王简薨。以尚书左仆射山简为征南将军、都督荆、湘、交、广等四州诸军事，司隶校尉刘暾为尚书左仆射。丁巳，东海王越归京师。乙丑，勒兵入宫，于帝侧收近臣中书令缪播、帝舅王延等十余人，并害之。景寅，曲赦河南郡。

丁卯，太尉刘实请老，以司徒王衍为太尉。东海王越领司徒。刘元海寇黎阳，遣车骑将军王堪击之，王师败绩于延津，死者三万余人。大旱，江、汉、河、洛皆竭，可涉。

夏四月，左积弩将军朱诞叛奔于刘元海。石勒攻陷冀州郡县百余壁。

秋七月戊辰，当阳地裂三所，各广三丈，长三百余步。辛未，平阳人刘芒荡自称汉后，诳诱羌戎，僭帝号于马兰山。支胡五斗叟郝索聚众数千为乱，屯新丰，与芒荡合党。刘元海遣子聪及王弥寇上党，围壶关。并州刺史刘琨使兵救之，为聪所败。淮南内史王旷、将军施融、曹超及聪战，又败，超、融死之。上党太守庞淳以郡降贼。

九月景寅，刘聪围浚仪，遣平北将军曹武讨之。丁丑，王师败绩。东海王越入保京城。聪至西明门，越御之，战于宣阳门外，大破之。石勒寇常山，安北将军王浚使鲜卑骑救之，大破勒于飞龙山。征西大将军、南阳王模使其将淳于定破刘芒荡、五斗叟，并斩之。使车骑将军王堪、平北将军曹武讨刘聪，王师败绩，堪奔还京师。李雄别帅罗羡以梓潼归顺。刘聪攻洛阳西明门，不克。宜都夷道山崩，荆、湘二州地震。

冬十一月，石勒陷长乐，安北将军王斌遇害，因屠黎阳。乞活帅李恽、薄盛等帅众救京师，聪退走。恽等又破王弥于新汲。

十二月乙亥，夜有白气如带，自地升天，南、北各二丈。

四年春正月乙丑朔，大赦。

二月，石勒袭鄄城，兖州刺史袁孚战败，为其部下所害。勒又袭白马，车骑将军王堪死之。李雄将文硕杀雄大将军李国，以巴西归顺。戊午，吴兴人钱𬋖反，自称平西将军。

三月，丞相仓曹属周玘帅乡人讨𬋖，斩之。

夏四月，大水。将军祁弘破刘元海将刘灵曜于广宗。李雄陷梓潼。兖州地震。

五月，石勒寇汲郡，执太守胡宠，遂南济河，荥阳太守裴纯奔建邺。大风折木。地震。幽、并、司、冀、秦、雍等六州大蝗，食草木、牛马毛，皆尽。

六月，刘元海死，其子和嗣伪位，和弟聪弑和而自立。

秋七月，刘聪从弟曜及其将石勒围怀，诏征虏将军宋抽救之，为曜所败，抽死之。

九月，河内人乐仰执太守裴整叛，降于石勒。徐州监军王隆自下邳弃军奔于周馥。雍州人王如举兵反于宛，杀害令长，自号大将军、司、雍二州牧，大掠汉沔；新平人庞实、冯翊人严嶷、京兆人侯脱等各起兵应。征南将军山简、荆州刺史王澄、南中郎将杜蕤并遣兵援京师，及如战于宛，诸军皆大败；王澄独以众进至沶口，众溃而归。

冬十月辛卯,昼昏,至于庚子。大星西南坠,有声。壬寅,石勒围仓垣,陈留内史王赞击败之,勒走河北。壬子,以骠骑将军王浚为司空,平北将军刘琨为平北大将军。京师饥。东海王越羽檄征天下兵,帝谓使者曰:"为我语诸征镇,若今日,尚可救,后则无逮矣。"时莫有至者。石勒陷襄城,太守崔旷遇害,遂至宛。王浚遣鲜卑文鸯帅骑救之,勒退。浚又遣别将王申始讨勒于汶石津,大破之。

十一月甲戌,东海王越帅众出许昌,以行台自随。宫省无复守卫。荒馑日深,殿内死人交横,府寺营署并掘堑自守,盗贼公行,枹鼓之音不绝。越军次项,自领豫州牧,以太尉王衍为军司。

丁丑,流氏隗伯等袭宜都,太守嵇晞奔建邺。王申始攻刘曜、王弥于瓶垒,破之。镇东将军周馥表迎大驾迁都寿阳,越使裴颐讨馥,为馥所败,走保东城,请救于琅邪王睿。襄阳大疫,死者三千余人。加凉州刺史张轨安西将军。

十二月,征东大将军苟晞攻王弥别帅曹嶷,破之。乙酉,平阳人李洪帅流人入定陵作乱。

五年春正月,帝密诏苟晞讨东海王越。壬申,晞为曹嶷所破。乙未,越遣从中郎将杨瑁、徐州刺史裴盾共击晞。癸酉,勒入江夏,太守杨珉奔于武昌。

乙亥,李雄攻陷涪城,梓潼太守谯登遇害。湘州流人杜弢据长沙反。

戊寅,安东将军、琅邪王睿使将军甘卓攻镇东将军周馥于寿春,馥众溃。庚辰,太保、平原王干薨。

二月,石勒寇汝南,汝南王祜奔建邺。

三月戊午,诏下东海王越罪状,告方镇讨之。以征东大将军苟晞为大将军。景子,东海王越薨。

四月戊子,石勒追东海王越丧,及于东郡,将军钱端战死,军溃,太尉王衍、吏部尚书刘望、廷尉诸葛铨、尚书郑豫、武陵王澹等皆遇害,王公已下死者十余万人。东海世子毗及宗室四十八王,寻又没于石勒。贼王桑、冷道陷徐州,刺史裴盾遇害,桑遂济淮,至于历阳。

五月，益州流人汝班、梁州流人蹇抚作乱于湘州，虏刺史苟眺，南破零、桂诸郡，东掠武昌，安城太守郭察、邵陵太守郑融、衡阳内史滕育并遇害。进司空王浚为大司马，征西大将军、南阳王模为太尉，太子太傅傅祗为司徒，尚书令荀藩为司空，安东将军、琅邪王睿为镇东大将军。

东海王越之出也，使河南尹潘滔居守。大将军苟晞表迁都仓垣，帝将从之，诸大臣畏滔，不敢奉诏，且宫中及黄门恋资财，不欲出。至是饥甚，人相食，百官流亡者十八九。帝召群臣会议，将行而警卫不备。帝抚手叹曰："如何曾无车舆！"乃使司徒傅祗出诣河阴，修理舟楫，为水行之备，朝士数十人导从。帝步出西掖门，至铜驼街，为盗所掠，不得进而还。

六月癸未，刘曜、王弥、石勒同寇洛川，王师频为贼所败，死者甚众。庚寅，司空荀藩、光禄大夫荀组奔辕辕，太子左率温畿夜开广莫门奔小平津。

丁酉，刘曜、王弥入京师。帝开华林园门，出河阴藕池，欲幸长安，为曜等所追及。曜等遂焚烧宫庙，逼辱妃后，吴王晏、竟陵王楙、尚书左仆射和郁、右仆射曹馥、尚书闾丘冲、袁粲、王绲、河南尹刘默等皆遇害，百官士庶死者三万余人。帝蒙尘于平阳，刘聪以帝为会稽公。荀藩移檄州镇，以琅邪王为盟主。豫章王端东奔苟晞，晞立为皇太子，自领尚书令，具置官属，保梁国之蒙县。百姓饥俭，米斛万余价。

秋七月，大司马王浚承制假立太子，置百官，署征镇。石勒寇谷阳，沛王滋战败，遇害。

八月，刘聪使子粲攻陷长安，太尉、征西将军、南阳王模遇害，长安遗人四千余家奔汉中。

九月癸亥，石勒袭阳夏，至于蒙县，大将军苟晞、豫章王端并没于贼。

冬十月，勒寇豫州诸郡，至江而还。

十一月，猗卢寇太原，平北将军刘琨不能制，徙五县百姓于新兴，以其地居之。

六年春正月，帝在平阳。刘聪寇太原。故镇南府牙门将胡亢聚众寇荆土，自号楚公。

二月壬子，日有蚀之。癸丑，镇东大将军、琅邪王睿上尚书，檄四方以讨石勒。大司马王浚移檄天下，称被中诏承制，以荀藩为太尉。汝阳王熙为石勒所害。

夏四月景寅，征南将军山简卒。

秋七月，岁星、荧惑、太白聚于牛斗。石勒寇冀州。刘粲寇晋阳，平北将军刘琨遣部将郝诜帅众御粲，诜败绩，死之。太原太守高乔以晋阳降粲。

八月庚戌，刘琨奔于常山。己亥，阴平都尉董冲逐太守王鉴，以郡叛降于李雄。辛亥，刘琨乞师于猗卢，表卢为代公。

九月己卯，猗卢使子利孙赴琨，不得进。辛巳，前雍州刺史贾疋讨刘粲于三辅，走之，关中小定，乃与卫将军梁芬、京兆太守梁综共奉秦王邺为皇太子于长安。

冬十月，猗卢自将六万骑次于盍城。

十一月甲午，刘粲遁走，刘琨收其遗众，保于阳曲。

是岁大疫。

七年春正月，刘聪大会，使帝著青衣行酒。侍中庚珉号哭，聪恶之。

丁未，帝遇弒，崩于平阳，时年三十。

帝初诞，有嘉禾生于豫章之南昌。先是望气者云"豫章有天子气"，其后竟以豫章王为皇太弟。在东宫，恂恂谦损，接引朝士，讲论书籍。及即位，始遵旧制，临太极殿，使尚书郎读时令，又于东堂听政。至于宴会，辄与群官论众务，考经籍。黄门侍郎傅宣叹曰："今日复见武帝之世矣！"秘书监荀崧又常谓人曰："怀帝天姿清劭，少著英猷，若遭承平，足为守文佳主。而继惠帝扰乱之后，东海专政，无幽、厉之衅，而有流亡之祸。"

孝愍皇帝，讳邺，字彦旗，武帝孙，吴孝王晏之子也。出继后伯父秦献王柬，袭封秦王。

永嘉二年，拜散骑常侍、抚军将军。及洛阳倾覆，避难于荥阳密县，与舅荀藩、荀组相遇，自密南趋许、颍。豫州刺史阎鼎与前抚军长史王毗、司徒长史刘畴、中书郎李昕及藩、组等同谋奉帝归于长安，而畴等中涂复叛，鼎追杀之：藩、组仅而获免。鼎遂挟帝乘牛车，自宛趣武关，频遇山贼，士卒亡散，次于蓝田。鼎告雍州刺史贾疋，疋遽遣州兵迎卫，达于长安，又使辅国将军梁综助守之。

时有玉龟出霸水，神马鸣城南焉。

六年九月辛巳，奉秦王为皇太子，登坛告类，建宗庙社稷，大赦。加疋征西大将军，以秦州刺史、南阳王保为大司马。贾疋讨贼张连，遇害，众推始平太守麹允领雍州刺史，为盟主，承制选置。

建兴元年夏四月景午，奉怀帝崩问，举哀成礼。壬申，即皇帝位，大赦，改元。以卫将军梁芬为司徒，雍州刺史麹允为使持节、领军将军、录尚书事，京兆太守索綝为尚书右仆射。石勒攻龙骧将军李恽于上白，恽败，死之。

五月壬辰，以镇东大将军、琅邪王睿为侍中、左丞相、大都督陕东诸军事，大司马、南阳王保为右丞相、大都督陕西诸军事。又诏二王曰：“夫阳九百六之厄，虽在盛世，犹或遭之。朕以幼冲，篡承洪绪，庶凭祖宗之灵，群公义士之力，荡灭凶寇，拯拔幽宫，瞻望未达，肝心分裂。昔周、邵分陕，姬氏以隆；平王东迁，晋、郑为辅。今左右丞相，茂德齐圣，国之昵属，当恃二公，扫除鲸鲵，奉迎梓宫，克复中兴。令幽、并两州勒卒三十万，直造平阳。右丞相宜帅秦、凉、梁、雍武旅三十万，径诣长安。左丞相帅所领精兵二十万，径造洛阳。分遣前锋，为幽、并后驻。赴同大限，克成元勋。”

又诏琅邪王曰：“朕以冲昧，篡承洪绪，未能枭夷凶逆，奉迎梓宫，枕戈烦冤，肝心抽裂。前得魏浚表，知公帅先三军，已据寿春，传檄诸侯，协齐威势，想今渐进，已达洛阳。凉州刺史张轨，乃心王室，

连旗万里,已到沔陇;梁州刺史张光,亦遣巴汉之卒,屯在骆谷,秦
川骁勇,其会如林。间遣使适还,具知平阳定问,云幽、并隆盛,余胡
衰破,然犹恃险,当须大举。未知公今所到,是以息兵秣马,未便进
军。今为已至何许,当须来旨,便乘舆自出,会除中原也。公宜思弘
谋猷,勖济远略,使山陵旋反,四海有赖。胡遣殿中都尉刘蜀、苏马
等具宣朕意。公茂德昵属,宣隆东夏,恢融六合,非公而谁!但洛都
陵庙、不可空旷,公宜镇抚,以绥山东。右丞相当入辅弼,追踪周、
邵,以隆中兴也。”

六月,石勒害兖州刺史田徽。是时,山东郡邑相继陷于勒。

秋八月癸亥,刘蜀等达于扬州。改建邺为建康,改邺为临漳。杜
弢寇武昌,焚烧城邑。弢别将王真袭沔阳,荆州刺史周顗奔于建康。

九月,司空荀藩薨于荥阳。刘聪寇河南,河南尹张髦死之。

冬十月,荆州刺史陶侃讨杜弢党杜曾于石城,为曾所败。己巳,
大雨雹。庚午,大雪。

十一月,流人杨武攻陷梁州。

十二月,河东地震,雨肉。

二年春正月己巳朔,黑雾著人如墨,连夜,五日乃止。辛未,辰
时日陨于地。又有三日相承,出于西方而东行。丁丑,大赦。杨武
大略汉中,遂奔李雄。

二月壬寅,以司空王浚为大司马,卫将军荀组为司空,凉州刺
史张轨为太尉,封西平郡公,并州刺史刘琨为大将军。

三月癸酉,石勒陷幽州,杀侍中、大司马、幽州牧、博陵公王浚,
焚烧城邑,害万余人。杜韬别帅王真袭荆州刺史陶侃于林鄣,侃奔
溠中。

夏四月甲辰,地震。

五月壬辰,太尉、领护羌校尉、凉州刺史、西平公张轨薨。

六月,刘曜、赵冉寇新丰诸县,安东将军索綝讨破之。

秋七月,曜、冉等又逼京都,领军将军曲允讨破之,冉中流矢而
死。

九月，北中郎将刘演克顿丘，斩石勒所署太守邵攀。景戌，麟见襄平。单于代公猗卢遣使献马。蒲子马生人。

三年春正月，盗杀晋昌太守赵珮。吴兴人徐馥害太守袁琇。以侍中宋哲为平东将军，屯华阴。

二月景子，进左丞相、琅邪王睿为大都督、督中外诸军事，右丞相、南阳王保为相国，司空荀组为太尉，大将军刘琨为司空。进封代公猗卢为代王。荆州刺史陶侃破王真于巴陵。杜弢别将杜弘、张彦与临川内史谢摛战于海昏，摛败绩，死之。

三月，豫章内史周访击杜弘，走之，斩张彦于阵。

夏四月，大赦。

五月，刘聪寇并州。

六月，盗发汉霸、杜二陵及薄太后陵，太后面如生，得金玉彩帛不可胜记。时以朝廷草创，服章多阙，敕收其余，以实内府。丁卯，地震。辛巳，大赦。敕雍州掩骼埋胔，修复陵墓，有犯者诛及三族。

秋七月，石勒陷濮阳，害太守韩弘。刘聪寇上党，刘琨遣将救之。

八月癸亥，战于襄垣，王师败绩。荆州刺史陶侃攻杜弢，弢败走，道死，湘州平。

九月，刘曜寇北地，命领军将军麹允讨之。

冬十月，允进攻青白城。以豫州牧、征东将军索綝为尚书仆射、都督宫城诸军事。刘聪陷冯翊，太守梁肃奔万年。

十二月，凉州刺史张实送皇帝行玺一纽。盗杀安定太守赵班。

四年春三月，代王猗卢薨，其众归于刘琨。

夏四月丁丑，刘曜寇上郡，太守籍韦率其属奔于南郑。凉州刺史张实遣步骑五千来赴京都。石勒陷廪丘，北中郎将刘寅出奔。

五月，平夷太守雷焵害南广太守孟桓，帅二郡三千余家叛，降于李雄。

六月丁巳朔，日有蚀之。大蝗。

秋七月，刘曜攻北地，麹允帅步骑三万救之。王师不战而溃，北地太守麴昌奔于京师。曜进至泾阳，渭北诸城悉溃，建威将军鲁充、散骑常侍梁纬、少府皇甫阳等皆死之。

八月，刘曜逼京师，内外断绝，镇西将军焦嵩、平东将军宋哲、始平太守竺恢等同赴国难，麴允与公卿守长安小城以自固，散骑常侍华辑监京兆、冯翊、弘农、上洛四郡兵东屯霸上，镇军将军胡崧帅城西诸郡兵屯遮马桥，并不敢进。

冬十月，京师饥甚，米斗金二两，人相食，死者太半。太仓有曲数十饼，麴允屑为粥以供帝，至是复尽。帝泣谓允曰："今窘厄如此，外无救援，死于社稷，是朕事也。然念将士暴离斯酷，今欲闻城未陷为羞死之事，庶令黎元免屠烂之苦。行矣遣书，朕意决矣。"

十一月乙未，使侍中宋敞送笺于曜，帝乘羊车，肉袒衔璧，舆榇出降。群臣号泣攀车，执帝之手，帝亦悲不自胜。御史中丞吉朗自杀。曜焚榇受璧，使宋敞奉帝还宫。

初，有童谣曰："天子何在豆田中。"时王浚在幽州，以豆有藿，杀隐士霍原以应之。及帝如曜营，营实在城东豆田壁。辛丑，帝蒙尘于平阳，麴允及群官并从。刘聪假帝光禄大夫、怀安侯。壬寅，聪临殿，帝稽首于前，麴允伏地恸哭，因自杀。尚书辛宾、梁允、侍中梁浚、散骑常侍严敦、左丞臧振、黄门侍郎任播、张伟、杜曼及诸郡守并为曜所害，华辑奔南山。石勒围乐平，司空刘琨遣兵援之，为勒所败，乐平太守韩据出奔。司空长史李弘以并州叛，降于勒。

十二月甲申朔，日有蚀之。已未，刘琨奔蓟，依段匹磾。

五年春正月，帝在平阳。庚子，虹霓弥天，三日并照。平东将军宋哲奔江左。李雄使其将李恭、罗寅寇巴东。

二月，刘聪使其将刘畅攻荥阳，太守李矩击破之。

三月，琅邪王睿承制改元，称晋王于建康。

夏五月景子，日有蚀之。

秋七月，大旱，司、冀、青、雍等四州蝝蝗。石勒亦竞取百姓禾，时人谓之"胡蝗"。

八月，刘聪使赵固袭卫将军华荟于定颍，遂害之。

　　冬十月景子，日有蚀之。刘聪出猎，令帝行车骑将军，戎服执戟为导，百姓聚而观之，故老或歔欷流涕，聪闻而恶之。聪后因大会，使帝行酒洗爵，反而更衣，又使帝执盖，晋臣在坐者多失声而泣，尚书郎辛宾抱帝恸哭，为聪所害。

　　十二月戊戌，帝遇弑，崩于平阳，时年十八。帝之继皇统也，属永嘉之乱，天下崩离，长安城中户不盈百，墙宇颓毁，蒿棘成林。朝廷无车马章服，唯桑版署号而已。众唯一旅，公私有车四乘，器械多阙，运馈不继。巨猾滔天，帝京危急，诸侯无释位之志，征镇阙勤王之举，故君臣窘迫，以至杀辱云。

　　史臣曰：昔炎晖杪暮，英雄多假于宗室；金德韬华，颠沛共推于怀、愍。樊阳寂寥，兵车靡会，岂力不足而情有余乎？喋喋遗萌，苟存其主，譬彼诗人，爱其棠树。夫有非常之事，而无非常之功，详观发迹，用非天启，是以舆棺齿剑，可得而言焉。于是五岳三涂，并皆沦寇，龙川、牛首，故以立君。股肱非挑战之秋，刘、石有滔天之势，疗饥中断，婴戈外绝，两京沦狄，再驾徂戎。周王陨首于骊峰，卫公亡肝于淇上，思为一郡，其可得乎！干宝有言曰：

　　　　昔高祖宣皇帝以雄才硕量，应时而仕，值魏太祖创基之初，筹画军国，嘉谋屡中，遂服舆轸，驱驰三世。性深阻有若城府，而能宽绰以容纳；行任数以御物，而知人善采拔。故贤愚咸怀，大小毕力。尔乃取邓艾于农隙，引州泰于行役，委以文武，各善其事。故能西禽孟达，东举公孙，内夷曹爽，外袭王凌。神略独断，征伐四克，维御群后，大权在己。于是百姓与能，大象始构。

　　　　世宗承基，太祖继业，玄、丰乱内，钦、诞寇外，潜谋虽密，而在机必兆；淮浦再扰，而许洛不震：咸黜异图，用融前烈，然后推毂钟、邓，长驱庸蜀，三关电扫，而刘禅入臣，天符人事，于是信矣。始当非常之礼，终受备物之锡。至于世祖，遂享皇极。仁以厚下，俭以足用，和而不弛，宽而能断，故民咏维新，四海

悦劝矣。聿修祖宗之志,思辑战国之苦。腹心不同,公卿异议,
而独纳羊祜之策,杖王、杜之决,役不二时,江湘来同。掩唐虞
之旧域,班正朔于八荒。天下书同文,车同轨,牛马被野,余粮
委亩,故于时有"天下无穷人"之谚。虽太平未洽,亦足以明吏
奉其法,民乐其生矣。

　　武皇既崩,山陵未干,而杨骏被诛,母后废黜。寻以二公、
楚王之变,宗子无维城之助,师尹无具瞻之贵,至乃易天子以
太上之号,而有免官之谣。民不见德,惟乱是闻,朝为伊、周,夕
成桀、蹠,善恶陷于成败,毁誉协于世利,内外混淆,庶官失才,
名实反错,天纲解纽。国政迭移于乱人,禁兵外散于四方,方岳
无钧石之镇,关门无结草之固。李辰、石冰倾之于荆、杨,元海、
王弥挠之于青、冀,戎羯称制,二帝失尊,何哉?树立失权,托付
非才,四维不张,而苟且之政多也。

　　夫作法于治,其弊犹乱;作法于乱,谁能救之!彼元海者,
离石之将兵都尉;王弥者,青州之散吏也。盖皆弓马之士,驱走
之人,非有吴先主、诸葛孔明之能也;新起之寇,乌合之众,非
吴、蜀之敌也;脱耒为兵,裂裳为旗,非战国之器也;自下逆上,
非邻国之势也。然而扰天下如驱群羊,举二都如拾遗芥,将相
王侯连颈以受戮,后嫔妃主虏辱于戎卒,岂不哀哉!天下,大器
也;群生,重畜也。爱恶相攻,利害相夺,其势常也。若积水于
防,燎火于原,未尝暂静也。器大者,不可以小道治;势重者,不
可以争竞扰。古先哲王知其然也,是以捍其大患,御其大灾。百
姓皆知上德之生己,而不谓浚己以生也,是以感而应之,悦而
归之,如晨风之郁北林,龙鱼之趣薮泽也。然后设礼文以理之,
断刑罚以威之,谨好恶以示之,审祸福以喻之,求明察以官之,
尊慈爱以固之。故众知向方,皆乐其生而哀其死,悦其教而安
其俗;君子勤礼,小人尽力,廉耻笃于家闾,邪辟消于胸怀。故
其民有见其危以授命,而不求生以害义,又况可奋臂大呼,聚
之以干纪作乱乎!基广则难倾,根深则难拔,理节则不乱,胶结

则不迁。是以昔之有天下者之所以长久也。夫岂无僻主,赖道德典刑以维持之也。

昔周之兴也,后稷生于姜嫄,而天命昭显,文武之功起于后稷。至于公刘,遭夏人之乱,去邰之豳,身服厥劳。至于太王,为戎翟所逼,而不忍百姓之命,杖策而去之。故从之如归市,一年成邑,二年成都,三年五倍其初。至于王季,能貊其德音;至于文王,而维新其命。由此观之,周家世积忠厚,仁及草木,内隆九族,外尊事黄考,以成其福禄者也。而其妃后躬行四教,尊敬师傅,服浣濯之衣,修烦辱之事,化天下以成妇道。是以汉滨之女,守洁白之志;中林之士,有纯一之德,始于忧勤,终于逸乐。以三圣之知,伐独夫之纣,犹正其名教,曰逆取顺守。及周公遭变,陈后稷先公风化之所由,致王业之艰难者,则皆农夫女工衣食之事也。故自后稷之始基靖民,十五王而文始平之,十六王而武始居之,十八王而康克安之。故其积基树本,经纬礼俗,节理人情,恤隐民事,如此之缠绵也。

今晋之兴也,功烈于百王,事捷于三代。宣、景遭多难之时,诛庶孽以便事,不及修公刘、大王之仁也。受遗辅政,屡遇废置,故齐王不明,不获思庸于亳;高贵冲人,不得复子明辟也。二祖逼禅代之期,不暇待参分八百之会也。是其创基立本,异于先代者也。加以朝寡纯德之人,乡乏不贰之老,风俗淫僻,耻尚失所,学者以《庄》、《老》为宗而黜六经,谈者以虚荡为辨而贱名检,行身者以放浊为通而狭节信,进仕者以苟得为贵而鄙居正,当官者以望空为高而笑勤恪。是以刘颂屡言治道,傅咸每纠邪正,皆谓之俗吏;其倚杖虚旷,依阿无心者皆名重海内。若夫文王日昃不暇食,仲山甫夙夜匪懈者,盖共嗤黜以为灰尘矣。由是毁誉乱于善恶之实,情慝奔于货欲之涂。选者为人择官,官者为身择利,而执钧当轴之士,身兼官以十数。大极其尊,小录其要,而世族贵戚之子弟,陵迈超越,不拘资次。悠悠风尘,皆奔竞之士;列官千百,无让贤之举。子真著《崇让》而莫之省，子雅制九班而不得用。其妇女，庄栉织纴皆取成于婢仆，未尝知女工丝枲之业，中馈酒食之事也。先时而婚，任情而动，故皆不耻淫佚之过，不拘妒忌之恶，父兄不之罪也，天下莫之非也。又况责之闻四教于古，修贞顺于今，以辅佐君子者哉！礼法刑政于此大坏，如水斯积而决其堤防，如火斯畜而离其薪燎也。国之将亡，本必先颠，其此之谓乎！

　　故观阮籍之行，而觉礼教崩弛之所由也。察庾纯、贾充之争，而见师尹之多僻；考平吴之功，而知将帅之不让；思郭钦之谋，而寤戎狄有衅；览傅玄、刘毅之言，而得百官之邪；核傅咸之奏、钱神之论，而睹宠赂之彰。民风国势如此，虽以中庸之才，守文之主治之，辛有必见之于祭祀，季札必得之于声乐，范燮必为之请死，贾谊必为之痛哭，又况我惠帝以放荡之德临之哉！怀帝承乱得位，羁于强臣，愍帝奔播之后，徒厕其虚名，天下之政既去，非命世之雄才，不能取之矣！淳耀之烈未渝，故大命重集于中宗元皇帝。

赞曰：怀佩玉玺，愍居黄屋。鳌坠三山，鲸吞九服。獯入金商，穷居未央。圆颅尽仆，方趾咸僵。大夫反首，徙我平阳。主忧臣哭，于何不臧！

晋书卷六
帝纪第六

中宗元帝　肃宗明帝

　　元皇帝,讳睿,字景文,宣帝曾孙,琅邪恭王觐之子也。咸宁二年生于洛阳,有神光之异,一室尽明,所藉藁如始刈。及长,白豪生于日角之左,隆准龙颜,目有精曜,顾眄炜如也。

　　年十五,嗣位琅邪王。幼有令问。及惠皇之际,王室多故,帝每恭俭退让,以免于祸。沉敏有度量,不显灼然之迹,故时人未之识焉。惟侍中嵇绍异之,谓人曰:“琅邪王毛骨非常,殆非人臣之相也。”

　　元康二年,拜员外散骑常侍。累迁左将军,从讨成都王颖。荡阴之败也,叔父东安王繇为颖所害。帝惧祸及,将出奔。其夜月正明,而禁卫严警,帝无由得去,甚窘迫。有顷,云雾晦冥,雷雨暴至,徼者皆弛,因得潜出。颖先令诸关无得出贵人,帝既至河阳,为津吏所止。从者宋典后来,以策鞭帝马而笑曰:“舍长!官禁贵人,汝亦被拘邪!”吏乃听过。至洛阳,迎太妃俱归国。

　　东海王越之收兵下邳也,假帝辅国将军,寻加平东将军、监徐州诸军事,镇下邳。俄迁安东将军、都督扬州诸军事。越西迎大驾,留帝居守。永嘉初,用王导计,始镇建邺,以顾荣为军司马,贺循为参佐,王敦、王导、周颛、刁协并为腹心股肱,宾礼名贤,存问风俗,江东归心焉。属太妃薨于国,自表奔丧,葬毕,还镇,增封宣城郡二万户,加镇东大将军、开府仪同三司。受越命,讨征东将军周馥,走之。及怀帝蒙尘于平阳,司空荀藩等移檄天下,推帝为盟主。江州刺史华轶不从,使豫章内史周广、前江州刺史卫展讨禽之。愍帝即位,加左丞相。岁余,进位丞相、大都督中外诸军事。遣诸将分定江东,斩叛者孙弼于宣城,平杜弢于湘州,承制赦荆扬。及西都不守,帝出师露次,躬擐甲胄,移檄四方,征天下之兵,克日进讨。于时有玉册见于临安,白麒麟神玺出于江宁,其文曰"长寿万年",日有重晕,皆以为中兴之象焉。

建武元年春二月辛巳,平东将军宋哲至,宣愍帝诏曰:"遭运迍否,皇纲不振。朕以寡德,奉承洪绪,不能祈天永命,绍隆中兴,至使凶胡敢帅犬羊,逼迫京辇。朕今幽塞穷城,忧虑万端,恐一旦崩溃。卿指诣丞相,具宣朕意,使摄万机,时据旧都,修复陵庙,以雪大耻。"

三月,帝素服出次,举哀三日,西阳王羕及群僚参佐州征牧守等上尊号,帝不许。羕等以死固请,至于再三。帝慨然流涕曰:"孤,罪人也,惟有蹈节死义,以雪天下之耻,庶赎铁钺之诛。吾本琅邪王,诸贤见逼不已!"乃呼私奴命驾,将反国。群臣乃不敢逼,请依魏晋故事为晋王,许之。辛卯,即王位,大赦,改元。其杀祖父母、父母,及刘聪、石勒,不从此令。诸参军拜奉车都尉,掾属驸马都尉。辟掾属百余人,时人谓之"百六掾"。乃备百官,立宗庙社稷于建康。时四方竞上符瑞,帝曰:"孤负四海之责,未能思愆,何征祥之有?"

景辰,立世子绍为晋王太子。以抚军大将军、西阳王羕为太保,征南大将、汉安侯王敦为大将军,右将军王导都督中外诸军事、骠骑将军,左长史刁协为尚书左仆射。封王子宣城公裒为琅邪王。

六月景寅,司空、并州刺史、广武侯刘琨,幽州刺史、左贤王、渤海公段匹磾,领护乌丸校尉、镇北将军刘翰,单于、广宁公段辰,辽西公段眷,冀州刺史、祝阿子邵续,青州刺史、广饶侯曹嶷,兖州刺史、定襄侯刘演,东夷校尉崔毖,鲜卑大都督慕容廆等一百八十人上书劝进,曰:

臣闻天生蒸民,树之以君,所以对越天地,司牧黎元。圣帝明王监其若此，知天地不可以乏飨，故屈其身以奉之；知蒸黎不可以无主，故不得已而临之。社稷时难，则戚藩定其倾；郊庙或替，则宗哲纂其祀。是以弘振遐风，式固万世，三五以降，靡不由之。伏惟高祖宣皇帝肇基景命，世祖武皇帝遂造区夏，三叶重光，四圣继轨，惠泽侔于有虞，卜世过于周氏。自元康以来，艰难繁兴，永嘉之际，氛厉弥昏，宸极失御，登遐丑裔，国家之危，有若缀旒。赖先后之德、宗庙之灵，皇帝嗣建，旧物克甄。诞授钦明，服膺聪哲，玉质幼彰，金声凤振。冢宰摄其纲，百辟辅其政，四海想中兴之美，群生怀来苏之望。不图天不悔祸，大灾荐臻，国未忘难，寇害寻兴。逆胡刘曜，纵逸西都，敢肆犬羊，陵虐天邑。臣奉表使还，乃承西朝以去年十一月不守，主上幽劫，复沉房庭，神器流离，再辱荒逆。臣每览史籍，观之前载，厄运之极，古今未有。苟在食土之毛，含血之类，莫不叩心绝气，行号巷哭。况臣等荷宠三世，位厕鼎司，闻问震惶，精爽飞越，且惊且悚，五情无主，举哀朔垂，上下泣血。

臣闻昏明迭用，否泰相济，天命无改，历数有归。或多难以固邦国，或殷忧以启圣明。是以齐有无知之祸，而小白为五伯之长；晋有丽姬之难，而重耳以主诸侯之盟。社稷靡安，必将有扶其危；黔首几绝，必将有以继其绪。伏惟陛下，玄德通于神明，圣姿合于两仪，应命世之期，绍千载之运。符瑞之表，天人有征；中兴之兆，图谶垂典。自京畿陨丧，九服崩离，天下嚣然，无所归怀，虽有夏之遘夷羿，宗姬之离犬戎，蔑以过之。陛下抚征江左，奄有旧吴，柔服以德，伐叛以刑，抗明威以摄不类，杖大顺以号宇内。纯化既敷，则率土宅心；义风既畅，则遐方企踵。百揆时叙于上，四门穆穆于下。昔少康之隆，夏训以为美谈；宣王中兴，周诗以为休咏。况茂勋格于皇天，清晖光于四海，苍生颙然，莫不欣戴，声教所加，愿为臣妾者哉！且宣皇之胤，惟有陛下，亿兆攸归，曾无与二。天祚大晋，必将有主，主晋祀者，非陛下而谁！是以迩无异言，远无异望，讴歌者，无不吟讽徽猷;狱讼者,无不思于圣德。天地之际既交,华夷之情允洽。一角之兽,连理之木,以为休征者,盖有百数。冠带之伦,要荒之众,不谋同辞者,动以万计。是以臣等敢考天地之心,因函夏之趣,昧死上尊号。愿陛下存舜、禹至公之情,狭由、巢抗矫之节;以社稷为务,不以小行为先;以黔首为忧,不以克让为事;上慰宗庙乃顾之怀,下释普天倾首之勤。则所谓生繁华于枯荑,育丰肌于朽骨,神人获安,无不幸甚。

臣闻尊位不可久虚,万机不可久旷。虚之一日,则尊位以殆;旷之浃辰,则万机以乱。方今踵百王之季,当阳九之会,狡寇窥窬,伺国瑕隙,黎元波荡,无所系心,安可废而不恤哉?陛下虽欲逡巡,其若宗庙何?其若百姓何?昔者惠公虏秦,晋国震骇,吕郤之谋,欲立子圉,外以绝敌人之志,内以固阃境之情。故曰"丧君有君,群臣辑睦,好我者劝,恶我者惧"。前事之不忘,后代之元龟也。陛下明并日月,无幽不烛,深谋远猷,出自胸怀。不胜犬马忧国之情,迟睹人神开泰之路,是以陈其乃诚,布之执事。臣等忝于方任,久在遐外,不得陪列阙庭,与睹盛礼,踊跃之怀,南望罔极。

帝优令答之,语在《琨传》。

石勒将石季龙围谯城,平西将军祖逖击走之。已巳,帝传檄天下曰:"逆贼石勒,肆虐河朔,遘诛历载,游魂纵逸。复遣凶党石季龙犬羊之众,越河南渡,纵其鸱毒。平西将军祖逖帅众讨击,应时溃散。今遣车骑将军、琅邪王裒等九军,锐卒三万,水陆四道,迳造贼场,受逖节度。有能枭季龙首者,赏绢三千匹,金五十斤,封县侯,食邑二千户。又贼党能枭送季龙首,封赏亦同之。"

七月,散骑侍郎朱嵩、尚书郎顾球卒,帝痛之,将为举哀。有司奏,旧尚书郎不在举哀之例。帝曰:"丧乱之弊,特相痛悼。"于是遂举哀,哭之甚恸。丁未,梁王悝薨。以太尉荀组为司徒。弛山泽之禁。

八月甲午,封梁王世子翘为梁王。荆州刺史第五猗为贼帅杜曾所推,遂与曾同反。

九月戊寅,王敦使武昌太守赵诱、襄阳太守朱轨、陵江将军黄峻讨猗,为其将杜曾所败,诱等皆死之。石勒害京兆太守毕谌。梁州刺史周访讨杜曾,大破之。

十月丁未,琅邪王裒薨。

十一月甲子,封汝南王子弼为新蔡王。丁卯,以司空刘琨为太尉。置史官,立太学。

是岁,扬州大旱。

太兴元年春正月戊申朔,临朝,悬而不乐。

三月癸丑,愍帝崩问至,帝斩衰居庐。景辰,百僚上尊号。令曰:"孤以不德,当厄运之极,臣节未立,匡救未举,夙夜所以忘寝食也。今宗庙废绝,亿兆无系,群官庶尹,咸勉之以大政,亦何以辞,辄敬从所执。"是日,即皇帝位。诏曰:"昔我高祖宣皇帝,诞应期运,廓开皇基。景、文皇帝,奕世重光,缉熙诸夏。爰暨世祖,应天顺时,受兹明命。功格天地,仁济宇宙。昊天不融,降此鞠凶,怀帝短世,越去王都。天祸荐臻,大行皇帝崩殂,社稷无奉。肆群后三司六事之人,畴咨庶允,至于华戎,致辑大命于朕躬。予一人畏天之威,用弗敢违。遂登坛南岳,受终文祖,焚柴颁瑞,告类上帝。惟朕寡德,缵我洪绪,若涉大川,罔知攸济。惟尔股肱爪牙之佐,文武熊罴之臣,用能弼宁晋室,辅余一人。思与万国,共同休庆。"于是大赦,改元,文武增位二等。

庚午,立王太子绍为皇太子。

壬申,诏曰:"昔之为政者,动人以行不以言,应天以实不以文,故我清静而人自正。其次听言观行,明试以功。其有政绩可述,刑狱得中,人无怨讼,久而日新,及当官软弱,茹柔吐刚,行身秽浊,修饰时誉者,各以名闻。令在事之人,仰鉴前烈,同心戮力,深思所以宽众息役,惠益百姓,无废朕命。远近礼赟,一切断之。"

夏四月丁丑朔,日有蚀之。加大将军王敦江州牧,进骠骑将军王导开府仪同三司。戊寅,初禁招魂葬。乙酉,西平地震。

五月癸丑,使持节、侍中、都督、太尉、并州刺史、广武侯刘琨为段匹䃅所害。

六月,旱,帝亲雩。改丹杨内史为丹杨尹。甲申,以尚书左仆射刁协为尚书令,平南将军、曲陵公荀崧为尚书左仆射。庚寅,以荥阳太守李矩为都督司州诸军事、司州刺史。戊戌,封皇子晞为武陵王。初置谏鼓、谤木。

秋七月戊申,诏曰:"王室多故,奸凶肆暴,皇纲弛坠,颠覆大猷。朕以不德,统承洪绪,夙夜忧危,思改其弊。二千石令长当祗奉旧宪,正身明法,抑齐豪强,存恤孤独,隐实户口,劝课农桑。州牧刺史当互相检察,不得顾私亏公。长吏有志在奉公而不见进用者,有贪婪秽浊而以财势自安者,若有不举,当受故纵蔽善之罪,有而不知,当受暗塞之责。各明慎奉行。"刘聪死,其子粲嗣伪位。

八月,冀、徐、青三州蝗。靳准弑刘粲,自号汉王。

冬十月癸未,加广州刺史陶侃平南将军。刘曜僭即皇帝位于赤壁。

十一月乙卯,日夜出,高三丈,中有赤青珥。新野王弼薨。加大将军王敦荆州牧。庚申,诏曰:"朕以寡德,纂承洪绪,上不能调和阴阳,下不能济育群生,灾异屡兴,咎征仍见。壬子、乙卯,雷震暴雨,盖天灾谴诚,所以彰朕之不德也。群公卿士,其各上封事,具陈得失,无有所讳,将亲览焉。"新作听讼观。故归命侯孙皓子璠谋反,伏诛。

十二月,刘聪故将王腾、马忠等诛靳准,送传国玺于刘曜。武昌地震。丁丑,封显义亭侯焕为琅邪王。琅邪王焕薨。癸巳,诏曰:"汉高经大梁,美无忌之贤;齐师入鲁,修柳下惠之墓。其吴之高德名贤或未旌录者,具条列以闻。"江东三郡饥,遣使赈给之。彭城内史周抚杀沛国内史周默以反。

二年春正月丁卯,崇阳陵毁,帝素服哭三日;使冠军将军梁堪、守太常马龟等修复山陵。迎梓宫于平阳,不克而还。

二月,太山太守徐龛斩周抚,传首京师。

　　夏四月，龙骧将军陈川以浚仪叛，降于石勒。太山太守徐龛以郡叛，自号兖州刺史，寇济岱。秦州刺史陈安叛，降于刘曜。

　　五月癸丑，太阳陵毁，帝素服哭三日。徐、扬及江西诸郡蝗。吴郡大饥。平北将军祖逖及石勒将石季龙战于浚仪，王师败绩。壬戌，诏曰："天下凋弊，加以灾荒，百姓困穷，国用并匮，吴郡饥人死者百数。天生蒸黎而树之以君，选建明哲以左右之，当深思以救其弊。昔吴起为楚悼王明法审令，捐不急之官，除废公族疏远，以附益将士，而国富兵强。况今日之弊，百姓凋困邪！且当去非急之务，非军事所须者皆省之。"甲子，梁州刺史周访及杜曾战于武当，斩之，禽第五猗。

　　六月景子，加周访安南将军。罢御府及诸郡丞，置博士员五人。己亥，加太常贺循开府仪同三司。

　　秋七月乙丑，太常贺循卒。

　　八月，肃慎献楛矢石砮。徐龛寇东莞，遣太子左卫率羊鉴行征虏将军，统徐州刺史蔡豹讨之。

　　冬十月，平北将军祖逖使督护陈超袭石勒将桃豹，超败，没于阵。

　　十一月戊寅，石勒僭即王位，国号赵。

　　十二月乙亥，大赦，诏百官各上封事，并省众役。鲜卑慕容廆袭辽东，东夷校尉、平州刺史崔毖奔高句骊。

　　是岁，南阳王保称晋王于祁山。三吴大饥。

　　三年春正月丁酉朔，晋王保为刘曜所逼，迁于桑城。

　　二月辛未，石勒将石季龙寇厌次，平北将军、冀州刺史邵续击之，续败，没于阵。

　　三月，慕容廆奉送玉玺三纽。

　　闰月，以尚书周顗为尚书仆射。

　　夏四月壬辰，枉矢流于翼轸。

　　五月景寅，孝怀帝太子诠遇害于平阳，帝三日哭。庚寅，地震。是月，晋王保为其将张春所害。刘曜使陈安攻春，灭之，安因叛曜。

石勒将徐龛帅众来降。

六月，大水。丁酉，盗杀西中郎将、护羌校尉、凉州刺史、西平张公实，实弟茂嗣，领平西将军、凉州刺史。

秋七月丁亥，诏曰："先公武正、先考恭王，临君琅邪四十余年，惠泽加于百姓，遗爱结于人情。朕应天符，创基江表，兆庶宅心，襁负子来。琅邪国人在此者近有千户，今立为怀德县，统丹杨郡。昔汉高祖以沛为汤沐邑，光武亦复南顿，优复之科一依汉氏故事。"祖逖部将卫策大破石勒别军于汴水。加逖为镇西将军。

八月戊午，尊敬王后虞氏为敬皇后。辛酉，迁神主于太庙。辛未，梁州刺史、安南将军周访卒。皇太子释奠于太学。以湘州刺史甘卓为安南将军、梁州刺史。

九月，徐龛又叛，降于石勒。

冬十月景辰，徐州刺史蔡豹以畏懦伏诛。王敦杀武陵内史向硕。

四年春二月，徐龛又帅众来降。鲜卑末波奉送皇帝信玺。庚戌，告于太庙，乃受之。癸亥，日斗。

三月，置《周易》、《仪礼》、《公羊》博士。癸酉，以平东将军曹嶷为安东将军。

夏四月辛亥，帝亲览庶狱。石勒攻厌次，陷之。抚军将军、幽州刺史段匹磾没于勒。

五月，旱。庚申，诏曰："昔汉二祖及魏武皆免良人，武帝时，凉州覆败，诸为奴婢亦皆复籍，此累代成规也。其免中州良人遭难为扬州诸郡僮客者，以备征役。"

秋七月，大水。甲戌，以尚书戴若思为征西将军、都督司、兖、豫、并、冀、雍六州诸军事、司州刺史，镇合肥；丹杨尹刘隗为镇北将军、都督青徐幽平四州诸军事、青州刺史，镇淮阴。壬午，以骠骑将军王导为司空。

八月，常山崩。

九月壬寅，镇西将军、豫州刺史祖逖卒。

冬十月壬午,以逊弟侍中约为平西将军、豫州刺史。

十二月,以慕容廆为持节、都督幽平二州东夷诸军事,平州牧,封辽东郡公。

永昌元年春正月乙卯,大赦,改元。戊辰,大将军王敦举兵于武昌,以诛刘隗为名,龙骧将军沈充帅众应之。

三月,征西将军戴若思、镇北将军刘隗还卫京都。以司空王导为前锋大都督,以戴若思为骠骑将军,丹杨诸郡皆加军号。加仆射周颙尚书左仆射,领军王邃尚书右仆射。以太子右卫率周莚行冠军将军,统兵三千讨沈充。甲午,封皇子昱为琅邪王。刘隗军于金城,右将军周札守石头,帝亲被甲徇六师于郊外。遣平南将军陶侃领江州,安南将军甘卓领荆州,各帅所统以蹑敦后。

四月,敦前锋攻石头,周札开城门应之,奋威将军侯礼死之。敦据石头,戴若思、刘隗帅众攻之,王导、周颙、郭逸、虞潭等三道出战,六军败绩。尚书令刁协奔于江乘,为贼所害。镇北将军刘隗奔于石勒。帝遣使谓敦曰:“公若不忘本朝,于此息兵,则天下尚可共安也。如其不然,朕当归于琅邪,以避贤路。”辛未,大赦。敦乃自为丞相、都督中外诸军、录尚书事,封武昌郡公,邑万户。景子,骠骑将军、秣陵侯戴若思,尚书左仆射、护军将军、武城侯周颙为敦所害。敦将沈充陷吴国,魏乂陷湘州,吴国内史张茂、湘州刺史、谯王承并遇害。

五月壬申,敦以太保、西阳王羕为太宰,加司空王导尚书令。乙亥,镇南大将军甘卓为襄阳太守周虑所害。蜀贼张龙寇巴东,建平太守柳纯击走之。石勒遣骑寇河南。

六月,旱。

秋七月,王敦自加兖州刺史郗鉴为安北将军。石勒将石季龙攻陷太山,执守将徐龛。兖州刺史郗鉴自邹山退守合肥。

八月,敦以其兄含为卫将军,自领宁、益二州都督。琅邪太守孙默叛,降于石勒。

冬十月,大疫,死者十二三。己丑,都督荆梁二州诸军事、平南将军、荆州刺史、武凌侯王廙卒。辛卯，以下邳内史王邃为征北将军、都督青徐幽平四州诸军事，镇淮阴。新昌太守梁硕起兵反。京师大雾，黑气蔽天，日月无光。石勒攻陷襄城、城父，遂围谯，破祖约别军，约退据寿春。

十一月，以司徒荀组为太尉。己酉，太尉荀组薨。罢司徒，并丞相。

闰月己丑，帝崩于内殿，时年四十七，葬建平陵，庙号中宗。

帝性简俭冲素，容纳直言，虚己待物。初镇江东，颇以酒废事，王导深以为言，帝命酌，引觞覆之，于此遂绝。有司尝奏太极殿广室施绛帐，帝曰："汉文集上书皂囊为帷。"遂令冬施青布，夏施青练帷帐。将拜贵人，有司请市雀钗，帝以烦费不许。所幸郑夫人衣无文彩。从母弟王廙为母立屋过制，流涕止之。然晋室遘纷，皇舆播越，天命未改，人谋叶赞。元戎屡动，不出江畿，经略区区，仅全吴楚。终于下陵上辱，忧愤告谢。恭俭之德虽充，雄武之量不足。

始秦时望气者云"五百年后金陵有天子气"，故始皇东游以厌之，改其地曰秣陵，堑北山以绝其势。及孙权之称号，自谓当之。孙盛以为始皇逮于孙氏四百三十七载，考其历数，犹为未及；元帝之渡江也，乃五百二十六年，真人之应在于此矣。咸宁初，风吹太社树折，社中有青气，占者以为东莞有帝者之祥。由是徙封东莞王于琅邪，即武王也。及吴之亡，王濬实先至建邺，而皓之降款，远归玺于琅邪。天意人事，又符中兴之兆。太安之际，童谣云："五马浮渡江，一马化为龙。"及永嘉中，岁、镇、荧惑、太白聚、牛、女之间，识者以为吴越之地当兴王者。是岁，王室沦覆，帝与西阳、汝南、南顿、彭城五王获济，而帝竟登大位焉。

初，《玄石图》有"牛继马后"，故宣帝深忌牛氏，遂为二榼，共一口，以贮酒焉，帝先饮佳者，而以毒酒鸩其将牛金。而恭王妃夏侯氏竟通小吏牛氏而生元帝，亦有符云。

史臣曰：晋氏不虞，自中流外，五胡扛鼎，七庙隳尊，滔天方驾，则民怀其旧德者矣。昔光武以数郡加名，元皇以一州临极，岂武宣余化犹畅于琅邪，文景垂仁传芳于南顿，所谓后乎天时，先诸人事者也。驰章献号，高盖成阴，星斗呈祥，金陵表庆。陶士行拥三州之旅，郢外以安；王茂弘为分陕之计，江东可立。或高旌未拂，而退心斯偃，回首朝阳，仰希干栋，帝犹六让不居，七辞而不免也。布帐练帷，详刑简化，抑扬前轨，光启中兴。古者私家不蓄甲兵，大臣不为威福，王之常制，以训股肱。中宗失驭强臣，自亡齐斧，两京胡羯，风埃相望。虽复《六月》之驾无闻，而《鸿雁》之歌方远，享国无几，哀哉！

　　明皇帝，讳绍，字道畿，元皇帝长子也。幼而聪哲，为元帝所宠异。年数岁，尝坐置膝前，属长安使来，因问帝曰："汝谓日与长安孰远？"对曰："长安近。不闻人从日边来，居然可知也。"元帝异之。明日，宴群僚，又问之。对曰："日近。"元帝失色，曰："何乃异间者之言乎？"对曰："举目则见日，不见长安。"由是益奇之。

　　建兴初，拜东中郎将，镇广陵。元帝为晋王，立为晋王太子。及帝即尊号，立为皇太子。性至孝，有文武才略，钦贤爱客，雅好文辞。当时名臣，自王导、庾亮、温峤、桓彝、阮放等，咸见亲待。尝论圣人真假之意，导等不能屈。又习武艺，善抚将士。于时东朝济济，远近属心焉。

　　及王敦之乱，六军败绩，帝欲帅将士决战，升车将出，中庶子温峤固谏，抽剑斩鞅，乃止。敦素以帝神武明略，朝野之所钦信，欲诬以不孝而废焉。大会百官而问温峤曰："皇太子以何德称？"声色俱厉，必欲使有言。峤对曰："钩深致远，盖非浅局所量。以礼观之，可称为孝矣。"众皆以为信然，敦谋遂止。

　　永昌元年闰月己丑，元帝崩。庚寅，太子即皇帝位。大赦，尊所生荀氏为建安郡君。

　　太宁元年春正月癸巳，黄雾四塞，京师火。李雄使其将李骧、任回寇台登，将军司马玖死之。越巂太守李钊、汉嘉太守王载以郡叛，降于襄。

二月，葬元帝于建平陵，帝徒跣至于陵所。以特进华恒为骠骑将军、都督石头水陆军事。乙丑，黄雾四塞。景寅，陨霜。壬申，又陨霜。杀谷。

三月戊寅朔，改元，临轩，停飨宴之礼，悬而不乐。景戌，陨霜，杀草。饶安、东光、安陵三县灾，烧七千余家，死者万五千人。石勒攻陷下邳，徐州刺史卞敦退保盱眙。王敦献皇帝信玺一纽。敦将谋篡逆，讽朝廷征己，帝乃手诏征之。

夏四月，敦下屯于湖，转司空王导为司徒，自领扬州牧。巴东监军柳纯为敦所害。以尚书陈眕为都督幽平二州诸军事、幽州刺史。

五月，京师大水。李骧等寇宁州，刺史王逊遣将姚岳距战于堂狼，大破之。梁硕攻陷交州，刺史王谅死之。

六月壬子，立皇后庾氏。平南将军陶侃遣参军高宝攻梁硕，斩之，传首京师。进侃位征南大将军、开府仪同三司。

秋七月景子朔，震太极殿柱。是月，刘曜攻陈安于龙城，灭之。

八月，以安北将军郗鉴为尚书令。石勒将石季龙攻陷青州，刺史曹嶷遇害。

冬十一月，王敦以其兄征南大将军含为征东将军、都督扬州江西诸军事。以军国饥乏，调刺史以下米各有差。

二年春正月丁丑，帝临朝，停飨宴之礼，悬而不乐。庚辰，赦五岁刑以下。术人李脱造妖书惑众，斩于建康市。石勒将石季龙寇兖州，刺史刘遐自彭城退保泗口。

三月，刘曜将康平寇魏兴，及南阳。

夏五月，王敦矫诏拜其子应为武卫将军，兄含为骠骑大将军。帝所亲信常从督公乘雄、冉曾并为敦所害。

六月，敦将举兵内向，帝密知之，乃乘巴滇骏马微行，至于湖，阴察敦营垒而出。有军士疑帝非常人。又敦正昼寝，梦日环其城，惊起曰："此必黄须鲜卑奴来也。"帝母荀氏，燕代人，帝状类外氏，须黄，敦于谓帝云。于是使五骑物色追帝。帝亦驰去，马有遗粪，辄以水灌之。见逆旅卖食妪，以七宝鞭与之，曰："后有骑来，可以此示也。"俄而追者至，问妪。妪曰："去已远矣。"因以鞭示之。五骑传玩，稽留遂久。又见马粪冷，以为信远而止不追。帝仅而获免。

丁卯，加司徒王导大都督、假节，领扬州刺史，以丹杨尹温峤为中垒将军，与右将军卞敦守石头，以光禄勋应詹为护军将军、假节、督朱雀桥南诸军事，以尚书令郗鉴行卫将军、都督从驾诸军事，以中书监庾亮领左卫将军，以尚书卞壶行中军将军，征平北将军、徐州刺史王邃，平西将军、豫州刺史祖约，北中郎将、兖州刺史刘遐，奋武将军、临淮太守苏峻，奋威将军、广陵太守陶瞻等还卫京师。帝次于中堂。

秋七月壬申朔，敦遣其兄含及钱凤、周抚、邓岳等水陆五万，至于南岸。温峤移屯水北，烧朱雀桁，以挫其锋。帝躬率六军，出次南皇堂。至癸酉夜，募壮士，遣将军段秀、中军司马曹浑、左卫参军陈嵩、钟寅等甲卒千人渡水，掩其未毕。平旦，战于越城，大破之，斩其前锋将何康。王敦愤惋而死。前宗正虞潭起义师于会稽。沈充帅万余人来会含等，庚辰，筑垒于陵口。

丁亥，刘遐、苏峻等帅精卒万人以至，帝夜见，劳之，赐将士各有差。义兴人周蹇杀敦所署太守刘芳，平西将军祖约逐敦所署淮南太守任台于寿春。乙未，贼众济水，护军将军应詹帅建威将军赵胤等距战，不利。贼至宣阳门，北中郎将刘遐、苏峻等自南塘横击，大破之。刘遐又破沈充于青溪。景申，贼烧营宵遁。

丁酉，帝还宫，大赦，惟敦党不原。于是分遣诸将追其党与，悉平之。封司徒王导为始兴郡公，邑三千户，赐绢九千匹；丹杨尹温峤建宁县公，尚书卞壶建兴县公，中书监庾亮永昌县公，北中郎将刘遐泉陵县公，奋武将军苏峻邵陵县公，邑各一千八百户，绢各五千四百匹；尚书令郗鉴高平县侯，护军将军应詹观阳县侯，邑各千六百户，绢各四千八百匹；建威将军赵胤湘南县侯，右将军卞敦益阳县侯，邑各千六百户，绢各三千二百匹。其余封赏各有差。

冬十月，以司徒王导为太保、领司徒，太宰、西阳王羕领太尉，应詹为平南将军、都督江州诸军事、江州刺史,刘遐为监淮北诸军事、徐州刺史,庾亮为护军将军。诏王敦群从一无所问。是时,石勒将石生屯洛阳,豫州刺史祖约退保寿阳。

十二月壬子,帝谒建平陵,从大祥之礼。梁水太守爨亮、益州太守李逷以兴古叛,降于李雄。沈充故将顾扬反于武康,攻烧城邑,州县讨斩之。

三年春二月戊辰,复三族刑,惟不及妇人。

三月,幽州刺史段末波卒,以弟牙嗣。戊辰,立皇子衍为皇太子,大赦,增文武位二等,大酺三日,赐鳏寡孤独帛,人二疋。癸巳,征处士临海任旭、会稽虞喜并为博士。

夏四月,诏曰:“大事初定,其命惟新。其令太宰、司徒已下,诣都坐参议政道,诸所因革,务尽事中。”又诏曰:“餐直言,引亮正,想郡贤达吾此怀矣。予违汝弼,尧舜之相君臣也。吾虽虚暗,庶不距逆耳之谈。稷契之任,君居之矣。望共勖之。”己亥,雨雹。石勒将石良寇兖州,刺史檀赟力战,死之。将军李矩等并众溃而归,石勒尽陷司、兖、豫三州之地。

五月,以征南大将军陶侃为征西大将军、都督荆湘雍梁四州诸军事、荆州刺史,王舒为安南将军、都督广州诸军事、广州刺史。

六月,石勒将石季龙攻刘曜将刘岳于新安,陷之。以广州刺史王舒为都督湘中诸军事、湘州刺史,湘州刺史刘颙为平越中郎将、都督广州诸军事、广州刺史。大旱,自正月不雨,至于是月。

秋七月辛未,以尚书令郗鉴为车骑将军、都督青、兖二州诸军事、假节,镇广陵,领军将军卞壶为尚书令。诏曰:“三恪二王,世代之所重;兴灭继绝,政道之所先。又宗室哲王有功勋于大晋受命之际者,佐命功臣,硕德名贤,三祖所与共维大业,咸开国胙土,誓同山河者,而并废绝,禋祀不传,甚用怀伤。主者其详议诸应立后者以闻。”又诏曰:“郊祀天地,帝王之重事。自中兴以来,惟南郊,未曾北郊,四时五郊之礼,都不复设,五岳、四渎、名山、大川,载在祀典应望秩者,悉废而未举。主者其依旧详处。”

八月，诏曰："昔周武克殷，封比干之墓；汉祖过赵，录乐毅之后，追显既往，以劝将来也。吴时将相名贤之胄，有能纂修家训，又忠孝仁义，静己守真，不闻于时者，州郡中正亟以名闻，勿有所遗。"

闰月，以尚书左仆射荀崧为光禄大夫、录尚书事，尚书邓攸为尚书左仆射。壬午，帝不愈，召太宰、西阳王羕，司徒王导，尚书令卞壶，车骑将军郗鉴，护军将军庾亮，领军将军陆晔，丹杨尹温峤并受遗诏，辅太子。

丁亥，诏曰："自古有死，贤圣所同，寿夭穷达，归于一概，亦何足特痛哉！朕枕疾已久，常虑忽然。仰惟祖宗洪基，不能克终堂构，大耻未雪，百姓涂炭，所以有慨耳。不幸之日，敛以时服，一遵先度，务从简约，劳众崇饰，皆勿为也。衍以幼弱，猥当大重，当赖忠贤，训而成之。昔周公匡辅成王，霍氏拥育孝昭，义存前典，功冠二代，岂非宗臣之道乎？凡此公卿，时之望也。敬听顾命，任托付之重，同心断金，以谋王室。诸方岳征镇，刺史将守，皆朕干城，推毂于外，虽事有内外，其致一也。故不有行者，谁捍牧圉？譬若唇齿，表里相固。宜戮力一心，若合符契，思美焉之美，以缉事为期。百辟卿士，其总己以听于冢宰，保佑冲幼，弘济艰难，永令祖宗之灵，宁于九天之上，则朕没于地下，无恨黄泉。"

戊子，帝崩于东堂，年二十七，葬武平陵，庙号肃祖。

帝聪明有机断，尤精物理。于时兵凶岁饥，死疫过半，虚弊既甚，事极艰虞。属王敦挟震主之威，将移神器。帝崎岖遵养，以弱制强，潜谋独断，廓清大祲。改授荆、湘等四州，以分上流之势，拨乱反正，强本弱枝。虽飨国日浅，而规模弘远矣。

史臣曰：维扬作宇，凭带洪流，楚江恒战，方城对敌，不得不推诚将相，以总戎麾。楼船万计，兵倍王室，处其利而无心者，周公其人也。威权外假，嫌隙内兴，彼有顺流之师，此无强藩之援。商逢九乱，尧止八音，明皇负图，属在兹日。运龙韬于掌握，起天旆于江靡，燎其余烬，有若秋原。去衰绖而践戎场，斩鲸鲵而拜园阙。镇削威权,州分江汉,覆车不践,贻厥孙谋。其后七十余年,终罹敬道之害。或曰"兴亡在运,非止上流",岂创制不殊,而弘之者异也。

赞曰:倾天起害,猛兽呈灾。琅邪之子,仁义归来。龚行赵璧,命筮荆台。云瞻北晦,江望南开。晋阳御敌,河西全壤。胡寇虽艰,灵心弗爽。三方驰骛,百蛮从响。宝命还昌,金辉载朗。明后岐嶷,军书接要。莽首晨悬,董脐昏燎。厥德不回,余风可劭。

晋书卷七

帝纪第七

显宗成帝　康帝

　　成皇帝，讳衍，字世根，明帝长子也。太宁三年三月戊辰，立为皇太子。闰月戊子，明帝崩。己丑，太子即皇帝位，大赦，增文武位二等，赐鳏寡孤老帛，人二匹，尊皇后庾氏为皇太后。

　　秋九月癸卯，皇太后临朝称制。司徒王导录尚书事，与中书令庾亮参辅朝政。以抚军将军、南顿王宗为骠骑将军，领军将军、汝南王祐为卫将军。辛丑，葬明帝于武平陵。

　　冬十一月癸巳朔，日有蚀之。广陵相曹浑有罪，下狱死。

　　咸和元年春二月丁亥，大赦，改元，大酺五日，赐鳏寡孤老米，人二斛，京师百里内复一年。

　　夏四月，石勒遣其将石生寇汝南，汝南人执内史祖济以叛。甲子，尚书左仆射邓攸卒。

　　五月，大水。

　　六月癸亥，使持节、散骑常侍、监淮北诸军事、北中郎将、徐州刺史、泉陵公刘遐卒。癸酉，以车骑将军郗鉴领徐州刺史，征虏将军郭默为北中郎将、假节、监淮北诸军。刘遐部曲将李龙、史迭奉遐子肇代遐位以距默，临淮太守刘矫击破之，斩龙，传首京师。

　　秋七月癸丑，使持节、都督江州诸军事、江州刺史、平南将军、观阳伯应詹卒。

　　八月，以给事中、前将军、丹杨尹温峤为平南将军、假节、都督，江州刺史。

九月,旱。李雄将张龙寇涪陵,执太守谢俊。

冬十月,封魏武帝玄孙曹劢为陈留王,以绍魏。景寅,卫将军、汝南王祐薨。已巳,封皇弟岳为吴王。车骑将军、南顿王宗有罪,伏诛,贬其族为马氏。免太宰、西阳王羕,降为弋阳县王。庚辰,赦百里内五岁以下刑。是月,刘曜将黄秀、帛成寇酂,平北将军魏该帅众奔襄阳。

十一月壬子,大阅于南郊。改定王侯国秩,九分食一。

石勒将石聪攻寿阳,不克,遂侵逡道、阜陵,加司徒王导大司马、假黄钺、都督中外征讨诸军事以御之。历阳太守苏峻遣其将韩晃讨石聪,走之。

时大旱,自六月不雨,至于是月。

十二月,济岷太守刘闿杀下邳内史夏侯嘉,叛降石勒。梁王翘薨。

二年春正月,宁州秀才庞遗起义兵,攻李雄将任回、李谦等,雄遣其将罗恒、费黑救之。宁州刺史尹奉遣裨将姚岳、朱提太守杨术援遗,战于台登,岳等败绩,术死之。

三月,益州地震。

夏四月,旱。已未,豫章地震。

五月甲申朔,日有蚀之。景戌,加豫州刺史祖约为镇西将军。戊子,京师大水。

冬十月,刘曜使其子胤侵枹罕,遂略河南地。

十一月,豫州刺史祖约、历阳太守苏峻等反。

十二月辛亥,苏峻使其将韩晃入姑孰,屠于湖。壬子,彭城王雄、章武王休叛,奔峻。

庚申,京师戒严。假护军将军庾亮节为征讨都督,以右卫将军赵胤为冠军将军、历阳太守,使与左将军司马流帅师距峻,战于慈湖,流败,死之。假骁骑将军钟雅节,帅舟军,与赵胤为前锋,以距峻。

丙寅,徙封琅邪王昱为会稽王,吴王岳为琅邪王。辛未,宣城内史桓彝及峻战于芜湖,彝军败绩。车骑将军郗鉴遣广陵相刘矩帅师赴京师。

三年春正月,平南将军温峤帅师救京师,次于寻阳,遣督护王愆期、西阳太守邓岳、鄱阳太守纪睦为前锋。征西大将军陶侃遣督护龚登受峤节度。钟雅、赵胤等次慈湖,王愆期、邓岳等次直渎。丁未,峻济自横江,登牛渚。

二月庚戌,峻至于蒋山。假领军将军卞壶节,帅六军,及峻战于西陵,王帅败绩。景辰,峻攻青溪栅,因风纵火,王师又大败。尚书令、领军将军卞壶,丹杨尹羊曼,黄门侍郎周导,庐江太守陶瞻并遇害,死者数千人。庾亮又败于宣阳门内,遂携其诸弟与郭默、赵胤奔寻阳。于是司徒王导、右光禄大夫陆晔、荀崧等卫帝于太极殿,太常孔愉守宗庙。贼乘胜麾戈接于帝座,突入太后后宫,左右侍人皆见掠夺。是时太官唯有烧余米数石,以供御膳。百姓号泣,响震都邑。丁巳,峻矫诏大赦,又以祖约为侍中、太尉、尚书令,自为骠骑将军、录尚书事。吴郡太守庾冰奔于会稽。

三月景子,皇太后庾氏崩。

夏四月,石勒攻宛,南阳太守王国叛,降于勒。壬申,葬明穆皇后于武平陵。

五月乙未,峻逼迁天子于石头,帝哀泣升车,宫中恸哭。峻以仓屋为宫,遣管商、张瑾、弘徽寇晋陵,韩晃寇义兴。吴兴太守虞潭与庾冰、王舒等起义兵于三吴。

景午,征西大将军陶侃、平南将军温峤、护军将军庾亮、平北将军魏该舟军四万,次于蔡洲。

六月,韩晃攻宣城,内史桓彝力战,死之。壬辰,平北将军、雍州刺史魏该卒于师。庐江太守毛宝攻贼合肥戍,拔之。

秋七月,祖约为石勒将石聪所攻,众溃,奔于历阳。石勒将石季龙攻刘曜于蒲坂。

八月,曜及石季龙战于高候,季龙败绩,曜遂围石生于洛阳。

九月戊申，司徒王导奔于白石。庚午，陶侃使督护杨谦攻峻于石头。温峤、庾亮阵于白石，竟陵太守李阳距贼南偏。峻轻骑出战，坠马，斩之，众遂大溃。贼党复立峻弟逸为帅。前交州刺史张琏据始兴反，进攻广州，镇南司马曾勰等击破之。

冬十月，李雄将张龙寇涪陵，太守赵弼没于贼。

十二月乙未，石勒败刘曜于洛阳，获之。

是岁，石勒将石季龙攻氐帅蒲洪于陇山，降之。

四年春正月，帝在石头，贼将匡术以苑城归顺，百官赴焉。侍中钟雅、右卫将军刘超谋奉帝出，为贼所害。戊辰，冠军将军赵胤遣将甘苗讨祖约于历阳，败之，约奔于石勒，其将牵腾帅众降。峻子硕攻台城，又焚太极东堂、秘阁，皆尽。城中大饥，米斗万钱。

二月，大雨霖。景戌，诸军攻石头。李阳与苏逸战于桓浦，阳军败。建威长史滕含以锐卒击之，逸等大败。含奉帝御于温峤舟，群臣顿首号泣请罪。弋阳王羕有罪，伏诛。丁亥，大赦。时兵火之后，宫阙灰烬，以建平园为宫。

甲午，苏逸以万余人自陵湖将入吴兴。乙未，将军王允之及逸战于溧阳，获之。

壬寅，以湘州并荆州。刘曜太子熙与其大司马刘胤帅百官奔于上邽关中大乱。

三月壬子，以征西大将军陶侃为太尉。封长沙郡公；车骑将军郗鉴为司空，封南昌县公；平南将军温峤为骠骑将军、开府仪同三司，封始安郡公。其余封拜各有差。庚午，以右光禄大夫陆晔为卫将军、开府仪同三司。复封高密王纮为彭城王。以护军将军庾亮为平西将军、都督扬州之宣城江西诸军事、假节，领豫州刺史，镇芜湖。

夏四月乙未，骠骑将军、始安公温峤卒。

秋七月，有星孛于西北。会稽、吴兴、宣城、丹杨大水。诏复遭贼郡县租税三年。

八月，刘曜将刘胤等帅众侵石生，次于雍。

九月，石勒将石季龙击胤，斩之，进屠上邽，尽灭刘氏，坑其党三千余人。

冬十月，庐山崩。

十二月壬辰，右将军郭默害平南将军、江州刺史刘胤。太尉陶侃帅众讨默。

是岁，天裂西北。

五年春正月己亥，大赦。癸亥，诏除诸将任子。

二月，以尚书陆玩为尚书左仆射，孔愉为右仆射。

夏五月，旱，且饥疫。乙卯，太尉陶侃擒郭默于寻阳，斩之。石勒将刘征寇南沙，都尉许儒遇害，进入海虞。

六月癸巳，初税田，亩三升。

秋八月，石勒僭即皇帝位，使其将郭敬寇襄阳。南中郎将周抚退归武昌，中州流人悉降于勒。郭敬遂寇襄阳，屯于樊城。

九月，造新宫，始缮苑城。甲辰，徙乐成王钦为河间王，封彭城王纮子俊为高密王。

冬十月丁丑，幸司徒王导第，置酒大会。

李雄将李寿寇巴东、建平，监军毌丘奥、太守杨谦退归宜都。

十二月，张骏称臣于石勒。

六年春正月癸巳，刘征复寇娄县，遂掠武进。乙未，进司空郗鉴都督吴国诸军事。戊午，以运漕不继，发王公已下千余丁，各运米六斛。

二月己丑，以幽州刺史、大单于段辽为骠骑将军。

三月壬戌朔，日有蚀之。癸未，诏举贤良直言之士。

夏四月，旱。

六月景申，徙故河间王颙爵位，封彭城王植子融为乐成王，章武王混子珍为章武王。

秋七月，李雄将李寿侵阴平，武都氐帅杨难敌降之。

八月庚子，以左仆射陆玩为尚书令。

七年春正月辛未，大赦。

三月,西中郎将赵胤、司徒中郎匡术攻石勒马头坞,克之。勒将韩雍寇南沙及海虞。

夏四月,勒将郭敬陷襄阳。

五月,大水。

秋七月景辰,诏诸养兽之属,损费者多,一切除之。

太尉陶侃遣子平西参军斌与南中郎将桓宣攻石勒将郭敬,破之,克樊城。竟陵太守李阳拔新野、襄阳,因而戍之。

冬十一月壬子朔,进太尉陶侃为大将军。诏举贤良。

十二月庚戌,帝迁于新宫。

八年春正月辛亥朔,诏曰:"昔犬贼纵暴,宫室焚荡,元恶虽翦,未暇营筑。有司屡陈朝会逼狭,遂作斯宫,子来之劳,不日而成。既获临御,大飨群后,九宾充庭,百官象物。知君子勤礼,小人尽力矣。思蠲密网,咸同斯惠,其赦五岁刑以下。"令诸郡举力人能举千五百斤以上者。

景寅,李雄将李寿陷宁州,刺史尹奉及建宁太守霍彪并降之。癸酉,以张骏为镇西大将军。景子,石勒遣使致赂,诏焚之。

夏四月,诏封故新蔡王弼弟邈为新蔡王。以束帛征处士寻阳翟汤、会稽虞喜。

五月,有星陨于肥乡。麒麟、驺虞见于辽东。乙未,车骑将军、辽东公慕容廆卒,子皝嗣位。

六月甲辰,抚军将军王舒卒。

秋七月戊辰,石勒死,子弘嗣伪位,其将石聪以谯来降。

冬十月,石弘将石生起兵于关中,称秦州刺史,遣使来降。石弘将石季龙攻石朗于洛阳,因进击石生,俱灭之。

十二月,石生故部将郭权遣使请降。

九年春正月,陨于凉州二。以郭权为镇西将军、雍州刺史。

二月丁卯,加镇西大将军张骏为大将军。

三月丁酉,会稽地震。

夏四月,石弘将石季龙使石斌攻郭权于郿,陷之。

六月，李雄死，其兄子班嗣伪位。乙卯，太尉、长沙公陶侃薨。大旱，诏太官彻膳，省刑，恤孤寡，贬费节用。辛未，加平西将军庾亮都督江、荆、豫、益、梁、雍六州诸军事。

秋八月，大雩。自五月不雨，至于是月。

九月戊寅，散骑常侍、卫将军、江陵公陆晔卒。

冬十月，李雄子期弑李班而自立，班弟玝与其将焦会、罗凯等并来降。

十一月，石季龙弑石弘，自立为天王。

十二月丁卯，以东海王冲为车骑将军，琅邪王岳为骠骑将军。兰陵人朱纵斩石季龙将郭祥，以彭城来降。

咸康元年春正月庚午朔，帝加元服，大赦，改元，增文武位一等，大酺三日，赐鳏寡孤独不能自存者米，人五斛。

二月甲子，帝亲释奠。扬州诸郡饥，遣使赈给。

三月乙酉，幸司徒府。

夏四月癸卯，石季龙寇历阳，加司徒王导大司马、假黄钺、都督征讨诸军事，以御之。癸丑，帝观兵于广莫门，分命诸将，遣将军刘仕救历阳，平西将军赵胤屯慈湖，龙骧将军路永戍牛渚，建武将军王允之戍芜湖。司空郗鉴使广陵相陈光帅众卫京师，贼退向襄阳。戊午，解严。石季龙将石遇寇中庐，南中郎将王国退保襄阳。

秋八月，长沙，武陵大水。束帛征处士翟汤、郭翻。

冬十月乙未朔，日有蚀之。

是岁，大旱，会稽余姚尤甚，米斗五百价，人相卖。

二年春正月辛巳，彗星见于奎。以吴国内史虞潭为卫将军。

二月，算军用税米，空悬五十余万石，尚书谢褒已下免官。辛亥，立皇后杜氏，大赦，增文武位一等。

庚申，高句骊遣使贡方物。

三月，旱，诏太官减膳，免所旱郡县徭役。戊寅，大雩。

夏四月丁巳，皇后见于太庙。雨雹。

秋七月，扬州、会稽饥，开仓赈给。

冬十月,广州刺史邓岳遣督护王随击夜郎,新昌太守陶协击兴古,并克之。诏曰:"历观先代,莫不褒崇明祀,宾礼三恪。故杞宋启土,光于周典;宗姬侯卫,垂美汉册。自顷丧乱,庶邦珍悴,周汉之后,绝而莫继。其详求卫公、山阳公近属,有履行修明,可以继承其祀者,依旧典施行。"新作朱雀浮桁。

十一月,遣建威将军司马勋安集汉中,为李期将李寿所败。

三年春正月辛卯,立太学。

夏六月,旱。

冬十月丁卯,慕容皝自立为燕王。

四年春二月,石季龙帅众七万,击段辽于辽西,辽奔于平岗。

夏四月,李寿弑李期,僭即伪位,国号汉。石季龙为慕容皝所败,癸丑,加皝征北大将军。

五月乙未,以司徒王导为太傅、都督中外诸军事,司空郗鉴为太尉,征西将军庾亮为司空。

六月,改司徒为丞相,以太傅王导为之。

秋八月景午,分宁州置安州。

五年春正月辛丑,大赦。

三月乙丑,广州刺史邓岳伐蜀,建宁人孟彦执李寿将霍彪以降。

夏四月辛未,征西将军庾亮遣参军赵松击巴郡、江阳、获石季龙将李闳、黄桓等。

秋七月庚申,使持节、侍中、丞相,领扬州刺史、始兴公王导薨。辛酉,以护军将军何充录尚书事。

八月壬午,复改丞相为司徒。辛酉,太尉、南昌公郗鉴薨。

九月,石季龙将夔安、李农陷沔南,张貉陷邾城,因寇江夏、义阳,征虏将军毛宝、西阳太守樊俊,义阳太守郑进并死之。夔安等进围石城,竟陵太守李阳距战,破之,斩首五千余级。安乃退,遂略汉东,拥七千余家迁于幽、冀。

冬十二月景戌,以骠骑将军、琅邪王岳为司徒。李寿将李奕寇巴东,守将劳扬战败,死之。

六年春正月庚子,使持节、都督江豫益梁雍交广七州诸军事、司空、都亭侯庾亮薨。辛亥,以左光禄大夫陆玩为司空。

二月,慕容皝及石季龙将石成战于辽西,败之,献捷于京师。庚辰,有星孛于太微。

三月丁卯,大赦。以车骑将军、东海王冲为骠骑将军。李寿陷丹川,守将孟彦、刘齐、李秋皆死之。

秋七月乙卯,初依中兴故事,朔望听政于东堂。

冬十月,林邑献驯象。十一月癸卯,复琅邪,比汉丰沛。

七年春二月甲子朔,日有蚀之。己卯,慕容皝遣使成假燕王章玺,许之。

三月戊戌,杜皇后崩。

夏四月丁卯,葬恭皇后于兴平陵。实编户,王公已下皆正土断白籍。

秋八月辛酉,骠骑将军、东海王冲薨。

九月,罢太仆官。

冬十二月癸酉,司空、兴平伯陆玩薨。除乐府杂伎。罢安州。

八年春正月己未朔,日有蚀之。乙丑,大赦。

三月,初以武悼夏皇后配飨武帝庙。

夏六月庚寅,帝不悆,诏曰:"朕以眇年,获嗣洪绪,托于王公之上,于兹十有八年。未能阐融政道,翦除逋薉,夙夜战兢,匪遑宁处。今遭疾殆不兴,是用震悼于厥心。千龄眇眇,未堪艰难。司徒、琅邪王岳,亲则母弟,体则仁长,君人之风,允塞时望。肆尔王公卿士,其辅之!以祗奉祖宗明祀,协和内外,允执其中。呜呼,敬之哉!无坠祖宗之显命。"壬辰,引武陵王晞、会稽王昱、中书监庾冰、中书令何充、尚书令诸葛恢并受顾命。

癸巳,帝崩于西堂,时年二十二,葬兴平陵,庙号显宗。

帝少而聪敏,有成人之量。南顿王宗之诛也,帝不之知,及苏峻平,问庾亮曰:"常日白头公何在?"亮对以谋反伏诛。帝泣谓亮曰:

"舅言人作贼，便杀之；人言舅作贼，复若何？"亮惧，变色。庾怿尝送酒于江州刺史王允之，允之与犬，犬毙，惧而表之。帝怒曰："大舅已乱天下，小舅复欲尔邪？"怿闻，饮药而死。然少为舅氏所制，不亲庶政。及长，颇留心万机，务在简约，常欲于后园作射堂，计用四十金，以劳费乃止。雄武之度，虽有愧于前王；恭俭之德，足追踪于往烈矣。

康皇帝，讳岳，字世同，成帝母弟也。咸和元年封吴王，二年徙封琅邪王；九年拜散骑常侍，加骠骑将军；咸康五年迁侍中、司徒。

八年六月庚寅，成帝不念，诏以琅邪王为嗣。癸巳，成帝崩。甲午，即皇帝位，大赦。诸屯戍文武及二千石官长，不得辄离所局而来奔赴。已亥，封成帝子丕为琅邪王，奕为东海王。时帝谅阴不言，委政于庾冰、何充。

秋七月景辰，葬成皇帝于兴平陵。帝亲奉奠于西阶，既发引，徒行至阊阖门，升素舆，至于陵所。已未，以中书令何充为骠骑将军。

八月辛丑，彭城王纮薨。以江州刺史王允之为卫将军。

九月，诏琅邪国及府吏进位各有差。

冬十月甲午，卫将军王允之卒。

十二月，增文武位二等。壬子，立皇后褚氏。

建元元年春正月，改元。赈恤鳏寡孤独。

三月，以中书监庾冰为车骑将军。

夏四月，益州刺史周抚、西阳太守曹据伐李寿，败其将李恒于江阳。

五月，旱。

六月壬午，又以束帛征处士寻阳霍汤、会稽虞喜。

有司奏，成帝崩一周，请改素服，御进膳如旧。壬寅，诏曰："礼之降杀，因时而寝兴，诚无常矣。至于君亲相准，名教之重，莫之改也。权制之作，盖出近代，虽曰适事，实弊薄之始。先王崇之，后世犹怠，而况因循，又从轻降，义弗可矣。"

石季龙帅众伐慕容皝，皝大败之。

秋七月，石季龙将戴开帅众来降。丁巳，诏曰："慕容皝摧殄羯寇，乃云死没八万余人，将是其天亡之始也。中原之事，宜加筹量。且戴开已帅部党归顺，宜见慰劳。其遣使诣安西、骠骑，谘谋诸军事。"

以辅国将军、琅邪内史桓温为前锋小督、假节，帅众入临淮，安西将军庾翼为征讨大都督，迁镇襄阳。

庚申，晋陵、吴郡灾。

八月，李寿死，子势嗣伪位。石季龙使其将刘宁攻陷狄道。

冬十月辛巳，以车骑将军庾冰都督荆江司雍益梁六州诸军事、江州刺史，以骠骑将军何充为中书监、都督扬豫二州诸军事、扬州刺史、录尚书事、辅政。以琅邪内史桓温都督青徐兖三州诸军事、徐州刺史，褚裒为卫将军、领中书令。

十一月己巳，大赦。

十二月，石季龙侵张骏，骏使其将军谢艾拒之，大战于河西，季龙败绩。十二月，高句骊遣使朝献。

二年春正月，张骏遣其将和骖、谢艾讨南羌于阗和，大破之。

二月，慕容皝及鲜卑帅宇文归战于昌黎，归众大败，奔于漠北。

四月，张骏将张瓘败石季龙将王擢于三交城。

秋八月景子，进安西将军庾翼为征西将军。庚辰，持节、都督司雍梁三州诸军事、梁州刺史、平北将军、竟陵公桓宣卒。

丁巳，以卫将军褚裒为特进、都督徐兖二州诸军事、兖州刺史，镇金城。

九月，巴东太守杨谦击李势，势将申阳，走之，获其将乐高。景申，立皇子聃为皇太子。

戊戌，帝崩于式乾殿，时年二十三，葬崇平陵。

初，成帝有疾，中书令庾冰自以舅氏当朝，权侔人主，恐异世之后，戚属将疏，乃言国有强敌，宜立长君，遂以帝为嗣。制度年号，再兴中朝，因改元曰建元。或谓冰曰："郭璞谶云'立始之际丘山倾'，立者，建也；始者，元也；丘山，讳也。"冰瞿然，既而叹曰："如有吉凶，岂改易所能救乎？"至是果验云。

史臣曰：肆虐滔天，岂伊朝夕。若乃详刑不怨，庶情犹仰，又可以见逆顺之机焉。成帝因削弱之资，守江淮之地，政出渭阳，声乖威服。凶徒既纵，神器阽危，京华无敖庚之资，宫室类咸阳之火。桀犬吠尧，封狐嗣乱，方诸后羿，曷若斯之甚也。反我皇驾，不有晋文之师，系于苞桑，且赖陶公之力。古之侯服，不幸臣家，天子宣游，则避宫北面，闻诸遗策，用为恒范。显宗于王导之门，敛衣前拜，岂鲁公受玉之卑乎！帝亦克俭于躬，庶能激扬流弊者也。

赞曰：惟皇凤表，余舅为毗。勤于致寇，拙于行师。火及君屋，兵缠帝帷。石头之驾，海内含悲。康后天资，居哀礼缛。坠典方兴，降龄奚促。

晋书卷八
帝纪第八

孝宗穆帝　哀帝
废帝海西公

穆皇帝,讳聃,字彭子,康帝子也。建元二年九月景申,立为皇太子。戊戌,康帝崩。已亥,太子即皇帝位,时年二岁。大赦,尊皇后为皇太后。壬寅,皇太后临朝摄政。

冬十月乙丑,葬康皇帝于崇平陵。

十一月庚辰,车骑将军庾冰卒。

永和元年春正月甲戌朔,皇太后设白纱帷于太极殿,抱帝临轩。改元。甲申,进镇军将军、武陵王晞为镇军大将军、开府仪同三司,以镇军将军顾众为尚书右仆射。

夏四月壬戌,诏会稽王昱录尚书六条事。

五月戊寅,大雩。尚书令、金紫光禄大夫、建安伯诸葛恢卒。

六月癸亥,地震。

秋七月庚午,持节、都督江荆司梁雍益宁七州诸军事、江州刺史、征西将军、都亭侯庾翼卒。翼部将干瓒、戴羲等杀冠军将军曹据,举兵反,安西司马朱焘讨平之。

八月,豫州刺史路永叛奔于石季龙。庚辰,以辅国将军、徐州刺史桓温为安西将军、持节、都督荆司雍益梁宁六州诸军事,领护南蛮校尉、荆州刺史。石季龙将路永屯于寿春。

九月景申,皇太后诏曰:“今百姓劳弊,其共思详所以振恤之宜。及岁常调非军国要急者,并宜停之。"

冬十二月,李势将爨頠来奔。凉州牧张骏伐焉耆,降之。

二年春正月景寅,大赦。己卯,使持节、侍中、都督扬州诸军事、扬州刺史、骠骑将军、录尚书事、都乡侯何充卒。

二月癸丑,以左光禄大夫蔡谟领司徒,录尚书六条事、抚军大将军、会稽王昱及谟并辅政。

三月景子,以前司徒左长史殷浩为建武将军、扬州刺史。

夏四月己酉朔,日有蚀之。

五月景戌,凉州牧张骏卒,子重华嗣。

六月,石季龙将王擢袭武街,执张重华护军胡宣。又使麻秋、孙伏都伐金城,太守张冲降之。重华将谢艾击秋,败之。

秋七月,以兖州刺史褚裒为征北大将军,开府仪同三司。

冬十月,地震。

十一月辛未,安西将军桓温帅征虏将军周抚,辅国将军、谯王无忌,建武将军袁乔伐蜀,拜表辄行。

十二月,枉矢自东南流于西北,其长半天。

三年春三月乙卯,桓温攻成都,克之。丁亥,李势降,益州平。林邑范文攻陷日南,害太守夏侯览,以尸祭天。

夏四月,地震。蜀人邓定、隗文举兵反,桓温又击破之,使益州刺史周抚镇彭模。丁巳。邓定、隗文等入据成都,征虏将军杨谦弃涪城,退保德阳。

五月戊申,进慕容皝为安北将军。石季龙又使其将石宁、麻秋等伐凉州,次于曲柳。张重华使将军牛旋御之,退守枹罕。

六月辛酉,大赦。

秋七月,范文复陷日南,害督护刘雄。隗文立范贲为帝。

八月戊午,张重华将谢艾进击麻秋,大败之。

九月,地震。

冬十月乙丑,假凉州刺史张重华大都督陇右关中诸军事、护羌校尉、大将军,武都氐王杨初为征南将军、雍州刺史、平羌校尉、仇池公,并假节。

十二月,振威护军萧敬文害征虏将军杨谦,攻涪城,陷之。遂取巴西,通于汉中。

四年夏四月,范文寇九德,多所杀害。

五月,大水。

秋八月,进安西将军桓温为征西大将军、开府仪同三司,封临贺郡公;西中郎将谢尚为安西将军。

九月景申,慕容皝死,子儁嗣伪位。

冬十月己未,地震。石季龙使其将苻健寇竟陵。

十二月,豫章人黄韬自号孝神皇帝,聚众数千,寇临川,太守庾条讨平之。

五年春正月辛巳朔,大赦。庚寅,地震。石季龙僭即皇帝位于邺。

二月,征北大将军褚裒使部将王龛北伐,获石季龙将支重。

夏四月,益州刺史周抚、龙骧将军朱焘击范贲,获之,益州平。封周抚为建城公。假慕容儁大将军、幽平二州牧、大单于、燕王。征西大将军桓温遣督护滕畯讨范文,为文所败。石季龙死,子世嗣伪位。

五月,石遵废世而自立。

六月,桓温屯安陆,遣诸将讨河北。石遵扬州刺史王浃以寿阳来降。

秋七月,褚裒进次彭城,遣部将王龛、李迈及石遵将李农战于代陂,王师败绩,王龛为农所执,李迈死之。

八月,褚裒退屯广陵,西中郎将陈逯焚寿春而遁。梁州刺史司马勋攻石遵长城戍,仇池公杨初袭西城,皆破之。

冬十月,石遵将石遇攻宛,陷之,执南阳太守郭启。司马勋进次悬钩,石季龙故将麻秋距之,勋退还梁州。

十一月景辰,石鉴弑石遵而自立。

十二月己丑,使持节、都督徐兖二州诸军事、徐州刺史、征北大将军、开府仪同三司、都乡侯褚哀卒。以建武将军、吴国内史荀羡为使持节、监徐兖二州诸军事、北中郎将、徐州刺史。

六年春正月，帝临朝，以褚哀丧故，悬而不乐。

闰月，冉闵弑石鉴，僭称天王，国号魏。鉴弟祇僭帝号于襄国。丁丑，彗星见于亢。己丑，加中军将军殷浩督扬豫徐兖青五州诸军事、假节。氐帅苻洪遣使来降，以为氐王，封广川郡公。假洪子健节。监河北诸军事、右将军，封襄国县公。

三月，石季龙故将麻秋鸠杀苻洪于枋头。

夏五月，大水。庐江太守袁真攻合肥，克之。

六月，石祇遣其弟琨攻冉闵将王泰于邯郸，琨师败绩。

秋八月，辅国将军、谯王无忌薨。苻健帅众入关。

冬十一月，冉闵围襄国。

十二月，免司徒蔡谟为庶人。

是岁，大疫。

七年春正月丁酉，日有蚀之。辛丑，鲜卑段龛以青州来降。苻健僭称王，国号秦。

二月戊寅，以段龛为镇北将军，封齐公。石祇大败冉闵于襄国。

夏四月，梁州刺史司马勋出步骑三万，自汉中入秦川，与苻健战于五丈原，王师败绩。加尚书令顾和开府仪同三司。刘显弑石祇。

五月，祇兖州刺史刘启自鄄城来奔。

秋七月，尚书令、左光禄大夫、开府仪同三司顾和卒。甲辰，涛水入石头，溺死者数百人。

八月，冉闵豫州牧张遇以许昌来降，拜镇西将军。

九月，峻阳、太阳二陵崩。甲辰，帝素服临于太极殿三日，遣兼太常赵拔修复山陵。

冬十月，雷雨，震电。

十一月，石祇将姚弋仲、冉闵将魏脱各遣使来降，以弋仲为车骑将军、大单于，封高陵郡公；弋仲子襄为平北将军、都督并州诸军事、并州刺史、平乡县公；脱为安北将军、监冀州诸军事、冀州刺史。

十二月辛未，征西大将军桓温帅众北伐，次于武昌而止。时石季龙故将周成屯廪丘，高昌屯野王，乐立屯许昌，李历屯卫国，皆相次来降。

八年春正月辛卯，日有蚀之。刘显僭帝号于襄国，冉闵击破，杀之。苻健僭帝号于长安。

二月，峻平、崇阳二陵崩。戊辰，帝临三日，遣殿都尉王惠如洛阳，以卫五陵。镇西将军张遇反于许昌，使其党上官恩据洛阳。乐弘攻督护戴施于仓垣。

三月，使北中郎将荀羡镇淮阴。苻健别帅侵顺阳，太守薛珍击破之。

夏四月，冉闵为慕容儁所灭。儁僭帝号于中山，称燕。安西将军谢尚帅姚襄与张遇战于许昌之诫桥，王师败绩。苻健使其弟雄袭遇，虏之。

秋七月，大雩。石季龙故将王擢遣使请降，拜征西将军、秦州刺史。丁酉，以镇军大将军、武陵王晞为太宰，抚军大将军、会稽王昱为司徒，征西大将军桓温为太尉。

八月，平西将军周抚讨萧敬文于涪城，斩之。冉闵子智以邺降，督护戴施获其传国玺，送之，文曰“受天之命，皇帝寿昌”，百僚毕贺。

九月，冉智为其将马愿所执，降于慕容恪。中军将军殷浩帅众北伐，次泗口，遣河南太守戴施据石门，荥阳太守刘遂戍仓垣。

冬十月，秦州刺史王擢为苻健所逼，奔于凉州。

九年春正月乙卯朔，大赦。张重华使王擢与苻健将苻雄战，擢师败绩。景寅，皇太后与帝同拜建平陵。

三月，旱。交州刺史阮敷讨林邑范佛于日南，破其五十余垒。

夏四月，以安西将军谢尚为尚书仆射。

五月，大疫。张重华复使王擢袭秦州，取之。仇池公杨初为苻雄所败。

秋七月丁酉，地震，有声如雷。

八月,遣兼太尉、河间王钦修复五陵。

冬十月,中军将军殷浩进次山桑,使平北将军姚襄为前锋。襄叛,反击浩,浩弃辎重,退保谯城。丁未,凉州牧张重华卒,子耀灵嗣。是月,张祚弑耀灵而自称凉州牧。

十一月,殷浩使部将刘启、王彬之讨姚襄,复为襄所败,襄遂进据芍陂。

十二月,加尚书仆射谢尚为都督豫、扬、江西诸军事,领豫州刺史,镇历阳。

十年春正月己酉朔,帝临朝,以五陵未复,悬而不乐。凉州牧张祚僭帝位。冉闵降将周成举兵反,自宛陵袭洛阳。辛酉,河南太守戴施奔鲔渚。

丁卯,地震,有声如雷。

二月己丑,太尉、征西将军桓温帅师伐关中。废扬州刺史殷浩为庶人,以前会稽内史王述为扬州刺史。

夏四月己亥,温及苻健子苌战于兰田,大败之。

五月,江西乞活郭敞等执陈留内史刘仕而叛,京师震骇,以吏部尚书周闵为中军将军,屯于中堂,豫州刺史谢尚自历阳还卫京师。

六月,苻健将苻雄悉众及桓温战于白鹿原,王师败绩。

秋九月辛酉,桓温粮尽,引还。

十一年春正月甲辰,侍中、汝南王统薨。平羌校尉、仇池公杨初为其部将梁式所害,初子国嗣位,因拜镇北将军、秦州刺史。齐公段龛袭慕容儁将荣国于郎山,取之。

夏四月壬申,陨霜。乙酉,地震。姚襄帅众寇外黄,冠军将军高季大破之。

五月丁未,地又震。

六月,苻健死,其子生嗣伪位。

秋七月,宋混、张瓘弑张祚,而立耀灵弟玄靓为大将军、凉州牧,遣使来降。以吏部尚书周闵为尚书左仆射,领军将军王彪之为尚书右仆射。

冬十月,进豫州刺史谢尚督并冀幽三州诸军事、镇西将军,镇马头。

十二月,慕容恪帅众寇广固。壬戌,上党人冯鸯自称太守,背苻生遣使来降。

十二年春正月丁卯,帝临朝,以皇太后母丧,悬而不乐。镇北将军段龛及慕容恪战于广固,大败之,恪退据安平。

二月辛丑,帝讲《孝经》。

三月,姚襄入于许昌,以太尉桓温为征讨大都督以讨之。

秋八月己亥,桓温及姚襄战于伊水,大败之。襄走平阳,徙其余众三千余家于江汉之间,执周成而归。使扬武将军毛穆之,督护陈午,辅国将军、河南太守戴施镇洛阳。

冬十月癸巳朔,日有蚀之。慕容恪攻段龛于广固,使北中郎将荀羡帅师次于琅邪以救之。

十一月,遣兼司空、散骑常侍车灌,龙骧将军袁真等持节如洛阳,修五陵。

十二月庚戌,以有事于五陵,告于太庙,帝及群臣皆服缌,于太极殿临三日。

是岁,仇池公杨国为其从父俊所杀,俊自立。

升平元年春正月壬戌朔,帝加元服,告于太庙,始亲万机。大赦,改元,增文武位一等。皇太后居崇德宫。丁丑,陨石于槐里一。

是月,镇北将军、齐公段龛为慕容恪所陷,遇害。扶南天竺旃檀献驯象,诏曰:"昔先帝以殊方异兽或为人患,禁之。今及其未至,可令还本土。"

三月,帝讲《孝经》。壬申,亲释奠于中堂。

夏五月庚午,镇西将军谢尚卒。苻生将苻眉、苻坚击姚襄,战于三原,斩之。

六月,苻坚杀苻生而自立。以军司谢奕为使持节、都督、安西将军、豫州刺史。

秋七月,苻坚将张平以并州降,遂以为并州刺史。

八月丁未,立皇后何氏,大赦,赐孝悌鳏寡米,人五斛,逋租宿债皆勿收,大酺三日。

冬十月,皇后见于太庙。

十一月,雷。

十二月,以太常王彪之为尚书左仆射。

二年春正月,司徒、会稽王昱稽首归政,帝不许。

二月,慕容儁陷冀州诸郡,诏安西将军谢奕、北中郎将荀羡北伐。三月,扒飞督王饶献鸩鸟,帝怒,鞭之二百,使殿中御史焚其鸟于四达之衢。

夏五月,大水。有星孛于天船。

六月,并州刺史张平为苻坚所逼,帅众三千奔于平阳,坚追败之。慕容恪进据上党,冠军将军苻萇以众叛归慕容儁,儁尽陷河北之地。

秋八月,安西将军谢奕卒。壬申,以吴兴太守谢万为西中郎将、持节、监司豫冀并四州诸军事、豫州刺史。以散骑常侍郗昙为北中郎将、持节、都督徐兖青冀幽五州诸军事、徐兖二州刺史,镇下邳。

冬十月乙丑,陈留王曹劢薨。

十一月庚子,雷。辛酉。地震。

十二月,北中郎将荀羡及慕容儁战于山茌,王师败绩。

三年春三月甲辰,诏以比年出军,米运不继,五公已下,十三户借一人一年助运。

秋七月,平北将军高昌为慕容儁所逼,自白马奔于荥阳。

冬十月慕容儁寇东阿,遣西中郎将谢万次下蔡,北中郎将郗昙次高平以击之,王师败绩。

十一月戊子,进扬州刺史王述为卫将军。

十二月,又以中军将军、琅邪王丕为骠骑将军,东海王奕为车骑将军。封武陵王晞子瓘为梁王。交州刺史温放之帅兵讨林邑参黎、耽潦,并降之。

四年春正月，仇池公杨俊卒。子世嗣。景戌，慕容僬死，子昹嗣伪位。

二月，凤凰将九雏见于丰城。

秋七月，以军役繁兴，省用彻膳。

八月辛丑朔，日有蚀之，既。

冬十月，天狗流于西南。

十一月，封太尉桓温为南郡公，温弟冲为丰城县公，子济为临贺郡公。凤凰复见丰城，众鸟随之。

五年春正月戊戌，大赦，赐鳏寡孤独不能自存者，人米五斛。北中郎将、都督徐兖青冀幽五州诸军事、徐兖二州刺史郗昙卒。

二月，以镇军将军范汪为都督徐兖青冀幽五州诸军事、安北将军、徐兖二州刺史。平南将军、广州刺史、阳夏侯滕含卒。

夏四月，大水。太尉桓温镇宛，使其弟豁将兵取许昌。凤凰见于沔北。

五月丁巳，帝崩于显阳殿，时年十九。葬永平陵。庙号孝宗。

哀皇帝，讳丕，字千龄，成帝长子也。咸康八年，封为琅邪王。永和元年拜散骑常侍，十二年加中军将军，升平三年除骠骑将军。

五年五月丁巳，穆帝崩。皇太后令曰："帝奄不救疾，胤嗣未建。琅邪王丕，中兴正统，明德懋亲。昔在咸康，属当储贰。以年在幼冲，未堪国难，故显宗高让。今义望情地，莫与为比，其以王奉大统。"于是百官备法驾，迎于琅邪第。庚申，即皇帝位，大赦。

壬戌，诏曰："朕获承明，入纂大统。顾惟先王宗庙，蒸尝无主。太妃丧庭，廓然靡寄，悲痛感摧，五内抽割。宗国之尊，情礼兼隆，胤嗣之重，义无与二。东海王奕，戚属亲近，宜奉本统，其以奕为琅邪王。"

秋七月戊午，葬穆皇帝于永平陵。慕容恪攻陷野王，守将吕护退保荥阳。

八月己卯夜，天裂，广数丈，有声如雷。

九月戊申,立皇后王氏。穆帝皇后何氏称永安宫。吕护叛奔于慕容晬。

冬十月,安北将军范汪有罪,废为庶人。

十一月景辰,诏曰:"显宗成皇帝顾命,以时军事多艰,弘高世之风,树德博重,以隆社稷。而国故不已,康、穆早世,胤祚不融。朕以寡德,复承先绪,感惟永慕,悲痛兼摧。夫昭穆之义,固宜本之天属。继体承基,古今常道。宜上嗣显宗,以修本统。"

十二月,加凉州刺史张玄靓为大都督陇右诸军事、护羌校尉、西平公。

隆和元年春正月壬子,大赦,改元。甲寅,减田税,亩收二升。是月,慕容晬将吕护、傅末波攻陷小垒,以逼洛阳。

二月辛未,以辅国将军、吴国内史庾希为北中郎将、徐兖二州刺史,镇下邳;前锋监军、龙骧将军袁真为西中郎将、监护豫司并冀四州诸军事、豫州刺史,镇汝南,并假节。景子,尊所生周氏为皇太妃。

三月甲寅朔,日有蚀之。

夏四月,旱。诏出轻系,振困乏。丁丑,梁州地震,浩亹山崩。吕护复寇洛阳。乙酉,辅国将军、河南太守戴施奔于宛。

五月丁巳,遣北中郎庾希、竟陵太守邓遐以舟师救洛阳。

秋七月,吕护等退守小平津。进琅邪王奕为侍中、骠骑大将军、开府。邓遐进屯新城,庾希部将何谦及慕容晬将刘则战于檀丘,破之。

八月,西中郎将袁真进次汝南,运米五万斛以馈洛阳。

冬十月,赐贫乏者米,人五斛。章武王珍薨。

十二月戊午朔,日有蚀之。诏曰:"戎旅路次,未得轻简赋役。玄象失度,亢旱为患。岂政事未洽,将有板筑、渭滨之士邪!其搜扬隐滞,蠲除苛碎,详议法令,咸从损要。"庾希自下邳退镇山阳,袁真自汝南退镇寿阳。

兴宁元年春二月己亥,大赦,改元。

三月壬寅，皇太妃薨于琅邪第。癸卯，帝奔丧，诏司徒、会稽王昱总内外众务。

夏四月，慕容晃寇荥阳，太守刘远奔鲁阳。甲戌，扬州地震，湖渎溢。

五月，加征西大将军桓温侍中、大司马、都督中外诸军事、录尚书事、假黄钺。复以西中郎将袁真都督司、冀、并三州诸军事，北中郎将庾希都督青州诸军事。癸卯，慕容晃陷密城，荥阳太守刘远奔于江陵。

秋七月，张天锡弑凉州刺史、西平公张玄靓，自称大将军、护羌校尉、凉州牧、西平公。丁酉，葬章皇太妃。

八月，有星孛于角亢，入天市。

九月壬戌，大司马桓温帅众北伐。癸亥，以皇子生，大赦。

冬十月甲申，立陈留王世子恢为王。

十一月，姚襄故将张骏杀江州督护赵毗，焚武昌，略府藏以叛，江州刺史桓冲讨斩之。

是岁，慕容晃将慕容尘攻陈留太守袁披于长平，汝南太守朱斌承虚袭许昌，克之。

二年春二月庚寅，江陵地震。慕容晃将慕容评袭许昌，颍川太守李福死之。评遂侵汝南，太守朱斌遁于寿阳。又进围陈郡，太守朱辅婴城固守。桓温遣江夏相刘岵击退之。改左军将军为游击将军，罢右军、前军、后军将军五校三将官。癸卯，帝亲耕籍田。

三月庚戌朔，大阅户人，严法禁，称为庚戌制。辛未，帝不念。帝雅好黄老，断谷，饵长生药，服食过多，遂中毒，不识万机，崇德太后复临朝摄政。

夏四月甲辰，慕容晃遣其将李洪侵许昌，王师败绩于悬瓠，朱斌奔于淮南，朱辅退保彭城，桓温遣西中郎将袁真、江夏相刘岵等凿杨仪道以通运，温帅舟师次于合肥，慕容尘复屯许昌。

五月，迁陈人于陆以避之。戊辰，以扬州刺史王述为尚书令、卫将军，以桓温为扬州牧、录尚书事。壬申，遣使喻温入相，温不从。

秋七月丁卯,复征温入朝。

八月,温至赭圻,遂城而居之。苻坚别帅侵河南,慕容暐寇洛阳。

九月,冠军将军陈祐留长史沈劲守洛阳,帅众奔新城。

三年春正月庚申,皇后王氏崩。

二月,乙未,以右将军桓豁监荆州扬州之义城雍州之京兆诸军事、领南蛮校尉、荆州刺史;桓冲监江州荆州之江夏随郡豫州之汝南西阳新蔡颍川六郡诸军事、南中郎将、江州刺史,领南蛮校尉,并假节。

景申,帝崩于西堂,时年二十五。葬安平陵。

废帝,讳奕,字延龄,哀帝之母弟也。咸康八年封为东海王。永和八年拜散骑常侍,寻加镇军将军。升平四年,拜车骑将军。五年,改封琅邪王。隆和初,转侍中、骠骑大将军、开府仪同三司。

兴宁三年二月景申,哀帝崩,无嗣。丁酉,皇太后诏曰:“帝遂不救厥疾,艰祸仍臻,遗绪泯然,哀恸切心。琅邪王奕,明德茂亲,属当储嗣,宜奉祖宗,纂承大统。便速正大礼,以宁人神。”于是百官奉迎于琅邪第。是日,即皇帝位,大赦。

三月壬申,葬哀皇帝于安平陵。癸酉,散骑常侍、河间王钦薨。景子,慕容暐将慕容恪陷洛阳,宁朔将军竺瑶奔于襄阳,冠军长史、扬武将军沈劲死之。

夏六月戊子,使持节、都督益宁二州诸军事、镇西将军、益州刺史、建城公周抚卒。

秋七月,匈奴左贤王卫辰、右贤王曹谷帅众二万侵苻坚杏城。己酉,改封会稽王昱为琅邪王。壬子,立皇后庾氏。封琅邪王昱子昌明为会稽王。

冬十月,梁州刺史司马勋反,自称成都王。

十一月,帅众入剑阁,攻涪,西夷校尉毋丘暐弃城而遁。乙卯,围益州刺史周楚于成都,桓温遣江夏相朱序救之。

十二月戊戌,以会稽内史王彪之为尚书仆射。

太和元年春二月己丑,以凉州刺史张天锡为大将军、都督陇右关中诸军事、西平郡公。景申,以宣城内史桓秘为持节、监梁益二州征讨诸军事。

三月辛亥,新蔡王邈薨。荆州刺史桓豁遣督护桓罴攻南郑,魏兴人毕钦举兵以应罴。

夏四月,旱。

五月戊寅,皇后庾氏崩。朱序攻司马勋于成都,众溃,执勋,斩之。

秋七月癸酉,葬孝皇后于敬平陵。

九月甲午,曲赦梁、益二州。

冬十月辛丑,苻坚将王猛、杨安攻南乡,荆州刺史桓豁救之,师次新野而猛、安退。以会稽王昱为丞相。

十二月,南阳人赵弘、赵忆等据宛城反,太守桓澹走保新野。慕容暐将慕容厉陷鲁郡、高平。

二年春正月,北中郎将庾希有罪,走入于海。

夏四月,慕容暐将慕容尘寇竟陵,太守罗崇击破之。苻坚将王猛寇凉州,张天锡距之,猛师败绩。

五月,右将军桓豁击赵忆,走之,进获慕容暐将赵槃,送于京师。

秋九月,以会稽内史郗愔为都督徐兖青幽四州诸军事、平北将军、徐州刺史。

冬十月乙巳,彭城王玄薨。

三年春三月丁巳朔,日有蚀之。癸亥,大赦。

夏四月癸巳,雨雹,大风折木。

秋八月壬寅,尚书令、卫将军、兰田侯王述卒。

四年夏四月庚戌,大司马桓温帅众伐慕容暐。

秋七月辛卯,暐将慕容垂帅众距温,温击败之。

九月戊寅,桓温裨将邓遐、朱序遇暐将傅末波于林渚,又破之。

戊子,温至枋头。景申,以粮运不继,焚舟而归。辛丑,慕容垂追败温后军于襄邑。

冬十月,大星西流,有声如雷。己巳,温收散卒,屯于山阳。豫州刺史袁真以寿阳叛。

十一月辛丑,桓温自山阳及会稽王昱会于涂中,将谋后举。十二月,遂城广陵而居之。

五年春正月己亥,袁真子双之、爱之害梁国内史朱宪、汝南内史朱斌。

二月癸酉,袁真死,陈郡太守朱辅立真子瑾嗣事,求救于慕容㬵。

夏四月辛未,桓温部将竺瑶破瑾于武丘。

秋七月癸酉朔,日有蚀之。

八月癸丑,桓温击袁瑾于寿阳,败之。

九月,苻坚将王猛伐慕容㬵,陷其上党。广汉妖贼李弘与益州妖贼李金根聚众反。弘自称圣王,众万余人,梓潼太守周虓讨平之。

冬十月,王猛大破慕容㬵将慕容评于潞川。

十一月,猛克邺,获慕容㬵,尽有其地。

六年春正月,苻坚遣将王鉴来援袁瑾,将军桓伊逆击,大破之。丁亥,桓温克寿阳,斩袁瑾。

三月壬辰,监益宁二州诸军事、冠军将军、益州刺史、建城公周楚卒。

夏四月戊午,大赦,赐穷独米,人五斛。苻坚将苻雅伐仇池,仇池公杨纂降之。

六月,京都及丹杨、晋陵、吴郡、吴兴、临海并大水。

秋八月,以前宁州刺史周仲孙为假节、监益梁二州诸军事、益州刺史。

冬十月壬子,高密王俊薨。

十一月癸卯,桓温自广陵屯于白石。丁未,诣阙,因图废立,诬帝在藩夙有痿疾,嬖人相龙、计好、朱灵宝等参侍内寝,而二美人田氏、孟氏生三男，长欲封树，时人惑之，温因讽太后以伊、霍之举。己酉，集百官于朝堂，宣崇德太后令曰："王室艰难，穆、哀短祚，国嗣不育，储宫靡立。琅邪王奕，亲则母弟，故以入纂大位。不图德之不建，乃至于斯。昏浊溃乱，动违礼度。有此三孽，莫知谁子。人伦道丧，丑声遍布。既不可以奉守社稷，敬承宗庙，且昏孽并大，便欲建树储藩。诬罔祖宗，倾移皇基，是而可忍，孰不可怀！今废奕为东海王，以王还第，供卫之仪，皆如汉朝昌邑故事。但未亡人不幸，罹此百忧，感念存没，心焉如割。社稷大计，义不获已。临纸悲塞，如何可言。"于是百官入太极前殿，即日桓温使散骑侍郎刘享收帝玺绶。帝著白帢单衣，步下西堂，乘犊车出神兽门。群臣拜辞，莫不歔欷。侍御史、殿中监将兵百人卫送东海第。

初，桓温有不臣之志，欲先立功河朔，以收时望。及枋头之败，威名顿挫，遂潜谋废立，以长威权。然惮帝守道，恐招时议。以宫闱重闵，床第易诬，乃言帝为阉，遂行废辱。初，帝平生每以为虑，尝召术人扈谦筮之。卦成，答曰："晋室有盘石之固，陛下有出宫之象。"竟如其言。

咸安二年正月，降封帝为海西县公。

四月，徙居吴县，敕吴国内史刁彝防卫，又遣御史顾允监察之。

十一月，妖贼卢悚遣弟子殿中监许龙晨到其门，称太后密诏，奉迎兴复。帝初欲从之，纳保母谏而止。龙曰："大事将捷，焉用儿女子言乎？"帝曰："我得罪于此，幸蒙宽宥，岂敢妄动哉！且太后有诏，便应官属来，何独使汝也？汝必为乱。"因叱左右缚之，龙惧而走。帝知天命不可再，深虑横祸，乃杜塞聪明，无思无虑，终日酣畅，耽于内宠，有子不育，庶保天年。时人怜之，为作歌焉。朝廷以帝安于屈辱，不复为虞。

太元十一年十月甲申，薨于吴，时年四十五。

史臣曰：孝宗因缲抱之姿，用母氏之化，中外无事，十有余年。以武安之才，启之疆场；以文王之风，被乎江汉，则孔子所谓吾无间然矣。哀皇宽惠，可以为君，而鸿祀禳天，用尘其德。东海违许龙之驾，屈放命之臣，所谓柔弱胜刚强，得尽于天年者也。

赞曰：委裘称化，大孝为宗。遵彼圣善，成兹允恭。西旌玉垒，北旗金墉。迁殷旧陕，莫不来从。哀后宽仁，惟灵既集。海西多故，时灾见及。彼异阿衡，我非昌邑。

晋书卷九
帝纪第九

太宗简文帝　孝武帝

简文皇帝，讳昱，字道万，元帝之少子也。幼而岐嶷，为元帝所爱。郭璞见而谓人曰："兴晋祚者，必此人也。"及长，清虚寡欲，尤善玄言。

永昌元年，元帝诏曰："先公武王、先考恭王君临琅邪，继世相承，国嗣未立，蒸尝靡主，朕常悼心。子昱仁明有智度，可以虔奉宗庙，以慰罔极之恩。其封昱为琅邪王，食会稽、宣城如旧。"

咸和元年，所生郑夫人薨。帝时年七岁，号慕泣血，固请服重。成帝哀而许之，故徙封会稽王，拜散骑常侍。

九年，迁右将军，加侍中。咸康六年，进抚军将军，领秘书监。

建元元年夏五月癸丑，康帝诏曰："太常职奉天地，兼掌宗庙，其为任也，可谓重矣。是以古今选建，未尝不妙简时望，兼之儒雅。会稽王叔履尚清虚，志道无倦，优游上列，讽议朝肆。其领太常本官如故。"

永和元年，康帝崩，崇德太后临朝，进位抚军大将军、录尚书六条事。二年，骠骑何充卒，崇德太后诏帝专总万机。八年，进位司徒，固让不拜。穆帝始冠，帝稽首归政，不许。

废帝即位，以琅邪王绝嗣，复徙封琅邪，而封王子昌明为会稽王。帝固让，故虽封琅邪而不去会稽之号。

太和元年，进位丞相、录尚书事，入朝不趋，赞拜不名，剑履上殿,给羽葆鼓吹班剑六十人,又固让。

及废帝废,皇太后诏曰:"丞相、录尚书、会稽王体自中宗,明德劭令,英秀玄虚,神栖事外。以具瞻允塞,故阿衡三世。道化宣流,人望攸归,为日已久。宜从天人之心,以统皇极。主者明依旧典,以时施行。"于是大司马桓温率百官进太极前殿,具乘舆法驾,奉迎帝于会稽邸,于朝堂变服,著平巾帻单衣,东向拜受玺绶。

咸安元年冬十一月己酉,即皇帝位。桓温出次中堂,分兵屯卫。乙卯,温奏废太宰、武陵王晞及子综。诏魏郡太守毛安之帅所领宿卫殿内,改元为咸安。庚戌,使兼太尉周颐告于太庙。辛亥,桓温遣弟秘逼新蔡王晃诣西堂,自列与太宰、武陵王晞等谋反。帝对之流涕,温皆收付廷尉。癸丑,杀东海王二子及其母。

初,帝以冲虚简贵,历宰三世,温素所敬惮。及初即位,温乃撰辞欲自陈述,帝引见,对之悲泣,温惧不能言。至是,有司承其旨,奏诛武陵王晞,帝不许。温固执至于再三,帝手诏报曰:"若晋祚灵长,公便宜奉行前诏。如其大运去矣,请避贤路。"温览之,流汗变色,不复敢言。乙卯,废晞及其三子,徙于新安。丙辰,放新蔡王晃于衡阳。

戊午,诏曰:"王室多故,穆、哀早世,皇胤凤迁,神器无主。东海王以母弟近属,入纂大统,嗣位经年,昏暗乱常,人伦亏丧,大祸将及,则我祖宗之灵,靡知所托。皇太后深惧皇基,时定大计。大司马因顺天人,协同神略,亲帅群后,恭承明命。云雾既除,皇极载清,乃顾朕躬,仰承弘绪。虽伊尹之宁殷朝,博陆之安汉室,无以尚也。朕以寡德,猥居元首,实惧眇然,不克负荷,战战兢兢,罔知攸济。思与兆庶更始,其大赦天下,大酺五日,增文武位二等,孝顺忠贞鳏寡孤独米人五斛。"

己未,赐温军三万人,人布一匹,米一斛。庚申,加大司马桓温为丞相,不受。辛酉,温旋自白石,因镇姑孰。以冠军将军毛武生都督荆州之沔中、扬州之义城诸军事。

十二月戊子,诏以京都有经年之储,权停一年之运。庚寅,废东海王奕为海西公,食邑四千户。辛卯,初荐酃渌酒于太庙。

二年春正月辛丑，百济、林邑王各遣师贡方物。

二月，苻坚伐慕容桓于辽东，灭之。

三月丁酉，诏曰："朕居阿衡三世，不能济彼时雍，乃至海西失德，殆倾皇祚。赖祖宗灵祇之德，皇太后淑体应期，藩辅忠贤，百官戮力，用能荡氛雾于昊苍，耀晨辉于宇宙。遂以眇身，托于王公之上，思赖群贤，以弼其阙。夫敦本息末，抑绝华竞，使清浊异流，能否殊贯，官无秕政，士无谤讟，不有惩劝，则德礼焉施？且强寇未珍，劳役未息，自非军国戎祀之要，其华饰烦费之用，皆省之。夫肥遁穷谷之贤，滑泥扬波之士，虽抗志玄霄，潜默幽岫，贪屈高尚之道，以隆协赞之美，孰与自足山水，栖迟丘壑，徇匹夫之洁，而忘兼济之大邪？古人不借贤于曩代，朕所以虚想于今日。内外百官，各勤所司，使善无不逢，恶无不闻，令诗人无素餐之刺，而吾获虚心之求焉。"

癸丑，诏曰："吾承祖宗洪基，而昧于政道，惧不能允厘天工，克隆先业，夕惕惟忧，若涉泉水。赖宰辅忠德，道济伊望，群后竭诚，协契断金，内外尽匡翼之规，文武致匪躬之节，冀因斯道，终克弘济。每念干戈未戢，公私疲悴，藩镇有疆理之务，征戍怀《东山》之勤，或白首戎阵，忠劳未叙；或行役弥久，儋石靡储。何尝不昧旦晨兴，夜分忘寝。虽未能抚而巡之，且欲达其此心。可遣大使诣大司马，并问方伯，逮于边戍，宣诏大飨，求其所安。又筹量赐给，悉令周普。"

乙卯，诏曰："往事故之后，百度未充，群僚常俸，并皆寡约，盖随时之义也。然退食在朝，而禄不代耕，非经通之制。今资储渐丰，可筹量增俸。"驺虞见豫章。

夏四月，徙海西公于吴县西柴里。追贬庾后曰夫人。

六月，遣使拜百济王余句为镇东将军，领乐浪太守。戊子，前护军将军庾希举兵反，自海陵入京口，晋陵太守卞眈奔于曲阿。

秋七月壬辰，桓温遣东海内史周少孙讨希，擒之，斩于建康市。

己未，立会稽王昌明为皇太子，皇子道子为琅邪王，领会稽内史。是日，帝崩于东堂，时年五十三。葬高平陵，庙号太宗。遗诏以桓温辅政，依诸葛亮、王导故事。

帝少有风仪，善容止，留心典籍，不以居处为意，凝尘满席，湛如也。尝与桓温及武陵王晞同载，游版桥，温遽令鸣鼓吹角，车驰卒奔，欲观其所为。晞大恐，求下车，而帝安然无惧色，温由此惮服。温既仗文武之任，屡建大功，加以废立，威振内外。帝虽处尊位，拱默守道而已，常惧废黜。

先是，荧惑入太微，寻而海西废。及帝登阼，荧惑又入太微，帝甚恶焉。时中书郎郗超在直，帝乃引入，谓曰："命之修短，本所不计，故当无复近日事邪！"超曰："大司马臣温方内固社稷，外恢经略，非常之事，臣以百口保之。"及超请急省其父，帝谓之曰："致意尊公，家国之事，遂至于此！由吾不能以道匡卫，愧叹之深，言何能喻。"因咏庾阐诗云"志士痛朝危，忠臣哀主辱"，遂泣下沾襟。帝虽神识恬畅，而无济世大略，故谢安称为惠帝之流，清谈差胜耳。沙门支道林尝言"会稽有远体而无远神"。谢灵运迹其行事，亦以为赧献之辈云。

孝武皇帝，讳曜，字昌明，简文帝第三子也。兴宁三年七月甲申，初封会稽王。

咸安二年秋七月己未，立为皇太子。是日，简文帝崩，太子即皇帝位。诏曰："朕以不造，奄丁闵凶，号天扣地，靡知所诉。藐然幼冲，眇若缀旒，深惟社稷之重，大惧不克负荷。仰凭祖宗之灵，积德之祀，先帝淳风玄化，遗咏在民。宰辅英贤，勋隆德盛。顾命之托，实赖匡训。群后率职，百僚勤政。冀孤弱之躬有寄，皇极之基不坠。先恩遗惠，播于四海，思弘余润，以康黎庶。其大赦天下，与民更始。"

九月甲寅，追尊皇妣会稽王妃曰顺皇后。

冬十月丁卯，葬简文皇帝于高平陵。

十一月甲午，妖贼卢晨入殿庭，游击将军毛安之等讨擒之。

是岁，三吴大旱，人多饿死，诏所在赈给。苻坚陷仇池，执秦州刺史杨世。

宁康元年春正月己丑朔，改元。

二月,大司马桓温来朝。

三月癸丑,诏除丹杨、竹格等四桁税。

夏五月,旱。

秋七月己亥,使持节、侍中、都督中外诸军事、丞相、录尚书、大司马、扬州牧、平北将军、徐兖二州刺史、南郡公桓温薨。庚戌,进右将军桓豁为征西将军。以江州刺史桓冲为中军将军、都督扬豫江三州诸军事、扬州刺史,镇姑孰。

八月壬子,崇德太后临朝摄政。

九月,苻坚将杨安寇成都。景申,以尚书仆射王彪之为尚书令,吏部尚书谢安为尚书仆射,吴国内史刁彝为北中郎将、徐兖二州刺史,镇广陵。复置光禄勋、大司农、少府官。

冬十月,西平公张天锡贡方物。

十一月,苻坚将杨安陷梓潼及梁、益二州,刺史周仲孙帅骑五千南遁。

二年春正月癸未朔,大赦。追封谥故会稽世子郁为临川献王。己酉,北中郎将、徐兖二州刺史刁彝卒。

二月癸丑,以丹杨尹王坦之为北中郎将、徐兖二州刺史。丁巳。有星孛于女虚。

三月景戌,彗星见于氐。

夏四月壬戌,皇太后诏曰:"顷玄象或愆,上天表异,仰观所变,震惧于怀。夫因变致休,自古之道,朕敢不克意复心,以思厥中?又三吴奥壤,股肱望郡,而水旱并臻,百姓失业,夙夜惟忧,不能忘怀,宜时拯恤,救其凋困。三吴义兴、晋陵及会稽遭水之县尤甚者,全除一年租布,其次听除半年,受振贷者即以赐之。"

五月,蜀人张育自号蜀王,帅众围成都,遣使称藩。

秋七月,凉州地震,山崩。苻坚将邓羌攻张育,灭之。

八月,以长秋将建,权停婚姻。

九月丁丑,有星孛于天市。

冬十一月己酉,天门蜑贼攻郡,太守王匪死之。征西将军桓豁遣帅讨平之。长城人钱步射、钱弘等作乱，吴兴太守朱序讨平之。癸酉，威远将军桓石虔破苻坚将姚苌于垫江。

三年春正月辛亥，大赦。

夏五月景午，北中郎将、徐兖二州刺史、兰田侯王坦之卒。甲寅，以中军将军、扬州刺史桓冲为镇北将军、徐州刺史，镇丹徒，尚书仆射谢安领扬州刺史。

秋八月癸巳，立皇后王氏，大赦，加文武位一等。

九月，帝讲《孝经》。

冬十月癸酉朔，日有蚀之。

十二月甲申，神兽门灾。癸未，皇太后诏曰：“顷日蚀告变，水旱不适，虽克己思救，未尽其方。其赐百姓穷者米，人五斛。”癸巳，帝释奠于中堂，祠孔子，以颜回配。

太元元年春正月壬寅朔，帝加元服，见于太庙。皇太后归政。甲辰，大赦，改元。景午，帝始临朝。以征西将军桓豁为征西大将军，领军将军郗愔为镇军大将军，中军将军桓冲为车骑将军，加尚书仆射谢安中书监、录尚书事。甲子，谒建平等四陵。

夏五月癸丑，地震。甲寅，诏曰：“顷者上天垂监，谴告屡彰，朕有惧焉，震惕于心。思所以议狱缓死，赦过宥罪，庶因大变，与之更始。”于是大赦，增文武位各一等。

六月，封河间王钦子范之为章武王。

秋九月，苻坚将苟苌陷凉州，虏刺史张天锡，尽有其地。乙巳，除度田收租之制。公王以下，口税米三斛，蠲在役之身。

冬十月，移淮北流人于淮南。

十一月己巳朔，日有蚀之。诏太官彻膳。

十二月，苻坚使其将苻洛攻代，执代王涉翼犍。

二年春正月，继绝世，绍功臣。

三月，以兖州刺史朱序为南中郎将、梁州刺史、监沔中诸军，镇襄阳。

闰月壬午，地震。甲申，暴风，折木发屋。

夏四月己酉,雨雹。

五月丁丑,地震。

六月己巳,暴风,扬沙石。林邑贡方物。

秋七月乙卯,老人星见。

八月壬辰,车骑将军桓冲来朝。丁未,以尚书仆射谢安为司徒。丙辰,使持节、都督荆梁宁益交广六州诸军事、荆州刺史、征西大将军桓豁卒。

冬十月辛丑,以车骑将军桓冲都督荆江梁益宁交广七州诸军事、领护南蛮校尉、荆州刺史,尚书王蕴为徐州刺史、督江南晋陵诸军,征西司马谢玄为兖州刺史、广陵相、监江北诸军。壬寅,散骑常侍、左光禄大夫、尚书令王彪之卒。

十二月庚寅,以尚书王劭为尚书仆射。

三年春正月乙巳,作新宫,帝移居会稽王邸。

三月乙丑,雷雨,暴风,发屋折木。

夏五月庚午,陈留王曹恢薨。

六月,大水。

秋七月辛巳,帝入新宫。乙酉,老人星见南方。

四年春正月辛酉。大赦,郡县遭水旱者减租税。景子,谒建平等七陵。

二月戊午,苻坚使其子丕攻陷襄阳,执南中郎将朱序。又陷顺阳。

三月,大疫。壬戌,诏曰:“狡寇纵逸,藩守倾没,疆场之虞,事兼平日。其内外众官,各悉心戮力,以康庶事。又年谷不登,百姓多匮。其诏御所供,事从俭约,九亲供给,众官廪俸,权可减半。凡诸役费,自非军国事要,皆宜停省,以周时务。”癸未,使右将军毛武生帅师伐蜀。

夏四月,苻坚将韦钟陷魏兴,太守吉挹死之。

五月,苻坚将句难、彭超陷盱眙,高密内史毛璪之为贼所执。

六月,大旱。戊子,征虏将军谢玄及超、难战于君川,大破之。

秋八月丁亥,以左将军王蕴为尚书仆射。乙未,暴风,扬沙石。

九月,盗杀建安太守傅湛。

冬十二月己酉朔,日有蚀之。

五年春正月乙巳,谒崇平陵。

夏四月,大旱。癸酉,大赦五岁刑以下。

五月,大水以司徒谢安为卫将军、仪同三司。

六月甲寅,震含章殿四柱,并杀内侍二人。甲子,以比岁荒俭,大赦,自太元三年以前,逋租宿债皆蠲除之;其鳏寡穷独孤老不能自存者,人赐米五斛。丁卯,以骠骑将军、琅邪王道子为司徒。

秋九月癸未,皇后王氏崩。

冬十月,九真太守李逊据交州反。

十一月乙酉,葬定皇后于隆平陵。

六年春正月,帝初奉佛法,立精舍于殿内,引诸沙门以居之。丁酉,以尚书谢石为尚书仆射。初置督运御史官。

夏六月庚子朔,日有蚀之。扬、荆、江三州大水。己巳,改制度,减烦费,损吏士员七百人。

秋七月景子,赦五岁刑已下。甲午,交址太守杜瑗斩李逊,交州平。大饥。

冬十一月己亥,以镇军大将军都愔为司空。会稽人檀元之反,自号安东将军,镇军参军谢蔼之讨平之。

十二月甲辰,苻坚遣其襄阳太守阎震寇竟陵,襄阳太守桓石虔讨擒之。

七年春三月,林邑范熊遣使献方物。

秋八月癸卯,大赦。

九月,东夷五国遣使来贡方物。苻坚将都贵焚烧沔北田谷,略襄阳百姓而去。

冬十月景子,雷。

八年春二月癸未,黄雾四塞。

三月,始兴、南康、庐陵大水,平地五丈。丁巳,大赦。

夏五月，辅国将军杨亮伐蜀，拔五城，擒苻坚将魏光。

秋七月，鹰扬将军郭洽及苻坚将张崇战于武当，大败之。

八月，苻坚帅众渡淮，遣征讨都督谢石、冠军将军谢玄、辅国将军谢琰、西中郎将桓伊等距之。

九月，诏司徒、琅邪王道子录尚书六条事。

冬十月，苻坚弟融陷寿春。乙亥，诸将及苻坚战于肥水，大破之，俘斩数万计，获坚舆辇及云母车。

十一月庚申，诏卫将军谢安劳旋师于金城。壬子，立陈留王世子灵诞为陈留王。

十二月庚午，以寇难初平，大赦。以中军将军谢石为尚书令。开酒禁。始增百姓税米，口五石。前句町王翟辽背苻坚，举兵于河南，慕容垂自邺与辽合，遂攻坚子晖于洛阳。仇池公杨世奔还陇右，遣使称藩。

九年春正月庚子，封武陵王孙宝为临川王。戊午，立新宁王晞子遵为新宁王。辛亥，谒建平等四陵。龙骧将军刘牢之克谯城。车骑将军桓冲部将郭宝伐新城、魏兴、上庸三郡，降之。

二月辛巳，使持节、都督荆江梁宁益交广七州诸军事、车骑将军、荆州刺史桓冲卒。慕容垂自洛阳与翟辽攻苻坚子丕于邺。

三月，以卫将军谢安为太保。苻坚北地长史慕容泓、平阳太守慕容冲并起兵背坚。

夏四月己卯，增置太学生百人。封张天锡为西平公。使竟陵太守赵统伐襄阳，克之。苻坚将姚苌背坚，起兵于北地，自立为王，国号秦。

六月癸丑朔，崇德皇太后褚氏崩。慕容泓为其叔父冲所杀，冲自称皇太弟。

秋七月戊戌，遣兼司空、高密王纯之修谒洛阳五陵。己酉，葬康献皇后于崇平陵。百济遣使来贡方物。苻坚及慕容冲战于郑西，坚师败绩。

八月戊寅，司空郗愔薨。

九月辛卯,前锋都督谢玄攻苻坚将兖州刺史张崇于鄄城,克之。甲午,加太保谢安大都督扬、江、荆、司、豫、徐、兖、青、冀、幽、并、梁、益、雍、凉十五州诸军事。

冬十月辛亥朔,日有蚀之。丁巳,河间王昙之薨。乙丑,以玄象乖度,大赦。庚午,立前新蔡王晃弟崇为新蔡王。苻坚青州刺史苻朗帅众来降。

十二月,苻坚将吕光称制于河右,自号酒泉公。慕容冲僭即皇帝位于阿房。

十年春正月甲午,谒诸陵。

二月,立国学。蜀郡太守任权斩苻坚益州刺史李平,益州平。

三月,荥阳人郑燮以郡来降。苻坚国乱,使使奉表请迎。龙骧将军刘牢之及慕容垂战于黎阳,王师败绩。

夏四月景辰,刘牢之与沛郡太守周次及垂战于五桥泽,王师又败绩。壬戌,太保谢安帅众救苻坚。

五月,大水,苻坚留太子宏守长安,奔于五将山。

六月,宏来降,慕容冲入长安。

秋七月,苻丕自枋头西走,龙骧将军檀玄追之,为丕所败。旱,饥。丁巳,老人星见。

八月甲午,大赦。丁酉,使持节、侍中、中书监、大都督十五州诸军事、卫将军、太保谢安薨。庚子,以琅邪王道子为都督中外诸军事。是月,姚苌杀苻坚而僭即皇帝位。

九月,吕光据姑臧,自称凉州刺史。苻丕僭即皇帝位于晋阳。

冬十月丁亥,论淮肥之功,追封谢安庐陵郡公,封谢石南康公,谢玄康乐公,谢琰望蔡公,桓伊永修公,自余封拜各有差。

是岁,乞伏国仁自称大单于、秦河二州牧。

十一年春正月辛未,慕容垂僭即皇帝位于中山。壬午,翟辽袭黎阳,执太守滕恬之。乙酉,谒诸陵。慕容冲将许木末杀慕容冲于长安。

三月,大赦。太山太守张愿以郡叛,降于翟辽。

夏四月，以百济王世子余晖为使持节、都督、镇东将军、百济王。代王拓拔圭始改称魏。癸巳，以尚书仆射陆纳为尚书左仆射，谯王恬为尚书右仆射。

六月己卯，地震。庚寅，以前辅国将军杨亮为西戎校尉、雍州刺史，镇卫山陵。

秋八月庚午，封孔靖之为奉圣亭侯，奉宣尼祀。丁亥，安平王遝之薨。翟辽寇谯，龙骧将军朱序击走之。

冬十月，慕容垂破苻丕于河东，丕走东垣，扬威将军冯该击斩之，传首京都。甲申，海西公奕薨。

十一月，苻丕将苻登僭即皇帝位于陇东。

十二年春正月乙巳，以豫州刺史朱序为青、兖二州刺史，镇淮阴。

丁未，大赦。壬子，暴风，发屋折木。

戊午，慕容垂寇河东，济北太守温详奔彭城。翟辽遣子钊寇陈、颍，朱序击走之。

夏四月戊辰，尊夫人李氏为皇太妃。己丑，雨雹。高平人翟畅执太守徐含远，以郡降于翟辽。

六月癸卯，束帛聘处士戴逵、龚玄之。

秋八月辛巳，立皇子德宗为皇太子，大赦，增文武位二等，大酺五日，赐百官布帛各有差。

九月戊午，复新宁王遵为武陵王，立梁王瑆子龢为梁王。

冬十一月，松滋太守王遐之讨翟辽于洛口，败之。

十三年夏四月戊午，以青兖二州刺史朱序为持节、都督雍梁沔中九郡诸军事、雍州刺史，谯王恬之为镇北将军、青兖二州刺史。

夏六月，旱。乞伏国仁死，弟乾归嗣伪位，僭号河南王。

秋九月，翟辽将翟发寇洛阳，河南太守郭给距破之。

冬十二月戊子，涛水入石头，毁大桁，杀人。乙未，大风，尽晦，延贤堂灾。景申，螽斯百堂、客馆、骠骑库皆灾。己亥，加尚书令谢石卫将军、开府仪同三司。庚子，尚书令、卫将军、开府仪同三司谢石虔。

十四年春正月癸亥，诏淮南所获俘虏付诸作部者，一皆散遣，男女自相配匹，赐百日廪，其没为军赏者，悉赎出之，以襄阳、淮南饶沃地各立一县以居之。彭城妖贼刘黎僭称皇帝于皇丘，龙骧将军刘牢之讨平之。

二月，扶南献方物。吕光僭号三河王。

夏四月甲辰，彭城王弘之薨。翟辽寇荥阳，执太守张卓。

六月壬寅，使持节、都督荆益宁三州诸军事、荆州刺史桓石虔卒。

秋七月甲寅，宣阳门四柱灾。

八月，姚苌袭破苻登，获其伪后毛氏。

丁亥，汝南王羲薨。

九月庚午，以尚书左仆射陆纳为尚书令。

冬十二月乙巳，雨，木冰。

十五年春正月乙亥，镇北将军、谯王恬之薨。龙骧将军刘牢之及翟辽、张愿战于太山，王师败绩。征房将军朱序破慕容永于太行。

二月辛巳，以中书令王恭为都督青兖幽并冀五州诸军事、前将军、青兖二州刺史。

三月己酉朔，地震。戊辰，大赦。

秋七月丁巳，有星孛于北河。

八月，永嘉人李耽举兵反，太守刘怀之讨平之。己丑，京师地震。有星孛于北斗，犯紫微。沔中诸郡及兖州大水。龙骧将军朱序攻翟辽于滑台，大败之，张愿来降。

九月丁未，以吴郡太守王珣为尚书仆射。

冬十二月己未，地震。

十六年春正月庚申，改筑太庙。

夏六月，慕容永寇河南，太守杨佺期击破之。己未，章武王范之薨。

秋九月癸未，以尚书右仆射王珣为尚书左仆射，以太子詹事谢琰为尚书右仆射。新庙成。

冬十一月,姚苌败苻登于安定。

十七年春正月己巳朔,大赦,除逋租宿债。

夏四月,齐国内史蒋哲杀乐安太守辟闾濬,据青州反,北平原太守辟闾浑讨平之。

五月丁卯朔,日有蚀之。

六月癸卯,京师地震。甲寅,涛水入石头,毁大桁。永嘉郡潮水涌起,近海四县,人多死者。乙卯,大风折木。戊午,梁王龢薨。慕容垂袭翟钊于黎阳,败之,钊奔于慕容永。

秋七月丁丑,太白昼见。

八月,新作东宫。

冬十月丁酉,太白昼见。辛亥,都督荆益宁三州诸军事、荆州刺史王忱卒。

十一月癸酉,以黄门郎殷仲堪为都督荆益梁三州诸军事、荆州刺史。庚寅,徙封琅邪王道子为会稽王,封皇子德文为琅邪王。

十二月己未,地震。

是岁,自秋不雨,至于冬。

十八年春正月癸卯朔,地震。

二月乙末,地又震。

三月,翟钊寇河南。

夏六月己亥,始兴、南康、庐陵大水,深五丈。

秋七月,旱。

闰月,妖贼司马徽聚党于马头山,刘牢之遣部将讨平之。

九月景戌,龙骧将军杨佺期击氐帅杨佛嵩于潼谷,败之。

冬十月,姚苌死,子兴嗣伪位。

十九年夏六月壬子,追尊会稽王太妃郑氏为简文宣太后。

秋七月,荆、徐二州大水,伤秋稼,遣使振恤之。

八月己巳,尊皇太妃李氏为皇太后,宫曰崇训。慕容垂击慕容永于长子,斩之。

冬十月，慕容垂遣其子恶奴寇廪丘，东平太守韦简及垂将尹国战于平陆，简死之。

是岁，苻登为姚兴所杀，太子崇奔于湟中，僭称皇帝。

二十年春二月，作宣太后庙。甲寅，散骑常侍、光禄大夫、开府仪同三司、尚书令陆纳卒。

三月庚辰朔，日有蚀之。

夏六月，荆、徐二州大水。

十一月，魏王拓拔圭击慕容垂子宝于柴谷，败之。

二十一年春正月，造清暑殿。

三月，慕容垂攻平城，拔之。

夏四月，新作永安宫。丁亥，雨雹。慕容垂死，子宝嗣伪位。

五月甲子，以望蔡公谢琰为尚书左仆射。大水。

六月，吕光僭即天王位。

秋九月庚申，帝崩于清暑殿，时年三十五。葬隆平陵。

帝幼称聪悟，简文之崩也，时年十岁，至晡不临，左右进谏，答曰："哀至则哭，何常之有？"谢安尝叹以为精理不减先帝。既威权已出，雅有人主之量。既而溺于酒色，殆为长夜之饮。末年长星见，帝心甚恶之，于华林园举酒祝之曰："长星，劝汝一杯酒，自古何有万岁天子邪！"太白连年昼见，地震、水旱为变者相属。醒日既少，而傍无正人，竟不能改焉。

时张贵人有宠，年几三十，帝戏之曰："汝以年当废矣。"贵人潜怒，向夕，帝醉，遂暴崩。时道子昏惑，元显专权，竟不推其罪人。

初，简文帝见谶云："晋祚尽昌明。"及帝之在孕也，李太后梦神人谓之曰："汝生男，以'昌明'为字。"及产，东方始明，因以为名焉。简文帝后悟，乃流涕。及为清暑殿，有识者以为"清暑"反为"楚"声，哀楚之征也。俄而帝崩，晋祚自此倾矣。

史臣曰：前史称"不有废也，君何以兴"；若乃天挺惟神，光膺嗣位，迈油云而骧首，济沉川而能跃；少康一旅之众，所以阐帝图，成汤七十之基,所以兴王业;静河海于既泄,补穹圆于已紊;事异于斯,则弗由也。

　　简皇以虚白之姿,在屯如之会,政由桓氏,祭则寡人。太宗晏驾,宁康篡业,天诱其衷,奸臣自陨。于时西逾剑岫而跨灵山,北振长河而临清洛;荆吴战旅,啸咤成云;名贤间出,旧德斯在:谢安可以镇雅俗,彪之足以正纲纪,桓冲之夙夜王家,谢玄之善断军事。于时上天乃眷,强氏自泯。五尺童子,振袂临江,思所以挂旆天山,封泥函谷。而条纲弗垂,威恩罕树,道子荒乎朝政,国宝汇以小人,拜授之荣,初非天旨;鬻刑之货,自走权门。毒赋年滋,愁民岁广。是以间人、许荣驰书诣阙,烈宗知其抗直,而恶闻逆耳,肆一醉于崇朝,飞千觞于长夜。虽复“昌明”表梦,安听神言?而金行颓弛,抑亦人事,语曰“大国之政未陵夷,小邦之乱已倾覆”也。属苻坚百六之秋,弃肥水之众,帝号为“武”,不亦优哉!

　　赞曰:君若缀旒,道非交泰。简皇凝寂,不贻伊害。孝武登朝,奸雄自消。燕之击路,郑叔分镳。倡临帝席,酒劝天妖。金风不竞,人事先凋。

晋书卷十
帝纪第十

安帝　恭帝

安皇帝,讳德宗,字德宗,孝武帝长子也。太元十二年八月辛巳,立为皇太子。

二十一年九月庚申,孝武帝崩。辛酉,太子即皇帝位,大赦。癸亥,以司徒、会稽王道子为太傅,摄政。冬十月甲申,葬孝武皇帝于隆平陵。大雪。

隆安元年春正月己亥朔,帝加元服,改元,增文武位一等。太傅、会稽王道子稽首归政。以尚书左仆射王珣为尚书令,领军将军王国宝为尚书左仆射。

二月,吕光将秃发乌孤自称大都督、大单于,国号南凉。击光将窦苟于金昌,大破之。甲寅,尊皇太后李氏为太皇太后。戊午,立皇后王氏。

三月,吕光子纂为乞伏乾归所败。光建康太守段业自号凉州牧。慕容宝败魏师于蓟。

夏四月甲戌,兖州刺史王恭、豫州刺史庾楷举兵,以讨尚书左仆射王国宝、建威将军王绪为名。甲申,杀国宝及绪以悦于恭,恭乃罢兵。戊子,大赦。

五月,前司徒长史王廞以吴郡反,王恭讨平之。慕容宝将慕容详僭即皇帝位于中山,宝奔黄龙。

秋八月,吕光为其仆射杨轨、散骑常侍郭黁所攻,光子纂击走之。

九月,慕容宝将慕容麟斩慕容详于中山,因僭即皇帝位。

冬十月,慕容麟为魏师所败。

二年春三月,龙舟二灾。

夏五月,兰汗弑慕容宝而自称大将军、昌黎王。

秋七月,慕容宝子盛斩兰汗,僭称长乐王,摄天子位。兖州刺史王恭、豫州刺史庾楷、荆州刺史殷仲堪、广州刺史桓玄、南蛮校尉杨佺期等举兵反。

八月,江州刺史王渝奔于临川。丙子,宁朔将军邓启及慕容德将慕容法战于管城,王师败绩。景戌,慕容盛僭即皇帝位于黄龙。桓玄大败王师于白石。

九月辛卯,加太傅、会稽王道子黄钺。遣征虏将军会稽王世子元显、前将军王珣、右将军谢琰讨桓玄等。己亥,破庾楷于牛渚。景午,会稽王道子屯中堂,元显守石头。己酉,前将军王珣守北郊,右将军谢琰备宣阳门。辅国将军刘牢之次新亭,使子敬宣击败恭,恭奔曲阿长塘湖,湖尉收送京师,斩之。于是遣太常殷茂喻仲堪及玄,玄等走于寻阳。

冬十月,新野言驺虞见。景子,大赦。壬午,仲堪等盟于寻阳,推桓玄为盟主。

十一月,以琅邪王德文为卫将军、开府仪同三司,领军将军王雅为尚书左仆射。

十二月己丑,魏王圭即尊位,年号天兴。京兆人韦礼帅襄阳流人叛,降于姚兴。己酉,前新安太守杜炯反于京口,会稽王世子元显讨斩之。秃发乌孤自称武威王。

三年春正月辛酉,封宗室蕴为淮陵王。

二月甲辰,河间王国镇薨。林邑范达陷日南、九真,遂寇交址,太守杜瑗讨破之。段业自称凉王。仇池公杨盛遣使称藩,献方物。

三月己卯,追尊所生陈夫人为德皇太后。

夏四月乙未,加尚书令王珣卫将军,以会稽王世子元显为扬州刺史。

六月戊子,以琅邪王德文为司徒。慕容德陷青州,害龙骧将军辟闾浑,遂僭即皇帝位于广固。

秋八月,秃发乌孤死,其弟利鹿孤嗣伪位。

冬十月,姚兴陷洛阳,执河南太守辛恭静。

十一月甲寅,妖贼孙恩陷会稽,内史王凝之死之,吴国内史桓谦、临海太守新蔡王崇、义兴太守魏隐并委官而遁,吴兴太守谢邈、永嘉太守司马逸皆遇害。遣卫将军谢琰、辅国将军刘牢之逆击,走之。

十二月,桓玄袭江陵,荆州刺史殷仲堪、南蛮校尉杨佺期并遇害。吕光立其太子绍为天王,自号太上皇。是日,光死,吕纂弑绍而自立。

是岁,荆州大水,平地三丈。

四年春正月乙亥,大赦。

二月己丑,有星孛于奎娄,进至紫微。

三月,彗星见于太微。

夏四月,地震。孙恩寇浃口。

五月景寅,散骑常侍、卫将军、东亭侯王珣卒。己卯,会稽内史谢琰为孙恩所败,死之。恩转寇临海。

六月庚辰朔,日有蚀之。旱。辅国司马刘裕破恩于南山。恩将卢循陷广陵,死者三千余人。以琅邪王师何澄为尚书左仆射。

秋七月壬子,太皇太后李氏崩。丁卯,大赦。

是月,姚兴伐乞伏乾归,降之。

八月丁亥,尚书右仆射王雅卒。壬寅,葬文太后于修平陵。

九月癸丑,地震。

冬十一月,宁朔将军高雅之及孙恩战于余姚,王师败绩。以扬州刺史元显为后将军、开府仪同三司、都督扬豫徐兖青幽冀并荆江司雍梁益交广十六州诸军事,前将军刘牢之为镇北将军,封元显子彦璋为东海王。

十二月戊寅,有星孛于天市。

是岁,河右诸郡奉凉武昭王李玄盛为秦凉二州牧、凉公,年号庚子。

五年春二月景子,孙恩复寇浃口。吕超弑吕纂,以其兄隆僭即伪位。

三月甲寅,众星西流,历太微。

夏五月,孙恩寇吴国,内史袁山松死之。沮渠蒙逊杀段业,自号大都督、北凉州牧。

六月甲戌,孙恩至丹徒。乙亥,内外戒严,百官入居于省。冠军将军高素、右卫将军张崇之守石头,辅国将军刘袭栅断淮口,丹杨尹司马恢之戍南岸,冠军将军桓谦、辅国将军司马允之、游击将军毛邃备白石,左卫将军王堪、领军将军孔安国屯中皇堂。征豫州刺史、谯王尚之卫京师。宁朔将军高雅之击孙恩于广陵之郁洲,为贼所执。

秋七月,段兴弑慕容盛,盛叔父熙尽诛段氏,因僭称尊号。

九月,吕隆之降于姚兴。

冬十月,姚兴帅师侵魏,大败而旋。

是岁,饥,禁酒。

元兴元年春正月庚午朔,大赦,改元。以后将军元显为骠骑大将军、征讨大都督,镇北将军刘牢之为元显前锋,前将军、谯王尚之为后部,以讨桓玄。

二月景午,帝戎服饯元显于西池。丁巳,遣兼侍中、齐王柔之以驺虞幡宣告荆、江二州。丁卯,桓玄败王师于姑孰,谯王尚之、齐王柔之并死之。以右将军吴隐之为都督交广二州诸军事、广州刺史。

三月己巳,刘牢之叛降于桓玄。辛未,王师败绩于新亭,骠骑大将军、会稽王世子元显,东海王彦璋,冠军将军毛泰,游击将军毛邃并遇害。壬申,桓玄自为侍中、丞相、录尚书事,以桓谦为尚书仆射,迁太傅、会稽王道子于安城。玄俄又自称太尉、扬州牧、总百揆,以琅邪王德文为太宰。

临海太守辛景击孙恩，斩之。

是月，秃发利鹿孤死，弟傉檀嗣伪位。

秋七月乙亥，新蔡王崇为其奴所害。

八月庚子，尚书下舍灾。

冬十月，冀州刺史刘轨叛奔于慕容德。

十二月庚申，会稽王道子为桓玄所害。曲赦广陵，彭城大逆以下。

二年春二月辛丑，建威将军刘裕破徐道覆于东阳。乙卯，桓玄自称大将军。丁巳，冀州刺史孙无终为桓玄所害。

夏四月癸巳朔，日有蚀之。

秋八月，玄又自号相国、楚王。

九月，南阳太守庾仄起义兵，为玄所败。

冬十一月壬午，玄迁帝于永安宫。癸未，移太庙神主于琅邪国。

十二月壬辰，玄篡位，以帝为平固王。辛亥，帝蒙尘于寻阳。

三年春二月，帝在寻阳。庚寅夜，涛水入石头，漂杀人户。乙卯，建武将军刘裕帅沛国刘毅、东海何无忌等举义兵。景辰，斩桓玄所署徐州刺史桓修于京口、青州刺史桓弘于广陵。丁巳，义师济江。

三月戊午，刘裕斩玄将吴甫之于江乘，斩皇甫敷于罗落。己未，玄众溃而逃。

庚申，刘裕置留台，具百官。壬戌，桓玄司徒王谧推刘裕行镇军将军、徐州刺史、都督扬徐兖豫青冀幽并八州诸军事、假节。刘裕以谧领扬州刺史、录尚书事。辛酉，刘裕诛尚书左仆射王愉、愉子荆州刺史绥、司州刺史温详。辛未，桓玄逼帝西上。景戌，密诏以幽逼于玄，万机虚旷，令武陵王遵依旧典，承制总百官行事，加侍中，余如故。并大赦谋反大逆已下，惟桓玄一祖之后不宥。

夏四月己丑，大将军、武陵王遵称制，总万机。庚寅，帝至江陵。庚戌，辅国将军何无忌、振武将军刘道规及桓玄将庾稚、何澹之战于溢口，大破之。玄复逼帝东下。

五月癸酉，冠军将军刘毅及桓玄战于峥嵘洲，又破之。己卯，帝复幸江陵。辛巳，荆州别驾王康产、南郡太守王腾之奉帝居于南郡。壬午，督护冯迁斩桓玄于貊盘洲。乘舆反正于江陵。甲申，诏曰："奸凶篡逆，自古有之。朕不能式遏杜渐，以致播越。赖镇军将军裕英略奋发、忠勇绝世、冠军将军毅等诚心宿著、协同嘉谋。义声既振，士庶郊节，社稷载安，四海齐庆。其大赦，凡诸畏逼事屈逆命者，一无所问。"戊寅，奉神主入于太庙。

闰月己丑，桓玄故将扬武将军桓振陷江陵，刘毅、何无忌退守寻阳，帝复蒙尘于贼营。

六月，益州刺史毛璩讨伪梁州刺史桓希，斩之。

秋七月戊申，永安皇后何氏崩。

八月癸酉，祔葬穆帝章皇后于永平陵。

九月，前给事中刁聘、秘书丞王迈之谋反，伏诛。

冬十月，卢循寇广州，刺史吴隐之为循所败。执始兴相阮腆之而还。慕容德死，兄子超嗣伪位。

义熙元年春正月，帝在江陵。南阳太守鲁宗之起义兵，袭破襄阳。己丑，刘毅次于马头。桓振以帝屯于江津。辛卯，宗之破振将温楷于柞溪，进次纪南，为振所败。振武将军刘道规击桓谦，走之。乘舆反正，帝与琅邪王幸道规舟。

戊戌，诏曰："朕以寡德，夙纂洪绪。不能缉熙遐迩，式遏奸宄。逆臣桓玄，乘衅肆乱，乃诬罔天人，篡据极位。朕躬播越，沦胥荒裔，宣皇之基，眇焉以坠。赖镇军将军裕忠武英断，诚冠终古。运谋机始，贞贤协其契，抆泪誓众，义士感其心。故霜戈一挥，巨猾奔迸，三率稜威，大憝授首。而孽振猖狂，嗣凶荆、郢。幸天祚社稷，义旗载捷，狡徒沮溃，朕获反正。斯实宗庙之灵，勤王之勋。岂朕一人，独享伊祐，思与亿兆，幸兹更始。其大赦，改元，唯玄、振一祖及同党不在原例。赐百官爵二级，鳏寡孤独谷，人五斛，大酺五日。"

二月丁巳，留台备乘舆法驾，迎帝于江陵。弘农太守戴宁之、建威主簿徐惠子等谋反，伏诛。平西参军谯纵害平西将军、益州刺史毛璩，以蜀叛。

三月,桓振复袭江陵,荆州刺史司马休之奔于襄阳。建威将军刘怀肃讨振,斩之。帝至自江陵。乙未,百官诣阙请罪。诏曰:"此非诸卿之过,其还率职。"戊戌,举章皇后哀三日,临于西堂。刘裕及何无忌等抗表逊位,不许。庚子,以琅邪王德文为大司马,武陵王遵为太保,加镇军将军刘裕为侍中、车骑将军、都督中外诸军事。甲辰,诏曰:"自顷国难之后,人物凋残,常所供奉,犹不改旧,岂所以视人如伤,禹、汤归过之诚哉!可筹量减省。"

夏四月,刘裕旋镇京口。戊辰,饯于东堂。

五月癸未,禁绢扇及搏蒲。游击将军、章武王秀,益州刺史司马轨之谋反,伏诛。桓玄故将桓亮、苻宏、刁预寇湘州,守将击走之。

秋八月甲子,封临川王子修之为会稽王。

冬十一月,乞伏乾归伐仇池,仇池公杨盛大破之。

是岁,凉武昭王玄盛遣使奉表称藩。

二年春正月,益州刺史司马荣期击谯纵将谯子明于白帝,破之。

夏五月,封高密王子法莲为高阳王。

秋七月,梁州刺史杨孜敬有罪,伏诛。

冬十月,论匡复之功,封车骑将军刘裕为豫章郡公,抚军将军刘毅南平郡公,右将军何无忌安成都郡公,自余封赏各有差。乙亥,以左将军孔安国为尚书左仆射。

十二月,盗杀零陵太守阮野。

三年春二月己酉,车骑将军刘裕来朝。诛东阳太守殷仲文、南蛮校尉殷叔文、晋陵太守殷道叔、永嘉太守骆球。己丑。大赦,除酒禁。

夏五月,大水。

六月,姚兴将赫连勃勃僭称天王于朔方,国号夏。

秋七月戊戌朔,日有蚀之。汝南王遵之有罪,伏诛。

八月,遣冠军将军刘敬宣持节监征蜀诸军事。

冬十一月,赫连勃勃大败秃发傉檀,傉檀奔于南山。

　　是岁,高云、冯跋杀慕容熙,云冠即帝位。

　　四年春正月甲辰,以琅邪王德文领司徒,车骑将军刘裕为扬州刺史、录尚书事。庚申,侍中、太保、武陵王遵薨。

　　夏四月,散骑常侍、尚书左仆射孔安国卒。甲午,加吏部尚书孟昶尚书左仆射。

　　冬十一月癸丑,雷。梁州刺史杨思平有罪,弃市。辛卯,大风拔树。是月,秃发傉檀僭即凉王位。

　　十二月,陈留王曹灵诞薨。

　　五年春正月辛卯,大赦。庚戌,以抚军将军刘毅为卫将军、开府仪同三司,加辅国将军何无忌镇南将军。戊戌,寻阳地震。

　　二月,慕容超将慕容兴宗寇宿豫,阳平太守刘千载、南阳太守赵元并为贼所执。

　　三月乙亥,大雪,平地数尺。车骑将军刘裕帅师伐慕容超。

　　夏六月景寅,震于太庙。刘裕大破慕容超于临朐。

　　秋七月,姚兴将乞伏乾归僭称西秦王于苑川。

　　九月戊辰,离班弑高云,云将冯跋攻班,杀之。跋僭即王位,仍号燕。

　　冬十月,魏清河王绍弑其主珪。

　　六年春二月丁亥,刘裕攻慕容超,克之,齐地悉平。

　　是月,广州刺史卢循反,寇江州。

　　三月,秃发傉檀及沮渠蒙逊战于穷泉,傉檀败绩。壬申,镇南将军、江州刺史何无忌及循战于豫章,王师败绩,无忌死之。

　　夏四月,青州刺史诸葛长民、兖州刺史刘藩、并州刺史刘道怜乃入卫京师。

　　五月景子,大风拔木。

　　戊子,卫将军刘毅及卢循战于桑落洲,王师败绩。尚书左仆射孟昶惧,自杀。己未,大赦。乙丑,循至淮口,内外戒严。大司马、琅邪王德文都督宫城诸军事,次中皇堂,太尉刘裕次石头,梁王珍之屯南掖门,冠军将军刘敬宣屯北郊,辅国将军孟怀玉屯南岸,建武将军王仲德屯越城，广武将军刘怀默屯建阳门，淮口筑桓浦、药园、廷尉三垒以距之。

景寅，震太庙鸱尾。

秋七月庚申，卢循遁走。甲子，使辅国将军王仲德、广川太守刘钟、河间内史蒯恩等帅众追之。

是月，卢循寇荆州，刺史刘道规、雍州刺史鲁宗之等败之。又破徐道覆于华容，贼复走寻阳。

八月，姚兴将桓谦寇江陵，刘道规败之。

冬十一月，蜀贼谯纵陷巴东，守将温祚、时延祖死之。

十二月壬辰，刘裕破卢循于豫章。

七年春二月壬午，右将军刘藩斩徐道覆于始兴，传首京师。

夏四月，卢循走交州，刺史杜慧度斩之。

秋七月丁卯，以荆州刺史刘道规为征西大将军、开府仪同三司。

冬十月，沮渠蒙逊伐凉，凉武昭王玄盛与战，败之。

八年春二月景子，以吴兴太守孔靖为尚书右仆射。

三月甲寅，山阴地陷四尺，有声如雷。

夏五月，乞伏公府弑乞伏乾归，乾归子炽盘诛公府，僭即伪位。

六月，以平北将军鲁宗之为镇北将军。

秋七月甲午，武陵王季度薨。庚子，征西大将军刘道规卒。

八月，皇后王氏崩。辛亥，高密王纯之薨。

九月癸酉，葬僖皇后于休平陵。己卯，太尉刘裕害右将军兖州刺史刘藩、尚书左仆射谢混。

庚辰，裕矫诏曰："刘毅包藏祸心，构逆南夏，藩、混助乱，志肆奸宄。赖宰辅玄鉴，抚机挫锐，凶党即戮，社稷乂安。夫好生之德，所因者本，肆眚覃仁，实资玄泽。况事兴大憝，祸自元凶。其大赦天下，唯刘毅不在其例。普增文武位一等。孝顺忠义，隐滞遗逸，必令闻达。"己丑，刘裕帅师讨毅。裕参军王镇恶陷江陵城，毅自杀。

冬十一月，沮渠蒙逊僭号河西王。

十二月，以西陵太守朱龄石为建威将军、益州刺史，帅师伐蜀。分荆州十郡置湘州。

是岁，庐陵、南康地四震。

九年春三月景寅，刘裕害前将军诸葛长民及其弟辅国大将军黎民、从弟宁朔将军秀之。

三月戊寅，加刘裕镇西将军、豫州刺史。林邑范胡达寇九真，交州刺史杜慧度斩之。

夏四月壬戌，罢临沂、湖熟皇后脂泽田四十顷，以赐贫人，弛湖池之禁。封镇北将军鲁宗之为南阳郡公。

秋七月，朱龄石克成都，斩谯纵，益州平。

九月，封刘裕次子义真为桂阳公。

冬十二月，安平王球之薨。

是岁，高句丽、倭国及西南夷铜头大师并献方物。

十年春三月戊寅，地震。

夏六月，乞伏炽盘帅师伐秃发傉檀，灭之。

秋七月，淮北大风，坏庐舍。

九月丁巳朔，日有蚀之。林邑遣使来献方物。

是岁，城东府。

十一年春正月，荆州刺史司马休之、雍州刺史鲁宗之并举兵贰于刘裕，裕帅师讨之。庚午，大赦。丁丑，以吏部尚书谢裕为尚书左仆射。

二月丁未，姚兴死，子泓嗣伪位。

三月辛巳，淮陵王蕴薨。壬午，刘裕及休之战于江津，休之败，奔襄阳。

夏四月乙卯，青、冀二州刺史刘敬宣为其参军司马道赐所害。

五月甲申，彗星二见。甲午，休之、宗之出奔于姚泓。论平蜀功，封刘裕子义隆彭城公，朱龄石丰城公。己酉，霍山崩，出铜钟六枚。

秋七月景戌，京师大水，坏太庙。辛亥晦，日有蚀之。

八月丁未，尚书左仆射谢裕卒，以尚书右仆射刘穆之为尚书左仆射。

九月已亥，大赦。

十二年春正月，姚泓使其将曾轨寇襄阳，雍州刺史赵伦之击走之。

二月，加刘裕中外大都督。

夏六月，赫连勃勃攻姚泓秦州，陷之。己酉，新除尚书令、都乡亭侯刘柳卒。

秋八月，刘裕及琅邪王德文帅众伐姚泓。景午，大赦。

冬十月景寅，姚泓将姚光以洛阳降。已丑，遣兼司空、高密王恢之修谒五陵。

十三年春正月甲戌朔，日有蚀之。

二月，凉武昭王李玄盛薨，世子士业嗣位为凉州牧、凉公。

三月，龙骧将军王镇恶大破姚泓将姚绍于潼关。

夏，刘裕败魏将鹅青于河曲，斩青裨将阿薄干。是月，凉公李士业大败沮渠蒙逊于鲜支涧。

夏五月，刘裕克潼关。丁亥，会稽王修之薨。

六月癸亥，林邑献驯象、白鹦鹉。

秋七月，刘裕克长安，执姚泓，收其彝器，归诸京师。南海贼徐道期陷广州，始兴相刘谦之讨平之。

冬十二月辛未，左仆射、前将军刘穆之卒。

十四年春正月辛巳，大赦。青州刺史沈田子害龙骧将军王镇恶于长安。

夏六月，刘裕为相国，进封宋公。

冬十月，以凉公士业为镇西将军，封酒泉公。

十一月，赫连勃勃大败王师于青泥北。雍州刺史朱龄石焚长安宫殿，奔于潼关。寻又大溃，龄石死之。

十二月戊寅，帝崩于东堂，时年三十七。葬休平陵。

帝不惠，自少及长，口不能言，虽寒暑之变，无以辩也。凡所动止，皆非已出。故桓玄之篡，因此获全。初谶云"昌明之后有二帝"，刘裕将为禅代,故密使王韶之缢帝而立恭帝,以应二帝云。

　　恭帝,讳德文,字德文,安帝母弟也。初封琅邪王,历中军将军、散骑常侍、卫将军、开府仪同三司,加侍中,领司徒、录尚书六条事。元兴初,迁车骑大将军。

　　桓玄执政,进位太宰,加衮冕之服,绿綟绶。玄篡位,以帝为石阳县公,与安帝俱居寻阳。及玄败,随至江陵。玄死,桓振奄至,跃马奋戈,直至阶下,瞋目谓安帝曰:"臣门户何负国家,而屠灭若是?"帝乃下床谓振曰:"此岂我兄弟意邪!"振乃下马致拜。振平,复为琅邪王。又领徐州刺史,寻拜大司马,领司徒,加殊礼。

　　义熙五年,置左右长史、司马、从事中郎四人,加羽葆鼓吹。

　　十二年,诏曰:"大司马明德懋亲,太尉道勋光大,并徽序彝伦,燮和二气,髦俊引领,思佐鼎任。而雅尚冲挹,四门弗辟,诚合大雅谦虚之道,实违急贤赞世之务。昔蒲轮载征,异人并出,东平开府,奇士向臻,济济之盛,朕有钦焉。可敕二府,依旧辟召,必将明敭俊乂,嗣轨前贤矣。"于是始辟召掾属。时太尉裕都督中外诸军,诏曰:"大司马地隆任重,亲贤莫二。虽府受节度,可身无致敬。"

　　刘裕之北征也,帝上疏,请帅所莅,启行戎路,修敬山陵。朝廷从之,乃与裕俱发。及有司以即戎不得奉辞陵庙,帝复上疏曰:"臣推毂阃外,将革寒暑,不获展情埏垓,私心罔极。伏愿天慈,特垂听许,使臣微诚粗申,即路无恨。"许之。及姚泓灭,归于京都。

　　十四年十二月戊寅,安帝崩。刘裕矫称遗诏曰:"唯我有晋,诞膺明命,业隆九有,先宅四海。朕以不德,属当多难,幸赖宰辅,拯厥颠覆。后恃保佑,克黜祸乱,遂冕旒辰极,混一六合。方凭阿衡,惟新洪业,而遘疾大渐,将遂弗兴。仰惟祖宗灵命,亲贤是荷。咨尔大司马、琅邪王,体自先皇,明德光懋,属惟储贰,众望攸集。其君临晋邦,奉系宗祀,允执其中,燮和天下。阐扬未诰,无废我高祖之景命。"是日,即帝位,大赦。

　　元熙元年春正月壬辰朔,改元。以山陵未厝,不朝会。立皇后褚氏。甲午，征刘裕还朝。戊戌，有星孛于太微西藩。庚申，葬安皇帝于休平陵。帝受朝，悬而不乐。以骠骑将军刘道怜为司空。

秋八月，刘裕移镇寿阳。以刘怀慎为前将军、北徐州刺史，镇彭城。

九月，刘裕自解扬州。

冬十月乙酉，裕以其子桂阳公义真为扬州刺史。

十一月丁亥朔，日有蚀之。

十二月辛卯，裕加殊礼。己卯，太史奏，黑龙四见于东方。

二年夏六月壬戌，刘裕至于京师。傅亮承裕密旨，讽帝禅位，草诏，请帝书之。帝欣然谓左右曰：“晋氏久已失之，今复何恨！”乃书赤纸为诏。

甲子，遂逊于琅邪第。刘裕以帝为零陵王，居于秣陵，行晋正朔，车旗服色一如其旧，有其文而不备其礼。帝自是之后，深虑祸机，褚后常在帝侧，饮食所资，皆出褚后，故宋人莫得伺其隙。

宋永初二年九月丁丑，裕使后兄叔度请后；有间，兵人逾垣而入，弑帝于内房。时年三十六。谥恭皇帝，葬冲平陵。

帝幼时性颇忍急，及在藩国，曾令善射者射马为戏。既而有人云：“马者国姓，而自杀之，不祥之甚。”帝亦悟，甚悔之。其后复深信浮屠道，铸货千万，造丈六金像，亲于瓦官寺迎之，步从十许里。安帝既不惠，帝每侍左右，消息温凉寝食之节，以恭谨闻，时人称焉。

始，元帝以丁丑岁称晋王，置宗庙，使郭璞筮之，云“享二百年”。自丁丑至禅代之岁，年在庚申，为一百四岁。然丁丑始系西晋，庚申终入宋年，所余惟一百有二岁耳。璞盖以百二之期促，故婉而倒之为二百也。

史臣曰：安帝即位之辰，钟无妄之日，道子、元显并倾朝政，主昏臣乱，未有不如斯亡者也。虽有手握戎麾，心存旧国，回首无良，忽焉萧散。于是桓玄乘衅，势逾飙指，六师咸泯，只马徂迁。是以宋高非典午之臣，孙恩岂金行之寇。若乃世遇颠覆，则恭皇斯甚。于越之民,讵爝丹穴,会稽之侣,宁叹入臣。去皇屋而归来,洒丹书而不恨。夫五运攸革,三微数尽,犹高秋凋侯,理之自然。观其摇落,人有为之流涟者也。

赞曰:安承流涸,大盗斯张。恭乃寓命,他人是纲。犹存周报,始立怀王。虚尊假号,异术同亡。

晋书卷一一
志第一

天文上

天体　仪象　天文经星　中宫
二十八舍　二十八宿外星
天汉起没　十二次度数　州郡躔次

　　昔在庖牺，观象察法，以通神明之德，以类天地之情；可以藏往知来，开物成务。故《易》曰："天垂象，见吉凶，圣人象之。"此则观乎天文，以示变者也。《尚书》曰："天聪明自我人聪明。"此则观乎人文，以成化者也。是故政教兆于人理，祥变应乎天文，得失虽微，罔不昭著。然则，三皇迈德，七曜顺轨，日月无薄蚀之变，星辰靡错乱之妖。黄帝创《河图》，始明休咎，故其《星传》尚有存焉。降在高阳，乃命南正重司天，北正黎司地。爰洎帝喾，亦式序三辰。唐虞则羲和继轨，有夏则昆吾绍德。年代绵邈，文籍靡传。至于殷之巫咸，周之史佚，格言遗记，于今不朽。其诸侯之史，则鲁有梓慎，晋有卜偃，郑有裨灶，宋有子韦，齐有甘德，楚有唐昧，赵有尹皋，魏有石申夫，皆掌著天文，各论图验。其巫咸、甘、石之说，后代所宗。暴秦燔书，六经残灭，天官星占，存而不毁。及汉景、武之际，司马谈父子继为史官，著《天官书》，以明天人之道。其后中垒校尉刘向，广《洪范》灾条，作《皇极论》，以参往之行事。及班固叙汉史，马迁续述《天文》，而蔡邕、谯周各有撰录，司马彪采之，以继前志。今详众说，以著于篇。

天体

古言天者有三家，一曰盖天，二曰宣夜，三曰浑天。汉灵帝时，蔡邕于朔方上书，言"宣夜之学，绝无师法。《周髀》术数具存，考验天状，多所违失。惟浑天近得其情，今史官候台所用铜仪，则其法也。立八尺员体而具天地之形，以正黄道，占察发敛，以行日月，以步五纬，精微深妙，百代不易之道也。官有其器而无本书，前志亦阙。"

蔡邕所谓《周髀》者，即盖天之说也。其本庖牺氏立周天历度，其所传则周公受于殷商，周人志之，故曰《周髀》。髀，股也；股者，表也。其言天似盖笠，地法覆槃，天地各中高外下。北极之下为天地之中，其地最高，而滂沱四隤，三光隐映，以为昼夜。天中高于外衡冬至日之所在六万里。北极下地高于外衡下地亦六万里，外衡高于北极下地二万里。天地隆高相从，日去地恒八万里。日丽天而平转，分冬夏之间日前行道为七衡六间。每衡周经里数，各依算术，用句股重差推晷影极游，以为远近之数，皆得于表股者也。故曰《周髀》。

又《周髀》家云："天员如张盖，地方如棋局。天旁转如推磨而左行，日月右行，随天左转，故日月实东行，而天牵之以西没。譬之于蚁行磨石之上，磨左旋而蚁右去，磨疾而蚁迟，故不得不随磨以左回焉。天形南高而北下，日出高，故见；日入下，故不见。天之居如倚盖，故极在人北，是其证也。极在天之中，而今在人北，所以知天之形如倚盖也。日朝出阳中，暮入阴中，阴气暗冥，故没不见也。夏时阳气多，阴气少，阳气光明，与日同辉，故日出即见，无蔽之者，故夏日长也。冬天阴气多，阳气少，阴气暗冥，掩日之光，虽出犹隐不见，故冬日短也。"

宣夜之书云，惟汉秘书郎郗萌记先师相传云："天了无质，仰而瞻之，高远无极，眼眢精绝，故苍苍然也。譬之旁望远道之黄山而皆青，俯察千仞之深谷而窈黑，夫青非真色，而黑非有体也。日月众星，自然浮生虚空之中，其行其止皆须气焉。是以七曜或逝或住，或顺或逆，伏见无常，进退不同，由乎无所根系，故各异也。故辰极常居其所，而北斗不与众星西没也。摄提、填星皆东行，日行一度，月行十三度，迟疾任情，其无所系著可知矣。若缀附天体，不得尔也。

成帝咸康中，会稽虞喜因宣夜之说作《安天论》，以为"天高穷于无穷，地深测于不测。天确乎在上，有常安之形；地魄焉在下，有居静之体。当相覆冒，方则俱方，员则俱员，无方员不同之义也。其光曜布列，各自运行，犹江海之有潮液，万品之有行藏也。"葛洪闻而讥之曰："苟辰宿不丽于天，天为无用，便可言无，何必复云有之而不动乎？"由此而谈，稚川可谓知言之选也。

虞喜族祖河间相耸又立《穹天论》，云："天形穹隆如鸡子，幂其际，周接四海之表，浮于元气之上。譬如覆盆以抑水，而不没者，气充其中故也。日绕辰极，没西而还东，不出入地中。天之有极，犹盖之有斗也。天北下于地三十度，极之倾在地卯酉之北亦三十度，人在卯酉之南十余万里，故斗极之下不为地中，当对天地卯酉之位耳。日行黄道绕极。极北去黄道百一十五度，南去黄道六十七度，二至之所舍以为长短也。"

吴太常姚信造《昕天论》，云："人为灵虫，形最似天。今人颐前多临胸，而项不能覆背。近取诸身，故知天之体，南低入地，北则偏高。又冬至极低，而天运近南，故日去人远，而斗去人近，北天气至，故冰寒也。夏至极起，而天运近北，而斗去人远，日去人近，南天气至，故蒸热也。极之立时，日行地中浅，故夜短；天去地高，故昼长也。极之低时，日行地中深，故夜长；天去地下浅，故昼短也。

自虞喜、虞耸、姚信皆好奇徇异之说，非极数谈天者也。至于浑天理妙，学者多疑。汉王仲任，据盖天之说，以驳浑仪云："旧说天转从地下过。今掘地一丈辄有水，天何得从水中行乎？甚不然也。日随天而转，非入地。夫人目所望，不过十里，天地合矣；实非合也，远使然耳。今视日入，非入也，亦远耳。当日入西方之时，其下之人亦将谓之为中也。四方之人，各以其近者为出，远者为入矣。何以明之？今试使一人把大炬火，夜行于平地，去人十里，火光灭矣；非灭也，远使然耳。今日西转不复见，是火灭之类也。日月不员也，望视之所以员者，去人远也。夫日，火之精也；月，水之精也。水火在地不员，在天何故员？"故丹杨葛洪释之曰：

《浑天仪注》云："天如鸡子，地如鸡中黄，孤居于天内，天大而地小。天表里有水，天地各乘气而立，载水而行。周天三百六十五度四分度之一，又中分之，则半覆地上，半绕地下，故二十八宿半见半隐，天转如车毂之运也。"诸论天者虽多，然精于阴阳者少。张平子、陆公纪之徒，咸以为推步七曜之道，以度历象昏明之证候，校以四八之气，考以漏刻之分，占晷影之往来，求形验于事情，莫密于浑象者也。

张平子即作铜浑天仪，于密室中以漏水转之，命伺之者闭户而唱之。其伺之者以告灵台之观天者曰，"璇玑所加，某星始见，某星已中，某星今没"，皆如合符也。崔子玉为其碑铭曰："数术穷天地，制作侔造化，高才伟艺，与神合契。"盖由于平子浑仪及地动仪之有验故也。

若天果如浑者，则天之出入行于水中，为的然矣。故黄帝书曰，"天在地外，水在天外"，水浮天而载地者也。又《易》曰："时乘六龙。"夫阳爻称龙，龙者，居水之物，以喻天。天，阳物也，又出入水中，与龙相似，故以龙比也。圣人仰观俯察，审其如此，故《晋》卦《坤》下《离》上，以证日出于地也。又《明夷》之卦《离》下《坤》上，以证日入于地也。《需》卦《乾》下《坎》上，此亦天入水中之象也。天为金，金水相生之物也。天出入水中，当有何损，而谓为不可乎？

故桓君山曰："春分日，出卯入酉，此乃人之卯酉。天之卯酉，常值斗极为天中。今视之乃在北，不正在人上。而春秋分时,日出入乃在斗极之南。若如磨石转,则北方道远而南方道近,昼夜漏刻之数不应等也。"后奏事待报,坐西廊庑下,以寒故暴背。有顷,日光去,不复暴背。君山乃告信盖天者曰:"天若如推磨石转而日西行者,其光景当照此廊下稍而东耳,不当拔出去。拔出去是应浑天法也。浑为天之真形,于是可知矣。"然则天出入水中,无复疑也。

又今视诸星出于东者,初但去地小许耳。渐而西行,先经人上,后遂西转而下焉,不旁旋也。其先在西之星,亦稍下而没,无北转者。日之出入亦然。若谓天磨右转者,日之出入亦然,众星日月宜随天而回,初在于东,次经于南,次到于西,次及于北,而复还于东,不应横过去也。今日出于东,冉冉转上,及其入西,亦复渐渐稍下,都不绕边北去。了了如此,王生必固谓为不然者,疏矣。

今日径千里,围周三千里,中足以当小星之数十也。若日以转远之故,但当光曜不能复来照及人耳,宜犹望见其体,不应都失其所在也。日光既盛,其体又大于星多矣。今见极北之小星,而不见日之在北者,明其不北行也。若日以转远之故,不复可见,其北入之间,应当稍小,而日方入之时乃更大,此非转远之征也。王生以火炬喻日,吾亦将借子之矛以刺子之盾焉。把火之人去人转远,其光转微,而日月自出至入,不渐小也。王生以火喻之,谬矣。

又日之入西方,视之稍稍去,初尚有半,如横破镜之状,须臾沦没矣。若如王生之言,日转北去有半者,其北都没之顷,宜先如竖破镜之状,不应如横破镜也。如此言之,日入北方,不亦孤子乎?又月之光微,不及日远矣。月盛之时,虽有重云蔽之,不见月体,而夕犹朗然,是光犹从云中而照外也。日若绕西及北者,其光故应如月在云中之状,不得夜便大暗也。又日入则星月出焉。明知天以日月分主昼夜,相代而照也。若日常出者,不应日亦入而星月亦出也。

又按《河》、《洛》之文，皆云水火者，阴阳之余气也。夫言余气也，则不能生日月可知也，顾当言日阳精生火者可耳。若水火是日月所生，则亦何得尽如日月之员乎？今火出于阳燧，阳燧员而火不员也；水出于方诸，方诸方而水不方也。又阳燧可以取火于日，而无取日于火之理，此则日精之生火明矣；方诸可以取水于月，而无取月于水之道，此则月精之生水了矣。王生又云远故视之员。若审然者，月初生之时及既亏之后，何以视之不员乎？而日食或上或下，从侧而起，或如钩至尽。若远视见员，不宜见其残缺左右所起也。此则浑天之体，信而有征矣。

仪象

《虞书》曰："在璇玑玉衡，以齐七政。"《考灵曜》云："分寸之晷，代天气生，以制方员。方员以成，参以规矩。昏明主时，及命中星观玉仪之游。"郑玄谓以玉为浑仪也。《春秋文曜钩》云："唐尧即位，羲和立浑仪。"此则仪象之设，其来远矣。绵代相传，史官禁密，学者不睹，故宣、盖沸腾。

暨汉太初，落下闳、鲜于妄人、耿寿昌等造员仪以考历度。后至和帝时，贾逵系作，又加黄道。至顺帝时，张衡又制浑象，具内外规、南北极、黄赤道，列二十四气、二十八宿中外星官及日月五纬，以漏水转之于殿上室内，星中出没与天相应。因其关戾，又转瑞轮蓂荚于阶下，随月虚盈，依历开落。

其后陆绩亦造浑象。至吴时，中常侍庐江王蕃善数术，传刘洪《乾象历》，依其法而制浑仪，立论考度曰：

前儒旧说，天地之体，状如鸟卵，天包地外，犹壳之裹黄也；周旋无端，其形浑浑然，故曰浑天也。周天三百六十五度五百八十九分度之百四十五，半覆地上，半在地下。其二端谓之南极、北极。北极出地三十六度，南极入地三十六度，两极相去一百八十二度半强。绕北极径七十二度，常见不隐，谓之上规。

绕南极七十二度,常隐不见,谓之下规。赤道带天之纮,去两极各九十一度少强。

黄道,日之所行也,半在赤道外,半在黄道内,与赤道东交于角五少弱,西交于奎十四少强。其赤道外极远者,去赤道二十四度,斗二十一度是也,其入赤道内极远者,亦二十四度,井二十五度是也。

日南至在斗二十一度,去极百一十五度少强。是也日最南,去极最远,故景最长。黄道斗二十一度,出辰入申,日昼行地上百四十六度强,故日短;夜行地下二百一十九度少弱,故夜长。自南至之后,日去极稍近,故景稍短。日昼行地上度稍多,故日稍长;夜行地下度稍少,故夜稍短。日所在度稍北,故日稍北,以至于夏至,日在井二十五度,去极六十七度少强。是日最北,去极最近,景最短。黄道井二十五度,出寅入戌,故日亦出寅入戌。日昼行地上二百一十九度少弱,故日长;夜行地下百四十六度强,故夜短。自夏至之后,日去极稍远,故景稍长。日昼行地上度稍少,故日稍短;夜行地下度稍多,故夜稍长。日所在度稍南,故日出稍南,以至于南至而复初焉。斗二十一,井二十五,南北相应四十八度。

春分日在奎十四少强,秋分日在角五少弱,此黄赤二道之交中也。去极俱九十一度少强,南北处斗二十一、井二十五之中,故景居二至长短之中。奎十四角五,出卯入酉,故日亦出卯入酉。日昼行地上,夜行地下,俱百八十二度半强,故日见之漏五十刻,不见之漏五十刻,谓之昼夜同。夫天之昼夜以日出没为分,人之昼夜以昏明为限。日未出二刻半而明,日入二刻半而昏,故损夜五刻以益昼,是以春秋分漏昼五十五刻。

三光之行,不必有常术,术家以算求之,各有同异,故诸家历法参差不齐。《洛书甄曜度》、《春秋考异邮》皆云:"周天一百七万一千里,一度为二千九百三十二里七十一步二尺七寸四分四百八十七分分之三百六十二。"陆绩云:"天东西南北径三十五万七千里。"此言周三径一也。考之径一不啻周三，率周百四十二而径四十五，则天径三十二万九千四百一里一百二十二步二尺二寸一分七十一分分之十。

《周礼》："日至之景尺有五寸，谓之地中。"郑众说："土圭之长尺有五寸，以夏至之日立八尺之表，其景与土圭等，谓之地中，今颖川阳城地也。"郑玄云："凡日景于地，千里而差一寸，景尺有五寸者，南戴日下万五千里也。"以此推之，日当去其下地八万里矣。日邪射阳城，则天径之半也。体员如弹丸，地处天之半，而阳城为中，则日春秋冬夏，昏明昼夜，去阳城皆等，无盈缩矣。故知从日邪射阳城，为天径之半也。

以句股法言之，旁万五千里，句也；立八极万里，股也；从日邪射阳城，弦也。以句股求弦法入之，得八万一千三百九十四里三十步五尺三寸六分，天径之半而地上去天之数也。倍之，得十六万二千七百八十八里六十一步四尺七寸二分，天径之数也。以周率乘之，径率约之，得五十一万三千六百八十七里六十八步一尺八寸二分，周天之数也。减《甄耀度》、《考异邮》五十五万七千三百一十二里有奇。一度凡千四百六里百二十四步六寸四分十万七千五百六十五分分之万九千四十九，减旧度千五百二十五里二百五十六步三尺三寸二十一万五千一百三十分分之十六万七百三十。

分黄赤二道，相与交错，其间相去二十四度。以南仪推之，二道俱三百六十五度有奇，是以知天体员如弹丸也。而陆绩造浑象，其形如鸟卵，然则黄道应长于赤道矣。绩云"天东西南北径三十五万七千里"，然则绩亦以天形正员也，而浑象为鸟卵，则为自相违背。

古旧浑象以二分为一度，凡周七尺三寸半分。张衡更制，以四分为一度，凡周一丈四尺六寸。蕃以古制局小，星辰稠概，衡器伤大，难可转移，更制浑象，以三分为一度，凡周大一丈九寸五分分之三也。

天文经星

《洪范传》曰:"清而明者,天之体也。天忽变色,是谓易常。天裂,阳不足,是谓臣强。天裂见人,兵起国亡。天鸣有声,至尊忧且惊。皆乱国之所生也。"

马续云:"天文在图籍昭昭可知者,经星常宿中外官凡一百一十八名,积数七百八十三,皆有州国官宫物类之象。"

张衡云:"文曜丽乎天,其动者有七,日月五星是也。日者,阳精之宗;月者,阴精之宗;五星,五行之精。众星列布,体生于地,精成于列,列居错峙,各有攸属。在野象物,在朝象官,在人象神。其以神差,有五列焉,是为三十五名。一居中央,谓之北斗。四布于方各七,为二十八舍。日月运行,历示吉凶,五纬躔次,用告祸福。中外之官,常明者百有二十四,可名者三百二十,为星二千五百,微星之数盖万一千五百二十。庶物蠢蠢,咸得系命。不然,何得总而理诸?"后武帝时,太史令陈卓总甘、石、巫咸三家所著星图,大凡二百八十三官,一千四百六十四星,以为定纪。今略其昭昭者,以备天官云。

中宫

北极五星,钩陈六星,皆在紫宫中。北极,北辰最尊者也,其纽星,天之枢也。天运无穷,三光迭耀,而极星不移,故曰"居其所而众星拱之"。第一星主月,太子也。第二星主日,帝王也;亦太一之坐,谓最赤明者也。第三星主五星,庶子也。中星不明,主不用事;右星不明,太子忧。钩陈,后宫也,大帝之正妃也,太帝之帝居也。北四星曰女御宫,八十一御妻之象也。钩陈口中一星曰天皇大帝,其神曰耀魄宝,主御群灵,执万神图。抱北极四星曰四辅,所以辅佐北极,而出度授政也。大帝上九星曰华盖,所以覆蔽大帝之坐也。盖下九星曰杠,盖之柄也。华盖下五星曰五帝内坐,设叙顺帝所居也。客星犯紫宫中坐,大臣犯主。华盖杠旁六星曰六甲,可以分阴阳而配节候,故在帝旁,所以布政教而授农时也。极东一星曰柱下史,主记过；左右史，此之象也。柱史北一星曰女史，妇人之微者，主传漏，故汉有侍史。传舍九星在华盖上，近河，宾客之馆，主胡人入中国。客星守之，备奸使，亦曰胡兵起。传舍南河中五星曰造父，御官也，一曰司马，或曰伯乐。星亡，马大贵。其西河中九星如钩状，曰钩星，直则地动。天一星在紫宫门右星南，天帝之神也，主战斗，知人吉凶者也。太一星在天一南，相近，亦天帝神也，主使十六神，知风雨水旱、兵革饥馑、疾疫灾害所在之国也。

　　紫宫垣十五星，其西蕃七，东蕃八，在北斗北。一曰紫微，大帝之坐也，天子之常居也，主命主度也。一曰长垣，一曰天营，一曰旗星，为蕃卫，备蕃臣也。宫阙兵起旌旗星直，天子出，自将宫中兵。东垣下五星曰天柱，建政教，悬图法。门内东南维五星曰尚书，主纳言，夙夜谘谋；龙作纳言，此之象也。尚书西二星曰阴德、阳德，主周急振抚。宫门左星内二星曰大理，主平刑断狱也。门外六星曰天床，主寝舍，解息燕休。西南角外二星曰内厨，主六宫之内饮食，主后妃夫人与太子宴饮。东北维外六星曰天厨，主盛馔。

　　北斗七星在太微北，七政之枢机，阴阳之元本也。故运乎天中，而临制四方，以建四时，而均五行也。魁四星为璇玑，杓三星为玉衡。又曰，斗为人君之象，号令之主也。又为帝车，取乎运动之义也。又魁第一星曰天枢，二曰璇，三曰玑，四曰权，五曰玉衡，六曰开阳，七曰摇光；一至四为魁，五至七为杓。枢为天，璇为地，玑为人，权为时，玉衡为音，开阳为律，摇光为星。石氏云："第一曰正星，主阳德，天子之象也。二曰法星，主阴刑，女主之位也。三曰令星，主中祸。四曰伐星，主天理，伐无道。五曰杀星，主中央，助四旁，杀有罪。六曰危星，主天仓五谷。七曰部星，亦曰应星，主兵。"又："一主天，二主地，三主火，四主水，五主土，六主木，七主金。"又曰："一主秦，二主楚，三主梁，四主吴，五主燕，六主赵，七主齐。"

　　魁中四星为贵人之牢，曰天理也。辅星传乎开阳，所以佐斗成功，丞相之象也。七政星明，其国昌；辅星明，则臣强。杓南三星及魁第一星西三星皆曰三公，主宣德化，调七政，和阴阳之官也。

文昌六星,在北斗魁前,天之六府也,主集计天道。一曰上将,
大将军建威武。二曰次将,尚书正左右。三曰贵相,太常理文绪。四
曰司禄、司中,司隶赏功进。五曰司命、司怪,太史主灭咎。六曰司
寇,大理佐理宝。所谓一者,起北斗魁前近内阶者也。明润,大小齐,
天瑞臻。

文昌北六星曰内阶,天皇之阶也。相一星在北斗南。相者,总
领百司而掌邦教,以佐帝王安邦国,集众事也。其星明,吉。太阳守,
在相西,大将、大臣之象也,主戒不虞,设武备。西北四星曰势。势,
腐刑人也。天牢六星,在北斗魁下,贵人之牢也。

太微,天子庭也,五帝之坐也,十二诸侯府也。其外蕃,九卿也。
一曰太微为衡。衡,主平也。又为天庭,理法平辞,监升授德,列宿
受符,诸神考节,舒情稽疑也。南蕃中二星间曰端门。东曰左执法,
廷尉之象也;西曰右执法,御史大夫之象也。执法,所以举刺凶奸者
也。左执法之东,左掖门也;右执法之西,右掖门也。东蕃四星,南
第一曰上相,其北,东太阳门也;第二星曰次相,其北,中华东门也;
第三星曰次将,其北,东太阴门也;第四星曰上将,所谓四辅也。西
蕃四星,南第一星曰上将,其北,东太阳门也;第二星曰次将,其北,
中华西门也;第三星曰次相,其北,西太阴门也;第四星曰上相,亦
曰四辅也。东西蕃有芒及动摇者,诸侯谋。执法移,刑罚尤急。月、
五星入太微,轨道,吉。其所犯中坐,成刑。

其西南角外三星曰明堂,天子布政之宫。明堂西三星曰灵台,
观台也,主观云物,察符瑞,候灾变化。左执法东北一星曰谒者,主
赞宾客也。谒者东北三星曰三公内坐,朝会之所居也。三公北三星
曰九卿内坐,治万事。九卿西五星曰内五诸侯,内侍天子,不之国
也。辟雍之礼得,则太微、诸侯明。

黄帝坐在太微中,含枢纽之神也。天子动得天度,止得地意,从
容中道,则太微五帝坐明以光。黄帝坐不明,人主求贤士以辅法,不
然则夺势。四帝星侠黄帝坐,东方苍帝,灵威仰之神也;南方赤帝,
赤熛怒之神也;西方白帝,白招矩之神也。北方黑帝,叶光纪之神

也。

五帝坐北一星曰太子，帝储也。太子北一星曰从官，侍臣也。帝坐东北一星曰幸臣。屏四星在端门之内，近右执法。屏，所以壅蔽帝庭也。执法主刺举；臣尊敬君上，则星光明润泽。郎位十五星在帝坐东北，一曰依乌郎府也。周官之元士，汉官之光禄、中散、谏议、议郎、三署郎中，是其职也。郎，主卫守也。其星不具，后妃死，幸臣诛。星明大及客星入之，大臣为乱。郎将在郎位北，主阅具，所以为武备也。武贲一星，在太微西蕃北，下名南，静室旄头之骑官也。常陈七星，如毕状，在帝坐北，天子宿卫武贲之士，以设强御也。星摇动，天子自出，明则武兵用，微则兵弱。

三台六星，两两而居，起文昌，列抵太微。一曰天柱，三公之位也。在人曰三公，在天曰三台，主开德宣符也。西近文昌二星曰上台，为司命，主寿。次二星曰中台，为司中，主宗室。东二星曰下台，为司禄，主兵，所以昭德塞违也。又曰三台为天阶，太一蹑以上下。一曰泰阶。上阶，上星为天子，下星为女主；中阶，上星为诸侯三公，下星为卿大夫；下阶，上星为士，下星为庶人，所以和阴阳而理万物也。君臣和集，如其常度，有变则占其人。

南四星曰内平，近职执法平罪之官也。中台之北一星曰太尊，贵戚也。

摄提六星，直斗杓之南，主建时节，伺机祥。摄提为盾，以夹拥帝座也，主九卿。明大，三公恣。客星入之，圣人受制。西三星曰周鼎，主流亡。大角在摄提间。大角者，天王座也。又为天栋，正经纪也。北三星曰帝席，主宴献酬酢。北三星曰梗河，天矛也。一曰天锋，主胡兵。又为丧，故其变动应以兵丧也。星亡，其国有兵谋。其北一星曰招摇，一曰矛盾，其北一星曰玄戈，皆主胡兵，占与梗河略相类也。招摇与北斗杓间曰天库。星去其所，则有库开之祥也。招摇欲与栋星、梗河、北斗相应，则胡当来受命于中国。玄戈又主北夷，客星守之，胡大败。天枪三星，在北斗杓东，一曰天钺，天之武备也。故在紫宫之左右，所以御难也。女床三星，在纪星北，后宫御也，主女事。天棓五星，在女床北，天子先驱也，主分争与刑罚，藏兵亦所以御兵，亦所以御难也。枪、棓，皆以备非常也；一星不具，其国兵起。东七星曰扶筐，盛桑之器，主劝蚕也。七公七星，在招摇东，天之相也，三公之象也，主七政。贯索九星在其前，贱人之牢也。一曰连索，一曰连营，一曰天牢，主法律，禁暴强也。牢口一星为门，欲其开也。九星皆明，天下狱烦；七星见，小赦；六星、五星，大赦。动则斧锧用，中空则更元。《汉志》云十五星。天纪九星，在贯索东，九卿也，主万事之纪，理怨讼也。明则天下多辞讼；亡则政理坏，国纪乱；散绝则地震山崩。织女三星，在天纪东端，天女也，主果蓏丝帛珍宝也。王者至孝，神祇咸喜，则织女星俱明，天下和平。大星怒角，布帛贵。东足四星曰渐台，临水之台也，主晷漏律吕之事。西足五星曰辇道，王者嬉游之道也，汉辇道通南北宫，其象也。

左右角间二星曰平道之官。平道西一星曰进贤，主卿相举逸才。宄。东咸、西咸各四星，在房心北，日月五星之道也。房之户，所以防佚淫也。星明则信吉；月、五星犯守之，有阴谋。键闭一星，在房东北，近钩钤，主关籥。

天市垣二十二星，在房心东北，主权衡，主聚众。一曰天旗庭，主斩戮之事也。市中星众润泽，则岁实。荧惑守之，戮不忠之臣。彗星除之，为徙市易都。客星入之，兵大起；出之，有贵丧。

帝坐一星，在天市中星西，天庭也。光而润则天子吉，威令行。候一星，在帝坐东北，主伺阴阳也。明大，辅臣强，四夷开；候细微，则国安；亡则主失位；移则不安。宦者四星，在帝坐西南，侍主刑余之人也。星微，吉；非其常，宦者有忧。宗正二星，在帝坐东南，宗大夫也。彗星守之，若失色，宗正有事；客星守之，更号令也。宗人四星，在宗正东，主录亲疏享祀。族人有序，则如绮文而明正。动则天子亲属有变；客星守之，贵人死。宗星二，在候星东，宗室之象，帝辅血脉之臣也。客星守之，宗支不和。

天江四星，在尾北，主太阴。江星不具，天下津河关道不通。明若动摇，大水出，大兵起；参差则马贵。荧惑守之，有立主。客星入之，河津绝。

天籥八星在南斗柄西，主关闭。建星六星在南斗北，亦曰天旗，天之都关也。为谋事，为天鼓，为天马。南二星，天库也。中央二星，市也，铁锧也。上二星，旗跗也。斗建之间，三光道也。星动则众劳。月晕之，蛟龙见，牛马疫。月、五星犯之，大臣相谮有谋，亦为关梁不通，有大水。东南四星曰狗国，主鲜卑、乌丸、沃且。荧惑守之，外夷为变。狗国北二星曰天鸡，主候时。天辨九星，在建星北，市官之长也，以知市珍也。星欲明，吉。慧星犯守之，籴贵，囚徒起兵。

河鼓三星，旗九星，在牵牛北，天鼓也，主军鼓，主铁钺。一曰三武，主天子三将军；中央大星为大将军，左星为左将军，右星为右将军。左星，南星也，所以备关梁而距难也，设守阻险，知谋征也。旗即天鼓之旗，所以为旌表也。左旗九星，在鼓左旁。鼓欲正直而明，色黄光泽，将吉；不正，为兵忧也。星怒，马贵。动则兵起，曲则将失计夺势。旗星差戾，乱相陵。旗端四星南北列，曰天桴，鼓桴也。星不明，漏刻失时。前近河鼓，若桴鼓相直，皆为桴鼓用。

离珠五星，在须女北，须女之藏府，女子之星也。天津九星，横河中，一曰天汉，一曰天江，主四渎津梁，所以度神通四方也。一星不备，津关道不通。

腾蛇二十二星，在营室北。天蛇也，主水虫。王良五星，在奎北，居河中，天子奉车御宫也。其四星曰天驷，旁一星曰王良，亦曰天马。其星动，为策马，车骑满野。亦曰梁，为天桥，主御风雨水道，故或占车骑，或占津梁。客星守之，桥不通道。前一星曰策星，王良之御策也，主天子之仆，在王良旁。若移在王良前，居马后，是谓策马，则车骑满野。阁道六星，在王良前，飞道也。从紫宫至河，神所乘也，一曰，阁道星，天子游别宫之道也。传路一星，在阁道南，旁别道也。东壁北十星曰天厩，主马之官，若今驿亭也，主传令置驿，逐漏驰骛，谓其行急疾，与晷漏竞驰也。

天将军十二星，在娄北，主武兵。中央大星，天之大将也。南一星曰军南门，主谁何出入。太陵八星在胃北，亦曰积京，主大丧也。

积京中星众,则诸侯有丧,民多疾,兵起,太陵中一星曰积尸,明则死人如山。北九星曰天船,一曰舟星,所以济不通也。中一星曰积水,候水灾。昴西二星曰天街,三光之道,主伺候关梁中外之境。卷舌六星,在昴北,主口语,以知佞谗也。曲,吉;直而动,天下有口舌之害。中一星曰天谗,主巫医。

五车五星,三柱九星,在毕北。五车者,五帝军舍也,五帝坐也,主天子五兵,一曰主五谷丰耗。西北大星曰天库,主太白,主秦。次东北星曰狱,主辰星,主燕赵。次东星曰天仓,主岁星,主鲁卫。次东南星曰司空,主镇星,主楚。次西南星曰卿星,主荧惑,主魏。五星有变,皆以其所占之。三柱一曰三泉。天子得灵台之礼,则五车、三柱均明有常。其中五星曰天潢。天潢南三星曰咸池,鱼囿也。月、五星入天潢,兵起,道不通,天下乱。

五车南六星曰诸王,察诸侯存亡。其西八星曰八谷,主候岁。八谷一星亡,一谷不登。天关一星,在五车南,亦曰天门,日月之所行也,主边事,主关闭。芒角,有兵。五星守之,贵人多死。

东井钺前四星曰司怪,主候天地日月星辰变异及鸟兽草木之妖,明主闻灾,修德保福也。司怪西北九星曰坐旗,君臣设位之表也。坐旗西四星曰天高,台榭之高,主远望气象。天高西一星曰天河,主察山林妖变。南河、北河各三星,夹东井。一曰天高之关门也,主关梁。南河曰南戍,一曰南宫,一曰阳门,一曰越门,一曰权星,主火。北河曰北戍,一曰北宫,一曰阴门,一曰胡门,一曰衡星,主水。两河戍间,日月五星之常道也。河戍动摇,中国兵起。南河南三星曰阙丘,主宫门外象魏也。五诸侯五星,在东井北,主刺举,戒不虞。又曰理阴阳,察得失。亦曰主帝心。一曰帝师,二曰帝友,三曰三公,四曰博士,五曰太史,此五者常为帝定疑议。星明大润泽,则天下大治;芒角,则祸在中。五诸侯南三星曰天樽,主盛饘粥以给贫馁。积水一星,在北河西北,水河也,所以供酒食之正也。积薪一星在积水东北,供庖厨之正也。水位四星,在积薪东,主水衡。客星若水火守犯之,百川流溢。

轩辕十七星,在七星北。轩辕,黄帝之神,黄龙之体也;后妃之主,士职也。一曰东陵,一曰权星,主雷雨之神。南大星,女主也。次北一星,夫人也,屏也,上将也。次北一星,妃也,次将也。其次诸星,皆次妃之属也。女主南小星,女御也。左一星少民,后宗也。右一星大民,太后宗也。欲其色黄小而明也。轩辕右角南三星曰酒旗,酒官之旗也,主飨宴饮食。五星守酒旗,天下大酺,有酒肉财物,赐若爵宗室。酒旗南三星曰天相,丞相之象也。轩辕西四星曰爟,爟者,烽火之爟也,边亭之警候。

爟北四星曰内平,平罪之官,明刑罚。少微四星在太微西,士大夫之位也。一名处士,亦天子副主,或曰博士官,一曰主卫掖门。南第一星处士,第二星议士,第三星博士,第四星大夫。明大而黄,则贤士举也。月、五星犯守之,处士、女主忧,宰相易。南四星曰长垣,主界域及胡夷。荧惑入之,胡入中国;太白入之,九卿谋。

二十八舍　二十八宿外星

东方。角二星为天关,其间天门也,其内天庭也。故黄道经其中,七曜之所行也。左角为天田,为理,主刑;其南为太阳道。右角为将,主兵;其北为太阴道。盖天之三门,犹房之四表。其星明大,王道太平,贤者在朝;动摇移徙,王者行。

亢四星,天子之内朝也,总摄天下奏事,听讼理狱录功者也。一曰疏庙,主疾疫。星明大,辅纳忠,天下宁。

氐四星,王者之宿宫,后妃之府,休解之房。前二星,适也;后二星,妾也。后二星大,则臣奉度。

房四星,为明堂,天子布政之宫也,亦四辅也。下第一星,上将也;次,次将也;次,次相也;上星,上相也。南二星君位,北二星夫人位。又为四表,中间为天衢,为天关,黄道之所经也。南间曰阳环,其南曰太阳;北间曰阴间,其北曰太阴。七曜由乎天衢,则天下平和;由阳道则旱丧;由阴道则水兵。亦曰天驷,为天马,主车驾。南星曰左骖,次左服,次右服,次右骖。亦曰天厩,又主开闭,为畜藏之所由也。房星明，则王者明；骖星大，则兵起；星离，民流。又北二小星曰钩钤，房之钤键，天之管钥，主闭键天心也。明而近房，天下同心。钩钤间有星及疏坼，则地动河清。

心三星，天王正位也。中星曰明堂，天子位，为大辰，主天下之赏罚。天下变动，心星见祥。星明大，天下同。前星为太子，后星为庶子。心星直，则王失势。

尾九星，后宫之场，妃后之府。上第一星，后也；次三星，夫人；次星，后嫔妾。第三星傍一星名曰神宫，解衣之内室。尾亦为九子，星色欲均明，大小相承，则后宫有叙，多子孙。

箕四星，亦后宫妃后之府。亦曰天津，一曰天鸡，主八风。凡日月宿在箕、东壁、翼、轸者风起。又主口舌，主客蛮夷胡貊；故蛮胡将动，先表箕焉。

北方。南斗六星，天庙也，丞相太宰之位，主褒贤进士，禀授爵禄。又主兵，一曰天机。南二星魁，天梁也。中央二星，天相也。北二星，天府庭也，亦为寿命之期也。将有天子之事，占于斗。斗星盛明，王道平和，爵禄行。

牵牛六星，天之关梁，主牺牲事。其北二星，一曰即路，一曰聚火。又曰，上一星主道路，次二星主关梁，次三星主南越。摇动变色则占之。星明大，王道昌，关梁通。

须女四星，天少府也。须，贱妾之称，妇职之卑者也，主布帛裁制嫁娶。

虚二星，冢宰之官也，主北方邑居庙堂祭祀祝祷事，又主死丧哭泣。

危三星，主天府天市架屋；余同虚占。坟墓四星，属危之下，主死丧哭泣，为坟墓也。

营室二星，天子之官也。一曰玄宫，一曰清庙，又为军粮之府及土功事。星明，国昌；小不明，祠祀鬼神不享。离宫六星，天子之别宫，主隐藏休息之所。

东壁二星，主文章，天下图书之秘府也。星明，王者兴，道术行，国多君子；星失色，大小不同，王者好武，经士不用，图书隐；星动，则有土功。

西方。奎十六星，天之武库也。一曰天豕，亦曰封豕。主以兵禁暴，又主沟渎。西南大星，所谓天豕目，亦曰大将，欲其明。

娄三星，为天狱，主苑牧牺牲，供给郊祀。

胃三星，天之厨藏，主仓廪，五谷府也。明则和平。

昴七星，天之耳也，主西方，主狱事。又为旄头，胡星也。昴毕间为天街，天子出，旄头罕毕以前驱，此其义也。黄道之所经也。昴明，则天下牢狱平。昴六星皆明，与大星等，大水。七星皆黄，兵大起。一星亡，为兵丧；摇动，有大臣下狱，及有白衣之会。大而数尽动若跳跃者，胡兵大起。

毕八星，主边兵，主弋猎。其大星曰天高，一曰边将，主四夷之尉也。星明大，则远夷来贡，天下安；失色，则边兵乱。附耳一星，在毕下，主听得失，伺愆邪，察不祥。星盛，则中国微，有盗贼，边候惊，外国反；移动，佞谗行。月入毕，多雨。

觜觿三星，为三军之候，行军之藏府，葆旅，收敛万物。明则军储盈，将得势。

参十星，一曰参伐，一曰大辰，一曰天市，一曰铁钺，主斩刈。又为天狱，主杀伐。又主权衡，所以平理也。又主边城，为九译，故不欲其动也。参，白兽之体。其中三星横列，三将也。东北曰左肩，主左将；西北曰右肩，主右将；东南曰左足，主后将军；西南曰右足，主偏将军。故《黄帝占》：参应士将。中央三小星曰伐，天之都尉也；主胡、鲜卑、戎、狄之国，故不欲明。士将皆明大，天下兵精也。王道缺，则芒角张。伐星明与参等，大臣皆谋，兵起。参星失色，军散败。参芒角动摇，边候有急，兵起，有斩伐之事。参星移，客伐主。参左足入玉井中，兵大起，秦大水，若有丧，山石为怪。参星差戾，王臣贰。

南方。东井八星，天之南门，黄道所经，天之亭候，主水衡事，法令所取平也。王者用法平，则井星明而端列。钺一星，附井之前，主伺淫奢而斩之。故不欲其明，明与井齐，则用钺于大臣。月宿井，有风雨。

　　舆鬼五星，天目也，主视，明察奸谋。东北星主积马，东南星主积兵，西南星主积布帛，西北星主积金玉，随变占之。中央星为积尸，主死丧祠祀。一曰铁锧，主诛斩。鬼星明，大谷成；不明，百姓散。锧欲其忽忽不明，明，则兵起，大臣诛。

　　柳八星，天之厨宰也，主尚食，和滋味，又主雷雨。

　　七星七星，一名天都，主衣裳文绣，又主急兵盗贼。故星明王道昌；暗则贤良不处，天下空。

　　张六星，主珍宝、宗庙所用及衣服，又主天厨饮食赏赉之事。星明则王者行五礼，得天之中。

　　翼二十二星，天之乐府，俳倡，戏乐，又主夷狄远客、负海之宾。星明大，礼乐兴，四夷宾。动则蛮夷使来，离徙则天子举兵。

　　轸四星，主冢宰，辅臣也；主车骑，主载任。有军出入，皆占于轸。又主风，主死丧。轸星明，则车驾备；动则车驾用。辖星傅轸两傍，主王候，左辖为王者同姓，右辖为异姓。星明，兵大起。远轸，凶。辖举，南蛮侵。长沙一星，在轸之中，主寿命。明则主寿长，子孙昌。又曰，车无辖，国有忧；轸就聚，兵大起。

　　星官在二十八宿之外者：

　　库楼十星，六大星为库，南四星为楼，在角南。一曰天库，兵车之府也。旁十五星三三而聚者，柱也。中央四小星，衡也，主陈兵。东北二星曰阳门，主守隘塞也。南门二星，在库楼南，天之外门也，主守兵。平星二星，在库楼北，平天下之法狱事，廷尉之象也。天门二星，在平星北。

　　亢南七星曰折威，主斩杀。顿顽二星，在折威东南，主考囚情状，察诈伪也。

　　骑官二十七星，在氐南，若天子武贲，主宿卫。东端一星骑阵将军，骑将也。南三星车骑，骑之将也。阵车三星，在骑官东北，革车也。

　　积卒十二星，在房心南，主为卫也。他星守之，近臣诛。从官二星，在积卒西北。

龟五星，在尾南，主占以吉凶。傅说一星，在尾后。傅说主章祝，巫官也。鱼一星，在尾后河中，主阴事，知云雨之期也。

杵三星，在箕南，杵给庖舂。客星入杵臼，天下有急。糠星在箕舌前杵西北。

鳖十四星，在南斗南。鳖为水虫，归太阴。有星守之，白衣会，主有水令。农丈人一星，在南斗西南，老农主稼也。狗二星，在南斗魁前，主吠守。

天田九星，在牛南。罗堰九星，在牵牛东，岠马也，以壅畜水潦，灌溉渠也。九坎九星，在牵牛南。坎，沟渠也，所以导达泉源，疏盈泻溢，通沟洫也。九坎间十星曰天池，一曰三池，一曰天海，主灌溉田畴事。

虚南二星曰哭，哭东二星曰泣，泣、哭皆近坟墓。泣南十三星曰天垒城，如贯索状，主北夷丁零、匈奴。南二星曰盖屋，治宫室之官也。其南四星曰虚梁，园陵寝庙之所也。

羽林四十五星，在营室南，一曰天军，主军骑，又主翼王也。垒壁阵十二星，在羽林北，羽林之垣垒也；主军卫为营壅。五星有在天军中者，皆为兵起，荧惑、大白、辰星尤甚。北落师门一星，在羽林西南。北者，宿在北方也；落，天之藩落也；师，众也；师门，犹军门也。长安城北门曰北落门，以象此也。主非常以候兵。有星守之，虏入塞中，兵起。其西北有十星，曰天钱。北落西南一星曰天纲，主武帐。北落东南九星曰八魁，主张禽兽。

天仓六星，在娄南，仓谷所藏也。南四星曰天庾，积厨粟之所也。

天囷十三星，在胃南。囷，仓廪之属也，主给御粮也。

天廪四星，在昴南，一曰天廥，主蓄黍稷以供飨祀；《春秋》所谓御廪，此之象也。天苑十六星，在昴毕南，天子之苑囿，养兽之所也。苑南十三星曰天园，植果菜之所也。

毕附耳南八星，曰天节，主使臣之所持者也。天节下九星，曰九州殊口,晓方俗之官,通重译者也。

参旗九星,在参西,一曰天旗,一曰天弓,主司弓弩之张,候变御难。玉井四星,在参左足下,主水浆以给厨。西南九星曰九游,天子之旗也。玉井东南四星曰军井,行军之井也。军井未达,将不言渴,名取此也。军市十三星在参东南,天军贸易之市,使有无通也。野鸡一星,主变怪,在军市中。军市西南二星曰丈人,丈人东二星曰子,子东二星曰孙。

东井西南四星,曰水府,主水之官也。东井南垣之东四星四渎,江、河、淮、济之精也。狼一星,在东井东南。狼为野将,主侵掠。色有常,不欲动也。北七星,曰天狗,主守财。孤九星,在狼东南,天弓也,主备盗贼,常向于狼。弧矢动移不如常者,多盗贼,胡兵大起。狼弧张,害及胡,天下乖乱。又曰,天弓张,天下尽兵。弧南六星为天社,查共工氏之子句龙,能平水土,故祀以配社,其精为星。老人一星,在弧南,一曰南极,常以秋分之旦见于景,春分之夕而没于丁。见则治平,主寿昌,常以秋分候之南郊。

柳南六星曰外厨。厨南一星曰天纪,主禽兽之齿。

稷五星,在七星南。稷,农正也,取乎百谷之长以为号也。

张南十四星曰天庙,天子之祖庙也。客星守之,祠官有忧。

翼南五星曰东区,蛮夷星也。

轸南三十二星曰器府,乐器之府也。青丘七星,在轸东南,蛮夷之国号也。青丘西四星曰土司空,主界域,亦曰司徒。土司空北二星曰军门,主营候彪尾威旗。

天汉起没

天汉起东方,经尾旗之间,谓之汉津。乃分为二道,其南经傅说、鱼、天钥、天弁、河鼓,其北经龟,贯箕下,次络南斗魁、左旗,至天津下而合南道。乃西南行,又分夹瓠瓜,络人星、杵、造父、腾蛇、王良、传路、阁道北端、太陵、天船、卷舌而南行,络五车,经北河之南,入东井水位而东南行,络南河、阙丘、天狗、天纪、天稷,在七星南而没。

十二次度数

十二次。班固取《三统历》十二次配十二野，其言最详。又有费直说《周易》、蔡邕《月令章句》，所言颇有先后。魏太史令陈卓更言郡国所入宿度，今附而次之。

自轸十二度至氐四度为寿星，于辰在辰，郑之分野，属兖州。费直《周易分野》，寿星起轸七度。蔡邕《月令章句》，寿星起轸六度。

自氐五度至尾九度为大火，于辰在卯，宋之分野，属豫州。费直，起氐十一度。蔡邕，起亢八度。

自尾十度至南斗十一度为析木，于辰在寅，燕之分野，属幽州。费直，起尾九度。蔡邕，起尾四度。

自南斗十二度至须女七度为星纪，于辰在丑，吴越之分野，属扬州。费直，起斗十度。蔡邕，起斗六度。

自须女八度至危十五度为玄枵，于辰在子，齐之分野，属青州。费直，起女六度。蔡邕，起女二度。

自危十六度至奎四度为诹訾，于辰在亥，卫之分野，属并州。费直，起危十四度。蔡邕，起危十度。

自奎五度至胃六度为降娄，于辰在戌，鲁之分野，属徐州。费直，起奎二度。蔡邕，起奎八度。

自胃七度至毕十一度为大梁，于辰在酉，赵之分野，属冀州。费直，起娄十度。蔡邕，起胃一度。

自毕十二度至东井十五度为实沈，于辰在申，魏之分野，属益州。费直，起毕九度。蔡邕，起毕六度。

自东井十六度至柳八度为鹑首，于辰在未，秦之分野，属雍州。费直，起井十二度。蔡邕，起井十度。

自柳九度至张十六度为鹑火，于辰在午，周之分野，属三河。费直，起柳五度。蔡邕，起柳三度。

自张十七度至轸十一度为鹑尾，于辰在巳，楚之分野，属荆州。费直，起张十二度。蔡邕，起张十二度。

州郡躔次

陈卓、范蠡、鬼谷先生、张良、诸葛亮、谯周、京房、张衡并云：

角、亢、氐，郑，兖州：

东郡入角一度，东平、任城、山阴入角六度，泰山入角十二度，济北、陈留入亢五度，济阴入氐一度，东平入氐七度。

房、心，宋，豫州：

颍川入房四度，汝南入房二度沛郡入房四度，梁国入房五度，淮阳入心一度，鲁国入心三度，楚国入房四度。

尾、箕，燕，幽州：

凉州入箕中十度，上谷入尾一度，渔阳入尾三度，右北平入尾七度，西河、上郡、北地、辽西东入尾十度，涿郡入尾十六度，渤海入箕一度，乐浪入箕三度，玄菟入箕一度，广阳入箕九度。

斗、牵牛、须女，吴越，扬州：

九江入斗一度，庐江入斗六度，豫章入斗十度，丹杨入斗十六度，会稽入牛一度，临淮入牛四度，广陵入牛八度，泗水入女一度，六安入女六度，

虚、危，齐，青州：

齐国入虚六度，北海入虚九度，济南入危一度，乐安入危四度，东莱入危九度，平原入危十一度，淄川入危十四度。

营室、东壁，卫，并州：

安定入营室一度，天水入营室八度，陇西入营室四度，酒泉入营室十一度，张掖入营室十二度，武都入东壁一度，金城入东壁四度，武威入东壁六度，敦煌入东壁八度。

奎、娄、胃，鲁，徐州：

东海入奎一度，琅邪入奎六度，高密入娄一度，城阳入娄九度，胶东入胃一度。

昴、毕，赵，冀州：

魏郡入昴一度，钜鹿入昴三度，常山入昴五度，广平入昴七度，

中山入昴一度,清河入昴九度,信都入毕三度,赵郡入毕八度,安平
入毕四度,河间入毕十度,真定入毕十三度。

觜、参,魏,益州:

　　广汉入觜一度,越巂入觜三度,蜀郡入参一度,犍为入参三度,
牂牁入参五度,巴郡入参八度,汉中入参九度,益州入参七度。

东井、舆鬼,秦,雍州:

　　云中入东井一度,定襄入东井八度,雁门入东井十六度,代郡
入东井二十八度,太原入东井二十九度,上党入舆鬼二度。

柳、七星、张,周,三辅:

　　弘农入柳一度,河南入七星三度,河东入张一度,河内入张九
度。

翼、轸,楚,荆州:

　　南阳入翼六度,南郡入翼十度,江夏入翼十二度,零陵入轸十
一度,桂阳入轸六度,武陵入轸十度,长沙入轸十六度。

晋书卷一二
志第二

天文中

七曜　杂星气　瑞星　妖星　客星
流星　云气　十辉　杂气
大变史传事验　日蚀　月变
月奄犯五纬　五星聚舍

七曜

日为太阳之精,主生养恩德,人君之象也。人君有瑕,必露其慝以告示焉。故日月行有道之国,则光明,人君吉昌,百姓安宁。人君乘土而王,其政太平,则日五色无主。日变色,有军,军破;无军,丧侯王。其君无德,其臣乱国,则日赤无光。日失色,所临之国不昌。日昼昏,行人无影,到暮不止者,上刑急,下不聊生,不出一年有大水。日昼昏,乌鸟群鸣,国失政。日中乌见,主不明,为政乱,国有白衣会,将军出,旌旗举。日中有黑子、黑气、黑云,乍三乍五,臣废其主。日蚀,阴侵阳,臣掩君之象,有亡国。

月为太阴之精,以之配日,女主之象;以之比德,刑罚之义;列之朝廷,诸侯大臣之类。故君明,则月行依度;臣执权,则月行失道;大臣用事,兵刑失理,则月行乍南乍北;女主外戚擅权,则或进或退。月变色,将有殃。月昼明,奸邪并作,君臣争明,女主失行,阴国兵强,中国饥,天下谋僭。数月重见,国以乱亡。

岁星曰东方春木,于人,五常,仁也;五事,貌也。仁亏貌失,逆春令,伤木气,则罚见岁星。岁星盈缩,以其舍命国。其所居久,其国有德厚,五谷丰昌,不可伐。其对为冲,岁乃有殃。岁星安静中度,吉。盈缩失次,其国有忧,不可举事用兵。又曰,人主之象也,色欲明,光色润泽,德合同。又曰,进退如度,奸邪息;变色乱行,主无福。又主福,主大司农,主齐、吴,主司天下诸侯人君之过,主岁五谷。赤而角,其国昌;赤黄而沉,其野大穰。

荧惑曰南方夏火,礼也,视也。礼亏视失,逆夏令,伤火气,罚见荧惑。荧惑法使行无常,出则有兵,入则兵散。以舍命国,为乱为贼,为疾为丧,为饥为兵,所居国受殃。环绕钩巳,芒角动摇,变色,乍前乍后,乍左乍右,其为殃愈甚。其南丈夫、北女子丧。周旋止息,乃为死丧;寇乱其野,亡地。其失行而速,兵聚其下,顺之战胜。又曰,荧惑主大鸿胪,主死丧,主司空。又为司马,主楚吴越以南;又司天下群臣之过,司骄奢亡乱妖孽,主岁成败。又曰,荧惑不动,兵不战,有诛将。其出色赤怒,逆行成钩巳,战凶,有围军;钩巳,有芒角如锋刃,人主无出宫,下有伏兵;芒大则人众怒。又为李,外则李兵,内则理政,为天子之理也。故曰:"虽有明天子,必视荧惑所在。"其入守犯太微、轩辕、营室、房、心,主命恶之。

填星曰中央季夏土,信也,思心也。仁义礼智,以信为主,貌言视听,以心为正,故四星皆失,填乃为之动。动而盈,侯王不宁。缩,有军不复。所居之宿,国吉,得地及女子,有福,不可伐;去之,失地,若有女忧。居宿久,国福厚;易则薄。失次而上二三宿曰盈,有主命不成,不乃火水。失次而下曰缩,后戚,其岁不复,不乃天裂若地动。一曰,填为黄帝之德,女主之象,主德厚安危存亡之机,司天下女主之过。又曰,天子之星也。天子失信,则填星大动。

太白曰西方秋金,义也,言也。义亏言失,逆秋令,伤金气,罚见太白。太白进退以候兵,高埤迟速,静躁见伏,用兵皆象之,吉。其出西方,失行,夷狄败;出东方,失行,中国败。未尽期曰,过参天,病其对国。若经天,天下革,民更王,是谓乱纪,人众流亡。昼见,与日争明,强国弱,小国强,女主昌。又曰,太白主大臣,其号上公也,大司马位谨候此。

辰星曰北方冬水,智也,听也。智亏听失,逆冬令,伤水气,罚见辰星。辰星见,则主刑,主廷尉,主燕、赵,又为燕、赵、代以北;宰相之象。亦为杀伐之气,战斗之象。又曰,军于野,辰星为偏将之象,无军为刑事。和阴阳,应效不效,其时不和。出失其时,寒暑失其节,邦当大饥。当出不出,是谓击卒,兵大起。在于房心间,地动。亦曰,辰星出入躁疾,常主夷狄。又曰,蛮夷之星也,亦主刑法之得失。色黄而小,地大动。光明与月相逮,其国大水。

凡五星有色,大小不同,各依其行而顺时应节。色变有类,凡青皆比参左肩,赤比心大星,黄比参右肩,白比狼星,黑比奎大星。不失本色而应其四时者,吉;色害其行,凶。

凡五星所出、所行、所直之辰,其国为得位。得位者,岁星以德,荧惑有礼,填星有福,太白兵强,辰星阴阳和。所行、所直之辰,顺其色而有角者胜,其色害者败。居实,有德也;居虚,无德也。色胜位,行胜色,行得尽胜之。营室为清庙,岁星庙也。心为明堂,荧惑庙也。南斗为文太室,填星庙也。亢为疏庙,太白庙也。七星为员官,辰星庙也。五星行至其庙,谨候其命。

凡五星盈缩失位,其精降于地为人。岁星降为贵臣,荧惑降为童儿,歌谣嬉戏;填星降为老人妇女;太白降为壮夫,处于林麓;辰星降为妇人。吉凶之应,随其象告。

凡五星,木与土合,为内乱,饥;与水合,为变谋而更事;与火合,为饥,为旱;与金合,为白衣之会,合斗,国有内乱,野有破军,为水。太白在南,岁星在北,名曰牝牡,年谷大熟。太白在北,岁星在南,年或有或无。火与金合,为烁,为丧,不可举事用兵。从军,为军忧;离之,军却。出太白阴,分宅;出其阳,偏将战。与土合,为忧,主蘖卿。与水合,为北军,用兵举事大败。一曰,火与水合,为焠,不可举事用兵。土与水合,为雍沮。不可举事用兵,有覆军六师。一曰,为变谋更事，必为旱。与金合，为疾，为白衣会，为内兵，国亡地。与木合，国饥。水与金合，为变谋，为兵忧。入太白中而上出，破军杀将，客胜；下出，客亡地。视旗所指，以命破军。环绕太白，若与斗，大战，客胜。凡木、火、土、金与水斗，皆为战。兵不在外，皆为内乱。凡同舍为合，相陵为斗。二星相近，其殃大；相远，毋伤，七寸以内必之。

凡月蚀五星，其国皆亡。岁以饥，荧惑以乱，填以杀，太白以强国战，辰以女乱。

凡五星入月，岁，其野有逐相；太白，将僇。

凡五星所聚，其国王，天下从。岁以义从，荧惑以礼从，填以重从，太白以兵从，辰以法从，各以其事政天下也。三星若合，是谓惊立绝行，其国外内有兵与丧，百姓饥乏，改立侯王。四星若合，是谓大阳，其国兵丧并起，君子忧，小人流。五星若合，是谓易行，有德受庆，改立王者，掩有四方，子孙蕃昌；亡德受殃，离其国家，灭其宗庙，百姓离去，被满四方。五星皆大，其事亦大；皆小，事亦小。

凡五星色，皆圜，白为丧，为旱；赤中不平，为兵；青为忧，为水；黑为疾疫，为多死；黄为吉。皆角，赤，犯我城；黄，地之争；白，哭泣声；青，有兵忧；黑，有水。五星同色，天下偃兵，百姓安宁，歌舞以行，不见灾疾，五谷蕃昌。

凡五星，岁，政缓则不行，急则过分，逆则占。荧惑，缓则不出，急则不入，逆则占。填，缓则不还，急则过舍，逆则占。太白，缓则不出，急则不入，逆则占。辰，缓则不出，急则不入，非时则占。五星不失行，则年谷丰昌。

凡五星分天之中，积于东方，中国利；积于西方，外国用兵者利。辰星不出，太白为客；其出，太白为主。出而与太白不相从，及各出一方，为格，野虽有军，不战。

凡五星见伏、留行、逆顺、迟速应历度者，为得其行，政合于常；违历错度，而失路盈缩者，为乱行。乱行则为天矢彗孛，而有亡国革政，兵饥丧乱之祸云。

杂星气

图纬旧说,及汉末刘表为荆州牧,命武陵太守刘叡集天文众占,名《荆州占》。其杂星之体,有瑞星,有妖星,有客星,有流星,有瑞气,有妖气,有日月傍气,皆略其名状,举其占验,次之于此云。

瑞星

一曰景星,如半月,生于晦朔,助月为明。或曰,星大而中空;或曰,有三星,在赤方气,与青方气相连,黄星在赤方气中,亦名德星。

二曰周伯星,黄色,煌煌然,所见之国大昌。

三曰含誉,光耀似彗,喜则含誉射。

四曰格泽,如炎火,下大上兑,色黄白,起地而上。见则不种而获,有土功,有大客。

妖星

一曰彗星,所谓扫星。本类星,末类彗,小者数寸,长或竟天。见则兵起,大水。主扫除,除旧布新。有五色,各依五行本精所主。史臣案,彗体无光,傅日而为光,故夕见则东指,晨见则西指。在日南北,皆随日光而指。顿挫其芒,或长或短,光芒所及则为灾。

二曰孛星,彗之属也。偏指曰彗,芒气四出曰孛。孛者,孛孛然非常,恶气之所生内也。内不有大乱,则外有大兵,天下合谋,暗蔽不明,有所伤害。晏子曰:"君若不政,孛星将出,彗星何讵乎!"由是言之,灾甚于彗。

三曰天棓,一名觉星。本类星,末锐长四丈。或出东北方西方,主奋争。

四曰天枪。其出不过三月,必有破国乱君,伏死其辜。殃之不尽,当有旱饥暴疾。

五曰天欃。石氏曰,云如牛状。甘氏,本类星,末锐。巫咸曰,彗星出西方,长可二三丈,主捕制。

六曰蚩尤旗,类彗而后曲,象旗。或曰,赤云独见;或曰,其色黄上白下;或曰,若植蓳而长,名曰蚩尤之旗;或曰,如箕,可长二丈,末有星。主伐枉逆,主惑乱,所见之方下有兵,兵大起;不然,有丧。

七曰天冲,出如人,苍衣赤头,不动。见则臣谋主,武卒发,天子亡。

八曰国皇,大而赤,类南极老人星。或曰,去地三丈,如炬火,主内寇内难;或曰,其下起兵,兵强;或曰,外内有兵丧。

九曰昭明,象如太白,光芒,不行。或曰,大而白,无角,乍上乍下。一曰,赤彗分为昭明,昭明灭光,以为起霸起德之征,所起国兵多变;一曰,大人凶,兵大起。

十曰司危,如太白,有目。或曰,出正西,西方之野星,去地可六丈,大而白;或曰,大而有毛,两角;或曰,类太白,数动,察之而赤,为乖争之征,主击强兵。见则主失法,豪杰起,天子以不义失国,有声之臣行主德。

十一曰天谗,彗出西北,状如剑,长四五丈。或曰,如钩,长四丈;或曰,状白小,数动,主杀罚。出则其国内乱,其下相谗,为饥兵,赤地千里,枯骨藉藉。

十二曰五残,一名五锋,出正东,东方之星状类辰,可去地六七丈。或曰,苍彗散为五残,如辰星,出角;或曰,星表有气如晕,有毛;或曰,大而赤,数动,察之而青。主乖亡;为五分,毁败之征,亦为备急兵。见则主诛,政在伯,野乱成,有急兵,有丧,不利冲。

十三曰六贼,见出正南,南方之星。去地可六丈,大而赤,动有光。或曰,形如彗。五残、六贼出,祸合天下,逆侵关枢;其下有兵,冲不利。

十四曰狱汉,一名咸汉,出正北,北方之野星,去地可六丈,大而赤,数动,察之中青。或曰,赤表,下有三彗从横。主逐王,主刺王。出则阴精横,兵起其下。又为丧,动则诸侯惊。

十五曰旬始,出北斗旁,如雄鸡。其怒,有青黑,象伏鳖。或曰,怒,雌也,主争兵;又曰,黄彗分为旬始,为立主之题,主乱,主招横。

见则臣乱兵作,诸侯虐,期十年,圣人起伐,群猾横恣。或曰,出则诸侯雄鸣。

十六曰天锋,彗象矛锋。天下从横,则天锋星见。

十七曰烛星,如太白。其出也不行,见则不久而灭。或曰,主星上有三彗上出,所出城邑乱,有大盗不成,又以五色占。

十八曰蓬星,大如二斗器,色白,一名王星。状如夜火之光,多至四五,少一二。一曰,蓬星在西南,长数丈,左右兑。出而易处。星见,不出三年,有乱臣戮死。又曰,所出大水大旱,五谷不收,人相食。

十九曰长庚,如一匹布著天。见则兵起。

二十曰四填,星出四隅,去地六丈余,或曰可四丈。或曰,星大而赤,去地二丈,常以夜半时出。见,十月而兵起,皆为兵起其下。

二十一曰地维藏光,出四隅。或曰,大而赤,去地二三丈,如月始出。见则下有乱,乱者亡,有德者昌。

《河图》云:

岁星之精,流为天棓、天枪、天猾、天冲、国皇、及登苍彗。

荧惑散为昭且、蚩尤之旗、昭明、司危、天欃、赤彗。

填星散为五残、狱汉、大贲、昭星、绌流、旬始、蚩尤、虹蜺、击咎、黄彗。

太白散为天杵、天柎、伏灵、大败、司奸、天狗、天残、卒起、白彗。

辰星散为枉矢、破女、拂枢、灭宝、绕线、惊理、大奋祀、黑彗。

五色之彗,各有长短,曲折应象。

汉京房著《风角书》,有《集星章》,所载妖星皆见于月旁,互有五色方云,以五寅日见,各有五星所生云:

天枪、天根、天荆、真若、天楱、天楼、天垣,皆岁星所生也。见以甲寅,其星咸有两青方在其旁。

天阴、晋若、官张、天惑、天崔、赤若、蚩尤,皆荧惑之所生也。出在景寅日，有两赤方在其旁。

天上、天伐、从星、天枢、天翟、天沸、荆彗，皆填星所生也。出在戊寅日，有两黄方在其旁。

若星、帚星、若彗、竹彗、墙星、棂星、白雚，皆太白之所生也。出在庚寅日，有两白方在其旁。

天美、天槛、天杜、天麻、天林、天蒿、端下，皆辰星之所生也。出以壬寅日，有两黑方在其旁。

巳前三十五星，即五行气所生，皆出于月左右方气之中，各以其所生星将出不出日数期候之。当其未出之前而见，见则有水旱，兵丧，饥乱；所指亡国，失地，王死，破军，杀将。

客星

张衡曰："老子四星及周伯、王蓬絮、芮各一，错乎五纬之间。其见无期，其行无度。"《荆州占》云："老子星色淳白，然所见之国，为饥为凶，为善为恶，为喜为怒。周伯星黄色煌煌，所至之国大昌。蓬絮星色青而荧荧然，所至之国风雨不节，焦旱，物不生，五谷不登，多蝗虫。"又云："东南有三星出，名曰盗星，出则天下有大盗。西南有三大星出，名曰种陵，出则天下谷贵十倍。西北三大星出而白，名曰天狗，出则人相食，大凶。东北有三大星，星出，名曰女帛，见则有大丧。

流星

流星，天使也。自上而降曰流，自下而升曰飞。大者曰奔，奔亦流星也。星大者使大，星小者使小。声隆隆者，怒之象也。行疾者期速，行迟者期迟。大而无光者，众人之事；小而有光者，贵人之事；大而光者，其人贵且众也。乍明乍灭者，贼成贼败也。前大后小者，恐忧也；前小后大者，喜事也。蛇行者，奸事也；往疾者，往而不反也。长者，其事长久也；短者，事疾也。奔星所坠，其下有兵。无风云，有流星见，良久间乃入，为大风，发屋折木。小流星百数四面行者,众庶流移之象。

流星之类,有音如炬火下地,野雉鸣,天保也;所坠国安,有喜。若水流星色青赤,名曰地雁,其所坠者起兵。流星有光青赤,长二三丈,名曰天雁,军中之精华也;其国起兵,将军当从星所之。流星晖然有光,光白,长竟天者,人主之星也;主相将军从星所之。

飞星大如缶若瓮,后皎然白,前卑后高,此谓顿顽,其所从者多死亡。飞星大如缶若瓮,后皎然白,星灭后,白者曲环如车轮,此谓解衔,其国人相斩为爵禄。飞星大如缶若瓮,其后皎然白,长数丈,星灭后,白者化为云流下,名曰大滑,所下有流血积骨。

枉矢,类流星,色苍黑,蛇行,望之如有毛,目长数匹,著天,主反萌,主射愚。见则谋反之兵合射所诛,亦为以乱伐乱。

天狗,状如大奔星,色黄,有声,其止地,类狗。所坠,望之如火光,炎炎冲天,其上锐,其下员,如数顷田处。或曰,星有毛,旁有矩彗,下有狗形者;或曰,星出,其状赤白有光,下即为天狗;一曰,流星有光,见人面,坠无音,若有足者,名曰天狗。其色白,其中黄,黄如遗火状。主候兵讨贼。见则四方相射,千里破军杀将。或曰,吾将斗,人相食,所往之乡有流血。其君失地,兵大起,国易政,戒守御。

营头,有云如坏山堕,所谓营头之星。所堕,其下覆军,流血千里。亦曰流星昼陨名营头。

云气

瑞气:一曰庆云,若烟非烟,若云非云,郁郁纷纷,萧索轮囷,是谓庆云,亦曰景云。此喜气也,太平之应。二曰归邪,如星非星,如云非云。或曰,星有两赤彗上向,有盖,下连星。见,必有归国者。三曰昌光,赤,如龙状,圣人起,帝受终,则见。

妖气:一曰虹霓,日旁气也,斗之乱精。主惑心,主内淫,主臣谋君,天子诎,后妃专,妻不一。二曰猈云,如狗,赤色,长尾;为乱君,为兵丧。

十辉

《周礼》,眂祲氏掌十辉之法,以观妖祥,辨吉凶。一曰祲,谓阴阳五色之气,浸淫相侵。或曰,抱珥背璚之属,如虹而短是也。二曰象,谓云气成形,象如赤乌,夹日以飞之类是也。三曰镌,日傍气,刺日,形如童子所佩之镌。四曰监,谓云气临在日上也。五曰暗,谓日月蚀,或曰光脱也。六曰瞢,瞢不光明也。七曰弥,谓白虹弥天而贯日也。八曰序,谓气若山而在日上。或曰,冠珥背璚,重叠次序,在于日旁也。九曰隮,谓晕气也。或曰,虹也,《诗》所谓“朝隮于西”者也。十曰想,谓气五色有形想也,青饥,赤兵,白丧,黑忧,黄熟。或曰,想,思也,赤气为人狩之形,可思而知其吉凶也。

凡游气蔽天,日月失色,皆是风雨之候也。沉阴,日月俱无光,昼不见日,夜不见星,有云障之,两敌相当,阴相图议也。日濛濛无光,士卒内乱。又曰,数日俱出,若斗,天下兵起,大战。日斗,下有拔城。日戴者,形如直状,其上微起,在日上为戴。戴者,德也,国有喜也。一云,立日上为戴。青赤气抱在日上,小者为冠,国有喜事。青赤气小而交于日下为缨,青赤气小而员,一二在日下左右者为纽。青赤气如小半晕状,在日上为负,负者得地为喜。又曰,青赤气长而斜倚日旁为戟。青赤气员而小,在日左右为珥,黄白者有喜。又曰,有军,日有一珥为喜。在日西,西军战胜。在日东,东军战胜。南北亦如之。无军而珥,为拜将。又日旁如半环,向日为抱。青赤气如月初生,背日者为背。又曰,背气青赤而曲,外向为叛象,分为反城。璚者如带,敌在日四方。青赤气长而立日旁为直,日旁有一直,敌在一旁欲自立,从直所击者胜。日旁有二直三抱,欲自立者不成,顺抱击者胜,杀将。气形三角,在日四方为提,青赤气横在日上下为格。气如半晕,在日下为承。承者,臣承君也。又曰,日下有黄气三重若抱,名曰承福,人主有吉喜,且得地。青白气如履,在日下者为履。日旁抱五重,战顺抱者胜。日一抱一背,为破走。抱者,顺气也;背者,逆气也。两军相当,顺抱击逆者胜,故曰破走。日抱且两珥,一虹贯抱抱至日,顺虹击者胜。杀将。日抱两珥且璚二虹贯抱至日,顺虹击者胜。日重报,内有璚,顺抱击者胜。亦曰,军内有欲反者。日重抱,左右二珥,有白虹贯抱,顺抱击胜,得二将。有三虹,得三将。日抱黄白润泽,内赤外青,天子有喜,有和亲来降者;军不战,敌降,军罢。色青黄,将喜;赤,将兵争;白,将有丧;黑,将死。日重抱且背,顺抱击者胜,得地,若有罢师。日重抱,抱内外有璚,两珥,顺抱击者胜,破军,军中不和,不相信。日旁有气,员而周匝,内赤外青,名为晕。日晕者,军营之象。周环匝日,无厚薄,敌与军势齐等。若无军在外,天子失御,民多叛。日晕有五色,有喜;不得五色者有忧。

凡占,两军相当,必谨审日月晕气,知其所起,留止远近,应与不应,疾迟,大小,厚薄,长短,抱背为多少,有无,虚实,久呕,密疏,泽枯。相应等者势等。近胜远,疾胜迟,大胜小,厚胜薄,长胜短,抱胜背,多胜少,有胜无,实胜虚,久胜呕,密胜疏,泽胜枯。重背,大破;重抱为和亲;抱多,亲者益多;背为天下不和。分离相去,背于内者离于内,背于外者离于外也。

杂气

天子气,内赤外黄,四方;所发之处当有王者。若天子欲有游往处,其地亦先发此气。或如城门隐隐在气雾中,恒带杀气森森然。或如华盖在气雾中,或气象青衣人无手,在日西,或如龙马,或杂色郁郁冲天者,此皆帝王气。

猛将之气,如龙,如猛兽;或如火烟之状;或白如粉沸;或如火光之状,夜照人;或白而赤气绕之;或如山林竹木;或紫黑如门上楼;或上黑下赤,状似黑旌;或如张弩;或如尘埃,头锐而卑,本大而高。此皆猛将之气也。气发渐渐如云,变作山形,将有深谋。

凡军胜之气,如堤如坂,前后磨地。或如火光;将军勇,士卒猛。或如山堤,山上若林木,将士骁勇。或如埃尘粉沸,其色黄白;或如人持斧向敌;或如蛇举首向敌;或气如覆舟,云如牵牛;或有云如斗鸡,赤白相随,在气中;或发黄气,皆将士精勇。

凡气上黄下白,名曰善气;所临之军,敌欲求和退。

凡负气,如马肝色,或如死炭色;或类偃盖,或类偃鱼;或黑气如坏山坠军上者,名曰营头之气;或如群羊群猪,在气中。此衰气也。或如悬衣,如人相随;或纷纷如转蓬,或如扬灰;或云如卷席,如匹布乱穰者,皆为败征。气如系牛,如人卧,如双蛇,如飞鸟,如决堤垣,如坏屋,如惊鹿相逐,如两鸡相向,此皆为败军之气。

凡降人气,如人十十五五,皆叉手低头;又云,如人叉手相向。或气如黑山,以黄为缘者,皆欲降伏之象也。

凡坚城之上,有黑云如星,名曰军精。或白气如旌旗,或青云黄云临城,皆有大喜庆。或气青色如牛头触人,或城上如烟火,如双蛇,如杵形向外,或有云分为两彗状者,皆不可攻。

凡屠城之气,或赤如飞鸟,或赤气如败车,或有赤黑气如狸皮斑;或城中气聚如楼,出见于营外;营上有云如众人头,赤色,其城营皆可屠。气如雄雉临城,其下必有降者。

凡伏兵有黑气,浑浑员长,赤气在其中;或白气粉沸,起如楼状;或如幢节状,在乌云中;或如赤杵在乌云中,或如乌人在赤云中。

凡暴兵气,白,如瓜蔓连结,部队相逐,须臾罢而复出。或白气如仙人,如仙人衣,千万连结,部队相逐,罢而复兴,当有千里兵来;或气如人持刀盾,云如人,色赤,所临城邑有卒兵至;或赤气如人持节,兵来未息。云如方虹。此皆有暴兵之象。

凡战气,青白如膏;如人无头;如死人卧;如丹蛇,赤气随之,必大战,杀将。四望无云,见赤气如狗入营,其下有流血。

凡连阴十日,昼不见日,夜不见月,乱风四起,欲雨而无雨,名曰蒙,臣有谋。雾气若昼若夜,其色青黄,更相奄冒,乍合乍散,亦然。视四方常有大云五色具者,其下贤人隐也。青云润泽蔽日,在西北,为举贤良。云气如乱穰,大风将至,视所从来。云甚润而厚,大雨必暴至。四始之日,有黑云气如阵,厚大重者,多雨。气若雾非雾，衣冠不濡，见则其城带甲而趣。日出没时有雾云横截之，白者丧，乌者惊，三日内雨者各解。有云如蛟龙，所见处将军失魄。有云如鹄尾来荫国上，三日亡。有云赤黄色四塞，终日竟夜照地者，大臣纵恣。有云如气，昧而浊，贤人去，小人在位。

凡白虹者，百殃之本，众乱所基。雾者，众邪之气，阴来冒阳。

凡白虹雾，奸臣谋君，擅权立威。昼雾夜明，臣志得申。

凡夜雾白虹见，臣有忧；昼雾白虹见，君有忧。虹头尾至地，流血之象。

凡雾气不顺四时，逆相交错，微风小雨，为阴阳气乱之象。积日不解，昼夜昏暗，天下欲分离。

凡天地四方昏濛若下尘，十日五日已上，或一月，或一时，雨不沾衣而有土，名曰霾。故曰，"天地霾，君臣乖"。

凡海旁蜃气象楼台，广野气成宫阙，北夷之气如牛羊群畜穹庐，南夷之气类舟船幡旗。自华已南，气下黑上赤；嵩高、三河之郊，气正赤；恒山之北，气青；勃碣海岱之间，气皆正黑；江淮之间，气皆白；东海气如员簪，附汉河水，气如引布；江汉气劲如杼，济水气如黑犰，渭水气如狼白尾，淮南气如白羊，少室气如白兔青尾，恒山气如黑牛青尾。东夷气如树，西夷气如室屋，南夷气如阇台，或类舟船。

阵云如立垣。杼轴云类轴，搏，两端兑。忬云如绳，居前亘天，其半半天；其霓者类阙旗故。钩云句曲。诸此云见，以五色占。而泽搏蜜，其见动人，及有兵必起，合斗其直。云气如三匹帛，广前兑后，大军行气也。

韩云如布，赵云如牛，楚云如日，宋云如车，鲁云如马，卫云如犬，周云如车轮，秦云如行人，魏云如鼠，郑云如绛衣，越云如龙，蜀云如囷。

车气乍高乍下，往往而聚。骑气卑而布。卒气搏。前卑后高者，疾。前方而高后锐而卑者，却。其气平者，其行徐。前高后卑者，不止而返。校骑之气，正苍黑，长数百丈。游兵之气如彗扫，一云长数百丈,无根本。喜气上黄下赤,怒气上下赤,忧气上下黑。土功气黄白。徙气白。

凡候气之法,气初出时,若云非云,若雾非雾,仿佛若可见。初出森森然,在桑榆上,高五六尺者,是千五百里外。平视则千里,举目望即五百里;仰瞻中天,即百里内。平望,桑榆间二千里;登高而望,下属地者,三千里。敌在东,日出候之;在南,日中候之;在西,日入候之;在北,夜半候之。军上气,高胜下,厚胜薄,实胜虚,长胜短,泽胜枯。气见以知大,占期内有大风雨,久阴,则灾不成。

大变史传事验

惠帝元康二年二月,天西北大裂。案刘向说:"天裂,阳不足;地动,阴有余。"是时人主昏瞀,妃后专制。

大安二年八月庚午,天中裂为二,有声如雷者三。君道亏而臣下专僭之象也。是日长沙王奉帝出距成都、河间二王,后成都、河间、东海又迭专威命,是其应也。

穆帝升平五年八月己卯夜,天中裂,广三四丈,有声如雷,野雉皆鸣。是后哀帝荒疾,海西失德,皇太后临朝,太宗总万机,桓温专权,威振内外,阴气盛,阳遂微。

元帝太兴二年八月戊戌,天鸣东南,有声如风水相薄。京房《易妖占》曰:"天有声,人主忧。"三年十月壬辰,天又鸣,甲午止。其后王敦入石头,王师败绩。元帝屈辱,制于强臣,既而晏驾,大耻不雪。

安帝隆安五年闰月癸丑,天东南鸣。六年九月戊子,天东南又鸣。是后桓玄篡位,安帝播越,忧莫大焉。鸣每东南者,盖中兴江外,天随之而鸣也。

义熙元年八月,天鸣,在东南。京房《易传》曰:"万姓劳,厥妖天鸣。"是时安帝虽反政,而兵革岁动,众庶勤劳也。

日蚀

魏文帝黄初二年六月戊辰晦,日有蚀之。有司奏免太尉,诏曰:

灾异之作,以谴元首,而归过股肱,岂禹汤罪己之义乎!其令百官各虔厥职。后有天地眚,勿复劾三公。"三年正月景寅朔,日有蚀之。十一月庚申晦,又日有蚀之。五年十一月戊申晦,日有蚀之。

明帝太和初,太史令许芝奏,日应蚀,与太尉于灵星祈禳。帝曰:"盖闻人主政有不德,则天惧之以灾异,所以谴告,使得自修也。故日月薄蚀,明治道有不当者。朕即位以来,既不能光明先帝圣德,而施化有不合于皇神,故上天有以寤之。宜救政自修,有以报于神明。天之于人,犹父之于子,未有父欲有责其子,而可献盛馔以求免也。今外欲遣上公与太史令俱禳祠之,于义未闻也。群公卿士大夫,其各勉修厥职。有可以补朕不逮者,各封上之。"

太和五年十一月戊戌晦,日有蚀之。六年正月戊辰朔,日有蚀之。见吴历。

青龙元年闰月庚寅朔,日有蚀之。

少帝正始元年七月戊申朔,日有蚀之。三年四月戊戌朔,日有蚀之。四年五月丁丑朔,日有蚀之。五年四月景辰朔,日有蚀之。六年四月壬子朔,日有蚀之。十月戊申朔,又日有蚀之。八年二月庚午朔,日有蚀之。是时曹爽专政,丁谧、邓飏等转改法度。会有日蚀之变,诏群臣问得失。蒋济上疏曰:"昔大舜佐治,戒在比周。周公辅政,慎于其朋。齐侯问灾,晏子对以布惠;鲁君问异,臧孙答以缓役。塞变应天,乃实人事。"济旨譬其切,而君臣不悟,终至败亡。九年正月乙未朔,日有蚀之。

嘉平元年二月己未朔,日有蚀之。

高贵乡公甘露四年七月戊子朔,日有蚀之。五年正月乙酉朔,日有蚀之。京房《易占》曰:"日蚀乙酉,君弱臣强,司马将兵,反征其王。"五月,有成济之变。

元帝景元二年五月丁未朔,日有蚀之。三年十一月己亥朔,日有蚀之。

武帝泰始二年七月景午晦,日有蚀之。十月景午朔,日有蚀之。七年十一月丁丑朔,日有蚀之。八年十月辛未朔,日有蚀之。九年四月戊辰朔,日有蚀之。又,七月丁酉朔,日有蚀之。十年正月乙未,三月癸亥,并日有蚀之。

咸宁元年七月甲申晦,日有蚀之。三年正月景子朔,日有蚀之。四年正月庚午朔,日有蚀之。

太康四年三月辛丑朔,日有蚀之。七年正月甲寅朔,日有蚀之。八年正月戊申朔,日有蚀之。九年正月壬申朔,六月庚子朔,并日有蚀之。永熙元年四月庚申,帝崩。

惠帝元康九年十一月甲子朔,日有蚀之。十二月,废皇太子遹为庶人,寻杀之。

永康元年正月己卯,四月辛卯朔,并日有蚀之。永宁元年闰月景戌朔,日有蚀之。

光熙元年正月戊子朔,七月己酉朔,并日有蚀之。十一月,惠帝崩。十二月壬午朔,又日有蚀之。

怀帝永嘉元年十一月戊申朔,日有蚀之。二年正月景子朔,日有蚀之。六年二月壬子朔,日有蚀之。

愍帝建兴四年六月丁巳朔,十二月甲申朔,并日有蚀之。五年五月景子,十一月景子,并日有蚀之。时帝蒙尘于平阳。

元帝太兴元年四月丁丑朔,日有蚀之。

明帝太宁三年十一月癸巳朔,日有蚀之,在卯至斗。斗,吴分也。其后苏峻作乱。

成帝咸和二年五月甲申朔,日有蚀之,在井。井,主酒食,女主象也。明年,皇太后以忧崩。六年三月壬戌朔,日有蚀之。是时帝已年长,每幸司徒第,犹出入见王导夫人曹氏如子弟之礼。以人君而敬人臣之妻,有亏君德之象也。九年十月乙未朔,日有蚀之。是时帝既冠,当亲万机,而委政大臣者,君道有亏也。

咸康元年十月乙未朔,日有蚀之。七年二月甲子朔,日有蚀之。三月,杜皇后崩。八年正月乙未朔,日有蚀之。京都大雨,郡国以闻。是谓三朝,王者恶之。六月而帝崩。

穆帝永和二年四月己酉,七年正月丁酉,八年正月辛卯,并日有蚀之。十二年十月癸巳朔，日有蚀之，在尾。尾，燕分，北狄之象也。是时边表姚襄、苻生互相吞噬，朝廷忧劳，征伐不止。

升平四年八月辛丑朔，日有蚀之，几既在角。凡蚀，浅者祸浅，深者祸大。角为天门，人主恶之。明年而帝崩。

哀帝隆和元年三月甲寅朔，十二月戊午朔，并日有蚀之。明年而帝有疾，不识万机。

海西公太和三年三月丁巳朔，五年七月癸酉朔，并日有蚀之。皆海西被废之应也。

孝武帝宁康三年十月癸酉朔，日有蚀之。太元四年闰月己酉朔，日有蚀之。是时苻坚攻没襄阳执朱序。六年六月庚子朔，日有蚀之。九年十月辛亥朔，日有蚀之。十七年五月丁卯朔，日有蚀之。二十年三月庚辰朔，日有蚀之。明年帝崩。

安帝隆安四年六月庚辰朔，日有蚀之。是时元显执政。

元兴二年四月癸巳朔，日有蚀之。其冬桓玄篡帝位。义熙三年七月戊戌朔，日有蚀之。十年九月丁巳朔，日有蚀之。十一年七月辛亥晦，日有蚀之。十三年正月甲戌朔，日有蚀之。明年，帝崩。

恭帝元熙元年十一月丁亥朔，日有蚀之。自义熙元年至是，日蚀日从上始，皆为革命之征。

《周礼》眡祲氏掌十煇之法，以观妖祥，辩吉凶，有祲、象、镌、监、暗、瞢、弥、序、隮、想凡十。后代名变，说者莫同。今录其著应以次之云。

吴孙权赤乌十一年二月，白虹贯日，权发诏戒惧。

武帝泰始五年七月甲寅，日晕再重，白虹贯之。

太康元年正月己丑朔，五色气冠日，自卯至酉。占曰："君道失明，丑为斗牛，主吴越。"是时孙皓淫暴，四月降。

惠帝元康元年十一月甲申，日晕，再重，青赤有光。九年正月，日中有若飞燕者，数日乃消。王隐以为愍怀废死之征。

永康元年正月癸亥朔，日晕，三重。十月乙未，日暗，黄雾四塞。占曰："不及三年，下有拔城大战。"十二月庚戌，日中有黑气。京房

《易传》曰:"祭天不顺兹谓逆,厥异日中有黑气。"

永宁元年九月甲申,日中有黑子。京房《易占》:"黑者,阴也,臣不掩君恶,令下见,百姓恶君,则有此变。"又曰:"臣有蔽主明者。"

太安元年十一月,日中有黑气。

永兴元年十一月,日中有黑气分日。

光熙元年五月壬辰、癸巳,日光四散,赤如血流,照地皆赤。甲午又如之。占曰:"君道失明。"

怀帝永嘉元年十一月乙亥,黄黑气掩日,所照皆黄。案《河图占》曰"日薄也"。其说曰:"凡日蚀皆于朔晦,有不于晦朔者为日薄。虽非日月同宿,时阴气盛,掩日光也。"占类日蚀。二年正月戊申,白虹贯日。二月癸卯,白虹贯日,青黄晕,五重。占曰:"白虹贯日,近臣为乱,不则诸侯有反者。晕五重,有国者受其祥,天下有兵,破亡其地。"明年,司马越暴蔑人主。五年,刘聪破京都,帝蒙尘于寇庭。五年三月庚申,日散光,如血下流,所照皆赤。日中有若飞燕者。

愍帝建兴二年正月辛未庚时,日陨于地。又有三日相承,出于西方而东行。五年正月庚子,三日并照,虹霓弥天。日有重晕,左右两珥。占曰:"白虹,兵气也。三四五六日俱出并争,天下兵作,丁巳亦如其数。"又曰:"三日并出,不过三旬,诸侯争为帝。日重晕,天下有立王。晕而珥,天下有立侯。"故陈卓曰:"当有大庆,天下其三分乎!"三月而江东改元为建武,刘聪、李雄亦跨曹刘疆宇,于是兵连累叶。

元帝太兴元年十一月乙卯,日夜出,高三丈,中有赤青珥。四年二月癸亥,日斗。三月癸未,日中有黑子。辛亥,帝亲录讯囚徒。

永昌元年十月辛卯,日中有黑子。时帝宠幸刘隗,擅威福,亏伤君道,王敦因之举兵,逼京都,祸及忠贤。

明帝太宁元年正月己卯朔,日晕无光。癸巳,黄雾四塞。占曰:"君道失明,阴阳昏,臣有阴谋"。京房曰:"下专刑,兹谓分威,蒙微而日不明。"先是,王敦害尚书令刁协、仆射周颛、骠骑将军戴若思等,是专刑之应。敦既陵上,卒伏其辜。十一月景子,白虹贯日。史官不见,桂阳太守华包以闻。

成帝咸和九年七月,白虹贯日。

咸康元年七月,白虹贯日。二年七月,白虹贯日。自后庾氏专政,由后族而贵,盖亦妇人擅国之义,故频年白虹贯日。八年正月壬申,日中有黑子,景子乃灭。夏,帝崩。

穆帝永和八年,张重华在凉州,日暴赤如火,中有三足乌,形见分明,五日乃止。十年十月庚辰,日中有黑子,大如鸡卵。十一年三月戊申,日中有黑子,大如桃,二枚。时天子幼弱,久不亲国政。

升平三年十月丙午,日中有黑子,大如鸡卵。少时而帝崩。

海西公太和三年九月戊辰夜,二虹见东方。四年四月戊辰,日晕,厚密,白虹贯日中。十月乙未,日中有黑子。五年二月辛酉,日中有黑子,大如李。六年三月辛未,白虹贯日,日晕,五重。十一月,桓温废帝,即简文咸安元年也。

简文咸安二年十一月丁丑,日中有黑子。

孝武宁康元年十一月巳酉,日中有黑子,大如李。二年三月庚寅,日中有黑子二枚,大如鸭卵。十一月己巳,日中有黑子,大如鸡卵。时帝已长而康献皇后以从嫂临朝,实伤君道,故日有瑕也。

太元十三年二月庚子,日中有黑子二,大如李。十四年六月辛卯,日中又有黑子,大如李。二十年十一月辛卯,日中又有黑子。是时会稽王以母弟干政。

安帝隆安元年十二月壬辰,日有晕,有背璃。是后,不亲万机,会稽王世子元显专行威罚。四年十一月辛亥,日中有黑子。

元兴元年二月甲子,日晕,白虹贯日中。三月庚子,白虹贯日。未几,桓玄克京都,王师败绩。明年,玄篡位。

义熙元年五月庚午,日有彩珥。六年五月景子,日晕,有璃。时有卢循逼京都,内外戒严。七月,循走。七年七月,五虹见东方。占曰:“天子黜”。其后刘裕代晋。十年日在东井,有白虹十余丈在南干日。灾在秦分,秦亡之象。

恭帝元熙二年正月壬辰,白气贯日,东西有直珥各一丈,白气贯之交匝。

月变

魏文帝黄初四年十一月，月晕北斗。占曰："有大丧，赦天下。"七年五月，帝崩，明帝即位，大赦天下。

孝怀帝永嘉五年三月壬申景夜，月蚀，既。丁夜又蚀，既。占曰："月蚀尽，大人忧。"又曰："其国贵人死。"

海西公太和四年闰月乙亥，月晕轸，复有白晕贯月北，晕斗柄三星。占曰："王者恶之。"六年，桓温废帝。

安帝隆安五年三月甲子，月生齿。占曰："月生齿，天子有贼臣，群下自相残。"桓玄篡逆之征也。

义熙九年十二月辛卯朔，月犹见东方。是谓之仄匿，则侯王其肃。是时刘裕辅政，威刑自己，仄匿之应云。十一年十一月乙未，月入舆鬼而晕。占曰："主忧，财宝出。"一曰："月晕，有赦。"

月奄犯五纬

凡月蚀五星，其国皆亡。五星入月，其野有逐相。

魏明帝太和五年十二月甲辰，月犯填星。

青龙二年十月乙丑，月又犯填星。占同上。戊寅，月犯太白。占曰："人君死，又为兵。"景初元年七月，公孙懿叛。二年正月，遣宣帝讨之。三年正月，天子崩。四年三月己巳，太白与月俱加景昼见，月犯太白。占同上。

景初元年十月丁未，月犯荧惑。占曰："贵人死。"二年四月，司徒韩暨薨。

齐王嘉平元年正月甲午，太白袭月。宣帝奏永宁太后废曹爽等。

惠帝太安二年十一月庚辰，岁星入月中。占曰："国有逐相。"十二月壬寅，太白犯月。占曰："天下有兵。"三年正月己卯，月犯太白，占同青龙元年。七月，左卫将军陈眕率众奉帝伐成都王，六军败绩，兵逼乘舆。后二年,帝崩。

元帝太兴二年十一月辛巳,月犯荧惑。占曰:"有乱臣。"三年十二月己未,太白入月,在斗。郭璞曰:"月属'坎',阴府法象也。太白金行而来犯之,天意若曰,刑理失中,自毁其法。"四年十二月丁亥,月犯岁星,在房。占曰:"其国兵饥,人流亡。"永昌元年三月,王敦作乱,率江荆之众来攻,败京都,杀将相。又镇北将军刘隗出奔,百姓并去南亩,困于兵革。四月,又杀湘州刺史、谯王司马承,镇南将军甘卓。

成帝咸康元年二月乙未,太白入月。四月甲午,月犯太白。四年四月己巳,七月乙巳,月俱奄太白。占曰:"人君死。又为兵,人主恶之。"明年,石季龙之众大寇沔南,于是内外戒严。五年四月辛未,月犯岁星,在胃。占曰:"国饥,人流。"乙未,月犯岁星,在昴。及冬,有沔南、邾城之败,百姓流亡万余家。六年二月乙未,太白入月。占曰:"人主死。"四月甲午,月犯太白。占曰:"人主恶之。"

穆帝永和八年十二月,月在东井,犯岁星。占曰:"秦饥,人流亡。"是时兵革连起。十年十一月,月奄填星,在舆鬼。占曰:"秦有兵。"时桓温伐苻健,健坚壁长安,温退。十二年八月,桓温破姚襄。

升平元年十一月壬午,月奄岁星,在房。占曰:"人饥。"一曰:"豫州有灾。"二年闰三月乙亥,月犯岁星,在房。占同上。三年,豫州刺史谢万败。三年三月乙酉,月犯太白,在昴。占曰:"人君死。"一曰:"赵地有兵,胡不安。"四年正月,慕容儁卒。五年正月乙丑辰时,月在危宿,奄太白。占曰:"天下靡散。"三月丁未,月犯填星,在轸。占曰:"为大丧。"五月,穆帝崩。七月,慕容恪攻冀州刺史吕护于野王,拔之,护奔走。时桓温以大众次宛,闻护败,乃退。

哀帝兴宁元年十月景戌,月奄太白,在须女。占曰:"天下靡散。"一曰:"灾在扬州。"三年,洛阳没。其后桓温倾扬州资实北讨,败绩,死亡太半。及征袁真,淮南残破。后慕容暐及苻坚互来侵境。三年正月乙卯,月奄岁星,在参。占曰:"参,益州分也。"六月,镇西将军、益州刺史周抚卒。十月,梁州刺史司马勋入益州以叛,朱序率众助刺史周楚讨平之。

海西太和元年二月景子，月奄荧惑，在参。占曰：“为内乱，帝不终之征。”一曰：“参，魏地。”五年，慕容暐为苻坚所灭。

孝武太元十二年二月戊寅，荧惑入月。占曰：“有乱臣死，若有相戮者。”一曰：“女亲为政，天下乱。”是时琅邪王辅政，王妃从兄王国宝以姻昵受宠。又陈郡人袁悦昧私苟进，交遘主相，扇扬朋党。十三年，帝杀悦于市。于是主相有隙，乱阶兴矣。十三年十二月戊子，辰星入月，在危。占曰：“贼臣欲杀主，不出三年，必有内恶。”是后慕容垂、翟辽、姚苌、苻登、慕容永并阻兵争强。十四年十二月乙未，月犯岁星。占并同上。十五年，翟辽掳司兖，众军累讨弗克，慕容氏又跨略并冀。七月，旱。八月，诸郡大水，兖州又蝗。十八年正月乙酉，荧惑入月。占曰：“忧在宫中，非贼乃盗也。”一曰：“有乱臣，若有戮者。”二十一年九月，帝暴崩内殿，兆庶宣言，夫人张氏潜行大逆。又，王国宝邪狡，卒伏其辜。十九年四月己巳，月奄岁星，在尾。占曰：“为饥，燕国亡。”二十年，慕容垂遣息宝伐魏，反为所破，死者数万人。二十一年，垂死，国遂衰亡。

安帝隆安元年六月庚午，月奄太白，在太微端门外。占曰：“国受兵。”乙酉，月奄岁星，在东壁。占曰：“为饥，卫地有兵。”二年六月，郗恢遣邓启方等以万人伐慕容宝于滑台，启方败。三年九月，桓玄等并举兵，于是内外戒严。四年正月乙亥，月犯填星，在牵牛。占曰：“吴越有兵丧，女主忧。”六月乙未，月又犯填星，在牵牛。十月乙未，月奄岁星，在北河。占曰：“为饥，胡有兵。”其四年五月，孙恩破会稽，杀内史谢琰。后又破高雅之于馀姚，死者十七八。七月，太和太后李氏崩。元兴元年，孙恩寇临海，人众饿死，散亡殆尽。

元兴元年四月辛丑，月奄辰星。七月，大饥，人相食。二年十一月辛巳，月犯荧惑。占悉同上。二年十一月，桓玄篡位，放迁帝、后于寻阳，以永安何皇后为迁陵君。三年二月，刘裕尽诛桓氏。三年二月甲辰，月奄岁星于左角。占曰：“天下兵起。”是年二月景辰，刘裕起义兵，杀桓修等。明年正月，众军攻桓振，卒灭诸桓。

义熙元年四月己卯，月犯填星，在东壁。占曰："其地亡国。"一曰："贵人死。"七月己未，月奄填星，在东壁。占曰："其国以伐亡。"一曰："人流。"十月丁巳，月奄填星，在营室。占同上。十一月，荆州刺史魏咏之卒。二年二月，司马国璠等攻没弋阳。三年，司徒扬州刺史王谧薨。四年正月，太保、武陵王遵薨。三月，左仆射孔安国薨。二年十二月景午，月奄太白，在危。占曰："齐亡国。"一曰："强国君死。"五年四月，刘裕大军北讨慕容超，卒灭之。七年六月庚子，月犯岁星，在毕。占曰："有边兵，且饥。"八月乙未，月犯岁星，在参。占曰："益州兵饥。"七月，朱龄石克蜀，蜀人寻又讨之。八年正月庚戌，月犯岁星，在毕。占同上。九年七月，朱龄石灭蜀。十二年五月甲申，月犯岁星，在左角。占曰："为饥。"十四年四月壬申，月犯填星，于张。占曰："天下有大丧。"其明年，帝崩。

恭帝元熙元年七月，月犯岁星。占悉同上。十二月丁巳，月犯太白于羽林。二年六月，帝逊位禅宋。

五星聚舍

魏明帝太和四年七月壬戌，太白犯岁星。占曰："太白犯五星，有大兵。"五年三月，诸葛亮以大众寇天水。时宣帝为大将军，距退之。

青龙二年二月己未，太白犯荧惑。占曰："大兵起，有大战。"是年四月，诸葛亮据渭南，吴亦起兵应之，魏东西奔命。

惠帝元康三年，填星、岁星、太白三星聚于毕昴。占曰："为兵丧。毕昴，赵地也。"后贾后陷杀太子，赵王废后，又杀之，斩张华、裴颜，遂篡位，废帝为太上皇，天下从此遭乱连祸。

永宁二年十一月，荧惑、太白斗于虚危。占曰："大兵起，破军杀将。虚危，又齐分也。"十二月，荧惑袭太白于营室。占曰："天下兵起，亡君之戒。"一曰："易相。"初，齐王冏之京都，因留辅政，遂专傲无君。是月，成都、河间檄长沙王乂讨之，冏、乂交战，攻焚宫阙，冏兵败，夷灭。又杀其兄上军将军实以下二十余人。太安二年，成都又攻长沙,于是公私饥困,百姓力屈。

太安三年正月,荧惑犯岁星。占曰:"有战。"七月,左卫将军陈
眕奉帝伐成都,六军败绩。

光熙元年九月,填星犯岁星。占曰:"填与岁合,为内乱。"是时
司马越专权,终以无礼破灭,内乱之应也。十二月癸未,太白犯填
星。占曰:"为内乱,有大战。"是后河间王为东海王越所杀。明年正
月,东海王越杀诸葛玫等。五月,汲桑破冯嵩,杀东燕王。八月,荀
晞大破汲桑。

怀帝永嘉六年七月,荧惑、岁星、太白聚牛、女之间,徘徊进退。
案占曰"牛女,扬州分",是后,两都倾覆,而元帝中兴扬土。

建武元年五月癸未,太白、荧惑合于东井。占曰:"金火合曰烁,
为丧。"是时愍帝蒙尘于平阳,七月,崩于寇庭。

元帝太兴二年七月甲午,岁星、荧惑会于东井。八月乙未,太白
犯岁星,合在翼。占曰:"为兵饥。"三年六月景辰,太白与岁星合于
房。占同上。永昌元年,王敦攻京师,六军败绩。王敦寻死。

成帝咸康三年十一月乙丑,太白犯岁星于营室。占曰:"为兵
饥。"四年二月,石季龙破幽州,迁万余家以南。五年,季龙众五万寇
沔南,略七千余家而去。又骑二万围陷邾城,杀略五千余人。四年
十二月癸丑,太白犯填星,在箕。占曰:"王者亡地。"七年,慕容皝自
称燕王。七年三月,太白荧惑合于太微中,犯左执法。明年,显宗崩。
八年十二月己酉,太白犯荧惑于胃。占曰:"大兵起。"其后庾翼大发
兵谋伐石季龙,专制上流。

康帝建元元年八月丁未,太白犯岁星,在轸。占曰:"有大兵。"
是年石季龙将刘宁寇没狄道。

穆帝永和四年五月,荧惑入娄,犯填星。占曰:"兵大起,有丧,
灾在赵。"其年石季龙死,来年冉闵杀石遵及诸胡十万余人,其后褚
褎北伐,丧众而薨。六年三月戊戌,荧惑犯岁星。占曰:"为战。"七
年三月戊子,岁星、荧惑合于奎。其年刘显杀石祇及诸胡帅,中土大
乱。十二月七年七月丁卯,太白犯填星,在柳。占曰:"周地有大兵。"其

年八月,桓温伐苻健,退,因破姚襄于伊水,定周地。

升平二年八月戊午,荧惑犯填星,在张。占曰:"兵大起。"三年八月庚午,太白犯填星,在太微中。占曰:"王者恶之。"五年二月丁卯,荧惑犯岁星,在营室。占曰:"大臣有匿谋。"一曰:"卫地有兵。"时桓温擅权,谋移晋室。

海西公太和元年八月戊午,太白犯岁星,在太微中。三年六月甲寅,太白奄荧惑,在太微端门中。六年,海西公废。

简文咸安二年正月己酉,岁星犯填星,在须女。占曰:"为内乱。"七月,帝崩,桓温擅权,谋杀侍中王坦之等,内乱之应。

孝武宁康二年十一月癸酉,太白奄荧惑,在营室。占曰:"金火合为烁,为兵丧。"太元元年七月,苻坚伐凉州,破之,虏张天锡。

太元十一年十二月己丑,太白犯岁星。占曰:"为兵饥。"是时河朔未平,兵连在外,冬大饥。十七年九月丁丑,岁星、荧惑、填星同在亢、氐。十二月癸酉,填星去,荧惑、岁星犹合。占曰:"三星合,是谓惊立绝行,内外有兵丧与饥,改立王公。"十九年十月,太白、填星、荧惑辰星合于氐。十二月癸丑,太白犯岁星,在斗。占曰:"为乱饥,为内兵。斗,吴越分。"至隆安元年,王恭等举兵,显王国宝之罪,朝廷杀之。是后连岁水旱饥。

安帝隆安元年二月,岁星、荧惑皆入羽林。占曰:"中军兵起。"四月,王恭等举兵,内外戒严。

元兴元年八月庚子,太白犯岁星,在上将东南。占曰:"楚兵饥。"一曰:"灾在上将。"二年,桓玄篡位。三年,刘裕尽诛桓氏。二年十月丁丑,太白犯填星,在娄。占同上。三年二月壬辰,太白、荧惑合于羽林。二年十二月,桓玄篡位,放迁帝、后。三年二月,刘裕起义兵,桓玄逼帝东下。

义熙二年十二月丁未,荧惑、太白皆入羽林,又合于壁。三年正月,慕容超寇淮北、徐州,至下邳。八月,遣刘敬宣伐蜀。三年二月癸亥,荧惑、填星、太白辰星聚于奎、娄,从填星也,徐州分。是时,慕容超僭号于齐,兵连徐、兖,连岁寇抄,至于淮泗,姚兴、谯纵僭号秦蜀,卢循及魏南北交侵。其五年,刘裕北殄慕容超。其六月辛卯,荧惑犯辰星,在翼。占曰:"天下兵起。"八月巳卯,太白奄荧惑。占曰:"有大兵。"其四年,姚略遣众征赫连勃勃,大为所破。五年四月甲戌,荧惑犯辰星,在东井。占曰:"皆为兵。"十二月辛丑,太白犯岁星,在奎。占曰:"大兵起,鲁有兵。"是年四月,刘裕讨慕容超。六年二月,灭慕容超于鲁地。七年七月丁卯,岁星犯填星,在参。占曰:"岁填合,为内乱。"一曰:"益州战,不胜,亡地。"是时朱龄石伐蜀,后竟灭之。明年,诛谢混、刘毅。八年十月甲申,太白犯填星,在东井。占曰:"秦有大兵。"九年二月景午,荧惑、填星皆犯东井。占曰:"秦有兵。"三月壬辰,岁星、荧惑、填星、太白聚于东井,从岁星也。东井,秦分。十三年,刘裕定关中,其后遂移晋祚。十四年十月癸巳,荧惑入太微,犯西蕃上将,仍顺行至左掖门内,留二十日乃逆行。至恭帝元熙元年三月五日,出西蕃上将西三尺许,又顺还入太微。时填星在太微,荧惑绕填星成钩己,其年四月景戌,从端门出。占曰:"荧惑与填星钩己天庭,天下更纪。"十二月,安帝母弟琅邪王践阼,是曰恭帝。来年,禅于宋。

晋书卷一三
志第三

天文下

月五星犯列舍　经星变附见
妖星客星　星流陨　云气

月五星犯列舍　经星变附见

魏文帝黄初四年三月癸卯,月犯心大星。占曰:"心为天王位,王者恶之"。六月甲申,太白昼见。案刘向《五纪论》曰:"太白少阴,弱,不得专行,故以已未为界,不得经天而行。经天则昼见,其占为兵丧,为不臣,为更王;强国弱,小国强。"是时,孙权受魏爵号,而称兵距守。其十二月景子,月犯心大星。占同上。五年十月乙卯,太白昼见。占同上。又岁星入太微逆行,积百四十九日乃出。占曰:"五星入太微,从右入三十日以上,人主有大忧。"一曰:"有赦至。"七年五月,帝崩,明帝即位,大赦天下。

六年五月壬戌,荧惑入太微,至壬申,与岁星相及,俱犯右执法,至癸酉乃出。占曰:"从右入三十日以上,人主有大忧。"又曰:"月、五星犯左右执法,大臣有忧。"一曰:"执法者诛,金、火尤甚。"十一月,皇子东武阳王鉴薨。七年正月,骠骑将军曹洪免为庶人。四月,征南大将军夏侯尚薨。五月,帝崩。《蜀记》称明帝问黄权曰:"天下鼎立,何地为正?"对曰:"当验天文。往者荧惑守心而文帝崩,吴、蜀无事,此其征也。"案三国史并无荧惑守心之交,宜是入太微。

八月,吴遂围江夏,寇襄阳,大将军宣帝救襄阳,斩吴将张霸等,兵丧更王之应也。

明帝太和五年五月,荧惑犯房。占曰:"房四星,股肱臣将相位也,月、五星犯守之,将相有忧。"其七月,车骑将军张郃追诸葛亮,为亮所害。十二月,太尉华歆薨。其十一月乙酉,月犯轩辕大星。占曰:"女主忧。"

六年三月乙亥,月又犯轩辕大星。十一月景寅,太白昼见南斗,遂历八十余日,恒见。占曰:"吴有兵"。明年,孙权遣张弥等将兵万人,锡授公孙文懿为燕王,文懿斩弥等,虏其众。青龙三年正月,太后郭氏崩。

青龙三年三月辛卯,月犯舆鬼。舆鬼主斩杀。占曰:"人多病,国有忧。"又曰:"大臣忧。"是年夏及冬,大疫。四年五月,司徒董昭薨。其五月丁亥,太白昼见,积三十余日。以暑度推之,非秦、魏,则楚也。是时,诸葛亮据渭南,宣帝与相持;孙权寇合肥,又遣陆议、孙昭等入淮沔,天子亲东征。蜀本秦地,则为秦、魏及楚兵悉起矣。其七月巳巳,月犯楗闭。占曰:"有火灾。"三年七月,崇华殿灾。

三年六月丁未,填星犯井钺。戊戌,太白又犯之。占曰:"凡月、五星犯井钺,悉为兵灾。"一曰:"斧钺用,大臣诛。"七月己丑,填星犯东井距星。占曰:"填星入井,大人忧。"行近距,为行阴。其占曰:"大水,五谷不成。"

景初元年夏,大水,伤五谷。其年十月壬申,太白昼见,在尾,历二百余日,恒昼见。占曰:"尾为燕,有兵。"十二月戊辰,月犯钩钤。占曰:"王者忧。"

四年闰正月己巳,填星犯井钺。三月癸卯,填星犯东井。巳巳,太白与月加景昼见。五月壬寅,太白犯毕左股第一星。占曰:"毕为边兵,又主刑罚。"九月,凉州塞外胡阿毕师使侵犯诸国,西域校尉张就讨之,斩首捕虏万计。其七月甲寅,太白犯轩辕大星。占曰:"女主忧。"景初元年,皇后毛氏崩。

景初元年二月乙酉,月犯房第二星。占曰:"将相有忧。"其七月,司徒陈矫薨。二年四月,司徒韩暨薨。其七月辛卯,太白昼见,积二百八十余日。时公孙文懿自立为燕王,署置百官,发兵距守,宣帝讨灭之。

二年二月己丑,月犯心距星,又犯中央大星。五月乙亥,月又犯心距星及中央大星。案占曰:"王者恶之。犯前星,太子有忧。"三年正月,帝崩。太子立,卒见废。其年十月甲午,月犯箕。占曰:"将军死。"

正始元年四月,车骑将军黄权薨。其闰十一月癸丑,月犯心中央大星。

少帝正始元年四月戊午,月犯昴东头第一星。十月庚寅,月又犯昴北第四星。占曰:"月犯昴,胡不安。"二年六月,鲜卑阿妙儿等寇西方,敦煌太守王延破之,斩二万余级。三年,又斩鲜卑大帅及千余级。

二年九月癸酉,月犯舆鬼西北星。三年二月丁未,又犯西南星。占曰:"有钱令。"一曰:"大臣忧。"三年三月,太尉满宠薨。四年正月,帝加元服,赐群臣钱各有差。四年十月、十一月,月再犯井钺。是月,宣帝讨诸葛恪,恪弃城走。五年二月,曹爽征蜀。五年十一月癸巳,填星犯亢距星。占曰:"诸侯有失国者。"

七年七月丁丑,月犯左角。占曰:"天下有兵,左将军死。"七月乙亥,荧惑犯毕距星。占曰:"有边兵。"一曰:"刑罚用。"九年正月辛亥,月犯亢南星。占曰:"兵起。"一曰:"军将死。"七月癸丑,填星犯楗闭。占曰:"王者不宜出宫下殿。"嘉平元年,天子谒陵,宣帝奏诛曹爽等。天子野宿,于是失势。

嘉平元年六月壬戌,太白犯东井距星。占曰:"国失政,大臣为乱。"四月辛巳,太白犯舆鬼。占曰:"大臣诛。"一曰:"兵起。"二年三月己未,太白又犯井距星。三年七月,王陵与楚王彪有谋,皆伏诛,人主遂卑。

吴孙权赤乌十三年夏五月,日北至,荧惑逆行,入南斗。秋七月,犯魁第三星而东。《汉晋春秋》云"逆行"。案占:"荧惑入南斗,三月吴王死。"一曰:"荧惑逆行,其地有死君。"太元二年,权薨,是其应也,故《国志》书于吴。是时,王凌谋立楚王彪,谓"斗中有星,当有暴贵者",以问知星人浩详。详疑有故,欲悦其意,不言吴有死丧,而言"淮南楚分,吴楚同占,当有王者兴",故凌计遂定。

嘉平二年十二月景申,月犯舆鬼。三年四月戊寅,月犯东井。五月甲寅,月犯亢距星。占曰:"将军死。"一曰:"为兵。"是月,王凌、楚王彪等诛。七月,皇后甄氏崩。四年三月,吴将为寇,镇东将军诸葛诞破走之。其年七月己巳,月犯舆鬼。九月乙巳,又犯之。十月癸未,荧惑犯亢南星。占曰:"臣有乱。"四年十一月丁未,月又犯鬼积尸。五年六月戊午,太白犯角。占曰:"群臣有谋,不成。"庚辰,月犯箕星。占曰:"将军死。"七月,月犯井钺。景午,月又犯鬼西北星。占曰:"国有忧。"十一月癸酉,月犯东井距星。占曰:"将军死。"正元元年正月,镇东将军毌丘俭、扬州刺史文钦反,兵俱败,诛死。二月,李丰及弟翼、后父张缉等谋乱,事泄,悉诛,皇后张氏废。九月,帝废为齐王。蜀将姜维攻陇西,车骑将军郭淮讨破之。

高贵乡公正元二年二月戊午,荧惑犯东井北辕西头第一星。甘露元年七月乙卯,荧惑犯东井钺星。壬戌,月又犯钺星。八月辛亥,月犯箕。

吴废孙亮太平元年九月壬辰,太白犯南斗,《吴志》所书也。占曰:"太白犯斗,国有兵,大臣有反者。"其明年,诸葛诞反。又明年,孙綝废亮。吴、魏并有兵事也。

甘露元年九月丁巳,月犯东井。二年六月己酉,月犯心中央大星。八月壬子,岁星犯井钺。九月庚寅,岁星逆行,乘井钺。十月景寅,太白犯亢距星。占曰:"逆臣为乱,人君忧。"景元元年五月,有成济之变及诸葛诞诛,皆其应也。二年三月庚子,太白犯东井。占曰:"国失政,大臣为乱。"是夜,岁星又犯东井。占曰:"兵起。"至景元元年,高贵乡公败。三年八月壬辰,岁星犯舆鬼锧星。占曰:"斧锧用,大臣诛。"四年四月甲申,岁星又犯舆鬼东南星。占曰:"鬼东南星主兵,木入鬼,大臣诛。"景元元年,杀尚书王经。

　　元帝景元元年二月，月犯建星。案占："月五星犯建星，大臣相谮。"是后钟会、邓艾破蜀，会谮艾。二年四月，荧惑入太微，犯右执法。占曰："人主有大忧。"一云："大臣忧。"四年十月，岁星守房。占曰："将相忧。"一云："有大赦。"明年，邓、钟会皆夷灭，赦蜀土。五年，帝逊位。

　　武帝咸宁四年九月，太白当见不见。占曰："是谓失舍，不有破军，必有亡国。"是时羊祜表求伐吴，上许之。五年十一月，兵出，太白始夕见西方。太康元年三月，大破吴军，孙皓面缚请罪，吴国遂亡。

　　太康八年三月，荧惑守心。占曰："王者恶之。"太熙元年四月乙酉，帝崩。

　　惠帝元康三年四月，荧惑守太微六十日。占曰："诸侯三公谋其上，必有斩臣。"一曰："天子亡国。"是春太白守毕，至是百余日。占曰："有急令之忧。"一曰："相死，又为边境不安"。后贾后陷杀太子。六年十月乙未，太白昼见。九年六月，荧惑守心。占曰："王者恶之。"八月，荧惑入羽林。占曰："禁兵大起。"其后，帝见废为太上皇，俄而三王起兵讨赵王伦，伦悉遣中军兵相距累月。

　　永康元年三月，中台星坼，太白昼见。占曰："台星失常，三公忧。太白昼见，为不臣。"是月，贾后杀太子，赵王伦寻废杀后，斩司空张华。其五月，荧惑入南斗。占曰："宰相死，兵大起。斗，又吴分野。"是时，赵王伦为相，明年，篡位，三王兴师诛之。

　　太安二年，石冰破扬州。其八月，荧惑入箕。占曰："人主失位，兵起。"明年，赵王伦篡位，改元。二年二月，太白出西方，逆行入东井。占曰："国失政，大臣为乱。"是时，齐王冏起兵讨赵王伦，伦灭，冏拥兵不朝，专权淫奢，明年，诛死。

　　永宁元年，自正月至于闰月，五星互经天，纵横无常。《星传》曰："日阳，君道也；星阴，臣道也。日出则星亡，臣不得专也。昼而星见午上者为经天，其占'为不臣，为更王'。"今五星悉经天，天变所未有也。石氏说曰："辰星昼见，其国不亡则大乱。"是后，台鼎方伯，互执大权，二帝流亡，遂至六夷更王，迭据华夏，亦载籍所未有也。其四月，岁星昼见。五月，太白昼见。占同前。七月，岁星守虚危。占曰："木守虚危，有兵忧。虚危，齐分。"一曰："守虚，饥；守危，徭役烦多，下屈竭。"辰星入太微，占曰"为内乱"，一曰"群臣相杀"。太白守右掖门，占曰："为兵，为乱，为贼。"八月戊午，填星犯左执法，又犯上相，占曰"上相忧"。荧惑守昴，占曰"赵、魏有灾"。辰星守舆鬼，占曰"秦有灾"。九月丁未，月犯左角。占曰："人主忧。"一曰："左卫将军死，天下有兵。"二年四月癸酉，岁星昼见。占曰："为臣强。"初，齐王冏定京都，因留辅政，遂专傲无君。是月，成都、河间檄长沙王乂讨之。冏、乂交战，攻焚宫阙，冏兵败，夷灭。又杀其兄上军将军实以下二十余人。太安二年，成都攻长沙，于是公私饥困，百姓力屈。

太安二年二月，太白入昴。占曰："天下扰，兵大起。"七月，荧惑入东井。占曰："兵起，国乱。"是秋，太白守太微上将。占曰："上将以兵亡。"是年冬，成都、河间攻洛阳。八月，长沙王奉帝出距二王。二年正月，东海王越执长沙王乂，张方又杀之。三年正月，荧惑入南斗，占同永康。七月，左卫将军陈眕率众奉帝伐成都，六军败绩，兵逼乘舆。是时，天下盗贼群起，张昌尤盛。

永兴元年七月庚申，太白犯角、亢，经房、心，历尾、箕。九月，入南斗。占曰："犯角，天下大战；犯亢，有大兵，人君忧；入房心，为兵丧；犯尾箕，女主忧。"一曰："天下大乱。入南斗，有兵丧。"一曰："将军为乱。其所犯守，又兖、豫、幽、冀、扬州之分野。"是年七月，有荡阴之役。九月，杨浚杀幽州刺史和演，攻邺，邺溃，于是兖豫为天下兵冲。陈敏又乱扬土。刘元海、石勒、李雄等并起微贱，跨有州郡。皇后羊氏数被幽废。皆其应也。二年四月景子，太白犯狼星。占曰："大兵起。"九月，岁星守东井。占曰："有兵，井又秦分野。"是年，苟晞破公师藩，张方破范阳王彪，关西诸将攻河间王颙，奔走，东海王迎杀之。

光熙元年四月，太白失行，自翼入尾、箕。占曰："太白失行而

北,是谓反生。不有破军,必有屠城。"五月,汲桑攻邺,魏郡太守冯
嵩出战,大败,桑遂害东燕王腾,杀万余人,焚烧魏时宫室皆尽。其
九月丁未,荧惑守心。占曰:"王者恶之。"己亥,填星守房、心。占曰:
"填守房,多祸丧;守心,国内乱,天下赦。"是时,司马越专权,终以
无礼破灭,内乱之应也。十一月,帝崩,怀帝即位,大赦天下。

　　怀帝永嘉元年十二月丁亥,星流震散。按刘向说,天官列宿,在
位之象;其众小星无名者,众庶之类。此百官众庶将流散之象也。是
后天下大乱,百官万姓,流移转死矣。二年正月庚午,太白伏不见,
二月庚子,始晨见东方,是谓当见不见,占同上条。其后破军杀将,
不可胜数,帝崩虏庭,中夏沦覆。三年正月庚子,荧惑犯紫微。占曰:
"当有野死之王,又为火烧宫。"是时太史令高堂冲奏,乘舆宜迁幸,
不然必无洛阳。五年六月,刘曜、王弥入京都,焚烧宫庙,执帝归平
阳。三年,填星久守南斗。占曰:"填星所居久者,其国有福。"是时,
安东将军、琅邪王始有扬土。其年十一月,地动,陈卓以为是地动应
也。五年十月,荧惑守心。六年六月丁卯,太白犯太微。占曰:"兵
入天子庭,王者恶之。"七月,帝崩于寇庭,天下行服大临。

　　元帝太兴元年七月,太白犯南斗。占曰:"吴越有兵,大人忧。"
二年二月甲申,荧惑犯东井。占曰:"兵起,贵臣相戮。"八月己卯,太
白犯轩辕大星。占曰:"后宫忧。"三年五月戊子,太白入太微,又犯
上将星。占曰:"天子自将,上将诛。"九月,太白犯南斗。十月己亥,
荧惑在东井,居五诸侯南,踟蹰留积三十日。占曰:"荧惑守井二十
日以上,大人忧。守五诸侯,诸侯有诛者。"永昌元年三月,王敦率江
荆之众来攻京都,六军距战,败绩,人主谢过而已。于是杀护军将军
周颛、尚书令刁协、骠骑将军戴若思。又,镇北将军刘隗出奔。四月,
又杀湘州刺史谯王司马承、镇南将军甘卓。闰十二月,帝崩。

　　明帝太宁三年正月,荧惑逆行,入太微。占曰:"为兵丧,王者恶
之。"闰八月,帝崩。后二年,苏峻反,攻焚宫室,太后以忧逼崩,天子
幽劫于石头城,远近兵乱,至四年乃息。

　　成帝咸和六年正月景辰,月入南斗。占曰:"有兵。"是月,石勒

杀略娄、武进二县人。明年,石勒众又抄略南涉、海虞。其十一月,荧惑守胃昴。占曰:"赵、魏有兵。"八年七月,石勒死,石季龙自立。是时,虽二石僭号,而其强弱常占于昴,不关太微、紫宫也。八年三月己巳,月入南斗。与六年占同。其年七月,石勒死,彭彪以谯,石生以长安,郭权以秦州并归顺。于是遣督护乔球率众救彪,彪败,球退。又,石季龙、石斌攻灭生、权。其七月,荧惑入昴。占曰:"胡王死。"一曰:"赵地有兵。"是月,石勒死,石季龙多所攻没。八月,月又犯昴。占曰:"胡不安。"九年三月己亥,荧惑入舆鬼,犯积尸。占曰:"兵在西北,有没军死将。"六月、八月,月又犯昴。是时,石弘虽袭勒位,而石季龙擅威横暴,十一月废弘自立,遂幽杀之。

　　咸康元年二月己亥,太白犯昴。占曰:"兵起,岁中旱。"四月,石季龙略骑至历阳,加司徒王导大司马,治兵列戍冲要。是时,石季龙又围襄阳。六月,旱。其年三月景戌,月入昴。占曰:"胡王死。"八月戊戌,荧惑入东井。占曰:"无兵,兵起;有兵,兵止。"十一月,月犯昴。二年正月辛亥,月犯房南第二星。八月,月又犯昴。九月庚寅,太白犯南斗,因昼见。占曰:"斗为宰相,又扬州分,金犯之,死丧之象。昼见,为不臣,又为兵丧。"其后,石季龙僭称天王,发众七万,四年二月自陇西攻段辽于蓟,又袭慕容皝于棘城,不克,皝击破其将麻秋,并虏段辽杀之。三年七月己酉,月犯房上星。八月,荧惑入舆鬼,犯积尸。甲戌,月犯东井距星。九月戊子,月犯建星。四年四月己巳,太白昼见,在柳。占曰:"为兵,为不臣。"明年,石季龙大寇沔南,于是内外戒严。其五月戊戌,荧惑犯右执法。占曰:"大臣死,执政者忧。"九月,太白又犯右执法。案占:"五星灾同,金火尤甚。"十一月戊子,太白犯房上星。占曰:"上相忧。"五年四月乙未,月犯毕距星。占曰:"兵起。"七月己酉,月犯房上星。占曰:"将相忧。"是月庚申,丞相王导薨,庾冰代辅政。八月,太尉郗鉴薨。又有沔南邾城之败,百姓流万余家。六年正月,征西大将军庾亮薨。六年三月甲辰,荧惑犯太微上将星。占曰:"上将忧。"四月丁丑,荧惑犯右执法。占曰:"执政者忧。"六月乙亥,月犯牵牛中央星。占曰:"大将忧。"是时,尚书令何充为执法,有谴,欲避其咎,明年求为中书令。其四月景午,太白犯毕距星。占曰:"兵革起。"一曰:"女主忧。"六月乙卯,太白犯轩辕大星。占曰:"女主忧。"七年三月,皇后杜氏崩。七年三月壬午,月犯房。四月己丑,太白入舆鬼。五月,太白昼见。八月辛丑,月犯舆鬼。八年六月,荧惑犯房上第二星。占曰:"次相忧。"八月壬寅,月犯毕。占曰:"下犯上,兵革起。"十月,月又掩毕大星。占同上。其建元元年,车骑将军庾冰薨。庾翼大发兵,谋伐石季龙,专制上流,朝廷惮之。

　　康帝建元二年正月壬午,太白入昴。占曰:"赵地有兵。"又曰:"天下兵起。"四月乙酉,太白昼见。是年,石季龙杀其子邃,又遣将寇没狄道,及屯蓟东,谋慕容晃。三年,岁星犯天关。安西将军庾翼与兄冰书曰:"岁星犯天关,占云'关梁当分'。比来江东无他故,江道亦不艰难,而石季龙频年再闭关,不通信使,此复天公愦愦,无皂白之征也。"其闰月乙酉,太白犯斗。占曰:"为丧,天下受爵禄。"九月,帝崩,太子立,大赦,赐爵。

　　穆帝永和元年正月丁丑,月入毕。占曰:"兵大起。"戊寅,月犯天关。占曰:"有乱臣更天子之法。"五月辛巳,太白昼见,在东井。占曰:"为臣强,秦有兵。"六月辛丑,月入太微,犯屏西南星。占曰:"辅臣有免罢者。"七月、八月,月皆犯毕。占同上。己未,月犯舆鬼。占曰:"大臣有诛。"九月庚戌,月又犯毕。是年初,庾翼在襄阳。七月,翼疾将终,辄以子爰之为荆州刺史,代己任。爰之寻被废。明年,桓温又辄率众伐蜀,执李势,送至京都。蜀本秦地也。

　　二年二月壬子,月犯房上星。四月景戌,月又犯房上星。八月壬申,太白犯右执法。三年正月壬午,月犯南斗第五星。占曰:"将军死,近臣去。"五月壬申,月犯南斗第四星,因入魁。占曰:"有兵。"一曰:"有大赦。"六月,月犯东井距星。占曰:"将军死,国有忧。"戊戌,月犯五诸侯。占曰:"诸侯有诛。"九月庚寅,太白犯南斗第五星。占曰:"为丧,为兵。"四年七月景申,太白犯左执法。甲寅,月犯房。丁巳,入南斗,犯第二星。乙丑,太白犯左执法。占悉同上。十月甲辰，月犯亢。占曰："兵起，将军死。"十一月戊戌，月犯上将星。三年六月，大赦。是月，陈逵征寿春，败而还。七月，氐蜀余寇反，乱益土。九月，石季龙伐凉州。五年，征北大将军褚裒卒。五年四月，太白入昴。是时，戎晋相侵，赵地连兵尤甚。七月，太白犯轩辕。占曰："在赵，及为兵丧。"甲寅，月犯房。十月甲戌，月犯亢。占曰："兵起，将军死。"八月，石季龙太子宣杀弟韬，宣亦死。其十一月戊戌，月犯上将星。五年正月，石季龙僭号称皇帝，寻死。五年四月丁未，太白犯东井。占曰："秦有兵。"九月戊戌，太白犯左角。占曰："为兵。"十月，月犯昴。占曰："胡有忧，将军死。"是年八月，褚裒北征兵败。十月，关中二十余壁举兵内附。石遵攻没南阳。十一月，冉闵杀石遵，又尽杀胡十余万人，于是赵魏大乱。十二月，褚裒薨。八年，刘显、苻健、慕容儁并僭号。殷浩北伐，败绩，见废。六年二月辛酉，月犯心大星。占曰："大人忧，又豫州分野也。"丁丑，月犯房。占曰："将相忧。"六月己丑，月犯昴。占同上。乙未，月犯五诸侯。占同上。七月壬寅，月始出西方，犯左角。占曰："大将军死。"一曰："天下有兵。"丁未，月犯箕。占曰："将军死。"景寅，荧惑犯钺星。占曰："大臣有诛。"八月辛卯，月犯左角。太白昼见，在南斗。月犯右执法。占并同上。是岁，司徒蔡谟免为庶人。七年二月，太白犯昴。占同上。三月乙卯，荧惑入舆鬼，犯积尸。占曰："贵人有忧。"五月乙未，荧惑犯轩辕大星。占曰："女主忧。"太白入毕口，犯左股。占曰："将相当之。"六月乙亥，月犯箕。占曰："国有兵。"景子，月犯斗。丁丑，荧惑入太微，犯右执法。八月庚午，太白犯轩辕。戊子，太白犯右执法。占悉同上。七年，刘显杀石祗及诸将帅，山东大乱，疾疫死亡。八年三月戊戌，月犯轩辕大星。癸丑，月入南斗，犯第二星。五月，月犯心星。六月癸丑，月犯房。七月壬子，岁星犯东井距星。占曰："内乱兵起。"八月戊戌，荧惑犯舆鬼。占曰："忠臣戮死。"景辰，太白入南斗，犯第四星。占曰："将为乱。"一曰："丞相免。"九年二月乙巳，月入南斗，犯第三星。三月戊辰，月犯房。八月，岁星犯舆鬼东南星。占曰："兵起。"是时，帝幼冲，母后称制，将相有隙，兵革连起，慕容僭号称燕王，攻伐不休。十年正月乙卯，月蚀昴星。占曰："赵、魏有兵。"癸酉，填星奄钺星。占曰："斧钺用。"三月甲寅，月犯心大星。占曰："王者恶之。"七月庚午，太白昼见。暑度推之，灾在秦郑。九月辛酉，太白犯左执法。是时，桓温擅命，朝臣多见迫胁。四月，温伐苻健，破其峣柳军。十二月，慕容恪攻齐。十一年三月辛亥，月奄轩辕。占同上。四月庚寅，月犯牛宿南星。占曰："国有忧。"八月己未，太白犯天江。占曰："河津不通。"十二年六月庚子，太白昼见，在东井。占如上。己未，月犯钺星。八月癸酉，月奄建星。九月戊寅，荧惑入太微，犯西蕃上将星。十一月丁丑，荧惑犯太微东蕃上将星。十二年十一月，齐城陷，执段龛，杀三千余人。

永和三年，鲜卑侵略河、冀。升平元年，慕容儁遂据临漳，尽有幽、并、青、冀之地。缘河诸将奔散，河津隔绝。时权在方伯，九服交兵。

升平元年四月壬子，太白入舆鬼。丁亥，月奄井南辕西头第二星。占曰："秦地有兵。"一曰："将死。"六月戊戌，太白昼见，在轸。占同上。轸是楚分野。壬子，月犯毕。占曰："为边兵。"七月辛巳，荧惑犯天江。占曰："河津不通。十一月，岁星犯房。占曰："豫州有灾。"其年五月，苻坚杀苻生而立。十二月，慕容儁入屯邺。二年八月，豫州刺史谢奕薨。二年十二月辛卯，填星犯轩辕大星。占曰："人主恶之。"甲午，月犯东井。

六月辛酉，月犯房。十月己未，太白犯哭星。占曰："有大哭泣。"三年正月壬辰，荧惑犯楗闭星。按占曰："人主忧。"三月乙酉，荧惑逆行，犯钩钤。按占："王者恶之。"六月，太白犯东井。七月乙酉，荧惑犯天江。景戌，太白犯舆鬼。占悉同上。戊子，月犯牵牛中央大星。占曰："牵牛，天将也。犯中央大星，将军死。"八月丁未，太白犯轩辕大星。

甲子，月犯毕大星。占曰："为边兵。"一曰："下犯上。"三年十月，诸葛攸舟军入河，败绩。豫州刺史谢万入朝，众溃而归，万除名。十一月，司徒会稽王以郏县、谢万二镇败，求自贬三等。四年正月，

慕容儁死,子暐代立。慕容恪杀其尚书令阳骛等。四年正月乙亥,
月犯牵牛中央大星。六月辛亥,辰星犯轩辕。占曰:"女主忧。"己未,
太白入太微右掖门,从端门出。占曰:"贵夺势。"一曰:"有兵。"又
曰:"出端门,臣不臣。"八月戊申,太白犯氐。占曰:"国有忧。"景辰,
荧惑入太微西蕃上将星。九月壬午,太白入南斗口,犯第四星。占
曰:"为丧,有赦,天下受爵禄。"十二月甲寅,荧惑犯房。景寅,太白
昼见。庚寅,月犯楗闭。占曰:"人君恶之。"五年正月乙巳,填星逆
行,犯太微。五月壬寅,月犯太微。庚戌,月犯建星。占曰:"大臣相
谋。"是时,殷浩败绩,卒致迁徙。其月辛亥,月犯牵牛宿。占曰:"国
有忧。"六月癸亥,月犯氐东北星。占曰:"大将当之。"五年正月,北
中郎将郗昙薨。五月,帝崩,哀帝立,大赦,赐爵,褚后失势。七月,
慕容恪攻冀州刺史吕护于野王,护奔荥阳。是时,桓温以大众次宛,
闻护败,乃退。五年六月癸酉,月奄氐东北星。占曰:"大将军当之。"
九月乙酉,月奄毕。占曰:"有边兵。"十月丁未,月犯毕大星。占曰:
"下犯上。"又曰:"有边兵。"八月,范汪废。隆和元年,慕容暐遣将寇
河阴。

　　哀帝兴宁三年七月庚戌,月犯南斗。占曰:"女主忧。"岁星犯舆
鬼。占曰:"人君忧。"十月,太白昼见,在亢。占曰:"亢为朝廷,有兵
丧,为臣强。"明年五月,皇后庾氏崩。

　　海西太和二年正月,太白入昴。五年,慕容暐为苻坚所灭,又据
司、冀、幽、并四州。六月闰月,荧惑守入太微端门。占曰:"天子亡
国。"又曰:"诸侯三公谋其上。"一曰:"有斩臣。"辛卯,月犯心大星。
占曰:"王者恶之。"十一月,桓温废帝,并奏诛武陵王,简文不许,温
乃徙之新安,皆臣强之应也。

　　简文咸安元年十二月辛卯,荧惑逆行入太微,二年三月犹不
退。占曰:"国不安,有忧。"是时,帝有桓温之逼。二年五月丁未,太
白犯天关。占曰:"兵起。"岁星形色如太白。占曰:"进退如度,奸邪
息;变色乱行,主无福。岁星于仲夏当细小而不明,此其失常也。又
为臣强。"六月,太白昼见,在七星。乙酉,太白犯舆鬼。占曰:"国有

忧。"七月，帝崩，桓温以兵威擅权，将诛王坦之等，内外迫胁。又，庾希入京城，卢悚入宫，并诛灭之。

孝武宁康元年正月戊申，月奄心大星。案占曰："灾不在王者，则在豫州。"一曰："主命恶之。"三月景午，月奄南斗第五星。占曰："大臣有忧，死亡。"一曰："将军死。"七月，桓温薨。九月癸巳，荧惑入太微。是时，女主临朝，政事多缺。二年闰月己未，月奄牵牛南星。占曰："左将军死。"十二月甲申，太白昼见，在氐。氐，兖州分野。三年五月景午，北中郎将王坦之薨。三年六月辛卯，太白犯东井。占曰："秦地有兵。"九月戊申，荧惑奄左执法。占曰："执法者死。"太元元年，苻坚破凉州。二年十月，尚书令王彪之卒。

太元元年四月景戌，荧惑犯南斗第三星。景申，又奄第四星。占曰："兵大起，中国饥。"一曰："有赦。"八月癸酉，太白昼见，在氐。氐，兖州分野。九月，荧惑犯哭泣星，遂入羽林。占曰："天子有哭泣事，中军兵起。"十一月己未，月奄氐角。占曰："天下有兵。"一曰："国有忧。"三年正月，荧惑守羽林。占曰："禁兵大起。"九月壬午，太白昼见，在角。角，兖州分野。升平元年五月，大赦。三年八月，秦人寇樊、邓、襄阳、彭城。四年二月，襄阳陷，朱序没。四月，魏兴陷，贼聚广陵、三河，众五六万。于是诸军外次冲要，丹杨尹屯卫京都。六月，兖州刺史谢玄讨贼，大破之。是时，中外连兵，比年荒俭。四年十一月丁巳，太白犯哭星。占曰："天子有哭泣事。"五年七月景子，辰星犯轩辕。占曰："女主当之。"九月癸未，皇后王氏崩。六年九月景子，太白昼见。七年十一月，太白又昼见，在斗。占曰："吴有兵丧。"八年四月甲子，太白又昼见，在参。占曰："魏有兵丧。"是月，桓冲征沔汉，杨亮伐蜀，并拔城略地。八月，苻坚自将，号百万，九月，攻没寿阳。十月，刘牢之破苻坚将梁成，斩之，杀获万余人。谢玄等又破苻坚于淝水，斩其弟融，坚大众奔溃。九年六月，皇太后褚氏崩。八月，谢玄出屯彭城，经略中州。九年七月景戌，太白昼见。十一月丁巳，又昼见。十年四月乙亥，又昼见于毕、昴。占曰："魏国有兵丧。"是时，苻坚大众奔溃，赵魏兵连相攻，坚为姚苌所杀。十一年三月戊申，太白昼见，在东井。占曰："秦有兵，臣强。"六月甲申，又昼见于舆鬼。占曰："秦有兵。"时魏、姚苌、苻登连兵，相征不息。甲午，岁星昼见，在胃。占曰："鲁有兵，臣强。"十二年，慕容垂寇东阿，翟辽寇河上，姚苌假号安定，苻登自立陇上，吕光窃据凉土。十二年六月癸卯，太白昼见，在柳。十月庚午，太白昼见，在斗。十三年正月景戌，又昼见。十二月，荧惑在角亢，形色猛盛。占曰："荧惑失其常，吏且弃其法，诸侯乱其政。"自是后，慕容垂、翟辽、姚苌、苻登、慕容永并阻兵争强。十四年正月，彭城妖贼又称号于皇丘，刘牢之破灭之。三月，张道破合乡，围泰山，向钦之击走之。是年，翟辽又攻没荥阳，侵略陈项。于时政事多弊，君道陵迟矣。十四年四月己巳，太白昼见于柳。六月辛卯，又昼见于翼。九月景寅，又昼见于轸。十二月，荧惑入羽林。占并同上。十五年，翟辽掠司、兖众军，累讨不克，慕容垂又跨略并、冀等州。七月，旱。八月，诸郡大水，兖州又蝗。十五年九月癸未，荧惑入太微。十月，太白入羽林。十六年四月癸卯朔，太白昼见。十一月癸巳，月奄心前星。占曰："太子忧。"是时，太子常有笃疾。十七年七月丁丑，太白昼见。十月丁酉，又昼见。十八年六月，又昼见。十九年五月，又昼见于柳。六月辛酉，又昼见于舆鬼。九月，又见于轸。二十六年六月，荧惑入天囷。占曰："大饥。"七月丁亥，太白昼见在太微。占曰："太白入太微，国有忧。昼见，为兵丧。"十二月己巳，月犯楗闭及东西咸。占曰："楗闭司心腹喉舌，东西咸主阴谋。"二十一年二月壬申，太白昼见。三月癸卯，太白连昼见，在羽林。占曰："有强臣，有兵丧，中军兵起。"三月，太白昼见于胃。占曰："中军兵起。"四月壬午，太白入天囷。占曰："为饥。"六月，岁星犯哭泣星。占曰："有哭泣事。"是年九月，帝崩。隆安元年，王恭等举兵胁朝廷，于是内外戒严，杀王国宝以谢之。又连岁水旱，三方动，众人饥。

　　安帝隆安元年正月癸亥，荧惑犯哭泣星。占曰："有哭泣事。"四月丁丑，太白昼见，在东井。占曰："秦有兵丧。"六月，姚兴攻洛阳，郗恢遣兵救之。冬，姚苌死，子略代立。魏王圭即位于中山。其年八月,荧惑守井钺。占曰:"大臣有诛。"二年六月戊辰,摄提移度失常。岁星昼见,在胃,兖州分野。是年六月,郗恢遣邓启方等以万人伐慕容宝于滑台,败而还。闰月,太白昼见,在羽林。丁丑,月犯东上相。三年五月辛酉,月又奄东上相。辛未,辰星犯轩辕大星。占悉同上。二年九月,庾楷等举兵,表诛王愉等,于是内外戒严。三年六月,洛阳没于寇。桓玄破荆、雍州,杀殷仲堪等。孙恩聚众攻没会稽,杀内史。四年六月辛酉,月犯哭泣星。五年正月,太白昼见。自去年十二月在斗昼见,至于是月乙卯。案占:"灾在吴越。"七月癸亥,大角星散摇五色。占曰:"王者流散。"丁卯,月犯天关。占曰:"王者忧。"九月庚子,荧惑犯少微,又守之。占曰:"处士诛。"十月甲子,月犯东次相。其年七月,太皇太后李氏崩。十月,妖贼大破高雅之于余姚,死者十七八。五年,孙恩攻侵郡县,杀内史,至京口,进军蒲洲,于是内外戒严。恩遣别将攻广陵,杀三千余人,退据郁州,是时刘裕又追破之。九月,桓玄表至,逆旨陵上。十月,司马元显大治水军,将以伐玄。元兴元年正月,卢循自称征虏将军,领孙恩余众,略有永嘉、晋安之地。二月,帝戎服遣西军。三月,桓玄克京都,杀司马元显,放太傅会稽王道子。

元兴元年三月戊子,太白犯五诸侯,因昼见。占曰:"诸侯有诛。"七月戊寅,荧惑在东井。荧惑犯舆鬼、积尸。占并同上。八月景寅,太白奄右执法。九月癸未,太白犯进贤。占曰:"进贤者诛。"二年二月,岁星犯西上将。六月甲辰,月奄斗第四星。占曰:"大臣诛,不出三年。"八月癸丑,太白犯房北第二星。九月己丑,岁星犯进贤,荧惑犯西上将。十月甲戌,太白犯泣星。十一月丁酉,荧惑犯东上相。十二月乙巳,月奄轩辕第二星。占悉同上。升平元年冬,魏破姚兴军。二年十二月,桓玄篡位,放迁帝、后于寻阳,以永安何皇后为零陵君。三年二月,刘裕尽诛桓氏。三年正月戊戌,荧惑逆行,犯太微西上相。占曰:"天子战于野,上相死。"二月景辰,荧惑逆行,在左执法西北。占曰:"执法者诛。"四月甲午,月奄轩辕第二星。五月壬申,月奄斗第二星,填星入羽林。占并同上。是年二月景辰,刘裕杀桓修等。三月己未，破走桓玄，遣军西讨。辛巳，诛左仆射王愉，桓玄劫天子如江陵。五月，玄下至峥嵘洲，义军破灭之。桓振又攻没江陵，幽劫天子。七月，永安何皇后崩。

　　义熙元年三月壬辰，月奄左执法。占同上。丁酉，奄心前星。占曰："豫州有灾。"太白犯东井。占曰："秦有兵。"七月庚辰，太白昼见，在翼、轸。占曰："为臣强，荆州有兵丧。"八月丁巳，月犯斗第一星。占曰："天下有兵。"一曰："大臣忧。"九月甲子，荧惑犯少微。占曰："处士诛。"庚寅，荧惑犯右执法。癸卯，荧惑犯左执法。占并同上。十一月景戌，太白犯钩钤。占曰："喉舌忧。"十二月己卯，岁星犯天关。占曰："有兵乱，河津不通。"十一月，荆州刺史魏咏之薨。二年二月，司马国璠等攻没弋阳。四月，姚兴伐仇池公杨盛，击走之。九月，益州刺史司马荣期为其参军杨承祖所害。三年十二月，司徒扬州刺史王谧薨。四年正月，太保武陵王遵薨。三月，左仆射孔安国卒。自后政在刘裕，人主端拱而已。二年二月，太白犯南河。占曰："兵起。"己丑，月犯心后星。占曰："豫州有灾。"四月癸丑，月犯太微西上将。己未，月犯房南第二星。乙丑，岁星犯天江。占曰："有兵乱，河津不通。"五月癸未，月犯左角。占曰："左将军死，天下有兵。"壬寅，荧惑犯氐。占曰："氐为宿宫，人主忧。"六月庚午，荧惑犯房北第二星。八月癸亥，荧惑犯南斗第五星。丁巳，犯建星。占曰："为兵。"九月壬午，荧惑哭星，又犯泣星。是年二月甲戌，司马国璠等攻没弋阳。又，慕容超侵略徐、兖，三年正月，又寇北徐州，至下邳。十二月，司徒王谧薨。四年正月，武陵王遵薨。五年，慕容超复寇淮北。四月，刘裕大军讨之，拔临朐。又围广固，拔之。三年正月景子，太白昼见，在奎。二月庚申，月奄心后星。占同上。五月癸未，月犯左角。己丑，太白昼见，在参。占曰："益刑有兵丧，臣强。"八月己卯，太白犯左执法。辛卯，荧惑犯左执法。九月壬子，荧惑犯进贤星。是年八月，刘敬宣伐蜀，不克而旋。四年三月，左仆射孔安国卒。七月，司马叔璠等攻没邹山，鲁郡太守徐邕破走之。姚略遣众征赫连勃勃，大为所破。五年，刘裕讨慕容超，灭之。四年正月庚子，荧

惑犯天关。五月丁未,月奄斗第二星。壬子,填星犯天廪。占曰:
"天下饥,仓粟少。"六月己丑,太白犯太微西上将。乙卯,又犯左执
法。十月戊子,荧惑入羽林。占悉同上。五年,刘裕讨慕容超,后南
北军旅运转不息。五年二月甲子,月犯昴。占曰:"胡不安,天子破
匈奴。"五月戊戌,岁星入羽林。九月壬寅,月犯昴。十月,荧惑犯氐。
闰月丁酉,月犯昴。辛亥,荧惑犯钩钤。己巳,月奄心大星。占曰:
"王者恶之。"是年四月,刘裕讨慕容超。十月,魏王圭遇弑殂。六年
五月,卢循逼郊甸,宫卫被甲。六年三月丁卯,月奄房南第二星。灾
在次相。己巳,又奄斗第五星。占曰:"斗主吴,吴地兵起。"太白犯
五诸侯。占曰:"诸侯有诛。"五月甲子,月奄斗第五星。己亥,月奄
昴第三星。占曰:"国有忧。"一曰:"有白衣之会。"六月己丑,月犯房
南第二星。甲午,太白昼见。七月己亥,月犯舆鬼。占曰:"国有忧。"
一曰:"秦有兵。"八月壬午,太白犯轩辕大星。甲申,月犯心前星。灾
在豫州。景戌,月犯斗第五星。占同上。丁亥,月奄牛宿南星。占
曰:"天下有大诛。"乙未,太白犯少微。景午,太白在少微而昼见。九
月甲寅,太白犯左执法。丁丑,填星犯毕。占曰:"有边兵。"是年三
月,始兴太守徐道覆反。四月,卢循寇湘中,没巴陵,率众逼京畿。是
月,左仆射孟昶惧王威不振,仰药自杀。七年十二月,刘蕃枭徐道覆
首,杜慧度斩卢循,并传首京都。八年六月,刘道规卒,时为豫州刺
史。八月,皇后王氏崩。九月,兖州刺史刘蕃、尚书左仆射谢混伏诛。
刘裕西讨刘毅,斩首徇之。十二月,遣益州刺史朱龄石伐蜀。七年
四月辛丑,荧惑入舆鬼。占曰:"秦有兵。"一曰:"雍州有灾。"六月,
太白昼见,在翼。己亥,填星犯天关。占曰:"臣谋主。"八月,太白犯
房南第二星。十一月景子,太白犯哭星。其七月,朱龄石克蜀,蜀又
反,讨灭之。八年七月癸亥,月奄房北第二星。己未,月犯井钺。八
月戊申,月犯泣星。十月辛亥,月奄天关。占曰:"有兵。"十一月丁
丑,填星犯东井。占曰:"大人忧。"十二月癸卯,填星犯井钺。是年
八月,皇后王氏崩。九月,诛刘蕃、谢混,讨灭刘毅。十二月,朱龄石
灭蜀。九年二月,荧惑犯舆鬼。占曰:"有兵丧。"太白犯南河。占曰:

"兵起。"五月壬辰,太白犯右执法,昼见。七月庚午,月奄钩钤。占
曰:"喉舌臣忧。"九月庚午,岁星犯轩辕大星。己丑,月犯左角。时
刘裕擅命,兵革不休。十月,裕讨司马休之,王师不利,休之等奔长
安。十年正月丁卯,月犯毕。占曰:"将相有以家坐罪者。"二月己酉,
月犯房北星。五月壬寅,月犯牵牛南星。乙丑,岁星犯轩辕大星。占
悉同上。六月景申,月奄氐。占曰:"将死之,国有诛者。"七月庚辰,
月犯天关。占曰:"兵起。"荧惑犯井钺。填星犯舆鬼,遂守之。占曰:
"大人忧,宗庙改。"八月丁酉,月奄牵牛南星。占同上。九月,填星
犯舆鬼。占曰:"人主忧。"丁巳,太白入羽林。十二月己酉,月犯西
咸。占曰:"有阴谋。"十一年,林邑寇交州,距败之。十一年三月丁
巳,月入毕。占曰:"天下兵起。"一曰:"有边兵。"己卯,荧惑入舆鬼。
闰月景午,填星又入舆鬼。占曰:"为旱,大疫,为乱臣。"五月癸卯,
荧惑入太微。甲辰,犯右执法。六月己未,太白犯东井。占曰:"秦
有兵。"戊寅,犯舆鬼。占曰:"国有忧。"七月辛丑,月犯毕。占同上。
八月壬子,月犯氐。占同上。庚申,太白顺行,从右掖门入太微。丁
卯,奄左执法。十一月癸亥,月入毕。占同上。乙未,月入舆鬼而晕。
十二年五月甲申,岁星留房心之间,宋之分野。始封刘裕为宋公。六
月壬子,太白顺行,入太微右掖门。己巳,月犯毕。占同上。七月,
月犯牛宿。十月景戌,月入毕。十三年五月景子,月犯轩辕。丁亥,
犯牵牛。癸巳,荧惑犯右执法。八月己酉,月犯牵牛。丁卯,月犯太
微。占曰:"人君忧。"九月壬辰,荧惑犯轩辕。十月戊申,月犯毕。占
悉同上。月犯箕。占曰:"国有忧。"甲寅,月犯毕。占同上。乙卯,
填星犯太微,留积七十余日。占曰:"亡君之戒。"壬戌,月犯太微。十
四年三月癸巳,太白犯五诸侯。五月庚子,月犯太微。七月甲辰,荧
惑犯舆鬼。占曰:"秦有兵,又为旱,为兵丧。"亦曰:"大人忧,宗庙
改,亦为乱臣。"时刘裕擅命,军旅数兴,饥旱相属,其后卒移晋室。
丁巳,月犯东井。占曰:"军将死。"八月甲子,太白犯轩辕。癸酉,填
星入太微,犯右执法,因留太微中,积二百余日乃去。占曰:"填星守
太微,亡君之戒,有徙王。"九月乙未,太白入太微,犯左执法。丁巳,

入太微。占曰："大人忧。"十月甲申，月入太微。癸巳，荧惑入太微，犯西蕃上将，仍顺至左掖门内，留二十日，乃逆行。义熙十二年七月，刘裕伐姚泓。十三年八月，擒姚泓，司、兖、秦、雍悉平。十四年，刘裕还彭城，受宋公。十一月，左仆射前将军刘穆之卒。明年，西虏寇长安，雍州刺史朱龄石诸军陷没，官军舍而东。十二月，帝崩。

恭帝元熙元年正月景午，三月壬寅，五月景申，月皆犯太微，占悉同上。乙卯，辰星犯轩辕。六月庚辰，太白犯太微。七月己卯，月犯太微，太白昼见。自义熙元年至是，太白经天者九，日蚀者四，皆从上始，革代更王，臣灾君之象也。是夜，太白犯哭星。十二月丁巳，月入太白俱入羽林。二年三月庚午，填星犯太微。占悉同上。元年七月，刘裕受宋王。是年六月，帝逊位于宋。

妖星客星

魏文帝黄初三年九月甲辰，客星见太微左掖门内。占曰："客星出太微，国有兵丧。"十月，帝南征孙权。是后，累有征役。六年十月乙未，有星孛于少微，历轩辕。占"为兵丧，除旧布新之象。"时帝军广陵，辛丑，亲御甲胄观兵。明年五月，帝崩。

明帝太和六年十一月景寅，有星孛于翼，近太微上将星。占曰："为兵丧。"甘氏曰："孛彗所当之国，是受其殃。翼又楚分野，孙权封略也。"明年，权有辽东之败。又明年，诸葛亮入秦川。孙权发兵，缘江淮屯要冲，权自围新城以应亮，天子东征权。

青龙四年十月甲申，有星孛于大辰，长三尺。乙酉，又孛于东方。十一月己亥，彗星见，犯宦者天纪星。占曰："大辰为天王，天下有丧。"刘向《五纪论》曰："《春秋》，星孛于东方，不言宿者，不加宿也。宦者在天市，为中外有兵。天纪为地震，孛彗主宾丧。"

景初元年六月，地震。九月，吴将朱然围江夏。皇后毛氏崩。二年正月，讨公孙文懿。三年正月，明帝崩。

景初二年八月，彗见张，长三尺，逆西行，四十一日灭。占同上。张，周分野。十月癸巳，客星见危，逆行，在离宫北、腾蛇南。甲辰，犯宗星。已酉，灭。占曰："客星所出有兵丧。虚危为宗庙，又为坟墓。客星近离宫，则宫中将有大丧，就先君于宗庙之象也。"三年正月，帝崩。

少帝正始元年十月乙酉，彗星见西方，在尾，长二丈，拂牵牛，犯太白。十一月甲子，进犯羽林。占曰："尾为燕，又为吴，牛亦吴越之分。太白为上相，羽林中军兵。为吴越有丧，中军兵动。"二年五月，吴遣三将寇边。吴太子登卒。六月，宣帝讨诸葛恪于皖。太尉满宠薨。六年八月戊午，彗星见七星，长二尺，色白，进至张，积二十三日灭。七年十一月癸亥，又见轸，长一尺，积百五十六日灭。九年三月，又见昴，长六尺，色青白，芒西南指。七月，又见翼，长二尺，进至轸，积四十二日灭。案占曰："七星张为周分野，翼轸为楚，昴为赵魏。彗所以除旧布新，主兵丧也。"嘉平元年，宣帝诛曹爽兄弟及其党与，皆夷三族，京师严兵。三年，诛楚王彪，又袭王凌于淮南。淮南，东楚也。魏诸王幽于邺。

嘉平三年十一月癸亥，有星孛于营室，西行，积九十日灭。占曰："有兵丧。室为后宫，后宫且有乱。"四年二月丁酉，彗星见西方，在胃，长五六丈，色白，芒南指，贯参，积二十日灭。五年十一月，彗星又见轸，长五丈，在太微左执法西，东南指，积百九十日灭。案占："胃，兖州之分野。参，主兵。太微，天子庭。执法，为执政。孛彗为兵丧，除旧布新之象。"正元元年二月，李丰、丰弟翼、后父张缉等谋乱，皆诛，皇后亦废。九月，废帝为齐王。

高贵乡公正元元年十一月，白气出南斗侧，广数丈，长竟天。王肃曰："蚩尤之旗也，东南其有乱乎！"二年正月，有彗星见于吴楚分，西北竟天。镇东大将军毋丘俭等据淮南叛，景帝讨平之。案占："蚩尤旗见，王者征伐四方。"自后又征淮南，西平巴蜀。是岁，吴主孙亮五凤元年。斗牛，吴越分。案占："吴有兵丧，除旧布新之象也。"太平三年，孙綝盛兵围宫，废亮为会稽王，故《国志》又书于吴也。淮南江东同扬州地，故于时变见吴、楚。楚之分则魏之淮南，多与吴同灾。是以毋丘俭以孛为己应，遂起兵而败。后三年，即魏甘露二年，诸葛诞又反淮南，吴遣将救之。及城陷，诞众与吴兵死没各数万人，犹前长星之应也。

甘露二年十一月，彗星见角，色白。占曰："彗星见两角间，色白者，军起不战，邦有大丧。"景元元年，高贵乡公为成济所害。四年十月丁丑，客星见太微中，转东南行，历轸宿，积七日灭。占曰："客星出太微，有兵丧。"景元元年，高贵乡公被害。

元帝景元三年十一月壬寅，彗星见亢，色白，长五寸，转北行，积四十五日灭。占曰："为兵丧。"一曰："彗星见亢，天子失德。"四年，钟会、邓艾伐蜀，克之。二将反乱，皆诛。

咸熙二年五月，彗星见王良，长丈余，色白，东南指，积十二日灭。占曰："王良，天子御驷。彗星扫之，禅代之表，除旧布新之象也。白色为丧。王良在东壁宿，又并州之分野。"八月，文帝崩。十二月，武帝受魏禅。

武帝泰始四年正月景戌，彗星见轸，青白色，西北行，又转东行。占曰："为兵丧，轸又楚分野。"三月，皇太后王氏崩。十月，吴寇江夏、襄阳。五年九月，星孛于紫宫。占如上。紫宫，天子内宫。十年，武元杨皇后崩。十年十二月，有星孛于轸。占曰："天下兵起，轸又楚分野。"

咸宁二年六月甲戌，星孛于氐。占曰："天子失德易政。氐，又兖州分。"七月，星孛大角。大角为帝坐。八月，星孛太微，至翼、北斗、三台。占曰："太微，天子庭，大人恶之。"一曰："有改王。翼，又楚分野。北斗主杀罚，三台为三公。"三年正月，星孛于西方。三月，星孛于胃。胃，徐州分。四月，星孛女御。女御为后宫。五月，又孛于东方。七月，星孛紫宫。占曰："天下易王。"四年四月，蚩尤旗见于东井。后年，倾三方伐吴，是其应也。五年三月，星孛于柳。四月，又孛于女御。七月，孛于紫宫。占曰："外臣陵主。柳，又三河分野。大角、太微、紫宫、女御并为王者。"明年吴亡，是其应也。孛主兵丧。征吴之役，三河、徐、兖之兵悉出，交战于吴楚之地，吴丞相都督以下枭戮十数，偏裨行阵之徒咸斩万计，皆其征也。

太康二年八月，有星孛于张。占曰："为兵丧。"十一月，星孛于轩辕。占曰："后宫当之。"四年三月戊申，星孛于西南。是年，齐王攸、任城王陵、琅邪王伷、新都王咏薨。八年九月，星孛于南斗，长数十丈，十余日灭。占曰："斗主爵禄，国有大忧。"一曰："孛于斗，王者疾病，天下易政，大乱兵起。"

太熙元年四月，客星在紫宫。占曰："为兵丧。"太康末，武帝耽宴游，多疾病。是月己酉，帝崩。永平元年，贾后诛杨骏及其党与，皆夷三族，杨太后亦见弑。又诛汝南王亮、太保卫瓘、楚王玮，王室兵丧之应也。

惠帝元康五年四月，有星孛于奎，至轩辕、太微，经三台、太陵。占曰："奎为鲁，又为库兵，轩辕为后宫，太微天子庭，三台为三司，太陵有积尸死丧之事。"其后武库火，西羌反。后五年，司空张华遇祸，贾后废死，鲁公贾谧诛。又明年，赵王伦篡位。于是三王兴兵讨伦，兵士战死十余万人。

永康元年三月，妖星见南方。占曰："妖星出，天下大兵将起。"是月，贾后杀太子，赵王伦寻废杀后，斩司空张华，又废帝自立。于是三王并起，迭总天权。其十二月，彗星出牵牛之西，指天市。占曰："牛者七政始，彗出之，改元易号之象也。天市一名天府，一名天子旗，帝坐在其中。"明年，赵王伦篡位，改元，寻为大兵所灭。二年四月，彗星见齐分。占曰："齐有兵丧。"是时，齐王冏起兵讨赵王伦。伦灭，冏拥兵不朝，专权淫奢。明年，诛死。

太安元年四月，彗星昼见。二年三月，彗星见东方，指三台。占曰："兵丧之象。三台为三公。"三年正月，东海王越执太尉、长沙王乂，张方又杀之。

永兴元年五月，客星守毕。占曰："天子绝嗣。"一曰："大臣有诛。"时诸王拥兵，其后惠帝失统，终无继嗣。二年八月，有星孛于昴毕。占曰："为兵丧。昴毕又赵魏分野。"十月丁丑，有星孛于北斗。占曰："璇玑更授，天子出走。"又曰："强国发兵，诸侯争权。"是后，诸王交兵，皆有应。明年，惠帝崩。

成帝咸和四年七月，有星孛于西北，犯斗，二十三日灭。占曰：
"为兵乱。"十二月，郭默杀江州刺史刘胤，荆州刺史陶侃讨默，斩
之。时石勒又始僭号。

咸康二年正月辛巳，彗星夕见西方，在奎。占曰："为兵丧。奎，
又为边兵。"三年正月，石季龙僭天王位。四年，石季龙伐慕容皝，不
克。既退，皝追击之，又破麻秋。时皝称蕃，边兵之应也。六年二月
庚辰，有星孛于太微。七年三月，杜皇后崩。

康帝建元元年十一月六日，彗星见亢，长七尺，白色。占曰："亢
为朝廷，主兵丧。"二年，康帝崩。

穆帝永和五年十一月乙卯，彗星见于亢。芒西向，色白，长一
丈。六年正月丁丑，彗星又见于亢。占曰："为兵丧、疾疫。"其五年
八月，褚裒北征，兵败。十一月，冉闵杀石遵，又尽杀胡十余万人，于
是中土大乱。十二月，褚裒薨。是年，大疫。

升平二年五月丁亥，彗星出天船，在胃。占曰："为兵丧，除旧布
新。出天船，外夷侵。"一曰："为大水。"四年五月，天下大水。五年，
穆帝崩。

哀帝兴宁元年八月，有星孛于角亢，入天市。案占曰："为兵
丧。"三年正月，皇后王氏崩。二月，帝崩。三月，慕容恪攻没洛阳，
沈劲等战死。

海西太和四年二月，客星见紫宫西垣，至七月乃灭。占曰："客
星守紫宫，臣弑主。"六年，桓温废帝为海西公。

孝武宁康二年正月丙巳，有星孛于女虚，经氐亢、角、轸、翼、
张。至三月景戌，彗星见于氐。九月丁丑，有星孛于天市。占曰：
"为兵丧。"太元元年七月，苻坚破凉州，虏张天锡。

太元十一年三月，客星在南斗，至六月乃没。占曰："有兵，有
赦。"是后司、雍、兖、冀常有兵役。十二年正月，大赦，八月又大赦。
十五年七月壬申，有星孛于北河戍，经太微、三台、文昌，入北斗，色
白，长十余丈。八月戊戌，入紫微乃灭。占曰："北河戍一名胡门，胡
门有兵丧。扫太微，入紫微，王者当之。三台为三公，文昌为将相，

将相三公有灾。入北斗，诸侯戮。”一曰：“扫北斗，强国发兵，诸侯争权，大人忧。”二十一年，帝崩。隆安元年，王恭、殷仲堪、桓玄等并发兵，表以诛王国宝为名。朝廷顺而杀之，并斩其从弟绪，司马道子由是失势，祸乱成矣。十八年二月，客星在尾中，至九月乃灭。占曰：“燕有兵丧。”二十年，慕容垂息宝伐魏，为所破，死者数万人。二十一年，垂死，国遂衰亡。二十年九月，有蓬星如粉絮，东南行，历女虚，至哭星。占曰：“蓬星见，不出三年，必有乱臣戮死于市。”是时，王国宝交构朝廷。二十一年九月，帝崩。隆安元年，王恭等兴兵，而朝廷杀王国宝、王绪。

安帝隆安四年二月己丑，有星孛于奎，长三丈，上至阁道、紫宫西蕃，入北斗魁，至三台，三月，遂经于太微帝坐端门。占曰：“彗星扫天下庭阁道，易主之象。”经三台入北斗。占同上条。十二月戊寅，有星孛于贯索、天市、天津。占曰：“贵臣狱死，内外有兵丧。天津为贼断，王道天下不通。”案占：“灾在吴越。”五年二月，有孙恩兵乱，攻侵郡国。于是内外戒严，营阵屯守，栅断淮口。九月，桓玄表至，逆旨陵上。其后玄遂篡位，乱京都；大饥，人相食，百姓流亡，皆其应也。

元兴元年十月，有客星色白如粉絮，在太微西，至十二月入太微。占曰：“兵入天子庭。”二年十二月，桓玄篡位，放迁帝、后于寻阳，以永安何皇后为迁陵君。三年二月，刘裕尽诛桓氏。

义熙十一年五月甲申，彗星二出天市，扫帝坐，在房心北。房心，宋之分野。案占：“得彗柄者兴，除旧布新，宋兴之象。”十四年五月庚子，有星孛于北斗魁中。七月癸亥，彗星出太微西，柄起上相星下，芒渐长至十余丈，进扫北斗、紫微、中台。占曰：“彗出太微，社稷亡，天下易王；入北斗、紫微，帝宫空。”十四年，刘裕还彭城，受宋公。十二月，安帝崩。

恭帝元年正月戊戌，有星孛于太微西蕃。占曰：“革命之征。”其年，宋有天下。

星流陨

蜀后主建兴十三年，诸葛亮帅大众伐魏，屯于渭南。有长星赤而芒角，自东北西南流，投亮营，三投再还，往大还小。占曰："两军相当，有大流星来走军上及坠军中者，皆破败之征也。"九月，亮卒于军，焚营而退，群帅交怨，多相诛残。

魏明帝景初二年，宣帝围公孙文懿于襄平。八月景寅夜，有大星长数十丈，白色有芒鬛，从首山东北流，坠襄平城东南。占曰："围城而有流星来走城上，及坠城中者破。"又曰："星坠，当其下有战场。"又曰："凡星所坠，国易姓。"九月，文懿突围走，至星坠所被斩，屠城，坑其众。

元帝景元四年六月，有大流星二并如斗，见西方，分流南北，光照地，隆隆有声。案占："流星为贵使，星大者使大。"是年，钟、邓克蜀，二星盖二帅之象。二帅相背，又分流南北之应。钟会既叛，三军愤怒，隆隆有声，兵将怒之征也。

武帝泰始四年七月，星陨如雨，皆西流。占曰："星陨为百姓叛。西流，吴人归晋之象也。"二年，吴夏口督孙秀率部曲二千余人来降。

太康九年八月壬子，星陨如雨。《刘向传》云："下去其上之象。"后三年，帝崩而惠帝立，天下自此乱矣。

惠帝元康四年九月甲午，枉矢东北行，竟天。六年六月景午夜，有枉矢自斗魁东南行。案占曰："以乱伐乱。北斗主执杀，出斗魁，居中执杀者，不直之象也。"是后，赵王杀张、裴，废贾后，以理太子之冤，因自篡盗，以至屠灭，以乱伐乱之应。一曰，氐帅齐万年反之应也。

太安二年十一月辛巳，有星昼陨中天北下，光变白，有声如雷。案占："名曰营首。营首所在，下有大兵，流血。"明年，刘元海、石勒攻略并州，多所残灭。王浚起燕代，引鲜卑攻略邺中，百姓涂地。有声如雷，怒之象也。

永兴元年七月乙丑，星陨有声。二年十月，星又陨有声。占同上。是后，遂亡中夏。

光熙元年五月，枉矢西南流。是时，司马越西破河间兵，奉迎大驾，寻收缪胤、何绥等，肆无君之心，天下恶之。及死而石勒焚其尸柩，是其应也。

怀帝永嘉元年九月辛卯，有大星如日，自西南流于东北，小者如斗，相随，天尽赤，声如雷。占曰："流星为贵使，星大者使大。"是年五月，汲桑杀东燕王腾，遂据河北。十一月，始遣和郁为征北将军，镇邺西。田甄等大破汲桑，斩于乐陵。于是以甄为汲郡太守，弟兰巨鹿太守。小星相随者，小将别帅之象也。司马越忿魏郡以东平原以南皆党于桑，以赏甄等，于是侵掠桑地。有声如雷，忿怒之象也。四年十月庚子，大星西北坠，有声。寻而帝蒙尘于平阳。

元帝太兴三年四月壬辰，枉矢出虚、危，没翼、轸。占曰："枉矢所触，天下之所伐。翼、轸，荆州之分野。"太宁二年，王敦杀谯王承及甘卓，而敦又枭夷，枉矢触翼之应也。

永昌元年七月甲午，有流星大如瓮，长百余丈，青赤色，从西方来，尾分为百余岐，或散。时王敦之乱，百姓流亡之应也。

成帝咸康三年六月辛未，流星大如二斗魁，色青赤，光耀地，出奎中，没娄北。案占："为饥，五谷不藏。"是月，大旱，饥。六年二月庚午朔，有流星大如斗，光耀地，出天市，西行入太微。占曰："大人当之。"八年六月，成帝崩。

穆帝永和八年六月辛巳，日未入，有流星大如三斗魁，从辰巳上，东南行。暑度推之，在箕、斗之间，盖燕分也。案占："为营首。营首之下，流血滂沱。"是时，慕容儁僭称大燕，攻伐无已。十年四月癸未，流星大如斗，色赤黄，出织女，没造父，有声如雷。占曰："燕齐有兵，百姓流亡。"其年十二月，慕容儁遂据临漳，尽有幽、并、青、冀之地。缘河诸将奔散，河津隔绝。慕容恪攻齐。

升平二年十二月，枉矢自东南流于西北，其长半天。四年十月庚戌，天狗见西南。占曰："有大兵，流血。"

海西太和四年十月壬申，有大流星西下，有声如雷。明年，遣使免袁真为庶人。桓温征寿春,真病死,息瑾代立,求救于苻坚。温破苻坚军。六年,寿春城陷。

孝武太元六年十月乙卯,有奔星东南经翼、轸,声如雷,占曰:"楚地有兵,军破,百姓流亡。"十二月,苻坚荆州刺史梁成、襄阳太守阎震率众伐竟陵,桓石虔击,大破之,生擒震,斩首七千,获生口万人。声如雷,将帅怒之象也。十三年闰月戊辰,天狗东北下,有声。占曰:"有大战,流血。"自是后,慕容垂、翟辽、姚苌、苻登、慕容永并阻兵争强。十四年正月,彭城妖贼又称伪号于皇丘,刘牢之破灭之。三月,张道破合乡、太山,向钦之击走之。

安帝隆安五年三月甲寅,流星赤色,众多西行,经牵牛、虚、危、天津、阁道,贯太微、紫宫。占曰:"星庶人类,众多西行,众将西流之象。经天子庭,主弱臣强,诸侯兵不制。"其年五月,孙恩侵吴郡,杀内史。六月,至京口。于是内外戒严,营阵屯守,刘裕追破之。元兴元年七月,大饥,人相食。浙江以东流亡十六七,吴郡、吴兴户口减半,又流奔而西者万计。十月,桓玄遣将击刘轨,破走之。轨奔青州。

云气

惠帝永兴元年十二月壬寅夜,有赤气亘天,砰隐有声。二年十月丁丑,赤气见北方,东西竟天。占曰:"并为大兵"。砰隐有声,怒之象也。是后,四海云扰,九服交兵。

光熙元年十二月甲申,有白气若虹,中天北下至地,夜见五日乃灭。占曰:"大兵起。"明年,王弥起青徐,汲桑乱河北,毒流天下。

怀帝永嘉三年十二月乙亥,有白气如带,出南北方各二,起地至天,贯参伐中。占曰:"天下大兵起。"四年三月,司马越收缪胤等。又,三方云扰,攻战不休。五年三月,司马越死于宁平城,石勒攻破其众,死者十余万人。六月,京都焚灭,帝如虏庭。

愍帝建兴元年十月己巳夜,有赤气,曜于西北。荆州刺史陶侃讨杜弢之党于石城,战败。

晋书卷一四
志第四

地理上

昔者元胎无象，太素流形，对越在天，以为元首。则《记》所谓冬居营窟，夏居橧巢，饮血茹毛，未有麻丝者也。及燧人钻火，庖牺出震，风宗下武，炎胤昌基，画野无闻，其归一揆。黄帝则东海南江，登空蹑岱，至于昆峰振辔，风山访道，存诸汗竹，不可厚诬。高阳任地依神，帝喾顺天行义。东逾蟠木，西济流沙，北至幽陵，南抚交阯，日月所经，舟车所至，莫匪王臣，不逾兹域。帝尧时，禹平水土，以为九州。虞舜登庸，厥功弥劭，表提类而分区宇，判山河而考疆域，冀北创并部之名，燕齐起幽营之号；则《书》所谓肇十有二州，封十有二山者也。夏功在于唐尧，殷因无所损益。周武克商，自丰徂镐。至成王时，改作《禹贡》，徐、梁入于青、雍，冀野析于幽、并。职方掌天下之土，以周厥利；保章辩九州之野，皆有分星。东南曰扬州，正南曰荆州，河南曰豫州，正东曰青州，河东曰兖州，正西曰雍州，东北曰幽州，河内曰冀州，正北曰并州。始皇初并天下，惩忿战国，削罢列侯，分天下为三十六郡。三川、河东、南阳、南郡、九江、鄣郡、会稽、颍川、砀郡、泗水、薛郡、东郡、琅邪、齐郡、上谷、渔阳、右北平、辽西、辽东、代郡、巨鹿、邯郸、上党、太原、云中、九原、雁门、上郡、陇西、北地、汉中、巴郡、蜀郡、黔中、长沙、凡三十五郡、与内史为三十六郡也。于是兴师逾江，平取百越，又置闽中、南海、桂林、象郡，凡四十郡，郡一守焉。其地则西临洮而北沙漠，东萦西带，皆临大海。汉祖龙兴，革秦之弊，分内史为三部，更置郡国二十有三。桂阳、江夏、豫章、河内、魏郡、东海、楚国、平原、梁国、定襄、泰山、汝南、淮阳、千乘、东莱、燕国、清河、信都、常山、中山、渤海、广汉、涿郡，合二十三也。三内史者，河上、渭南、中地也。《地理志》曰：高祖增二十六，武帝改河上、渭南、中地以为京兆、冯翊、扶风，是为三辅也。文增厥九，广平、城阳、淄川、济南、胶西、胶东、河间、庐江、衡山，武帝改衡山曰六安。景加其四。济北、济阴、山阳、北海也。宣改济北曰东平。武帝开越攘胡，初置十七。南海、苍梧、郁林、合浦、交阯、九真、日南、朱崖、儋耳九郡，平西南夷置牂牁、越嶲、沈黎、汶山、犍为、益州六郡，西置武都郡，又分立零陵郡，合十七郡。拓土分疆，又增十四。弘农、临淮、西河、朔方、酒泉、陈留、安定、天水、玄菟、乐浪、广陵、敦煌、武威、张掖。昭帝少事，又增其一。金城也。至平帝元始二年，凡新置郡国七十有一，与秦四十，合一百一十有一。改雍曰凉，改梁曰益，又置徐州，复夏旧号，南置交趾，北有朔方，凡为十三部。凉、益、荆、扬、青、豫、兖、徐、幽、并、冀十一州，交趾、朔方二刺史，合十三部。光武投戈之岁，在雕耗之辰，郡国萧条，并省者八。城阳、淄川、高密、胶东、六安、真定、泗水、广阳。建武十一年，省州牧，复为刺史，员十三人，各掌一州。明帝置一，永昌也。章帝置二，任城、吴郡。和顺改作，其名有九。和置济北、广阳，顺改淮阳为陈，改楚为彭城，济东为东平，临淮为下邳，千乘为乐安，信都为安平，天水为汉阳。省朔方刺史，合之于司隶，凡十三部，其与西汉不同者，司隶校尉部郡治河南，朔方隶于并部。而郡国百有八焉。省前汉八，分置五，改旧名七，因旧九十六，少前汉三也。桓、灵颇增于前，复置六郡。桓，高阳、高凉、博陵；灵，南安、鄱阳、庐陵。魏武定霸，三方鼎立，生灵版荡，关洛荒芜，所置者十二，新兴、乐平、西平、新平、略阳、阴平、带方、谯、乐陵、章武、南乡、襄阳。所省者七，上郡、朔方、五原、云中、定襄、渔阳、庐江。而文帝置七，朝歌、阳平、弋阳、魏兴、新城、义阳、安丰。明及少帝增二，明，上庸也；少，平阳也。得汉郡者五十四焉。蜀先主于汉建安之间初置郡九，巴东、巴西、梓潼、江阳、汶山、汉嘉、朱提、宕渠、涪陵。后主增二，云南、兴古。得汉郡者十有一焉。吴主大皇帝初置郡五，临贺、武昌、珠崖、新安、庐陵南部。少帝、景帝各四，少，临川、临海、衡阳、湘东。景，天门、建安、建平、合浦北部。归命侯亦置十有二郡，始安、始兴、邵陵、安成、新昌、武平、九德、吴兴、东阳、桂林、荥阳、宜都。得汉郡者十有八焉。

　　晋武帝太康元年，既平孙氏，凡增置郡国二十有三，荥阳、上洛、顿丘、临淮、东莞、襄城、汝阴、长广、广宁、昌黎、新野、随郡、阴平、义阳、毗陵、宣城、南康、晋安、宁浦、始平、略阳、乐平、南平。省司隶置司州，别立梁、秦、宁、平四州，仍吴之广州，凡十九州，司、冀、兖、豫、荆、徐、扬、青、幽、平、并、雍、凉、秦、梁、益、宁、交、广州。郡国一百七十三，仍吴所置二十五，仍蜀新置十一，仍魏所置二十一，仍汉旧九十三，置二十三。以为冠带之国，尽有殷周之土。若乃敦庞于天地之始，昭晰于牺农之世，用长黎元，未争疆场。而玉环梏矢，夷裘风驾，东翚表觌，东风入律，光乎上德，奚远弗臻。然则星象丽天，山河纪地，端掖裁其弘敞，崤函判其都邑，仰观俯察，万物攸归。是以洛汭咸阳，宛然秦汉，晋滨河西，同知尧禹，于兹新邑，宅是镐京，五尺童子皆能口诵者，史官弗之书也。

　　昔庖牺氏生于成纪，而为天子，都于陈。神农氏都陈，而别营于曲阜。黄帝生于寿丘，而都于涿鹿。少昊始自穷桑，而迁都曲阜。颛顼始自穷桑，而徙邑商丘。高辛即号，建都于亳。孙卿子曰："不登高山，不知天之高；不临深溪，不知地之厚也。"大哉坤象，万物资生，载昆华而不坠，倾河海而宁泄。考卜惟王，乘飞驻轸，睨嵯山而镌勒，览曾城以为玩。时逢稽浸，道接陵夷，平王东迁，星离豆剖，当涂驭宇，瓜分鼎立。世祖武皇帝接千祀之余，当八尧之禅，先王桑梓，磬宇来归，斯固可得而言者矣。惠皇不虞，中州尽弃，永嘉南度，纶行建邺，九分天下而有二焉。

　　昔大禹观于浊河而受绿字，寰瀛之内可得而言也。天有七星，地有七表；天有四维，地有四渎。八纮之外，名为八极。地不足东南，天不足西北。八极之广，东西二亿三万一千三百里，南北二亿三万一千三百里。自地至天，半八极之数，自下亦如之。昔黄帝令竖亥步自东极，至于西极，五亿十万九千八百八步。史臣案，凡周天积百七万九百一十三里，径三十五万六千九百七十里。所谓南北为经，东西为纬。天有十二次，日月之所躔；地有十二辰，王侯之所国也。或因生得姓，因功命土，祁、酉、燕、齐，在乎兹域。

昔黄帝旁行天下，方制万里，得百里之国万区，则《周易》所谓"首出庶物，万国咸宁"者也。昔在帝尧，叶和万邦，制八家为邻，三邻为朋，三朋为里，五里为邑，十邑为都，十都为师，州十有二师焉。夏后氏东渐于海，西被于流沙，南浮于江，而朔南暨声教，穷竖亥所步，莫不率俾，会群臣于涂山，执玉帛者万国。于是九州之内，作为五服。天子之国，内五百里甸服，百里赋纳总，二百里纳铚，三百里纳秸服，四百里粟，五百里米。甸服外五百里侯服，百里采，二百里任，三百里候。侯服外五百里绥服，三百里揆文教，二百里奋武卫。绥服外五百里要服，三百里夷，二百里蔡。要服外五百里荒服，三百里蛮，二百里流。讫于四海，弼成五服，五服至于五千里。夏德中微，遇有穷之乱。少康中兴，不失旧物。自孔甲之后，以至于桀，诸侯相兼，其能存者三千余国，方于涂山，十损其七矣。成汤败桀于焦，迁鼎于亳，伊挚、仲虺之徒，大明宪典。王者之制爵禄，公侯伯子男凡五等。天子之田方千里，公侯田方百里，伯七十里，子、男五十里。不能五十里者，不合于天子，附于诸侯，曰附庸。凡四海之内九州，州方千里。州建百里之国三十，七十里之国六十，五十里之国百有二十，凡二百一十国。名山大泽不以封，其余以为附庸间田。八州，州二百一十国。天子之县内，百里之国九，七十里之国二十有一，五十里之国六十有三，凡九十三国。名山大泽不以班，其余以禄士，以为间田。凡九州，千七百七十三国。天子之元士，诸侯之附庸不与。天子百里之内以供官，千里之内以为御，千里之外设方伯。五国以为属，属有长、十国以为连，连有帅；三十国以为卒，卒有政；二百一十国以为州，州有伯。八州，八伯，五十六正，百六十八帅，三百三十六

长。八伯各以其属属于天子之老二人,分天下为左右,曰二伯。千
里之内曰甸,千里之外曰采,曰流。天子使其大夫为三监,监于方伯
之国,国三人。天子之县,内,诸侯禄也;外,诸侯嗣也。

　　武王归丰,监于二代,设爵惟五,分土惟三。封同姓五十余国,
周公、康叔建于鲁卫,各数百里。太公封于齐,表东海者也。凡一千
八百国,布列于五千里内。而太昊、黄帝之后,唐虞侯伯犹存。大司
徒以诸公之地封疆方五百里,其食者半;诸侯之地方四百里,其食
者三之一;诸侯之地方三百里,其食者三之一;诸子之地方二百里,
其食者四之一;诸男之地方百里,其食者四之一。不易之地家百亩,
一易之地家二百亩,再易之地家三百亩。五家为比,使之相保;五比
为闾,使之相受;四闾为族,使之相葬;五族为党,使之相救;五党为
州,使之相赒;五州为乡,使之相宾。小司徒以五人为伍,五伍为两,
四两为卒,五卒为旅,五旅为师,五师为军。以起军旅,以作田役,以
比追胥,以令贡赋。乃经土地而井收其田野,九夫为井,四井为邑,
四邑为丘,四丘为甸,四甸为县,四县为都。遗人则十里有庐,庐有
饮食。三十里有宿,宿有路室,路室有委。五十里有市,市有候,候
有馆,馆有积。遂人则五家为邻,五邻为里,四里为酇,五酇为鄙,五
鄙为县,五县为遂。大司马以九畿之籍,施邦国之政。方千里曰国
畿;其外方五百里曰侯畿;又其外方五百里曰甸畿;又其外方五百
里曰男畿;又其外方五百里曰采畿;又其外方五百里曰卫畿;又其
外方五百里曰蛮畿;又其外方五百里曰夷畿;又其外方五百里曰镇
畿;又其外方五百里曰藩畿。畿,田限也。自王城以外,面五百里为界,有
分限者九也。于时治致太平,政称刑措,民口千三百七十一万四千九
百三十三,盖周之盛者也。其衰也,则礼乐征伐出自诸侯,强吞弱而
众暴寡。春秋之初,尚有千二百国,迄获麟之末,二百四十二年,弑
君三十六,亡国五十二,诸侯奔走不得保其社稷者不可胜数,而见
于《春秋》经传者百有七十国焉。百三十九知其所居,鲁、郏、郑、宋、
纪、卫、西虢、莒、齐、陈、杞、蔡、邢、郕、晋、薛、许、邓、秦、曹、楚、随、黄、梁、虞、
郇、小邾、徐、燕、郜、麋、舒、庸、郯、莱、吴、越、有穷、三苗、瓜州、有虞、东虢、

共、宿、申、夷、向、南燕、滕、凡、戴、息、邻、芮、魏、淳于、谷、巴、州、蓼、罗、赖、车、葛、谭、萧、遂、滑、权、郇、霍、耿、江、冀、弦、道柏、微、郿、厉、项、密、任、须句、颛臾、顿、管、雍、毕、丰、邢、应、蒋、茅、胙、蓼、介、焦、沈、六、巢、根牟、唐、黎、邹瑕、寒、有鬲、斟灌、斟寻、过、有过、戈、逼阳、邘、铸、豕韦、唐杜、杨、幽、邰、观、扈、邳、胡、黎、大庭、骀、岐、郱、钟吾、蒲姑、昆吾、房、密须、甲父、郿、桐、亳、韩、赵。三十一国尽亡其处，祭、极、荀、贾、贰、轸、绞、于余丘、阳、箕、英氏、毛、聃、萃、逼、封父、仍、有仍、崇、邿、庸、姚、奄、商奄、襄姒、蒋、有缗、阙巩、㹲、㻅、夷、穷桑。蛮夷戎狄不在其间。五伯迭兴，总其盟会。陵夷至于战国，遂有七王，韩、魏、赵、燕、齐、秦、楚。又有宋、卫、中山，不断如线，如三晋篡夺，亦称孤也。

《司马法》广陈三代，曰：“古者六尺为步，步百为亩，亩百为夫，夫三为屋，屋三为井。井方一里，是为九夫，八家共之。一夫一妇受私田百亩。公田十亩，是为八百八十亩，余二十亩为庐舍，出入相友，守望相助，疾病相救。民受田，上田夫百亩，中田夫二百亩，下田夫三百亩。岁受耕之，爰自其处。其家众男为余夫，亦以口受田如此。士工商家受田，五口乃当农夫一口。有赋有税，税谓公田什一及工商衡虞之人也，赋供车马甲兵士从之役。民年二十受田，六十归田。种谷必杂五种，以备灾旱。田中不得有树，以妨五谷。环庐种桑柘，菜茹有畦，瓜瓠果蓏植于疆场，鸡豚狗彘无失其时。闾有序，乡有庠，序以明教，庠以行礼。司马之法，官设六军之众，因井田而制军令。地方一里为井，井十为通，通十为成，成方十里；成十为终，终十为同，同方百里；同十为封，封十为畿，畿方千里。故井四为邑，邑四为丘，丘十六井，有戎马一匹，牛三头；四丘为甸，甸六十四井也，有戎马四匹，兵车一乘，牛十二头，甲士三人，卒七十二人。是谓乘车之制。一同百里，提封万井，除山川、坑岸、城池、邑居、园囿、街路三千六百井，定出赋六千四百井，戎马四百匹，兵车百乘，此卿大夫菜地之大者也，是谓“百乘之家”。一封三百六十六里，提封十万井，定出赋六万四千井，戎马四千匹，兵车千乘，此谓诸侯之大者也，谓之“千乘之国”。天子畿内方千里，提封百万井，定出赋六十四

万井,戎马四万匹,兵车万乘,戎卒七十二万人,故天子称"万乘之
主"焉。

　　秦始皇既得志于天下,访周之败,以为处士横议,诸侯寻戈,四
夷交侵,以弱见夺,于是削去五等焉。

　　汉兴,创艾亡秦孤立而败,于是割裂封疆,立爵二等,功臣侯者
百有余邑。于时,民罹秦项,户口雕弊,大侯不过万家,小者五六百
户,而尊王子弟,大启九国。古者有分土而无分民,若乃跨州连郡,
小则十有余城,以户口为差降,略封疆之远近,所谓分民自汉始也。
起雁门以东,尽辽阳,为燕代。常山以南,太行左转,渡河济,渐于
海,为齐赵。谷泗以注,奄有龟蒙,为梁楚。东带江湖,薄会稽,为荆
吴。北界淮濒,略庐衡,为淮南。波汉之阳,亘九疑,为长沙。诸侯
比境,周匝三垂,外接胡越。天子自有三河、东郡,颍川、南阳,自江
陵以西至巴蜀,北至云中,西至陇西,与京师内史,凡十五郡。文帝
采贾生之议分齐、赵,景帝用晁错之计削吴、楚。武帝施主父之册,
下推恩之令,使诸侯王得分户邑以封子弟,不行黜陟,而藩国自析。
自此以来,齐分为七,赵分为六,梁分为五,淮南分为三。皇子始立
者,大国不过十余城,长沙、燕、代虽有旧名,皆亡南北边矣。自文、
景与民休息,至平帝元始二年,民户千二百二十三万三千六十二,
口五千九百五十九万四千九百七十八,其地东西九千三百二里,南
北万三千三百六十八里。大率十里一亭,亭有长。十亭一乡,乡有
三老,有秩、啬夫、游徼各一人。县大率方百里,民稠则减,稀则旷,
乡亭亦如之。皆秦制也。光武中兴,不逾前制,东海王强以去就有
礼,故伤以大封,兼食鲁郡二十九县,其余称为宠锡者,兼一郡而
已。至桓帝永寿三年,户千六十七万七千九百六十,口五千六百四
十八万六千八百五十六,斯亦户口之滋殖者也。

　　献帝建安元年,拜曹操为镇东将军,封费亭侯。

　　魏文帝黄初三年,初制封王之庶子为乡公,嗣王之庶子为亭
侯,公侯之庶子为亭伯。

　　刘备章武元年,亦以郡国封建诸王,或遥采嘉名,不由检土地

所出。其户二十万，男女口九十万。

孙权赤乌五年，亦取中州嘉号封建诸王。其户五十二万三千，男女口二百四十万。

晋文帝为晋王，命裴秀等建立五等之制，惟安平郡公孚邑万户，制度如魏诸王。其余县公邑千八百户，地方七十五里；大国侯邑千六百户，地方七十里；次国侯邑千四百户，地方六十五里；大国伯邑千二百户，地方六十里；次国伯邑千户，地方五十五里；大国子邑八百户，地方五十里；次国子邑六百户，地方四十五里；男邑四百户，地方四十里。

武帝泰始元年，封诸王以郡为国。邑二万户为大国，置上中下三军，兵五千人；邑万户为次国，置上军下军，兵三千人；五千户为小国，置一军，兵千五百人。王不之国，官于京师。罢五等之制，公侯邑万户以上为大国，五千户以上为次国，不满五千户为小国。太康元年，平吴，大凡户二百四十五万九千八百四十，口一千六百一十六万三千八百六十三。而江右诸国并三分食一，元帝渡江，太兴元年，始制九分食一。

司州。案《禹贡》，豫州之地。及汉武帝，初置司隶校尉，所部三辅、三河诸郡。其界西得雍州之京兆、冯翊、扶风三郡，北得冀州之河东、河内二郡，东得豫州之弘农、河南二郡，郡凡七。位望隆于牧伯，银印青绶。及光武都洛阳，司隶所部与前汉不异。魏氏受禅，即都汉宫，司隶所部河南、河东、河内、弘农并冀州之平阳，合五郡，置司州。晋仍居魏都，乃以三辅还属雍州，分河南立荥阳，分雍州之京兆立上洛，废东郡立顿丘，遂定名司州，以司隶校尉统之。州统郡一十二，县一百，户四十七万五千七百。

河南郡汉置。统县十二，户一十一万四千四百。置尹。洛阳置尉。五部、三市。东西七里，南北九。东有建春、东阳、清明三门，南有开阳、平昌、宣阳、建阳四门，西有广阳、西明、阊阖三门，北有大夏、广莫二门。司隶校尉、河南尹及百官列城内也。河南周东都王城郏鄏也。巩周孝王封周桓公孙惠公于巩,号东周,故战国时有东、西周号。芒山、首阳其界也。**河阴**　**新安**函谷关所居。**成皋**有关,郑之武牢。**缑氏**有刘聚,周大夫刘子邑。有延寿城、仙人祠。**阳城**有鄂阪关。此邑是为地中,夏至景尺五寸。有阳城山、箕山,许由墓在焉。**新城**有延寿关。故戎蛮子之国。**陆浑**故蛮子国,楚庄王伐陆浑是也。**梁**战国时谓为南梁,别少梁也。**阳翟**

荥阳郡泰始二年置。统县八,户三万四千。**荥阳**地名敖,秦置敖仓者。京郑太叔段所居。**密**故周畿内。**卷**有博浪长沙,张良击秦始皇处。**阳武**　**苑陵**　**中牟**六国时,赵献侯都。**开封**宋蓬池在东北,或曰蓬泽。

弘农郡汉置。统县六,户一万四千。**弘农**本函谷关。汉武帝迁于新安县。**湖**故曰胡,汉武更名湖。**陕**故虢国,周分陕东西,二相主之。**宜阳**　**黾池**　**华阴**华山在县南。

上洛郡泰始二年,分京兆南部置。统县三,户万七千。**上洛**峣关在县西北。**商**秦相卫商鞅邑。**卢氏**熊耳山在东,伊水所出。

平阳郡故属河东,魏分立。统县十二,户四万二千。**平阳**旧尧都。侯国。**杨**故杨侯国。**端氏**韩、魏、赵既为诸侯,以端氏封晋君也。**永安**故霍伯国。霍山在东。**蒲子**　**狐谗襄陵**公国相。**绛邑**晋武公自曲沃徙此。**沪泽**析城山在西南。**临汾**公国相。**北屈**壶口山在东南。有南屈,故称北。**皮氏**故耿国。

河东郡秦置。统县九,户四万二千五百。**安邑**旧舜都。**闻喜**故曲沃。晋武公自晋阳徙此。**垣**王屋山在东北,沇水所出。**汾阳**公国相。**太阳**吴山在西。周武王封西周太伯后于此。**猗氏**古猗顿城。**解**有盐池。**蒲坂**有历山,舜所耕也。有雷首山,夷齐居其阳,所谓首阳山。**河北**

汲郡泰始二年置。统县六,户三万七千。**汲**有铜关。**朝歌**纣所都。**共**故国。北山,淇水所出。**林虑**　**获嘉**故汲新中乡。汉武帝行过时,获吕嘉首,因改名。**修武**晋所启南阳,秦改名修武。

河内郡汉置。统县九,户五万二千。**野王**太行山在西北。**州**故晋邑。**怀**平皋邢侯自襄国徙此。**河阳**　**沁水**轵故周原邑。**山阳**温故国也,苏忿生封。

广平郡魏置。统县十五,户三万五千二百。**广平**　**邯郸**秦置为郡。**易阳**　**武安**　**涉襄国**故邢侯国都。**南和**　**任曲**　**梁**　**列人**　**肥乡**

临水　广年_{侯相}。斥漳　平恩

阳平郡_{魏置。统县七，户五万一千。}元城_{汉元后生邑。}馆陶　清泉
发干东武阳　阳平　乐平

魏郡_{汉置。统县八，户四万七百。}邺_{魏武受封居此。}长乐　魏斥丘
安阳　荡阴　内黄_{黄池在西。}黎阳_{故黎侯国。}

顿丘郡_{泰始二年置。统县四，户六千三百。}顿丘　繁阳　阴安　卫

永嘉之后，司州沦没刘聪。聪以洛阳为荆州，及石勒，复以为司
州。石季龙又分司州之河南、河东、弘农、荥阳，兖州之陈留、东燕为
洛州。元帝渡江，亦侨置司州于徐，非本所也。后以弘农人流寓寻
阳者侨立为弘农郡。又以河东人南寓者，于汉武陵郡孱陵县界上明
地侨立河东郡，统安邑、闻喜、永安、临汾、弘农、谯、松滋、大戚八
县。并寄居焉。永和五年，桓温入洛，复置河南郡，属司州。

兖州。案《禹贡》，济河之地。舜置十二牧，则其一也。《周礼》：
"河东曰兖州。"《春秋元命包》云："五星流为兖州。兖，端也，信也。"
又云："盖取兖水以名焉。"汉武帝置十三州，以旧名为兖州，自此不
改。州统郡国八，县五十六，户八万三千三百。

陈留国_{汉置。统县十，户三万。魏武帝封。}小黄　浚仪<sub>有洪沟，汉高
祖项羽欲分处。</sub>封丘　酸枣_{乌巢地在东南。}济阳　长垣<sub>故匡城，孔子所厄
也。</sub>雍丘_{故杞国。}尉氏　襄邑　外黄

濮阳国_{故属东郡，晋初分东郡置。统县四，户二万一千。}濮阳<sub>古昆吾
国。师延为纣作靡靡之乐，既而役此水。公国相。</sub>廪丘_{公国相。有羊角城。}白
马_{有瓠子堤。}鄄城_{公国相。}

济阳郡_{汉置。统县九，户七千六百。}定陶_{汉高帝封彭城为梁王，都此。}
乘氏_{故侯国。}句阳　离狐　宛句　巳氏　成武_{有楚丘亭。}单父_{故侯国。}
城阳_{舜所渔，尧冢在西。}

高平国_{故属梁国，晋初分山阳置。统县七，户三千八百。}昌邑<sub>侯相。有
甲父亭。</sub>钜鹿_{鲁获麟所。}方与　金乡　陆湖　高平　侯国。南平阳<sub>侯
国。有漆亭。</sub>

任城国<small>汉置。统县三,户一千七百。</small>任城<small>古任国。</small>亢父　樊

东平国<small>汉置。统县七,户六千四百。</small>须昌寿张<small>有蚩尤祠。</small>范　无盐
富城　东平　陆刚平

济北国<small>汉置。统县五,户三千五百。</small>卢<small>扁鹊所生。县西有石门。</small>临邑
东阿　谷城<small>有乌聚。</small>蛇丘<small>有下灌亭。</small>

泰山郡<small>汉置。统县十一,户九千三百。</small>奉高<small>西南有明堂。</small>博<small>有龟山。</small>嬴
南武城　梁父<small>侯国。有菟裘聚。</small>山茌<small>茌山在东北。</small>新泰<small>故曰平阳。</small>南
武阳<small>有颛臾城。</small>莱芜<small>有原山。</small>东牟<small>故牟国。</small>巨平<small>有阳关亭。</small>

惠帝之末,兖州阖境沦没石勒。后石季龙改陈留郡为建昌郡,
属洛州。是时,遗黎南渡,元帝侨置兖州,寄居京口。明帝以郗鉴为
刺史,寄居广陵,置濮阳、济阴、高平、太山等郡。后改为南兖州,或
还江南,或居盱眙,或居山阳。后始割地为境,常居广陵,南与京口
对岸。咸康四年,于北谯界立陈留郡。安帝分广陵郡之建陵、临江、
如皋、宁海、蒲涛五县置山阳郡,属南兖州。

豫州。案《禹贡》,为荆河之地。《周礼》:"河南曰豫州。"豫者,
舒也,言禀中和之气,性理安舒也。《春秋元命包》云:"钩钤星别为
豫州。"地界,西自华山,东至于淮,北自济,南界荆山。秦兼天下,以
为三川、河东、南阳、颍川、砀、泗水、薛七郡。汉改三川为河南郡,武
帝置十三州,豫州旧名不改,以河南、河东二郡属司隶,又以南阳属
荆州。先是,改泗水曰沛郡,改砀郡曰梁,改薛曰鲁,分梁沛立汝南
郡,分颍川立淮阳郡。后汉章帝改淮阳曰陈郡。魏武分沛立谯郡,
魏文分汝南立弋阳郡。及武帝受命,又分颍川立襄城郡,分汝南立
汝阴郡,合陈郡于梁国。州统郡国十,县八十五,户十一万六千七百
九十六。

颍川郡<small>秦置。统县九,户二万八千三百。</small>许昌<small>汉献帝都许。魏禅,徙都
洛阳,许宫室武库存焉,改为许昌。</small>长社　颍阴　临颍<small>公国相。</small>郾　邵陵
<small>公国相。</small>邵陵<small>公国相。</small>新汲　长平

汝南郡<small>汉置。统县十五,户二万一千五百。</small>新息　南安阳　安成<small>侯</small>

相。慎阳　北宜春　朗陵　阳安故江国。有江亭。上蔡　平舆故沈子国。有沈亭。定颍　濯阳　南顿　汝阳　吴房故房子国。西平故柏国。有龙泉，水可用淬刀剑。

襄城郡泰始二年置。统县七，户一万八千。襄城侯相。有西不羹城。繁昌魏文受禅于此。郏　定陵侯相。父城侯相。昆阳公国相。舞阳宣帝始封此邑。

汝阴郡魏置郡，后废，泰始二年复置。统县八，户八千五百。汝阴故胡子国。慎故楚邑。原鹿　固始　铜阳　新蔡宋侯相。褒信

梁国汉置。统县十二，户一万三千。睢阳春秋时宋都。蒙　虞　下邑有砀山，山有文石。宁陵故葛伯国。谷熟　陈　项　长平　阳夏　武平　苦东有赖乡祠，老子所生地。

沛国汉置。统县九，户五千九十七。相　沛汉高祖所起处。丰　竺邑符离　杼秋　洨　虹　萧

谯郡魏置。统县七，户一千。谯　城父　酂　山桑　龙亢　蕲铚

鲁郡汉置。统县七，户三千五百。鲁曲阜之地，鲁侯伯禽所居。汶阳卞　邹有绎山。蕃故小邾之国。薛奚仲所封。公丘

弋阳郡魏置。统县七，户一万六千七百。西阳故弦子国。轪　蕲春邾　西陵　期思　弋阳

安丰郡魏置。统县五，户一千二百。安风　零娄　安丰侯相。蓼松滋侯相。

惠帝分汝阴立新蔡，分梁国立陈郡，分汝南立南顿。永嘉之乱，豫州沦没石氏。元帝渡江，以春谷县侨立襄城郡及繁昌县。成帝乃侨立豫州于江淮之间，居芜湖。时淮南入北，乃分丹杨侨立淮南郡，居于湖。又以旧当涂县流人渡江，侨立为县，并淮南、庐江、安丰并属豫州。宁康元年，移镇姑孰。孝武改蕲春县为蕲阳县，因新蔡县人于汉九江王黥布旧城置南新蔡郡，属南豫州。又于汉庐江郡之南部置晋熙郡。

冀州。案《禹贡》、《周礼》，并为河内之地。舜置十二牧，则其一也。《春秋元命包》云："昴毕散为冀州，分为赵国。"其地有险有易，帝王所都，乱则冀安，弱则冀强，荒则冀丰。舜以冀州南北阔大，分卫以西为并州，燕以北为幽州，周人因焉。及汉武置十三州，以其地依旧名为冀州，历后汉至晋不改。州统郡国十三，县八十二，户三十万六千。

赵国汉置。统县九，户四万二千。房子　元氏　平棘　高邑公国相。中丘　柏人　平乡　下曲阳故鼓子国。鄡

巨鹿国秦置。统县二，户一万四十。廮陶　钜鹿

安平国汉置。统县八，户二万一千。信都　下博　武邑　武遂　观津侯相。扶柳　广宗侯相。经

平原国汉置。统县九，户三万一千。平原　高唐　茌平　博平　聊城　安德　西平昌　般鬲

乐陵国汉置。统县五，户三万三千。厌次　阳信　漯沃　新乐　乐陵有都尉居。

勃海郡汉置。统县十，户四万。南皮　东光　浮阳　饶安　高城　重合　东安陵　蓨　广川侯相。阜城

章武国泰始元年置。统县四，户一万三千。东平舒　文安　章武　束州

河间国汉置。统县六，户二万七千。乐城侯相。武垣　鄚侯相。易城　中水　成平

高阳国泰始元年置。统县四，户七千。博陆　高阳　北新城侯相。蠡吾

博陵国汉置。统县四，户一万。安平　饶阳　南深泽　安国

清河国汉置。统县六，户二万二千。清河　东武城　绛幕侯相。贝丘　灵　鄃

中山国汉置。统县八，户三万二千。卢奴　魏昌　新市　安喜　蒲阴　望都　唐　北平

常山郡汉置。统县八，户二万四千。真定　石邑　井陉　上曲阳恒

山在县西北，有坂号飞狐口。蒲吾　南行唐　灵寿　九门候相。

惠帝之后，冀州沦没于石勒。勒以太兴二年僭号于襄国，称赵。后为慕容儁所灭，慕容氏又为苻坚所灭。孝武太元八年，坚败，其地入慕容垂。垂僭号于中山，是为后燕。后燕卒灭于魏。

幽州。案《禹贡》，冀州之域。舜置十二牧，则其一也。《周礼》："东北曰幽州。"《春秋元命包》云："箕星散为幽州，分为燕国。"言北方太阴，故以幽冥为号。武王定殷，封召公于燕，其后与六国俱称王。及秦灭燕，以为渔阳、上谷、右北平、辽西、辽东五郡。汉高帝分上谷置涿郡。武帝置十三州，幽州依旧名不改。其后开东边，置玄菟、乐浪等郡，亦皆属焉。元凤元年，改燕曰广阳郡。幽州所部凡九郡，至晋不改。幽州统郡国七，县三十四，户五万九千二十。

范阳国汉置涿郡。魏文更名范阳郡。武帝置国，封宣帝弟子绥为王。统县八，户一万一千。涿　良乡　方城　长乡　遒　故安　范阳　容城候相。

燕国汉置，孝昭改为广阳郡。统县十，户二万九千。蓟安次候相。昌平军都有关。广阳　潞安国国相。蜀主刘禅封此县公。泉州候相。雍奴狐奴

北平郡秦置。统县四，户五千。徐无　土垠　俊靡　无终

上谷郡秦置，郡在谷之上头，故因名焉。统县二，户四千七十。沮阳居庸

广宁郡故属上谷，太康中置郡，都尉居。统县三，户三千九百五十。下洛　潘　涿鹿

代郡秦置。统县四，户三千四百。代　广昌　平舒　富城

辽西郡秦置。统县三，户二千八百。阳乐　肥如　海阳

惠帝之后，幽州没于石勒。及穆帝永和五年，慕容儁僭号于蓟，是为前燕。七年，儁移都于邺。儁死，子暐为苻坚所灭。坚败，地复入慕容垂，是为后燕。垂死，宝迁于和龙。

平州。案《禹贡》,冀州之域。于周为幽州界,汉属右北平郡。后汉末,公孙度自号平州牧。及其子康、康子文懿并擅据辽东,东夷九种皆服事焉。魏置东夷校尉,居襄平。而分辽东、昌黎、玄菟、带方、乐浪五郡为平州,后还合为幽州。及文懿灭,后有护东夷校尉,居襄平。咸宁二年十月,分昌黎、辽东、玄菟、带方、乐浪等郡国五置平州。统县二十六,户一万六千一百。

昌黎郡汉属辽东属国都尉,魏置郡。统县二,户九百。昌黎　宾徒

辽东国秦立为郡。汉光武以辽东等属青州,后还幽州。统县八,户五千四百。襄平东夷校尉所居。汶　居就　乐就　安市　西安平　新昌　力城

乐浪郡汉置。统县六,户三千七百。朝鲜周封箕子地。屯有　浑弥　遂城秦筑长城之所起。镂方　驷望

玄菟郡汉置。统县三,户三千二百。高句丽　望平　高显

带方郡公孙度置。统县七,户四千九百。带方　列口　南新　长岑　提奚　含资　海冥

平州初置,以慕容庑为刺史,遂属永嘉之乱,庑为众所推。及其孙儁移都于蓟。其后慕容垂子宝又迁于和龙,自幽州至于庐溥镇以南地入于魏。慕容熙以幽州刺史镇令支,青州刺史镇新城,并州刺史镇凡城,营州刺史镇宿军,冀州刺史镇肥如。高云以幽、冀二州牧镇肥如,并州刺史镇白狼。后为冯跋所篡,跋僭号如和龙,是为后燕,卒灭于魏。

并州。案《禹贡》,盖冀州之域。舜置十二牧,则其一也。《周礼》:"正北曰并州,其镇曰恒山。"《春秋元命包》云:"营室流为并州,分为卫国。"州不以卫水为号,又不以恒山为称,而云并者,盖以其在两谷之间也。汉武帝置十三州,并州依旧名不改,统上党、太原、云中、上郡、雁门、代郡、定襄、五原、西河、朔方十郡,又别置朔方刺史,后汉建武十一年,省朔方入并州。灵帝末,羌胡大扰,定襄、云中、五原、朔方、上郡等五郡并流徙分散。建安十八年,省入冀州。

二十年,始集塞下荒地立新兴郡,后又分上党立乐平郡。魏黄初元年,复置并州,自陉岭以北并弃之,至晋因而不改。并州统郡国六,县四十五,户五万九千三百。

太原国秦置。统县十三,户一万四千。晋阳侯相。阳曲 榆次 于离 孟 狼孟 阳邑 大陵 祁 平陶 京陵 中都 邬上党郡秦置。统县十,户一万三千。潞 屯留 壶关 长子 泫氏 高都 铜鞮 涅 襄垣 武乡

西河国汉置。统县四,户六千三百。离石 隰城 中阳 介休

乐平郡泰始中置。统县五,户四千三百。沾 上艾 寿阳 辕阳 乐平

雁门郡秦置。统县八,户一万二千七百。广武 崞 汪 陶 平城 葰人 繁畤 原平 马邑

新兴郡魏置。统县五,户九千。九原 定襄 云中 广牧 晋昌

惠帝改新兴为晋昌郡。及永兴元年,刘元海僭号于平阳,称汉,于是并州之地皆为元海所有。元海乃以雍州刺史镇平阳,幽州刺史镇离石。及刘聪攻陷洛阳,置左右司隶,各领户二十余万,万户置一内史,凡内史四十三人,单于左右辅各主六夷。又置殷、卫、东梁、西河阳、北兖五州,以怀安新附。刘曜徙都长安,其平阳以东地入石勒。勒平朔方,又置朔州。自惠、怀之间,离石县荒废,勒于其处置永石郡,又别置武乡郡。及苻坚、姚兴、赫连勃勃,并州并徙置河东,又姚兴以河东为并、冀二州云。

雍州。案《禹贡》,黑水、西河之地。舜置十二牧,则其一也。以其四山之地,故以雍名焉。亦谓西北之位,阳所不及,阴阳气雍阏也。《周礼》:"西曰雍州。盖并禹梁州之地。周自武王克殷,都于酆镐,雍州为王畿。及平王东迁洛邑,以岐酆之地赐秦襄公,则为秦地,累世都之,至始皇遂平六国。秦灭,汉又都之。及武帝置十三州,其地以西偏为凉州,其余并属司隶,不统于州。后汉光武都洛阳,关中复置雍州。后罢,复置司隶校尉,统三辅如旧。献帝时又置雍州,

自三辅距西域皆属焉。魏文帝即位，分河西为凉州，分陇右为秦州，改京兆尹为太守，冯翊、扶风各除左右，仍以三辅属司隶。晋初于长安置雍州，统郡国七，县三十九，户九万九千五百。

京兆郡汉置。统县九，户四万。长安　杜陵　霸城　蓝田　高陆　万年故栎阳县。新丰　阴殷　郑周宣王弟郑桓公邑。

冯翊郡汉置，名左冯翊。统县八，户七千七百。临晋故大荔，秦获之，更名。有河水祠，祠临晋水，故名。下邽秦武公伐邽戎，置有上邽，故加“下”。重泉　频阳秦厉公置，在频水之阳。粟邑　莲芍　郃阳　夏阳故少梁，秦惠文王更名。梁山在西北。

扶风郡汉武帝以为主爵都尉，太初中更名右扶风。统县六，户二万三千。池阳汉惠帝置。有截薜山。郿成国渠首受渭。雍侯相。有五畤、太昊、黄帝以下祠三百三所。汧吴山在西，古文以为汧山。陈仓　美阳岐山在西北，周太王所邑。

安定郡汉置。统县七，户五千五百。临泾　朝那　乌氏　都卢　鹑觚　阴密殷时密国。西川

北地郡秦置。统县二，户二千六百。泥阳　富平

始平郡泰始二年置。统县五，户一万八千。槐里秦曰废丘，汉高帝更名。有黄山宫。始平　武功太一山在东，古文以为终南。鄠古国，夏启所伐。鄇城

新平郡汉置。统县二，户二千七百。漆漆水在西。汾邑

惠帝即位，改扶风国为秦国。徙都。建兴之后，雍州没于刘聪。及刘曜徙都长安，改号曰赵，以秦、凉二州牧镇上邽，朔州牧镇高平，幽州刺史镇北地，并州牧镇蒲坂。石勒克长安，复置雍州。石氏既败，苻健僭据关中，又都长安，是为前秦。于是乃于雍州置司隶校尉，以豫州刺史镇许昌，秦州刺史镇上邽，荆州刺史镇丰阳，洛州刺史镇宜阳，并州刺史镇蒲坂。苻坚时，分司隶为雍州，分京兆为咸阳郡，洛州刺史镇陕城。灭燕之后，分幽州置平州，镇龙城，幽州刺史镇蓟城，河州刺史镇枹罕，并州刺史镇晋阳，豫州刺史镇洛阳，兖州刺史镇仓垣，雍州刺史镇蒲坂。于是移洛州居丰阳，以许昌置东豫

州，以荆州刺史镇襄阳，徐州刺史镇彭城。既而姚苌灭苻氏，是为后秦。及苌子兴克洛阳，以并、冀二州牧镇蒲坂，豫州牧镇洛阳，兖州刺史镇仓垣，分司隶领北五郡，置雍州刺史镇安定。及姚泓为刘裕所灭，其地寻入赫连勃勃。勃勃僭号于统万，是为夏。置幽州牧于大城，又平刘义真于长安，遣子璝镇焉，号曰"南台"。以朔州牧镇三城，秦州刺史镇杏城，雍州刺史镇阴密，并州刺史镇蒲坂，梁州牧镇安定，北秦州刺史镇武功，豫州牧镇李闰，荆州刺史镇陕，其州郡之名并不可知也。然自元帝渡江，所置州亦皆遥领。初以魏该为雍州刺史，镇酂城。寻省，侨立始平郡，寄居武当城。有秦国流人至江南，改堂邑为秦郡，侨立尉氏县属焉。康帝时，庾翼为荆州刺史，迁镇襄阳。其后秦、雍流人多南出樊沔，孝武始于襄阳侨立雍州，仍立京兆、始平、扶风、河南、广平、义成、北河南七郡，并属襄阳。襄阳故属荆州。

凉州。案《禹贡》，雍州之西界。周衰，其地为狄。秦兴美阳甘泉宫，本匈奴铸金人祭天之处。匈奴既失甘泉，又使休屠、浑邪王等居凉州之地。二王后以地降汉，汉置张掖、酒泉、敦煌、武威郡。其后又置金城郡，谓之河西五郡。汉改周之雍州为凉州，盖以地处西方，常寒凉也。地势西北邪出，在南山之间，南隔西羌，西通西域，于时号为断匈奴右臂。献帝时，凉州数有乱，河西五郡去州隔远，于是乃别以为雍州。末又依古典定九州，乃合关右以为雍州。魏时复分以为凉州，刺史领戊己校尉，护西域，如汉故事，至晋不改。统郡八，县四十六，户三万七百。

金城郡汉置。统县五，户二千。榆中　允街　金城　白土　浩亹

西平郡汉置。统县四，户四千。西都　临羌　长宁　安夷

武威郡汉置。统县七，户五千九百。姑臧　宣威　揖次　仓松　显美　骊靬　番禾

张掖郡汉置。统县三，户三千七百。永平　临泽汉昭武县，避景帝讳改也。屋兰汉因屋兰名焉。

西郡_{汉置。}统县五,户一千九百。日勒　删丹　仙提　万岁　兰池_{一云兰绝池。}

酒泉郡_{汉置。}统县九,户四千四百。福禄　会水　安弥　骍马　乐涫　表氏　延寿　玉门　沙头

敦煌郡_{汉置。}统县十二,户六千三百。昌蒲　敦煌　龙勒　阳关　效谷　广至　宜禾　宜安　深泉　伊吾　新乡　乾齐

西海郡_{故属张掖,汉献帝兴平二年,武威太守张雅请置。}统县一,户二千五百。居延泽在东南,《尚书》所谓流沙也。

元康五年,惠帝分敦煌郡之宜禾、伊吾、宜安、深泉、广至等五县,分酒泉之沙头县,又别立会稽、新乡,凡八县为晋昌郡。永宁中,张轨为凉州刺史,镇武威,上表请合秦、雍流移人于姑臧西北,置武兴郡,统武兴、大城、乌支、襄武、晏然、新鄣、平狄、司监等县。又分西平界置晋兴郡,统晋兴、枹罕、永固、临津、临鄣、广昌、大夏、遂兴、罕唐、左南等县。是时中原沦没,元帝徙居江左,轨乃控据河西,称晋正朔,是为前凉。及张寔,分金城之令居、枝杨二县,又立永登县,合三县立广武郡。张茂分武兴、金城、西平、安故为定州。张骏分武威、武兴、西平、张掖、酒泉、建康、西郡、湟河、晋兴、广武合十一郡为凉州,兴晋、金城、武始、南安、永晋、大夏、武成、汉中为河州,敦煌、晋昌、西域都护、张茂以校尉玉门大护军三郡三营为沙州。张骏假凉州都督,摄三州。张祚又以敦煌郡为商州。永兴中,置汉阳县以守牧地,张玄靓改为祁连郡。张天锡又别置临松郡。天锡降于苻氏,其地寻为吕光所据。吕光都于姑臧后,以郭黁言谶,改昌松为东张掖郡。及吕隆降于姚兴,其地三分。武昭王为西凉,建号于敦煌。秃发乌孤为南凉,建号于乐都。沮渠蒙逊为北凉,建号于张掖。而分据河西五郡。

秦州。案《禹贡》,本雍州之域。魏始分陇右置焉,刺史领护羌校尉,中间暂废。及泰始五年,又以雍州陇右五郡及凉州之金城、梁州之阴平,合七郡置秦州,镇冀城。太康三年,罢秦州,并雍州。七

年,复立,镇上邽。统郡六,县二十四,户三万二千一百。

陇西郡秦置。统县四,户三千。襄武　首阳鸟鼠山在东。临洮　狄道

南安郡汉置。统县三,户四千三百。獂道　新兴　中陶

天水郡汉武置,孝明改为汉阳,晋复为天水。统县六,户八千五百。上邽　冀秦州故居。始昌　新阳　显新汉显亲县。成纪

略阳郡本名广魏,泰始中更名焉。统县四,户九千三百二十。临渭　平襄　略阳　清水

武都郡汉置。统县五,户三千。下辩　河池　沮　武都　故道

阴平郡泰始中置。统县二,户三千。阴平　平广

惠帝分陇西之狄道、临洮、河关,又立洮阳、遂平、武街、始兴、第五、真仇六县,合九县置狄道郡,属秦州。张骏分属凉州,又以狄道县立武始郡。江左分梁为秦,寄居梁州,又立氐池为北秦州。

梁州。案《禹贡》,华阳黑水之地。舜置十二牧,则其一也。梁者,言西方金刚之气强梁,故因名焉。《周礼》职方氏以梁并雍。汉不立州名,以其地为益州。及献帝初平六年,以临江县属永宁郡。建安六年,刘璋改永宁为巴东郡,分巴郡垫江置巴西郡。刘备据蜀,又分广汉之葭萌、涪城、梓潼、白水四县,改葭萌曰汉寿,又立汉德县,以为梓潼郡;割巴郡之宕渠、宣汉、汉昌三县置宕渠郡,寻省,以县并属巴西郡。泰始三年,分益州,立梁州于汉中,改汉寿为晋寿,又分广汉置新都郡。梁州统郡八,县三十八,户七万六千三百。

汉中郡秦置。统县八,户一万五千。南郑　蒲池　褒中　沔阳　成固　西乡　黄金　兴道

梓潼郡蜀置。统县八,户一万二百。梓潼　涪城　武连　黄安　汉德　晋寿　剑阁　白水

广汉郡汉置。统县三,户五千一百。广汉　德阳　五城

新都郡泰始二年置。统县四,户二万四千五百。雒　什方　绵竹　新都

涪陵郡蜀置。统县五,户四千二百。汉复　涪陵　汉平　汉葭　万
宁

巴郡秦置。统县四,户三千三百。江州　垫江　临江　枳

巴西郡蜀置。统县九,户一万二千。阆中　西充国　苍溪　岐惬
南充国　汉昌　宕渠　安汉　平州

巴东郡汉置。统县三,户六千五百。鱼复　朐腮　南浦

太康六年九月,罢新都郡并广汉郡。惠帝复分巴西置宕渠郡,
统宕渠、汉昌、宣汉三县,并以新城、魏兴、上庸合四郡以属梁州。寻
而梁州郡县没于李特,永嘉中又分属杨茂搜,其晋人流寓于梁益
者,仍于二州立南北二阴平郡。及桓温平蜀之后,以巴汉流人立晋
昌郡,领长乐、安晋、延寿、安乐、宣汉、宁都、新兴、吉阳、东关、永安
十县;又置益昌、晋兴二县,属巴西郡;于德阳界东南置遂宁郡;又
于晋寿置剑阁县,属梁州。后孝武分梓潼北界立晋寿郡,统晋寿、白
水、邵欢、兴安四县;梓潼郡徙居梓潼,罢剑阁县;又别置南汉中郡,
分巴西、梓潼为金山郡。及安帝时,又立新巴、汶阳二郡,又有北新
巴、华阳、南阴平、北阴平四郡,其后又立巴渠、怀安、宋熙、白水、上
洛、北上洛、南宕渠、怀汉、新兴、安康等十郡。

益州。案《禹贡》及舜十二牧,俱为梁州之域,周合梁于雍,则又
为雍州之地。《春秋元命包》云:“参伐流为益州,益之为言陁也。”言
其所在之地险陁也,亦曰疆壤益大,故以名焉。始秦惠王灭蜀,置
郡,以张若为蜀守。及始皇置三十六郡,蜀郡之名不改。汉初有汉
中、巴、蜀。高祖六年,分蜀置广汉,凡为四郡。武帝开西南夷,更置
犍为、牂柯、越巂、益州四郡,凡八郡,遂置益州统焉,益州盖始此
也。及后汉,明帝以新附置永昌郡,安帝又以诸道置蜀、广汉、犍为
三郡属国都尉,及灵帝,又以汶江、蚕陵、广柔三县立汶山郡。献帝
初平元年,刘璋分巴郡立永宁郡。建安六年,改永宁为巴东,以巴郡
为巴西,又立涪陵郡。二十一年,刘备分巴郡立固陵郡。蜀章武元
年,又改固陵为巴东郡,巴西郡为巴郡,又分广汉立梓潼郡,分犍为

立江阳郡,以蜀郡属国为汉嘉郡,以犍为属国为朱提郡。刘禅建兴二年,改益州郡为建宁郡,广汉属国为阴平郡,分建宁永昌立云南郡,分建宁牂柯立兴古郡,分广汉立东广汉郡。魏景元中,蜀平,省东广汉郡。及武帝泰始二年,分益州置梁州,以汉中属焉。七年,又分益州置宁州。益州统郡八,县四十四,户十四万九千三百。

　　蜀郡秦置。统县六,户五万。成都　广都　繁　江原　临邛　郫

　　犍为郡汉置。统县五,户一万。武阳　南安　僰道　资中　牛鞞

　　汶山郡汉置。统县八,户一万六千。汶山　升迁　都安　广阳　兴乐　平康　蚕陵　广柔

　　汉嘉郡蜀置。统县四,户一万三千。汉嘉　徙阳　严道　旄牛

　　江阳郡蜀置。统县三,户三千一百。江阳　符　汉安

　　朱提郡蜀置。统县五,户二千六百。朱提　南广　汉阳　南秦　堂狼

　　越巂郡汉置。统县五,户五万三千四百。会无　邛都　卑水　定笮台登

　　牂柯汉置。统县八,户一千二百。万寿　且兰　指谈　夜郎　毋剑并渠　敝邑　平夷

　　惠帝之后,李特僭号于蜀,称汉,益州郡县皆没于特。李雄又分汉嘉、蜀二郡立沉黎、汉原二郡。是时,益州郡县虽没李氏,江左并遥置之。桓温灭蜀,其地复为晋有,省汉原、沉黎而立南阴平、晋原、宁蜀、始宁四郡焉。咸安二年,益州复没于苻氏。太和八年,复为晋有。隆安二年,又立晋熙、遂宁、晋宁三郡云。

　　宁州。于汉、魏为益州之域。泰始七年,武帝以益州地广,分益州建宁、兴古、云南,交州之永昌,合四郡为宁州,统县四十五,户八万三千。

　　云南郡蜀置。统县九,户九千二百。云平　云南　桥栋　青蛉　姑复　邪龙　楪榆　遂久　永宁

　　兴古郡蜀置。统县十一,户六千二百。律高　句町　宛温　漏卧

毌掇　贲古　滕休　镡封　汉兴　进乘　都篨

　　建宁郡蜀置。统县十七,户二万九千。味　昆泽　存駬　新定　谈
稾　毌单　同濑　漏江　牧麻　谷昌　连然　秦臧　双柏　俞元
　修云　泠丘　滇池

　　永昌郡汉置。统县八,户三万八千。不韦　永寿　比苏　雍乡　南
涪　嶲唐　哀牢　博南

　　太康三年,武帝又废宁州入益州,立南夷校尉以护之。太安二
年,惠帝复置宁州,又分建宁以西七县别立为益州郡。永嘉二年,改
益州郡曰晋宁,分牂柯立平夷、夜郎二郡。然是时其地再为李特所
有。其后,李寿分宁州兴古、永昌、云南、朱提、越嶲、河阳六郡为汉
州。咸康四年,分牂牁、夜郎、朱提、越嶲四郡置安州。八年,又罢并
宁州,以越嶲还属益州,省永昌郡焉。

晋书卷一五
志第五

地理下

青州　徐州　荆州　扬州　交州　广州

青州。案《禹贡》,为海岱之地。舜置十二牧,则其一也。舜以青州越海,又分为营州,则辽东本为青州矣。《周礼》:"正东曰青州。"盖取土居少阳,其色为青,故以名也。《春秋元命包》云:"虚危流为青州。"汉武帝置十三州,因旧名,历后汉至晋不改。州统郡国六,县三十七,户五万三千。

齐国秦置郡,汉以为国。景帝以为北海郡。统县五,户一万四千。临淄　西安有棘里亭。东安平女水出东北。广饶　昌国乐毅所封。

济南郡汉置。统县五,户五千。或云魏平蜀,徙其豪将家于济河北,故改为济岷郡。而《太康地理志》无此郡名,未之详。平寿古国。寒泿封此。下密有王石祠。胶东侯国。即墨有天山祠。祝阿

乐安国汉置。统县八,户一万一千。高苑　临济有蚩尤祠。博昌有薄姑祠。利益侯相。蓼城侯国。邹　寿光古斟灌氏所封国。东朝阳

城阳郡汉置,属北海,自魏至晋,分北海而立焉。郡统县十,户一万二千。莒故莒子国。姑幕古薄姑氏国。诸　昌安　淳于故淳于公国。东武　高密汉改为郡。壮武　黔陬　平昌

来莱国汉置郡。统县六,户六千五百。掖侯相。当利侯国。卢乡　曲

城　黄有莱山、松林莱君祠。奚ㄙ侯国。有百支莱王祠。

长广郡咸宁三年置。统县三，户四千五百。不其侯国。长广　挺

惠帝元康十年，又置平昌郡。又分城阳之黔陬、壮武、淳于、昌
安、高密、平昌、营陵、安丘、大、剧、临朐十一县为高密国。自永嘉丧
乱，青州沦没石氏。东莱人曹嶷为刺史，造广固城，后为石季龙所
灭。季龙末，辽西段龛自号齐王，据青州。慕容恪灭赵，克青州。苻
氏平燕，尽有其地。及苻氏败后，刺史苻朗以州降。朝廷置幽州，以
别驾辟闾浑为刺史，镇广固。隆安四年，为慕容德所灭，遂都之，是
为南燕，复改为青州。德以并州牧镇阴平，幽州刺史镇发干，徐州刺
史镇莒城，青州刺史镇东莱，兖州刺史镇梁父。慕容超移青州于东
莱郡，后为刘裕所灭，留长史羊穆之为青州刺史，筑东阳城而居之。
自元帝渡江，于广陵侨置青州。至是始置北青州，镇东阳城，以侨立
州为南青州。而后省南青州，而北青州直曰青州。

徐州。案《禹贡》，海岱及淮之地。舜十二牧，则其一也。于周
入青州之域。《春秋元命包》云："天氏流为徐州。"盖取舒缓之义，或
云因徐丘以立名。秦兼天下，以置泗水、薛、琅邪三郡。楚汉之际，
分置东阳郡。汉又分置东海郡，改泗水为沛，改薛为鲁，分沛置楚
国，以东阳属吴国。景帝改吴为江都，武帝分沛、东阳置临淮郡，改
江都为广陵。及置十三州，以其地为徐州，统楚国及东海、琅邪、临
淮、广陵四郡。宣帝改楚为彭城郡，后汉改为彭城国，以沛郡之广戚
县来属，改临淮为下邳国。及太康元年，复分下邳属县在淮南者置
临淮郡，分琅邪置东莞郡。州凡领郡国七，县六十一，户八万一千二
十一。

彭城国汉以为郡。统县七，户四千一百二十一。彭城故殷伯大彭国。留
张良所封。广戚　傅阳　武原　吕　梧

下邳国汉置为临淮郡。统县七，户七千五百。下邳葛峄山在西，古峄阳
也。韩信为楚王，都之。凌良城侯相。睢陵　夏丘　取虑　僮

东海郡汉置。统县十二，户一万一千一百。郯故郯子国。况其羽山在

县之西。朐　襄贲　利城　赣榆　原丘　兰陵　承　昌虑　合乡
戚

　　琅邪国秦置郡。统县九，户二万九千五百。开阳侯相。临沂　阳都
　绀　即丘　华　费鲁季氏邑。东安　蒙阴山在西南。

　　东莞郡太康中置。统县八，户一万。东莞故鲁郓邑。朱虚　营陵尚
父吕望所封。安丘故营渠丘父封邑。盖临朐有海水祠。剧　广

　　广陵郡汉置。统县八，户八千八百。淮阴　射阳　舆　阳陵有江海
会祠。广陵　盐渎　淮浦　江都有江水祠。

　　临淮郡汉置，章帝以合下邳，太康元年复立。统县十，户一万。盱眙
东阳　高山　赘其　潘旌　高邮　淮陵　司吾　下相　徐

　　太康十年，以青州城阳郡之莒、姑幕、诸、东武四县属东莞。元
康元年，分东海置兰陵郡。七年，又分东莞置东安郡，分临淮置淮陵
郡，以堂邑置堂邑郡。永嘉之乱，临淮、淮陵并沦没石氏。元帝渡江
之后，徐州所得惟半，乃侨置淮阳、阳平、济阴、北济阴四郡。又琅邪
国人随帝过江者，遂置怀德县及琅邪郡以统之。是时，幽、冀、青、
并、兖五州及徐州之淮北流人相帅过江淮，帝并侨立郡县以司牧
之。割吴郡之海虞北境，立郯、朐、利城、祝其、原丘；西隰、襄贲七
县，寄居曲阿，以江乘置南东海、南琅邪、南东平、南兰陵等郡，分武
进立临淮、淮陵、南彭城等郡，属南徐州；又置顿兵郡属北徐州。明
帝又立南沛、南清河、南下邳、南东莞、南平昌、南济阴、南濮阳、南
太平、南泰山、南济阳、南鲁等郡以属徐、兖二州，初或居江南，或居
江北，或以兖州领州。郗鉴都督青兖二州诸军事、兖州刺史，加领徐
州刺史，镇广陵。苏峻平后，自广陵还镇京口。又于汉故九江郡界
置钟离郡，属南徐州，江北又侨立幽、冀、青、并四州。穆帝时，移南
东海七县出居京口。义熙七年，始分淮北为北徐州，淮南但为徐州，
统彭城、沛、下邳、兰陵、东莞、东安、琅邪、淮阳、阳平、济阴、北济阴
十一郡，以盱眙立盱眙郡，统考城、直渎、阳城三县，又分广陵界置
海陵、山阳二郡。后又以幽、冀合徐州，青州并合兖州。

荆州。案《禹贡》，荆及衡阳之地。舜置十二牧，则其一也。《周
礼》："正南曰荆州。"《春秋元命包》云："轸星散为荆州。"荆，强也，
言其气躁强。亦曰警也，言南蛮数为寇逆，其人有道后服，无道先
强，常警备也。又云取名于荆山。六国时，其地为楚。及秦，取楚鄢
郢为南郡，又取巫中地为黔中郡，以楚之汉北立南阳郡，灭楚之后，
分黔中为长沙郡。汉高祖分长沙为桂阳郡，改黔中为武陵郡，分南
郡为江夏郡。武帝又分长沙为零陵郡。及置十三州，因旧名为荆州，
统南郡、南阳、零陵、桂阳、武陵、长沙、江夏七郡。后汉献帝建安十
三年，魏武尽得荆州之地，分南郡以北立襄阳郡，又分南阳西界立
南乡郡，分枝江以西立临江郡。及败于赤壁，南郡以南属吴，吴后遂
与蜀分荆州。于是南郡、零陵、武陵以西为蜀，江夏、桂阳、长沙三郡
为吴，南阳、襄阳、南乡三郡为魏。而荆州之名，南北双立。蜀分南
郡，立宜都郡，刘备没后，宜都、武陵、零陵、南郡四郡之地悉复属
吴。魏文帝以汉中遗黎立魏兴、新城二郡，明帝分新城立上庸郡。孙
权分江夏立武昌郡，又分苍梧立临贺郡，分长沙立衡阳、湘东二郡。
孙休分武陵立天门郡，分宜都立建平郡。孙皓分零陵立始安郡，分
桂阳立始兴郡，又分零陵立邵陵郡，分长沙立安成郡。荆州统南郡、
武昌、武陵、宜都、建平、天门、长沙、零陵、桂阳、衡阳、湘东、邵陵、
临贺、始兴、始安十五郡，其南阳、江夏、襄阳、南乡、魏兴、新城、上
庸七郡属魏之荆州。及武帝平吴，分南郡为南平郡，分南阳立义阳
郡，改南乡为顺阳郡，又以始兴、始安、临贺三郡属广州，以扬州之
安成郡来属。州统郡二十二，县一百六十七，户三十五万七千五百
四十八。

江夏郡汉置。统县七，户二万四千。安陆横尾山在东北，古之陪尾山。
云杜故云子国。曲陵　平春　鄳　竟陵章山在东北，古之内方山。南新
市

南郡汉置。统县十一，户五万五千。江陵故楚都。编有云梦官。当阳
华容　郢故云子国。枝江故罗国。旌阳　州陵楚鄨人州侯所邑。监利
松滋　石首

襄阳郡魏置。统县八，户二万二千七百。宜城故鄀也。中庐　临沮荆山在东北。邔　襄阳侯相。山都　邓城　鄾

南阳国秦置郡。统县十四，户二万四千四百。宛　西鄂侯相。雉　鲁阳公国相。犫　淯阳公国相。博望公国相。堵阳　叶侯相。有长城山，号曰方城。舞阴公国相。比阳公国相，涅阳　冠军　郦

顺阳郡太康中置。统县八，户二万一百。酂　顺阳　南乡　丹水武当侯相。阴　筑阳　析

义阳郡太康中置。统县十二，户一万九千。新野侯相。穰　邓故邓侯国。蔡阳　随故随国。安昌　棘阳　厥　西平氏桐柏山在南。义阳平林　朝阳

新城郡魏置。统县四，户一万五千二百。房陵　绥阳　昌魏　沶乡

魏兴郡魏置。统县六，户一万二千。晋兴　安康　西城　锡　长利洵阳

上庸郡魏置。统县六，户一万一千四百四十八。上庸侯相。安富　北巫　武陵　上廉　微阳

建平郡吴晋各有建平郡，太康元年合。统县八，户一万三千二百。巫北井　秦昌　信陵　兴山　建始　秭归故楚子国。沙渠

宜都郡吴置。统县三，户八千七百。夷陵　夷道　佷山

南平郡吴置，以为南郡，太康元年改曰南平。统县四，户七千。作唐孱陵　南安　江安

武陵郡汉置。统县十，户一万四千。临沅　龙阳　汉寿　沅陵　黚阳　酉阳　镡城　沅南　迁陵　舞阳

天门郡吴置。统县五，户三千一百。零阳　溇中　充　临澧　澧阳

长沙郡汉置。统县十，户三万三千。临湘　攸　下隽　醴陵　刘阳建宁　吴昌　罗　蒲沂　巴陵

衡阳郡吴置，故属长沙。统县九，户二万三千。湘乡　重安　湘南湘西　蒸阳　衡山　连道　新康　益阳

湘东郡吴置，故属长沙。统县七，户一万九千五百。酃　茶陵　临蒸利阳　阴山　新平　新宁

零陵郡_{汉置。统县十一，户二万五千一百。泉陵有香茅，云古贡之以缩}酒。祁阳　零陵　营浦　洮阳　永昌　观阳　营道　春阳　泠道应阳_{东界有鼻墟，云象所封。}

邵陵郡_{吴置。统县六，户一万二千。}邵陵　都梁　夫夷　建兴　邵阳　高平

桂阳郡_{汉置。统县六，户一万一千二百。}郴_{项羽封义帝之邑。}耒阳便　临武　晋宁　南平

武昌郡_{吴置。统县七，户一万四千三百。}武昌_{故东鄂也。楚子熊渠封}中子红于此。柴桑_{有益口关。}阳新　沙羡_{有夏口，对沔口，有津。}沙阳鄂_{有新兴、马头铁官。}官陵

安成郡_{吴置。统县七，户三千。}平都　宜春　新谕　永新　安复萍乡　广兴

惠帝分桂阳、武昌、安成三郡立江州，以新城、魏兴、上庸三郡属梁州，又分义阳立随郡，分南阳立新野郡，分江夏立竟陵郡。怀帝又分长沙、衡阳、湘东、零陵、邵陵、桂阳及广州之始安、始兴、临贺九郡置湘州。时蜀乱，又割南郡之华容、州陵、监利三县别立丰都，合四县置成都郡，为成都王颖国，居华容县。愍帝建兴中，并还南郡，亦并丰都于监利。元帝渡江，又侨立新兴、南河东二郡。穆帝时，又分零陵立营阳郡，以义阳流人在南郡者立为义阳郡。又以广州之临贺、始兴、始安三郡及江州之桂阳，益州之巴东，合五郡来属，以长沙、衡阳、湘东、零陵、邵陵、营阳六郡属湘州。桓温又分南郡立武宁郡。安帝又侨立南义阳、东义阳、长宁三郡。义熙十三年，省湘州置长沙、衡阳、湘东、零陵、邵陵、营阳还入荆州。

扬州。案《禹贡》，淮海之地。舜置十二牧，则其一也。《周礼》："东南曰扬州。"《春秋元命包》云："牵牛流为扬州，分为越国。"以为江南之气躁劲，厥性轻扬。亦曰，州界多水，水波扬也。于古则荒服之国，战国时其地为楚分。秦始皇并天下，以置鄣、会稽、九江三郡。项羽封英布为九江王，尽有其地。汉改九江曰淮南，即封布为淮南

王。六年,分淮南置豫章郡。十一年,布诛,立皇子长为淮南王,封刘濞为吴王,二国尽得扬州之地。文帝十六年,分淮南立庐江、衡山二郡。景帝四年,封皇子非为江都王,并得鄣、会稽郡,而不得豫章。武帝改江都曰广陵,封皇子胥为王而以属徐州。元封二年,改鄣曰丹杨,改淮南复为九江。后汉顺帝分会稽立吴郡,扬州统会稽、丹杨、吴、豫章、九江、庐江六郡,省六安并庐江郡。献帝兴平中,孙策分豫章立庐陵郡。孙权又分豫章立鄱阳郡,分丹杨立新都郡。孙亮又分豫章立临川郡,分会稽立临海郡。孙休又分会稽立建安郡。孙皓分会稽立东阳郡,分吴立吴兴郡,分豫章、庐江、长沙立安成郡,分庐陵立庐陵南部都尉,扬州统丹杨、吴、会稽、吴兴、新都、东阳、临海、建安、豫章、鄱阳、临川、安成、庐陵南部十四郡。江西庐江、九江之地,自合肥之北至寿春悉属魏。及晋平吴,以安成属荆州,分丹杨之宣城、宛陵、陵阳、安吴、泾、广德、宁国、怀安、石城、临城、春谷十一县立宣城郡,理宛陵,改新都曰新安郡,改庐陵南部为南康郡,分建安立晋安郡,又分丹杨立毗陵郡。扬州合统郡十八,县一百七十三,户三十一万一千四百。

　丹杨郡_{汉置。统县十一,户五万一千五百。}建邺_{本秣陵,孙氏改为建业。武帝平吴,以为秣陵。太康三年,分秣陵北为建邺,改"业"为"邺"。}江宁_{太康二年,分建邺置。}丹杨_{丹杨山多赤柳,在西也。}于湖　芜湖　永世　溧阳_{溧水所出。}江乘　句容_{有茅山。}湖熟　秣陵

　宣城郡_{太康二年置。统县十一,户二万三千五百。}宛陵_{侯相。彭泽聚在西南。}宣城　陵阳_{淮水出东北入江。仙人陵阳子明所居。}安吴　临城　石城　泾　春谷_{孝武改春为阳。}广德　宁国　怀安

　淮南郡_{秦置九江郡。汉以为淮南国,汉武帝置为九江郡。武帝改为淮南郡。统县十六,户三万三千四百。}寿春　成德　下蔡　义城　西曲阳　平阿_{有涂山。}历阳　全椒　阜陵_{汉明帝时沦为麻胡。}钟离_{故州来邑。}合肥　逡道　阴陵　当涂_{古涂山国。}东城　乌江

　庐江郡_{汉置。统县十,户四千二百。}阳泉　舒_{故国,有桐乡。}灊_{天柱山在南,有祠。}皖　寻阳　居巢_{桀死于此。}临湖　襄安　龙舒　六_{故六}

国。

毗陵郡吴分会稽无锡已西为屯田，置典农校尉。太康二年，省校尉为毗陵郡。统县七，户一万二千。丹徒故朱方。曲阿故云阳。武进　延陵　毗陵　既阳　无锡有磨山、春申君祠。吴郡汉置。统县十一，户二万五千。吴故国。具区在西。嘉兴　海盐　盐官　钱唐武林山，武林水所出。富阳桐庐　建德　寿昌　海虞　娄

吴兴郡吴置。统县十，户二万四千。乌　程临　安余　杭武康故防风氏国。东迁　于潜有潜水。故鄣　安吉　原乡　长城

会稽郡秦置。统县十，户三万。山阴会稽山在南，上有禹冢。上虞有仇亭，舜避丹朱于此地。余姚有句余山在南。句章　鄞有鲒鮌亭鄮　始宁　剡　永兴　诸暨

东阳郡吴置。统县九，户一万二千。长山有赤松子庙。永康　乌伤吴宁　太末　信安　丰安　定阳　遂昌

新安郡吴置。统县六，户五千。始新　遂安　黝　歙　海宁　黎阳

临海郡吴置。统县八，户一万八千。章安　临海　始丰　永宁　宁海　松阳　安固　横阳

建安郡故秦闽中郡，汉高帝五年以立闽越王。及武帝灭之，徙其人，名为东治，又更名东城。后汉改为候官都尉，及吴置建安郡。统县七，户四千三百。建安　吴兴　东平　建阳　将乐　邵武　延平

晋安郡太康三年置。统县八，户四千三百。原丰　新罗　宛平　同安　候官　罗江　晋安　温麻

豫章郡汉置。统县十六，户三万五千。南昌　海昏　新淦　建城望蔡　永修　建昌　吴平　豫章　彭泽　艾　康乐　丰城　新吴宜丰　钟陵

临川郡吴置。统县十，户八千五百。临汝　西丰　南城　东兴　南丰　永成　宜黄　安浦　西宁　新建

鄱阳郡吴置。统县八，户六千一百。广晋　鄱阳　乐安　余汗　鄡阳　历陵　葛阳　晋兴

庐陵郡_{吴置。统县十,户一万二千二百。}西昌　高昌　石阳　巴丘
南野　东昌　遂兴　吉阳　兴平　阳丰

南康郡_{太康三年置。统县五,户一千四百。}赣　雩都　平固　南康
揭杨

惠帝元康元年,有司奏,荆、扬二州疆土旷远,统理尤难,于是
割扬州之豫章、鄱阳、庐陵、临川、南康、建安、晋安,荆州之武昌、桂
阳、安城,合十郡,因江水之名而置江州。永兴元年,分庐江之寻阳、
武昌之柴桑二县置寻阳郡,属江州,分淮南之乌江、历阳二县置历
阳郡。又以周玘创义讨石冰,割吴兴之阳羡并长城县之北乡置义
乡、国山、临津并阳羡四县,又分丹杨之永世置平陵及永世,凡六
县,立义兴郡,以表玘之功,并属扬州。又以毗陵郡封东海王世子
毗,避毗讳,改为晋陵。怀帝永嘉元年,又以豫章之彭泽县属寻阳
郡。愍帝立,避帝讳改建邺为建康。元帝渡江,建都扬州,改丹杨太
守为尹,江州又置新蔡郡。寻阳郡又置九江、上甲二县,寻又省九江
县入寻阳。是时司、冀、雍、凉、青、并、兖、豫、幽、平诸州皆沦没,江
南所得但有扬、荆、湘、江、梁、益、交、广,其徐州则有过半,豫州惟
得谯城而已。明帝太宁元年,分临海立永嘉郡,统永宁、安固、松阳、
横阳等四县,而扬州统丹杨、吴郡、吴兴、新安、东阳、临海、永嘉、宣
城、义兴、晋陵十一郡。

自中原乱离,遗黎南渡,并侨置牧司在广陵,丹徒南城,非旧土
也。及胡寇南侵,淮南百姓皆渡江。成帝初,苏峻、祖约为乱于江淮,
胡寇又大至,百姓南渡者转多,乃于江南侨立淮南郡及诸县,又于
寻阳侨置松滋郡,遥隶扬州。咸康四年,侨置魏郡、广川、高阳、堂邑
等诸郡,并所统县并寄居京邑,改陵阳为广阳。孝武宁康二年,又分
永嘉郡之永宁县置乐成县。是时,上党百姓南渡,侨立上党郡为四
县,寄居芜湖。寻又省上党郡为县,又罢襄城郡为繁昌县,并以属淮
南。安帝义熙八年,省寻阳县入柴桑县,柴桑仍为郡,后又省上甲县
入彭泽县。旧江州督荆州之竟陵郡,及何无忌为刺史,表以竟陵去
州辽远,去江陵三百里,荆州所立绥安郡人户入境,欲资此郡助江

滨戍防，以竟陵郡还荆州。又司州之弘农、扬州之松滋二郡寄在寻阳，人户杂居，并宜建督。安帝从之。后又省松滋郡为松滋县，弘农郡为弘农县，并属寻阳郡。

交州。案《禹贡》，扬州之域，是为南越之土。秦始皇既略定扬越，以谪戍卒五十万人守五岭。自北徂南，入越之道，必由岭峤，时有五处，故曰五岭。后使任嚣、赵他攻越，略取陆梁地，遂定南越，以为桂林、南海、象等三郡，非三十六郡之限，乃置南海尉以典之，所谓东南一尉也。

汉初，以岭南三郡及长沙、豫章封吴芮为长沙王。十一年，以南武侯织为南海王。陆贾使还，拜赵他为南越王，割长沙之南三郡以封之。武帝元鼎六年，讨平吕嘉，以其地为南海、苍梧、郁林、合浦、日南、九真、交阯七郡，盖秦时三郡之地。元封中，又置儋耳、珠崖二郡，置交阯刺史以督之。昭帝元始五年，罢儋耳并珠崖。元帝元初三年，又罢珠崖郡。后汉马援平定交部，始调立城郭置井邑。顺帝永和九年，交阯太守周敞求立为州，朝议不许，即拜敞为交阯刺史。桓帝分立高兴郡，灵帝改曰高凉。建安八年，张津为刺史，士燮为交阯太守，共表立为州，乃拜津为交州牧。十五年，移居番禺，诏以边州使持节，郡给鼓吹，以重城镇，加以九锡六佾之舞。吴黄武五年，割南海、苍梧，郁林三郡立广州，交阯、日南、九真、合浦四郡为交州。戴良为刺史，值乱不得入，吕岱击平之，复还并交部。赤乌五年，复置珠崖郡。永安七年，复以前三郡立广州。及孙皓，又立新昌、武平、九德三郡。蜀以李恢为建宁太守，遥领交州刺史。晋平蜀，以蜀建宁太守霍弋遥领交州，得以便宜选用长吏。平吴后，省珠崖入合浦。交州统郡七，县五十三，户二万五千六百。

合浦郡汉置。统县六，户二千。合浦　南平　荡昌　徐闻　毒质　珠官

交阯郡汉置。统县十四，户一万二千。龙编　苟屚　望海　赢陵　西于　武宁　朱䳔　曲易　交兴　北带　稽徐　安定　南定　海

平

新昌郡吴置。统县六，户三千。麊泠妇人征侧为主处，马援平之。嘉宁 吴定 封山 临西 西道

武平郡吴置。统县七，户五千。武宁 武兴 进山 根宁 安武 扶安 封溪

九真郡汉置。统县七，户三千。胥浦 移风 津梧建初 常乐 扶乐 松原

九德郡吴置，周时越常氏地。统县八，无户。九德 咸驩 南陵 阳遂 扶苓 曲胥 浦阳 都洨

日南郡秦置象郡，汉武帝改名焉。统县五，户六百。象林自此南有四国，其人皆云汉人子孙。今有铜柱，亦是汉置此为界。贡金供税也。卢容象郡所居。朱吾 西卷 比景

广州。案《禹贡》，扬州之域，秦末赵他所据之地。及汉武帝，以其地为交阯郡。至吴黄武五年，分交州之南海、苍梧、郁林、高梁四郡立为广州，俄复旧。永安六年，复分交州置广州，分合浦立合浦北部，以都尉领之。孙皓分郁林立桂林郡。及太康中，吴平，遂以荆州、始安、始兴、临贺三郡来属。合统郡十，县六十八，户四万三千一百二十。

南海郡秦置。统县六，户九千五百。番禺 四会 增城 博罗 龙川 平夷

临贺郡吴置。统县六，户二千五百。临贺 谢沐 冯乘 封阳 兴安 富川

始安郡吴置。统县七，户六千。始安 始阳 平乐 荔浦 常安 熙平 永丰

始兴郡吴置。统县七，户五千。曲江 桂阳 始兴 含涯 浈阳 中宿 阳山

苍梧郡汉置。统县十二，户七千七百。广信 端溪 高要 建陵 新宁 猛陵 鄣平 农城 元溪 临允 都罗 武城

郁林郡秦置桂林郡，汉武帝更名。统县九，户六千。布山　　阿林　　新
邑　晋平　始建　郁平　领方　武熙　安广

桂林郡吴置。统县八，户二千。潭中　　武丰　粟平　羊平　龙刚
夹阳　武城　军腾

高凉郡吴置。统县三，户二千。安宁　　高凉　思平

高兴郡吴置。统县五，户一千二百。广化　　海安　化平　黄阳　西
平

宁浦郡吴置。统县五，户一千二百二十。宁浦　　连道　吴安　昌平
平山

武帝后省高兴郡。怀帝永嘉元年，又以临贺、始兴、始安三郡凡
二十县为湘州。元帝分郁林立晋兴郡。成帝分南海立东官郡，以始
兴、临贺二郡还属荆州。穆帝分苍梧立晋康、新宁、永平三郡。哀帝
太和中置新安郡，安帝分东官立义安郡，恭帝分南海立新会郡。

晋书卷一六
志第六

律历上

《易》曰:"形而上者谓之道,形而下者谓之器。"夫神道广大,妙本于阴阳;形器精微,义先于律吕。圣人观四时之变,刻玉纪其盈虚,察五行之声,铸金均其清浊,所以遂八风而宣九德,和大乐而成政道。然金质从革,侈弇无方;竹体圆虚,修短利制。是以神瞽作律,用写钟声,乃纪之以三,平之以六,成于十二,天之道也。又叶时日于晷度,效地气于灰管,故阴阳和则景至,律气应则灰飞。灰飞律通,吹而命之,则天地之中声也。故可以范围百度,化成万品,则《虞书》所谓"叶时月正日,同律度量衡"者也。中声节以成文,德音章而和备,则可以动天地,感鬼神,导性情,移风俗。叶言志于咏歌,鉴盛衰于治乱,故君子审声以知音,审音以知乐,审乐以知政,盖由兹道。太史公《律书》云:"王者制事立物,法度轨则,一禀于六律。六律为万事之本,其于兵械尤所重焉。故云望敌知吉凶,闻声效胜负,百王不易之道也。"

及秦氏灭学,其道浸微。汉室初兴,丞相张苍首言音律,未能审备。孝武帝创置协律之官,司马迁言律吕相生之次详矣。及王莽之际,考论音律,刘歆条奏,大率有五:一曰备数,一、十、百、千、万也;二曰和声,宫、商、角、徵、羽也;三曰审度,分、寸、尺、丈、引也;四曰嘉量,籥、合、升、斗、斛也;五曰权衡,铢、两、斤、钧、石也。班固因而志之。蔡邕又记建武已后言律吕者,至司马绍统采而续之。

　　汉末天下大乱,乐工散亡,器法堙灭。魏武始获杜夔,使定乐器声调。夔依当时尺度,权备典章。及武帝受命,遵而不革。至泰始十年,光禄大夫荀勖奏造新度,更铸律吕。元康中,勖子藩嗣其事,未及成功,属永嘉之乱,中朝典章,咸没于石勒。及元帝南迁,皇度草昧,礼容乐器,扫地皆尽,虽稍加采掇,而多所沦胥,终于恭、安,竟不能备。今考古律相生之次,及魏武已后言音律度量者,以志于篇云。

　　传云"十二律,黄帝之所作也。使伶伦自大夏之西,乃之昆仑之阴,取竹之嶰谷生,其窍厚均者,断两节间长三寸九分而吹之,以为黄钟之宫,曰含少。次制十二竹箫,写凤之鸣,雄鸣为六,雌鸣亦六,以比黄钟之宫,皆可以生之定律吕。则律之始造,以竹为管,取其自然圆虚也。"又云"黄帝作律,以玉为管,长尺,六孔,为十二月音。至舜时,西王母献昭华之琯,以玉为之。"及汉章帝时,零陵文学奚景于泠道舜祠下得白玉琯。又武帝太康元年,汲郡盗发六国时魏襄王冢,亦得玉律。则古者又以玉为管矣。以玉者,取其体含廉润也。而汉平帝时,王莽又以铜为之。铜者,自名也,所以同天下,齐风俗也。为物至精,不为燥湿寒暑改节,介然有常,似士君子之行,故用焉。

　　《周礼》:太师掌六律、六吕,以合阴阳之声。六律阳声,黄钟、太蔟、姑洗、蕤宾、夷则、无射也;六吕阴声,大吕、应钟、南吕、林钟、仲吕、夹钟也。又有太师则执同律以听军声,而诏以吉凶。其典司掌六律六吕之和,以辩天地四方阴阳之声,以为乐器,皆以十有二律而为之数度,以十有二声为之齐量焉。

　　及周景王将铸无射,问律于泠州鸠,对曰:"夫六,中之色,故名之,一曰黄钟。所以宣养六气九德也。由是第之。二曰太蔟,所以金奏赞阳出滞也。三曰姑洗,所以羞洁百物,考神纳宾也。四曰蕤宾,所以安静神人,献酬交酢也。五曰夷则,所以咏歌九德,平人无贰也。六曰无射,所以宣布哲人之令德,示人轨仪也。为之六间,以扬沉伏而黜散越也。元间大吕,助宣物也。二间夹钟,出四隙之细也。三间中吕,宣中气也。四间林钟,和展百事,俾莫不任肃纯恪中也。五间南吕,赞阳秀也。六间应钟,均利器用,俾应复也。"此皆所以律述时气效节物也。

及秦始皇焚书荡覆,典策缺亡,诸子璨言时有遗记。吕不韦《春秋》言:黄钟之宫,律之本也,下生林钟,林钟上生太蔟,太蔟下生南吕,南吕上生姑洗,姑洗下生应钟,应钟上生蕤宾,蕤宾下生大吕,大吕下生夷则,夷则上生夹钟,夹钟下生无射,无射上生中吕。三分其所生,益其一分以上生;三分所生,去其一分以下生。后代之言音律者多宗此说。

及汉兴,承秦之弊,张苍首治律历,颇未能详。故孝武帝正乐,乃置协律之官,虽律吕清浊之体粗正,金石高下之音有准,然徒捃采遗存,以成一时之制,而数犹用五。

时淮南王安延致儒博,亦为律吕。云黄钟之律九寸而宫音调,因而九之,九九八十一,故黄钟之数立焉,位在子。林钟位在未,其数五十四。太蔟其数七十二,南吕之数四十八,姑洗之数六十四,应钟之数四十二,蕤宾之数五十七,大吕之数七十六,夷则之数五十一,夹钟之数六十八,无射之数四十五,中吕之数六十,极不生。以黄钟为宫,太蔟为商,姑洗为角,林钟为徵,南吕为羽。宫生徵,徵生商,商生羽,羽生角,角生应钟,不比正音,故为和;应钟生蕤宾,不比正音,故为缪。日冬至,音比林钟浸以浊。日夏至,音比黄钟浸以清。十二律应二十四时之变。甲子,中吕之徵也。景子,夹钟之羽也。戊子,黄钟之宫也。庚子,无射之商也。壬子,夷则之角也。其为音也,一律而生五音,十二律而为六十音。因而六之,六六三十六,故三百六十音以当一岁之日。故律历之数,天地之道也。

司马迁《八书》言律吕,粗举大经,著于前史。则以太极元气函三为一,而始动于子,十二律之生,必所起焉。于是参一于丑得三,因而九三之,与本位合十辰,得一万九千六百八十三,谓之成数,以为黄钟之法。又参之律于十二辰,得十七万七千一百四十七,谓之该数,以为黄钟之实。实如法而一,得黄钟之律长九寸,十一月冬至之气应焉。盖阴阳合德,气钟于子,而化生万物,则物之生莫不函三。故二十律空径三分，而上下相生，皆损益以三。其术则因黄钟之长九寸，以下生者倍其实，三其法；以上生者，四其实，三其法。所以明阳下生阴，阴上生阳。

起子，为黄钟九寸；一。

丑，三分之二。

寅，九分之八。

卯，二十七分之十六。

辰，八十一分之六十四。

巳，二百四十三分之一百二十八。

午，七百二十九分之五百一十三。

未，二千一百八十七分之一千二十四。

申，六千五百六十一分之四千九十六。

酉，一万九千六百八十三分之八千一百九十二。

戌，五万九千四十九分之三万二千七百六十八。

亥，十七万七千一百四十七分之六万五千五百三十六。

如是周十二辰，在六律为阳，则当位自得而下生阴，在六吕为阴，则得其所衡而上生于阳，推算之术无重上生之法也。所谓律取妻，吕生子，阴阳升降，律吕之大经也。而迁又言十二律之长，今依淮南九九之数，则蕤宾为重上。又言五音相生，而以宫生角，角生商，商生徵，徵生羽，羽生宫。求其理用，罔见通途。

及元始中，王莽辅政，博征通知钟律者，考其音义，使羲和刘歆典领调奏。班固《汉书》采而志之，其序论虽博，而言十二律损益次第，自黄钟长九寸，三分损一，下生林钟，长六寸。三分益一，上生太蔟而左旋，八八为位。一上一下，终于无射，下生中吕。校其相生所得，与司马迁正同。班固采以为志。

元帝时，郎中京房知五音六十律之数，上使太子太傅玄成、谏议大夫章杂试问房于乐府，房对："受学于故小黄令焦延寿。六十律相生之法：以上生下，皆三生二；以下生上，皆三生四。阳下生阴，阴上生阳，终于中吕，而十二律毕矣。中吕上生执始，执始下生去灭。

上下相生,终于南吕,六十律毕矣。夫十二律之变至于六十,犹八卦之变至于六十四也。宓牺作《易》,纪阳气之初以为律法。建日冬至之声,以为黄钟为宫,太蔟为商,姑洗为角,林钟为徵,南吕为羽,应钟为变宫,蕤宾为变徵,此声气之元,五音之正也。故统一日,其余以次运行,当日者各自为宫,而商角徵羽以类从焉。《礼运》曰'五声、六律、十二管还相为宫',此之谓也。以六十律分期之日,黄钟自冬至始,及冬至而复,阴阳、寒燠、风雨之占生焉。于以检摄群音,考其高下,苟非草木之声,则无不有所合。《虞书》曰'律和声',此之谓也。"

京房又曰:"竹声不可以度调,故作准以定数。准之状如瑟,而长丈,十三弦,隐间九尺,以应黄钟之律九寸。中央一弦,下有画分寸,以为六十律清浊之节。"房言律详于歆所奏,其术施行于史官,候部用之,文多不悉载。截管为律,吹以考声,列以效气,道之本也。术家以其声微而体难知,其分数不明,故作准以代之。准之声明畅易达,分寸又粗,然弦以缓急清浊,非管无以正也。均其中弦,令与黄钟相得,案画以求诸律,则无不如数而应者矣。《续汉志》具载其六十律准度数,其相生之次与《吕览》、《淮南》同。

汉章帝元和元年,待诏候钟律殷肜上言:"官无晓六十律以准调音者。故待诏严嵩具以准法教子男宣,愿召宣补学官,主调乐器。"诏曰:"嵩子学审晓律,别其族,协其声者,审试。不得依托父学,以声为聪。声微妙,独非莫知,独是莫晓。以律错吹,能知命十二律,其二中不失一,乃为能传嵩学耳。"试宣十二律,其二中,其四不中,其六不知何律,宣遂罢。自此律家莫能为准。

灵帝喜平六年,东观召典律者太子舍人张光等问准音,光等不知,归阅旧藏,乃得其器。形制如房书,犹不能定其弦缓急。音,不可书以晓人,知之者欲教而无从,心达者体知而无师,故史官能辨清浊者遂绝。其可以相传者,唯候气而已。

汉末纷乱,亡失雅乐。魏武时,河南杜夔精识音韵,为雅乐郎中,令铸铜工柴玉铸钟,其声均清浊多不如法,数毁改作,玉甚厌之,谓夔清浊任意,更相诉白于魏武王。魏武王取玉所铸钟杂错更试,然后知夔为精,于是罪玉。

泰始十年,中书监荀勖、中书令张华出御府铜竹律二十五具,部太乐郎刘秀等校试,其三具与杜夔及左延年律法同,其二十二具,视其铭题尺寸,是笛律也。问协律中郎将列和,辞:"昔魏明帝时,令和承受一笛声以作此律,欲使学者别居一坊,歌咏讲习,依此律调。至于都合乐时,但识其尺寸之名,则丝竹歌咏,皆得均合。歌声浊者用长笛长律,歌声清者用短笛短律。凡弦歌调张清浊之制,不依笛尺寸名之,则不可知也。"

勖等奏:"昔先王之作乐也,以振风荡俗,飨神佑贤,必协律吕之和,以节八音之中。是故郊祀朝宴,用之有制,歌奏分叙,清浊有宜。故曰'五声、十二律还相为宫',此经传记籍可得而知者也。如和对辞,笛之长短无所象则,率意而作,不由曲度。考以正律,皆不相应;吹其声均,多不谐合。又辞'先师传笛,别其清浊,直以长短。工人裁制,旧不依律'。是为作笛无法。而和写笛造律,又令琴瑟歌咏,从之为正,非所以稽古先哲,垂宪于后者也。谨条牒诸律,问和意状如左。及依典制,用十二律造笛象十二枚,声均调和,器用便利。讲肄弹击,必合律吕,况乎宴飨万国,奏之庙堂者哉?虽伶夔旷远,至音难精,犹宜仪形古者,以求厥衷,合乎经礼,于制为详。若可施用,请更部笛工选竹造作,下太乐乐府施行。平议诸杜夔、左延年律可皆留,其御府笛正声、下徵各一具,皆铭题作者姓名,其余无所施用,还付御府毁。"奏可。

勖又问和:"作笛为可依十二律作十二笛,令一孔依一律,然后乃以为乐不?"和辞:"太乐东厢长笛正声已长四尺二寸,今当复取其下徵之声。于法,声浊者笛当长,计其尺寸乃五尺有余,知昔日作之,不可吹也。又,笛诸孔虽不校试,意谓不能得一孔辄应一律也。"案太乐四尺二寸笛正声均应蕤宾,以十二律还相为宫,推法下徵之孔当应律大吕。大吕笛长二尺六寸有奇,不得长五尺余。辄令太乐郎刘秀、邓昊等依作大吕笛以示和,又吹七律,一孔一校,声皆相应。然后令郝生鼓筝，宋同吹笛，以为杂引、《相和》诸曲。和乃辞曰："自和父祖汉世以来，笛家相传，不知此法，而令调均与律相应，实非所及也。"郝生、鲁基、种整、朱夏皆与和同。

又问和："笛有六孔，及其体中之空为七，和为能尽名其宫商角徵?孔调与不调，以何检知?"和辞："先师相传，吹笛但以作曲，相语为某曲当举某指，初不知七孔尽应何声也。若当作笛，其仰尚方笛工依案旧像讫，但吹取鸣者，初不复校其诸孔调与不调也。"案《周礼》调乐金石，有一定之声，是故造钟磬者先依律调之，然后施于厢悬。作乐之时，诸音皆受钟磬之均，即为悉应律也。至于飨宴殿堂之上，无厢悬钟磬，以笛有一定调，故诸弦歌皆从笛为正，是为笛犹钟磬，宜必合于律吕。如和所对，直以意造，率短一寸，七孔声均，不知其皆应何律，调与不调，无以检正，唯取竹之鸣者，为无法制。辄部郎刘秀、邓昊、王艳、魏邵等与笛工参共作笛，工人造其形，律者定其声，然后器象有制，音均和协。

又问和："若不知律吕之义作乐，音均高下清浊之调，当以何名之?"和辞："每合乐时，随歌者声之清浊，用笛有长短。假令声浊者用三尺二笛，因名曰此三尺二调也；声清者用二尺九笛，因名曰此二尺九调也。汉魏相传，施行皆然。"案《周礼》奏六乐，乃奏黄钟，歌大吕；乃奏太蔟，歌应钟，皆以律吕之义，纪歌奏清浊。而和所称以二尺、三尺为名，虽汉魏用之，俗而不典。部郎刘秀、邓昊等以律作，三尺二寸者应无射之律，若宜用长笛，执乐者曰请奏无射；二尺八寸四分四厘应黄钟之律，若宜用短笛，执乐者曰请奏黄钟。则歌奏之义，若合经礼，考之古典，于制为雅。

《书》云："予欲闻六律、五声、八音，在治忽。"《周礼》、《国语》载六律同六同，《礼记》又曰"五声、十二律还相为宫。"刘歆、班固撰《律历志》亦纪十二律，惟京房始创六十律。至章帝时，其法已绝，蔡邕虽追纪其言，亦曰今无能为者。依按古典及今音家所用，六十律者无施于乐。谨依典记，以五声、十二律还相为宫之法，制十二笛象，记注图侧，如别，省图，不如视笛之孔，故复重作蕤宾伏孔笛。其制云：

黄钟之笛，正声应黄钟，下徵应林钟，长二尺八寸四分四厘有奇。正声调法，以黄钟为宫，则姑洗为角，翕笛之声应姑洗，故以四角之长为黄钟之笛也。其宫声正而不倍，故曰正声。

正声调法：黄钟为宫，第一孔也。应钟为变宫，第二孔也。南吕为羽，第三孔也。林钟为徵，第四孔也。蕤宾为变徵，第五附孔也。姑洗为角，笛体中声。太蔟为商。笛后出孔也。商声浊于角，当在角下，而角声以在体中，故上其商孔，令在宫，清于宫也。然则宫商正也，余声皆倍也；是故从宫以下，孔转浊也。此章记笛孔上下次第之名也。下章律吕相生，笛之制也。正声调法，黄钟为宫。作黄钟之笛，将求宫孔，以姑洗及黄钟律，从笛首下度之，尽二律之长而为孔，则得宫声者。宫生徵，黄钟生林钟也。以林钟之律从宫孔下度之，尽律作孔，则得徵声也。徵生商，林钟生太蔟也。以太蔟律从徵孔上度之，尽律以为孔，则得商声也。商生羽，太蔟生南吕也。以南吕律从商孔下度之，尽律为孔，则得羽声也。羽生角，南吕生姑洗也。以姑洗律从羽孔上行度之，尽律而为孔，则得角声也。然则商孔之上，吹笛者左手前不及也。从羽孔下行度之，尽律而为孔，亦得角声，出于南附孔之下，则吹者右手所不逮也，故不作角孔。推而下之，复倍其均，是以角声在笛体中，古之制也。音家旧法，虽一倍再倍，但令均同，适足于唱和之声，无害于曲均故也。《国语》曰：匏竹利器，议宜，谓便于事用从宜者也。角生变宫，姑洗生应钟也。上句所谓当为角孔而出于商下者墨点识之，以应律也。从此点下行度之，尽律为孔，则得变宫之声也。变宫生变徵，应钟生蕤宾也。以蕤宾律从变宫下度之，尽律为孔，则得变徵之声。十二笛之制，各以其宫为主，相生之法，或倍或半，其便事用，例皆一者也。

下徵调法：林钟为宫，第四孔也。本正声黄钟之徵。徵清，当在宫上，用笛之宜，倍令浊下，故曰下徵。下徵更为宫者，《记》所谓"五声，十二律还相为宫"也。然则正声清，下徵为浊也。南吕为商，第三孔也。本正声黄钟之羽，合为下徵之商也。应钟为角，第二孔也。本正声黄钟之变法，今为下徵之角也。黄钟为变徵，下徵之调，林钟为宫，大吕当为变徵，而黄钟笛本无大吕之声，故假用黄钟以为变徵也。假用之法，当为变徵之声，则俱发黄钟及太蔟、应钟三孔。黄钟应浊而太蔟清，大吕律在二律之间，俱发三孔而徵枪磏之，则得大吕变徵之声矣。诸笛下徵调求变徵之法，皆如此也。**太蔟为徵**，笛后出孔。本正声之商，今为下徵之徵也。**姑洗为羽**，笛体中翁声。本正声之角，今为下徵之羽。**蕤宾为变宫**。附孔是也。本正声之变徵也，今为下徵之变宫也。然则正声之调，孔转下转浊；下徵之调，孔转上转清也。

清角之调：以姑洗为宫，即是笛体中翁声。于正声为角，于下徵为羽。清角之调乃以为宫，而哨吹令清，故曰清角。惟得为宛诗谣俗之曲，不合雅乐也。**蕤宾为商**，正也。**林钟为角**，非正也。**南吕为变徵**，非正也。**应钟为徵**，正也。**黄钟为羽**，非正也。**太蔟为变宫**。非正也。清角之调，准宫、商及徵与律相应，余四声非正者皆浊，一律哨吹令清，假而用之，其例一也。

凡笛体用角律，其长者八之，蕤宾、林钟也。**短者四之**。其余十笛，皆四角也。**空中实容**，长者十六。短笛竹宜受八律之黍也。若长短大小不合于此，或器用不便声均法度之齐等也。然笛竹率上大下小，不能均法度齐，必不得也，取其声均合。**三宫**，一曰正声，二曰下徵，三曰清角也。**二十一变**也。宫有七声，错综用之，故二十一变也。诸笛例皆一者也。**伏孔四，所以便事用也**。一曰正角，出于商上者也；二曰倍角，近笛下者也；三曰变宫，近于宫孔，倍令下者也；四曰变徵，远于徵孔，倍令高者也。或倍或半，或四分一，取则于琴徵也。四者皆不作其孔，而取其度，以近进退上下之法，所以协声均，便事用也。其本孔隐而不见，故曰伏孔也。

大吕之笛，正声应大吕，下徵应夷则，长二尺六寸六分三厘有奇。

太蔟之笛，正声应太蔟，下徵应南吕，长二尺五寸三分一厘有奇。

夹钟之笛，正声应夹钟，下徵应无射，长二尺四寸。

姑洗之笛，正声应姑洗，下徵应应钟，长二尺二寸三分三厘有奇。

蕤宾之笛，正声应蕤宾，下徵应大吕，长三尺九寸九分五厘有奇。变宫近宫孔，故倍半令下，便于用也。林钟亦如之。

林钟之笛，正声应林钟，下徵应太蔟，长三尺七寸九分七厘有奇。

夷则之笛，正声应夷则，下徵应夹钟，长三尺六寸。变宫之法，京如蕤宾,体用四角,故四分益一也。

南吕之笛,正声应南吕,下徵应姑洗,长三尺三寸七分。

无射之笛,正声应无射,下徵应中吕,长三尺二寸。

应钟之笛,正声应应钟,下徵应蕤宾,长三尺九寸九分六厘有奇。

五音十二律

土音宫,数八十一,为声之始。属土者,以其最浊,君之象也。季夏之气和,则宫声调。宫乱则荒,其君骄。黄钟之宫,律最长也。

火音徵,三分宫去一以生,其数五十四。属火者,以其徵清,事之象也。夏气和,则徵声调。徵乱则哀,其事勤也。

金音商,三分徵益一以生,其数七十二。属金者,以其浊次宫,臣之象也。秋气和,则商声调。商乱则诐,其官坏也。

水音羽,三分商去一以生,其数四十八。属水者,以为最清,物之象也。冬气和,则羽声调。羽乱则危,其财匮也。

木音角,三分羽益一以生,其数六十四。属木者,以其清浊中,人之象也。春气和,则角声调。角乱则忧,其人怨也。

凡声尊卑,取象五行,数多者浊,数少者清;大不过宫,细不过羽。

十一月,律中黄钟,律之始也,长九寸。仲冬气至,则其律应,所以宣扬六气九德也。班固三分损一,下生林钟。

十二月,律中大吕,司马迁未下生之律,长四寸二百四十三分寸之五十二,倍之为八寸分寸之一百四。季冬气至,则其律应,所以助宣物也。三分益一,上生夷则;京房三分损一,下生夷则。

正月,律中太蔟,未上生之律,长八寸。孟春气至,则其律应,所以赞扬出滞也。三分损一,下生南吕。

二月,律中夹钟,酉下生之律,长三寸二千一百八十七分寸之一千六百三十一,倍之为七寸分寸之一千七十五。仲春气至则其律应,所以出四隙之细也。三分益一,上生无射;京房三分损一,下生无射。

三月,律中姑洗,酉上生之律,长七寸九分寸之一。季春气至,则其律应,所以修洁百物,考神纳宾也。三分损一,下生应钟。

四月,律中中吕,亥下生之律,长三寸万九千六百八十三分寸之六千四百八十七,倍之为六寸万九千六百八十三分寸之万二千九百七十四。孟夏气至,则其律应,所以宣中气也。

五月,律中蕤宾,亥上生之律,长六寸八十一分寸之二十六。仲夏气至,则其律应,所以安静人神,献酬交酢也。三分损一,下生大吕;京房三分益一,上生大吕。

六月,律中林钟,丑下生之律,长六寸。季夏气至,则其律应,所以和展百物,俾莫不任肃纯恪也。三分益一,上生太蔟。

七月,律中夷则,丑上生之律,长五寸七百二十九分寸之四百五十一。孟秋气至,则其律应,所以咏歌九则,平百姓而无贷也。三分损一,下生夹钟;京房三分益一,上生夹钟。

八月,律中南吕,卯下生之律,长五寸三分寸之一。仲秋气至,则其律应,所以赞扬季也。三分益一,上生姑洗。

九月,律中无射,卯上生之律,长四寸六分千五百六十一分寸之六千五百二十四。季秋气至,则其律应,所以宣布哲人之令德,示人轨仪也。三分损一,下生中吕;京房三分益一,上生中吕。

十月,律中应钟,巳下生之律,长四寸二十七分寸之二十。孟冬气至,则其律应,所以均利器用,俾应复也。三分益一,上生蕤宾。

淮南、京房、郑玄诸儒言律历,皆上下相生,至蕤宾又重上生大吕,长八寸二百四十三分寸之百四;夷则上生夹钟,长七寸千一百八十七分寸之千七十五;无射上生中吕,长六寸万九千六百八十二分寸之万二千九百七十四:此三吕于司马迁、班固所生之寸数及分皆倍焉,余则并同。斯则泠州鸠所谓六间之道,扬沉伏,黜散越,假之为用者也。变通相半,随事之宜,赞助之法也。

凡音声之体,务在和韵,益则加倍,损则减半,其于本音恒无爽。然则言一上一下者,相生之道也;言重上生者,吹候之用也。于蕤宾重上生者,适会为用之数,故言律者因焉,非相生之正也。

杨子云曰："声生于日，谓甲己为角，乙庚为商，景辛为徵，丁壬为羽，戊癸为宫也。律生于辰，谓子为黄钟，丑为大吕之属也。声以情质，质，正也。各以其行本情为正也。律以和声，当以律管终均和其清浊之声。声律相协而八音生。协，和也。"宫、商、角、徵、羽，谓之五声。金、石、匏、革、丝、竹、土、木，谓之八音。声和音谐，是谓五乐。

夫阴阳和则景至，律气应则灰除。是故天子常以冬夏至日御前殿，合八能之士，陈八音，听乐均，度晷景，候钟律，权土灰，效阴阳。冬至阳气应则灰除，是故乐均清，景长极，黄钟通，土灰轻而衡仰。夏至阴气应则乐均浊，景短极，蕤宾通，土炭重而衡低。进退于先后五日之中，八能各以候状闻，太史令封上。效则和，否则占。

候气之法，为室三重，户闭，涂衅周密，布缇幔。室中以木为案，每律各一，同房中外高，从其方位，加律其上，以葭莩灰抑其内端，案历而候之：气至者灰去；其为气所动者，其灰散；人及风所动者，其灰聚。殿中候用玉律十二，惟二至乃候。灵台用竹律。杨泉记云："取弘农宜阳县金门山竹为管，河内葭莩为灰。"或云以律著室中，随十二辰埋之，上与地平，以竹莩灰实律中，以罗縠覆律吕，气至吹灰动縠。小动为和；大动，君弱臣强；不动，君严暴之应也。

审度

起度之正，《汉志》言之详矣。武帝泰始九年，中书监荀勖校太乐，八音不和，始知后汉至魏，尺长于古四分有余。勖乃部著作郎刘恭依《周礼》制尺，所谓古尺也。依古尺更铸铜律吕，以调声韵。以尺量古器，与本铭尺寸无差。又，汲郡盗发六国时魏襄王冢，得古周时玉律及钟、磬，与新律声韵暗同。于时郡国或得汉时故钟，吹律命之皆应。勖铭其尺曰："晋泰始十年，中书考古器，揆校今尺，长四分半。所校古法有七品：一曰姑洗玉律，二曰小吕玉律，三曰西京铜望臬，四曰金错望臬，五曰铜斛，六曰古钱，七曰建武铜尺。姑洗微强，西京望臬微弱，其与此尺同。"铭八十二字。此尺者，勖新尺也，今尺者，杜夔尺也。

荀勖造新钟律，与古器谐韵，时人称其精密。惟散骑侍郎陈留阮咸讥其声高，声高则悲，非兴国之音，亡国之音。亡国之音哀以思，其人困。今声不合雅，惧非德正至和之音，必古今尺有长短所致也。会咸病卒，武帝以勖律与周汉器合，故施用之。后始平掘地得古铜尺，岁久欲腐，不知所出何代，果长勖尺四分，时人服咸之妙，而莫能厝意焉。

史臣案：勖于千载之外，推百代之法，度数既宜，声韵又契，可谓切密，信而有征也。而时人寡识，据无闻之一尺，忽周汉之两器，雷同臧否，何其谬哉!《世说》称"有田父于野地中得周时玉尺，便是天下正尺，荀勖试以校己所治金石丝竹，皆短校一米。"又，汉章帝时，零陵文学史奚景于泠道舜祠下得玉律，度以为尺，相传谓之汉官尺。以校荀勖尺，勖尺短四分；汉官、始平两尺，长短度同。又，杜夔所用调律尺，比勖新尺，得一尺四分七厘。魏景元四年，刘徽注《九章》云：王莽时刘歆斛尺弱于今尺四分五厘，比魏尺其斛深九寸五分五厘；即荀勖所谓今尺长四分半是也。元帝后，江东所用尺，比荀勖尺一尺六分二厘。赵刘曜光初四年铸浑仪，八年铸土圭，其尺比荀勖尺一尺五分。荀勖新尺惟以调音律，至于人间未甚流布，故江左及刘曜仪表，并与魏尺略相依准。

嘉量

《周礼》："栗氏为量，釜深尺，内方尺而圆其外，其实一釜。其臀一寸，其实一豆。其耳三寸，其实一升。重一钧，其声中黄钟。概而不税。其铭曰：'时文思索，允臻其极。嘉量既成，以观四国。永启厥后，兹器维则。'《春秋左氏传》曰："齐旧四量，豆、区、釜、钟。四升曰豆，各自其四，以登于釜。"四豆为区，区斗六升也。四区为釜，六斗四升也。釜十则钟，六十四斗也。郑玄以为釜方尺，积千寸，比《九章粟米法》少二斗八十一分升之二十二。以算术考之，古斛之积凡一千五百六十二寸半，方尺而圆其外，减傍一厘八毫，其径一尺四寸一分四毫七秒二忽有奇，而深尺，即古斛之制也。

《九章商功法》程粟一斛，积二千七百寸；米一斛，积一千六百二十七寸；菽答麻麦一斛，积二千四百三十寸。此据精粗为率，使价齐,而不等其器之积寸也。以米斛为正,则同于《汉志》。

　　魏陈留王景元四年,刘徽注《九章商功》曰:"当今大司农斛,圆径一尺三寸五分五厘,深一尺,积一千四百四十一寸十分寸之三。王莽铜斛,于今尺为深九寸五分五厘,径一尺三寸六分八厘七毫,以徽术计之,于今斛为容九斗七升四合有奇。"魏斛大而尺长,王莽斛小而尺短也。

衡权

　　衡权者,衡,平也;权,重也。衡所以任权而均物,平轻重也。古有黍、累、锤、锱、镮、钧、锊、溢之因,历代参差。汉志言衡权名理甚备,自后变更,其详未闻。元康中,裴頠以为医方人命之急,而称两不与古同,为害特重,宜因此改治权衡,不见省。赵石勒十八年七月,造建德殿,得圆石,状如水碓,铭曰:"律权石,重四钧,同律度量衡。有辛氏造。"续咸议,是王莽时物。

晋书卷一七
志第七

律历中

　　昔者圣人拟宸极以运璇玑，揆天行而序景曜，分辰野，辨曛历，敬农时，兴物利，皆以系顺两仪，纪纲万物者也。然则观象设卦，扐闰成爻，历数之原，存乎此也。逮乎炎帝，分八节以始农功，轩辕纪三纲而阐书契，乃使羲和占日，常仪占月，车区占星气，伶伦造律吕，大挠造甲子，隶首作算数。容成综斯六术，考定气象，建五行，察发敛，起消息，正闰余，述而著焉，谓之《调历》。洎于少昊，则凤鸟司历；颛顼则南正司天；陶唐则分命羲和；虞舜则因循尧法。及夏殷承运，周氏应期，正朔既殊，创法斯异。《传》曰："火出，于夏为三月，于商为四月，于周为五月。"是故天子置日官，诸侯有日御，以和万国，以协三辰。至乎寒暑晦明之征，阴阳生杀之数，启闭升降之纪，消息盈虚之节，皆应曛次而无淫流，故能该浃生灵，堪舆天地。

　　周德既衰，史官失职，畴人分散，机祥不理。秦并天下，颇推五胜，自以获水德之瑞，用十月为正。汉氏初兴，多所未暇，百有余载，袭秦正朔。爰及武帝，始诏司马迁等议造《汉历》，乃行夏正。其后刘歆更造《三统》，以说《左传》，辩而非实，班固惑之，采以为志。逮光武中兴，太仆朱浮数言历有乖谬，于时天下初定，未能详考。至永平之末，改行《四分》，七十余年，仪式乃备。及光和中，乃命刘洪、蔡邕共修律历，其后司马彪因之，以继班史。今采魏文黄初已后言历数行事者，以续司马彪云。

汉灵帝时，会稽东部尉刘洪，考史官自古迄今历注，原其进退之行，察其出入之验，视其往来，度其终始，始悟《四分》于天疏阔，皆斗分太多故也。更以五百八十九为纪法，百四十五为斗分，作《乾象法》，冬至日日在斗二十二度，以术追日、月、五星之行，推而上则合于古，引而下则应于今。其为之也，依《易》立数，遁行相号，潜处相求，名为《乾象历》。又创制日行迟速，兼考月行，阴阳交错于黄道表里，日行黄道，于赤道宿度复进有退。方于前法，转为精密矣。献帝建安元年，郑玄受其法，以为穷幽极微，又加注释焉。

魏文帝黄初中，太史令高堂隆复详议历数，更有改革。太史丞韩翊以为《象》减斗分太过，后当先天，造《黄初历》，以四千八百八十三为纪法，千二百五为斗分。

其后尚书令陈群奏，以为：“历数难明，前代通儒多共纷争。《黄初》之元以《四分历》久远疏阔，大魏受命，宜改历明时，韩翊首建，犹恐不审，故以《乾象》互相参校。其所校日月行度，弦望朔晦，校历三年，更相是非，无时而决。案三公议皆综尽典理，殊涂同归，欲使效之璇玑，各尽其法，一年之间，得失足定。”奏可。

太史令许芝云：“刘洪月行术用以来且四十余年，以复觉失一辰有奇。”

孙钦议：“史迁造《太初》，其后刘歆以为疏，复为《三统》。章和中，改为《四分》，以仪天度，考合符应，时有差跌，日蚀觉过半日。至平中，刘洪改为《乾象》，推天七曜之符，与天地合其叙。”

董巴议云：“圣人迹太阳于晷景，效太阴于弦望，明五星于见伏，正是非于晦朔。弦望伏见者，历数之纲纪，检验之明者也。”

徐岳议：“刘洪以历后天，潜精内思二十余载，参校汉家《太初》、《三统》、《四分》历术，课弦望于两仪郭间。而月行九岁一终，谓之九道；九章，百七十一岁，九道小终；九九八十一章，五百六十七分而九终，进退牛前四度五分。学者务追合《四分》，但减一道六十三分，分不下通，是以疏阔，皆由斗分多故也。课弦望当以昏明度月所在，则知加时先后之意，不宜用两仪郭间。洪加《太初》元十二纪，减十斗下分,元起己丑,又为月行迟疾ﾒ会及黄道去极度、五星术,理实精密,信可长行。今韩翊所造,皆用洪法,小益斗下分,所错无几。翊所增减,致亦留思,然十术新立,犹未就悉,至于日蚀,有不尽效。效历之要,要在日蚀。熹平之际,时洪为郎,欲改《四分》,先上验日蚀:日蚀在晏,加时在辰,蚀从下上,三分侵二。事御之后如洪言,海内识真,莫不闻见,刘歆已来,未有洪比。

　　夫以黄初二年六月二十七日戊辰加时未日蚀,《乾象术》加时申半强,于消息就加未,《黄初》以为加辛强,《乾象》后天一辰半强为近,《黄初》二辰半为远,消息与天近。三年正月景寅朔,加时申北日蚀,《黄初》加酉弱,《乾象》加午少,消息加未,《黄初》后天半辰近,《乾象》先天二辰少弱,于消息先天一辰强,为远天。三年十一月二十九日庚寅加时西南维日蚀,《乾象》加未初,消息加申,《黄初》加未强,《乾象》先天一辰远,《黄初》先天半辰近,消息《乾象》近中天。二年七月十五日癸未,日加壬月加景蚀,《乾象》月加申,消息加未,《黄初》月加子强,入甲申日,《乾象》后天二辰,消息后一辰为近,《黄初》后天六辰远。三年十月十五日乙巳,日加丑月加未蚀,《乾象》月加巳半,于消息加午,《黄初》以景午月加酉强,《乾象》先天二辰近,《黄初》后天二辰强为远,于消息于《乾象》先一辰。凡课日月蚀五事,《乾象》四远,《黄初》一近。”

　　翊于课难徐岳:“《乾象》消息但可减,不可加。加之无可说,不可用。”岳云:“本术自有消息,受师法,以消息为奇,辞不能改,故列之正法消息。”翊术自疏。

　　木以三年五月二十四日丁亥晨见;《黄初》五月十七日庚辰见,先七日;乾象五月十五日戊寅见,先九日。土以二年十一月二十五日壬辰见;《乾象》十一月二十八日丁亥见,先五日;《黄初》十一月十八日甲申见,先八日。

　　土以三年十月十一日壬申伏;《乾象》同,壬申伏;《黄初》已下十月八日戊辰伏,先四日。

　　土以三年十一月二十二日壬子见;《乾象》十一月十五日乙巳见,

先七日；《黄初》十一月十二日壬寅见，先十日。

金以三年闰六月十五日丁丑晨伏；《乾象》六月二十五日戊午伏，先十九日；《黄初》六月二十二日乙卯伏，先二十三日。

金以三年九月十一日壬寅见；《乾象》以八月十八日庚辰见，先二十三日；《黄初》八月十五日丁丑见，先二十五日。

水以二年十一月十七日癸未晨见；《乾象》十一月十三日巳卯见。先四日；《黄初》十一月十二日戊寅见，先五日。

水以二年十二月十三日巳酉晨伏；《乾象》十二月十五日辛亥伏，后二日；《黄初》十二月十四日庚戌伏，后一日。

水以三年五月十八日辛巳夕见；《乾象》亦以五月十八日见；《黄初》五月十七日庚辰见，先一日。

水以三年六月十三日景午伏；《乾象》六月二十日癸丑伏，后七日；《黄初》六月十九日壬子伏，后六日。

水以三年闰六月二十五日丁亥晨见；《乾象》以闰月九日辛未见，先十六日，《黄初》闰月八日庚午见，先十七日。

水以三年七月七日巳亥伏；《乾象》七月十一日癸卯伏，后四日；《黄初》以七月十日壬寅伏，后三日。

水以三年十一月日于昼度十四日甲辰伏；《乾象》以十一月九日巳亥伏，先五日；《黄初》十一月八日戊戌伏，先六日。

水以三年十二月二十八日戊子夕见；二历同以十二月壬申见，俱先十六日。

凡四星见伏十五。《乾象》七近二中，《黄初》五近一中。

郎中李恩议："以太史天度与相覆校，二年七月、三年十一月望与天度日皆差异，月蚀加时乃后天六时半，非从三度之谓，定为后天过半日也。"

董巴议曰："昔伏羲始造八卦，作三画，以象二十四气。黄帝因之，初作《调历》。历代十一，更年五千，凡有七历。颛顼以今之孟春正月为元，其时正月朔旦立春，五星会于天历，营室也，冰冻始泮，蛰虫始发，鸡始三号，天曰作时，地曰作昌，人曰作乐，鸟兽万物莫不应和，故颛顼圣人为历宗也。汤作《殷历》，弗复以正月朔旦立春为节也，更以十一月朔旦冬至为元首，下至周鲁及汉，皆从其节，据正四时。夏为得天，以承尧舜，从颛顼故也。《礼记·大戴》曰'虞夏之历，建正于孟春'，此之谓也。"

杨伟请："六十日中疏密可知，不待十年。若不从法，是校方员弃规矩，考轻重背权衡，课长短废尺寸，论是非违分理。若不先定校历之本法，而悬听弃法之末争，则孟轲所谓'方寸之基，可使高于岑楼'者也。今韩翊据刘洪术者，知贵其术，珍其法。而弃其论，背其术，废其言，违其事，是非必使洪奇妙之式不传来世。若知而违之，是挟故而背师也；若不知据之，是为挟不知而罔知也。"校议未定，会帝崩而寝。

至明帝景初元年，尚书郎杨伟造《景初历》。表上，帝遂改正朔，施行伟历，以建丑之月为正，改其年三月为孟夏，其孟、仲、季月虽与夏正不同，至于郊祀搜狩，班宣时令，皆以建寅为正。三年正月帝崩，复用夏正。

其刘氏在蜀，仍汉《四分历》。吴中书令阚泽受刘洪《乾象法》于东莱徐岳，又加解注。中常侍王蕃以洪术精妙，用推浑天之理，以制仪象及论，故孙氏用《乾象历》，至吴亡。

武帝践阼，泰始元年，因魏之《景初历》，改名《泰始历》。杨伟推五星尤疏阔，故元帝渡江左以后，更以乾象五星法代伟历。自黄初已后，改作历术，皆斟酌乾象所减斗分、朔余、月行阴阳迟疾，以求折衷。洪术为后代推步之师表，故先列之云。

乾象历

上元己丑以来，至建安十一年景戌，岁积七千三百七十年。

乾法，千一百七十八。

会通，七千一百七十一。

纪法，五百八十九。

周天，二十一万五千一百四十。

通法，四万三千二十六。

通数，四十一。

日法,四百五十七。

岁中,十二。

余岁,三千九十。

章岁,十九。

没法,百三。

章闰,七。

会数,四十七。

会岁,八百九十三。

章月,二百四十五。

会率,千八百八十二。

朔望合数,九百四十一。

会日,万一千四十五。

纪月,七千二百八十五。

元月,一万四千五百七十。

月周,七千八百七十四。

小周,二百五十四。

推入纪

置上元尽所求年,以乾法除之,不满乾法,以纪法除之,余不满纪法者,入内纪甲子年也。满法去之,入外纪甲午年也。

推朔

置入纪年,外所求,以章月乘之,章岁而一,所得为定积月,不尽为闰余。闰余十二以上,岁有闰。以通法乘定积月,为假积日,满日法为定积日,不尽为小余。以六旬去积日,为大余,命以所入纪,算外,所求年天正十一月朔日也。

求次月,加大余二十九,小余七百七十三,小余满日法从大余。小余六百八十四已上,其月大。

推冬至

置入纪年,外所求,以余数乘之,满纪为大余,不尽为小余。以六旬去之,命以纪,算外,天正冬至日也。

求二十四气

置冬至小余,加大余十五,小余五百一十五,满二千三百五十六从大余,命如法。

推闰月

以闰余减章岁,余以岁中乘之,满章闰为一月。不尽,半法已上亦一,有进退,以无中月。

推弦望

加大余七,小余五百五十七半,小余如日法从大余,余命如前,得上弦。又加得望,又加得下弦,又加得后月朔。其弦望定小余四百一以下,以百刻乘之,满日法得一刻,不尽什之,求分,以课所近节气夜漏未尽,以算上为日。

推没

置入纪年,外所求,以余数乘之,满纪法为积没,有余加尽积为一。以会通乘之,满没法为大余,不尽为小余。大余命以纪,算外,冬至后没日。求次没,加大余六十九,小余六十,满其法大余,无分为灭。

推日度

以纪法乘积日,满周天去之,余以纪法除之,所得为度。命度以牛前五度起,宿次除之,不满宿,即天正夜半日所在。求次日,加一度。经斗除分;分少,损一度为纪法,加焉。

推月度

以月周乘积日,满周天去之,余满纪法为度,不尽为分,命如上,则天正朔夜半月所在度。求次月,小月加度二十二,分二百五十八。大月又加一日,度十三,分二百一十七,满法得一度。其冬下旬,夕在张、心署之。

推合朔度

以章岁乘朔小余,满会数为大分;不尽,小分。以大分从朔夜半日分,满纪法从度,命如前,天正合朔日月所共会也。求次月,加度二十九,大分三百一十二,小分满会数大分,大分满纪法从度,经斗除大分。求弦望日所在度,加合朔度七,分二百二十五,小分十七半,大小分及度命如前,则上弦日所在度。又加得望、下弦、后月合。求弦望月行所在度,加合朔度九十八,大分四百八,小分四十一,大小分及度命如前合朔,则上弦月所在。又加得望、下弦、后月合。求日月昏明度,日以纪法,月以月周,乘所近节气夜漏,二百而一为明分。日以减纪法,月以减月周,余为昏分。各以加夜半,如法为度。

推月蚀

置上元年,外所求,以会岁去之,其余年以会率乘之,如会岁为积蚀,有余加积一。会月乘之,如会率为积月,不尽为月余。以章闰乘余年,满章月为积闰,以减积月,余以岁中去之,不尽,数起天正。求次蚀,加五月,月余千六百三十五,满会率得一月,月以望。

推卦用事日

因冬至大余,倍其小余,坎用事日也。加小余千七十五,满乾法从大余,中孚用事日也。求次卦,各加大余六,小余百三。其四正各因其中日,而倍其小余。

推五行用事

置冬至大小余,加大余二十七,小余九百二十七,满二千三百五十六从大余,得土用事日也。加大余十八,小余六百一十八,得立春木用事日。加大余七十三,小余百一十六,复得土。又加土如得其火。金、水放此。

推加时

以十二乘小余,满其法得一度辰,数从子起,算外,朔、弦、望以定小余。

推漏刻

以百乘小余,满其法得一刻,不尽什之,求分,课所近节气,起夜分尽;夜上水未尽,以所近言之。推有进退,进加退减所得也。进退有差,起分度后二,率四度转增少,少每半者,三而转之,差满三止,历五度而减如初。

月行三道术

　　月行迟疾，周进有恒。会数从天地凡数，乘余率自乘，如会数而一，为过周分。以从周天，月周除之，历日数也。迟疾有衰，其变者势也。以衰减加月行率，为日转度分。衰左右相加，为损益率。益转相益，损转相损，盈缩积也。半小周乘通法，如通数而一，以历周减焉，为朔行分也。

日转度分	列衰	损益率	盈缩积	月行分
一日十四度十分	一退减	益二十二	盈初	三百七十六
二日十四度九分	二退减	益二十二	盈二十二	二百七十五
三日十四度七分	三退减	益十九	盈四十三	二百七十三
四日十四度四分	四退减	益十六	盈六十三	二百七十
五日十四度八分	四退减	益十二	盈七十八	二百六十六
六日十三度十五分	四退减	益八	盈九十	二百六十二
七日十三度十一分	四退减	益四	盈九十八	二百五十八
八日十三度七分	四退减	损四	盈百二	二百五十四
九日十三度三分	四退减	损四	盈百二	二百五十
十日十二度十八分	三退减	损八	盈九十八	二百四十六
十一日十二度十五分	四退加	损十一	盈九十	二百四十三
十二日十二度十一分	三退加	损十五	盈七十九	二百四十九

十三日十二度八分	二退加	损十八	盈六十四	二百四十六
十四日十二度六分	一退加	损二十	盈三十六	二百三十四
十五日十二度五分	一退加	损二十一	盈二十六	二百四十三
十六日十二度六分	二退减	损二十 损不足及减五为益，盈有五谓益而损缩初二十，故不足。	盈五缩初	二百四十四
十七日十二度八分	三退减	益十八	缩十五	三百三十六
十八日十二度十一分	四进减	益十三	缩三十三	二百三十九
十九日十二度十五分	二进减	益十一	缩四十八	二百四十三
二十日十三度十八分	四进减	益八	缩五十九	二百四十六
二十一日十三度三分	四进减	益四	缩六十七	二百五十
二十二日十三度七分	四进加	损	缩七十一	二百五十四
二十三日十三度十一分	四进加	损四	缩七十一	二百五十八
二十四日十三度十五分	四进加	损八	缩六十七	二百六十二
二十五日十四度	四进加	损十三	缩五十九	二百六十六

二十六日十四度四分	三进加	损十六	缩三十七	二百七十
二十七日十四度七分	三历初进加三大周日	损十九	缩三十一	二百七十三
周日十四度九分	少进加	损二十一	缩十二	二百七十五

周日分,三千三百三。

周虚,二千六百六十六。

周日法,五千九百六十九。

通周,十八万五千三十九。

历周,十六万四千四百六十六。

少大法,一千一百一。

朔行大分,一千八百一。

周半,一百二十七。

推合朔入历

以上元积月乘朔行大小分,小分满通数四十一从大分,满历周去之,余满周法得一日,不尽为日余。日余命算外,所求合朔入历也。求次月,加一日,日余五千二百三十三,小分二十五。求弦望,各加七日,日余二千八百八十三,小分二十九半,分各如法成日,日满二十七日去之。余如周分。不足除,减一日,加周虚。

求弦望定大小余

置所入历盈缩称,以通周乘之为实。令通数乘日余分,以乘损益率,以损益实,为加时盈缩也。章岁减月行分,乘周半为差法,以除之,所得盈减缩加大小余,小余如日法盈不足,朔加时在前后日。弦望进退大余,为定小余。

求朔弦望加时定度

以章岁乘加时盈缩,差法除之,所得满会数为盈缩大小,以盈减缩加本日月所在,盈不足,以纪法进退度,为日月所在定度分。

推月行夜半入历

以周半乘朔小余,如通数而一,以减入历日余。余不足,加周法而减焉,却一日。却得周日加其分,即得夜半入历。求次日,转一日,因日余到二十七日,日余满周日分去之,不直周日也。其不满直之,加周虚于余,余皆次日入历日余也。

求月夜半定度

以夜半入历日余,乘损益率,如周法得一,不尽为余,以损益盈缩积,余无所损,破全为法损之,为夜半盈缩也。满章岁为度,不尽为分。通数乘分及余,余如周法从分,分满纪法从度,以盈加缩减本夜半度及余,为定度。

求变衰法

以入历日余乘列衰,如周法得一,不尽为余,即各知其日变衰也。

求次历

以周虚乘列衰,如周法为常数,历竟,辄以加率衰,满列衰去之,转为次历率衰也。

求次日夜半定度

以变衰进加退减历日转分,分盈不足,章岁出入度也。通数乘分及余,而日转加夜定度,为次日也。竟历不直周日,减余千三十八,乃以通数乘之;直周日者加余八百三十七,又以少大分八百九十九,加次历变衰,转求如前。

求次日夜半盈缩

以变衰减加损日益,为变损益率,而以转损益夜半盈缩。历竟损不足,反减为入次历,减加余如上数。

求昏明月度

以历月行分乘所近节气夜漏,二百而一为分。以减月行分为昏分。分如章岁为度,以通数乘分以昏后,以明加夜半定度,余分半法以上成,不满废之。

求月行迟疾

月经四表，出入三道，交错分天，以月率除之，为历之日。周天乘朔望合，如会月而一，朔合分也。通数乘合数，余如会数而一，退分也。以从月周，为日进分。会数而一，为差率也。

阴阳历	衰	损益率	兼数
一日	一减	益十七	初
二日	一减	益十六	十七
三日	三减	益十五	三十七
四日	四减	益十二	三十八
五日	四减	益八	六十
六日	三减	益四	六十八
七日	三减	益一	七十二
	减不足，反损为加，谓益有一，当减三，为不足。	过极损之，谓月行半周，一度已过极，则当损之。	
八日	四加	损二	七十三
九日	四加	损六	七十一
十日	三加	损十	六十五
十一日	二加	损十三	五十五
十二日	一	损十五	三十二
十三日	一加	损十六	大二十七
限余三千九百一十三，微分千七百五十二。	历初大，分日。		

此为后限。

分日	少加小者	损十六	大十一
五千二百两三			

少大法，四百七十三。

历周,十万七千五百六十五。

差率,万一千九百八十六。

朔合分,万八千三百二十八。

征分,九百一十四。

征分法,二千二百九。

推朔入阴阳历

以会月去上元积月,余以朔合分及征分各乘之,征分余其法从合分,合分满周天去之,其余不满历周者,为入阳历;满去之,余为入阴历。余皆如月周得一日,算外,所求月合朔入历,不尽为日余。求次月,加二日,日余二千五百八十,征分九百一十四,如法成日,满十三去之,除余如分日。阴阳历竟互入端,入历在前限余前,后限后者月行中道也。

求朔望定数

各置入迟疾历盈缩大小分,会数乘小分为征,盈减缩加阴阳日余,日余盈不足,进退日而定。以定日余乘损益率,如月周得一,以损益数,为加时定数。

推夜半入历

以差率乘朔小余,如征分法得一,以减入历日余,不足,加月周而减之,却得分日加其分,以会数约征分为小分,即朔日夜半入历。日,日余三十一,小分如会数从余,余满月周去之,又加一日,历竟下,日余满分日去之,为入历初也。不满分日者直之,加余二千七百二,小分三十一,为入次历。

求夜半定日

以通数乘入迟疾历夜半盈缩及余,余满半为小分,以盈加缩减入阴阳日余,日盈不足,以月周进退日而定也。以定日余,损益兼数,为夜半定数也。

求昏明数

以损益率乘所近节气夜漏,二百而一为明,以减损益率为昏,而以损益夜半数为昏明定数。

求月去极度

置加时若昏明定数,以十二除之为度,其余三日而一为少,不尽一为强,二少弱也,所得为月去黄道度也。其阳历以加日所在黄道历去极度,阴历以减之,则月去极度。强正弱负,强弱相并,同名相从,异名相消。其相减也,同名相消,异名相从,无对互之,二强进少而弱。

上元己丑以来,至建安十一年景戌,岁积七千三百七十八。

己丑	戊寅	丁卯	景辰	乙巳	甲午	癸未
壬申	辛酉	庚戌	己亥	戊子	丁丑	景寅

推五星

五行:木,岁星;火,荧惑;土,填星;金,太白;水,辰星。各以终日与天度相约,为日率。章岁乘周,为月法。章月乘日,为月分。分如法,为月数。通数乘月法,日度法也。升分乘周率,为升分。日度法用纪法乘同率,故此同以分乘之。

五星朔大余、小余。以通法各乘月数,日法各除之,为大余,不尽为小余。以六十去大余。

五星入月日、日余。各以通法乘月余,以合月法朔小余,并之,会数约之,所得各以日度法除之,则皆是。

生度数、度余。减多为度余分,以周天乘之,以日度法约之,所得为度,不尽为度余,过周天法之及十分。

纪月,七千二百八十五;

章闰,七;

章月,二百三十五;

岁中,十二;

通法,四万三千二十六;

日法,千四百五十七;

会数,四十七;

周天,二十一万五千一百三十;

升分,一百四十五。

木：

周率，六千七百二十二；

日率，七千三百四十一；

合月数，十三；

月余，六万四千八百一；

合月法，十二万七千七百一十八；

日度法，三百九十五万九千二百五十八；

朔大余，二十三；

朔小余，一千三百七；

入月日，十五；

日余，三百三十八万四千四十六；

朔虚分，一百五十；

升分，九十七万四千六百九十；

度数，三十三；

度余，二百五十万九千九百五十六。

火：

周率，三千四百七；

日率，七千二百七十一；

合月数，二十六；

月余，二万五千六百二十七；

合月法，六万四千七百三十三；

日度法，二百万六千七百二十三；

朔大余，四十七；

朔小余，一千一百五十七；

入月日，十二；景初十三。

日余，九十七万三千一十三；

朔虚分，三百；

升分，四十九万四千一十五；

度数，四十八；景初五十。

度余，一百九十九万一千七百六。

土：

周率，三千五百二十九；

日率，三千六百五十三；

合月数，十二；

月余，五万三千八百四十三；

合月法，六万七千五十一；

日度法，二百七万八千五百八十；

朔大余，五十四；

朔小余，五百三十四；

入月，二十四；

日余，十六万六千二百七十二；

朔虚分，九百二十三；

升分，五十一万一千七百五；

度数，十二；

度余，一百七十三万三千一百四十六。

金：

周率，九千二十二；

日率，七千二百一十三；

合月数，九；

月余，十五万二千二百九十三；

合月法，十七万一千四百一十八；

日度法，五百三十一万三千九百五十八；

朔大余，二十五；

朔小余，一千一百二十九；

入月日，二十七；

日余，五万六千九百五十四；

朔虚分，三百二十八；

升分，一百三十万八千一百九十；

度数,二百九十二;

度余,五万六千九百五十四。

水:

周率,一万一千五百六十一;

日率,一千八百三十四;

合月数,一;

月余,二十一万一千三百三十一;

合月法,二十一万九千六百五十九;

日度法,六百八十万九千四百二十九;

朔大余,二十九;

朔小余,七百七十三;

入月日,二十八;

日余,六百三十一万九百六十七;

朔虚分,六百八十四;

升分,一百六十七万六千三百四十五;

度数,五十七;

度余,六百四十一万九百六十七。

推五星

置上元尽所求年,以周率乘之,满日率得一,名积合,不尽为合余。以周率除之,得一,星合往年。二,合前往年。无所得,合其年。合余减周率为度分。金、水积合,奇为晨,偶为夕。

推星合月

以月数、月余各乘积合,满合月法从月,不尽为月余。以纪月去积月,余为入纪月。副以章闰乘之,满章月得一闰,以减入纪月,余以岁中去之,命以天正算外,合月也。其在闰交际,以朔御之。

推入月日

以通法乘月余,合月法乘朔小余,并以会数约之,所得满日度法得一,则星合入月日也。不满为日余,命以朔算外。

推星合度

以周天乘度分，满日度法得一度，不尽为余，命度以牛前五起。

右求星法。

求后合月

以月数加月数，以月余加月余，满合月法得一月，不减满岁中，即合其年；满去之，有余计焉，余为后年；再满，在后二年。金、水加晨得夕，加夕得晨。

求合朔日

以朔大小余，加合月大小余，上成月者，又加大余二十九，小余七百七十三，小余满日法从大余，命如前。

求入月日术

以入月日、日余，加合入月日及余，余满日度法得一日，其前合朔小余满其虚分者，减一日。后小余满七百七十三以上者，去三十日，其余则后合，入月日也。

求后度

以度数加，度余加度余，满日度法得一度。

木：伏三十二日、三百四十八万四千六百四十六分；

　　见三百六十六日；

　　伏行五度二百五十万九千九百五十六分；

　　见行四十度。除逆退十二度，定行二十八度。

火：伏百四十三日九十七万三千一十三分。

　　见六百三十六日；

　　伏行一百一十度四十七万八千九百九十八分；

　　见行三百二十度。除逆十七度，定行三百三度。

土：伏三十三日十六万六千二百七十二分；

　　见三百三十五日；

　　伏行三度百七十三万三千一百四十八分；

　　见行十五度。除逆六度，定行九度。

金：晨伏东方八十二日十一万三千九百八分；

　　见西方二百四十六日；除逆六度，定行二百四十六度。

晨伏行百度十一万三千九百八分；

见东方。日度加西。伏十日，退八度。

水：晨伏三十三日六百一万二千五百五分；

见西方；三十二日。除逆一度，定行三十二度。

伏行六十五六百一万二千五百五分；

见东方。

五星历步

以术法伏日度及余，加星合日度余，余满日度法得一，从今命之如前，得星见日及度也。以星行分母乘见度，余如日度法得一，分不尽半法以上亦得一；而日加所行分，分满其母得一度，逆顺母不同，以当行之母乘故分，如母而一，当行分也。留者承前，逆则减之，伏不尽度，经升除分，以行母为率，分有损益，前后相。凡言如盈约满，皆求实之除也；去及除之，取尽之除也。

木：晨与日合，顺伏，十六日百七十四万二千三百二十三分，行星二度三百二十三万四千六百七分，而晨见东方，在日没后。顺，疾，日行五十八分之十一，五十八日行十一度。更顺，逆，日行九分，五十八日行九度。留，不行二十五日而旋。逆，日行七分之一，八十四日退十二度。复留，二十五日而顺，日行五十八分之九，五十八日行九度。顺，疾，日行十一分，五十八日行十一度，在日前，夕伏西方。十六日百七十四万二千三百二十三分，行星二度三百二十三万四千六百七分，而与日合。凡一终，三百九十八日三百四十八万四千六百四十六分，行星四十三度二百五十万九千九百五十六分。

火：晨与日合，伏，顺，七十一日百四十八万九千八百六十八分，行星五十度百二十四万二千八百六十分半，而晨见东方，在日后。顺，日行二十三分之十四，百八十四日行一百一十二度。更顺，迟，日行二十三分之十二，九十二日行四十八度。留，不行十一日。旋，逆，日行六十二分之十七，六十二日退十七度。日行十二分，九十二日行四十八度。复顺，疾，日行十四分，百八十四日行百一十二度，在日前，夕伏西方。七十一日百四十八万九千八百六十八分，行星五十五度百二十四万二千八百六十分半，而与日合。凡一终，七百七十九日九十七万三千一十三分，行星四百一十四度四十七万八千九十八分。

土：晨与日合，伏，顺，十六日百一十二万二千四百二十六分半，行星一度百九十九万五千八百六十四分半，而晨见东方，在日后。顺，日行三十五分之三百，八十七日半行七度半。留，不行三十四日。旋，逆，日行十七分之一，百二日退六度。复三十四日而顺，日行三分，八十七日逆行七度半，在日前，夕伏西方。十六日百一十二万二千四百二十六分半，行星一度百九十万五千八百六十四分半，而与日合也。凡一终，三百七十八日十六万六千二百七十二分，行星十二度百七十三万三千一百三十八分。

金：晨与日合，伏，逆，五日退四度，而晨见东方，在日后。逆，日行五分度之三，十日退六度。留，不行八日。旋，顺，迟，日行四十六分之三十三，四十六日行三十三度而顺。疾，日行一度九十一分之十五，九十一日行一百六度。更顺，益疾，日行一度九十一分之二十二，九十一日行百一十三度，在日后，晨伏东方。顺，四十一日五万六千九百三十四分行星五十度五万六千九百五十四分，而与日合。二日五万六千九百五十四分，行星亦如之。

金：夕与日合，伏，顺，四十一日五万六千九百五十四分行星五十度五万六千九百五十四分，而夕见西方，在日前。顺，疾，日行一度九十一分之二十二，九十一日行百一十三度。更顺，减疾，日行一度十五分，九十一日行百六度而顺。迟，日行四十六分之三十三，四十六日行三十三度。留，不行八日。旋，逆，日行五分之三，十日退六度，而与日合。凡再合一终，五百八十四日十一万三千九百八分，行星亦如之。

水：晨与日合，伏，逆，九日退七度，而晨见东方，在日后。更逆，疾，一日退一度。留，不行二日。旋，顺，迟，日行九分之八，九日行八度而顺。疾，日行一度四分之一，二十日行二十五度，在日后。晨伏东方，顺，十六日六百四十一万九百六十七分，而与日合。一合，五十七日六百四十一万九百六十七分,行星三十二度六百四十一万九百六十七分,行星亦如之。

水:夕与日合,伏,顺,十六日六百四十一万九百六十七分,而夕见西方,在日前。顺,疾,日行一度四分之一,二十日行二十五度而顺。迟,日行九分之八,九日行八度。留,不行二日。旋,逆,一日退一度,在日前,夕伏西方。逆,迟,九日退七度,与日合。凡再合一终,一百一十五日六百一万二千五百五分,行星亦如之。

晋书卷一八
志第八

律历下

魏尚书郎杨伟表曰："臣览载籍，断考历数，时以纪农，月以纪事，其所由来，遐而尚矣。乃自少昊，则玄鸟司分；颛顼、帝喾，则重黎司天；唐帝、虞舜，则羲和掌日，三代因之，则世有日官。日官司历，则颁之诸侯，诸侯受之，则颁于境内。夏后之世，羲和湎淫，废时乱日，则《书》载《胤征》。由此观之，审农时而重人事，历代然之也。逮至周室既衰，战国横骛，告朔之羊，废而不绍，登台之礼，灭而不遵；闰分乖次而不识，孟陬失纪而莫悟；大火犹西流，而怪蛰虫之不藏也。是时也，天子不协时，司历不协日，诸侯不受职，日御不分朔，人事不恤，废弃农时。仲尼之拨乱于《春秋》，说褒贬纠黜，司历失闰，则讥而书之，登台颁朔，则谓之有礼。自此以降，暨于秦汉，乃复以孟冬为岁首，闰为后九月，中节乖错，时月纰缪，加时后天，蚀不在朔，累载相袭，久而不革也。至武帝元封七年，始乃悟其缪焉，于是改正朔，更历数，使大才通人，更造《太初历》，校中朔所差，以正闰分；课中星得度，以考疏密。以建寅之月为正朔，以黄钟之月为历初。其历斗分太多，后遂疏阔。至元和二年，复用《四分历》，施而行之，至于今日，考察日蚀，率常在晦，是则斗分太多，故先密后疏而不可用也。是以臣前以制典余日，推考天路，稽之前典，验之以蚀朔，详而精之，更建密历，则不先不后，古今中天。以昔在唐帝，协日正时，允厘百工，咸熙庶绩也。欲使当今国之典礼，凡百制度，皆韬合往古，郁然备足，乃改正朔，更历数，以大吕之月为岁首，以建子之月为历初。臣以为昔在往代，则法日《颛顼》，曩自轩辕，则历日《黄帝》，暨至汉之孝武革正朔，更历数，改元曰太初，因名《太初历》。今改元为景初，宜曰《景初历》。臣之所建《景初历》，法数则约要，施用则近密，治之则省功，学之则易知。虽复使研桑心算，隶首运筹，重黎司晷，羲和察景，以考天路，步验日月，究极精微，尽术数之极者，皆未能并臣如此之妙也。是以累代历数，皆疏而不密，自黄帝以来，常改革不已。”

壬辰元以来，至景初元年丁巳岁，积四千四十六，算上。

此元以天正建子黄钟之月为历初，元首之岁，夜半甲子朔旦冬至。

元法，万一千五十八。

纪法，千八百四十三。

纪月，二万二千七百九十五。

章岁，十九。

章月，二百四十五。

章闰，七。

通数，十三万四千六百三十。

日法，四千五百五十九。

余数，九千六百七十。

周天，六十七万三千一百五十。

纪岁中，十二。

气法，十二。

没分，六万七千三百一十五。

没法，九百六十七。

月周，二万四千六百三十八。

通法，四十七。

会通，七十九万百一十。

朔望合数，六万七千三百一十五。

入交限数,七十三万二千七百九十五。

通周,十二万五千六百二十一。

周日日余,二千五百二十八。

周虚,二千三十一。

升分,四百五十五。

甲子纪第一

　　纪首合朔,月在日道里。

　　交会差率四十一万二千九百一十九。

　　迟疾差率,十万三千九百四十七。

甲戌纪第二

　　纪首合朔,月在日道里。

　　交会差率,五十一万六千五百二十九。

　　迟疾差率,七万三千七百六十七。

甲申纪第三

　　纪首合朔,月在日道里。

　　交会差率,六十二万一百三十九。

　　迟疾差率,四万三千五百八十七。

甲午纪第四

　　纪首合朔,月在日道里。

　　交会差率,七十二万三千七百四十九。

　　迟疾差率,一万三千四百七。

甲辰纪第五

　　纪首合朔,月在日道里。

　　交会差率,三万七千二百四十九。

　　迟疾差率,一万八千八百四十八。

甲寅纪第六

　　纪首合朔,月在日道里。

　　交会差率,十四万八百五十九。

　　迟疾差率,十万八千六百六十八。

交会纪差十万三千六百一十。求其数之所生者,置一纪积月,以通数乘之,会通去之,所去之余,纪差之数也。以之转加前纪,则得后。加之未满会通者,则纪首之岁天正合朔月在日道里;满去之,则月在日道表。加表,满在里;加里,满在表。

迟疾纪差三万一百八十。求其数之所生者,置一纪积月,以通数乘之,通周去之,余以减通周,所减之余,纪差之数也。以之转减前纪,则得后。不足减者,加通周。

求次元纪差率,转减前元甲寅纪差率,余则次元甲子纪差率也。求次纪,如上法也。

推朔积月术曰:置壬辰元以来,尽所求年,外所求,以纪法除之,所得算外,所入纪第也,余则入纪年数也。以章月乘之,如章岁而一,为积月,不尽为闰余。闰余十二以上,其年有闰。闰月以无中气为正。

推朔术曰:以通数乘积月,为朔积分。如日法而一,为积日,不尽为小余。以六十去积日,余为大余。大余命以纪,算外,所求年天正十一月朔日也。求次月,加大余二十九,小余二千四百一十九,小余满日法从大余,命如前,次月朔日也。小余二千一百四十以上,其月大也。推弦望,加朔大余七,小余千七百四十四,小分一,小分满二从小余,小余满日法从大余,大余满六十去之,余命以纪,算外,上弦日也。又加,得望、下弦、后月朔。其月蚀望者,定小余如在中节者定小余如所近中节间限数、限数以下者,算上为日。望在中节前后各四日以还者,视限数;望在中节前后各五日以上者,视间限。

推二十四气术曰:置所入纪年,外所求,以余数乘之,满纪法为大余,不尽为小余。大余满六十去之,余命以纪,算外,天正十一月冬至日也。求次气,加大余十五,小余四百二,小分十一,小分满气法从小余,小余满纪法从大余,命如前,次气日也。

推闰月术曰:以闰余减章岁,余以岁中乘之,满章闰得一月;余满半法以上,亦得一月。数从天正十一月起,算外,闰月也。闰有进退,以无中气御之。

大雪十一月节　　　限数千二百四十二
　　　　　　　　　间限千二百四十八

冬至十一月中　　　限数千二百五十四
　　　　　　　　　间限千二百四十五

小寒十二月节　　　限数千二百四十五
　　　　　　　　　间限千二百二十四

大寒十二月中　　　限数千二百一十三
　　　　　　　　　间限千一百九十二

立春正月节　　　　限数千一百七十二
　　　　　　　　　间限千一百四十七

雨水正月中　　　　限数千一百二十九
　　　　　　　　　间限千九十二

惊蛰二月节　　　　限数千六十七
　　　　　　　　　间限千四十六

春分二月中　　　　限数千八
　　　　　　　　　间限九百七十九

清明三月节　　　　限数九百五十一
　　　　　　　　　间限九百二十五

谷雨三月中　　　　限数九百
　　　　　　　　　间限八百七十九

立夏四月节　　　　限数八百五十七
　　　　　　　　　间限八百四十

小满四月中　　　　限数八百二十三
　　　　　　　　　间限八百一十三

芒种五月节　　　　限数八百
　　　　　　　　　间限七百九十九

夏至五月中　　　　限数七百九十八
　　　　　　　　　间限八百一

小暑六月节　　　　限数八百五
　　　　　　　　　间限八百一十五

大暑六月中	限数八百二十五
	间限八百四十五
立秋七月节	限数八百五十九
	间限八百八十三
处暑七月中	限数九百七
	间限九百三十五
白露八月节	限数九百六十三
	间限九百九十三
秋分八月中	限数千二十一
	间限千五十一
寒露九月节	限数千八十
	间限千一百七
霜降九月中	限数千一百三十二
	间限千一百五十七
立冬十月节	限数千一百八十一
	间限千一百九十八
小雪十月中	限数千二百一十五
	间限千二百三十九

推没灭术曰：因冬至积日有小余者，加积一，以没分乘之，以没法除之，所得为大余，不尽为小余。大余满六十去之，余命以纪，算外，即去年冬至后没日也。求次没，加大余六十九，小余五百九十二，小余满没法得一，从大余，命如前。小余尽，为灭也。

推五行用事日：立春、立夏、立秋、立冬者，即木、火、金、水始用事日也。各减其大余十八，小余四百八十三，小分六，命以纪，算外，各四立之前，土用事日也。大余不足减者，加六十；小余不足减者，减大余一，加纪法；小分不足减者，减小余一，加气法。

推卦用事日：因冬至大余，六其小余，即《坎卦》用事日也。加小余万九十一，满元法从大余，即《中孚》用事日也。求坎卦，各加大余六，小余九百六十七。其四正各因其中日，六其小余。

推日度术曰：以纪法乘朔积日，满周天去之，余以纪法除之，所得为度,不尽为分。命度从牛前五起,宿次除之,不满宿,则天正十一月朔夜半日所在度及分也。求次日,日加一度,分不加,经斗除斗分,分少,进退一度。

推月度术曰:以月周乘朔积日,满周天去之,余以纪法除之,所得为度,不尽为分,命如上法,则天正十一月朔夜半月所在度及分也。求次月,小度加度二十二,分八百六;大月又加一日,度十三,分六百七十九;分满纪法得一度,则次月朔夜半月所在度及分也。其冬下旬,月在张、心署之。

推合朔度术曰:以章岁乘朔小余,满通法为大分,不尽为小分。以大分从朔夜半日夜分,满纪法从度,命如前,则天正十一月合朔日月所共合度也。求次月,加度二十九,大分九百七十七,小分四十二,小分满通法从大分,大分满纪法从度,经斗除其分,则次月合朔日月所共合度也。

推弦望日所在度:加合朔度七,大分七百五,小分十,微分一,微分满二从小分,小分满通法从大分,大分满纪法从度,命如前,则上弦日所在度也。又加,得望、下弦、后月合也。

推弦望月所在度:加合朔度九十八,大分千二百七十九,小分四十四,数满命如前,即上弦月所在度也。又加,得望、下弦、后月合也。

推日月昏明度术曰:日以纪法,月以月周,乘所近节气夜漏,二百而一,为明分。日以减纪法,月以减月周,余为昏分。各以分如夜半,如法为度。

推合朔交会月蚀术曰:置所以入纪朔积分,以所入纪下交会差率之数加之,以会通去之,余则所水年天正十一月合朔去度分也。以通数加之,满会通去之,余则次月合朔去度分也。以朔望合数各加其月合朔去交度分,满会通去之,余则各其月望去交度分也。朔望去交分,如朔望合数以下,入交限数以上者,朔则交会,望则月蚀。

推合朔交会月蚀月在日道表里术曰:置所入纪朔积分,以前所入纪下交会差率之数加之,倍会通去之,余不满会通者,纪首表,天正合朔月在表;纪首里,天正合朔月在里。满会通去之,表满在里,里在表。求次月,以通数加之,满会通去之加里满在表,加表满在里。先交会后月蚀者,朔在表则望在表,朔在里则望在里。先月蚀后交会者,看蚀月朔在里则望在表,朔在表则望在里。交会月蚀如朔望合数以下,则前交后会,如入交限数以上,则前会后交。其前交后会近于限数者,则豫伺之;前会后交近于限数者,则后伺之。

　　求去交度术曰:其前交后会者,今去交度分如日法而一,所得则却去交度分也。其前会后交者,以去交度分减会通,余如日法而一,所得则前去交度也。余皆度分也。去交度十五以上,虽交不蚀也,十以下是蚀,十以上,亏蚀微少,光暑相及而已。亏之多少,以十五为法。

　　求日蚀亏起角术曰:其月在外道,先交后会者,亏蚀而西南角起;先会后交者,亏蚀东南角起。其月在内道,先交后会者,亏蚀西北角起;先会后交者,亏蚀东北角起。亏蚀分多少,如上以十五为法。会交中者,蚀尽。月蚀在日之冲,亏角与上反也。

月行迟疾度	损益率	盈缩积分	月行分
一日十四度十四分	益二十六	盈初	二百八十
二日十四度十一分	益二十三	盈积分一十一万八千五百四十四	二百七十七
三日十四度八分	益二十	盈积分二十二万三千三百九十二	二百七十四
四日十四度五分	益十七	盈积分三十一万四千五百七十一	二百七十一
五日十四度一分	益十三	盈积分三十九万二千七十四	二百六十九

六日十三度 十四分	益七	盈积分四十五万 一千三百四十一	二百六十一
七日十三度 七分	损一	盈积分四十八万 三千三百五十四	二百五十四
八日十三度 一分	损六	盈积分四十八万 三千三百五十四	二百四十八
九日十二度 十六分	损十	盈积分四十五万 五千九百	二百四十四
十日十二度 十三分	损十三	盈积分四十一万 三百一十	二百四十一
十一日十二度 十一分	损十五	盈积分四十五万 一千四十二	二百三十九
十二日十二度 八分	损十八	盈积分二十八万 二千六百五十八	二百三十六
十三日十二度 五分	损二十一	盈积分二十万五 百九十六	二百三十六
十四日十二度 三分	损二十三	盈积分十万四千 八百五十七	二百三十一
十五日十二度 五分	益二十一	缩初	二百三十三
十六日十二度 七分	益十九	缩积分九万五千 七百三十九	二百三十五
十七日十二度 九分	益十七	缩积分十八万二 千三百六十	二百三十七
十八日十二度 十二分	益十四	缩积分二十五万 九千八百六十三	二百四十
十九日十二度 十五分	益十一	缩积分三十二万 三千六百八十九	二百四十一

二十日十二度 十八分	益八	缩积分四十七万 三千八百四十八	二百四十六
二十一日十二度 三分	益四	缩积分三十一万 三百二十	二百五十
二十二日十二度 七分	损一	缩积分四十二万 八千五百四十六	二百五十四
二十三日十三度 十二分	损五	缩积分四十二万 八千五百四十六	二百五十九
二十四日十三度 十八分	损十一	缩积分四十万五 千七百五十一	二百六十五
二十五日十四度 五分	损十七	缩积分三十五万 五千六百三	一百七十一
二十六日十四度 十一分	损二十三	缩积分二十七万 八千九十九	二百七十七
二十七日十四度 十一分	损二十四	缩积分十七万三 千二百四十	二百七十八
周日十四度 十三有小分 六百二十六	损二十五 有小分 六百二十六	缩积分六万三千 八百二十六	二百七十九 有小分 六百二十六

　　推合朔交会月蚀入迟疾历术曰:置所入纪朔积分,以所入纪下迟疾差率之数加之,以通周去之,余满日法得一日,不尽为日余,命日算外,则所求年天正十一月合朔入历日也。求次月,加一日,余四千四百五十。求望,加十四日,日余三千四百八十九。日余满日法成日,日满二十七去之。又除余如周日余,日余不足除者,减一日,加周虚。

　　推合朔交会月余定大小余:以历日余乘所入历损益率,以损益盈缩积分,为定积分。以章岁减所入历月行分,余以除之,所得以盈减缩加大小余。加之满日法者,交会加时在后日;减之不足者,交会加时在前日。月蚀者,随定大小余为日加时。入历在周日者,以周日余乘缩积分,为定积分。以损率乘入历日余,又以周日月余乘之,以周日日度小分并之,以损定积分,余为后定积分。以章岁减周日月行分,余以周日日余乘之,以周日度小分并之,以除后定积分,所得以加本小余,如上法。

推加时:以十二乘定小余,满日法得一辰,数从子起,算外,则朔望加时所在辰也。有余不尽者四之,如日法而一为少,二为半,三为太。又有余者三之,如日法而一为强,半法以上排成之,不满法废弃之。以强并少为少强,并半为半强,并太为太强。得二强者为少弱,以之并少为半弱,以之并半为太弱,以之并太为一辰弱。以所在辰命之,则各得其少、太、半及强、弱也。其月余蚀望在中节前后四日以还日以上者,视限数;在中节前后五日以上者,视间限。定小余如间限、限数以下者,以算上为日。

斗二十六　牛八　　女十二　虚十　危十七　室十六　辟九
分四百五十五

　　　　北方九十八度分四百五十五

奎十六　　娄十二　胃十四　昴十一毕十六　觜二　　参九
　　　　西方八十度

井三十三　鬼四　　柳十五　星七　张十八　翼十八　轸十七
　　　　南方百十二度

角十二　　亢九　　氐十五　房五　心五　　尾十八　箕十一
　　　　东方七十五度

中节	日行在度	日行黄道去极度	日中晷影	昼漏刻	夜漏刻	昏中星	明中星
冬至	十一月斗二十少	百一十五度	丈三尺四寸	四十五	五十五	奎六弱	亢二少强
小寒	十二月节女二	百一十三强	丈二尺三寸	四十五八分	五十四二分	娄半强	氐七强

大寒	十二月中虚半强	百一十一太强	丈一尺	四十六八分	五十二二分	胃十一太强	心半
立春	正月节危十太弱	百六少弱	九尺六寸	四十八六分	五十一四分	毕五少弱	尾七半弱
雨水	正月中室八太弱	百一强	七尺九寸五分	五十六分	四十九二分	参六半弱	箕半
惊蛰	二月节辟八强	九十五强	六尺五寸五分	五十三三分	四十六七分	井十七少弱	斗少
春分	二月中奎十四少强	八十九少强	五尺二寸五分	五十五八分	四十四二分	鬼四	斗十一弱
清明	三月节胃一半	八十三少弱	四尺一寸五分	五十八三分	四十一七分	星四太	斗二十一半
谷雨	三月节昴二大	七十七太强	三尺二寸	六十五分	三十九五分	张十七	斗六半
立夏	四月节毕七	七十三少弱	二尺五寸二分	六十二四分	三十七六分	翼十七太	女十少弱
小满	四月中参四少弱	六十九太	尺九寸八分	六十三九分	三十六一分	角太弱	危太弱
芒种	五月节井少半弱	六十七少弱	尺六寸八分	六十四九分	三十五一分	亢五太	危十四强
夏至	五月中井二十五半强	六十七强	尺五寸	六十五	三十五	氐十二少弱	室十二强
小暑	六月节柳三太弱	六十七太强	尺七寸	六十四七分	三十五三分	尾一太强	奎二太强

大暑	六月中星四强	七十	二尺	六十三八分	三十六二分	尾十五半强	娄三太
立秋	七月节张十二少	七十三半强	二尺五寸五分	六十二二分	三十七八分	箕九太强	胃九太强
处暑	七月中翼九半	七十八半强	三尺三寸三分	六十三二分	三十九八分	斗十少	毕三太
白露	八月节轸六太	八十四少强	四尺二寸五分	五十七八分	四十二二分	斗二十一强	参五少强
秋分	八月中角五弱	九十半强	五尺五寸二分	五十五二分	四十四八分	牛五少	井十六少强
寒露	九月节亢八少弱	九十六太强	六尺八寸五分	五十二六分	四十七四分	女七太	鬼三少强
霜降	九月中氐十四少强	百二少强	八尺四寸	五十三分	四十九七分	虚六太	星三太
立冬	十月节尾四半强	百七少强	丈八寸二分	四十八二分	五十一八分	危八强	张十五太
小雪	十月中箕一太强	一百一十一弱	丈一尺四寸	四十六七分	五十三三分	室三半弱	翼十五太
大雪	十一月节斗六	百一十三太强	丈二尺五寸六分	四十五五分	五十四五分	辟半强	翼十五太

　　右中节二十四气，如术求之，得冬至十一月中也。加之得次月节，加节得其月中。星以日所在为正，置所求年二十四气小余，四之，如法得一为少；不尽少，三之，如法为强；所得以减其节气昏明中星各定。

推五星术

五星者,木曰岁星,火曰荧惑星,土曰填星,金曰太白星,水曰辰星。凡五星之行,有迟有疾,有留有逆。曩自开辟,清浊始分,则日月五星聚于星纪。发自星纪,并而行天,迟疾留逆,互相逮及。星与日会,同宿共度,则谓之合。从合至合之日,则谓之终。各以一终之日与一岁之日通分相约,终而率之,岁数岁则谓之合终岁数,岁终则谓之合终合数。二率既定,则法数生焉。以章岁乘合数,为合月法。以纪法乘合数,为日度法。以章月乘岁数,为合月分;如合月法为合月,合月之余为月余。以通数乘合月数,如日法而一,为大余。以六十去大余,为星合朔大余。大余之余为朔小余。以通数乘月余,以合月法乘朔小余,并之,以日法乘合月法除之,所得星合入月日数也。余以朔通法约之,为入月日。以朔小余减日法,余为朔虚分。以历斗分乘合数为星度斗分。木、火、土各以合数减岁,余以周天乘之,如日度法而一,所得则行星度数也,余则度余。金、水以周天乘岁数,如日度法而一,所得则行星度数也,余则度余也。

　　木:合终岁数,一千二百五十五;

　　　　合终合数,一千一百四十九;

　　　　合月度法,二万一千八百四十一;

　　　　日度法,二百一十一万七千六百七;

　　　　合月数,一十三;

　　　　月余,一万一千一百二十二;

　　　　朔大余,二十三;

　　　　朔小余,四千九十三;

　　　　入月日,一十五;

　　　　月余,一百九十九万五千六百六十四;

　　　　朔虚分,四百六十六;

　　　　斗分,五十二万二千七百九十五;

　　　　行星度,三十三;

　　　　度余,一百四十七万二千八百六十九。

火：合终岁数，五千一百五；

合终合数，三千三百八十八；

合月法，四万五千三百七十二；

日度法，四百三十万一千八一十四；

合月数，二十六；

月余，二万三；

朔大余，四十七；

朔小余，三千六百二十七；

入月日，一十三；

日余，三百五十八万五千二百四十；

朔虚分，九百三十三；

斗分，一百八万六千五百四十；

行星度，五十；

度余，一百四十一万二千一百五十。

土：合终岁数，三千九百四十三；

合终合数，三千八百九；

合月法，七万二千三百七十一；

日度法，七百一万九千九百八十七；

合月数，一十二；

月余，五万八千一百五十三；

朔大余，五十四；

朔小余，一千六百七十四；

入月日，二十四；

日余，六十七万五千三百六十四；

朔虚分，二千八百八十五；

斗分，一百七十三万三千九十五；

行星度，一十二；

度余，五百九十六万二千二百五十六。

金：合终岁数，一千九百七；

合终合数，二千三百八十五；

合月法，四万五千三百一十五；

日度法，四百三十九万五千五百五十五；

合月数，九；

月余，四万三百一十；

朔大余，二十五；

朔小余，三千五百三十五；

入月日，二十五；

日余，十九万四千九百九十；

朔虚分，一千二十四；

斗分，一百八万五千二百七十五；

行星度，二百九十三；

度余，十九万四千九百九十。

水：合终岁数，一千八百七十；

合终合数，一万一千七百八十九；

合月法，二十二万三千九百九十一；

日度法，二千一百七址二万七千一百二十七；

合月数，一；

月余，二十一万五千四百五十九；

朔大余，二十九；

朔小余，二千四百一十九；

入月日，二十八；

日余，二千三十四万四千二百九十一；

朔虚分，二千；

斗分，五百三十六万三千九百九十五；

行星度，五十七；

度余，二千三十四万四千三百六十一。

推五星术曰：置壬辰元以来尽所求年，以合终合数乘之，满合终岁数得一，名积合，不尽名为合余。以合终合数减合余，得一者星合往年,得二者合前往年,无所得,合其年。余以减合终合数,为度分。金、水积合,偶为晨,奇为夕。

推五星合月:以月数、月余各乘积合,余满合月满法从月,为积月,不尽为月余。以纪月除积月,所得算外,所入纪也,余为入纪月。副以章闰乘之,满章月得一为闰,以减入纪月,余以岁中去之,余为入岁月,命以天正起,算外,星合月也。其在闰交际,以朔御之。

推合月朔:以通数乘入纪月,满日法得一,为积日,不尽为小余。以六十去积日,余为大余,命以所入纪,算外,星合朔日也。

推入月日:以通数乘月余,合月法乘朔小余,并之,通法约之,所得满日度法得一,则星合入月日也,不满日余。命日以朔,算外,入月日也。

推星合度:以周天乘度分,满日度法得一为度,不尽为余。命以牛前五度起,算外,星所合度也。

求后合月:以月数加入岁月,以余加月余,余满合法得一月。月不满岁中,即在其年;满去之,有闰计焉,余为后年;再满,在后二年。金、水加晨得夕,加夕得晨也。

求后合朔:以朔大、小余数加合朔月大、小余,其月余上成月者,又加大余二十九,小余二千四百一十九,小余满日法从大余,命如前法。

求后入月日:以入月日、日余加入月日及余,余满日度法得一。其前合朔小余满其虚分者,去一日;后小余满二千四百一十九以上,去二十九日;不满,去三十日,其余则后合入月日,命以朔。求后合度数及分,如前合宿次命之。

木:晨与日合,伏,顺,十六日九十九万七千八百四十二分行星二度百七十九万五千二百三十八分,而晨见东方,在日后。顺,疾,日行五十七分之十一,五十七日行十一度。顺,迟,日行九分,五十七日行九度而留。不行二十七日而旋。逆,日行七分之一,八十四日退十二度而复留。二十七日后迟,日行九分,五十七日行九度而复顺。疾,日行十一分,五十七日行十一度,在日前,夕伏西方。顺,十六日九十九万七千八百三十二分行星二度百七十九万五千二百三十八分，而与日合。凡一终，三百九十八日九百九十九万五千六百六十四分，行星三十三度百四十七万二千八百六十九分。

火：晨与日合，伏，七十二日一百七十九万二千六百一十五分行星五十六度百二十四万九千三百三十五分，而晨见东方，在日后。顺，日行二十三分之十四，一百八十四日行百一十二度。更顺，迟，日行十二分，九十二日行四十八度而留。不行十一日而旋。逆，日行六十二分之十七，六十二日退十七度而复留。十一日复顺，迟，日行十二分，九十二日行四十八度而复疾。日行十四分，百八十四日行百一十二度，在日前，夕伏西方。顺，七十二日百七十九万二千六百一十五分行星五十六度百二十四万九千三百四十五分，而与日合。凡一终，七百八十日三百五十八万五千二百三十分，行星四百一十五度二百四十九万八千六百九十分。

土：晨与日合，伏，十九日三百八十四万七千六百七十五分半行星二度六百四十九万一千一百二十一分半，而晨见东方，在日后。顺，行百七十二分之十三，八十六日行六度半而留。不行三十二日半而旋。逆，日行十七分之一，百二日半而退六度而复留。不行三十二日半复顺，日行十三分，八十六日行六度半，在日前，夕伏西方。顺，十九日三百八十四万七千六百七十五分半行星二度六百四十九万一千一百二十一分半，而与日合。凡一终，三百七十八日六十七万五千三百六十四分，行星十二度五百九十六万二千二百五十六分。

金：晨与日合，伏，六日退四度，而晨见东方，在日后而逆。迟，日行五分之三，十日退六度。留，不得七日而旋。顺，迟，日行四十五分之三十三，四十五日行三十三度而顺。疾，日行一度九址一分之十四，九十一日行百五度而顺。益疾，日行一度九十一分之二十一，九十一日行百一十二度，在日后，而晨伏东方。顺，四十二日十九万四千九百千九十分行星五十二度十九万四千九十分，而与日合。一合，二百九十三日十九万四千九十分，行星如之。

金：夕与日合，伏，顺，四十二日十九万四千九百九十分行星五十二度十九万四千九百九十分，而夕见西方，在日前。顺，疾，日行一度九十一分之二十一，九十一日行百一十二度而更顺。迟，日行一度十四分，九十一日行五度而顺。益迟，日行四十五分之三十三，四十五日行三十三度而留。不行七日而旋。逆，日行五分之三，十日退六度，在日前，夕伏西方。逆，六日退四度，而与日合。凡再合一终，五百八十四日三十八万九千八十分，行星如之。

水：晨与日合，伏，十一日退七度，而晨见东方，在日后。逆，疾，一日退一度而留。不行一日而旋。顺，迟，日行八分之七，八日行七度而顺。疾，日行一度十八分之四，十八日行二十二度，在日后，晨伏东方。顺，十八日二千三十四万四千二百六十一分行星三十六度二千三十四万四千二百六十一分，而与日合。凡一合，五十七日二千三十四万四千二百六十一分，行星如之。

水：夕与日合，伏，十八日二千三十四万四千二百六十一分行星三十六度二千三十四万四千二百六十一分，而夕见西方，在日前。顺，疾，日行一度十八分之四，十八日行二十二度而更顺。迟，日行八分之七，八日行七度而留。不行一日而旋。逆，一日退一度，在日前，夕伏西方。逆，十一日退七度，而与日合。凡再合一终，百一十五日千八百九十六万一千三百九十五分，行星如之。

五星历步术

以法伏日度余加星合日度余，余满日度法得一从金，命之如前，得星见日及度余也。以星行分母乘见度分，如日度法得一，分不尽，半法以上亦得一，而日加所行分，满其母得一度。逆顺母不同，以当行之母乘故分，如故母而一，当行分也。留者承前，逆则减之，伏不尽度，除斗分，以行母为率。分有损益，前后相御。

武帝侍中平原刘智，以斗历改宪，推《四分法》，三百年而减一日，以百五十为度法，三十七为斗分。推甲子为上元，至泰始十年，岁在甲午，九万七千四百一十一岁，上元天正甲子朔夜半冬至，日月五星始于星纪，得元首之端。饰以浮说，名为《正历》。

当阳侯杜预著《春秋长历》，说云：

日行一度，月行十三度十七分之七有奇，日官当会集此之迟疾，以考成晦朔，以投闰月。闰月无中，而北斗邪指两辰之间，所以异于他月。积此以相通，四时八节无违，乃得成岁，其微密至矣。得其精微，以合天道，则事叙而不愆。故《传》曰："闰以正时，时以作事。"然阴阳之运，随动而差，差而不已，遂与历错。故仲尼、丘明每于朔闰发文，盖矫正得失，因以宣明历数也。

刘子骏造《三正历》以修《春秋》，日蚀有甲乙者三十四，而《三正历》惟得一蚀，比诸家既最疏。又六千余岁辄益一日，凡岁当累日为次，而故益之，此不可行之甚者。

自古已来，诸论《春秋》者多述谬误，或造家术，或用黄帝已来诸历，以推《经》、《传》朔日，皆不谐合。日蚀于朔，此乃天验，经传又书其朔蚀，可谓得天，而刘贾诸儒说，皆以为月二日或三日，公违圣人明文，其弊在于守一元，不与天消息也。

余感《春秋》之事，尝著《历论》，极言历之通理。其大指曰：天行不息，日月星辰各运其舍，皆动物也。物动则不一，虽行度有大量可得而限，累日为月，累月为岁，以新故相涉，不得不有毫末之差，此自然之理也。故春秋日有频月而蚀者，旷年不蚀者，理不得一，而算守恒数，故历无不有先后也。始失于毫毛，而尚未可觉，积而成多，以失弦望晦朔，则不得不改宪以从之。《书》所谓"钦若昊天，历象日月星辰"，《易》所谓"治历明时"，言当顺天以求合，非为合以验天者也。推此论之，春秋二百余年，其治历变通多矣。虽数术绝灭，远寻《经》、《传》微旨，大量可知，时之违谬，则《经》、《传》有验。学者固当曲循《经》、《传》月日、日蚀，以考晦朔，以推时验；而皆不然，各据其学，以推《春秋》，此异于度己之迹，而欲削他人足也。

余为《历诸论》之后，至咸宁中，善算者李修、卜显，依论体为术，名《乾度历》，表上朝廷。其术合日行四分数而微增月术，用三百岁改宪之意，二元相推，七十余岁，承以强弱，强弱之差盖少，而适足以远通盈缩，时尚书及史官，以《乾度》与《泰始历》参校古今记注，《乾度历》殊胜《泰始历》，上胜官历四十五事。今其术具存。又并考古今十历以验《春秋》，知《三统》之最疏也。

《春秋》大凡七百七十九日，三百九十三《经》，三百八十六《传》。其四十七日蚀。三无甲乙。

《皇帝历》得四百六十六日，一蚀。

《颛顼历》得五百九日，八蚀。

《夏历》得五百三十六日，十四蚀。

《真夏历》得四百六十六日，一蚀。

《殷历》得五百三日，十三蚀。

《周历》得五百六日，十三蚀。

《真周历》得四百八十五日，一蚀。

《鲁历》得五百二十九日，十三蚀。

《三统历》得四百八十四日，一蚀。

《乾象历》得四百九十五日，七蚀。

《泰始历》得五百一十日，十九蚀。

《乾度历》得五百三十八日，十九蚀。

今《长历》得七百三十六日，三十日蚀。失三十三日，《经》、《传》误；四日蚀，三无甲乙。

汉末，宋仲子集七历以考《春秋》，案其夏、周二历术数，皆与《艺文志》所记不同，故更名为《真夏》、《真周历》也。

穆帝永和八年，著作郎琅邪王朔之造《通历》，以甲子为上元，积九万七千年，四千八百八十三为纪法，千三百五为斗分，因其上元为开辟之始。

后秦姚兴时，当孝武太元九年，岁在甲申，天水姜岌造《三纪甲子元历》，其略曰："治历之道，必审日月之行，然后可以上考天时，下察地化。一失其本，则四时变移。故仲尼之作《春秋》，日以继月，月以继时，时以继年，年以首事，明天时者，人事之本，是以王者重之。自皇羲以降，暨于汉魏，各自制历，以求厥中。考其疏密，惟交会薄蚀可以验之。然书契所记，惟《春秋》著日蚀之变，自隐公讫于哀公，凡二百四十二年之间，日蚀三十有六，考其晦朔，不知用何历也。班固以为《春秋》因《鲁历》，《鲁历》不正，故置闰失其序。鲁以闰余一之岁为部首，检《春秋》置闰不与此部相符也。《命历序》曰：孔子为治《春秋》之故，退修殷之故历，使其数可传于后。如是，《春秋》宜用《殷历》正之。今考其交会，不与《殷历》相应，以《殷历》考《春秋》，月朔多不及其日，又以检《经》，率多一日，《传》率少一日。但《公羊经传》异朔，于理可从，而《经》有蚀朔之验，《传》为失之也。服虔解《传》用太极上元，太极上元乃《三统历》刘歆所造元也，何缘施于《春秋》？于《春秋》而用汉历，于义无乃远乎？《传》之违失多矣，不惟斯事而已。襄公二十七年冬十有一月乙亥朔，日有蚀之。《传》曰：'辰在申，司历过，再失闰也。'考其去交分，交会应在此月，而不为再失闰也。案歆历于《春秋》日蚀一朔，其余多在二日，因附《五行传》，著脁与侧匿之说云：春秋时诸侯多失其政，故月行恒迟。歆不以历失天，而为之差说。日之蚀朔，此乃天验也，而歆反以己历非此，冤天而负时历也。杜预又以为周衰世乱，学者莫得其真，今之所传七历，皆未必是时王之术也。今诚以七家之历，以考古今交会，信无其验也，皆由斗分疏之所致也。《殷历》以四分一为斗分，《三统》以一千五百三十九分之三百八十五为斗分，《乾象》以五百八十九分之一百四十五为斗分，今《景初》以一千八百四十三分之四百五十五为斗分，疏密不同，法数各异。殷历斗分粗，故不施于今。乾象斗分细，故不得通于古。景初斗分虽在粗细之中，而日之所在乃差四度，日月亏已，皆不及其次，假使日在东井而蚀，以月验之，乃在参六度，差违乃尔，安可以考天时人事乎？今治新历，以二千四百五十一分之六百五为斗分，日在斗十七度，天正之首，上可以考合于《春秋》，下可以取验于今世。以之考《春秋》三十六蚀，正朔者二十有五，蚀二日者二，蚀晦者二，误者五，凡三十三蚀，其余蚀经元日讳之名，元以考其得失。图纬皆云'三百岁斗历改宪'。以今新历施于春秋之世，日蚀多在朔。春秋之世，下至于今，凡一千余岁，交会弦望故进退于三蚀之间，此法乃可永载用之，岂'三百岁斗历改宪'者乎？"

甲子上元以来，至鲁隐公元年己未岁，凡八万二千七百三十六，至晋孝武太元九年甲申岁，凡八万三千八百四十一，算上。

元法，七千三百五十。

纪法，二千四百五十一。

通数，十七万九千四十四。

日法，六千六十三。

月周，三万一千七百六十六。

气分，万二千八百六十。

元月，九万九千九百四十五。

纪月，三万三百一十五。

没分，四万四千七百六十一。

没法，六百四十三。斗分六百五。

周天，十九万五千二百二十一。一名纪日。

章月，二百三十五。

章岁，十九。

章闰，七。

岁中，十二。

会数，四十七。日月八百九十三岁，凡四十七会，分尽。

气中，十二。

甲子纪交差，九千一百五十七。

甲申纪交差，六千三百三十七。

甲辰纪交差，三千百一十七。

周半，一百二十七。

朔望合数，九百四十一。

周天，八十万五千二百二十。

会岁,八百九十三。

会月,万一千四十五。

日分法,二千五百。

章数,一百二十九。

小分,二千一百八十三。

周闰大分,七万六千二百六十九。

历周,四十万七千六百一十。半周天。

会分,三万八千一百四十四。

月周,三万二千七百六十六。

差分,一万一千九百八十六。

会率,一千八百八十三。

小分法,二千二百九。

入交限,一万一百四。

小周,二百五十四。

甲子纪差率,四万九千一百七十八。

甲申纪差率,五万八千二百四十。

甲辰纪差率,六万七千二百八十四。

通周,十六万七千六百三。

周日日余,三千三百六十三。

周虚,二千七百一。

五星约法,据出见以为正,不系于元本。然则算步究于元初,约法施于今用,曲求其趣,则各有宜,故作者两设其法也。岌以月蚀检日宿度所在,为历术者宗焉。又著《浑天论》,以步日于黄道,驳前儒之失,并得其中矣。

晋书卷一九
志第九

礼　上

　　夫人含天地阴阳之灵,有哀乐喜怒之情。乃圣垂范,以为民极,节其骄淫,以防其暴乱,崇高天地,虔敬鬼神,列尊卑之序,成夫妇之义,然后为国为家,可得而治也。《传》曰:"一日克己复礼,天下归仁。"若乃太一初分,燧人钻火,志有畅于恭俭,情不由乎玉帛,而酌玄流于春涧之右,焚封豕于秋林之外,亦无得而阙焉。轩顼依神,唐虞稽古,逮乎隆周,其文大备。或垂百官之范,置不刊之法;或礼经三百,威仪三千,皆所以弘宣天意,雕刻人理。叔代浇讹,王风陵谢,事睽光国,礼亦愆家。赵简子问太叔以揖让周旋之礼,对曰:"盖所谓仪而非礼也。"天经地义之道,自兹尤缺。哀公十一年,孔子自卫反鲁,迹三代之典,垂百王之训,时无明后,道暗不行。

　　若夫情尚分流,堤防之仁是弃;浇讹异术,洙泗之风斯泯。是以汉文罢再期之丧,中兴为一郊之祭,随时之义,不其然欤!而西京元鼎之辰,中兴永平之日,疏璧流而延冠带,启儒门而引诸生,两京之盛,于斯为美。及山鱼登俎,泽豕睽经,礼乐恒委,浮华相尚,而郊禋之制,纲纪或存。魏氏光宅,宪章斯美。王肃、高堂隆之徒,博通前载,三千条之礼,十七篇之学,各以旧文增损当世,岂所谓致君于尧舜之道焉。世属雕墙,时逢秕政,周因之典,务多违俗,而遗编残册犹有可观者也。景初元年,营洛阳南委粟山以为圆丘,祀之日以始祖帝舜配,房俎生鱼,陶樽玄酒,非缙绅为之纲纪,其孰能与于此者哉！

宜景戎旅，未遑伊制。太康平吴，九州共一，礼经咸至，乐器同归，于是齐鲁诸生各携缃素。武皇帝亦初平寇乱，意先仪范。其吉礼也，则三茅不剪，日观停瑄；其凶礼也，则深衣布冠，降席彻膳。明乎一谦三益之义，而教化行焉。元皇中兴，事多权道，遗文旧典，不断如发。是以常侍戴邈诣阙上疏云：“方今天地更始，万物权舆，荡涤近世之流弊，创千龄之英范。是故双剑之节崇，而飞白之俗成；挟琴之容饰，而赴曲之和作。”其所以兴起礼文，劝帝身先之也。穆哀之后，王猷渐替，桓温居揆，政由己出，而有司或曜斯文，增晖执事，主威长谢，臣道专行。《记》曰，“苟无其位，不可以作礼乐”，岂斯之谓欤！

晋始则有荀顗、郑冲裁成国典，江左则有荀崧、刁协损益朝仪。《周官》五礼，吉凶宾军嘉，而吉礼之大，莫过祭祀，故《洪范》八政，三曰祀。祀者，所以昭孝事祖，通于神明者也。汉兴，承秦灭学之后，制度多未能复古。历东、西京四百余年，故往往改变。魏氏承汉末大乱，旧章殄灭，命侍中王粲、尚书卫觊草创朝仪。及晋国建，文帝又命荀顗因魏代前事，撰为新礼，参考今古，更其节文，羊祜、任恺、庾峻、应贞并共刊定，成百六十五篇，奏之。太康初，尚书仆射朱整奏付尚书郎挚虞讨论之。虞表所宜损增曰：

臣典校故太尉顗所撰《五礼》，臣以为夫革命以垂统，帝王之美事也，隆礼以率教，邦国之大务也。是以臣前表礼事稽留，求速讫施行。又以《丧服》最多疑阙，宜见补定。又以今礼篇卷烦重，宜随类通合。事久不出，惧见寝嘿。

盖冠婚祭会诸吉礼，其制少变；至于《丧服》，世之要用，而特易失旨。故子张疑高宗谅阴三年，子思不听其子服出母，子游谓异父昆弟大功，而子夏谓之齐衰，及孔子没而门人疑于所服。此等皆明达习礼，仰读周典，俯师仲尼，渐渍圣训，讲肄积年，及遇丧事，犹尚若此，明丧礼易惑，不可不详也。况自此已来，篇章焚散，去圣弥远，丧制诡谬，固其宜矣。是以《丧服》一卷，卷不盈握，而争说纷然。三年之丧，郑云二十七月，王云二十五月。改葬之服，郑云服缌三月，王云葬讫而除。继母出嫁，郑云皆服，王云从乎继寄育乃为之服。无服之殇，郑云子生一月哭之一日，王云以哭之日易服之月。如此者甚众。《丧服》本文省略，必待注解事义乃彰；其传说差详，世称子夏所作。郑王祖《经》宗《传》，而各有异同，天下并疑，莫知所定。而颛直书古《经》文而已，尽除子夏《传》及先儒注说，其事不可得行。及其行事，故当还颁异说，一彼一此，非所以定制也。臣以为今宜参采《礼记》，略取《传》说，补其未，一其殊义。可依准王景侯所撰《丧服变除》，使类统明正，以断疑争，然后制无二门，咸同所由。

又有此礼当班于天下，不宜繁多。颛为百六十五篇，篇为一卷，合十五余万言，臣犹谓卷多文烦，类皆重出。案《尚书·尧典》祀山川之礼，惟于东岳备称牲币之数，陈所用之仪，其余则但曰"如初"。《周礼》祀天地五帝享先王，其事同者皆曰"亦如之"，文约而义举。今礼仪事同而名异者，辄别为篇，卷烦而不典。皆宜省文通事，随类合之，事有不同，乃列其异。如此，所减三分之一。

虞讨论新礼讫，以元康元年上之。所陈惟明堂五帝、二社六宗及吉凶王公制度，凡十五篇。有诏可其议。后虞与傅咸缵续其事，竟未成功。中原覆没，虞之《决疑注》，是其遗事也。逮于江左，仆射刁协、太常荀崧补缉旧文，光禄大夫蔡谟又踵修其事云。

魏明帝太和元年正月丁未，郊祀武帝以配天，宗祀文帝于明堂以配上帝。是时，二汉郊禋之制具存，魏所损益可知。

四年八月，天子东巡，过繁昌，使执金吾臧霸行太尉事，以特牛祠受禅坛。景初元年十月乙卯，始营洛阳南委粟山为圆丘。诏曰："昔汉氏之初，承秦灭学之后，采摭残缺，以备郊祀。自甘泉后土，雍宫五畤，神祇兆位，多不经见，并以兴废无常，一彼一此，四百余年，废无禘礼。古代之所更立者，遂有阙焉。曹氏世系，出自有虞氏。今祀圆丘以始祖帝舜配，号圆丘曰皇皇帝天。方丘所祭曰皇皇后地，以舜妃伊氏配。天郊所祭曰皇天之神，以太祖武皇帝配。地郊所祭曰皇地之祇，以武宣皇后配。宗祀皇考高祖文皇帝于明堂，以配上帝。"十二月壬子冬至，始祀皇皇帝天于圆丘，以始祖有虞帝舜配。自正始以后，终魏世不复郊祀。

魏元帝咸熙二年十二月甲子，使持节侍中太保郑冲、兼太尉司隶校尉李憙奉皇帝玺绶策书，禅位于晋。景寅，武皇帝设坛场于南郊，柴燎告类于上帝，是时尚未有祖配。

泰始二年正月，诏曰："有司前奏郊祀权用魏礼，朕不虑改作之难，令便为永制，众议纷互，遂不时定，不得以时供飨神祇，配以祖考。日夕难企，贬食忘安，其便郊祀。"时群臣又议，五帝即天地，王气时异，故殊其号，虽名有五，其实一神。明堂南郊，宜除五帝之坐，五郊改五精之号，皆同称昊天上帝，各设一坐而已。地郊又除先后配祀。帝悉从之。二月丁丑，郊祀宣皇帝以配天，宗祀文皇帝于明堂以配上帝。是年十一月，有司又议奏，古者丘郊不异，宜并圆丘方丘于南北郊，更修立坛兆，其二至之祀合于二郊。帝又从之，一如宣帝所用王肃议也。是月庚寅冬至，帝亲祠圆丘于南郊。自是后，圆丘方泽不别立。

太康三年正月，帝亲郊祀，皇太子、皇子悉侍祠。十年十月，又诏曰："《孝经》'郊祀后稷以配天，宗祀文王于明堂以配上帝'。而《周官》云'祀天旅上帝'，又曰'祀地旅四望'。望非地，则明堂上帝不得为天地。往者，众议除明堂五帝位，考之礼文不正。且《诗序》曰：'文武之功，起于后稷'，故进以配天焉。宣帝以神武创业，既已配天，复以先帝配天，于义亦所不安。其复明堂及南郊五帝位。"愍帝都长安，未及立郊庙而败。

元帝渡江，太兴二年始议立郊祀仪。尚书令刁协、国子祭酒杜夷议，宜须旋都洛邑乃修之。司徒荀组据汉献帝都许即便立郊，自宜于此修奉。骠骑王导、仆射荀崧、太常华恒、中书侍郎庾亮皆同组议，事遂施行，立南郊于巳地。其制度皆太常贺循所定，多依汉及晋初之仪。三月辛卯，帝亲郊祀，飨配之礼一依武帝始郊故事。是时尚未立北坛，地祇众神共在天郊。

明帝太宁三年七月，始诏立北郊，未及建而帝崩。及成帝咸和八年正月，追述前旨，于覆舟山南立之。天郊则五帝之佐、日月、五星、二十八宿、文昌、北斗、三台、司命、轩辕、后土、太一、天一、太微、勾陈、北极、雨师、雷电、司空、风伯、老人，凡六十二神也。地郊则五岳、四望、四海、四渎、五湖、五帝之佐、沂山、岳山、白山、霍山、医无闾山、蒋山、松江、会稽山、钱唐江、先农，凡四十四神也。江南诸小山，盖江左所立，犹如汉西京关中小水皆有祭秩也。是月辛未，祀北郊，始以宣穆张皇后配地，魏氏故事，非晋旧也。

康帝建元元年正月，将北郊，有疑议。太常顾和表："泰始中，合二至之礼于二郊。北郊之月，古无明文，或以夏至，或同用阳。汉光武正月辛未，始建北郊，此则与南郊同月。及中兴草创，百度从简，合七郊于一丘，宪章未备，权用斯礼，盖时宜也。至咸和中，议别立北郊，同用正月。魏承后汉，正月祭天以地配。时高堂隆等以为礼祭天不以地配，而称《周礼》三王之郊一用夏正。"于是从和议。是月辛未南郊，辛巳北郊，帝皆亲奉。

安帝元兴三年，刘裕讨桓玄，走之。己卯，告义功于南郊。是年，帝蒙尘江陵未反。其明年应郊，朝议以为宜依《周礼》，宗伯摄职，三公行事。尚书左丞王纳之独曰："既殡郊祀，自是天子当阳，有君存焉，禀命而行，何所辩也。齐之与否，岂如今日之比乎！"议者又云："今宜郊，故是承制所得命三公行事。"又"郊天极尊，惟一而已，故非天子不祀也。庶人以上，莫不蒸尝，嫡子居外，介子执事，未有不亲受命而可祭天者。"纳之又曰："武皇受禅，用二月郊，元帝中兴，以三月郊。今郊时未过，日月望舆驾，无为欲速，而使皇舆旋反，更不得亲奉也。"于是从纳之议。

郊庙牲币璧玉之色，虽有成文，秦世多以骝驹，汉则但云犊，未辨其色。江左南北郊同用玄牲，明堂庙社同以赤牲。

礼有事告祖祢宜社之文，未有告郊之典也。汉仪，天子之丧，使太尉告谥于南郊,他无闻焉。魏文帝黄初四年七月,帝将东巡,以大军当出,使太常以一特牛告祠南郊。及文帝崩,太尉钟繇告谥南郊,皆是有事于郊也。江左则废。

礼,春分祀朝日于东,秋分祀夕月于西。汉武帝郊泰畤,平旦出行宫,东向揖日,其夕西向揖月。即郊日月,又不在东西郊也。后遂旦夕常拜。故魏文帝诏曰:"汉氏不拜日于东郊,而旦夕常于殿下东西拜日月,烦亵以家人之事,非事天神之道也。"黄初二年正月乙亥,祀朝日于东门之外,又违礼二分之义。

魏明帝太和元年二月丁亥,朝日于东郊,八月己丑,祀夕月于西郊,始得古礼。及武帝太康二年,有司奏,春分依旧请车驾祀朝日,寒温未适,可不亲祀出。诏曰:"礼仪宜有常,若如所奏,与故太尉所撰不同,复为无定制也。间者方难未平,故每从所奏,今戎事弭息,惟此为大。"案此诏,帝复为亲朝日也。此后废。

礼,"郊祀后稷以配天,宗祀文王于明堂以配上帝"。魏文帝即位,用汉明堂而未有配。明帝太和元年,始宗祀文帝于明堂,齐王亦行其礼。

晋初以文帝配,后复以宣帝,寻复还以文帝配,其余无所变革。是则郊与明堂,同配异配,参差不同矣。挚虞议以为:"汉魏故事,明堂祀五帝之神。新礼,五帝即上帝,即天帝也。明堂除五帝之位,惟祭上帝。案仲尼称'郊祀后稷以配天,宗祀文王于明堂以配上帝'。《周礼》,祀天旅上帝,祀地旅四望。望非地,则上帝非天,断可识矣。郊丘之祀,扫地而祭,牲用茧栗,器用陶匏,事反其始,故配以远祖。明堂之祭,备物以荐,三牲并陈,笾豆成列,礼同人理,故配以近考。郊堂兆位,居然异体,牲牢品物,质文殊趣。且祖考同配,非谓尊严之美,三日再祀,非谓不黩之义,其非一神,亦足明矣。昔在上古,生为明王,没则配五行,故太昊配木,神农配火,少昊配金,颛顼配水,黄帝配土。此五帝者,配天之神,同兆之于四郊,报之于明堂。祀天,大裘而冕,祀五帝亦如之。或以为五精之帝,佐天育物者也。前代相因,莫之或废,晋初从始异议。《庚午诏书》,明堂及南郊除五帝之位,惟祀天神,新礼奉而用之。前太医令韩杨上书,宜如旧祀五帝。太康十年,诏已施用。宜定新礼,明堂及郊祀五帝如旧仪。"诏从之。江左以后,未遑修建。

汉仪,太史每岁上其年历,先立春、立夏、大暑、立秋、立冬常读五时令,皇帝所服,各随五时之色。帝升御坐,尚书令以下就席位,尚书三公郎以令置案上,奉以入,就席伏读讫,赐酒一卮。魏氏常行其礼。魏明帝景初元年,通事白曰:"前后但见读春夏秋冬四时令,至于服黄之时,独阙不读,今不解其故。"散骑常侍领太史令高堂隆以为"黄于五行,中央土也,王四季各十八日。土生于火,故于火用事之末服黄,三季则否。其令则随四时,不以五行为令也,是以服黄无令。"斯则魏氏不读大暑令也。

及晋受命,亦有其制。傅成云:"立秋一日,白路光于紫庭,白旗陈于玉阶。"然则其日旗路皆白也。

成帝咸和五年六月丁未,有司奏读秋令。兼侍中散骑常侍苟奕、兼黄门侍郎散骑侍郎曹宇驳曰:"尚书三公曹奏读秋令,仪注旧典未备。臣等参议光禄大夫臣华恒议,武皇帝以秋夏盛暑,常阙不读令,在春冬不废也。夫先王所以顺时读令者,盖取后而奉天时,正服尊严之所重。今服章多阙,如此热隆赫,臣等谓可如恒议,依故事阙如不读。"诏可。六年三月,有司奏"今月十六日立夏。今正服渐备,四时读令,是祗述天和隆杀之道,谓今故宜读夏令。"奏可。

《礼》孟春之月,"乃择元辰,天子亲载耒耜,措之于参保介之御间,帅三公九卿诸侯大夫躬耕帝籍"。至秦灭学,其礼久废。汉文帝之后,始行斯典。魏之三祖,亦皆亲耕籍田。

及武帝泰四年,有司奏始耕祠先农,可令有司行事。诏曰:"夫国之大事,在祀与农。是以古之圣王,躬耕帝籍,以供郊庙之粢盛,且以训化天下。近世以来,耕籍止于数步之中,空有慕古之名,曾无供祀训农之实,而有百官车徒之费。今修千亩之制,当与群公卿士躬稼穑之艰难,以帅先天下。主者详具其制,下河南,处田地于东郊之南,洛水之北。若无官田,随宜便换,而不得侵入也。"于是乘舆御木辂以耕，以太牢祀先农。自惠帝之后，其事便废。

江左元帝将修耕籍，尚书符问"籍田至尊应躬祠先农不？"贺循答："汉仪无正有至尊应自祭之文，然则《周礼》王者祭四望则毳冕，祭社稷五祀则𫄨冕，以此不为无亲祭之义也。宜立两仪注。"贺循等所上仪注又未详允，事竟不行。后哀帝复欲行其典，亦不能遂。

汉仪，县邑常以乙日祠先农，乃耕于乙地，以景戌日祠风伯于戌地，以己丑日祠雨师于丑地，牲用羊豕。立春之日，皆青幡帻迎春于东郊外野中。迎春至自野中出，则迎拜之而还，弗祭。三时不迎。

魏氏虽天子耕籍，藩镇阙诸侯百亩之礼。及武帝末，有司奏："古诸侯耕籍田百亩，躬执耒以奉社稷宗庙，以劝率农功。今诸王临国，宜依修耕籍之义。"然竟未施行。

《周礼》，王后帅内外命妇先享蚕于北郊。汉仪，皇后亲桑东郊苑中，蚕室祭蚕神，曰苑窳妇人、寓氏公主，祠用少牢。魏文帝黄初七年正月，命中宫蚕于北郊，依周典也。

及武帝太康六年，散骑常侍华峤奏："先王之制，天子诸侯亲耕籍田千亩，后夫人躬蚕桑。今陛下以圣明至仁，修先王之绪，皇后体资生之德，合配乾之义，而坤道未光，蚕礼尚缺。以为宜依古式，备斯盛典。"诏曰："昔天子亲籍，以供粢盛，后夫人躬蚕，以备祭服，所以聿遵孝敬，明教示训也。今籍田有制，而蚕礼不修，由中间务多，未暇崇备。今天下无事，宜修礼以示四海。其详依古典，及近代故事，以参今宜，明年施行。"于是蚕于西郊，盖与籍田对其方也。乃使侍中成粲草定其仪。先蚕坛高一丈，方二丈，为四出陛，陛广五尺，在皇后采桑坛东南帷宫外门之外，而东南去帷宫十丈，在蚕室西南，桑林在其东。取列侯妻六人为蚕母。蚕将生，择吉日，皇后著十二笄步摇，依汉魏故事，衣青衣，乘油画云母安车，驾六𫘧马。女尚书著貂蝉佩玺陪乘，载筐钩。公主、三夫人、九嫔、世妇、诸太妃、太夫人及县乡君、郡公侯特进夫人、外世妇、命妇皆步摇，衣青，各载筐钩从蚕。先桑二日，蚕宫生蚕著薄上。桑日，皇后未到，太祝令质明以一太牢告祠，谒者一人监祠。祠毕撤馔，班余胙于从桑及奉祠者。皇后至西郊升坛，公主以下陪列坛东。皇后东面躬桑，采三条，诸妃公主各采五条，县乡君以下各采九条，悉以桑授蚕母，还蚕室。事讫，皇后还便坐，公主以下乃就位，设乡宴，赐绢各有差。

前汉但置官社而无官稷，王莽置官稷，后复省。故汉至魏但太社有稷祠，而官社无稷，故常二社一稷也。

晋初仍魏，无所增损。至太康九年，改建宗庙，而社稷坛与庙俱徙。乃诏曰："社实一神，其并二社之祀。"于是车骑司马傅咸表曰：

《祭法》：王社太社，各有其义。天子尊事宗庙，故冕而躬耕。躬耕也者，所以重孝享之粢盛，亲耕故自报，自为立社者，为籍田而报者也。国以人为本，人以谷为命，故又为百姓立社而祈报焉。事异报殊，此社之所以有二也。

王景侯之论王社，亦谓春祈籍田，秋而报之也。其论太社，则曰王者布下圻内，为百姓立之，谓之太社，不自立之于京都也。景侯此论据《祭法》。《祭法》："大夫以下成群立社，曰置社。"景侯解曰，"今之里社是也"。景侯解《祭法》，则以置社为人间之社矣。而别论复以太社为人间之社，未晓此旨也。太社，天子为百姓而祀，故称天子社。《郊特牲》曰："天子太社，必受霜露风雨。"以群姓之众，王者通为立社，故称太社也。若夫置社，其数不一，盖以里所为名，《左氏传》盟于清丘之社是。众庶之社，既已不称太矣，若复不立之京都，当安所立乎！

《祭法》又曰，王为群姓立七祀，王自为立七祀。言，自为而祀也，为群姓者，为群姓而祀也。太社与七祀其文正等。说者穷此，因云坟籍但有五祀，无七祀也。案祭，五祀国之大祀，七者小祀。《周礼》所云祭凡小祀，则墨冕之属也。景侯解大厉曰，"如周杜，鬼有所归，乃不为厉"。今云无二社者称景侯，《祭法》不谓无二，则曰"口传无其文也"。夫以景侯之明，拟议而为解，而欲以口论除明文，如此非但二社当见思惟，景侯之后解亦未易除也。

前被敕，《尚书·召诰》乃社于新邑，惟一太牢，不二社之明义也。案《郊特牲》曰，社稷太牢，必援一牢之文以明社之无二，则稷无牲矣。说者曰：举社则稷可知。苟可举社以明稷，何独不举一以明二？国之大事，在祀与戎。若有二而除之，不若过而存之。况存之有义，而除之无据乎？

《周礼》封人掌设社壝，无稷字。今帝社无稷，盖出于此。然国主社稷，故经传动称社稷。《周礼》王祭社稷则絺冕，此王社有稷之文也。封人所掌壝之无稷字，说者以为略文，从可知也。谓宜仍旧立二社，而加立帝社之稷。

时成粲议称景侯论太社不立京都，欲破郑氏学。咸重表以为："如《祭法》之论，景侯之解交以此坏。《大雅》云'乃立冢土'，毛公解曰，'冢土，大社也'。景侯解《诗》，即用此说。《禹贡》'惟土五色'，景侯解曰，'王者取五色土为太社，封四方诸侯，各割其方色土者覆四方也'。如此，太社复为立京都也。不知此论何从而出，而与解乖，上违经记明文，下坏景侯之解。臣虽顽蔽，少长学门，不能默已，谨复续上。"刘实与咸议同。诏曰："社稷一神，而相袭二位，众议不同，何必改作！其便仍旧，一如魏制。"

其后挚虞奏，以为："臣案《祭法》'王为群姓立社曰太社，王自为立社曰王社'。《周礼》大司徒'设其社稷之壝'，又曰'以血祭祭社稷'，则太社也。又曰'封人掌设王之社壝'，又有军旅宜乎社，则王社也。太社为群姓祈报，祈报有时，主不可废。故凡被社衅鼓，主奉以从是也。此皆二社之明文，前代之所尊。以《尚书·召诰》社于新邑三牲各文，《诗》称'乃立冢土'，无两社之文，故废帝社，惟立太社。《诗书》所称，各指一事，又皆在公旦制作之前，未可以易《周礼》之明典，《祭法》之正义。前改建庙社，营一社之处，朝议斐然，执古匡今。世祖武皇帝躬发明诏，定二社之义，以为永制。宜定新礼，从二社。"诏从之。

至元帝建武元年，又依洛京立二社一稷。其太社之祝曰："地德普施，惠存无疆。乃建太社，保佑万邦。悠悠四海，咸赖嘉祥。"其帝社之祝曰："坤德厚载，邦畿是保。乃建帝社，以神地道。明祀惟辰，景福来造。"

汉仪，每月旦，太史上其月历，有司侍郎尚书见读其令，奉行其正。朔前后二日，牵牛酒至社下以祭日。日有变，割羊以祠社，用救日变。执事者长冠，衣绛领袖缘中衣，绛缘以行礼，如故事。自晋受命，日月将交会，太史乃上合朔，尚书先事三日，宣摄内外戒严。挚虞《决疑》曰："凡救日蚀者，著赤帻，以助阳也。日将蚀，天子素服避正殿，内外严警。太史登灵台，伺候日变，便伐鼓于门。闻鼓音，侍臣皆著赤帻，带剑入侍。三台令史以上皆各持剑，立其户前。卫尉卿驱驰绕宫，伺察守备，周而复始。亦伐鼓于社，用周礼也。又以赤丝为绳以系社，祝史陈辞以责之。勾龙之神，天子之上公，故陈辞以责之。日复常，乃罢。"

汉建安中，将正会，而太史上言，正旦当日蚀。朝士疑会否，共谘尚书令荀彧。时广平计吏刘邵在坐，曰："梓慎、裨灶，古之良史，犹占水火，错失天时。诸侯旅见天子，入门不得终礼者四，日蚀在一。然则圣人垂制，不为变异豫废朝礼者，或灾消异伏，或推术谬误也。"或及众人咸善而从之，遂朝会如旧，日亦不蚀，邵由此显名。

至武帝咸宁三年、四年，并以正旦合朔却元会，改魏故事也。元帝太兴元年四月，合朔，中书侍郎孔愉奏曰："《春秋》，日有蚀之，天子伐鼓于社，攻诸阴也；诸侯伐鼓于朝，臣自攻也。案尚书符，若日之有变，便击鼓于诸门，有违旧典。"诏曰："所陈有正义，辄敕外改之。"

至康帝建元元年，太史上元日合朔，后复疑应却会与否。庾冰辅政，写刘邵议以示八坐。于时有谓邵为不得礼意，荀彧从之，是胜人之一失。故蔡谟遂著议非之，曰："邵论灾消异伏，又以梓慎、裨灶犹有错失，太史上言，亦不必审，其理诚然也。而云圣人垂制，不为变异豫废朝礼，此则谬矣。灾祥之发，所以谴告人君，王者之所重诚，故素服废乐，退避正寝，百官降物，用币伐鼓，躬亲而救之。夫敬诚之事，与其疑而废之，宁慎而行之。故孔子、老聃助葬于巷党，以表不见星而行，故日蚀而止柩，曰安知其不见星也。而邵废之，是弃圣贤之成规也。鲁桓公壬申有灾,而以乙亥尝祭,《春秋》讥之。灾事官过,犹追惧未已,故废宗庙之祭,况闻天眚将至,行庆乐会,于礼乖矣。《礼记》所云诸侯入门不得终礼者,谓日官不豫言,诸侯既入,见蚀乃知耳,非先闻当蚀而朝会不废也。引此,可谓失其义旨。刘邵所执者,《礼记》也,夫子、老聃巷党之事,亦《礼记》所言,复违而反之,进退无据。然荀令所言,汉朝所从,遂使此言至今见称,莫知其误矣,后君子将拟以为式,故正之云尔。"于是冰从众议,遂以却会。

至永和中,殷浩辅政,又欲从刘邵议不却会。王彪之据咸宁、建元故事,又曰:"《礼》云诸侯旅见天子,不得终礼而废者四,自谓卒暴有之,非为先存其事,而侥幸史官推术缪错,故不豫废朝礼也。"于是又从彪之议。

《尚书》"禋于六宗",诸儒互说,往往不同。王莽以《易》六子,遂立六宗祠。魏明帝时疑其事,以问王肃,亦以为《易》六子,故不废。及晋受命,司马彪等表六宗之祀不应特立新礼,于是遂罢其祀。其后挚虞奏之,又以为:"案舜受终,'类于上帝,禋于六宗,望于山川',则六宗非上帝之神,又非山川之灵也。《周礼》肆师职曰:'用牲于社宗。'党正职曰:'春秋祭禜亦如之。'肆师之宗,与社并列,则班与社同也。党正之宗,文不系社,则神与社异也。周之命祀,莫重郊社,宗同于社,则贵神明矣。又,《月令》孟冬祈于天宗,则《周礼》祭禜,《月令》天宗,六宗之神也。汉光武即位高邑,依《虞书》禋于六宗。安帝元初中,立祀乾位,礼同太社。魏氏因之,至景初二年,大议其神,朝士纷纭,各有所执。惟散骑常侍刘邵以为万物负阴而抱阳,冲气以为和。六宗者,太极冲和之气,为六气之宗者也。《虞书》谓之六宗,《周书》谓之天宗。是时考论异同,而从其议。汉魏相仍,著为贵祀。凡崇祀百神,放而不致,有其兴之,则莫敢废之。宜定新礼,祀六宗如旧。"诏从之。

《礼》,王群姓立七祀,曰司命、中溜、国门、国行、太厉、户、灶。仲春玄鸟至之日,以太牢祀高禖。《毛诗·丝衣》篇,高子曰灵星之尸。汉兴，高帝亦立灵星祠。及武帝，以李少君故，始祠灶；及生戾太子，始立高禖。《汉仪》云，国家亦有五礼，有司行事，其祀颇轻于社稷，则亦存其典矣。又云，常以仲春之月，立高禖祠于城南，祀以特牲。又，是月也，祠老人星于国都南遂郊老人星庙。立夏祭灶，季秋祠心星于城南坛心星庙。元康时，洛阳犹有高禖坛，百姓祠其旁，或谓之落星。是后，诸祀无闻。江左以来，不立七祀，灵星则配飨南郊，不复特置焉。

《左氏传》"龙见而雩"，经典尚矣。汉仪，自立春至立夏，尽立秋，郡国尚旱，郡县各扫除社稷。其旱也，公卿官长以次行雩礼求雨，闭诸阳，衣皂，兴土龙，立土人，舞僮二佾，七日一变，如故事。武帝咸宁二年，春分久旱。四月丁巳，诏曰："诸旱处广加祈请"。五月庚午，始祈雨于社稷山川。六月戊子，获澍雨。此雩之旧典也。太康三年四月，十年二月，又如之。其雨多则崇祭，赤帻朱衣，闭诸阴，朱索萦社，伐朱鼓焉。

《周礼》，王者祭昊天上帝、日月星辰、司中司命、风伯雨师、社稷、五土、五岳、山林川泽、四方百物，兆四类四望，亦如之。魏文帝黄初二年六月庚子，初礼五岳四渎，咸秩群祀，瘗沉圭璧。六年七月，帝以舟军入淮。九月壬戌，遣使者沉璧于淮。魏明帝太和四年八月，帝东巡，遣使者以特牛祠中狱。魏元帝咸熙元年，行幸长安，使使者以璧币礼祠华山。

及穆帝升平中，何琦论备五岳祠曰："唐虞之制，天子五载一巡狩，顺时之方，柴燎五岳，望于山川，遍于群神，故曰，因名山升中于天，所以昭告神祇，飨报功德。是以灾厉不作，而风雨寒暑以时。降及三代，年数虽殊，而其礼不易，五岳视三公，四渎视诸侯，著在经记，所谓'有其举之，莫敢废也'。及秦汉都西京，泾、渭、长水，虽不在祀典，以近咸阳故，尽得比大川之祠，而正立之祀可以阙哉！自永嘉之乱，神州倾覆，兹事替矣。惟灊之天柱，在王略之内也，旧台选百户吏卒，以奉其职。中兴之际，未有官守，庐江郡常遣太吏兼假四时祷赛，春释寒而冬请冰。咸和迄今，又复隳替。计今非典之祠，可谓非一。考其正名,则淫昏之鬼;推其糜费,则百姓之蠹。而山川大神更为简缺,礼俗颓紊,人神杂扰,公私奔蹙,渐以繁滋。良由顷国家多难,日不暇给,草建废滞,事有未遑。今元慝已歼,宜修旧典。岳渎之域,风教所被;来苏之众,咸蒙德泽。而神明禋祀,未之或甄;巡狩柴燎,其废尚矣。崇明前典,将俟皇舆北旋,稽古宪章,大厘制度。俎豆牲牢,祝嘏大辞,旧章靡记,可令礼官作式,归诸诚简,以达明德馨香,如斯而已。其诸妖孽,可粗依法令,先去其甚,俾邪正不黩。”时不见省。

　　昔武王入殷,未及下车而封先代之后,盖追思其德也。孔子以大圣而终于陪臣,未有封爵。至汉元帝,孔霸以帝师赐爵,号褒成君,奉孔子后。魏文帝黄初二年正月,诏以议郎孔羡为宗圣侯,邑百户,奉孔子祀,令鲁郡修旧庙,置百户吏卒以守卫之。及武帝泰始三年十一月,改宗圣侯孔震为奉圣亭侯。又诏太学及鲁国,四时备三牲以祀孔子。明帝太宁三年侯诏给奉圣亭侯孔亭四时祠孔子祭宜,如泰始故事。

　　礼,始立学必先释奠于先圣先师,及行事必用币。汉世虽立学,斯礼无闻。魏齐王正始二年二月,帝讲《论语》通,五年五月,讲《尚书》通,七年十二月,讲《礼记》通,并使太常释奠,以太牢祠孔子于辟雍,以颜回配。武帝泰始七年,皇太子讲《孝经》通。咸宁三年,讲《诗》通,太康三年,讲《礼记》通。惠帝元康三年,皇太子讲《论语》通。元帝太兴二年,皇太子讲《论语》通。太子并亲释奠,以太牢祠孔子,以颜回配。成帝咸康元年,帝讲《诗》通。穆帝升平元年三月,帝讲《孝经》通。孝武宁康三年七月,帝讲《孝经》通。并释奠如故事,穆帝、孝武并权以中堂为太学。

　　故事,祀皋陶于廷尉寺,新礼移祀于律署,以同祭先圣于太学也。故事,祀以社日,新礼改以孟秋之月,以应秋政。挚虞以为:“案《虞书》,皋陶作士师,惟明克允,国重其功,人思其当,是以狱官礼其神,系者致其祭,功在断狱之成,不在律令之始也。太学之设,义重太常,故祭于太学,是崇圣而从重也。律署之置,卑于廷尉,移祀于署，是去重而就轻也。律非正署，废兴无常，宜如旧祀于廷尉。又，祭用仲春，义取重生，改用孟秋，以应刑杀理未足以相易。宜定新礼，皆如旧。"制可。

岁旦常设苇茭桃梗，磔鸡于宫及百寺之门，以禳恶气。案汉仪则仲夏设之，有桃印，无磔鸡。及魏明帝大修禳礼，故何晏禳祭议鸡特牲供禳衅之事。磔鸡宜起于魏，印本汉制，所以辅卯金，又宜魏所除也。且未详改仲夏在岁旦之所起耳。魏明帝青龙元年，诏郡国，山川不在祀典，勿立祠。

武帝泰始元年十二月，诏曰："昔圣帝明王修五岳四渎、名山川泽，各有定制，所以报阴阳之功故也。然以道莅天下者，其鬼不神，其神不伤人，故祝史荐而无愧辞，是以其人敬慎幽冥而淫祀不作。末世信道不笃，僭礼黩神，纵欲祈请，曾不敬而远之，徒偷以求幸，妖妄相煽，舍正为邪，故魏朝疾之。其案旧礼具为之制，使功著于人者必有其报，而妖淫之鬼不乱其间。"二年正月，有司奏春分祠厉殃及禳祠，诏曰："不在祀典，除之。"

《王制》，天子七庙，诸侯以下各有等差，礼文详矣。汉献帝建安十八年五月，以河北十二郡封魏武帝为魏公。是年七月，始建宗庙于邺，自以诸侯礼立五庙也。后虽进爵为王，无所改易。延康元年，文帝继王位，七月，追尊皇祖为大王，夫人曰大王后。黄初元年十一月受禅，又追尊大王曰大皇帝，皇考武王曰武皇帝。二年六月，以洛京宗庙未成，乃祠武帝于建始殿，亲执馈奠，如家人礼。案《礼》将营宫室，宗庙为先，庶人无庙，故祭于寝，帝者行之，非礼甚矣。

明帝太和三年六月，又追尊高祖大长秋曰高皇，夫人吴氏曰高皇后，并在邺。庙之所祠，则文帝之高祖处士、曾祖高皇、大帝共一庙，考太祖武皇帝特一庙，百世不毁，然则所祠止于亲庙四室也。其年十一月，洛京庙成，则以亲尽迁处士主置园邑，使行太傅太常韩暨、行太常宗正曹恪持节迎高祖以下神主，共一庙，犹为四室而已。至景初元年六月，群公有司始更奏定七庙之制，曰："大魏三圣相承，以成帝业。武皇帝肇建洪基，拨乱夷险，为魏太祖。文皇帝继天革命,应期受禅,为魏高祖。上集成大命,清定华夏,兴制礼乐,宜为魏烈祖。于太祖庙北为二祧,其左为文帝庙,号曰高祖昭祧,其右拟明帝,号曰烈祖穆祧。三祖之庙,万世不毁。其余四庙,亲尽迭迁,一如周后稷、文武庙祧之礼。"

文帝甄后赐死,故不列庙。明帝即位,有司奏请追谥曰文昭皇后,使司空王朗持节奉策告祠于陵。三公又奏曰:"自古周人归祖后稷,又特立庙以祀姜嫄。今文昭皇后于后嗣,圣德至化,岂有量哉!夫以皇家世妃之尊,神灵迁化,而无寝庙以承享祀,非以报显德,昭孝敬也。稽之古制,宜依周礼,别立寝庙。"奏可。

太和元年二月,立庙于邺。四月,洛邑初营宗庙,掘地得玉玺,方一寸九分,其文曰"天子羡思慈亲"。明帝为之改容,以太牢告庙。至景初元年十二月己未,有司又奏文昭皇后立庙京师,永传享祀,乐舞与祖庙同,废在邺庙。

魏元帝咸熙元年,进文帝爵为王,追命舞阳宣文侯为宣王,忠武侯为景王。是年八月,文帝崩,谥曰文王。

武帝泰始元年十二月景寅,受禅。丁卯,追尊皇祖宣王为宣皇帝,伯考景王为景皇帝,考文王为文皇帝,宣王妃张氏为宣穆皇后,景王夫人姜氏为景皇后。二年正月,有司奏置七庙。帝重其役,诏宜权立一庙。于是群臣议奏:"上古清庙一宫,尊远神祇。逮至周室,制为七庙,以辩宗祧。圣旨深弘,远迹上世,敦崇唐虞,舍七庙之繁华,遵一宫之远旨。昔舜承尧禅,受终于文祖,遂陟帝位,盖三十载,月正元日,又格于祖,遂陟帝位,此则虞氏不改唐庙,因仍旧宫。可依有虞氏故事,即用魏庙。"奏可。于是追祭征西将军、豫章府君、颖川府君、京兆府君,与宣皇帝、景皇帝、文皇帝为三昭三穆。

是时,宣皇未升,太祖虚位,所以祠六世,与景帝为七庙,其礼则据王肃说也。七月,又诏曰:"主者前奏,就魏旧庙,诚亦有准。然于祇奉神明,情犹未安,宜更营造。"于是改创宗庙。十一月,追尊景帝夫人夏侯氏为景怀皇后。任茂议以为夏侯初嫔之时,未有王业。帝不从。太康元年,灵寿公主修丽祔于太庙,周汉未有其准。魏明帝则别立平原主庙,晋又异魏也。六年,因庙陷,当改修创,群臣又议奏曰:"古者七庙异所,自宜如礼。"又曰:"古虽七庙,自近代以来皆一庙七室,于礼无废,于情为叙,亦随时之宜也。其便仍旧。"至十年,乃更改筑于宣阳门内,穷极壮丽,然坎位之制犹如初尔。庙成,帝用挚虞议,率百官迁神主于新庙,自征西以下,车服导从皆如帝者之仪。及武帝崩,则迁征西,及惠帝崩,又迁豫章。而惠帝世愍怀太子、二子哀太孙臧、冲太孙尚并祔庙,元帝世,怀帝殇太子又祔庙,号为阴室四殇。怀帝初,又策谥武后杨后曰武悼皇后,改葬峻阳陵侧,别祠弘训宫,不列于庙。

元帝既即尊位,上继武帝,于元为祢,如汉光武上继元帝故事也。是时,西京神主,埋灭虏庭,江左建庙,皆更新造。寻以登怀帝之主,又迁颖川,位虽七室,其实五世,盖从刁协以兄弟为世数故也。于时,百度草创,旧礼未备,毁主权居别室。至太兴三年正月乙卯,诏曰:"吾虽上继世祖,然于怀、愍皇帝皆北面称臣。今祠太庙,不亲执觞酌,而今有司行事,于情礼不安。可依礼更处。"太常恒言:"今圣上继武皇帝,宜准汉世祖故事,不亲执觞爵。"又曰:"今上承继武帝,而庙之昭穆,四世而已,前太常贺循、博士傅纯,并以为惠、怀及愍,宜别立庙。然臣愚谓庙室当以客主为限,无拘常数。殷世有二祖三宗,若拘七室,则当祭祢而已。推此论之,宜还复豫章、颖川,全拘七庙之礼。"骠骑长史温峤议:"凡言兄弟不相入庙,既非礼文,且光武奋剑振起,不策名于孝平,务神其事,以应九世之谶,又古不共庙,故别立焉。今上以策名而言,殊于光武之事,躬奉蒸尝,于继既正,于情又安矣。太常恒欲还二府君,以全七世,峤谓是宜。"骠骑将军王导从峤议。峤又曰:"其非子者,可直言皇帝敢告某皇帝,又若以一帝为一世,则不祭祢,反不及庶人。"帝从峤议,悉施用之。于是乃更定制,还复豫章、颖川于昭穆之位,以同惠帝嗣武故事,而惠、怀、愍三帝自从《春秋》尊尊之义,在庙不替也。

及元帝崩,则豫章复迁。然元帝神位犹在愍帝之下,故有坎室者十也。至明帝崩,而颖川又迁,犹十室也。于时,续广太庙,故三迁主并还西储,名之曰祧,以准远庙。成帝咸康五年,始作武悼皇后神主,祔于庙,配飨世祖。成帝崩而康帝承统,以兄弟一世,故不迁京兆,始十一室也。至康帝崩,穆帝立,永和二年七月,有司奏:"十月殷祭,京兆府君当迁祧室。昔征西、豫章、颍川三府君毁主,中兴之初,权居天府,在庙门之西。咸康中,太常冯怀表续太庙,奉还于西储夹室,谓之为祧,疑亦非礼。今京兆迁入,是为四世远祖,长在太祖之上。昔周室太祖世远,故迁有所归。今晋庙宣皇为主,而四祖居之,是屈祖就孙也;殷祫在上,是代太祖也。"领司徒蔡谟议:"四府君宜改筑别室,若未展者,当入就太庙之室。人莫敢卑其祖,文武不先不窋。殷祭之日,征西东面,处宣皇之上。其后迁庙之主,藏于征西之祧,祭荐不绝。"护军将军冯怀议:"礼,无庙者为坛以祭,可立别室藏之,至殷禘则祭于坛也。"辅国将军谯王司马无忌等议:"禘,诸儒谓太王、王季迁主,藏于文武之祧。如此,府君迁主宜在宣帝庙中。然今无寝室,宜变通而改筑。又殷祫太庙,征西东面。"尚书郎孙绰与无忌议同,曰:"太祖虽位始九五,而道以从畅,替人爵之尊,笃天伦之道,所以成教本而光百代也。"尚书郎徐禅议:"《礼》'去祧为坛,去坛为墠',岁祫则祭之。今四祖迁主,可藏之石室,有祷则祭于坛墠。"又遣禅至会稽,访处士虞喜。喜答曰:"汉世韦玄成等以毁主瘗于园,魏朝议者云应埋两阶之间。且神主本在太庙,若今侧室而祭,则不如永藏。又四君无追号之礼,益明应毁而无祭。"是时简文为抚军,与尚书郎刘邵等奏:"四祖同居西祧,藏主后室,禘祫乃祭,如先朝旧仪。"时陈留范宣兄子问此礼,宣答曰:"舜庙所以祭,皆是庶人,其后世远而毁,不居舜庙上,不序昭穆。今四君号犹依本,非以功德致祀也。若依虞主之瘗,则犹藏子孙之所;若依夏主之埋,则又非本庙之阶。宜思其变,则筑一室,亲未尽则禘祫处宣帝之上,亲尽则无缘下就子孙之列。"其后太常刘遐等同蔡谟议。博士:"或疑陈于太祖者,皆其后之毁主,凭案古义无别前后之文也。禹不先鲧,则迁主居太祖之上,亦何疑也。于是京兆迁入西储,同谓之祧,如前三祖迁主之礼,故正室犹十一也。穆帝崩而哀帝、海西并为兄弟,无所登除。咸安之初,简文皇帝上继元皇,世袟登进,于是颍川、京兆二主复还昭穆之位。至简文崩,颍川又迁。

孝武帝太元十二年五月壬戌,诏曰:"昔建太庙,每事从俭,太祖虚位,明堂未建。郊祀,国之大事,而稽古之制阙然,便可详议。"祠部郎中徐邈议:"圆丘郊祀,继典无二,宣皇帝尝辩斯义,而检以圣典。爰及中兴,备加研极,以定南北二郊,诚非异学所可轻改也。谓仍旧为安。武皇帝建庙六世,祖三昭三穆。宣皇帝创基之主,实惟太祖,而亲则王考。四庙在上,未及迁世,权虚东向之位也。兄弟相及,义非二世。故当今庙祀,世数未足,而欲太祖正位,则违事七之义矣。又《礼》曰庶子王亦禘祖立庙,盖谓支胤授立,则亲近必复。京兆府君于今六世,宜复立此室,则宣皇未在六世之上,须前世既迁,乃太祖位定耳。京兆迁毁,宜藏主于石室,虽只禘祫犹弗及。何者?传称毁主升合乎太祖,升者自下之名,不谓可降尊就卑也。太子太孙,阴室四主,储嗣之重,升祔皇祖,所托之庙,世远应迁,然后从食之孙,与之俱毁。明堂方圆之制,纲领已举,不阙祀帝之祧。且王者以天下为家,未必一邦,故周平、光武无废于二京也。明堂所配之神,积疑莫辩。案《易》'殷荐上帝,以配祖考',祖考同配,则上帝亦为天,而严父之义显。《周礼》旅上帝者,有故告天,与郊祀常《礼》同周四主,故并言之。若上帝是五帝,《经》文何不言祀天旅五帝,祀地旅四望乎?"侍中车胤议同。又曰:"明堂之制,既其难详,且乐主于和,礼主于敬,故质文不同,音器亦殊。既茅茨广夏,不一其度,何必守其形范,而不弘本从俗乎?九服咸宁,河朔无尘,然后明堂辟雍可崇而修之。

时朝议多同,于是奏行所改。十六年,始改作太庙殿,正室十四间,东西储各一间,合十六间,栋高八丈四尺。备法驾迁神主于行庙,征西至京兆四主及太孙各用其位之仪服。四主不从帝者仪,是与太康异也。诸主既入庙,设脯醢之奠。及新庙成,神主还室,又设脯醢之奠。十九年二月,追尊简文母会稽太妃郑氏为简文皇帝宣太后,立庙太庙道西。及孝武崩,京兆又迁,如穆帝之世四祧故事。

　　义熙元年四月，将殷祠，诏博士议迁毁之礼。大司马、琅邪王德文议："泰始之初，虚太祖之位，而缘情流远，上及征西，故世尽则宜毁，而宣帝正太祖之位。又汉光武移十一帝主于洛邑，则毁主不设，理可推矣。宜筑室，以居四府君之主，永藏而弗祀也。"大司农徐广议："四府君尝处庙堂之首，歆率土之祭，若埋之幽壤，于情理未必咸尽。谓可迁藏西储，以为远祧，而禘祫永绝也。"太尉谘议参军袁豹议："仍旧无革，殷祠犹及四府君，情理为允。"时刘裕作辅，意与大司马议同，须后殷祠行事改制。会安帝崩，未及禘而天禄终焉。

　　武帝咸宁五年十一月己酉，弘训羊太后崩，宗庙废一时之祀，天地明堂去乐，且不上胙。穆帝升平五年十一月己卯，殷祀，以帝崩后不作乐。孝武太元十一年九月，皇女亡，及应烝祠，中书侍郎范宁奏："案《丧服传》：有死宫中者三月不举祭，不别长幼之与贵贱也。皇女虽在婴孩，臣窃以为疑。"于是尚书奏使三公行事。

　　武帝泰始七年四月，帝将亲祠，车驾夕牲，而仪注还不拜。诏问其故，博士奏历代相承如此。帝曰："非致敬宗庙之礼也。"于是实拜而还，遂以为制，夕牲必躬临拜，而江左以来复止。

　　魏故事，天子为次殿于庙殿之北东，天子入自北门。新礼，设次殿于南门中门外之右，天子入自南门。挚虞以为："次殿所以为解息之处，凡适尊以不显为恭，以由隐为顺，而设之于上位，入自南门，非谦厌之义。宜定新礼，皆如旧说。"从之。

　　礼，大事则告祖祢，小事则特告祢，秦汉久废。魏文帝黄初四年七月，将东巡，以大军当出，使太常以特牛告南郊。及文帝崩，又使太尉告谥策于南郊。自是迄晋相承，告郊之后仍以告庙，至江左其礼废。至成帝咸和三年，苏峻覆乱京都，温峤等立行庙于白石，复行其典。告先君及后曰："逆臣苏峻，倾覆社稷，毁弃三正，污辱海内。臣侃、臣峤、臣亮等手刃戎首，龚行天罚。惟中宗元皇帝、肃祖明皇帝、明穆皇后之灵，降鉴有罪，剿绝其命，翦此群凶，以安宗庙。臣等虽陨首摧躯，犹生之年。"

　　魏明帝太和三年，诏曰："礼，王后无嗣，择建支子，以继大宗，则当纂正统而奉公义，何得复顾私亲哉！汉宣继昭帝后，加悼考以皇号。哀帝以外藩援立，而董宏等称引亡秦，惑误朝议，遂尊恭皇，立庙京师。又宠藩妾，使比长信，僭差无礼，人神弗佑。非罪师丹忠正之谏，用致丁傅焚如之祸。自是之后，相踵行之。其令公卿有司，深以前世为戒。后嗣万一有由诸侯入奉大统，则当为明久后之义。敢为佞邪导谀君上，妄建非正之号，谓考为皇，称妣为后，则股肱大臣诛之无赦。其书之金策，藏之宗庙。"是后高贵、常道援立，皆不外尊。及愍帝建兴四年，司徒梁芬议追尊之礼，帝既不从，而右仆射索綝等亦称引魏制，以为不可，故追赠吴王为太保而已。

　　元帝太兴二年，有诏琅邪恭王宜称皇考。贺循议云："礼典之义，子不敢以己爵加其父号。"帝又从之。

晋书卷二〇
志第一〇

礼　中

　　五礼之别，二曰凶。自天子至于庶人，身体发肤，受之父母，其理既均，其情亦等，生则养，死则哀，故曰三年之丧，天下之达礼者也。汉礼，天子崩，自不豫至于登遐及葬，丧纪之制，与夫三代变易。魏晋以来，大体同汉。然汉文革丧礼之制，后代遵之，无复三年之礼。及魏武临终，遗令"天下尚未安定，未得遵古。百官当临中者，十五举音，葬毕便除。其将兵屯戍者，不得离部"。魏武以正月庚子崩，辛丑即殡，是月丁卯而葬，是为不逾月也。

　　及宣帝、景帝之崩，并从权制。文帝之崩，国内服三日。武帝亦遵汉魏之典，既葬除丧，然犹深衣素冠，降席撤膳。太宰司马孚、太傅郑冲、太保王祥、太尉何曾、司徒领中领军司马望、司空荀𫖮、车骑将军贾充、尚书令裴秀、尚书仆射武陔、都护大将军郭建、侍中郭绥、中书监荀勖、中军将军羊祜等奏曰："臣闻礼典轨度，丰杀随时，虞夏商周，咸不相袭，盖有由也。大晋绍承汉魏，有革有因，期于足以兴化而已，故未得皆返太素，同规上古也。陛下既以俯遵汉魏降丧之典，以济时务，而躬踊太孝，情过乎哀，素冠深衣，降席撤膳，虽武丁行之于殷世，曾闵履之于布衣，未足以逾。方今荆蛮未夷，庶政未乂，万机事殷，动劳神虑，岂遑全遂圣旨，以从至情。臣等以为陛下宜割情以康时济俗，辄敕御府易服，内者改坐，太官复膳，诸所施行，皆如旧制。"诏曰："每感念幽冥，而不得终茕绖于草土，以存此痛,况当食稻衣锦,诚诡然激切其心,非所以相解也。吾本诸生家,传礼来久,何止一旦便易此情于所天！相从已多,可试省孔子答宰我之言,无事纷纭也。言及悲杀,奈何！奈何！"孚等重奏:"伏读圣诏,感以悲怀,辄思仲尼所以抑宰我之间,圣思所以不能以已,甚深甚笃。然今者干戈未戢,武事未偃,万机至重,天下至众。陛下以万乘之尊,履布衣之礼,服粗席稿,水饮疏食,殷忧内盈,毁悴外表。然而躬勤万机,坐而待旦,降心接下,仄不遑食,所以劳力者如斯之甚。是以臣等悚息不宁,诚惧神气用损,以疚大事。辄敕有司,改坐复常,率由旧典。惟陛下察纳愚款,以慰皇太后之心。"又诏曰:"重览奏议,益以悲剥,不能自胜,奈何！奈何！三年之丧,自古达礼,诚圣人称情立哀,明恕而行也。神灵日远,无所讯告,虽薄于情,食旨服美,所不堪也。不宜反覆,重伤其心,言用断绝,奈何！奈何！"帝遂以此礼终三年。后居太后之丧亦如之。

泰始二年八月,诏曰:"此上旬,先帝弃天下日也,便以周年。吾茕茕,当复何时一得叙人子之情邪！思慕烦毒,欲诣陵瞻侍,以尽哀愤。主者具行备。"太宰安平王孚、尚书令裴秀、尚书仆射武陔等奏:"陛下至孝蒸蒸,哀思罔极。衰麻虽除,哀毁疏食,有损神和。今虽秋节,尚有余暑,谒见山陵,悲感摧伤,群下窃用竦息,以为宜降抑圣情,以慰万国。"诏曰:"孤茕忽尔,日月已周,痛慕摧感,永无逮及。欲奉瞻山陵,以叙哀愤,体气自佳耳。又已凉,便当行,不得如所奏也。主者便具行备。"又诏曰:"汉文不使天下尽哀,亦帝王至谦之志。当见山陵,何心而无服,其以衰绖行。"秀等重奏曰:"臣闻上古丧期无数,后世乃有年月之渐。汉文帝随时之义,制为短丧,传之于后。陛下社稷宗庙之重,万方亿兆之故,既从权制,除衰麻,群臣百姓吉服,今者谒陵,以叙哀慕,若加衰绖,进退无当。不敢奉诏。"诏曰:"亦知不在此麻布耳。然人子情思,为欲令哀丧之物在身,盖近情也。群臣自当案旧制。"秀等又奏:"臣闻圣人制作,必从时宜。故五帝殊乐,三王异礼,此古今所以不同,质文所以迭用也。陛下随时之宜,既降心克己,俯就权制,既除衰麻,而行心丧之礼,今复制服，义无所依。若君服而臣不服，亦未之敢安也。参议宜如前奏。"诏曰："患情不能跂及耳，衣服何在。诸君勤勤之至，岂苟相违。"

泰始四年，皇太后崩。有司奏："前代故事，倚庐中施白缣帐、蓐、素床，以布巾里革，辂辇、版舆、细犊车皆施缣里。"诏不听，但令以布衣车而已，其余居丧之制，不改礼文。有司又奏："大行皇太后当以四月二十五日安厝。故事，虞著衰服，既虞而除。其内外官僚皆就朝晡临位，御服讫，各还所次除衰服。"诏曰："夫三年之丧，天下之达礼也。受终身之爱，而无数年之报，奈何葬而便即吉，情所不忍也。"有司又奏："世有险易，道有洿隆，所遇之时异，诚有由然，非忽礼也。方今戎马未散，王事至殷，交须听断，以熙庶绩。昔周康王始登翌室，犹戴冕临朝。降于汉魏，既葬除释，谅暗之礼，自远代而废矣。惟陛下割高宗之制，从当时之宜。"诏曰："夫三年之丧，所以尽情致礼，葬已便除，所不堪也。当叙吾哀怀，言用断绝，奈何！奈何！"有司又固请。诏曰："不能驾学，勿以毁伤为忧也。诚知衣服末事耳，然今思存草土，率当以吉物夺之，乃所以重伤至心，非见念也。每代礼典质文皆不同耳，何为限以近制，使达丧阙然乎！"群臣又固请，帝流涕久之乃许。文明皇后崩及武元杨后崩，天下将吏发哀三日止。

穆帝崩，哀帝立。帝于穆帝为从父昆弟，穆帝舅褚歆有表，中书答表朝廷无其仪，诏下议。尚书仆射江虨等四人并云："闵僖兄弟也，而为父子，则哀帝应为帝嗣。"卫军王述等二十五人云："成帝不私亲爱，越授天伦，康帝受命显宗。社稷之重，已移所授，篡承之序，宜继康皇。"尚书谢奉等六人云："继体之正，宜本天属，考之人情，宜继显宗也。"诏从述等议，上继显宗。

宁康二年七月，简文帝崩再周而遇闰。博士谢攸、孔粲议："鲁襄二十八年十二月乙未，楚子卒，实闰月而言十二月者，附正于前月也。丧事先远，则应用博士吴商之言，以闰月祥。"尚书仆射谢安、中领军王劭、散骑常侍郑袭、右卫将军殷康、骁骑将军袁宏、散骑侍郎殷茂、中书郎车胤、左丞刘遵、吏部郎刘耽意皆同。康曰:"过七月而未及八月,岂可谓之逾期。必所不了,则当从其重者。"宏曰:"假值闰十二月而不取者,此则岁未终,固不可得矣。《汉书》以闰为后九月,明其同体也。"袭曰:"中宗、肃祖皆以闰月崩,祥除之变皆用闰之后月。先朝尚用闰之后月,今闰附七月,取之何疑,亦合远日申情之言。又闰是后七而非八也,岂逾月之嫌乎!"尚书令王彪之、侍中王混、中丞谯王恬、右丞戴谧等议异,彪之曰:"吴商中才小官,非名贤硕儒、公辅重臣、为时所准则者。又取闰无证据,直揽远日之义,越祥忌,限外取,不合卜远之理。又丞相桓公尝论云,《礼》二十五月大祥。何缘越期取闰,乃二十六月乎?"于是启曰:"或以闰附七月,宜用闰月除者。或以闰名虽附七月,而实以三旬别为一月,故应以七月除者。臣等与中军将军冲参详,一代大礼,宜准经典。三年之丧,十三月而练,二十五月而毕,《礼》之明文也。《阳秋》之义,闰在年内,则略而不数。明闰在年外,则不应取之以越期忌之重,礼制祥除必正期月故也。"己酉晦,帝除缟即吉。徐广论曰:"凡辨义详理,无显据明文可以折中夺易,则非疑如何。礼疑从重,丧易宁戚,顺情通物,固有成言矣。彪之不能征援正义,有以相屈,但以名位格人,君子虚受,心无适莫,岂其然哉!执政从而行之,其殆过矣。"

魏武以正月崩,魏文以其年七月设妓乐百戏,是则魏不以丧废乐也。武帝以来,国有大丧,辄废乐终三年。惠帝太安元年,太子丧未除,及元会亦废乐。穆帝永和中,为中原山陵未修复,频年元会废乐。是时,太后临朝,后父褚裒薨,元会又废乐也。孝武太元六年,为皇后王乐丧,亦废乐。孝武崩,太傅录尚书会稽王道子议:"山陵之后,通婚嫁不得作乐,以一期为断。"

汉仪,太皇太后、皇太后崩,长乐太仆、少府大长秋典丧事,三公奉制度,他皆如礼。魏晋亦同天子之仪。

泰始十年,武元杨皇后崩,及将迁于峻阳陵,依旧制,既葬,帝及群臣除丧即吉。先是,尚书祠部奏从博士张靖议,皇太子亦从制俱释服。博士陈逵议,以为"今制所依,盖汉帝权制,兴于有事,非礼之正。皇太子无有国事，自宜终服。"有诏更详议。尚书杜预以为：
"古者天子诸侯三年之丧始同齐斩，既葬除丧服，谅暗以居，心丧终
制，不与士庶同礼。汉氏承秦，天下为天子修服三年。汉文帝见其
下不可久行，而不知古制，更以意制祥禫，除丧即吉。魏氏直以讫葬
为节，嗣君皆不复谅暗终制。学者非之久矣，然竟不推究经传，考其
行事，专谓王者三年之丧，当以衰麻终二十五月。嗣君苟若此，则天
子群臣皆不得除丧。虽志在居笃，更通而不行。至今世主皆从汉文
轻典，由处制者非制也。今皇太子与尊同体，宜复古典，卒哭除衰
麻，以谅暗终制。于义既不应不除，又无取于汉文，乃所以笃丧礼
也。"于是尚书仆射卢钦、尚书魏舒问杜预证据所依。预云："传称三
年之丧自天子达，此谓天子绝期，唯有三年丧也。非谓居丧衰服三
年，与士庶同也。故后、世子之丧，而叔向称有三年之丧二也。周公
不言高宗服丧三年，而云谅暗三年，此释服心丧之文也。叔向不讥
景王除丧，而讥其燕乐已早，明既葬应除，而违谅暗之节也。《春
秋》，晋侯享诸侯，子产相郑伯，时简公未葬，请免丧以听命，君子谓
之得礼。宰咺来归惠公仲子之赗，传曰'吊生不及哀'。此皆既葬除
服谅暗之证，先儒旧说，往往亦见，学者未之思耳。《丧服》，诸侯为
天子亦斩衰，岂可谓终服三年邪！上考七代，未知王者君臣上下衰
麻三年者谁；下推将来，恐百世之主其理一也。非必不能，乃事势不
得，故知圣人不虚设不行之制。仲尼曰'礼所损益虽百世可知'，此
之谓也。"于是钦、舒从之，遂命预造议，奏曰：

　　侍中尚书令司空鲁公臣贾充、侍中尚书仆射奉车都尉大
梁侯臣卢钦、尚书新沓伯臣山涛、尚书奉车都尉平春侯臣胡
威、尚书剧阳子臣魏舒、尚书堂阳子臣石鉴、尚书丰乐亭侯臣
杜预稽首言：礼官参议博士张靖等议，以为"孝文权制三十六
日之服，以日易月，道有污隆，礼不得全，皇太子亦宜割情除
服。"博士陈逵等议，以为"三年之丧，人子所以自尽，故圣人制
礼，自上达下。是以今制，将吏诸遭父母丧，皆假宁二十五月。
敦崇孝道，所以风化天下。皇太子至孝著于内，而衰服除于外，

非礼所谓称情者也。宜其不除。”

臣钦、臣舒、臣预谨案靖、逮等议，各见所学之一端，未统帝者居丧古今之通礼也。自上及下，尊卑贵贱，物有其宜。故礼有以多为贵者，有以少为贵者，有以高为贵者，有以下为贵者，唯其称也。不然，则本末不经，行之不远。天子之与群臣，虽哀乐之情若一，而所居之宜实异，故礼不得同。《易》曰：“上古之世丧期无数”。《虞书》称：“三载四海遏密八音”，其后无文。至周公旦，乃称：殷之高宗谅暗三年不言”。其传曰：“谅，信也；暗，默也”。下逮五百余岁，而子张疑之，以问仲尼。仲尼答云：“何必高宗，古之人皆然，君薨，百官总己以听于冢宰三年。”周景王有后、世子之丧，既葬除丧而乐。晋叔向讥之曰：“三年之丧，虽贵遂服，礼也。王虽弗遂，宴乐已早，亦非礼也。”此皆天子丧事见于古文者也。称高宗不云服丧三年，而云谅暗三年，此释服心丧之文也。讥景王不讥其除丧，而讥其宴乐已早，明既葬应除，而违谅暗之节也。尧崩，舜谅暗三年，故称遏密八音。由此言之，天子居丧，齐斩之制，菲杖绖带，当遂其服。既葬而除，谅暗以终之，三年无改父之道，故百官总己听于冢宰。丧服已除，故称不言之美，明不复寝苦枕，以荒大政也。《礼记》：“三年之丧，自天子达。”又云：“父母之丧，无贵贱一也。”又云：“端衰丧车皆无等。”此通谓天子居丧，衣服之节同于凡人，心丧之礼，终于三年，亦无服丧三年之文。然继体之君，犹多荒宁。自从废谅暗之制，至令高宗擅名于往代，子张致疑于当时，此乃贤圣所以为讥，非讥天子不以服终丧也。

秦燔书籍，率意而行，尢上抑下。汉祖草创，因而不革。乃至率天下皆终重服，旦夕哀临，经罹寒暑，禁塞嫁娶饮酒食肉，制不称情。是以孝文遗诏，敛毕便葬，葬毕制红禫之除。虽不合高宗谅暗之义，近于古典，故传之后嗣。于时预修陵庙，故故敛葬得在浃辰之内，因以定制。近至明帝，存无陵寝，五旬乃葬，安在三十六日。此当时经学疏略，不师前圣之病也。魏氏革命,以既葬为节,合于古典,然不垂心谅暗,同讥前代。自泰始开元,陛下追尊谅暗之礼,慎终居笃,允臻古制,超绝于殷宗,天下歌德,诚非靖等所能原本也。

天子诸侯之礼,当以具矣。诸侯恶其害己而削其籍,今其存者唯《士丧》一篇,戴圣之记杂错其间,亦难以取正。天子之位至尊,万机之政至大,群臣之众至广,不同之于凡人。故大行既葬,祔祭于庙,则因疏而除之。己不除则群臣莫敢除,故屈己以除之。而谅暗以终制,天下之人皆曰我王之仁也。屈己以从宜,皆曰我王之孝也。既除而心丧,我王犹若此之笃也。凡等臣子,亦焉得不自勉以崇礼。此乃圣制移风易俗之本,高宗所以致雍熙,岂惟衰裳而已哉!

若如难者,更以权制自居,疑于屈伸厌降,欲以职事为断,则父在为母期,父卒三年,此以至亲屈于至尊之义也。出母之丧,以至亲为属,而长子不得有制,体尊之义,升降皆从,不敢独也。《礼》:诸子之职,掌国子之倅。国有事则师国子而致之太子,唯所用之。《传》曰:“君行则守,有守则从,从曰抚军,守曰监国”,不无事矣。《丧服》:母为长子,妻为夫,妾为主,皆三年。内宫之主,可谓无事?揆度汉制,孝文之丧,红襜既毕,孝景即吉于未央,薄后、窦后必不得齐斩于别宫,此可知也。况皇太子配贰之至尊,与国为体,固宜远遵古礼,近同时制,屈除以宽诸下,协一代之成典。

君子之于礼,有直而行,曲而报;有经而等,有顺而去之,存诸内而已。礼云非玉帛之谓,丧云唯衰麻之谓乎?此既臣等所谓经制大义,且即实近言,亦有不安。今皇太子至孝蒸蒸,发于自然,号咷之慕,匍匐殡宫,大行既奠,往而不反,必想像平故,傍徨寝殿。若不变从谅暗,则东宫臣仆,义不释服。此为永福官属,当独衰麻从事,出入殿省,亦难以继。今将吏虽蒙同二十五月之宁,至于大臣,亦夺其制。昔翟方进自以身为汉相,居丧三十六日,不敢逾国典,而况于皇太子?臣等以为皇太子宜如前奏,除服谅暗制。

于是太子遂以厌降之议,从国制除衰麻,谅暗终制。

于时外内卒闻预异议,多怪之。或者乃谓其违礼以合时。时预亦不自解说,退使博士殷畅博采典籍,为之证据,令大义著明,足以垂示将来。畅承预旨,遂撰集书传旧文,条诸实事成言,以为定证,以弘指趣。其传记有与今议同者,亦具列之,博举二隅,明其会归,以证斯事。文多不载。

武帝杨悼皇后既母养怀帝,后遇难时,怀帝尚幼,及即位,中诏述后恩爱。及后祖载,群官议帝应为追制服,或以庶母慈己,依礼制小功五月,或以谓慈母服如母服齐衰者,众议不同。闾丘冲议云:"杨后母养圣上,盖以曲情。今以恩礼追崇,不配世祖庙。王者无慈养之服,谓宜祖载之日,可三朝素服发哀而已。"于是从之。

康帝建元元年正月晦,成恭杜皇后周忌,有司奏,至尊期年应改服。诏曰:"君亲,名教之重也,权制出于近代耳。"于是素服如旧,固非汉魏之典也。

兴宁元年,哀帝章皇太妃薨,帝欲服重。江彪启:"先王制礼,应在缌服。"诏欲降期,彪又启:"厌屈私情,所以上严祖考。"于是制缌麻三月。

孝武宁康中,崇德太后褚氏崩。后于帝为从嫂,或疑其服。博士徐藻议,以为:"资父事君而敬同。又,礼,其夫属父道者,其妻皆母道也。则夫属君道,妻亦后道矣。服后宜以资母之义。鲁讥逆礼,以明尊尊。今上躬奉康、穆、哀皇及靖后之礼,致敬同于所天。岂可敬之以君道,而服废于本亲。谓应服齐衰期。"于是帝制期服。

隆安四年,孝武太皇太后李氏崩,疑所服。尚书左仆射何澄、右仆射王雅、尚书车胤、孔安国、祠部郎徐广议:"太皇太后名位允正,体同皇极,理制备尽,情礼弥申。《阳秋》之义,母以子贵。既称夫人,礼服从政。故成风显夫人之号,昭公服三年之丧。子于父之所生,体尊义重。且礼,祖不厌孙,固宜遂服无屈,而缘情立制。若嫌明文不存,则疑斯从重,谓应同于为祖母后齐衰期。永安皇后无服,但一举哀,百官亦一期。"诏可。

孝武帝太元十五年,淑媛陈氏卒,皇太子所生也。有司参详母以子贵,赠淑媛为夫人,置家令典丧事。太子前卫率徐邈议:"《丧服传》称,与尊卑者为体,则不服其私亲。又,君父所不服,子亦不敢服。故王公妾子服其所生母练冠麻衣,既葬而除,非五服之常,则谓之无服。"从之。

太元二十一年,孝武帝崩,孝武太后制三年之服。

惠帝太安元年三月,皇太孙尚薨。有司奏,御服齐衰期。诏下通议。散骑常侍谢衡以为:"诸侯之太子,誓与未誓,尊卑体殊。《丧服》云为嫡子长殇,谓未誓也,已誓则不殇也。"中书令卞粹曰:"太子始生,故已尊重,不待命誓。若衡议已誓不殇,则元服之子当斩衰三年;未誓而殇,则虽十九当大功九月。誓与不誓,为其升降也微;斩衰与大功,其为轻重也远。而今注云'诸侯不降嫡殇重'。嫌于无服,以大功为重嫡之服,则虽誓,无复有三年之理明矣。男能卫社稷,女能奉妇道,以可成之年而有已成之事,故可无殇,非孩龇之谓也。为殇后者尊之如父,犹无所加而止殇服,况以天子之尊,而为服之殇行成人之制邪!凡诸宜重之殇,皆士大夫不加服,而令至尊独居其重,未之前闻也。"博士蔡克同粹。秘书监挚虞云:"太子初生,举以成人之礼,则殇理除矣。太孙亦体君传重,由位成而服,全非以年也。天子无服殇之义,绝期故也。"于是从之。

魏氏故事,国有大丧,群臣凶服,以帛为绶囊,以布为剑衣。新礼,以传称"去丧无所不佩",明在丧则无佩也,更制齐斩之丧不佩剑绶。挚虞以为"《周礼》武贲氏,士大夫之职也,皆以兵守王宫,国有丧故,则衰葛执戈盾守门,葬则从车而哭。又,成王崩,太保命诸大夫以干戈内外警设。明丧故之际,盖重宿卫之防。去丧无所不佩,谓服饰之事,不谓防御之用。宜定新礼布衣剑如旧,其余如新制。"诏从之。

汉魏故事,将葬,设吉凶卤簿,皆有鼓吹。新礼以礼无吉驾导从之文,臣子不宜释其衰麻以服玄黄,除吉驾卤簿。又,凶事无乐,遏密八音,除凶服之鼓吹。挚虞以为:"葬有祥车旷左,则今之容车也。既葬,日中反虞,迎神而还。《春秋传》,郑大夫公孙虿卒,天子追赐大路,使以行。《士丧礼》,葬有稿乘车,以载生之服。此皆不唯载柩,兼有吉驾之明文也。既设吉驾,则宜有导从,以象平生之容,明不致死之义。臣子衰麻不得为身而释,以为君父则无不可。《顾命》之篇足以明之。宜定新礼设吉服导从如旧,其凶服鼓吹宜除。"诏从之。

汉魏故事,大丧及大臣之丧,执绋者挽歌。新礼以为挽歌出于汉武帝役人之劳歌,声哀切,遂以为送终之礼。虽音曲摧怆,非经典所制,违礼设衔枚之义。方在号慕,不宜以歌为名,除不挽歌。挚虞以为:"挽歌因倡和而为摧怆之声,衔枚所以全哀,此亦以感众。虽非经典所载,是历代故事。《诗》称'君子作歌,惟以告哀',以歌为名,亦无所嫌。宜定新礼如旧。"诏从之。

咸宁二年,安平穆王隆,无嗣,以母弟敦上继献王后,移太常问应何服。博士张靖答,宜依鲁僖服闵三年例。尚书符诘靖:"穆王不臣敦,敦不继穆,与闵僖同。"孙毓、宋昌议,以穆王不之国,敦不仕诸侯,不应三年。以义处之,敦宜服本服,一期而除,主穆王丧祭三年毕,乃吉祭献王。毓云:"《礼》,君之子孙所以臣诸兄者,以临国故也。《礼》又与诸侯为兄弟服斩诸,谓邻国之臣于邻国之君,有犹君之义故也。今穆王既不之国,不臣兄弟,敦不仕诸侯,既邻臣之义,异于闵僖,如符旨也。但丧无主,敦既奉诏绍国,受重主丧,典其祭祀。'大功者主人之丧,有三年者则必为之再祭',郑氏《注》云,'谓死者之从父昆弟来为丧主也。有三年者,谓妻若子幼少也'。'再祭,谓大小祥也'。穆妃及国臣于礼皆当三年,此为有三年者,敦当为之主大小两祥祭也。且哀乐不相杂,吉凶不相干。凶服在宫,哭泣未绝。敦据主穆王之丧,而国制未除,则不得以己本亲服除而吉祭献王也。"

咸宁四年,陈留国上,燕公是王之父,王出奉明帝祀,今于王为祖父,有司奏应服期,不以亲疏尊卑为降。诏曰:"王奉魏氏,所承者重,不得服其私亲。"穆帝时,东海国言,哀王隆逾年,嗣王乃来,不复追服，群臣皆已反吉，国妃亦宜同除。诏曰："朝廷所以从权制者，以王事夺之，非为变礼也。妇人传重义大，若从权制，义将安托！"于是国妃终三年之礼。孙盛以为："废三年之礼，开偷薄之源，汉魏失之奢也。今若以大夫宜夺以王事，妇人可终本服，是吉凶之仪杂陈于宫寝，彩素之制乖异于内外，无乃情礼俱违，哀乐失所乎！"

太元十七年，太常车胤上言："谨案《丧服礼经》，'庶子为母缌麻三月'。《传》曰，'何以缌麻？以尊者为体，不敢服其私亲也。'此《经》、《传》之明文，圣贤之格言。而自顷开国公侯，至于卿士，庶子为后，各肆私情，服其庶母，同之于嫡。此末俗之弊，溺情伤教，纵而不革，则流遁忘返矣。且夫尊尊亲亲，虽礼之大本，然厌亲于尊，由来尚矣。《礼记》曰，'为父后，出母无服也者，不祭故也'。又，礼，天子父母之丧，未葬，越绋而祭天地社稷。斯皆崇严至敬，不敢以私废尊也。今身承祖宗之重，而以庶母之私，废蒸尝之事。五庙阙祀，由一妾之终，求之情礼，失莫大焉。举世皆然，莫之裁贬。就心不同，而事不敢异。故正礼遂颓而习非成俗。此《国风》所以思古，《小雅》所以悲叹。当今九服渐宁，王化惟新，诚宜崇明礼训，以一风俗。请台省考修经典，式明王度。"诏不答。

十八年，胤又上言："去年上，自顷开国公侯，至于卿士，庶子为后者，服其庶母，同之于嫡，违礼犯制，宜加裁抑。事上经年，未被告报，未审朝议以何为疑。若以所陈或谬，则经有文；若以古今不同，则晋有成典。升平四年，故太宰武陵王所生母丧，表求齐衰三年，诏听依昔乐安王故事，制大功九月。兴宁三年，故梁王瑹又所生母丧，亦求三年。《庚子诏书》依太宰故事，同服大功。若谨案《周礼》，则缌麻三月；若奉晋制，则大功九月。古礼今制，并无居庐三年之文，而顷年已来，各申私情，更相拟袭，渐以成俗。纵而不禁，则圣典灭矣。夫尊尊亲亲，立人之本，王化所由，二端而已。故先王设教，务弘其极，尊郊社之敬，制越绋之礼，严宗庙之祀，厌庶子之服，所以经纬人文，化成天下。夫屈家事于王道，厌私恩于祖宗，岂非上行乎下，父行乎子！若尊尊之心有时而替，宜厌之情触事而申，祖宗之敬微，而君臣之礼亏矣。严恪微于祖宗，致敬亏于事上，而欲俗安化隆，不亦难乎！区区所惜，实在于斯。职之所司，不敢不言。请台参详。"尚书奏："案如辞辄下主者详寻。依礼，庶子与尊者为体，不敢服其私亲，此尊祖敬宗之义。自顷陵迟，斯礼遂废。封国之君废五庙之重，士庶匹夫阙蒸尝之礼，习成颓俗，宜被革正。辄内外参详，谓宜听胤所上，可依乐安王大功为正。请为告书如左，班下内外，以定永制，普令依承，事可奉行。"诏可。

《礼》，王为三公六卿裼衰，为大夫士疑衰，首服弁绖。天子诸侯皆为贵臣贵妾服三月。汉为大臣制服无闻焉。汉明帝时，东海恭王薨，帝出幸津门亭发哀。

及武帝咸宁二年十一月，诏"诸王公大臣薨，应三朝发哀者，逾月举乐，其一朝发哀者，三日不举乐也"。

元帝姨广昌乡君丧，未葬，中丞熊远表云："案《礼》'君于卿大夫，比葬不食肉，比卒哭不举乐'，恻隐之心未忍行吉事故也。被尚书符，冬至后二日小会。臣以为广昌乡君丧殡日，圣恩垂悼。礼，大夫死，废一时之祭。祭犹可废，而况余事。冬至唯可群下奉贺而已，未便小会。"诏以远表示贺循，又曰："咸宁三年武皇帝故事云'王公大臣薨，三朝发哀，逾月举乐，其一朝发哀，三日不举乐'，此旧事明文。"贺循答曰："案《礼·杂记》，'君于卿大夫之葬，比葬不食肉，比卒哭不举乐'。古者君臣义重，昺以至尊之义，降而无服，三月之内，犹裼衰以居，不接吉事。故春秋晋大夫智悼子未葬，平公作乐，为屠蒯所讥。如远所启，合于古义。《咸宁诏书》虽不会经典，然随时立宜，以为定制，诚非群下所得称论。"

升平元年，帝姑庐陵公主未葬，符问太常，冬至小会应作乐不。博士胡讷议云："君于卿大夫，比卒哭不举乐。公主有骨肉之亲，宜阙乐。"太常王彪之云："案武帝诏，三朝举哀，三旬乃举乐；其一朝举哀者，三日则举乐。泰始十年春，长乐长公主薨，太康七年秋，扶风王亮薨，武帝并举哀三日而已。中兴已后，更参论不改此制。今小会宜作乐。"二议竟不知所取。

《丧服记》，公为所寓，齐衰三月。新礼以今无此事，除此一章。挚虞以为："《周礼》作于刑厝之时，而著荒政十二。礼备制待物，不以时衰而除盛典，世隆而阙衰教也。曩者王司徒失守播越，自称寄公。是时天下又多此比，皆礼之所及。宜定新礼自如旧经。"诏从之。

汉魏故事无五等诸侯之制，公卿朝士服丧，亲疏各如其亲。新礼，王公五等诸侯成国置卿者，及朝廷公孤之爵，皆傍亲绝期，而傍亲为之服斩衰，卿校位从大夫者皆绝缌。挚虞以为："古者诸侯君监其国，臣诸父兄，今之诸侯未同于古。未同于古，则其尊未全，不宜便从绝期之制，而令傍亲服斩衰之重也。诸侯既然，则公孤之爵亦宜如旧。昔魏武帝建安中已曾表上，汉朝依古为制，事与古异，皆不施行，施行者著在魏科。大晋采以著令，宜定新礼皆如旧。"诏从之。

《丧服》无弟子为师服之制，新礼弟子为师齐衰三月。挚虞以为："自古无师服之制，故仲尼之丧，门人疑于所服。子贡曰：'昔夫子之丧颜回，若丧子而无服，请丧夫子若丧父而无服。'遂心丧三年。此则怀三年之哀，而无齐衰之制也。群居入则经，出则否，所谓吊服加麻也。先圣为礼，必易从而可传。师徒义诚重，而服制不著，历代相袭，不以为缺。且寻师者以弥高为得，故屡迁而不嫌；修业者以日新为益，故舍旧而不疑。仲尼称'三人行，必有我师焉'。子贡云，'夫子何常师之有'。浅学之师，暂学之师，不可皆为之服。义有轻重，服有废兴，则臧否由之而起，是非因之而争，爱恶相攻，悔吝生焉。宜定新礼无服如旧。"诏从之。

古者天子诸侯葬礼粗备，汉世又多变革。魏晋以下世有改变，大体同汉之制。而魏武春秋冬夏，日有不讳，随时以敛，金珥珠玉铜铁之物，一不得送。文帝遵奉，无所增加。及受禅，刻金玺，追加尊号，不敢开埏，乃为石室，藏玺埏首，以示陵中无金银诸物也。汉礼明器甚多，自是皆省矣。

魏文帝黄初三年，又自作终制曰："礼，国君即位为椑，存不忘亡也。寿陵因山为体，无封树，无立寝殿，造园邑，通神道。夫葬者，藏也，欲人之不得见也。礼不墓祭，欲存亡之不黩也。皇后及贵人以下不随王之国者，有终没，皆葬涧西，前又已表其处矣。"此诏藏之宗庙，副在尚书、秘书、三府。明帝亦遵奉之。明帝之性虽崇奢，然未遽营陵墓之制也。

宣帝预自于首阳山为土藏，不坟不树，作《顾命终制》，敛以时服，不设明器。景、文皆谨奉成命，无所加焉。景帝崩，丧事制度又依宣帝故事。武帝泰始四年，文明王皇后崩，将合葬，开崇阳陵，使太尉司马望奉祭，进皇帝密玺绶于便房神坐。魏氏金玺，此又俭矣。

江左初，元、明崇俭，且百度草创，山陵奉终，省约备矣。成帝咸康七年，皇后杜氏崩。诏外官五日一入临，内官旦一入而已，过葬虞祭礼毕止。有司奏，大行皇后陵所作凶门柏历门，号显阳端门。诏曰："门如所处。凶门柏历，大为烦费，停之。"案蔡谟说，以二瓦器盛始死之祭，系于木，裹以苇席，置庭中，近南，名为重，今之凶门是其象也。礼，既虞而作主，今未葬，未有主，故以重当之。礼称为主道，此其义也。范坚又曰："凶门非礼，礼有悬重，形似凶门。后人出之门外以表丧，俗遂行之。薄帐，即古吊幕之类也。"

是时，又诏曰："重壤之下，岂宜崇饰无用，陵中唯洁扫而已。"有司又奏，依旧选公卿以下六品子弟六十人为挽郎，诏又停之。孝武帝太元四年九月，皇后王氏崩。诏曰："终事唯从俭速。"又诏："远近不得遣山陵使。"有司奏选挽郎三十四人，诏停之。

古无墓祭之礼。汉承秦，皆有园寝。正月上丁，祠南郊礼毕，次北郊、明堂、高庙、世祖祠庙，谓之五供。

魏武葬高陵，有司依汉立陵上祭殿。至文帝黄初三年，乃诏曰："先帝躬履节俭，遗诏省约。子以述父为孝，臣以系事为忠。古不墓祭，皆设于庙。高陵上殿皆毁坏，车马还厩，衣服藏府，以从先帝俭德之志。"文帝自作终制，又诏曰："寿陵无立寝殿，造园邑"，自后园邑寝殿遂绝。齐王在位九年，始一谒高平陵而曹爽诛，其后遂废，终魏世。

及宣帝，遗诏："子弟群官皆不得谒陵"，于是景、文遵旨。至武帝，犹再谒崇阳陵，一谒峻平陵，然遂不敢谒高原陵，至惠帝复止也。

逮于江左，元帝崩后，诸公始有谒陵辞告之事。盖由眷同友执，率情而举，非洛京之旧也。成帝时，中宫亦年年拜陵，议者以为非礼，于是遂止，以为永制。至穆帝时，褚太后临朝，又拜陵，帝幼故也。至孝武崩，骠骑将军司马道子曰："今虽权制服，至于朔望诸节，自应展情陵所，以一周为断。"于是至陵，变服单衣，烦黩无准，非礼意也。及安帝元兴元年，尚书左仆射桓谦奏："百僚拜陵，起于中兴，非晋旧典，积习生常，遂为近法。寻武皇帝诏，乃不使人主诸王拜陵，岂唯百僚！谓宜遵奉。"于是施行。及义熙初，又复江左之旧。

太康七年，大鸿胪郑默母丧，既葬，当依旧摄职，固陈不起，于是始制大臣得终丧三年。然元康中，陈准、陈咸之徒，犹以权夺，不得终礼，自兹已往，以为成比也。

太康元年，东平王楙上言，相王昌父毖，本居长沙，有妻息，汉末使入中国，值吴叛，仕魏为黄门郎，与前妻息死生隔绝，更娶昌母。今江表一统，昌闻前母久丧，言疾求平议。

守博士谢衡议曰："虽有二妻，盖有故而然，不为害于道，议宜更相为服。"守博士许猛以为："地绝，又无前母之制，正以在前非没则绝故也。前母虽在，犹不应服。"段畅、秦秀、驺冲从猛。散骑常侍刘智安议："礼为常事制，不为非常设也。亡母不知其死生者。不著于礼。平生不相见，去春加隆，以期为断。"都令史虞溥议曰："臣以为礼不二嫡，所以重正，非徒如前议者防妒忌而已。故曰'一与之齐，终身不改'，未有遭变而二嫡。苟不二，则昌父更娶之辰，是前妻义绝之日也。使昌父尚存，二妻俱在，必不使二嫡专堂，两妇执祭，同为之齐也。"秦秀议："二妻之子，父命令相慈养，而便有三年之恩，便同所生。昌父何义不命二嫡依此礼乎！父之执友有如子之礼，况事兄之母乎！"许猛又议："夫少妇稚，则不可许以改娶更适矣。今妻在许以更聘，夫存而妻得改醮者，非绝而何。"侍中领博士张恽议："昔舜不告而娶，婚礼盖阙，故《尧典》以厘降二女为文，不殊嫡媵。传记以妃夫人称之，明不立正后也。夫以圣人之弘，帝者嫡子，犹权事而变,以定典礼。黄昌之告新妻使避正室,时论许之。推姬氏之让,执黄卿之决,宜使各自服其母。"黄门侍郎崔谅、荀恒、中书监荀勖、领中书令和峤、侍郎夏侯湛皆如溥议。侍郎山雄、兼侍郎著作陈寿以为:"溥驳一与之齐,非大夫也,礼无二嫡,不可以并耳。若昌父及二母于今各存者,则前母不废,已有明征也。设令昌父将前母之子来入中国尚在者,当从出母之服。苟昌父无弃前妻之命,昌兄有服母之理,则昌无疑于不服。"贼曹属卞粹议:"昌父当莫审之时而娶后妻,则前妻同之于死而义不绝。若生相及而后妻不去,则妾列于前志矣。死而会乎,则同祔于葬,无并嫡之实。必欲使子孙于没世之后,追计二母隔绝之时,以为并嫡,则背违死父,追出母亡。议者以为礼无前母之服者,可谓以文害意。愚以为母之不亲,而服三年非一,无异于前母也。"仓曹属卫恒议:"或云,嫡不可二,前妻宜绝。此为夺旧与新,违母从子,礼律所不许,人情所未安也。或云,绝与死同,无嫌二嫡,据其相及,欲令有服。此为论嫡则死,议服则生,还自相伐,理又不通。愚以为地绝死绝,诚无异也,宜一如前母,不复追服。"主簿刘卞议:"愍在南为邦族,于北为羁旅,以此名分言之,前妻为元妃,后妇为继室。何至王路既通,更当逐其今妻,废其嫡子!不书姜氏,绝不为亲,以其犯至恶也。赵姬虽贵,必推叔隗;原同虽宠,必嫡宜孟。若违礼苟让,何则《春秋》所当善也!论者谓地绝,其情终已不得往来。今地既通,何为故当追而绝之邪!黄昌见美,斯又近世之明比。"司空齐王攸议:"《礼》记'生不及祖父母、诸父昆弟,而父税丧,己则否',诸儒皆以为父以他故子生异域,不及此亲存时归见之,父虽追服,子不从税,不责非时之恩也。但不相见,尚不服其先终,而况前母非亲所生,义不逾祖,莫往莫来,恩绝殊隔,而令追服,殆非称情立文之谓也。以为昌不宜追服。"司徒李胤议:"愍为黄门侍郎,江南已叛。石厚与焉,大义灭亲,况于愍之义,可得以为妻乎!"大司马骞不议,太尉充、抚军大将军汝南王亮皆从主者。溥又驳粹曰:"丧从宁戚,谓丧事尚哀耳,不使服非其亲也。夫死者终也,终事已故无绝道。分居两存,则离否由人。夫妇以判合为义,今土隔人殊,则配合理绝。彼己更娶代己,安得自同于此妇哉!伯夷让孤竹,不可以为后王法也。且既已为嫡后服,复云为妾,生则或贬或离,死则同祔于葬,妻专一以事夫,夫怀贰以接己,开伪薄之风,伤贞信之教,于以纯化笃俗,不亦难乎!今昌二母虽土地殊隔,据同时并存,何得为前母后母乎!设使昌母先亡,以嫡合葬,而前母不绝,远闻丧问,当复相为制何服邪!夫制不应礼,动而愈失。夫孝子不纳亲于不义,贞妇不昧进而苟容。今同前嫡于死妇,使后妻居正而或废,于二子之心,会无恶乎!而云诬父弃母,恐此文致之言,难以定臧否也。礼,违诸侯适天子,不服旧君,然则昌父绝前君矣,更纳后室,废旧妻矣,又何取于宜诛宜抚乎!且妇人之有恶疾,乃慈夫之所愍也,而在七出,诚以人理应绝故也。今夫妇殊域,与无妻同,方之恶疾,理无以异。据己更娶,有绝前之证,而云应服,于义何居!”

尚书八座以为“设令有人于此,父为敦煌太守,而子后任于洛,若父娶妻,非徒不见,乃可不知,及其死亡,不得不服。但鞠养己者情哀,而不相见名制,虽戚念之心殊,而为之服一也。又,两后匹嫡,自谓违礼,不谓非常之事,而以常礼处之也。昔子思哭出母于庙,其门人曰:‘庶氏之女死,何为哭于孔氏之庙!’子思惧,改哭于他室。若昌不制服,不得不告其父祖,掘其前母之尸,徙之他地。若其不徙,昌为罪人。何则?异族之女不得祔于先姑,藏其墓次故也。且夫妇人牵夫,犹有所尊,赵姬之举,礼得权通。故先史详之,不讥其事耳。今昌之二母,各已终亡,尚无并主轻重之事也。昌之前母,宜依叔隗为比。若亡在昌未生之前者,则昌不应复服。生及母存,自应如礼以名服三年。辄正定为文,草下太常报楸奉行”。

制曰:凡事有非常,当依准旧典,为之立断。今议此事,称引赵姬、叔隗者粗是也。然后狄与晋和,故姬氏得迎叔隗而下之。吴寇隔塞,毖与前妻,终始永绝。必义无两嫡,则赵衰可以专制隗氏。昌为人子,岂得擅替其母。且毖二妻并以绝亡,其子犹后母之子耳,昌故不应制服也。"

太兴初，著作郎干宝论之曰："礼有经有变有权，王悊之事，有为为之也。有不可责以始终之义，不可求以循常之文，何群议之纷错！同产者无嫡侧之别，而先生为兄；诸侯同爵无等级之差，而先封为长。今二妻之人，无贵贱之礼，则宜以先后为秩，顺序义也。今生而同室者寡，死而同庙者众，及其神位，固有上下也。故《春秋》贤赵姬遭礼之变而得礼情也。且夫吉凶哀乐，动乎情者也；五礼之制，所以叙情而即事也。今二母者，本他人也，以名来亲，而恩否于时，敬不及生，爱不及丧，夫何追服之道哉！张恽、刘卞，得其先后之节；齐王、卫恒，通于服绝之制，可以断矣。朝廷于此，宜导之以赵姬，齐之以诏命。使先妻恢含容之德，后妻崇卑让之道，室人达长少之序，百姓见变礼之中。若此，可以居生，又况于死乎！古之王者，有以师友之礼待其臣，而臣不敢自尊。今令先妻以一体接后，而后妻不敢抗，及其子孙交相为服，礼之善物也。然则王昌兄弟相得之日，盖宜祫祭二母，等其礼馈，序其先后，酬以左右，兄弟肃雍，交配奏献，上以恕先父之志，中以高二母之德，下以齐兄弟之好，使义风弘于王教，慈让洽乎急难，不亦得礼之本乎！"

是时，沛国刘仲武先娶毌丘氏，生子正舒、正则二人。毌丘俭反败，仲武出其妻，娶王氏，生陶，仲武为毌丘氏别舍而不告绝。及毌丘氏卒，正舒求祔葬焉，而陶不许。舒不释服，讼于上下，泣血露骨，衰裳缀络，数十年弗得从，以至死亡。

时吴国朱某娶妻陈氏，生子东伯。入晋，晋赐妻某氏，生子绥伯。太康之中，某已亡，绥伯将母以归邦族，兄弟交爱敬之道，二母笃先后之序，雍雍人无间焉。及其终也，二子交相为服，君子以为贤。

安丰太守程谅先已有妻，后又娶，遂立二嫡。前妻亡，后妻子勋疑所服。中书令张华造甲乙之问曰："甲娶乙为妻，后又娶景，匿不说有乙，居家如二嫡，无有贵贱之差。乙亡，景之子当何服？本实并列，嫡庶不殊，虽二嫡非正，此失在先人，人子何得专制析其亲也。

若为庶母服，又不成为庶。进退不知所从。”太傅郑冲议曰：“甲失礼于家，二嫡并在，诚非人子所得正。则乙景之子并当三年，礼疑从重。”车骑贾充、侍中少傅任恺议略与郑同。太尉荀颉议曰：“春秋并后匹嫡，古之明典也。今不可以犯礼并立二妻，不别尊卑而遂其失也。故当断之以礼，先至为嫡，后至为庶。景子宜以嫡母服乙，乙子宜以庶母事景。昔屈建去芰，古人以为违礼而得礼。景子非以抑其亲，斯自奉礼先后贵贱顺叙之义也。”中书监荀勖议曰：“昔乡里郑子群娶陈司空从妹，后隔吕布之乱，不复相知存亡，更娶乡里蔡氏女。徐州平定，陈氏得还，遂二妃并存。蔡氏之子字元衅，为陈氏服嫡母之服，事陈公以从舅之礼，族兄宗伯曾责元衅，谓抑其亲，乡里先达以元衅为合宜。不审此事粗相似否。”

建武元年，以温峤为散骑侍郎，峤以母亡值寇，不临殡葬，欲营改葬，固让不拜。元帝诏曰：“温峤不拜，以未得改卜葬送，朝议又颇有异同。为审由此邪？天下有阙塞，行礼制物者当使理可经通。古人之制三年，非情之所尽，盖存亡有断，不以死伤生耳。要经而服金革之役者，岂营官邪？随王事之缓急也。今桀逆未枭，平阳道断，奉迎诸军犹未得径进，峤特一身，于何济其私艰，而以理阂自疑，不服王命邪！其令三司八座、门下三省、外内群官，详共通议如峤比，吾将亲裁其中。”于是太宰、西阳王羕，司徒临颍公组，骠骑将军、即丘子导，侍中纪瞻，尚书周颛，散骑常侍荀邃等议，以“昔伍员挟弓去楚，为吴行人以谋楚，诚志在报仇，不苟灭身也。温峤遭难，昔在河朔，日寻干戈，志刷仇恶，万里投身，归赴朝廷，将欲因时竭力，凭赖王威，以展其情，此乃峤之志也。无缘道路未通，师旅未进，而更中辞王事，畜志家巷也。以为诚宜如明诏。”于是有司奏曰：“案如众议，去建武元年九月下辛未令书，依礼文，父丧未葬，唯丧主不除。以他故未葬，人子之情，不可居殡而除，故期于毕葬，无远近之断也。若亡遇贼难，丧灵无处，求索理绝，固应三年而除，不得故从未葬之例也。若骨肉歼于寇害，死亡漫于中原，而继以遗贼未灭，亡者无收殡之实，存者又阙于奔赴之礼，而人子之情，哀痛无断，辄依未

葬之义,久而不除,若遂其情,则人居无限之丧,非有礼无时不得之
义也。诸如此,皆依东关故事,限行三年之礼毕而除也。唯二亲生
难,吉凶未分,服丧则凶事未据,从吉则疑于不存,心忧居素,出自
人情,有如此者,非官制之所裁。今峤以未得改卜奔赴,累设疾辞。
案'辛未之制',已有成断,皆不得复遂其私情,不服王命,以亏法
宪。参议可如前诏峤受拜,重告以中丞司徒,诸如峤比者,依东关故
事辛未令书之制。"峤不得已,乃拜。

是时,中原丧乱,室家离析,朝廷议二亲陷没寇难,应制服不。
太常贺循曰:"二亲生离,吉凶未分,服丧则凶事未据,从吉则疑于
不存,心忧居素,允当人情。"元帝令以循议为然。

太兴二年,司徒荀组云:"二亲陷没寇难,万无一冀者,宜使依
王法,随例行丧。"庾蔚之云:"二亲为戎狄所破,存亡未可知者,宜
尽寻求之理。寻求之理绝,三年之外,便宜婚宦,胤嗣不可绝,王政
不可废故也。犹宜以哀素自居,不豫吉庆之事,待中寿而服之也。若
境内贼乱清平,肆省之后,寻觅无踪迹者,便宜制服。"

咸康二年,零陵李繁姊先适南平郡陈诜为妻,产四子而遭贼。
于贼请活姑命,贼略将姊去。诜既娶严氏,生三子。繁后得姊消息,
往迎还诜,诜籍注领二妻。及李亡,诜疑制服,以事言征西大将军庾
亮府平议,时议亦往往异同。

司马王愆期议曰:"案礼不二嫡,故惠公元妃孟子,孟子卒,继
室以声子。诸侯犹耳,况庶人乎!《士丧礼》曰,继母本实继室,故称
继母,事之如嫡,故曰如母也,诜不能远虑避难,以亡其妻,非犯七
出见绝于诜。始不见绝,终又见迎,养姑于堂,子为首嫡,列名黄籍,
则诜之妻也。为诜也妻,则为晖也母,晖之制服无所疑矣。礼为继
母服而不为前母服者,如李比类,旷世所希。前母既终,乃有继母,
后子不及前母,故无制服之文。然礿祠蒸尝,未有不以前母为母者,
亡犹母之,况其存乎!诜有老母,不可以莫之养,妻无归期,纳妾可
也。李虽没贼,尚有生冀,诜寻求之理不尽,而便娶妻,诚诜之短也。
然陇亩之夫,不达礼义,考之传记不胜。施孝叔之妻失身于郤犨而

不弃者，以非其罪也。诜有两妻，非故犯法。李鄙野人，而能临危请活姑命，险不忘顺，可谓孝妇矣。议者欲令在没略之中，必全苦操，有陨无二，是望凡人皆为宋伯姬也。诜虽不应娶妻，要以严为妻，妻则继室，本非嫡也。虽云非嫡，义在始终，宁可以诜不应二妻而已涉二庭乎！若能下之，则赵姬之义。若云不能，官当有制。先嫡后继，有自来矣。众议贬讥太峻，故略序异怀。"亮从愆期议定。

《五经通义》以为有德则谥善，无德则谥恶，故虽君臣可同。魏朝初谥宣帝为文侯，景王为武侯，文王表不宜与二祖同，于是改谥宣文、忠武。至文王受晋王之号，魏帝又追命宣文为宣王，忠武为景王。

太康八年十月，太常上谥故太常平陵男郭奕为景侯。有司奏云："晋受命以来，祖宗号谥群下未有同者，故郭奕为景，与景皇同，不可听，宜谥曰穆。"王济、羊璞等并云："夫无穷之祚，名谥不一，若皆相避，于制难全。如悉不避，复非推崇事尊之礼。宜依讳名之义，但及七庙祖宗而已，不及迁毁之庙。"成粲、武茂、刘讷并云："同谥非嫌。号谥者，国之大典，所以厉时作教，经天人之远旨也。固虽君父，义有所不隆，及在臣子，或以行显。故能使上下迈德，罔有殆荒。臣愿圣世同符尧舜，行周同谥之礼，舍汉魏近制相避之议。"又引周公父子同谥曰文。武帝诏曰："非言君臣不可同，正以奕谥景不相当耳，宜谥曰简。"及太元四年，侍中王欣之表君臣不嫌同谥，尚书奏以欣之言为然。诏可。

骠骑将军温峤前妻李氏，在峤微时便卒。又娶王氏、何氏，并在峤前死。及峤薨，朝廷以问陈舒："三人并得为夫人不？"舒云："《礼记》：'其妻为夫人而卒，而后其夫不为大夫，而祔于其妻，则不易牲。妻卒，而后夫为大夫，而祔于其妻，则以大夫牲'。然则夫荣于朝，妻贵于室，虽先夫没，荣辱常随于夫也。《礼记》曰'妻祔于祖姑，祖姑有三人，则祔其亲者'。如礼，则三人皆为夫人也。自秦汉已来，废一娶九女之制，近世无复继室之礼，先妻卒则更娶。苟生加礼，则亡不应贬。"庾蔚之云："贱时之妻不得并为夫人，若有追赠之命则不论耳。"《峤传》，赠王、何二人夫人印绶，不及李氏。

永和十一年，彭城国为李太妃求谥。博士曹耽之议："夫妇行不必同，不得以夫谥谥妇。《春秋》妇人有谥甚多，经无讥文，知礼得谥也。"胡讷云："礼，妇人生以夫爵，死以夫谥。《春秋》夫人有谥，不复依礼耳。安平献王李妃、琅邪武王诸葛妃、太傅东海王裴妃并无谥，今宜率旧典。"王彪之云："妇人有谥，礼坏故耳。声子为谥，服虔诸儒以为非。杜预亦云'礼，妇人无谥'。《春秋》无讥之文，所谓不待贬绝自明者也。近世惟后乃有谥耳。"

太尉荀颐上谥法云："若赐谥而道远不及葬者，皆封策下属，遣所承长吏奉策即家祭赐谥。"

太元十三年，召孔安国为侍中。安国表以黄门郎王愉名犯私讳，不得连署，求解。有司议云："名终讳之，有心所同，闻名心瞿，亦明前诰。而《礼》复云：'君所无私讳，大夫之所有公讳'，无私讳。又云：'《诗》、《书》不讳，临文不讳'。岂非公义夺私情，王制屈家礼哉！尚书安众男臣先表中兵曹郎王祐名犯父讳，求解职，明诏爰发，听许换曹，盖是恩出制外耳。而顷者互相瞻式，源流既启，莫知其极。夫皇朝礼大，百僚备职，编官列署，动相经涉。若以私讳，人遂其心，则移官易职，迁流莫已，既违典法，有亏政体。请一断之。"从之。

晋书卷二一
志第一一

礼　下

　　五礼之别，三曰宾，盖朝宗、觐遇、会同之制是也。自周以下，其礼弥繁。自秦灭学之后，旧典残缺。汉兴，始使叔孙通制礼，参用先代之仪，然亦往往改异焉。汉仪有正会礼，正旦，夜漏未尽七刻，钟鸣受贺，公侯以下执贽来庭，二千石以上升殿称万岁，然后作乐宴飨。魏武帝都邺，正会文昌殿，用汉仪，又设百华灯。

　　晋氏受命，武帝更定元会仪，《咸宁注》是也。傅玄《元会赋》曰："考夏后之遗训，综殷周之典艺，采秦汉之旧仪，定元正之嘉会。"此则兼采众代可知矣。

　　《咸宁》注："先正一日，有司各宿设。夜漏未尽十刻，群臣集到，庭燎起火。上贺，起，谒报，又贺皇后。还，从云龙东中华门入，诣东阁下，便坐。漏未尽七刻，百官及受贽郎官以下至计吏皆入立其次，其陛卫者如临轩仪。漏未尽五刻，谒者、仆射、大鸿胪各各奏群臣就位定。漏尽，侍中奏外办。皇帝出，钟鼓作，百官皆拜伏。太常导皇帝升御坐，钟鼓止，百官起。大鸿胪跪奏'请朝贺'。掌礼郎赞'皇帝延王登'。大鸿胪跪赞'藩王臣某等奉白璧各一，再拜贺'。太常报'王悉登'。谒者引上殿，当御坐。皇帝兴，王再拜。皇帝坐，复再拜。跪置璧御坐前，复再拜。成礼讫，谒者引下殿，还故位。掌礼郎赞'皇帝延太尉等'。于是公、特进、匈奴南单于、金紫将军当大鸿胪西，中二千石、二千石、千石、六百石当大行令西，皆北面伏。鸿胪跪

赞'太尉、中二千石等奉璧、皮、帛、羔、雁、雉，再拜贺'。太常赞'皇
帝延公等登'。掌礼引公至金紫将军上殿。皇帝兴，皆再拜。皇帝
坐，又再拜。跪置璧皮帛御坐前，复再拜。成礼讫，谒者引下殿，还
故位。公置璧成礼时，大行令并赞殿下，中二千石以下同。成礼讫，
以赞授赞郎，郎以璧帛付诸谒者，羔、雁、雉付太官。太乐令跪请奏
雅乐，乐以次作。乘黄令乃出车，皇帝罢入，百官皆坐。书漏上水六
刻，诸蛮夷胡客以次入，皆再拜讫，坐。御入后三刻又出，钟鼓作。谒
者、仆射跪奏'请群臣上'。谒者引王公二千石上殿，千石、六百石停
本位。谒者引王诣樽酌寿酒，跪授侍中。侍中跪置御坐前，王还。王
自酌置位前，谒者跪奏'藩王臣某等奉觞，再拜上千万岁寿'。四厢
乐作，百官再拜。已饮，又再拜。谒者引王等还本位。陛下者传就
席，群臣皆跪诺。侍中、中书令、尚书令各于殿上上寿酒。登歌乐升，
太官又行御酒。御酒升阶，太官令跪授侍郎，侍郎跪进御坐前。乃
行百官酒。太乐令跪奏'奏登歌'，三终乃降。太官令跪请具御饭，
到阶，群臣皆起。太官令持羹跪授司徒，持饭跪授大司农，尚食持案
并授持节，持节跪进御坐前。群臣就席。太乐令跪奏'奏食举乐'。
太官行百官饭案遍。食毕，太乐令跪奏'请进乐'。乐以次作。鼓吹
令又前跪奏'请以次进众妓'。乃诸郡计吏前，受敕戒于阶下。宴乐
毕，谒者一人跪奏'请罢退'。钟鼓作，群臣北面再拜，出。"然则夜漏
未尽七刻谓之晨贺，昼漏上三刻更出，百官奉寿酒，谓之昼会。别置
女乐三十人于黄帐外，奏房中之歌。

　　江左多虞，不复晨贺。夜漏未尽十刻，开宣阳门，至平旦始开殿
门，昼漏上五刻，皇帝乃出受贺。皇太子出会者，则在三恪下王公
上。正旦元会，设白兽樽于殿庭，樽盖上施白兽，若有能献直言者，
则发此樽饮酒。案礼，白兽樽乃杜举之遗式也，为白兽盖，是后代所
为，示忌惮也。

　　魏制，藩王不得朝觐。魏明帝时，有朝者皆由特恩，不得以为
常。及泰始中，有司奏："诸侯之国，其王公以下入朝者，四方各为二
番，三岁而周，周则更始。若临时有故，却在明年。明年来朝之后，

更满三岁乃复朝，不得违本数。朝礼皆亲执璧，如旧朝之制。不朝之岁，各遣卿奉聘。"奏可。江左王侯不之国，其有受任居外，则同方伯刺史二千石之礼，亦无朝聘之制，故此礼遂废。

汉以高帝十月定秦，且为岁首。至武帝，虽改用夏正，然每月朔朝，至于十月朔，犹常飨会。其仪，夜漏未尽七刻，受贺及贽，公侯璧，中二千石、二千石羔，千石、六百石雁，四百石以下雉。三公奉璧上殿御坐前，北面。太常赞曰'皇帝为君兴'。三公伏。皇帝坐，乃前进璧。百官皆贺，二千石以上上殿称万岁，举觞。御食，司徒奉羹，大司农奉饭，奏食举之乐。百官受赐，宴飨，大作乐，如元正之仪。魏晋则冬至日受方国及百僚称贺，因小会。其仪亚于献岁之旦。

古者帝王莫不巡狩。魏文帝值天下三分，方隅多事，皇舆驱动，役无宁岁，盖应时之务，非旧章也。明帝凡三东巡狩，所过存问高年，恤疾苦，或赐谷帛，有古巡幸之风焉。齐王正始元年，巡洛阳县，赐高年力田各有差。

及武帝泰始四年，诏刺史二千石长吏曰："古之王者，以岁时巡狩方岳，其次则二伯述职，不然则行人顺省。故虽幽遐侧微，心无壅隔，下情上通，上指远谕，至于鳏寡，罔不得所，用垂风遗烈，休声犹存。朕在位累载，如临深川，夙兴夕惕，明发不寝，坐而待旦，思四方水旱灾眚，为之怛然。勤躬约己，欲令事事当宜。常恐众吏用情，诚心未著，万机兼猥，虑有不周，政刑失谬，而弗获备览。百姓有过，在予一人。惟岁之不易，未遑卜征巡省之事，下之未乂，其何以恤之。今使使持节、侍中、副给事黄门侍郎衔命四出，周行天下，亲见刺史二千石长吏，申谕朕心，访求得失损益诸宜，观省政教，问人间患苦。周典有之曰：'其万姓之利害为一书，其礼俗政事刑禁之逆顺为一书，其暴乱作慝犯令为一书，其札丧凶荒厄贫为一书，其康乐和亲安平为一书，每国辨异之，以返命于王。'旧章前训，令率由之。还具条奏，俾朕昭然鉴于幽远，若亲行焉。大夫君子，其各悉乃心，敬乃事，嘉言令图，苦言至戒，与使者尽之，无所隐讳。方将虚心以俟，其勉哉勖之，称朕意焉。"

新礼,巡狩方岳,柴望告设坛宫如礼。诸侯之觐者,宾及执贽皆如朝议,而不建旗。挚虞以为:"觐礼,诸侯觐天子,各建其旂。旗章所以殊爵命,示等威。《诗》称'君子至止,言观其旂'。宜定新礼,建旗如旧礼。"诏可其议。然终晋代,其礼不行。

封禅之说,经典无闻。礼有因天事天,因地事地,因名山升中于天,而凤凰降,龟龙格。天子所以巡狩,至于方岳,燔柴祭天,以告其成功,事似而非也。谶纬诸说皆云,王者封泰山,禅梁甫,易姓纪号。秦汉行其典,前史各陈其制矣。

魏明帝黄初中,护军蒋济叹曰:"夫帝王大礼,巡狩为先;昭祖扬祢,封禅为首。是以自古革命受符,未有不蹈梁父,登泰山,刊无竟之名,纪天人之际者也。故司马相如谓有文以来,七十二君,或顺所繇于前,谨遗教于后。太史公曰,主上有圣明而不宣布,有司之过也。然则元功懿德,不刊梁山之石,无以显帝王之功,示兆庶不朽之观也。语曰,'当君而叹尧舜之美,譬犹人子对厥亲生而誉他人之父'。今大魏承百王之弊乱,拯流遁之艰厄,接千载之衰绪,继百代之废业。自武文,至于圣躬,所以参成天地之道,纲维人神之化。上天报应,嘉瑞显祥,以比往古,无所取喻。至于历世迄今,未发大礼。虽志在扫尽残盗,荡涤馀秽,未遑斯事。若尔,三苗屈强于江海,大舜当废东巡之仪;徐夷跳梁于淮泗,周成当止岱岳之礼。且去岁破吴虏于江汉,今兹屠蜀贼于陇右,其震荡内溃,在不复淹,无累于封禅之事也。此仪久废,非仓卒所定。宜下公卿,广撰其礼,卜年考时,昭告上帝,以副天下之望。臣待罪军旅,不胜大愿,冒死以闻。"诏曰:"闻蒋济斯言,使吾汗出流足。自开辟以来,封禅者七十余君耳。故太史公曰,虽有受命之君,而功有不洽,是以中间广远者千有余年,近者数百载,其仪阙不可得记。吾何德之修,敢庶兹乎!济岂谓世无管仲,以吾有桓公登泰山之志乎!吾不欺天也。济之所言,华则荣矣,非助我者也。公卿侍中尚书常侍省之而已,勿有所议,亦不须答诏也。"天子虽距济议,而实使高堂隆草封禅之仪,以天下未一,不欲便行大礼。会隆卒,不复行之。

　　及武帝平吴,混一区宇,太康元年九月庚寅,尚书令卫瓘、尚书左仆射山涛、右仆射魏舒、尚书刘实、司空张华等奏曰:"臣闻肇自生灵,则有后辟,年载之数,莫之能纪。立德济世,挥扬仁风,以登封泰山者七十有四家,其谥号可知者十有四焉。沉沦寂寞,曾无遗声者,不可胜记。大晋之德,始自重黎,实佐颛顼,至于夏商,世序天地。其在于周,不失其绪。金德将升,世济明圣,外平蜀汉,海内归心,武功之盛,实由文德。至于陛下,受命践阼,弘建大业,群生仰流。惟独江湖沅湘之表,凶桀负固,历代不宾。神谋独断,命将出讨,兵威暂加,数旬荡定。羁其鲸鲵,赦其罪逆,云覆雨施,八方来同,声教所被,达于四极。虽黄轩之征,大禹远略,周之奕世,何以尚今!若夫玄石素文,底号前载,象以数表,言以事告,虽古《河图》、《洛书》之征,不是过也。宜宣大典,礼中岳,封泰山,神梁父,发德号,明至尊,享天休,笃黎庶,勒千载之表,播流后之声,俾百世之下,莫不兴起。斯帝王之盛业,天人之至望也。"诏曰:"今逋寇虽殄,外则障塞有警,内则百姓未康,此盛德之事,所未议也。"

　　瓘等又奏曰:"今东渐于海,西被于流沙,大漠之阴,日南北户,莫不通属,芒芒禹迹,今实过之。天人之道已周,巍巍之功已著,宜修礼地祇,登封泰山,致诚上帝,以答人神之愿也。乞如前奏。"诏曰:"今阴阳未和,刑政未当,百姓未得其所,岂可以勒功告成邪!"诏不许。

　　瓘又奏曰:"臣闻处帝王之位者,必有历运之期,天命之应;济兆庶之功者,必有盛德之容,告成之典。无不可诬,有不敢让,自古道也。而明诏谦冲,屡辞其礼,虽盛德攸在,推而未居。夫三公职典天地,实掌人物,国之大事,取议于此。故汉氏封禅,非是官也,不在其事。臣等前奏,盖陈祖考之功,天命又应,陛下之德,合同四海,迹古考今,宜修此礼。至于克定岁月,须五府上议,然后奏闻。"诏曰:"虽荡清江表,皆临事者之劳,何足以告成。方望群后思隆大化,以宁区夏,百姓获乂,与之休息。斯朕日夜之望,无所复下诸府矣。"

　　瓘等又奏:"臣闻唐虞三代济世弘功之君,莫不仰承天休,俯协人志,登介丘,履梁父,未有辞焉者,盖不可让也。今陛下勋高百王,德无与二,茂绩宏规,巍巍之业,固非臣等所能究论。而圣旨劳谦,屡自抑损,时至弗应,推美不居,阙皇代之上仪,塞灵祇之款望,使大晋之典谟,同风于三五。臣等诚不敢奉诏,请如前奏施行。"诏曰:"方当共思弘道,以康庶绩。且俟他年,无所复纷纭也。"

王公有司又奏:"自古圣明,光宅四海,封禅名山,著于史籍,作者七十四君矣。舜禹之有天下也,巡狩四狱,躬行其道。《易》著观俗省方,《礼》有升中于天,《诗》颂陟其高山,皆载在方策。文王为西伯以服事殷,周公以鲁藩列于诸侯,或享于岐山,或有事泰山,徒以圣德,犹得为其事。自是以来,功薄而僭其义者,不可胜数,号谥不泯,以至于今。况高祖宣皇帝肇开王业,海外有截;世宗景皇帝济以大功,辑宁区夏;太祖文皇帝受命造晋,荡定蜀汉;陛下应期龙兴,混一六合,泽被群生,威震无外。昔汉氏失统,吴蜀鼎峙,兵兴以来,近将百年,地险俗殊,人望绝塞。今不羁之寇,二代而平,非聪明神武,先天弗违,孰能巍巍其成功若兹者欤!臣等幸以千载得遭运会,亲服大化,目睹太平,至公至美,谁与为让。宜祖述先明,宪章古昔,勒功岱岳,登封告成,弘礼乐之制,正三雍之典,扬名万世,以显祖宗。是以不胜大愿,敢昧死以闻。请告太常,具礼仪。"复上诏曰:"所议诚列代之盛事也,然今方未可以尔。"便报绝之。

哀帝即位,欲尊崇章皇太妃。桓温议宜称太夫人。尚书仆射江彪议曰:"虞舜体仁孝之性,尽事亲之礼,贵为天王,富有四海,而瞽瞍无立锥之地,一级之爵。蒸蒸之心,昊天罔极,宁当忍父卑贱,不以徽号显之,岂不以子无爵父之道,理穷义屈,靡所厝情者哉!《春秋经》曰:'纪季姜归于京师',《传》曰:'父母之于子,虽为天王后,犹曰吾季姜',言子尊不加父母也。或以为子尊不加父母,则武王何以追王太王、王季、文王乎?周之三王,德配天地,王迹之兴,自此始也。是以武王仰寻前绪,遂奉天命,追崇祖考,明不以子尊加父母也。案《礼》'幼不诔长,贱不诔贵',幼贱犹不得表彰长贵,况敢锡之以荣命邪!汉祖感家令之言而尊太公,荀悦以为孝莫大于严父,而以子贵加之父母，家令之言过矣。爰逮孝章，不上贾贵人以尊号，而厚其金宝币帛，非子道之不至也，盖圣典不可逾也。当春秋时，庶子承国，其母得为夫人。不审直子命母邪，故当告于宗祧以先君之命命之邪？窃见诏书，当临轩拜授贵人为皇太妃。今称皇帝策命命贵人，斯则子爵母也。贵人北面拜受，斯则母臣子也。天尊地卑，名位定矣，母贵子贱，人伦序矣。虽欲加崇贵人，而实卑之；虽显明国典，而实废之。且人主举动，史必书之。如当载之方策，以示后世，无乃不顺乎！窃谓应告显宗之庙，称贵人仁淑之至，宜加殊礼，以酬鞠育之惠。奉先灵之命，事不在己。妃后虽是配君之名，然自后以下有夫人九嫔，无称妃焉。桓公谓宜进号太夫人，非不允也。如以夫人为少，可言皇太夫人。皇，君也，君太夫人于名礼顺矣。"帝特下诏拜皇太妃。三月景辰，使兼太保王恬授玺绶仪服，一如太后。又诏曰："朝臣不为太妃敬，为合礼不？"太常江虨议："位号不极，不应尽敬。"

孝武追崇会稽郑太妃为简文太后，诏问"当开墓不"。王珣答："据三祖追赠及中宗敬后，并不开墓，但更为茔域制度耳。"

褚太后临朝，时议褚衰进见之典。蔡谟、王彪之并以："虞舜、汉高祖犹执子道，况后乎！王者父无拜礼。"尚书八座议以为："纯子则王道缺，纯臣则孝道亏。谓公庭如臣，私觌则严父为允。"

汉魏故事，皇太子称臣。新礼以太子既以子为名，而又称臣，臣子兼称，于义不通，除太子称臣之制。挚虞以为："《孝经》：'资于事父以事君'。义兼臣子，则不嫌称臣，宜定新礼皇太子称臣如旧。"诏从之。

太宁三年三月戊辰，明帝立皇子衍为皇太子。癸巳，诏曰："礼无生而贵者，故帝元子方之于士。而汉魏以来，尊崇储贰，使官属称臣，朝臣咸拜，此甚无谓。吾昔在东宫，未及启革。今衍幼冲之年，便臣先达，将令日习所见，谓之自然，此岂可以教之邪！主者其下公卿内外通议，使必允礼中。"尚书令卞壶议以为："《周礼》王后太子不会，明礼同于君，皆所以重储贰，异正嫡。苟奉之如君，不得不拜矣。太子若存谦冲，故宜答拜。臣以为皇太子之立，郊告天地，正位储宫，岂得同之皇子揖让而已。谓宜稽则汉魏，阖朝同拜。"从之。

太元中，尚书符问王公已下见皇太子仪及所衣服。侍中领国子博士车胤议："朝臣宜朱衣裤帻，拜敬，太子答拜。案经传不见其文，故太傅羊祜笺庆太子，称叩头死罪，此则拜之证也。又太宁三年诏议其典，尚书卞壸谓宜稽则汉魏，阖朝同拜。其朱衣冠冕，惟施之天朝，宜裤帻而已。"朝议多同。

太元十二年，议二王后与太子先后。博士庾弘之及尚书参议，并以为："陈留，国之上宾。皇太子虽国之储贰，犹在臣位，陈留王坐应在太子上。"陈留王劢表称疾病积年，求放罢，诏礼官博士议之。博士曹耽云："劢为祭主而无执祭之期，宜与穆子、孟絷事同。"王彪之云："二王之后，不宜轻致废立。记传未见有已为君而疾病退罢者，当知古无此礼。孟絷、穆子是方应为君，非陈留之比。"

咸康四年，成帝临轩，遣使拜太傅、太尉、司空。《仪注》，太乐宿县于殿庭。门下奏，非祭祀宴飨，则无设乐之制。太常蔡谟议曰："凡敬其事则备其礼，礼备则制有乐。乐者，所以敬事而明义，非为耳目之娱，故冠亦用之，不惟宴飨。宴飨之有乐，亦所以敬宾也。故郊至使楚，楚子飨之，郊至辞曰：'不忘先君之好，贶之以大礼，重之以备乐。'寻斯辞也，则宴乐之意可知矣。公侯大臣，人君所重，故御坐为起，在舆为下，言称伯舅。《传》曰'国卿，君之贰也'，是以命使之日，御亲临轩，百僚陪列，此即敬事之意也。古者，天王飨下国之使，及命将帅，遣使臣，皆有乐。故《诗序》曰：'皇皇者华，君遣使臣也。'又曰：'《采薇》以遣之，《出车》以劳还，《杕杜》以勤归。'皆作乐而歌之。今命大使，拜辅相，比于下国之臣，轻重殊矣。轻诚有之，重亦宜然。故谓临轩遣使，宜有金石之乐。"议奏从焉。

汉魏故事，王公群妾见于夫人，夫人不答拜。新礼以为礼无不答，更制妃公侯夫人答妾拜。挚虞以为："礼，妾事女君如妇之事姑，妾服女君期，女君不报，则敬与妇同而又加贱也。名位不同，本无酬报。礼无不答，义不谓此。先圣殊嫡庶之别，以绝陵替之渐。峻明其防，犹有僭违。宜定新礼，自如其旧。”诏可其议。

五礼之别，其四曰军，所以和外宁内，保大定功者也。但兵者凶事，故因蒐狩而习之。

汉仪，立秋之日，自郊礼毕，始扬威武，斩牲于东门，以荐陵庙。其仪，乘舆御戎路，白马朱鬣，躬执弩射牲，牲以为荐麛。太宰命谒者各一人载以获车，驰送陵庙。还宫，遣使者赍束帛以赐武官。武官肄兵，习战阵之仪。斩牲之礼，名曰貙刘。兵官皆肄孙吴兵法六十四阵。既还，公卿以下陈雒阳前街，乘舆到，公卿以下拜，天子下车，公卿亲识颜色，然后还宫。古语曰在车下车，则惟此时施行。汉世率以为常。至献帝建安二十一年，魏国有司奏：“古四时讲武，皆于农隙。汉西京承秦制，三时不讲，惟十月都讲。今金革未偃，士众素习，可无四时讲武。但以立秋择吉日大朝车骑，号曰阅兵，上合礼名，下承汉制。”奏可。是冬，阅兵，魏王亲执金鼓以令进退。

延康元年，魏文帝为魏王。是年六月立秋，阅兵于东郊，公卿相仪，王御华盖，亲令金鼓之节。魏明帝太和元年十月，又阅兵。

武帝泰始四年九月，咸宁元年，太康四年，六年冬，皆自临宣武观，大阅众军，然不自令进退也。自惠帝以后，其礼遂废。

元帝太兴四年，诏左右卫及诸营教习，依大习仪作雁羽仗。成帝咸和中，诏内外诸军戏兵于南郊之场，故其地因名斗场。自后藩镇桓、庾诸方伯往往阅习，然朝廷无事焉。

汉魏故事，遣将出片，符节郎授节钺于朝堂。其后荀颛等所定新礼，遣将，御临轩，尚书受节钺，依古兵书跪而推毂之义也。

五礼之别，其五曰嘉，宴飨冠婚之道于是乎备。周末崩离，宾射宴飨之则罕复能行，冠婚饮食之法又多迁变。周礼虽有服冕之数，而无天子冠文。又《仪礼》云，公侯之有冠礼，夏之末造也。王、郑皆以为夏末上下相乱，篡弑由生，故作公侯冠礼，则明无天子冠礼之审也。大夫又无冠礼，古者五十而后爵，何大夫冠礼之有？周人年五十而有贤才，则试以大夫之事，犹行士礼也。故筮日筮宾，冠于阼以著代，醮于客位，三加弥尊，皆士礼耳。

　　然汉代以来,天子诸侯颇采其仪。正月甲子若景子为吉日,可加元服,仪从冠礼是也。汉顺帝冠,又兼用曹褒新礼,乘舆初加缁布进贤,次爵弁、武弁,次通天,皆于高庙,以礼谒见世祖庙。王公已下,初加进贤而已。案此文,始冠缁布,从古制也,冠于宗庙是也。魏天子冠一加。其说曰,士礼三加,加有成也。至于天子诸侯无加数之文者,将以践阼临下,尊极德备,岂得与士同也。魏氏太子再加,皇子王公世子乃三加。孙毓以为一加再加,皆非也。

　　《礼》醮辞曰:“令月吉日,以岁之正,以月之令。”案鲁襄公冠以冬,汉惠帝冠以三月,明无定月。而后汉以来,帝加元服咸以正月。及咸宁二年秋闰九月,遣使冠汝南王柬,此则非必岁首。

　　礼冠于庙,然武、惠冠太子,太子皆即庙见,斯亦拟在庙之仪也。穆帝、孝武将冠,皆先以币告庙,讫又庙见也。惠帝之为太子,将冠,武帝临轩,使兼司徒高阳王圭加冠,兼光禄大夫屯骑校尉华廙赞冠。

　　江左诸帝将冠,金石宿设,百僚陪位。又豫于殿上铺大床,御府令奉冕、帻、簪导、衮服以授侍中常侍,太尉加帻,太保加冕。将加冕,太尉跪读祝文曰:“令月吉日,始加元服。皇帝穆穆,思弘衮职。钦若昊天,六合是式。率遵祖考,永永无极。眉寿惟祺,介兹景福。”加冕讫,侍中系玄纮,侍中脱帝绛纱服,加衮服冕冠。事毕,太保率群臣奉觞上寿,王公以下三称万岁乃退。案《仪注》,一加帻冕而已。

　　泰始十年,南宫王承年十五,依旧应冠。有司奏议:“礼,十五成童,国君十五而生子,以明可冠之宜。又汉魏遣使冠诸王,非古典。”于是制王十五而冠,不复加使命。

　　王彪之云,《礼》、《传》冠皆在庙。案武帝既加元服,车驾出拜于太庙,以告成也。盖亦犹拟在庙之仪。

　　魏齐王正始四年,立皇后甄氏,其仪不存。武帝咸宁二年,临轩,遣太尉贾充策立皇后杨氏纳悼后也。因大赦赐,王公以下各有差,百僚上礼。

　　太康八年,有司奏:“婚礼纳征,大婚用玄𫄸束帛,加珪,马二驷。王侯玄𫄸束帛,加璧,乘马。大夫用玄𫄸束帛,加羊。古者以皮马为庭实,天子加以谷珪,诸侯加大璋,可依周礼改璧用璋,其羊雁酒米玄𫄸如故。诸侯婚礼,加纳采、告期、亲迎各帛五匹,及纳征马四匹,皆令夫家自备。惟璋,官为具致之。"尚书朱整议:"案魏氏故事,王娶妃、公主嫁之礼,天子诸侯以皮马为庭实,天子加以谷珪,诸侯加以大璋。汉高后制聘,后黄金二百斤,马十二匹。夫人金五十斤,马四匹。魏氏王娶妃、公主嫁之礼,用绢百九十匹。晋兴,故事用绢三百匹。"诏曰:"公主嫁由夫氏,不宜皆为备物,赐钱使足而已。惟给璋,馀如故事。"

成帝咸康二年,临轩,遣使持节、兼太保、领军将军诸葛恢,兼太尉,护军将军孔愉,六礼备物,拜皇后杜氏。即日入宫,帝御太极殿,群臣毕贺。贺,非礼也。王者婚礼,礼无其例。《春秋》:"祭公逆王后于纪",《谷梁》、《左氏传》说与《公羊》又不同。而自汉魏遗事,并皆阙略。武、惠纳后,江左又无复《仪注》。故成帝将纳杜后,太常华恒始与博士参定其仪。据杜预《左氏传》说,主婚是供其婚礼之币而已。又,周灵王求婚于齐,齐侯问于晏桓子,桓子对曰:"夫妇所生若如人,姑姊妹则称先守某公之遗女若如人。"此则天子之命自得下达,臣下之答径自上通。先儒以为丘明详录其事,盖为王者婚娶之礼也。故成帝临轩,遣使称制拜后,然其《仪注》又不具存。

康帝建元元年,纳皇后褚氏,而《仪注》陛者不设旄头。殿中御史奏:"今迎皇后,依成恭皇后入宫御物,而《仪注》至尊衮冕升殿,旄头不设,求量处。又案,昔迎恭皇后,惟作青龙旗,其余皆即御物。今当临轩遣使,而五牛旗,旄头毕罕并出即用,故致今阙。"诏曰:"所以正法服、升太极者,以敬其始,故备其礼也。今云何更阙所重而撤法物邪!又恭后神主入庙,先帝诏后礼宜降,不宜建五牛旗,而今犹复设之邪!既不设五牛旗,则旄头毕罕之物易具也。"又诏曰:"旧制既难准,且于今而备,亦非宜。府库之储,惟当以供军国之费耳。法服仪饰粗令举,其余兼副杂器停之。"

穆帝升平元年,将纳皇后何氏。太常王彪之大引经传及诸故事以定其礼，深非《公羊》婚礼不称主人之义。又曰："王者之于四海，无非臣妾，虽复父兄之亲，师友之贤，皆纯臣也。夫崇王纲之始，以定乾坤之仪，安有天父之尊，而称臣下之命以纳伉俪。安有臣下之卑，而称天父之名以行大礼。远寻古礼，无王者此制；近求史籍，无王者此比。于情不安，于义不通。案咸宁二年，纳悼皇后时，弘训太后母临天下，而无命戚属之臣为武皇父兄主婚之文。又考大晋已行之事，咸宁故事不称父兄师友，则咸康华恒所上礼合于旧。臣愚谓今纳后仪制，宜一依咸康故事。"于是从之。华恒所定之礼，依汉旧及晋已行之制，故彪之多从咸康，由此也。惟以娶妇之家三日不举乐，而咸康群臣贺，为失礼。故但依咸宁上礼，不复贺。其告庙六礼版文等仪，皆彪之所定也。其纳采版文玺书曰："皇帝咨前太尉参军何琦。浑元资始，肇经人伦，爰及夫妇，以奉天地宗庙社稷。谋于公卿，咸以宜率由旧典。今使使持节太常彪之、宗正综以礼纳采。"主人曰："皇帝嘉命，访婚陋族，备数采择。臣从祖弟故散骑侍郎准之遗女，未闲教训，衣履若如人。钦承旧章，肃奉典制。前太尉参军、都乡侯粪土臣何琦稽首顿首，再拜承诏。"次问名版文曰："皇帝曰，咨某官某姓。两仪配合，承天统物，正位于内，必俟令族，重章旧典。今使使持节、太常某，宗正某，以礼问名。"主人曰："皇帝嘉命，使者某到，重宣中诏，问臣名族。臣族女父母所生，先臣故光禄大夫、零娄侯御名之遗玄孙，先臣故豫州刺史、关中侯恽之曾孙，先臣安丰太守、关中侯睿之孙，先臣故散骑侍郎准之遗女。外出自先臣故尚书左丞孔胄之外曾孙，先臣故侍中、关内侯夷之外孙女，年十七。钦承旧章，肃奉典制。"次纳吉版文曰，"皇帝曰，咨某官某姓。人谋龟从，金曰贞吉，敬从典礼。今使使持节、太常某，宗正某以礼纳吉。"主人曰："皇帝嘉命，使者某重宣中诏，太卜元吉。臣陋族卑鄙，忧惧不堪。钦承旧章，肃奉典制。"次纳征版文："皇帝曰，咨某官某姓之女，有母仪之德，窈窕之姿，如山如河，宜奉宗庙，永承天祚。以玄𫄸皮帛，马羊钱璧，以章典礼。今使使持节、司徒某，太常某，以礼纳征。"主人曰："皇帝嘉命，降婚卑陋，崇以上公，宠以典礼，备物典策。钦承旧章，肃奉典制。"次请期版文曰："皇帝曰：咨某官某姓。谋于公卿，泰筮元龟，罔有不臧，率遵典礼。今使使持节、太常某、宗正某，以礼请期。"主人曰："皇帝嘉命，使者某重宣中诏，吉日惟某可迎。臣钦承旧章，肃奉典制。"次亲迎版文曰："皇帝曰：咨某官某姓。岁吉月令，吉日惟某，率礼以迎。今使使持节、太保某、太尉某，以礼迎。"主人曰："皇帝嘉命，使者某重宣中诏，令月吉辰，备礼以迎。上公宗卿兼至，副介近臣百两。臣蝼蚁之族，猥承大礼，忧惧战悸。钦承旧章，肃奉典制。"某稽首承诏，皆如初答。

孝武纳王皇后，其礼亦如之。其纳采、问名、纳吉、请期、亲迎，皆用白雁、白羊各一头，酒米各十二斛。惟纳征羊一头，玄𬘓用帛三匹，绛二匹，绢二百匹，兽皮二枚，钱二百万，玉璧一枚，马六匹，酒米各十二斛。郑玄所谓五雁六礼也。其马之制，备物之数，校太康所奏又有不同云。

古者婚冠皆有醮，郑氏醮文三首具存。

升平八年，台符问："迎皇后大驾应作鼓吹不？"博士胡讷议："临轩《仪注》阙，无施安鼓吹处所，又无举麾鸣钟之条。"太常王彪之以为："婚礼不乐。鼓吹亦乐之总名。《仪注》所以无者，依婚礼。今宜备设而不作。"时用此议。

永和二年纳后，议贺不。王述云："婚是嘉礼。《春秋传》曰：'娶者大吉，非常吉。'又《传》曰：'郑子罕如晋，贺夫人。'邻国犹相贺，况臣下邪！如此，便应贺，但不在三日内耳。今因庙见成礼而贺，亦是一节也。"王彪之议云："婚礼不乐不贺，《礼》之明文。传称子罕如晋贺夫人，既无《经》文，又《传》不云礼也。《礼》，取妇三日不举乐，明三日之后自当乐。至于不贺，无三日之断，恐三日之后，故无应贺之礼。"又云："《礼记》所以言贺取妻者，是因就酒食而有庆语也。愚谓无直相贺之体，而有礼觊共庆会之义，今世所共行。"于时竟不贺。

穆帝纳后欲用九月，九月是忌月。范汪问王彪之，答云："礼无忌月，不敢以所不见，便谓无之。"博士曹耽、荀讷等并谓无忌月之文,不应有妨。王洽曰:"若有忌月,当复有忌岁。"

太元十二年,台符问:"皇太子既拜庙,朝臣奉贺,应上礼与不?"国子博士车胤云:"百辟卿士,咸预盛礼,展敬拜伏,不须复上礼。惟方伯牧守,不睹大礼,自非酒牢贡羞,无以表其乃诚,故宜有上礼。犹如元正大庆,方伯莫不上礼,朝臣奉璧而已。"太学博士庾弘之议:"案咸宁三年始平、濮阳诸王新拜,有司奏依故事听京城近臣诸王公主应朝贺者复上礼。今皇太子国之储副,既已崇建,普天同庆。诸应上礼奉贺。"徐邈同。又引一有元良,庆在于此。封诸王及新宫上礼,既有前事,亦皆已瞻仰致敬,而又奉觞上寿,应亦无疑也。

江左以来,太子婚,纳征礼用玉璧一,兽皮二,未详何所准况。或者兽取其威猛有班彩,玉以象德而有润。寿珪璋亦玉之美者,豹皮采蔚以譬君子。王肃纳征辞云:"玄纁束帛,俪皮雁羊。"前汉聘后,黄金二百斤,马十二疋,亦无用羊之旨。郑氏《婚物赞》曰:"羊者,祥也",然则婚之有羊,自汉末始也。王者六礼,尚未用焉。是故太康中有司奏:"太子婚,纳征用玄纁束帛,加羊马二驷。"

武帝泰始十年,将聘拜三夫人、九嫔。有司奏:"礼,皇后聘以谷珪,无妾媵礼贽之制。"诏曰:"拜授可依魏氏故事。"于是临轩,使使持节兼太常拜三夫人,兼御史中丞拜九嫔。

汉魏之礼云,公主居第,尚公主者来第成婚。司空王朗以为不可,其后乃革。太元中,公主纳征以兽豹皮各一其礼,岂谓婚礼不辨王公之序,故取兽豹以尊革其事乎。

《礼》有三王养老胶庠之文,飨射饮酒之制,周末沦废。汉明帝永平二年三月,帝始率群臣射养三老五更于辟雍,行大射之礼。郡国县道行乡饮酒于学校,皆祠先圣先师周公,孔子,牲以太牢。孟冬亦如之。及魏高贵乡公甘露二年,天子亲帅群司行养老之礼于太学。于是王祥为三老,郑小同为五更。其《仪注》不存,然汉礼犹在。

武帝泰始六年十二月,帝临辟雍,行乡饮酒之礼。诏曰:"礼仪之废久矣,乃今复讲肄旧典。"赐太常绢百匹,丞、博士及学生牛酒。

咸宁三年，惠帝元康九年，复行其礼。魏正始中，齐王每讲经遍，辄使太常释奠先圣先师于辟雍，弗躬亲。及惠帝、明帝之为太子，及愍怀太子讲经竟，并亲释奠于太学，太子进爵于先师，中庶子进爵于颜回。成、穆、孝武三帝，亦皆亲释奠。孝武时，以学在水南悬远，有司议依升平元年，于中堂权立行太学。于时无复国子生，有司奏："应须复二学生百二十人。太学生取见人六十，国子生权铨大臣子孙六十人，事讫罢。"奏可。释奠礼毕，会百官六品以上。

汉仪，季春上巳，官及百姓皆禊于东流水上，洗濯祓除去宿垢。而自魏以后，但用三日，不以上巳也。晋中朝公卿以下至于庶人，皆禊洛水之侧。赵王伦篡位，三日会天泉池，诛张林。怀帝亦会天泉池，赋诗。陆机云："天泉池南石沟引御沟水，池西积石为禊堂。"本水流杯饮酒，亦不言曲水。元帝又诏罢三日弄具。海西于钟山立流水曲水，延百僚，皆其事也。九月九日，马射。或说云"秋，金之节，讲武习射，象立秋之礼也"。

晋书卷二二
志第一二

乐　上

　　夫性灵之表,不知所以发于咏歌;感动之端,不知所以关于手足。生于心者谓之道,成于形者谓之用。譬诸天地,其犹影响,百兽率舞,而况于人乎! 美其和平而哀其丧乱,以兹援律,乃播其声焉。

　　农瑟羲琴,倕钟和磬,达灵成性,象物昭功,由此言之,其来自远。殷氏不纲,遗风余孽,淫奏既兴,雅章奔散,《英茎》之制,盖已微矣。孔子曰:"人能弘道,非道弘人。"周始二《南》,《风》兼六代。昔黄帝作《云门》,尧作《咸池》,舜作《大韶》,禹作《大夏》,殷作《大护》,周作《大武》,所谓因前王之礼,设俯仰之容,和顺积中,英华发外。《书》称命夔典乐,教胄子,则《周官》所谓奏大吕,歌黄钟。天贶来下,人祇动色,抑扬周监,以弘雅音。及襄艳兴灾,平王逢乱,礼废亲疏,乐沉河海。是以延陵季子闻歌《小雅》曰:"其周德之衰乎! 犹有先王之遗风焉。"而列壤称孤,各兴吟咏。魏文侯聆古乐而恐卧,晋平公听新声而忘食,先王之道,渐以陵夷。八方殊风,九州异则。秦氏并吞,遂专刑宪,至于弦歌《诗》、《颂》,干戚旄羽,投诸烟火,扫地无遗。

　　汉祖提剑寰中,削平天下,文匪躬于德化,武有心于制作。太后揿儒家之道,大臣排贾氏之言,缙绅先生所以长叹,而子政、仲舒犹不能已也。炎汉中兴,明皇帝即位,表圭景而陈清庙,树槐阴而疏璧流;祀光武于明堂,以配上帝;召桓荣于太学,祖而割牲;济济焉,皇皇焉,有足观者。自斯厥后,礼乐弥殷。永平三年,官之司乐,改名大予,式扬典礼,旁求图谶,道邻《雅》、《颂》,事迩中和。其有五方之乐者,则所谓"大乐九变,天神可得而礼"也。其有宗庙之乐者,则所谓"肃雍和鸣,先祖是听"者也。其有社稷之乐者,则所谓"琴瑟击鼓,以迓田祖"者也。其有辟雍之乐者,则所谓"移风易俗,莫善于乐"者也。其有黄门之乐者,则所谓"宴乐群臣,蹲蹲舞我"者也。其有短箫之乐者,则所谓"王师大捷,令军中凯歌"者也。

魏武挟天子而令诸侯,思一戎而匡九服,时逢吞灭,宪章咸荡。及削平刘表,始获杜夔,扬鼙总干,式遵前记。三祖纷纶,咸工篇什,声歌虽有损益,爱玩在乎雕章。是以王粲等各造新诗,抽其藻思,吟咏神灵,赞扬来飨。

武皇帝采汉魏之遗范,览景文之垂则,鼎鼐唯新,前音不改。泰始九年,光禄大夫荀勖始作古尺,以调声韵,仍以张华等所制高文,陈诸下管。永嘉之乱,伶官既减,曲台宣榭,咸变污莱。虽复《象舞》歌工,自胡归晋,至于孤竹之管,云和之瑟,空桑之琴,泗滨之磬,其能备者,百不一焉。夫人受天地之灵,蕴菁华之气,刚柔递用,哀乐分情。经春阳而自喜,遇秋凋而不悦。游乎金石之端,出乎管弦之外,因物迁逝,乘流不反。是以楚王升轻轩于彭蠡,汉顺听鸣鸟于樊衢。圣人功成作乐,化平裁曲,乃扬节奏,以畅中和,饰其欢欣,止于哀思者也。

凡乐之道,五声、八音、六律、十二管,为之纲纪云。

五声:宫为君,宫之为言中也。中和之道,无往而不理焉。商为臣,商之为言强也,谓金性之坚强也。角为民,角之为言触也,谓象诸阳气触物而生也。徵为事,徵之为言止也,言物盛则止也。羽为物,羽之为言舒也,言阳气将复,万物孳育而舒生也。古人有言曰:"礼乐不可斯须去身。"化上迁善,有如不及。是以闻其宫声,使人温良而宽大;闻其商声,使人方廉而好义;闻其角声,使人恻隐而仁爱;闻其徵声,使人乐养而好施;闻其羽声,使人恭俭而好礼。

八音,八方之风也。乾之音石,其风不周。坎之音革,其风广莫。

艮之音匏，其风融。震之音竹，其风明庶。巽之音木，其风清明。离之音丝，其风景。坤之音土，其风凉。兑之音金，其风阊阖。

阳六为律，谓黄钟、大蔟、姑洗、蕤宾、夷则、无射；阴六为吕，谓大吕、应钟、南吕、林钟、仲吕、夹钟：凡有十二，以配十二辰焉。律之为言法也，言阳气施生各有法也；吕之为言助也，所以助成阳功也。

正月之辰谓之寅，寅者津也，谓生物之津涂也。二月之辰名为卯，卯者茂也，言阳气生而孳茂也。三月之辰名为辰，辰者震也，谓时物尽震动而长也。四月之辰谓为巳，巳者起也，物至此时毕尽而起也。五月之辰谓为午，午者长也，大也，言物皆长大也。六月之辰谓为未，未者味也，言时万物向成，有滋味也。七月之辰谓为申，申者身也，言时万物身体皆成就也。八月之辰谓为酉，酉者缩也，谓时物皆缩缩也。九月之辰谓为戌，戌者灭也，谓时物皆衰灭也。十月之辰谓为亥，亥者劾也，言时阴气劾杀万物也。十一月之辰谓为子，子者孳也，谓阳气至此更孳生也。十二月之辰谓为丑，丑者纽也，言始终之际，以纽结为名也。

十一月之管谓之黄钟，黄者，阴阳之中色也。天有六气，地有五才，而天地数毕焉。或曰，冬至德气为土，土色黄，故曰黄钟。正月之管谓为太蔟，蔟者蔟也，谓万物随于阳气太蔟而生也。三月之管名为姑洗，姑洗者：姑，枯也；洗，濯也，谓物生新洁，洗除其枯，改柯易叶也。五月之管名为蕤宾，葳蕤，垂下貌也；宾，敬也，谓时阳气下降，阴气始起，相宾敬也。七月之管名为夷则，夷，平也；则，法也，谓万物将成，平均皆有法则也。九月之管名为无射，射者出也，言时阳气上升，万物收藏无复出也。十二月之管名为大吕，吕者助也，谓阳气方之，阴气助也。十月之管名为应钟，应者和也，谓岁功皆应和阳功，收而聚之也。八月之管名为南吕，南者任也，谓时物皆秀，有怀任之象也。六月之管名为林钟，林者茂也，谓时物茂盛于野也。四月之管名为仲吕者，吕，助也，谓阳气盛长，阴助成功也。二月之管名为夹钟者，夹，佐也，谓时物尚未尽出，阴德佐阳而出物也。

汉自东京大乱，绝无金石之乐，乐章亡缺，不可复知。及魏武平荆州,获汉雅乐郎河南杜夔,能识旧法,以为军谋祭酒,使创定雅乐。时又有散骑侍郎邓静、尹商善训雅乐,歌师尹胡能歌宗庙郊祀之曲,舞师冯肃、服养晓知先代诸舞,夔悉总领之。远详经籍,近采故事,考会古乐,始设轩悬钟磬。而黄初中柴玉、左延年之徒,复以新声被宠,改其声韵。及武帝受命之初,百度草创。泰始二年,诏郊祀明堂礼乐权用魏仪,遵周室肇称殷礼之义,但改乐章而已,使傅玄为之词云。

祠天地五郊夕牲歌。

天命有晋,穆穆明明。我其夙夜,祗事上灵。常于时夏,迄用其成。于荐玄牡,进夕其牲。崇德作乐,神祇是听。

祠天地五郊迎送神歌。

宣文蒸哉,日靖四方。永言保之,夙夜匪康。光天之命,上帝是皇。嘉乐殷荐,灵祚景祥。神祇降假,享福无疆。

飨天地五郊歌

天祚有晋,其命惟新。受终于魏,奄有黎民。燕及皇天,怀和百神。丕显遗烈,之德之纯。享其玄牡,式用肇禋。神祇来格,福禄是臻。时迈其犹,昊天子之。佑享有晋,肇庶戴之。畏天之威,敬授人时。不显不承,于犹绎思。皇极斯建,庶绩咸熙。庶几夙夜,惟晋之祺。宣文惟后,克配彼天。抚宁四海,保有康年。于乎缉熙,肆用靖民。爰立典制,爰修礼纪。作民之极,莫匪资始。克昌厥后,永言保之。

天地郊明堂夕牲歌

皇矣有晋,时迈其德。受终于天,光济万国。万国既光,神定厥祥。虔于郊祀,祗事上皇。祗事上皇,百福是臻。巍巍祖考,克配彼天。嘉牲匪歆,德馨惟飨。受天之佑,神化四方。

天地郊明堂降神歌

于赫大晋,应天景祥。二帝迈德,宣此重光。我皇受命,奄有万方。郊祀配享,礼乐孔章。神祇嘉享,祖考是皇。克昌厥后,保祚无疆。

天郊飨神歌

整泰坛，礼皇神。精气感，百灵宾。蕴朱火，燎芳薪。紫烟游，冠青云。神之体，靡象形。旷无方，幽以清。神之来，光景昭。听无闻，视无兆。神之至，举歆歆。灵爽协，动余心。神之坐，同欢娱。泽云翔，化风舒。嘉乐奏，文中声。八音谐，神是听。咸洁齐，并芬芳。亨全牲，享玉觞。神悦飨，歆禋祀。佑大晋，降繁祉。作京邑，广四海。保天年，穷地纪。

地郊飨神歌

整泰折，竢皇祇。众神感，群灵仪。阴祀设，吉礼施。夜将极，时未移。祇之体，无形象。潜泰幽，洞忽荒。祇之出，菱若有。灵无远，天下母。祇之来，遗光景。昭若存，终冥冥。祇之至，举欣欣。舞象德，歌成文。祇既坐，同欢豫。泽雨施，化云布。乐八变，声教敷。物咸亨，祇是娱。齐既洁，侍者肃。玉觞进，咸穆穆。飨嘉豢，歆德馨。祚有晋，暨群生。溢九壤，格天庭。保万寿，延亿龄。

明堂飨神歌

经始明堂，享祀匪懈。于皇烈考，光配上帝。赫赫上帝，既高既崇。圣考是配，明德显融。率土敬职，万方来祭。常于时假，保祚永世。

祠庙夕牲歌

我夕我牲，猗欤敬止。嘉豢孔时，供兹享祀。神鉴厥诚，博硕斯歆。祖考降飨，以虞孝孙之心。

祠庙迎送神歌

呜呼悠哉，日监在兹。以时享祀，神明降之。神明斯降，既佑飨之。祚我无疆，受天之祜。赫赫太上，巍巍圣祖。明明烈考，丕承继序。

祠征西将军登歌

经始宗庙，神时戻止。申锡无疆，祇承享祀。假哉皇祖，绥予孙子。燕及后昆，锡兹繁祉。

祠豫章府君登歌

　　嘉乐肆筵,荐祀在堂。皇皇宗庙,乃祖乃皇。济济辟公,相予蒸尝。享祀不忒,降福穰穰。

　　祠颍川府君登歌

　　于邈先后,实司于天。显矣皇祖,帝祉肇臻。本枝克昌,资始开元。惠我无疆,享祚永年。

　　祠京兆府君登歌

　　于惟曾皇,显显令德。高明清亮,匪兢柔克,保乂命佑,基命惟则。笃生圣祖,光济四国。

　　祠宣皇帝登歌

　　于铄皇祖,圣德钦明。勤施四方,夙夜敬止。载敷文教,载扬武烈。匡定社稷,躬行天罚。经始大业,造创帝基。畏天之命,于时保之。

　　祠景皇帝登歌

　　执竞景皇,克明克哲。旁作穆穆,惟祗惟畏。纂宣之绪,耆定厥功。登此隽乂,纠彼群凶。业业在位,帝既勤止。惟天之命,于穆不已。

　　祠文皇帝登歌

　　于皇时晋,允文文皇。聪明睿智,圣敬神武。万机莫综,皇斯清之。蛇豕放命,皇斯平之。柔远能迩,简授英贤。创业垂统,勋格皇天。

　　祠庙飨神歌二篇

　　日晋是常,享祀时序。宗庙致敬,礼乐具举。惟其来祭,普天率土。牺樽既奠,清酤既载。亦有和羹,荐羞斯备。蒸蒸永慕,感时兴思。登歌奏舞,神乐其和。祖考来格,佑我邦家。溥天之下,罔不休嘉。

　　肃肃在位,济济臣工。四海来格,礼仪有容。钟鼓振,管弦理,舞开元,歌永始,神胥乐兮! 肃肃在位,臣工济济。小大咸敬,上下有礼。理管弦,振鼓钟,舞象德,歌咏功,神胥乐兮! 肃肃在位,有来雍雍。穆穆天子,相维辟公。礼有仪,乐有则,舞象功,歌咏德,神胥乐兮！

杜夔传旧雅乐四曲，一曰《鹿鸣》，二曰《驺虞》，三曰《伐檀》，四曰《文王》，皆古声辞。及太和中，左延年改夔《驺虞》、《伐檀》、《文王》三曲，更自作声节，其名虽存，而声实异。唯因夔《鹿鸣》，全不改易。每正旦大会，太尉奉璧，群后行礼，东厢雅乐常作者是也。后又改三篇之行礼诗。第一曰《于赫篇》，咏武帝，声节与古《鹿鸣》同。第二曰《巍巍篇》，咏文帝，用延年所改《驺虞》声。第三曰《洋洋篇》，咏明帝，用延年所改《文王》声。第四曰复用《鹿鸣》。《鹿鸣》之声重用，而除古《伐檀》。及晋初，食举亦用《鹿鸣》。至泰始五年，尚书奏，使太仆傅玄、中书监荀勖、黄门侍郎张华各造正旦行礼及王公上寿酒、食举乐歌诗。荀勖云："魏氏行礼、食举，再取周诗《鹿鸣》以为乐章。又《鹿鸣》以宴嘉宾，无取于朝，考之旧闻，未知所应。"勖乃除《鹿鸣》旧歌，更作行礼诗四篇，先陈三朝朝宗之义。又为正旦大会、王公上寿，歌诗并食举乐歌诗，合十三篇。又以魏氏歌诗或二言，或三言，或四言，或五言，与古诗不类，以问司律中郎将陈颀。颀曰："被之金石，未必皆当。"故勖造晋歌，皆为四言，唯王公上寿酒一篇，为三言五言焉。张华以为"魏上寿、食举诗及汉氏所施用，其文句长短不齐，未皆合古。盖以依咏弦节，本有因循，而识乐知音，足以制声度曲，法用率非凡近之所能改。二代三京，袭而不变，虽诗章辞异，兴废随时，至其韵逗留曲折，皆系于旧，有由然也。是以一皆因就，不敢有所改易。"此则华、勖所明异旨也。时诏又使中书侍郎成公绥亦作焉，今并采列之云。

四厢乐歌

正旦大会行礼歌 成公绥

穆穆天子，光临万国。多士盈朝，莫匪俊德。流化罔极，王猷允塞。嘉会置酒，嘉宾充庭。羽旄曜宸极，钟鼓振泰清。百辟朝三朝，式式明仪形。济济锵锵，金振玉声。

礼乐具，宴嘉宾。眉寿作圣皇，景福惟日新。群后戾止，有来雍雍。献酬纳贽，崇此礼容。丰羞万俎，旨酒千钟。嘉乐尽宴乐，福禄咸攸同。

乐哉！天下安宁。道化行，风俗清。箫《韶》作，咏九成。年丰穰，世泰平。至治哉，乐无穷。元首聪明，股肱忠。树丰泽，扬清风。

嘉瑞出，灵应彰。麒麟见，凤凰翔。醴泉涌，流中唐。嘉禾生，穗盈箱。降繁祉，祚圣皇。承天位，统万国。受命应期，授圣德，四世重光。宣开洪业，景克昌，文钦明，德弥彰。肇启晋邦，流祚无疆。

泰始建元，凤凰龙兴。龙兴伊何，享祚万乘。奄有八荒，化育黎蒸。图书既焕，金石有徵。德光大，道熙隆。被四表，格皇穹。奕奕万嗣，明明显融，高朗令终。保永祚，与天比崇。

圣皇居四海，应天期。三叶合重光，泰始开洪基。明曜参日月，功化侔四时。宇宙清且泰，黎庶咸雍熙，善哉雍熙！

惟天降命，翼仁佑圣。于穆三皇，载德弥盛。总齐璇玑，光统七政。百揆时序，化若神圣。

四海同风，兴至仁。济民育物，拟陶均。拟陶均，垂惠润。皇皇群贤，峨峨英俊。德化宣，芬芳播来胤。播来胤，垂后昆。清庙何穆穆，皇极辟四门。皇极辟四门，万机无不综。亹亹翼翼，乐不及荒，饥不遑食。大礼既行，乐无极。

登昆仑，上层城。乘飞龙，升泰清。冠日月，佩五星。扬虹霓，建彗旌。披庆云，荫繁荣。览八极，游天庭。

顺天地，和阴阳。序四时，曜三光。张帝纲，正皇纲。播仁风，流惠康。迈洪化，振灵威。怀万方，纳九夷。朝闿阖，宴紫微。

建五旗，罗钟簴。列四悬，奏《韶武》。铿金石，扬旗羽。纵八佾，《巴渝舞》。咏雅颂，和律吕。于胥乐，乐圣主。

化荡荡，清风泄。总英雄，御后杰。开宇宙，扫四裔。光缉熙，美圣哲。超百代，扬休烈。流景祚，显万世。

皇皇显祖，翼世佐时。宁济六合，受命应期。神武鹰扬，大化咸熙。廓开皇衢，用成帝基。

光光景皇，无竞惟烈。匡时拯俗，休功盖世。宇宙既康，九域有截。天命降监，启祚明哲。

穆穆烈考，克明克隽。实天生德，诞应灵运。肇建帝业，开国有晋。载德奕世，垂庆洪胤。

明明圣帝，龙飞在天。与灵合契，通德幽玄。仰化青云，俯育重川。受灵之佑，于万斯年。

正旦大会王公上寿酒歌 荀勖

践元辰，延显融。献羽觞，祈令终。我皇寿而隆，我皇茂而嵩。本枝奋百世，休祚钟圣躬。

食举乐东西厢歌 荀勖

煌煌七曜，重明交畅。我有嘉宾，是应是贶。邦政既图，接以大飨。人之好我，式遵德让。

宾之初筵，蔼蔼济济。既朝乃宴，以洽百礼。颂以位叙，或庭或陛。登俟台叟，亦有兄弟。胄子陪寮，宪兹度楷。观颐养正，降福孔偕。

昔我三后，大业是维。今我圣皇，焜耀前晖。奕世重规，明照九畿。思辑用光，时罔有违。陟禹之迹，莫不来威。天被显禄，福履是绥。

赫矣太祖，克广明德。廓开宇宙，正世立则。变化不经，民无瑕慝。创业垂统，兆我晋国。

烈文伯考，时维帝景。夷险平乱，威而不猛。御衡不迷，皇涂焕景。七德咸宣，其宁惟永。

猗欤盛欤！先皇圣文。则天作孚，大哉为君。慎徽五典，帝载是勤。文武发挥，茂建嘉勋。修己济治，民用宁殷。怀远烛幽，玄教氤氲。善世不伐，服事三分。德博化隆，道昌无垠。

隆化洋洋，帝命溥将。登我晋道，越惟圣王。龙飞革运，临隶八荒。睿哲钦明，配踪虞唐。封建厥福，骏发其祥。三朝习吉，终然允臧。其臧维何，总彼万方。元侯列辟，四岳藩王。时见世享，率兹有常。旅揖在庭，嘉客在堂。宋卫既臻，陈留山阳。有宾有使，观国之光。贡贤纳计，献璧奉璋。保佑命之，申锡无疆。

振鹭于飞，鸿渐其翼。京邑穆穆，四方是式。无竞惟人，王纲允敕。君子来朝,言观其极。

虞虞大君,民之攸暨。信理天工,惠康不匮。将远不仁,训以醇粹。幽明有伦,俊乂在位。九族既睦,庶邦顺比。开元布宪,四海鳞萃。协时正统,殊涂同致。厚德载物,灵心隆贵。敷奏谠言,纳以无讳。树之典象,海之义类。上教如风,下应如卉。一人有庆,群萌以遂。我后宴喜,令问不坠。

既宴既喜,禽是万邦。礼仪卒度,物有其容。晰晰庭燎,喤喤鼓钟。笙磬咏德,万舞象功。八音克谐,俗易化从。其和如乐,庶品时邕。

时邕斌斌,六合同尘。往我祖宣,威静殊邻。首定荆楚,遂平燕秦。亹亹文皇,迈德流仁。爰造草昧,应乾顺民。灵瑞告符,休征响震。天地弗违,以和神人。既禽庸蜀,吴会是宾。肃慎率职,楛矢来陈。韩涉进乐,宫徵清钧。西旅献獒,扶南效珍。蛮裔重译,玄齿文身。我皇抚之,景命惟新。愔愔嘉会,有闻无声。清酤既奠,笾豆既升。礼充乐备,箫《韶》九成。恺乐饮酒,醑而不盈。率土欢豫,邦国以宁。王猷允塞,万载无倾。

冬至初岁小会歌<small>张华</small>

日月不留,四气回周。节庆代序,万国同休。庶尹群后,奉寿升朝。我有寿礼,式宴百寮。繁肴绮错,旨酒泉汀。笙镛和奏,磬管流声。上隆其爱,下尽其心。宜其壅滞,训之德音。乃宣乃训,配享交泰。永载仁风,长抚无外。

宴会歌<small>张华</small>

亹亹我皇,配天垂光。留精日昊,经览无方。听朝有暇,延命众臣。冠盖云集,罇俎星陈。肴蒸多品,八珍代变。羽爵无算,究乐极宴。歌者流声,舞者投袂。动容有节,丝竹并设。宣扬四体,繁手趣挚。欢足发和,醑不忘礼。好乐无荒,翼翼济济。

命将出征歌<small>张华</small>

重华隆帝道,戎蛮或不宾。徐夷兴有周,鬼方亦违殷。今在盛明世,寇虐动四垠。豺狼染牙爪,群生号穹旻。元帅统方夏,出车抚凉秦。众贞必以律，臧否实在人。威信加殊类，疏狄思自亲。单醪岂有味，挟纩感至仁。武功尚止戈，七德美安民。远迹由斯举，永世无风尘。

劳还师歌 张华

猃狁背天德，构乱扰邦畿。戎车震朔野，群帅赞皇威。将士齐心旅，感义忘其私。积势如韛弩，赴节如发机。器声动山谷，金光曜素晖。挥戈陵劲敌，武步蹈横尸。鲸鲵皆授首，北土永清夷。昔往冒隆暑，今来白雪霏。征夫信勤瘁，自古咏《采薇》。收荣于舍爵，燕喜在凯归。

中宫所歌 张华

先王统大业，玄化渐八维。仪刑乎万邦，内训隆壸闱。皇英垂帝典，《大雅》咏三妃。执德宣隆教，正位理厥机。含章体柔顺，帅礼蹈谦祗。《螽斯》弘慈惠，《樛木》逮幽微。徽音穆清风，高义邈不追。遗荣参日月，百世仰余晖。

宗亲会歌 张华

族燕明礼顺，馂食序亲亲。骨肉散不殊，昆弟岂他人。本枝笃同庆，《棠棣》著先民。于皇圣明后，天覆弘且仁。降礼崇亲戚，旁施协族姻。式宴尽酣娱，饮御备羞珍。和乐既宣洽，上下同欢欣。德教加四海，敦睦被无垠。

泰始九年，光禄大夫荀勖以杜夔所制律吕，校太乐、总章、鼓吹八音，与律吕乖错，乃制古尺，作新律吕，以调声韵。事具《律历志》。律成，遂班下太常，使太乐、总章、鼓吹、清商施用。勖遂典知乐事，启朝士解音律者共掌之。使郭夏、宋识等造《正德》、《大豫》二舞，其乐章亦张华所作之云。

正德舞歌 张华

日皇上天，玄鉴惟光。神哭周回，五德代章。祚命于晋，世有哲王。弘济区夏，陶甄万方。大明垂曜，旁烛无疆。茧茧庶类，风德永康。皇道惟清，礼乐斯经。金石在悬，万舞在庭。象容表庆，协律被声。轶《武》超《护》，取节《六英》。同进退让，化渐无形。大和宣洽，通于幽冥。

大豫舞歌 张华

惟天之命，符运有归。赫赫大晋，三后重晖。继明绍世，光抚九围。我皇绍期，遂在璇玑。群生属命，奄有庶邦。慎徽五典，玄教遐通。万方同轨，率土咸雍。爰制《大豫》，宣德舞功。醇化既穆，王道协隆。仁及草木，惠加昆虫。亿兆夷人，悦仰皇风。丕显大业，永世弥崇。

荀勖又作新律笛十二枚，以调律吕，正雅乐，正会殿庭作之，自谓宫商克谐，然论者犹谓勖暗解。时阮咸妙达八音，论者谓之神解。咸常心讥勖新律声高，以为高近哀思，不合中和。每公会乐作，勖意咸谓之不调，以为异己，乃出咸为始平相。后有田父耕于野，得周时玉尺，勖以校己所治钟鼓金石丝竹，皆短校一米，于此伏咸之妙，复征咸归。勖既以新律造二舞，次更修正钟声。会勖薨，未竟其业。元康三年，诏其子藩修定金石，以施郊庙。寻值丧乱，莫有记之者。

汉高祖自蜀汉将定三秦，阆中范因率賨人从帝，为前锋。及定秦中，封因为阆中侯，复賨人七姓。其俗喜舞，高祖乐其猛锐，数观其舞，后使乐人习之。阆中有渝水，因其所居，故名曰"巴渝舞"。舞曲有《矛渝本歌曲》、《安弩渝本歌曲》、《安台本歌曲》、《行辞本歌曲》，总四篇。其辞既古，莫能晓其句度。

魏初，乃使军谋祭酒王粲改创其词。粲问巴渝帅李管、种玉歌曲意，试使歌，听之，以考校歌曲，而为之改为《矛渝新福歌曲》、《弩渝新福歌曲》、《安台新福歌曲》、《行辞新福歌曲》，《行辞》以述魏德。黄初三年，又改《巴渝舞》曰《昭武舞》。至景初元年，尚书奏，考览三代礼乐遗曲，据功象德，奏作《武始》、《咸熙》、《章斌》三舞，皆执羽龠。及晋又改《昭武舞》曰《宣武舞》，《羽龠舞》曰《宣文舞》。咸宁元年，诏定祖宗之号，而庙乐乃停《宣武》、《宣文》二舞，而同用荀勖所使郭夏、宋识等所造《正德》、《大豫》二舞云。

晋书卷二三
志第一三

乐　下

永嘉之乱,海内分崩,伶官乐器,皆没于刘、石。江左初立宗庙,尚书下太常祭祀所用乐名。太常贺循答云:"魏氏增损汉乐,以为一代之礼,未审大晋乐名所以为异。遭离丧乱,旧典不存。然此诸乐皆和之以钟律,文之以五声,咏之于歌辞,陈之于舞列。宫悬在庭,琴瑟在堂,八音迭奏,雅乐并作,登歌下管,各有常咏,周人之旧也。自汉氏以来,依仿此礼,自造新诗而已。旧京荒废,今既散亡,音韵曲折,又无识者,则于今难以意言。"于时以无雅乐器及伶人,省太乐并鼓吹令。是后颇得登歌,食举之乐,犹有未备。太宁末,明帝又访阮孚等增益之。咸和中,成帝乃复置太乐官,鸠集遗逸,而尚未有金石也。庾亮为荆州,与谢尚修复雅乐,未具而亮薨。庾翼、桓温专事军旅,乐器在库,遂至朽坏焉。及慕容儁平冉闵,兵戈之际,而邺下乐人亦颇有来者。永和十一年,谢尚镇寿阳,于是采拾乐人,以备太乐,并制石磬,雅乐始颇具。而王猛平邺,慕容氏所得乐声又入关右。太元中,破苻坚,又获其乐工杨蜀等,闲习旧乐,于是四厢金石始备焉。乃使曹毗、王珣等增造宗庙歌诗,然郊祀遂不设乐。今列其词于后云。

歌宣帝曹毗

于赫高祖,德协灵符。应运拨乱,厘整天衢。勋格宇宙,化动八区。肃以典刑,陶以玄珠。神石吐瑞,灵芝自敷。肇基天命,道均唐虞。

歌景帝_{曹毗}

景皇承运,纂隆洪绪。皇罗重抗,天晖再举。蠢矣二寇,扰我扬楚。乃整元戎,以膏齐斧。亹亹神算,赫赫王旅。鲸鲵既平,功冠帝宇。

歌文帝

太祖齐圣,王猷诞融。仁教四塞,天基累崇。皇室多难,严清紫宫。威厉秋霜,惠过春风。平蜀夷楚,以文以戎。奄有参墟,声流无穷。

歌武帝_{曹毗}

于穆武皇,允龚钦明。应期登禅,龙飞紫庭。百揆时序,听断以情。殊域既宾,伪吴亦平。晨流甘露,宵映朗星。野有击壤,路垂颂声。

歌元帝_{曹毗}

运屯百六,天罗解贯。元皇勃兴,网笼江汉。仰齐七政,俯平祸乱。化若风行,泽犹雨散。沦光更曜,金辉复焕。德冠千载,蔚有余粲。

歌明帝_{曹毗}

明明肃祖,阐弘帝祚。英风凤发,清晖载路。奸逆纵忒,罔式皇度。躬振朱旗,遂豁天步。宏猷允塞,高罗云布。品物咸宁,洪基永固。

歌成帝_{曹毗}

于休显宗,道泽玄播。式宣德音,畅物以和。迈德蹈仁,匪礼不过。敷以纯风,濯以清波。连理映皋,鸣凤栖柯。同规放勋,义盖山河。

歌康帝_{曹毗}

康皇穆穆,仰嗣洪德。为而不宰,雅音四塞。闲邪以诚,镇物以默。威静区宇,道宣邦国。

歌哀帝_{曹毗}

于穆哀皇，圣心虚远。雅好玄古，大庭是践。道尚无为，治存易简。化若风行，时犹草偃。虽曰登遐，徽音弥阐。愔愔《云韶》，尽美尽善。

歌简文帝王珣

皇矣简文，于昭于天。灵明若神，周淡如川。冲应其来，实与其迁。亹亹心化，日用不言。易而有亲，简而可传。观流弥远，求本逾玄。

歌孝武帝王珣

天监有晋，钦哉烈宗。同规文考，玄默允恭。威而不猛，约而能通。神钲一震，九域来同。道积淮海，雅颂自东。气陶醇露，化协时雍。

四时祠祀曹毗

肃肃清庙，巍巍圣功。万国来宾，礼仪有容。钟鼓振，金石熙。宣兆祚，武开基。神斯乐兮！理管弦，有来斯和。说功德，吐清歌。神斯乐兮！洋洋玄化，润被九壤。民无不悦，道无不往。礼有仪，乐有式。咏九功，永无极。神斯乐兮！

汉时有《短箫铙歌》之乐，其曲有《朱鹭》、《思悲翁》、《艾如张》、《上之回》、《雍离》、《战城南》、《巫山高》、《上陵》、《将进酒》、《君马黄》、《芳树》、《有所思》、《雉子班》、《圣人出》、《上邪》、《临高台》、《远如期》、《石留》、《务成》、《玄云》、《黄爵行》、《钓竿》等曲，列于鼓吹，多序战阵之事。

及魏受命，改其十二曲，使缪袭为词，述以功德代汉。改《朱鹭》为《楚之平》，言魏也。改《思悲翁》为《战荥阳》，言曹公也。改《艾如张》为《获吕布》，言曹公东围临淮，擒吕布也。改《上之回》为《克官渡》，言曹公与袁绍战，破之于官渡也。改《雍离》为《旧邦》，言曹公胜袁绍于官渡，还谯收藏死亡士卒也。改《战城南》为《定武功》，言曹公初破邺，武功之定始乎此也。改《巫山高》为《屠柳城》，言曹公越北塞，历白檀，破三郡乌桓于柳城也。改《上陵》为《平南荆》，言曹公平荆州也。改《将进酒》为《平关中》，言曹公征马超，定关中也。改《有所思》为《应帝期》，言文帝以圣德受命，应运期也。改《芳树》为《邕熙》，言魏氏临其国，君臣邕穆，庶绩咸熙也。改《上邪》为《太和》，言明帝继体系统，太和改元，德泽流布也。其余并同旧名。

是时吴亦使韦昭制十二曲名，以述功德受命。改《朱鹭》为《炎精缺》，言汉室衰，孙坚奋迅猛志，念在匡救，王迹始乎此也。改《思悲翁》为《汉之季》，言坚悼汉之微，痛董卓之乱，兴兵奋击，功盖海内也。改《艾如张》为《摅武师》，言权卒父之业而征伐也。改《上之回》为《乌林》，言魏武既破荆州，顺流东下，欲来争锋，权命将周瑜逆击之于乌林而破走也。改《雍离》为《秋风》，言权悦以使人，人忘其死也。改《战城南》为《克皖城》，言魏武志图并兼，而权亲征，破之于皖也。改《巫山高》为《关背德》，言蜀将关羽背弃吴德，权引师浮江而擒之也。改《上陵曲》为《通荆州》，言权与蜀交好齐盟，中有关羽自失之愆，终复初好也。改《将进酒》为《章洪德》，言权章其大德，而远方来附也。改《有所思》为《顺历数》，言权顺箓图之符，而建大号也。改《芳树》为《承天命》，言其时主圣德践位，道化至盛也。改《上邪曲》为《玄化》，言其时主修文武，则天而行，仁泽流洽，天下喜乐也。其余亦用旧名不改。

及武帝受禅，乃令傅玄制为二十二篇，亦述以功德代魏。改《朱鹭》为《灵之祥》，言宣帝之佐魏，犹虞舜之事尧，既有石瑞之征，又能用武以诛孟达之逆命也。改《思悲翁》为《宣受命》，言宣帝御诸葛亮，养威重，运神兵，亮震怖而死也。改《艾如张》为《征辽东》，言宣帝陵大海之表，讨灭公孙氏而枭其首也。改《上之回》为《宣辅政》，言宣帝圣道深远，拨乱反正，网罗文武之才，以定二仪之序也。改《雍离》为《时运多难》，言宣帝致讨吴方，有征无战也。改《战城南》为《景龙飞》，言景帝克明威教，赏顺夷逆，隆无疆，崇洪基也。改《巫山高》为《平玉衡》，言景帝一万国之殊风，齐四海之乖心，礼贤养士，而纂洪业也。改《上陵》为《文皇统百揆》，言文帝始统百揆，用人有序，以敷太平之化也。改《将进酒》为《因时运》，言因时运变，圣谋潜施,解长蛇之交,离群桀之党,以武济文,以迈其德也。改《有所思》为《惟庸蜀》,言文帝既平万乘之蜀,封建万国,复五等之爵也。改《芳树》为《天序》,言圣皇应历受禅,弘济大化,用人各尽其才也。改《上邪》为《大晋承运期》,言圣皇应箓受图,化象神明也。改《君马黄》为《金灵运》,言圣皇践阼,致敬宗庙,而孝道行于天下也。改《稚子班》为《于穆我皇》,言圣皇受禅,德合神明也。改《圣人出》为《仲春振旅》,言大晋申文武之教,畋猎以时也。改《临高台》为《夏苗田》,言大晋畋狩顺时,为苗除害也。改《远如期》为《仲秋狝田》,言大晋虽有文德,不废武事,顺时以杀伐也。改《石留》为《顺天道》,言仲冬大阅,用武修文,大晋之德配天也。改《务成》为《唐尧》,言圣皇陟帝位,德化光四表也。《玄云》依旧名,言圣皇用人,各尽其材也。改《黄爵行》为《伯益》,言赤乌衔书,有周以兴,今圣皇受命,神雀来也。《钓竿》依旧名,言圣皇德配尧舜,又有吕望之佐,济大功,致太平也。其辞并列之于后云。

灵之祥

灵之祥,石瑞章。旌金德,出西方。天降命,授宣皇。应期运,时龙骧。继大舜,佐陶唐。赞文武,建帝纲。孟氏叛,据南疆。追有扈,乱五常。吴寇叛,蜀虏强。交誓盟,运遭荒。宣赫怒,奋鹰扬。震乾威,曜电光。陵九天,陷石城。枭逆命,拯有生。万国安,四海宁。

宣受命

宣受命,应天机。风云时动,神龙飞。御葛亮,镇雍梁。边境安,夷夏康。务节事,勤定倾。揽英雄,保持盈。深穆穆,赫明明。冲而泰,天之经。养威重,运神兵。亮乃震毙,天下安宁。

征辽东

征辽东,敌失据。威灵迈日域,公孙既授首,群逆破胆,咸震怖。朔北响应,海表景附。武功赫赫,德云布。

宣辅政

宣皇辅政,圣烈深。拨乱反正,顺天心。网罗文武才,慎厥所生。所生贤,遗教施。安上治民,化风移。肇创帝基,洪业垂。于铄明明,时赫戏。功济万世,定二仪。定二仪,云泽雨施,海外风驰。

　　时运多难

　　时运多难,道教痛。天地变化,有盈虚。蠢尔吴蛮,武视江湖。我皇赫斯,致天诛。有征无战,弭其图。天威横被,廓东隅。

　　景龙飞

　　景龙飞,御天威。聪鉴玄察,动与神明协机,从之者显,逆之者灭夷。文教敷,武功巍。弗违祥,享世永长。猛以致宽,道化光。赫明明,祚隆无疆。帝绩惟期,有命既集,崇此洪基。

　　平玉衡

　　平玉衡,纠奸回。万国殊风,四海乖。礼贤养士,羁御英雄,思心齐。篡戎洪业,崇皇阶。品物咸亨,圣敬日跻。聪鉴尽下情,明明综天机。

　　文皇统百揆

　　文皇统百揆,继天理万方。武将镇四隅,英佐盈朝堂。谋言协秋兰,清风发其芳。洪泽所渐润,砾石为圭璋。大道侔五帝,盛德逾三王。咸光大,上参天与地,至化无内外。无内外,六合并康乂。并康乂,遭兹嘉会。在昔羲与农,大晋德斯迈。镇征及诸州,为藩卫。功济四海,洪烈流万世。

　　因时运

　　因时运,圣策施。长蛇交解,群桀离。势穷奔吴,兽骑厉。惟武进,审大计。时迈其德,清一世。

　　惟庸蜀

　　惟庸蜀,僭号天一隅。刘备逆帝命,禅亮承其余。拥众数十万,窥隙乘我虚。驿骑进羽檄,天下不遑居。姜维屡寇边,陇上为荒芜。文皇愍斯民,历世受罪辜。外谟藩屏臣,内谟众士夫。爪牙应指受,腹心献良图。良图协成文,大兴百万军。雷鼓震地起,猛势陵浮云。逋虏畏天诛,面缚造垒门。万里同风教,逆命称妾臣。光建五等,纪纲天人。

　　天序历

天序历,应受禅,承灵祜。御群龙,勒螭武。弘济大化,英俊作辅。明明统万机,赫赫镇四方。咎繇稷契之畴,协兰芳。礼王臣,覆兆民。化之如天与地,谁敢爱其身?

大晋承运期

大晋承运期,德隆圣皇。时清晏,白日垂光。应篆图,陟帝位,继天正衡。化行象神明,至哉道隆虞唐,元首敷洪化,百僚股肱并忠良。时太康,隆隆赫赫,福祚盈无疆。

金灵运

金灵运,天符发。圣征见,参日月。惟我皇,体神圣。受魏禅,应天命。皇之兴,灵有徵。登大麓,御万乘。皇之辅,若阚武。爪牙奋,莫之御。皇之佐,赞清化。百事理,万邦贺。神祇应,嘉瑞章。恭享礼,荐先皇。乐时奏,磬管锵。鼓殷殷,钟锽锽。奠樽俎,实玉觞。神歆飨,咸悦康。宴孙子,佑无疆。大孝蒸蒸,德教被万方。

于穆我皇

于穆我皇,盛德圣且明。受禅君世,光济群生。普天率土,莫不来庭。颙颙六合内,望风仰泰清。万国雍雍,兴颂声。大化洽,地平而天成。七政齐,玉衡惟平。峨峨佐命,济济群英。夙夜乾乾,万机是经。虽治兴,匪荒宁。谦道光,冲不盈。天地合德,日月同荣。赫赫煌煌,曜幽冥。三光克从,于显天,垂景星。龙凤臻,甘露宵零。肃神祇,祇上灵。万物欣戴,自天效其成。

仲春振旅

仲春振旅,大致人,武教于时日新。师执提,工执鼓。坐作从,节有序。盛矣允文允武!蒐田表祸,申法誓。遂围禁,献社祭。允以时,明国制。文武并用,礼之经。列车如战,大教明,古今谁能去兵?大晋继天,济群生。

夏苗田

夏苗田,运将徂。军国异容,文武殊。乃命群史,撰车徒,辩其号名,赞契书。王军启八门,行同上帝居。时路建大麾,云旗翳紫虚。百官象其事,疾则疾,徐则徐。回衡旋轸,罢阵弊车。献禽享祀,蒸蒸配有虞。惟大晋,德参两仪,化云敷。

仲秋狝田

仲秋狝田,金德常纲。凉风清且厉,凝露结为霜。白藏司辰,仓
隼鹰扬。鹰扬犹尚父,顺天以杀伐,春秋时序。雷霆震威曜,进退由
钲鼓。致禽祀祊,羽毛之用充军府。赫赫大晋德,芬烈陵三五。敷
化以文,虽安不废武。光宅四海,永享天之祜。

顺天道

顺天道,握神契,三时示,讲武事。冬大阅,鸣镯振鼓铎,旌旗象
虹霓。文制其中,武不穷武。动军誓众,礼成而义举。三驱以崇仁,
进止不失其序。兵卒练,将如阚武。惟阚武,气陵青云。解围三面,
杀不殄群。偃旌麾,班六军。献享蒸,修典文。嘉大晋,德配天。禄
报功,爵俟贤。飨燕乐,受兹百禄,寿万年。

唐尧

唐尧谐务成,谦谦德所兴。积渐终光大,履霜致坚冰。神明道
自然,河海犹可凝。舜禹统百揆,元凯以次升。禅让应大历,睿圣世
相承。我皇陟帝位,平衡正准绳。德化飞四表,祥气见其征。兴王
坐俟旦,亡主恬自矜。致远由近始,覆匮蚬山陵。披图案先籍,有其
证灵液。

玄云

玄云起丘山,祥气万里会。龙飞何蜿蜒,凤翔何翙翙。昔在唐
虞朝,时见青云际。今亲游万国,流光溢天外。鹤鸣在后园,清音随
风迈。成汤隆显命,伊挚来如飞。先天天不违。辍耕综地纲,解褐
衿天维。元功配二王,芬馨世所稀。我皇叙群才,洪烈何巍巍。桓
桓征四表,济济理万机。神化感无方,髦才盈帝畿。丕显惟昧旦,日
新孔所谘。茂哉明圣德,日月同光辉。

伯益

伯益佐舜禹,职掌山与川。德侔十六相,思心入无间。智理周
万物,下知众鸟言。黄雀应清化,翔习何翩翩。和鸣栖庭树,徘徊云
日间。夏桀为无道,密网施山河。酷祝振纤网,当奈黄雀何。殷汤

崇天德,去其三面罗。逍遥群飞来,鸣声乃复和。朱雀作南宿,凤凰统羽群。赤鸟衔书至,天命瑞周文。神雀今来游,为我受命君。嘉祥致天和,膏泽隆青云。兰风发芳气,盖世同其芬。

钓竿

钓竿何冉冉,甘饵芳且鲜。临川运思心,微纶沉九泉。太公宝此术,乃在《灵秘》篇。机变随物移,精妙贯未然。游鱼惊著钓,浅龙飞庋天。庋天安所至?抚翼翔太清。太清一何异,两仪出浑成。玉衡正三辰,造化赋群形。退愿辅圣君,与神合其灵。我君弘远略,天人不足并。天人初并时,昧昧何芒芒。日月有征兆,文象兴二皇。蚩尤乱生灵,黄帝用兵征万方。逮夏禹而德衰,三世不及虞与唐。我皇盛德配尧舜,受禅即阼享天祥。率土蒙佑,靡不肃,庶事康。庶事康,穆穆明明。荷伯禄,保无极,永太平。

鞞舞,未详所起,然汉代已施于燕享矣。傅毅、张衡所赋,皆其事也。旧典有五篇,一、《关东有贤女》,二、《章和二年中》,三、《乐久长》,四、《四方皇》,五、《殿前生桂树》,其辞并亡。曹植《鞞舞诗序》云:"故汉灵帝西园鼓吹有李坚者,能鞞舞,遭世荒乱,坚播越关西,随将军段煨。先帝闻其旧伎,下书召坚。坚年逾七十,中间废而不为,又古曲甚多谬误,异代之文,未必相袭,故依前曲作新歌五篇。"及泰始中,又制其辞焉。其舞故常二八,桓玄将僭位,尚书殿中郎袁明子启增满八佾。泰始中歌辞今列之后云。

鞞舞歌诗五篇

洪业篇当魏曲《明明魏皇帝》,古曲《关中有贤女》。

宣文创洪业,盛德在泰始。圣皇应灵符,受命君四海。万国何所乐?上有明天子。唐尧禅帝位,虞舜惟恭己。恭己正南面,道化与时移。大赦荡萌渐,文教被黄支。象天则地,体无为。聪明配日月,神圣参两仪。虽有三凶类,静言无所施。象天则地,体无为。稷契并佐命,伊吕升王臣。兰芷登朝肆,下无失宿人。声发响自应,表立景来附。哮阚顺羁制,潜尤升天路。备物立成器,变通极其数。百事以时叙,万机有常度。训之以克让,纳之以忠恕。群下仰清风,海

外同欢慕。象天则地，化云布。昔日贵凋饰，今尚俭与素。昔日多
纤介，今去情与故。象天则地，化云布。济济大朝士，夙夜综万机。
万机无废理，明明降训谘。臣譬列星景，君配朝日辉。事业并通济，
功烈何巍巍。五帝继三皇，三皇世所归。圣德应期运，天地不能违。
仰之弥已高，犹天不可阶。将复御龙氏，凤皇在庭栖。

　　天命篇当魏曲《太和有圣帝》，古曲《章和二年中》。

　　圣祖受天命，应期辅魏皇。入则综万机，出则征四方。朝廷无
遗理，方表宁且康。道隆舜臣尧，积德逾太王。孟度阻穷险，造乱天
一隅。神兵出不意，奏命致天诛。赦黥罚有罪，元恶宗为虚。威风
震劲蜀，武烈慑强吴。诸葛不知命，肆逆乱天常。拥徒十余万，数来
寇边疆。我皇迈神武，执钺镇雍凉。亮乃畏天威，永战先仆僵。盈
虚自然运，时变故多艰。东征陵海表，万里克朝鲜。受遗齐七政，曹
爽又滔天。群凶受诛殛，百禄咸来臻。黄华应福始，王凌为祸先。

　　景皇篇当魏曲《魏历长》，古曲《长久长》。

　　景皇帝，聪明命世生，盛德参天地。帝王道大，创基既已难，继
世亦未易。外则夏侯玄，内则张与李，三凶构逆，乱帝纪。顺天行诛，
穷其奸宄。边将御其渐，潜谋不得起。罪人咸伏辜，威风振万里。平
衡综万机，万机无不理。召陵恒不君，内外何纷纷。众小便成群，蒙
昧恣心，治乱不分。睿圣独断，济武常以文。顺天惟废立，扫霓披浮
云。云霓既已辟，清和未几间，羽檄首尾至，变起东南藩。俭钦为长
蛇，外则凭吴蛮。万国纷骚扰，戚戚天下惧不安。神武御六军，我皇
执钺征。俭钦起寿春，前锋据项城。出其不意，并纵奇兵。奇兵诚
难御，庙胜实难支。两军不期遇，敌退计无施。豹骑惟武进，大战沙
阳陂。钦乃亡魂走，奔虏若云披。天因赦有罪，东土效鲸鲵。

　　大晋篇当魏曲《天生蒸民》，古曲《四方皇》。

　　赫赫大晋，于穆文王。荡荡巍巍，道迈陶唐。世称三皇五帝，及
今重其光。九德克明，文既显，武又彰。思弘六合，兼济万方。内举
元凯，朝政以纲。外简武臣，时惟鹰扬。靡顺不怀，逆命斯亡。仁配
春日，威逾秋霜。济济多士，同兹兰芳。唐虞至治，四凶滔天。致讨

俭钦，罔不肃虔。化感海内，海外来宾。献其声乐，并称妾臣。西蜀猾夏，僭号方域。命将致讨，委国稽服。吴人放命，冯海阻江。飞书告喻，响应来同。先王建万国，九服为藩卫。亡秦坏诸侯，序祚不二世。历代不能复，忽逾五百岁。我皇迈圣德，应期创典制。分土五等，藩国正封界。莘莘文武佐，千秋遘嘉会。洪泽溢区内，仁风翔海外。

明君篇_{当魏曲《为君既不易》，古曲《殿前生桂树》。}

明君御四海，听鉴尽物情。顾望有谴罚，竭忠身必荣。兰芷出荒野，万里升紫庭。茨草秽堂阶，扫截不得生。能否莫相蒙，百官正其名。恭己慎有为，有为无不成。暗君不自信，群下执异端。正直罗浸润，奸臣夺其权。虽欲尽忠诚，结舌不敢言。结舌亦何惮，尽忠为身患。清流岂不洁，飞尘浊其源。岐路令人迷，未远胜不还。忠臣立君朝，正色不顾身。邪正不并存，譬若胡与秦。胡秦有合时，邪正各异津。忠臣遇明君，乾乾惟日新。群目统在纲，众星共北辰。设令遭暗主，斥退为凡人。虽薄供时用，白茅犹为珍。冰霜昼夜结，兰桂摧为薪。邪臣多端变，用心何委曲。便辟顺情指，动随君所欲。偷安乐目前，不问清与浊。积伪罔时主，养交以持禄。言行恒相违，难厣甚溪谷。昧死则乾没，觉露则灭族。

拂舞，出自江左。旧云吴舞，捡其歌，非吴辞也。亦陈于殿庭。杨泓序云："自到江南见《白符舞》，或言《白鸠舞》，云有此来数十年矣。察其辞旨，乃是吴人患孙皓虐政，思属晋也。"今列之于后云。

拂舞歌诗五篇

白鸠篇

翩翩白鸠，再飞再鸣。怀我君德，来集君庭。白雀呈瑞，素羽明鲜。翔庭舞翼，以应仁乾。皎皎鸣鸠，或丹或黄。乐我君惠，振羽来翔。东壁余光，鱼在江湖。惠而不费，敬我微躯。策我良驷，习我驱驰。与君周旋，乐道忘饥。我心虚静，我志沾濡。弹琴鼓瑟，聊以自娱。陵云登台，浮游太清。攀龙附凤，自望身轻。

济济篇

　　畅畅飞舞,气流芳,追念三五,大绮黄。去失有,时可行,去来时同,此未央。时冉冉,近桑榆,但当饮酒,为欢娱。衰老逝,有何期,多忧耿耿内怀思。深池旷,鱼独希,愿得黄浦众所依。恩感人,世无比,悲歌且舞无极已。

　　独禄篇

　　独独禄禄,水深泥浊。泥浊尚可,水深杀我。雍雍双雁,游戏田畔。我欲射雁,念子孤散。翩翩浮萍,得风遥轻。我心何合,与之同并。空床低帏,谁知无人。夜衣锦绣谁别伪真。刀鸣削中,倚床无施。父冤不报,欲活何为。猛兽班班,游戏山间。兽欲啮人,不避豪贤。

　　碣石篇

　　东临碣石,以观沧海。水何淡淡,山岛竦峙。树木丛生,百草丰茂。秋风萧瑟,洪波涌起。日月之行,若出其中。星汉灿烂,若出其里。幸甚至哉,歌以咏志。《观沧海》

　　孟冬十月,北风徘徊。天气肃清,繁霜霏霏。鹍鸡晨鸣,雁过南飞。鸷鸟潜藏,熊罴窟栖。耒耜停置,农收积场。逆旅整设,以通贾商。幸甚至哉,歌以咏志。《冬十月》

　　乡土不同,河朔隆寒。流澌浮漂,舟船行难。锥不入地,丰籁深奥。水竭不流,冰坚可蹈。士隐者贫,勇侠轻非。心常欢怨,戚戚多悲。幸甚至哉,歌以咏志。《土不同》

　　神龟虽寿,犹有竟时。腾蛇乘雾,终为土灰。骥老伏枥,志在千里。烈士暮年,壮心不已。盈缩之期,不但在天。养怡之福,可得永年。幸甚至哉,歌以咏志。《龟虽寿》

　　淮南王篇

　　淮南王,自言尊,百尺高楼与天连。后园凿井银作床,金瓶素绠汲寒浆。汲寒浆,饮少年,少年窈窕何能贤。扬声悲歌音绝天。我欲渡河河无梁,愿作双黄鹄,还故乡。还故乡,入故里,徘徊故乡,苦身不已。繁舞奇歌无不泰,徘徊桑梓游天外。

　　鼓角横吹曲。鼓,案《周礼》"以鼛鼓鼓军事"。角,说者云,蚩尤氏帅魑魅与黄帝战于涿鹿,帝乃始命吹角为龙鸣以御之。其后魏武北征乌丸,越沙漠而军士思归,于是减为中鸣,而尤更悲矣。

胡角者,本以应胡笳之声,后渐用之横吹,有双角,即胡乐也。张博望入西域,传其法于西京,惟得《摩诃兜勒》一曲。李延年因胡曲更造新声二十八解,乘舆以为武乐。后汉以给边,和帝时,万人将军得用之。魏晋以来,二十八解不复具存,用者有《黄鹄》、《陇头》、《出关》、《入关》、《出塞》、《入塞》、《折杨柳》、《黄覃子》、《赤之杨》、《望行人》十曲。案魏晋之世,有孙氏善弘旧曲,宋识善击节唱和,陈左善清歌,列和善吹笛,郝索善弹筝,朱生善琵琶,尤发新声。故傅玄著书曰:“人若钦所闻而忽所见,不亦惑乎!设此六人生于上世,越古今而无俪,何但夔牙同契哉!”案此说,则自兹以后,皆孙朱等之遗则也。

相和,汉旧歌也。丝竹更相和,执节者歌。本一部,魏明帝分为二,更递夜宿。本十七曲,朱生、宋识、列和等复合之为十三曲。

但歌,四曲,自汉世。无弦节,作伎最先唱,一人唱,三人和。魏武帝尤好之。时有宋容华者,清彻好声,善唱此曲,当时之特妙。自晋以来不复传,遂绝。

凡乐章古辞,今之存者,并汉世街陌谣讴,《江南可采莲》、《乌生十五子》、《白头吟》之属是也。吴歌杂曲并出江南,东晋以来,稍有增广。

《子夜歌》者,女子名子夜,造此声。孝武太元中,琅邪王轲之家有鬼歌《子夜》,则子夜是此时以前人也。

《凤将雏歌》者,旧曲也。应琚《百一诗》云“言是《凤将雏》”,然则其来久矣。《前汉歌》者,车骑将军沈充所制。

《阿子》及《欢闻歌》者,穆帝升平初,歌毕辄呼“阿子,汝闻不?”语在《五行志》。后人衍其声,以为此二曲。

《团扇歌》者,中书令王珉与嫂婢有情,爱好甚委,嫂捶挞婢过苦,婢素善歌,而珉好捉白团扇,故制此歌。

《懊侬歌》者,隆安初俗闻讹谣之曲,语在《五行志》。

《长史变》者，司徒左长史王庾临败所制。

凡此诸曲，始皆徒歌，既而被之管弦。又有因丝竹金石，造歌以被之，魏世三调歌辞之类是也。

《杯柈舞》，案太康中天下为《晋世宁舞》，务手以接杯柈反覆之。此则汉世惟有柈舞，而晋加之以杯，反覆之也。

《公莫舞》，今之《巾舞》也。相传云项庄剑舞，项伯以袖隔之，使不得害汉高祖，且语项庄云"公莫"！古人相呼曰公，言公莫害汉王也。今之用巾盖像项伯衣袖之遗式。然案《琴操》有《公莫渡河曲》，然则其声所从来已久，俗云项伯，非也。

《白纻舞》，案舞辞有巾袍之言。纻本吴地所出，宜是吴舞也。晋《俳歌》又云："皎皎白绪，节节为双。"吴音呼绪为纻，疑白纻即白绪也。

《铎舞歌》一篇，《幡舞歌》一篇，《鼓舞伎》六曲，并陈于元会。

后汉正旦，天子临德阳殿受朝贺，舍利从西方来，戏于殿前，激水化成比目鱼，跳跃嗽水，作雾翳日。毕，又化成龙，长八九丈，出水游戏，炫跃日光。以两大丝绳系两柱头，相去数丈，两倡女对舞，行于绳上，相逢切肩而不倾。魏晋讫江左，犹有《夏育扛鼎》、《巨象行乳》、《神龟抃舞》、《背负灵岳》、《桂树白雪》、《画地成川》之乐。

成帝咸康七年，尚书蔡谟奏："八年正会仪注，惟作鼓吹钟鼓，其余伎乐尽不作。"侍中张澄、给事黄门侍郎陈逵驳，以为"王者观时设教，至于吉凶殊断，不易之道也。今四方观礼，陵有俟吊之位，庭奏宫悬之乐，二礼兼用，哀乐不分，体国经制，莫大于此"。诏曰："今既以天下体大，礼从权宜，三正之飨，宜尽用吉礼也。至娱耳目之乐，所不忍闻，故阙之耳。事之大者，不过上寿酒，称万岁，已许其大，不足复阙钟鼓鼓吹也。"

澄、逵又启："今大礼虽降，事吉于朝。然俟吊显于园陵，则未灭有哀；礼服定于典文，义无尽吉。是以咸宁之会，有彻乐之典，实先朝稽古宪章，垂式万世者也。"诏曰："若元日大飨，万国朝宗，庭废钟鼓之奏，遂阙起居之节，朝无磬制之音，宾无蹈履之度，其于事义，不亦阙乎！惟可量轻重，以制事中。"

散骑侍郎顾臻表曰："臣闻圣王制乐，赞扬政道，养以仁义，防其淫佚，上享宗庙，下训黎元，体五行之正音，协八风以陶物。宫声正方而好义，角声坚齐而率礼，弦歌钟鼓金石之作备矣。故通神至化，有率舞之感，移风易俗，致和乐之极。末世之伎，设礼外之观，逆行连倒，头足入笒之属，皮肤外剥，肝心内摧，敦彼行苇，犹谓勿践，矧伊生灵，而不恻怆。加四海朝觐，言观帝庭，耳聆《雅颂》之声，目睹威仪之序，足以蹋天，头以履地，反天地之至顺，伤彝伦之大方。今夷狄对岸，外御为急，兵食七升，忘身赴难，过泰之戏，日廪五斗。方扫神州，经略中甸，若此之事，不可示远。宜下太常，纂备雅乐，箫《韶》九成，惟新于盛运，功德颂声，永著于来叶，此乃所以'燕及皇天，克昌厥后'者也。诸伎而伤人者，皆宜除之。流简俭之德，迈康哉之咏，清风既行，下应如草，此之谓也。愚管之诚，惟垂采察！"于是除《高絙》、《紫鹿》、《跂行》、《鳖食》及《齐王卷衣》、《笮儿》等乐，又减其廪。其后复《高絙》、《紫鹿》焉。

晋书卷二四
志第一四

职　官

　　《书》曰："唐虞稽古，建官惟百。"所以奖导民萌，裁成庶政。《易》曰："天垂象，圣人则之。"执法在南宫之右，上相处端门之外，而鸟龙居位，云火垂名，前史详之，其以尚矣。黄帝置三公之秩，以亲黎元，少昊配九扈之名，以为农正，命重黎于天地，诏融冥于水火，则可得而言焉。伊尹曰："三公调阴阳，九卿通寒暑，大夫知人事，列士去其私。"而成汤居亳，初置二相，以伊尹、仲虺为之，凡厥枢会，仰承君命。总及周武，下逮成康垂则，六卿分职，二公弘化，咸树司存，各题标准，苟非其道，人弗虚荣。贻厥孙谋，其固本也如此。

　　及秦变周官，汉遵嬴旧，或随时适用，或因务迁革，霸王之典，义在于斯，既获厥安，所谓得其时制者也。四征兴于汉代，四安起于魏初，四镇通于柔远，四平止于丧乱，其渡辽、凌江、轻车、强弩，式扬遐外，用表攻伐，兴而复毁，厥号弥繁。及当涂得志，克平诸夏，初有军师祭酒，参掌戎律。建安十三年，罢汉台司，更置丞相，而以曹公居之，用兼端揆。孙吴、刘蜀，多依汉制，虽复临时命氏，而无忝旧章。世祖武皇帝即位之初，以安平王孚为太宰，郑冲为太傅，王祥为太保，司马望为太尉，何曾为司徒，荀𫖮为司空，石苞为大司马，陈骞为大将军，世所谓"八公同辰"，攀云附翼者也。若乃成乎栋宇，非一枝之势；处乎经纶，称万夫之敌。或牵羊以叶于梦，或垂钓以申其道，或空桑以献其术，或操版以启其心。卧龙飞鸿，方金拟璧，秦奚、郑产，楚材晋用，斯亦曩时之良具，其又昭彰者焉。宣王既诛曹爽，政由己出，网罗英俊，以备天官。及兰卿受羁，贵公显戮，虽复策名魏氏，而乃心皇晋。及文王纂业，初启晋台，始置二卫，有前驱养由之驽；及设三部，有能渠倢飞之众。是以武帝龙飞，乘兹奋翼，犹武王以周之十乱而理殷民者也。是以泰始尽于太康，乔柯茂叶，来居斯位；自太兴讫于建元，南金北铣，用处兹秩。虽未拟乎夔拊龙言，天工人代，亦庶几乎任官惟贤，莅事惟能者也。

丞相、相国，并秦官也。晋受魏禅，并不置，自惠帝之后，省置无恒。为之者，赵王伦、梁王肜、成都王颖、南阳王保、王敦、王导之徒，皆非复寻常人臣之职。

太宰、太傅、太保，周之三公官也。魏初唯置太傅，以钟繇为之，末年又置太保，以郑冲为之。晋初以景帝讳故，又采《周官》官名，置太宰以代太师之任，秩增三司，与太傅太保皆为上公，论道经邦，燮理阴阳，无其人则阙。以安平献王孚居之。自渡江以后，其名不替，而居之者甚寡。

太尉、司徒、司空，并古官也。自汉历魏，置以为三公。及晋受命，迄江左，其官相承不替。

大司马，古官也。汉制以冠大将军、骠骑、车骑之上，以代太尉之职，故恒与太尉迭置，不并列。及魏有太尉，而大司马、大将军各自为官，位在三司上。晋受魏禅，因其制，以安平王孚为太宰，郑冲为太傅，王祥为太保，义阳王望为太尉，何曾为司徒，荀颙为司空，石苞为大司马，陈骞为大将军，凡八公同时并置，唯无丞相焉。自义阳王望为大司马之后，定令如旧，在三司上。

大将军，古官也。汉武帝置，冠以大司马名，为崇重之职。及汉东京，大将军不常置，为之者皆擅朝权。至景帝为大将军，亦受非常之任。后以叔父孚为太尉，奏改大将军在太尉下。及晋受命，犹依其制，位次三司下，后复旧，在三司上。太康元年，琅邪王伷迁大将军，复制在三司下，伷薨后如旧。

开府仪同三司，汉官也。殇帝延平元年，邓骘为车骑将军，仪同三司;仪同之名,始自此也。及魏黄权以车骑将军开府仪同三司;开府之名,起于此也。

骠骑、车骑、卫将军、伏波、抚军、都护、镇军、中军、四征、四镇、龙骧、典军、上军、辅国等大将军,左右光禄、光禄三大夫,开府者皆为位从公。

太宰、太傅、太保、司徒、司空、左右光禄大夫、光禄大夫,开府位从公者为文官公,冠进贤三梁,黑介帻。

大司马、大将军、太尉、骠骑、车骑、卫将军、诸大将军,开府位从公者为武官公,皆著武冠,平上黑帻。

文武官公,皆假金章紫绶,著五时服。其相国、丞相,皆衮冕,绿綟绶,所以殊于常公也。

诸公及开府位从公者,品秩第一,食奉日五斛。太康二年,又给绢,春百匹,秋绢二百匹,绵二百斤。元康元年,给菜田十顷,驺十人,立夏后不及田者,食奉一年。置长史一人,秩一千石;西东阁祭酒、西东曹掾、户仓贼曹令史属各一人;御属阁下令史、西东曹仓户贼曹令史、门令史、记室省事令史、阁下记室书令史、西东曹学事各一人。给武贲二十人,持班剑。给朝车驾驷、安车黑耳驾三各一乘,祭酒掾属白盖小车七乘,轺车施耳后户、皂轮犊车各一乘。自祭酒已下,令史已上,皆皂零辟朝服。太尉虽不加兵者,吏属皆绛服。司徒加置左右长史各一人,秩千石;主簿、左西曹掾属各一人,西曹称右西曹,其左西曹令史已下人数如旧令。司空加置导桥掾一人。

诸公及开府位从公加兵者,增置司马一人,秩千石;从事中郎二人,秩比千石;主簿;记室督各一人;舍人四人;兵、铠、士曹,营军、刺奸、帐下都督,外都督,令史各一人。主簿已下,令史已上,皆绛服。司马给吏卒如长史,从事中郎给侍二人,主簿、记室督各给侍一人。其余临时增崇者,则褒加各因其时为节文,不为定制。

诸公及开府位从公为持节都督,增参军为六人,长史、司马、从事中郎、主簿、记室督、祭酒、掾属、舍人如常加兵公制。

特进,汉官也。二汉及魏晋以加官从本官车服,无吏卒。太仆羊琇逊位，拜特进，加散骑常侍，无余官，故给吏卒车服。其余加特进者，唯食其禄赐，位其班位而已，不别给特进吏卒车服，后定令。特进品秩第二，位次诸公，在开府骠骑上，冠进贤两梁，黑介帻，五时朝服，佩水苍玉，无章绶，食奉日四斛。太康二年，始赐春服绢五十匹，秋绢百五十匹，绵一百五十斤。元康元年，给菜田八顷田驺八人，立夏后不及田者，食奉一年。置主簿、功曹史、门亭长、门下书佐各一人，给安车黑耳驾御一人，轺车施耳后户一乘。

左右光禄大夫，假金章紫绶。光禄大夫加金章紫绶者，品秩第二，禄赐、班位、冠帻、车服、佩玉，置吏卒羽林及卒，诸所赐给皆与特进同。其以为加官者，唯假章绶、禄赐班位而已，不别给车服吏卒也。又卒赠此位，本已有卿官者，不复重给吏卒，其余皆给。

光禄大夫假银章青绶者，品秩第三，位在金紫将军下，诸卿上。汉时所置无定员，多以为拜假赠赠之使，及监护丧事。魏氏以来，转复优重，不复以为使命之官。其诸公告老者，皆家拜此位；及在朝显职，复用加之。及晋受命，仍旧不改，复以为优崇之制。而诸公逊位，不复加之，或更拜上公，或以本封食公禄。其诸卿尹中朝大官年老致仕者，及内外之职加此者，前后甚众。由是或因得开府，或进加金章紫绶，又复以为礼赠之位。泰始中，唯太子詹事杨珧加给事中光禄大夫。加兵之制，诸所供给依三品将军。其余自如旧制，终武、惠、孝怀三世。

光禄大夫与卿同秩中二千石，著进贤两梁冠，黑介帻，五时朝服，佩水苍玉，食奉日三斛。太康二年，始给春赐绢五十匹，秋绢百匹，绵百斤。惠帝元康元年，始给菜田六顷，田驺六人，置主簿、功曹史、门亭长、门下书佐各一人。

骠骑已下及诸大将军不开府非持节都督者，品秩第二，其禄与特进同。置长史、司马各一人，秩千石；主簿，功曹史，门下督，录事，兵铠士贼曹，营军、刺奸、帐下都督，功曹书佐门吏，门下书吏各一人。其假节为都督者，所置与四征、镇、加大将军不开府为都督者同。

四征镇安平加大将军不开府、持节都督者,品秩第二,置参佐吏卒、幕府兵骑如常都督制,唯朝会禄赐从二品将军之例。然则持节、都督无定员,前汉遣使始有持节。光武建武初,征伐四方,始权时置督军御史,事竟罢。建安中,魏武为相,始遣大将军督之。二十一年,征孙权还,夏侯惇督二十六军是也。魏文帝黄初三年,始置都督诸州军事,或领刺史。又上军大将军曹真都督中外诸军事、假黄钺,则总统内外诸军矣。魏明帝太和四年秋,宣帝征蜀,加号大都督。高贵乡公正元二年,文帝都督中外诸军,寻加大都督。及晋受禅,都督诸军为上,监诸军次之,督诸军为下;使持节为上,持节次之,假节为下。使持节得杀二千石以下;持节杀无官位人,若军事,得与使持节同;假节唯军事得杀犯军令者。江左以来,都督中外尤重,唯王导等权重者乃居之。

三品将军秩中二千石者,著武冠,平上黑帻,五时朝服,佩水苍玉,食奉、春秋赐绵绢、菜田、田驺如光禄大夫诸卿制。置长史、司马各一人,秩千石;主簿,功曹,门下都督,录事,兵铠士贼曹,营军、刺奸史、帐下都督,功曹书佐门吏,门下书吏各一人。

录尚书,案汉武时,左右曹诸吏分平尚书奏事,知枢要者始领尚书事。张安世以车骑将军,霍光以大将军,王凤以大司马,师丹以左将军并领尚书事。后汉章帝以太傅赵憙、太尉牟融并录尚书事。尚书有录名,盖自憙、融始,亦西京领尚书之任,犹唐虞大麓之职也。和帝时,太尉邓彪为太傅,录尚书事,位上公,在三公上。汉制遂以为常,每少帝立则置太傅录尚书事,犹古冢宰总己之义,薨辄罢之。自魏晋以后,亦公卿权重者为之。

尚书令,秩千石,假铜印墨绶,冠进贤两梁冠,纳言帻,五时朝服,佩水苍玉,食奉月五十斛。受拜则策命之,以在端右故也。太康二年,始给赐绢,春三十匹,秋七十匹,绵七十斤。元康元年,始给菜田六顷,田驺六人,立夏后不及田者,食奉一年。始贾充为尚书令,以目疾表置省事吏四人,省事盖自此始。

仆射,服秩印绶与令同。案汉本置一人,至汉献帝建安四年,以执金吾荣部为尚书左仆射。仆射分置左右，盖自此始。经魏至晋，迄于江左，省置无恒，置二，则为左右仆射，或不两置，但曰尚书仆射。令阙，则左为省主；若左右并阙，侧置尚书仆射以主左事。

列曹尚书，案尚书本汉承秦置，及武帝游宴后庭，始用宦者主中书，以司马迁为之，中间遂罢其官，以为中书之职。至成帝建始四年，罢中书宦者，又置尚书五人，一人为仆射，而四人分为四曹，通掌图书秘记章奏之事，各有其任。其一曰常侍曹，主丞相御史公卿事。其二曰二千石曹，主刺史郡国事。其三曰民曹，主吏民上书事。其四曰主客曹，主外国夷狄事。后成帝又置三公曹，主断狱，是为五曹。后汉光武以三公曹主岁尽考课诸州郡事，改常侍曹为吏部曹，主选举祠祀事；民曹主缮修功作盐池园苑事；客曹主护驾羌胡朝贺事；二千石曹主辞讼事；中都官曹主水火盗贼事；合为六曹。并令仆二人，谓之八座。尚书虽有曹名，不以为号。灵帝以侍中梁鹄为选部尚书，于此始见曹名。及魏改选部为吏部，主选部事，又有左民、客曹、五兵、度支，凡五曹尚书、二仆射、一令为八座。及晋置吏部、三公、客曹、驾部、屯田、度支六曹，而无五兵。咸宁二年，省驾部尚书。四年，省一仆射，又置驾部尚书。太康中，有吏部、殿中及五兵、田曹、度支、左民为六曹尚书，又无驾部、三公、客曹。惠帝世又有右民尚书，止于六曹，不知此时省何曹也。及渡江，有吏部、祠部、五兵、左民、度支五尚书。祠部尚书常与右仆射通职，不恒置，以右仆射摄之，若右仆射阙，则以祠部尚书摄知右事。

左右丞，自汉武帝建始四年置尚书，而便置丞四人。及光武始减其二，唯置左右丞，左右丞盖自此始也。自此至晋不改。晋左丞主台内禁令，宗庙祠祀，朝仪礼制，选用署吏，急假；右丞掌台内库藏庐舍，凡诸器用之物，及廪振人租布，刑狱兵器，督录远道文书章表奏事。八座郎初拜，皆沿汉旧制，并集都座交礼，迁职又解交焉。

尚书郎，西汉旧置四人，以分掌尚书。其一人主匈奴单于营部，一人主羌夷吏民，一人主户口垦田，一人主财帛委输。及光武分尚书为六曹之后，合置三十四人，秩四百石，并左右丞为三十六人。郎主作文书起草,更直五日于建礼门内。尚书郎初从三署诣台,试守尚书郎,中岁满称尚书郎,三年称侍郎,选有吏能者为之。至魏,尚书郎有殿中、吏部、驾部、金部、虞曹、比部、南主客、祠部、度支、库部、农部、水部、仪曹、三公、仓部、民曹、二千石、中兵、外兵、都兵、别兵、考功、定课,凡二十三郎。青龙二年,尚书陈矫奏置都官、骑兵,合凡二十五郎。每一郎缺,白试诸孝廉能结文案者五人,谨封奏其姓名以补之。及晋受命,武帝罢农部、定课,置直事、殿中、祠部、仪曹、吏部、三公、北部、金部、仓部、度支、都官、二千石、左民、右民、虞曹、屯田、起部、水部、左右主客、驾部、车部、库部、左右中兵、左右外兵、别兵、都兵、骑兵、左右士、北主客、南主客,为三十四曹郎。后又置运曹,凡三十五曹,置郎二十三人,更相统摄。及江左,无直事、右民、屯田、车部、别兵、都兵、骑兵、左右士、运曹十曹郎。康穆以后,又无虞曹、二千石二郎,但有殿中、祠部、吏部、仪曹、三公、比部、金部、仓部、度支、都官、左民、起部、水部、主客、驾部、库部、中兵、外兵十八曹郎。后又省主客、起部、水部,余十五曹云。

　　侍中,案黄帝时风后为侍中,于周为常伯之任,秦取古名置侍中,汉因之。秦汉俱无定员,以功高者一人为仆射。魏晋以来置四人,别加官者则非数。掌傧替威仪,大驾出则次直侍中护驾,正直侍中负玺陪乘,不带剑,余皆骑从。御登殿,与散骑常侍对扶,侍中居左,常侍居右。备切问近对,拾遗补阙。及江左哀帝兴宁四年,桓温奏省二人,后复旧。

　　给事黄门侍郎,秦官也。汉已后并因之,与侍中俱管门下众事,无员。及晋,置员四人。

　　散骑常侍,本秦官也。秦置散骑,又置中常侍,散骑骑从乘舆车后,中常侍得入禁中,皆无员,亦以为加官。汉东京初,省散骑,而中常侍用宦者。魏文帝黄初初,置散骑,合之于中同掌规谏,不典事,貂珰插右,骑而散从,至晋不改。及元康中,惠帝始以宦者董猛为中常侍,后遂止。常为显职。

　　给事中,秦官也。所加或大夫、博士、议郎,掌顾问应对,位次中常侍。汉因之。及汉东京省，魏世复置，至晋不改。在散骑常侍下，给事黄门侍郎上，无员。

通直散骑常侍，案魏末散骑常侍又有在员外者。泰始十年，武帝使二人与散骑常侍通员直，故谓之通直散骑常侍。江左置四人。

员外散骑常侍，魏末置，无员。

散骑侍郎四人，魏初与散骑常侍同置。自魏至晋，散骑常侍、侍郎与侍中、黄门侍郎共平尚书奏事，江左乃罢。

通直散骑侍郎四人。初，武帝置员外散骑侍郎，及太兴元年，元帝使二人与散骑侍郎通员直，故谓之通直散骑侍郎，后增为四人。

员外散骑侍郎，武帝置，无员。

奉朝请，本不为官，无员。汉东京罢三公、外戚、宗室、诸侯多奉朝请。奉朝请者，奉朝会请召而已。武帝亦以宗室、外戚为奉车、驸马、骑三都尉而奉朝请焉。元帝为晋王，以参军为奉车都尉，掾属为驸马都尉，行参军舍人为骑都尉，皆奉朝请。后罢奉车、骑二都尉，唯留驸马都尉奉朝请。诸尚公主刘惔、桓温皆为之。

中书监及令，案汉武帝游宴后庭，始使宦者典事尚书，谓之中书谒者，置令、仆射。成帝改中书谒者令曰中谒者令，罢仆射。汉东京省中谒者令，而有中官谒者令，非其职也。魏武帝为魏王，置秘书令，典尚书奏事。文帝黄初初改为中书，置监、令，以秘书左丞刘放为中书监，右丞孙资为中书令；监、令盖自此始也。及晋因之，并置员一人。

中书侍郎，魏黄初初，中书既置监、令，又置通事郎，次黄门郎。黄门郎已署，事过，通事乃署名。已署，奏以入，为帝省读，书可。及晋，改曰中书侍郎，员四人。中书侍郎盖此始也。及江左初，改中书侍郎曰通事郎，寻复为中书侍郎。

中书舍人，案晋初初置舍人、通事各一人，江左令舍人通事谓之通事舍人，掌呈奏案。后省，而以中书侍郎一人直西省，又掌诏命。

秘书监，案汉桓帝延熹二年置秘书监，后省。魏武为魏王，置秘书令、丞。及文帝黄初初,置中书令,典尚书奏事,而秘书改令为监。后以何祯名为秘书丞,而秘书先自有丞,乃以祯名为秘书右丞。及晋受命,武帝以秘书并中书省,其秘书著作之局不废。惠帝永平中,复置秘书监,其属官有丞,有郎,并统著作省。

著作郎,周左史之任也。汉东京图籍在东观,故使名儒著作东观,有其名,尚未有官。魏明帝太和中,诏置著作郎,于此始有其官,隶中书省。及晋受命,武帝以缪征为中书著作郎。元康二年,诏曰:"著作旧属中书,而秘书既典文籍,今改中书著作为秘书著作。"于是改隶秘书省。后别自置省而犹隶秘书。著作郎一人,谓之大著作郎,专掌史任,又置佐著作郎八人。著作郎始到职,必撰名臣传一人。

太常、光禄勋、卫尉、太仆、廷尉、大鸿胪、宗正、大司农、少府、将作大匠、太后三卿、大长秋,皆为列卿,各置丞、功曹、主簿、五官等员。

太常,有博士、协律校尉员,又统太学诸博士、祭酒及太史、太庙、太乐、鼓吹、陵等令,太史又别置灵台丞。

太常博士,魏官也。魏文帝初置,晋因之。掌引导乘舆。王公已下应追谥者,则博士议定之。

协律校尉,汉协律都尉之职也,魏杜夔为之。及晋,改为协律校尉。

晋初承魏制,置博士十九人。及咸宁四年,武帝初立国子学,定置国子祭酒、博士各一人,助教十五人,以教生徒。博士皆取履行清淳,通明典义者,若散骑常侍、中书侍郎、太子中庶子以上,乃得召试。及江左初,减为九人。元帝末,增《仪礼》、《春秋公羊》博士各一人,合为十一人。后又增为十六人,不复分掌《五经》,而谓之太学博士也。孝武太元十年,损国子助教员为十人。

光禄勋,统武贲中郎将、羽林郎将、冗从仆射、羽林左监、五官左右中郎将、东园匠、太官、御府、守宫、黄门、掖庭、清商、华林园、暴室等令。哀帝兴宁二年,省光禄勋,并司徒。孝武宁康元年复置。

卫尉，统武库、公车、卫士、诸冶等令，左右都侯，南北东西督冶掾。及渡江，省卫尉。

太仆，统典农、典虞都尉，典虞丞，左右中典牧都尉，车府典牧，乘黄厩、骅骝厩、龙马厩等令。典牧又别置羊牧丞。太仆，自元帝渡江之后或省或置。太仆省，故骅骝为门下之职。

廷尉，主刑法狱讼，属官有正、监、评，并有律博士员。

大鸿胪，统大行、典客、园池、华林园、钩盾等令，又有青宫列丞、邺玄武苑丞。及江左，有事则权置，无事则省。

宗正，统皇族宗人图谍，又统太医令史，又有司牧掾员。及渡江，哀帝省并太常，太医以给门下省。

大司农，统大箪、导官二令，襄国都水长，东西南北部护漕掾。及渡江，哀帝省并都水，孝武复置。少府，统材官校尉、中左右三尚方、中黄左右藏、左校、甄官、平淮、奚官等令，左校坊、邺中黄左右藏、油官等丞。及渡江，哀帝省并丹杨尹，孝武复置。自渡江唯置一尚方，又省御府。

将作大匠，有事则置，无事则罢。太后三卿，卫尉、少府、太仆，汉置，皆随太后宫为官号，在同名卿上，无太后则缺。魏改汉制，在九卿下。及晋复旧，在同号卿上。

大长秋，皇后卿也，有后则置，无后则省。

御史中丞，本秦官也。秦时，御史大夫有二丞，其一御史丞，其一为中丞。中丞外督部刺史，内领侍御史，受公卿奏事，举劾案章。汉因之，及成帝绥和元年，更名御史大夫为大司空，置长史，而中丞官职如故。哀帝建平二年，复为御史大夫。元寿二年，又为大司空，而中丞出外为御史台主。历汉东京至晋因其制，以中丞为台主。

治书侍御史，案汉宣帝幸宣室，斋居而决事，令侍御史二人治书侍侧，后因别置，谓之治书侍御史，盖其始也。及魏，又置治书执法，掌奏劾，而治书侍御史掌律令，二官俱置。及晋，唯置治书侍御史，员四人。泰始四年，又置黄沙狱治书侍御史一人，秩与中丞同，掌诏狱及廷尉不当者皆治之。后并河南，遂省黄沙治书侍御史。及太康中，又省治书侍御史二员。

侍御史，案二汉所掌凡有五曹：一曰令曹，掌律令；二曰印曹，掌刻印；三曰供曹，掌斋祠；四曰尉马曹，掌厩马；五曰乘曹，掌护驾。魏置八人。及晋，置员九人，品同治书，而有十三曹：吏曹、课第曹、直事曹、印曹、中都督曹、外都督曹、媒曹、符节曹、水曹、中垒曹、营军曹、法曹、算曹。及江左初，省课第曹，置库曹，掌厩牧牛马市租，后分曹，置外左库、内左库云。

殿中侍御史，案魏兰台遣二御史居殿中，伺察非法，即其始也。及晋，置四人，江左置二人。又案魏晋官品令又有禁防御史第七品，孝武太元中有检校御史吴崑，则此二职亦兰台之职也。

符节御史，秦符玺令之职也。汉因之，位次御史中丞。至魏，别为一台，位次御史中丞，掌授节、铜武符、竹使符。及泰始九年，武帝省并兰台，置符节御史掌其事焉。

司隶校尉，案汉武初置十三州，刺史各一人，又置司隶校尉，察三辅、三河、弘农七郡，历汉东京及魏晋，其官不替。属官有功曹、都官从事、诸曹从事、部郡从事、主簿、录事、门下书佐、省事、记室书佐、诸曹书佐守从事、武猛从事等员，凡吏一百人，卒三十二人。及渡江，乃罢司隶校尉官，其职乃扬州刺史也。

谒者仆射，秦官也，自汉至魏因之。魏置仆射，掌大拜授及百官班次，统谒者十人。及武帝省仆射，以谒者并兰台。江左复置仆射，后又省。

都水使者，汉水衡之职也。汉又有都水长丞，主陂池灌溉，保守河渠，属太常。汉东京省都水，置河堤谒者，魏因之。及武帝省水衡，置都水使者一人，以河堤谒者为都水官属。及江左，省河堤谒者，置谒者六人。

中领军将军，魏官也。汉建安四年，魏武丞相府自置，及拔汉中，以曹休为中领军。文帝践阼，始置领军将军，以曹休为之，主五校、中垒、武卫等三营。武帝初省，使中军将军羊祜统二卫、前、后、左、右、骁卫等营，即领军之任也。怀帝永嘉中，改中军曰中领军。永昌元年,改曰北军中候,寻复为领军。成帝世,复为中候,寻复为领军。

护军将军,案本秦护军都尉官也。汉因之,高祖以陈平为护军中尉,武帝复以为护军都尉,属大司马。魏武为相,以韩浩为护军,史涣为领军,非汉官也。建安十二年,改护军为中护军,领军为中领军,置长史、司马。魏初,因置护军将军,主武官选,隶领军,晋世则不隶也。元帝永昌元年,省护军,并领军。明帝太宁二年,复置领、护,各领营兵。江左以来,领军不复别领营,总统二卫、骁骑、材官诸营,护军犹别有营也。资重者为领军、护军,资轻者为中领军、中护军。属官有长史、司马、功曹、主簿、五官,受命出征则置参军。

左右卫将军,案文帝初置中卫及卫,武帝受命,分为左右卫,以羊琇为左,赵序为右。并置长史、司马、功曹、主簿员,江左罢长史。

骁骑将军、游击将军,并汉杂号将军也。魏置为中军。及晋,以领、护、左右卫、骁骑、游击为六军。

左右前后军将军,案魏明帝时有左军,则左军魏官也,至晋不改。武帝初又置前军、右军,泰始八年又置后军,是为四军。

屯骑、步兵、越骑、长水、射声等校尉,是为五校,并汉官也。魏晋逮于江左,犹领营兵,并置司马、功曹、主簿。后省左军、右军、前军、后军为镇卫军,其左右营校尉自如旧,皆中领军统之。

二卫始制前驱、由基、强弩为三部司马,各置督史。左卫,熊渠武贲;右卫,佽飞武贲。二卫各五部督。其命中武贲,骁骑、游击各领之。又置武贲、羽林、上骑、异力四部,并命中为五督。其卫、镇四军如五校,各置千人。更制殿中将军,中郎、校尉、司马此骁骑。持椎斧武贲,分属二卫。尉中武贲,持披冗从、羽林司马,常从人数各有差。武帝甚重兵官,故军校多选朝廷清望之士居之。先是,陈勰为文帝所待,特有才用,明解军令。帝为晋王,委任使典兵事。及蜀破后,令勰受诸葛亮围阵用兵倚伏之法,又甲乙校标帜之制,勰悉暗练之,遂以勰为殿中典兵中郎将,迁将军。久之,武帝每出入,勰持白兽幡在乘舆左右,卤簿陈列齐肃。太康末,武帝尝出射雉,勰时已为都水使者，散从。车驾逼暗乃还，漏已尽，当合函，停乘舆，良久不得合，乃诏飇合之。飇举白兽幡指麾，须臾之间而函成。皆谢飇闲解，甚为武帝所任。

太子太傅、少傅，皆古官也。泰始三年，武帝始建官，各置一人，尚未置詹事，官事无大小，皆由二傅，并有功曹、主簿、五官。太傅中二千石，少傅二千石。其训导者，太傅在前，少傅在后。皇太子先拜，诸傅然后答之。武帝后以储副体尊，遂命诸公居之；以本位重，故或行或领。时侍中任恺，武帝所亲敬，复使领之，盖一时之制也。咸宁元年，以给事黄门侍郎杨珧为詹事，掌宫事，二傅不复领官属。及杨珧为卫将军，领少傅，省詹事，遂崇广傅训，命太尉贾充领太保，司空齐王攸领太傅，所置吏属复如旧。二傅进贤两梁冠，黑介帻，五时朝服，佩水苍玉，食奉日三斛。太康二年，始给春赐绢五十匹，秋绢百匹，绵百斤。其后太尉汝南王亮、车骑将军杨骏、司空卫瓘、石鉴皆领傅保，犹不置詹事，以终武帝之世。惠帝元康元年，复置詹事，二傅给菜田六顷，田驺六人，立夏后不及田者，食奉一年。置丞一人，秩千石；主簿、五官掾、功曹史、主记门下史、录事、户曹法曹仓曹贼曹功曹书佐、门下亭长、门下书佐、省事各一人，给赤耳安车一乘。及愍怀建官，乃置六傅，三太、三少，以景帝讳师，故改太师为太保，通省尚书事，詹事文书关由六傅。然自元康之后，诸傅或二或三，或四或六，及永康中复不置詹事也。自太安已来置詹事，终孝怀之世。渡江之后，有太傅少傅，不立师保。

中庶子四人，职如侍中。

中舍人四人，咸宁四年置，以舍人才学美者为之，与中庶子共掌文翰，职如黄门侍郎，在中庶子下，洗马上。

食官令一人，职如太官令。

庶子四人，职比散骑常侍、中书监令。

舍人十六人，职比散骑、中书等侍郎。

洗马八人，职如谒者秘书，掌图籍。释奠讲经则掌其事，出则直者前驱，导威仪。

率更令,主宫殿门户及赏罚事,职如光禄勋、卫尉。

家令,主刑狱、谷货、饮食,职比司农、少府。汉东京主食官令,食官令及晋自为官,不复属家令。

仆,主车马、亲秩,职如太仆、宗正。

左右卫率,案惠帝建东宫,置卫率,初曰中卫率。泰始五年,分为左右,各领一军。惠帝时,愍怀太子在东宫,又加前后二率。及江左,省前后二率,孝武太元中又置。

王置师、友、文学各一人,景帝讳,故改师为傅。友者因文王、仲尼四友之名号。改太守为内史,省相及仆。有郎中令、中尉、大农为三卿。大国置左右常侍各一人,省郎中,置侍郎二人,典书、典祠、典卫、学官令、典书丞各一人,治书四人,中尉司马、世子庶子、陵庙牧长各一人,谒者四人,中大夫六人,舍人十人,典府各一人。

咸宁三年,卫将军杨珧与中书监荀勖以齐王攸有时望,惧惠帝有后难,因追故司空裴秀立五等封建之旨,从容共陈时宜于武帝,以为“古者建侯,所以藩卫王室。今吴寇未珍,方岳任大,而诸王为帅,都督封国,既各不臣其统内,于事重非宜。又异姓诸将居边,宜参以亲戚,而诸王公皆在京都,非捍城之义,万世之固。”帝初未之察,于是下诏议其制。有司奏,从诸王公,更制户邑,皆中尉领兵。其平原、汝南、琅邪、扶风、齐为大国,梁、赵、乐安、燕、安平、义阳为次国,其余为小国,皆制所近县益满万户。又为郡公制度如小国王,亦中尉领兵。郡侯如不满五千户王,置一军一千一百人,亦中尉领之。于时,唯特增鲁公国户邑,追进封故司空博陵公王沉为郡公,钜平侯羊祜为南城郡侯。又南宫王承、随王万各于泰始中封为县王,邑千户,至是改正县王增邑为三千户,制度如郡侯,亦置一军。自此非皇子不得为王,而诸王之支庶,皆皇家之近属至亲,亦各以土推恩受封。其大国次国始封王之支子为公,承封王之支子为侯,继承封王之支子为伯。小国五千户已上,始封王之支子为子,不满五千户始封王之支子及始封公侯之支子皆为男,非此皆不得封。其公之制度如五千户国,侯之制度如不满五千户国,亦置一军千人,中尉领之,伯子男以下各有差而不置军。大国始封之孙罢下军,曾孙又罢上军,次国始封子孙亦罢下军,其余皆以一军为常。大国中军二千人,上下军各千五百人,次国上军二千人,下军千人。其未之国者,大国置守土百人,次国八十人,小国六十人,郡侯县公亦如小国制度。既行,所增徙各如本奏遣就国,而诸公皆恋京师,涕泣而去。及吴平后,齐王攸遂之国。

中朝制,典书令在常侍下,侍郎上。及渡江,则侍郎次常侍,而典书令居三军下。公国则无中尉、常侍、三军,侯国又无大农、侍郎,伯子男唯典书以下,又无学官、令史职,皆以次损焉。公侯以下置官属,随国大小无定制,其余官司各有差。名山大泽不以封,盐铁金银铜锡,始平之竹园,别都宫室园囿,皆不为属国。其仕在天朝者,与之国同,皆自选其文武官。诸入作卿士而其世子年已壮者,皆遣莅国。其王公已下,茅社符玺,车旗命服,一如泰始初故事。

州置刺史,别驾、治中从事、诸曹从事等员。所领中郡以上及江阳、朱提郡,郡各置部从事一人,小郡亦置一人。又有主簿,门亭长、录事、记室书佐、诸曹佐、守从事、武猛从事等。凡吏四十一人,卒二十人。诸州边远,或有山险,滨近寇贼羌夷者,又置弓马从事五十余人。徐州又置淮海,凉州置河津,诸州置都水从事各一人。凉、益州置吏八十五人,卒二十人。荆州又置监佃督一人。

郡皆置太守,河南郡京师所在,则曰尹。诸王国以内史掌太守之任,又置主簿、主记室、门下贼曹、议生、门下史、记室史、录事史、书佐、循行、干、小史、五官掾、功曹史、功曹书佐、循行小史、五官掾等员。

郡国户不满五千者,置吏职五十人,散吏十三人;五千户以上,则职吏六十三人,散吏二十一人;万户以上,职吏六十九人,散吏三十九人。郡国皆置文学掾一人。

县大者置令,小者置长。有主簿、录事史、主记室史、门下书佐、干、游徼、议生、循行功曹史、小史、廷掾、功曹史、小史书佐干、户曹掾史干、法曹门干、金仓贼曹掾史、兵曹史、吏曹史、狱小史、狱门亭长、都亭长、贼捕掾等员。户不满三百以下，职吏十八人，散吏四人；三百以上，职吏二十八人，散吏六人；五百以上，职吏四十人，散吏八人；千以上，职吏五十三人，散吏十二人；千五百以上，职吏六十八人；散吏一十八人；三千以上，职吏八十八人，散吏二十六人。

郡国及县，农月皆随所领户多少为差，散吏为劝农。又县五百以上皆置乡，三千以上置二乡，五千以上置三乡，万以上置四乡，乡置啬夫一人。乡户不满千以下，置治书史一人；千以上置史、佐各一人，正一人；五千五百以上，置史一人，佐二人。县率百户置里吏一人，其土广人稀，听随宜置里吏，限不得减五十户。户千以上，置校官掾一人。

县皆置方略吏四人。洛阳县置六部尉。江左以后，建康亦置六部尉，余大县置二人，次县、小县各一人。邺、长安置吏如三千户以上之制。

四中郎将，并后汉置，历魏及晋，并有其职，江左弥重。

护羌、夷、蛮等校尉，案武帝置南蛮校尉于襄阳，西戎校尉于长安，南夷校尉于宁州。元康中，护羌校尉为凉州刺史，西戎校尉为雍州刺史，南蛮校尉为荆州刺史。及江左初，省南蛮校尉，寻又置于江陵，改南夷校尉曰镇蛮校尉。及安帝时，于襄阳置宁蛮校尉。

护匈奴、羌、戎、蛮、夷、越中郎将，案武帝置四中郎将，或领刺史，或持节为之。武帝又置平越中郎将，居广州，主护南越。

晋书卷二五
志第一五

舆　服

　　史臣曰：昔者乘云效驾，卷领垂衣，则黄帝皂衣缥裳，放勋彤车白马，叶三微之序，舍寅丑之建，玄戈玉刃，作会相晖。若乃参旗分景，帝车含曜，又所以营卫南宫，增华北极。《月令》季夏之月，"命妇官染彩"，赪丹班次，各有品章矣。高旗有日月之象，式视有威仪之选，衣兼鞙珮，衡载鸣和，是以闲邪屏弃，不可入也。若乃正名百物，补缉四维，疏怀山之水，静倾天之害，功尤彰者饰弥焕，德愈盛者服弥尊，莫不质良，用成其美。《书》曰："明试以功，车服以庸。"《礼记》曰："鸾车，有虞氏之路也。钩车，夏后氏之路也。大路，殷路也。乘路，周路也。"而黻火山龙，以通其意。前史以为圣人见鸟兽容貌，草木英华，始创衣冠，而玄黄殊采；见秋蓬孤转，枘觿旁建，乃作舆轮，而方圆异则。遇物成象，触类兴端，周因于殷，其来已旧。成王之会，坛垂阴雨，五方之盛，有八十物者焉。宗马鸟旌，奚往不格，殷公、曹叔，此焉低首。《周礼》，巾车氏建大赤以朝，大白以戎。雅制弘多，式遵遗范，宾入异宪，师行殊则，是以有严有翼，用光其武，钩膺变革，乃畅其文。六服之冕，五时之路，王之常制，各有等差。逮礼业凋讹，人情驰爽，诸侯征伐，宪度沦亡，一紫乱于齐饰，长缨混于邹玩。孔子曰："君子其学也博，其服也乡。"若乃豪杰不经，庶人干典，彯鹬冠于郑伯之门，蹑珠履于春申之第。及秦皇并国，揽其余轨，丰貂东至，獬豸南来，又有玄旗皂旒之制，旄头罕车之饰，写九王之廷于咸阳北坂,车舆之彩,各树其文,所谓秦人大备,而陈战国之后车者也。及凝脂布网,经书咸烬,削灭三代,以金根为帝轸,除弃六冕,以袀玄为祭服。高祖入关,既因秦制。世祖挺英雄之略,总文景之资,扬霓拂翳,皮轩记鼓,横汾河而祠后土,登甘泉而祭昊天,奉常献仪,谓之大驾,车千乘而骑万匹。以幸姬赵飞燕置属车间豹尾中,又杨雄所谓彏天狼之威弧,张曜日之灵旌,骈罗列布,雾集云合者也。于后王氏擅朝,武车常钑,赤眉之乱,文物无遗。建武十三年,吴汉平蜀,始送葆车舆辇,充庭之饰,渐以周备。明帝采《周官》、《礼记》,更服衮章,太子冠通天而佩玉玺。魏明以黼黻之美,有疑于僭,于是随章侯略,而损者半焉。高堂隆奏曰:"改正朔、殊徽号者,帝王所以神明其政,变民耳目也。"帝从其议,改青龙五年为景初元年,服色尚黄,从地正也。世祖武皇帝接天人之贶,开典午之基,受终之礼,皆如唐虞故事。晋氏金行,而服色尚赤,岂有司失其传欤!

玉、金、象、革、木等路,是为五路。并天子之法车,皆朱班漆轮,画为辘文。三十辐,法月之数;重毂贰辖。以赤油,广八寸,长三尺,注地,系两轴头,谓之飞轮。金薄缪龙之为舆倚较,较重,为文兽伏轼,龙首衔轭,左右吉阳筒,鸾雀立衡,辘文画辕及幡。青盖,黄为里,谓之黄屋。金华施橑朱,橑二十八以象宿。两箱之后,皆玳瑁为鹍翅,加以金银雕饰,故世人亦谓之金鹍车。斜注旄旗于车之左,又加棨戟于车之右,皆橐而施之。棨戟韬以黻绣,上为亚字,系大蛙蟆幡。轭长丈余。于戟之杪,以牦牛尾,大如斗,置左骖马轭上,是为左纛。辕皆曲向上,取《礼纬》"山车垂句"之义,言不揉而能自曲。

玉、金、象三路,各以其物饰车,因以为名。革者漆革,木者漆木。其制,玉路最尊,建太常,十有二斿,九仞委地,画日月升龙,以祀天。金路建大旂,九斿,以会万国之宾,亦以赐上公及王子母弟。象路建大赤,通赤无画,所以视朝,亦以赐诸侯。革路建大白,以即戎兵事,亦以赐四镇诸侯。木路建大麾,以田猎,其麾色黑,亦以赐藩国。玉路驾六黑马,余四路皆驾四马,马并以黄金为文髦,插以翟尾。象鹿而镂锡，锡在马面，所谓当颅者也。金錽而方钅奇，金錽谓以金錽为文。钅奇以铁为之，其大三寸，中央两头高，如山形，贯中以翟尾而结著也。繁缨赤罽易茸，金就十有二。缨繁，马饰缨，在马膺前，如索群。五路皆有锡鸾之饰，和铃之响，钩膺玉瓖，钩膺，即繁缨也。瓖，马带珧名也。龙辀华轪，辀，车辕也，头为龙象。轪，谓车衡上环受鸾者也。朱幰。幰，饰也，人君以朱缠镳扇汗，以为饰也。法驾行则五路各有所主，不俱出；临轩大会则陈乘舆车辇旌鼓于其殿庭。

车，坐乘者谓之安车，倚乘者谓之立车，亦谓之高车。案《周礼》，惟王后有安车也，王亦无之。自汉以来制乘舆，乃有之。有青立车、青安车、赤立车、赤安车、黄立车、黄安车、白立车、白安车、黑立车、黑安车。合十乘，名为五时车，俗谓之五帝车。天子所御则驾六，其余并驾四。建旂十二，各如车色。立车则正竖其旂，安车则邪注。驾马，马亦各随五时之色，白马则朱其骣尾。左右騑骖，金錽镂锡，黄屋左纛，如金根之制，行则从后。五牛旗，平吴后所造，以五牛建旗，车设五牛，青赤在左，黄在中，白黑在右。坚旗于牛背，行则使人舆之。牛之为义，盖取其负重致远而安稳也。旗常缠不舒，所谓德车结旌也。天子亲戎则舒，谓武车绥旌也。

金根车，驾四马，不建旗帜，其上如画轮车，下犹金根之饰。

耕根车，驾四马，建赤旗，十有二旒，天子亲耕所乘者也。一名芝车，一名三盖车。置耒耜于轼上。魏景初元年，改正朔，易服色，色尚黄，牲用白，戎事乘黑首白马，建大赤之旒，朝会则建大白，行殷之时也。泰始二年，有司奏："宜如有虞遵唐故事，皆用前代正朔服色，其金根、耕根车，并以建赤旗。"帝从之。

辇，案自汉以来为人君之乘，魏晋御小出即乘之。

戎车，驾四马，天子亲戎所乘者也。载金鼓、羽旗、幢麾，置弩于轼上，其建矛麾悉斜注。

猎车，驾四马，天子校猎所乘也。重辋漫轮，缪龙绕之。一名阘戟车，一名蹋猪车。魏文帝改名蹋兽车。《记》云"国君不乘奇车"，奇车亦猎车也。古天子猎则乘木辂，后人代以猎车也。游车，九乘，驾四，先驱之乘是也。

云罕车,驾四。

皮轩车,驾四,以兽皮为轩。

鸾旗车,驾四,先辂所载也。鸾旗者,谓析羽旄而编之,列系幢傍也。

建华车,驾四,凡二乘,行则分居左右。

轻车,驾二,古之兽车也。前后二十乘,分居左右。舆轮洞朱,不巾不盖,建矛戟麾幢,置弩箙于轵上。大驾法驾出,射声校尉、司马、吏士、战士载,以次属车。

司南车,一名指南车,驾四马,其下制如楼,三级;四角金龙衔羽葆;刻木为仙人。衣羽衣,立车上,车虽回运而手常南指。大驾出行,为先启之乘。

记里鼓车,驾四,形制如司南,其中有木人执槌向鼓,行一里则打一槌。

羊车,一名辇车,其上如轺,伏兔箱,漆画轮轭。武帝时,护军羊琇辄乘羊车,司隶刘毅纠劾其罪。

画轮车,驾牛,以彩漆画轮毂,故名曰画轮车。上起四夹杖,左右开四望,绿油幢,朱丝络,青交路,其上形制事事如辇,其下犹如犊车耳。古之贵者不乘牛车,汉武帝推恩之末,诸侯寡弱,贫者至乘牛车,其后稍见贵之。自灵献以来,天子至士遂以为常乘,至尊出朝堂举哀乘之。

属车,一曰副车,一曰贰车,一曰左车。汉因秦制,大驾属车八十一乘,行则中央左右分为行。

法驾属车三十六乘。最后车悬豹尾,豹尾以前比之省中。属车皆皂盖朱里云。

御衣车、御书车、御轺车、御药车,并驾牛。阳遂四望穗窗皂轮小形车,驾牛。

象车,汉卤簿最在前。武帝太康中平吴后,南越献驯象,诏作大车驾之,以载黄门鼓吹数十人,使越人骑之。元正大会,驾象入庭。

中朝大卤簿。先象车，鼓吹一部，士二人，中道。次静室令，驾一，中道。式道候二人，驾一，分左右也。次洛阳尉二人，骑，分左右。次洛阳亭长九人，赤车，驾一，分三道，各吹正二人引。次洛阳令，皂车，驾一，中道。次河南中部掾，中道。河桥掾在左，功曹史在右，并驾一。次河南尹，驾驷，戟吏六人。次河南主簿，驾一，中道。次河南主记，驾一，中道。次司隶部河南从事，中道。都部从事居左，别驾从事居右，并驾一。次司隶校尉，驾三，戟吏八人。次司隶主簿，驾一，中道。次司隶主记，驾一，中道。次廷尉明法掾，中道。五官掾居左，功曹史居右，并驾一。次廷尉卿，驾驷，戟吏六人。次廷尉主簿、主记，并驾一，在左。太仆引从如廷尉，在中。宗正引从如廷尉，在右。次太常，驾驷，中道，戟吏六人。太常外部掾居左，五官掾、功曹史居右，并驾一。次光禄引从，中道。太常主簿、主记居左，卫尉引从居右，并驾一。次太尉外督令史，驾一，中道。次西东贼仓户等曹属，并驾一，引从。次太尉，驾驷，中道。太尉主簿、舍人各一人，祭酒二人，并驾一，在左。次司徒引从，驾驷，中道。次司空引从，驾驷，中道。三公骑令史戟各八人，鼓吹各一部，七人。次中护军，中道，驾驷。卤簿左右各二行，戟盾在外，弓矢在内，鼓吹一部，七人。次步兵校尉在左，长水校尉在右，并驾一。各卤簿左右二行，戟盾在外，刀盾在内，鼓吹各一部，七人。次射声校尉在左，翊军校尉在右，并驾一。各卤簿左右各二行，戟盾在外，刀盾在内，鼓吹各一部，七人。次骁骑将军在左，游击将军在右，并驾一。皆卤簿左右引各二行，戟盾在外，刀盾在内，鼓吹各一部，七人。骑队，五在左，五在右，队各五十匹，命中督二人分领左右。各有戟吏二人，麾幢独揭，鼓在队前。次左将军在左，前将军在右，并驾一。皆卤簿左右各二行，戟盾在外，刀盾在内，鼓吹各一部，七人。次黄门麾骑，中道。次黄门前部鼓吹，左右各一部，十三人，驾驷。八校尉佐仗，左右各四行，外大戟盾，次九尺盾，次弓矢，次弩，并熊渠、佽飞督领之。次司南车，驾驷，中道，护驾御史，骑，夹左右。次谒者仆射，驾驷，中道。次御史中丞，驾一，中道。次武贲中郎将，骑，中道。次九游车，中道，武刚车夹左右，并驾驷。次云罕车，驾驷，中道。次阘戟车，驾驷，中道，长戟邪偃向后。次皮轩车，驾驷，中道。次鸾旗车，中道。建华车分左右，并驾驷。次护驾尚书郎三人，都官郎中道，驾部在左，中兵在右，并骑。又有护驾尚书一人，骑，督摄前后无常。次相风，中道。次司马督，在前，中道。左右各司马史三人引仗，左右各六行，外大戟盾二行，次九尺盾，次刀盾，次弓矢，次弩。次五时车，左右有遮列骑。次典兵中郎，中道，督摄前却无常。左殿中御史，右殿中监，并骑。次高盖，中道，左罼，右罕。次御史，中道，左右节郎各四人。次华盖，中道。次殿中司马，中道。殿中都尉在左，殿中校尉在右，左右各四行，细盾一行在驾内，又殿中司马一行，殿中都尉一行，殿中校尉一行。次棨鼓，中道。次金根车，驾六马，中道。太仆卿御，大将军参乘。左右又各增三行，为九行。司马史九人，引大戟盾二行，九尺盾一行，刀盾一行，由基一行，细弩一行，迹禽一行，椎斧一行，力人刀盾一行。运细盾，殿中司马，殿中都尉，殿中校尉，为左右各十二行。金根车建青旂十二，左将军骑在左，右将军骑在右，殿中将军持凿肯斧夹车，车后衣书主职步从，六行，合左右三十二行。次曲华盖，中道。侍中、散骑常侍、黄门侍郎并骑，分左右。次黄钺车，驾一，在左，御麾骑在右。次相风，中道。次中书监骑左，秘书监骑右。次殿中御史骑左，殿中监骑右。次五牛旗，赤青在左，黄在中，白黑在右。次大辇，中道。太官令丞在左，太医令丞在右。

　　次金根车，驾驷，不建旗。次青立车，次青安车，次赤立车，次赤安车，次黄立车，次黄安车，次白立车，次白安车，次黑立车，次黑安车，合十乘，并驾驷。建旗十二，如车色。立车正竖旗，安车邪拖之。次蹋猪车，驾驷，中道，无旗。次耕根车，驾驷，中道，赤旗十二，熊渠督左，佽飞督右。次御辂车，次御四望车，次御衣车，次御药车，并驾牛，中道。次尚书令在左，尚书仆射在右，又尚书郎六人，分次左右，并驾。又治书侍御史二人，分左右，又侍御史二人，分次左右，又兰台令史分次左右，并骑。次豹尾车，驾一。自豹尾车后而卤簿尽矣。但以神弩二十张夹道，至后部鼓吹，其五张神弩置一将，左右各二将。次轻车二十乘,左右分驾。次流苏马六十匹。次金钺车,驾二,中道。左右护驾尚书郎并令史,并骑,各一人。次金钲车,驾三,中道。左右护驾侍御史并令史等,并骑,各一人。次黄门后部鼓吹,左右各十三人。次戟鼓车,驾牛,二乘,分左右。

　　次左大鸿胪外部掾,右五官掾、功曹史,并驾。次大鸿胪,驾驷,钺吏六人。次大司农引从,中道,左大鸿胪主簿、主记,右少府引从。次三卿,并骑,吏四人,铃下二人,执马鞭辟车六人,执方扇羽林十人,朱衣。次领军将军,中道。卤簿左右各二行,九尺盾在外,弓矢在内,鼓吹如护车。次后军将军在左,右将军在右,各卤簿鼓吹如左军、前军。次越骑校尉在左,屯骑校尉在右,各卤簿鼓吹如步兵、射声。次领护骁骑、游军校尉,皆骑,吏四人,乘马夹道,都督兵曹各一人,乘马在中。骑将军四人,骑校、鞁角、金鼓、铃下、信幡、军校并驾一。功曹史、主簿并骑从。伞扇幢麾各一骑,鼓吹一部,七骑。次领护军,加大车斧,五官3掾骑从。次骑十队,队各五十匹。将一人,持幢一人,鞁一人,并骑在前,督战伯长各一人,并骑在后,羽林骑督、幽州突骑督分领之。郎簿十队,队各五十人。绛袍将一人,骑、鞁各一人,在前,督战伯长一人,步,在后。骑皆持矟。次大戟一队,九尺盾一队,刀盾一队,弓一队,弩一队,队各五十人。黑裤褶将一人,骑校、鞁角各一人,步,在前,督战伯长各一人,步,在后。金颜督将并领之。

　　皇太子安车,驾三,左右骓。朱班轮,倚兽较,伏鹿轼。九旒,画降龙。青盖,金华蚤二十八枚。黑椽文画辖,文辀,黄金涂五采。亦谓之鸾路。非法驾则乘画轮车,上开四望,绿油幢,朱丝绳络,两箱里饰以金锦,黄金涂五采。其副车三乘,形制如所乘,但不画轮耳。

　　王青盖车,皇孙绿盖车,并驾三,左右骓。

　　云母车,以云母饰犊车。臣下不得乘,以赐王公耳。

　　皂轮车,驾四牛,形制犹如犊车,但皂漆轮毂,上加青油幢,朱丝绳络。诸王三公有勋德者特加之。位至公或四望、三望、夹望车。

　　油幢车,驾牛,形制如皂轮,但不漆毂耳。王公大臣有勋德者特给之。

通幰车，驾牛，犹如今犊车制，但举其幰通覆车上也。诸王三公并乘之。

诸公给朝车驾四、安车黑耳驾三各一乘，皂轮犊车各一乘。自祭酒掾属以下及令史，皆皂零，辟朝服。其武官公又别给大车。特进及车骑将军、骠骑将军以下诸大将军不开府非持节都督者，给安车黑耳驾二，轺车施耳后户一乘。三公、九卿、中二千石、二千石、河南尹、谒者仆射，郊庙明堂法出，皆大车立乘，驾驷。前后导从大车驾二，右騑。他出乘安车。其去位致仕告老，赐安车驷马。郡县公侯，安车驾二，右騑。皆朱班轮，倚鹿较，伏熊轼，黑轓，皂缯盖。

公旗旐八旒，侯七旒，卿五旒，皆画降龙。中二千石、二千石，皆皂盖，朱两轓，铜五采，驾二。中二千石以上，右騑。千石、六百石，朱左轓。车轓六尺，下屈广八寸，上业广尺二寸，九丈，十二初，后谦一寸，若月初生，示不敢自满也。

王公之世子摄命理国者，安车，驾三，旗旐七旒，其封侯之世子五旒。太康四年，制："依汉故事，给九卿朝车驾四及安车各一乘。"八年，诏："诸尚书军校加侍中常侍者，皆给传事乘轺车，给剑，得入殿省中，与侍臣升降相随。"

大使车，立乘，驾四，赤帷裳，驷骑导从。旧公卿二千石郊庙上陵从驾，乘大使车，他出乘安车。小使车，不立乘，驾四，轻车之流也。兰舆皆朱，赤毂，赤屏泥，白盖，赤帷裳，从驷骑四十人。又别有小使车，赤毂皂盖，追捕考案有所执取者之所乘也。凡诸使车皆朱班轮，赤衡轭。

追锋车，去小平盖，加通幰，如轺车，驾二。追锋之名，盖取其迅速也，施于戎阵之间，是为传乘。

轺车，古之时军车也。一马曰轺车，二马曰轺传。汉世贵辎軿而贱轺车，魏晋重轺车而贱辎軿。三品将军以上、尚书令轺车黑耳有后户，仆射但有后户无耳，并皂轮。尚书及四品将军则无后户，漆毂轮。其中书监令如仆射、侍中、黄门、散骑，初拜及谒陵庙，亦得乘之。

皇太后、皇后法驾，乘重翟羽盖金根车，驾青辂，青帷裳，云椾画辕，黄金涂五采，盖爪施金华，驾三，左右骓。其庙见小驾，则乘紫罽车，云椾画轵，黄金涂五采，驾三。非法驾则皇太后乘辇，皇后乘画轮车。皇后先蚕，乘油画云母安车，驾六骓马；骓，浅黑色。油画两辕安车，驾五骓马，为副。又，金薄石山骓、紫绛罽轺车，皆驾三骓马；为副。女旄头十二人，持棨戟二人，共载安车，俪驾。女尚辇十二人，乘辎车，俪驾。女长御八人，乘安车，俪驾。三夫人油轺车，驾两马，左骓。其贵人驾节画轵。三夫人助蚕，乘青交路，安车，驾三，皆以紫绛罽轺车。九嫔世妇乘轺车，驾三。

长公主赤车罽轺驾两马。公主、王太妃、王妃，皆油轺车，驾两马，右骓。公主油画安车，驾三，青交路，以紫绛罽轺车驾三为副。王太妃、三夫人亦如之。公主助蚕，乘油画安车，驾三。公主有先置者，乘青交路安车，驾三。诸王妃、公太夫人、夫人、县乡君、诸郡公侯特进夫人助蚕，乘皂交路安车，驾三。

诸侯监国世子之世妇、侍中常侍尚书中书监令卿校世妇、命妇助蚕，乘皂交路安车，俪驾。

郡县公侯、中二千石、二千石夫人会朝及蚕，各乘其夫之安车，皆右骓，皂交路，皂帷裳。自非公会则不得乘轺车，止乘漆布轺轺，铜五采而已。王妃、特进夫人、封郡君，安车，驾三，皂交路。封县乡君油轺车，驾两马，右骓。

自过江之后，旧章多缺。元帝践极，始造大路、戎路各一，皆即古金根之制也，无复充庭之仪。至于郊祀大事，则权饰余车以周用。六师亲征则用戎路，去其盖而乘之，属车但五乘而已。加绿油幢，朱丝路，饰青交路，黄金涂五采，其轮毂犹素，两箱无金锦之饰。其一车又是轺车。旧仪，天子所乘驾六，是时无复六马之乘，五路皆驾四而已，同用黑，是为玄牡。无复五时车，有事则权以马车代之，建旗其上。其后但以五色木牛象五时车，竖旗于牛背，行则使人舆之。牛之义，盖取其负重致远安而稳也。旗常缠而不舒旆，所谓"德车结旐"者也。惟天子亲戎，五旗舒旆，所谓"武车绥旐"者也。

指南车，过江亡失，及义熙五年，刘裕屠广固，始复获焉，乃使工人张纲补缉周用。十三年，裕定关中，又获司南、记里诸车，制度始备。其辇，过江亦亡制度，太元中谢安率意造焉，及破苻坚于淮上，获京都旧辇，形制无差，大小如一，时人服其精记。义熙五年，刘裕执慕容超，获金钲辇豹尾，旧式犹存。

元帝太兴三年，皇太子释奠。制曰："今草创，未有高车，可乘安车也。"太元中，东宫建，乘路有青赤旂，致疑。徐邈议，太子既不备五路，赤旂宜省。汉制，太子鸾路皆以安车为名。自晋过江，礼仪疏舛，王公以下，车服卑杂，惟有东宫礼秩崇异，上次辰极，下纳侯王。而安帝为皇太子乘石山安车，制如金路，义不经见，事无所出。

中宫初建及祀先蚕，皆用法驾，太仆妻御，大将军妻骖乘，侍中妻陪乘，丹杨尹、建康令及公卿之妻奉引，各乘其夫车服，多以宫人权领其职。

《周礼》，弁师掌六冕，司服掌六服。非后王之制爱及庶人，各有等差。及秦变古制，郊祭之服皆以袀玄，旧法扫地尽矣。汉承秦弊，西京二百余年犹未能有所制立。及中兴后，明帝乃始采《周官》、《礼记》、《尚书》及诸儒记说，还备衮冕之服。天子车乘冠服从欧阳氏说，公卿以下从大小夏侯氏说，始制天子、三公、九卿、特进之服，侍祠天地明堂，皆冠旒冕，兼五冕之制，一服而已。天子备十二章，三公诸侯用山龙九章，九卿以下用华虫七章，皆具五采。

魏明帝以公卿衮衣黼黻之饰，疑于至尊，多所减损，始制天子服刺绣文，公卿服织成文。及晋受命，遵而无改。天子郊祀天地明堂宗庙，元会临轩，介帻，通天冠，平冕。冕，皁表，朱绿里，广七寸，长二尺二寸，加于通天冠上，前圆后方，垂白玉珠，十有二旒，以朱组为缨，无绥。佩白玉，垂珠黄大旒，绶黄赤缥绀四采。衣皁上，绛下，前三幅，后四幅，衣画而裳绣，为日、月、星辰、山、龙、华虫、藻、火、粉米、黼、黻之象，凡十二章。素带广四寸，朱里，以朱绿裨饰其侧。中衣以绛缘其领袖。赤皮为绂，绛裤袜，赤舄。未加元服者，空项介帻。其释奠先圣,则皂纱袍,绛缘中衣,绛裤袜,黑舄。其临轩,亦衮冕也。其朝服,通天冠高九寸,金博山颜,黑介帻,绛纱袍,皂缘中衣。其拜陵,黑介帻,单衣。其杂服,有青赤黄白缃黑色,介帻,五色纱袍,五梁进贤冠,远游冠,平上帻武冠。其素服,白帢单衣。后汉以来,天子之冕,前后旒用真白玉珠。魏明帝好妇人之饰,改以珊瑚珠。晋初仍旧不改。及过江,服章多阙,而冕饰以翡翠珊瑚杂珠。侍中顾和奏:"旧礼,冕十二旒,用白玉珠。今美玉难得,不能备,可用白璇珠。"从之。

通天冠,本秦制。高九寸,正竖,顶少斜却,乃直下,铁为卷梁,前有展筒,冠前加金博山述,乘舆所常服也。

平冕,王公、卿助祭于郊庙服之。王公八旒,卿七旒。以组为缨,色如其绶。王公衣山龙以下九章,卿衣华虫以下七章。

远游冠,傅玄云秦冠也。似通天而前无山述,有展筒横于冠前。皇太子及王者后、帝之兄弟、帝之子封郡王者服之。诸王加官者自服其官之冠服,惟太子及王者后常冠焉。太子则以翠羽为绥,缀以白珠,其余但青丝而已。

缁布冠,蔡邕云即委貌冠也。太古冠布,齐则缁之。缁布冠,始冠之冠也。其制有四形,一似武冠;又一似进贤;其一上方,其下如帻颜;其一刺上而方下。行乡射礼则公卿委貌冠,以皂绢为之。形如覆杯,与皮弁同制,长七寸,高四寸。衣黑而裳素,其中衣以皂缘领袖。其执事之人皮弁,以鹿皮为之。

进贤冠,古缁布遗象也,斯盖文儒者之服。前高七寸,后高三寸,长八寸,有五梁、三梁、二梁、一梁。人主元服,始加缁布,则冠五梁进贤。三公及封郡公、县公、郡侯、县侯、乡亭侯,则冠三梁。卿、大夫、八座尚书、关中内侯、二千石及千石以上,则冠两梁。中书郎、秘书丞郎、著作郎、尚书丞郎、太子洗马舍人、六百石以下至于令史、门郎、小史,并冠一梁。汉建初中,太官令冠两梁,亲省御膳为重也。博士两梁,崇儒也。宗室刘氏亦得两梁冠,示加服也。

武冠,一名武弁,一名大冠,一名繁冠,一名建冠,一名笼冠,即古之惠文冠。或曰赵惠文王所造,因以为名。亦云,惠者蟪也,其冠文轻细如蝉翼,故名惠文。或云,齐人见千岁涸泽之神,名曰庆忌,冠大冠,乘小车,好疾驰,因象其冠而服焉。汉幸臣闳孺为侍中,皆服大冠。天子元服亦先加大冠,左右侍中及诸将军武官通服之。侍中、常侍则加金珰,附蝉为饰,插以貂毛,黄金为竿,侍中插左,常侍插右。胡广曰:"昔赵武灵王为胡服,以金貂饰首。秦灭赵,以其君冠赐侍臣。"应劭《汉官》云:"说者以为金取刚强,百炼不耗。蝉居高饮清,口在掖下。貂内劲悍而外柔缛。"又以蝉取清高饮露而不食,貂则紫蔚柔润而毛采不彰灼,金则贵其宝莹,于义亦有所取。或以为北土多寒,胡人常以貂皮温额,后世效此,遂以附冠。汉貂用赤黑色,王莽用黄貂,各附服色所尚也。

高山冠,一名侧注,高九寸,铁为卷梁,制似通天。顶直竖,不斜却,无山述展筒。高山者,《诗》云:"高山仰止",取其矜庄宾远者也。中外官、谒者、谒者仆射所服。胡广曰:"高山,齐王冠也。传曰'桓公好高冠大带'。秦灭齐,以其君冠赐谒者近臣。"应劭曰:"高山,今法冠也,秦行人使官亦服之。"而《汉官仪》云:"乘舆冠高山之冠,飞翮之缨",然则天子亦有时服焉。《傅子》曰:"魏明帝以其制似通天、远游,故改令卑下。"

法冠,一名柱后,或谓之獬豸冠。高五寸,以缋为展筒。铁为柱卷,取其不曲挠也。侍御史、廷尉正监平,凡执法官皆服之。或说獬豸神羊,能触邪佞。《异物志》云:"北荒之中,有兽名獬豸,一角,性别曲直。见人斗,触不直者。闻人争,咋不正者。楚王尝获此兽,因象其形以制衣冠。"胡广曰:"《春秋左氏传》:晋侯观于军府,见钟仪,曰'南冠而絷者谁也'?南冠即楚冠。秦灭楚,以其冠服赐执法臣也。"

长冠,一名齐冠。高七寸,广三寸,漆纚为之,制如版,以竹为里。汉高祖微时,以竹皮为此冠,其世因谓刘氏冠。后除竹用漆纚。司马彪曰:"长冠盖楚制。人间或谓之鹊尾冠,非也。救日蚀则服长冠,而祠宗庙诸祀冠之。此高祖所造,后世以为祭服,尊敬之至也。"

建华冠，以铁为柱卷，贯大铜珠九枚，古用杂木珠，原宪所冠华冠是也。又《春秋左氏传》郑子臧好聚鹬冠，谓建华是也。祀天地、五郊、明堂，舞人服之。汉《育命舞》乐人所服。

方山冠，其制似进贤。邓展曰："方山冠，以五采縠为之。"汉《天子》、《八佾》、《五行》乐人所服，冠衣各如其行方之色而舞焉。

巧士冠，前高七寸，要后相通，直竖。此冠不常用，汉氏惟郊天，黄门从官四人冠之；在卤簿中，夹乘舆车前，以备宦者四星。或云，扫除从官所服。却非冠，高五寸，制似长冠。宫殿门吏仆射冠之。负赤幡，青翅燕尾，诸仆射幡皆如之。

却敌冠，前高四寸，通长四寸，后高三寸，制似进贤。凡当殿门卫士服之。

樊哙冠，广九寸，高七寸，前后出各四寸，制似平冕。昔楚汉会于鸿门，项籍图危高祖，樊哙常持铁盾，闻急，乃裂裳苞盾，戴以为冠，排入羽营，因数羽罪，汉王乘间得去。后人壮其意，乃制冠象焉。凡殿门司马卫士服之。

术氏冠，前圆，吴制，差池四重。赵武灵王好服之。或曰，楚庄王复仇冠是也。

鹖冠，加双鹖尾，竖插两边。鹖，鸟名也，形类鷄而微黑，性果勇，其斗到死乃止。上党贡之，赵武灵王以表显壮士。至秦汉，犹施之武人。

皮弁，以鹿皮浅毛黄白色者为之。《礼》"王皮弁，会五采玉璂，象邸玉笄"，谓之合皮为弁。其缝中名曰会，以采玉朱为璂。璂，结也。天子五采，诸侯三采。邸，冠下柢也，象骨为之，音帝也。天子则缝有十二，公九，侯伯七，子男五，孤四，卿大夫三。

韦弁，制似皮弁，顶上尖，秣草染之，色如浅绛。

爵弁，一名广冕。高八寸，长尺二寸，如爵形，前小后大。增其上似爵头色。有收持笄，所谓夏收殷冔者也。祠天地、五郊、明堂，《翘舞》乐人服之。

帻者，古贱人不冠者之服也。汉元帝额有壮发，始引帻服之。王莽顶秃，又加其屋也。《汉注》曰，冠进贤者宜长耳，今介帻是。冠惠文者宜短耳，今平上帻是。始时各随所宜，遂因冠为别。介帻服文吏，平上帻服武官也。童子帻无屋者，示不成人也。又有纳言帻，帻后收又一重，方三寸。又有赤帻，骑吏、武吏、乘舆鼓吹所服。救日蚀，文武官皆免冠著帻，对朝服，示武威也。

汉仪，立秋日猎，服缃帻。及江左，哀帝从博士曹弘之等议，立秋御读令，改用素白帢。案汉末王公名士多委王服，以幅巾为雅，是以袁绍、崔钧之徒，虽为将帅，皆著缣巾。魏武以天下凶荒，资财乏匮，拟古皮弁，裁缣帛以为帢，合乎简易随时之义，以色别其贵贱，本施军饰，非为国容也。徐爰曰："俗说帢本未有岐，荀文若巾之行，触树枝成岐，谓之为善，因而弗改。"今通以为庆吊服。

巾，以葛为之，形如帢而横著之，古尊卑共服也。故汉末妖贼以黄为巾，世谓黄巾贼。

帽名犹冠也，义取于蒙覆其首，其本缃也。古者冠无帻，冠下有缃，以缯为之。后世施帻于冠，因或裁缃为帽。自乘舆宴居，下至庶人无爵者皆服之。成帝咸和九年，制听尚书八座丞郎、门下三省侍官乘车，白帽低帏，出入掖门。又，二宫直官著乌纱帽。然则往往士人宴居皆著帽矣。而江左时野人已著帽，人士亦往往而然，但其顶圆耳，后乃高其屋云。

汉制，自天子至于百官，无不佩剑，其后惟朝带剑。晋世始代之以木，贵者犹用玉首，贱者亦用蚌、金银、玳瑁为雕饰。

乘舆六玺，秦制也。曰"皇帝行玺"、"皇帝之玺"、"皇帝信玺"、"天子行玺"、"天子之玺"、"天子信玺"，汉遵秦不改。又有秦始皇蓝田玉玺，螭兽纽，在六玺之外，文曰"受天之命，皇帝寿昌"。汉高祖佩之，后世名曰传国玺，与斩白蛇剑俱为乘舆所宝。斩白蛇剑至惠帝时武库火烧之，遂亡。及怀帝没胡，传国玺没于刘聪，后又没于石勒。及石季龙死，胡乱，穆帝世乃还江南。

革带，古之鞶带也，谓之鞶革，文武众官牧守丞令下及驺寺皆服之。其有囊绶，则以缀于革带，其戎服则以皮络带代之。八坐尚书荷紫，以生紫为袷囊，缀之服外，加于左肩。昔周公负成王，制此服衣，至今以为朝服。或云汉世用盛奏事，负之以行，未详也。

车前五百者，卿行旅从，五百人为一旅。汉氏一统，故去其人，留其名也。

裤褶之制，未详所起，近世凡车驾亲戎、中外戒严服之。服无定色，冠黑帽，缀紫摽，摽以缯为之，长四寸，广一寸，腰有络带以代鞶。中官紫摽，外官绛摽。又有纂严戎服而不缀摽，行留文武悉同。其畋猎巡幸，则惟从官戎服带鞶革，文官不下缨，武官服冠。

汉制，一岁五郊，天子与执事者所服各如方色，百官不执事者服常服绛衣以从。魏秘书监秦静曰："汉氏承秦，改六冕之制，但玄冠绛衣而已。"魏已来，名为五时朝服，又有四时朝服，又有朝服。自皇太子以下随官受给。百官虽服五时朝服，据今止给四时朝服，阙秋服。三年一易。

诸假印绶而官不给鞶囊者，得自具作，其但给印不假绶者，不得佩绶。鞶，古制也。汉世著鞶囊者，侧在腰间，或谓之傍囊，或谓之绶囊，然则以紫囊盛绶也。或盛或散，各有其时。

笏，古者贵贱皆执笏，其有事则缙之于腰带，所谓缙绅之士者，缙笏而垂绅带也。绅垂长三尺。笏者，有事则书之，故常簪笔，今之白笔是其遗象。三台五省二品文官簪之，王、公、侯、伯、子、男、卿尹及武官不簪，加内侍位者乃簪之。手版即古笏矣。尚书令、仆射、尚书手版头复有白笔，以紫皮裹之，名曰笏。

皇太子金玺龟钮，朱黄绶，四采：赤、黄、缥、绀。给五时朝服，远游冠，介帻、翠绥。佩瑜玉，垂组。朱衣绛纱襮，皂缘白纱，其中衣白曲领。带剑，火珠素首。革带，玉钩鐷兽头鞶囊。其大小会祠宗庙朔望、五日还朝皆朝服，常还上宫则朱服，预上宫正会则于殿下脱剑舄。又有三梁进贤冠。其侍祀则平冕九旒，衮衣九章，白纱绛缘中单，绛缯韠，采画织成衮带，金辟邪首，紫绿二色带，采画广领、曲领各一，赤舄绛袜。若讲，则著介帻单衣；释奠，则远游冠，玄朝服，绛缘中单，绛裤袜，玄舄。若未加元服，则中舍人执冕从，介。

诸王金玺龟钮，纁朱绶，四采：朱、黄、缥、绀。五时朝服，还游冠介帻，亦有三梁进贤冠。朱衣绛纱襮皂缘，中衣表素。革带，黑舄，佩山玄玉，垂组，大带。若加余官，则服其加官之服也。

皇后谒庙，其服皂上皂下，亲蚕则青上缥下，皆深衣制，隐领袖缘以条。首饰则假髻，步摇，俗谓之珠松是也，簪珥。步摇以黄金为山题，贯白珠为支相缪。八爵九华，熊、兽、赤熊、天鹿、辟邪、南山丰大特六兽，诸爵兽皆以翡翠为毛羽，金题白珠珰，绕以翡翠为华。元康六年，诏曰："魏以来皇后蚕服皆以文绣，非古义也。今宜纯服青，以为永制。"

贵人、夫人、贵嫔，是为三夫人，皆金章紫绶，章文曰贵人、夫人、贵嫔之章。佩于阗玉。淑妃、淑媛、淑仪、修华、修容、修仪、婕好、容华、充华，是为九嫔，银印青绶，佩采琰玉。贵人、贵嫔、夫人助蚕，服纯缥为上舆下，皆深衣制。太平髻，七镇蔽髻，黑玳瑁，又加簪珥。九嫔及公主、夫人五镇，世妇三镇。助蚕之义，自古而然矣。

皇太子妃金玺龟钮，纁朱绶，佩瑜玉。诸王太妃、妃、诸长公主、公主、封君金印紫绶，佩山玄玉。

长公主、公主见会，太平髻，七镇蔽髻。其长公主得有步摇，皆有簪珥，衣服同制。自公主、封君以上皆带绶，以彩组为绲带，各如其绶色，金辟邪首为带玦。

郡公侯县公侯太夫人、夫人银印青绶，佩水苍玉，其特加乃金紫。

公特进侯卿校世妇、中二千石二千石夫人绀缯帼，黄金龙首衔白珠，鱼须擿长一尺为簪珥。入庙佐祭者皂绢上下，助蚕者缥绢上下，皆深衣制缘。

自二千石夫人以上至皇后，皆以蚕衣为朝服。

晋书卷二六
志第一六

食　货

　　昔者先王量地以制邑，度地以居民，因三才以节其务，敬四序以成其业，观其谣俗而正其纪纲。勖农桑之本，通鱼盐之利，登良山而采符玉，泛瀛海而罩珠玑。日中为市，总天下之隶，先诸布帛，继以货泉，贸迁有无，各得其所。

　　《周礼》，正月始和，乃布教于象魏。若乃一夫之士，十亩之宅，三日之徭，九均之赋，施阳礼以兴其让，命春社以勖其耕。天之所贵者，人也；明之所求者，学也。治经入官，则君子之道焉。《诗》曰："三之日于耜，四之日举趾。"是以农官泽虞，各有攸次，父兄之习，不玩而成，十五从务，始胜衣服，乡无游手，邑不废时，所谓厥初生民，各从其事者也。是以太公通市井之货，以致齐国之强；鸱夷善废敛之居，以盛中陶之业。昔在金天，勤于民事，命春扈以耕稼，召夏扈以耘锄，秋扈所以收敛，冬扈于焉盖藏。《书》曰："历象日月星辰，敬授民时。"传曰："禹稷躬稼而有天下。"若乃九土既敷，四民承范，东吴有齿角之饶，西蜀有丹沙之富，兖豫漆丝之沲，燕齐怪石之府，秦邠旄羽，迴带琅玕，荆郢桂林，旁通竹箭，江干橘柚，河外丹草，辽西旃罽之乡，葱右蒲梢之骏，殖物怪错，于何不有。若乃上法星象，下料无外，因天地之利，而总山海之饶，百亩之田，十一而税，九年躬稼，而有三年之蓄，可以长孺齿，可以养耆年。因乎人民，用之邦国，宫室有度，旗章有序，朝聘自其仪，宴飨由其制，家殷国阜，远至迄安。救水旱之灾，恤寰瀛之弊，然后王之常膳，乃间笙镛。商、周之兴，用此道也。辛纣暴虐，玩其经费，金镂倾宫，广延百里，玉饰鹿台，崇高千仞，宫中九市，各有女司。厚赋以实鹿台之钱；大敛以增钜桥之粟；多发妖冶以充倾宫之丽；广收珍玩以备沙丘之游。悬肉成林，积醴为沼，使男女裸体相逐于其间，伏诣酒池中牛饮者三千余人；宫中以锦绮为席，绫纨为荐。及周王诛纣，肃拜殷墟，乃尽振鹿财，并倾桥粟，上天降休，殷人大喜。王赧云季，徙都西周，九鼎沦没，二南埋尽，贷于百姓，无以偿之，乃上层台以避其责，周人谓王所居为逃责台者也。昔周姬公制以六典，职方陈其九贡，颁财内府，永为不刊。及刑政陵夷，菁茅罕至，鲁侯初践亩之税，秦君收太半之入，前王之范，靡有孑遗。史臣曰：班固为《殖货志》，自三代至王莽之诛，网罗前载，其文详悉。

光武宽仁，龚行天讨，王莽之后，赤眉新败，虽复三晖乃眷，而九服萧条，及得陇望蜀，黎民安堵，自此始行五铢之钱，田租三十税一，民有产子者复以三年之算。显宗即位，天下安宁，民无横徭，岁比登稔。永平五年作常满仓，立粟市于城东，粟斛直钱三十。草树殷阜，牛羊弥望，作贡尤轻，府廪还积，奸回不用，礼义专行。于时东方既明，百官诣阙，戚里侯家，自相驰骛，车如流水，马若龙飞，照映轩庑，光华前载。传曰"三统之元，有阴阳之九焉"，盖天地之恒数也。安帝永初三年，天下水旱，人民相食。帝以鸿陂之地假与贫民。以用度不足，三公又奏请令吏民入钱谷得为关内侯云。桓帝永兴元年，郡国少半遭蝗，河泛数千里，流人十余万户，所在廪给乏。建宁永和之初，西羌反叛，二十余年兵连师老，军旅之费三百二十余亿，府帑空虚，延及内郡。冲质短祚，桓灵不轨。中平二年，南宫灾，延及北阙。于是复收天下田亩十钱，用营宫宇。帝出自侯门，居贫即位，常曰："桓帝不能作家，曾无私蓄。"故于西园造万金堂，以为私藏。复寄小黄门私钱，家至巨亿。于是悬鸿都之榜，开卖官之路，公卿以降，悉有等差。廷尉崔烈入钱五百万以买司徒，刺史二千石迁除，皆责助治宫室钱，大郡至二千万钱，不毕者或至自杀。献帝作五铢钱,而有四道连于边缘。有识者尤之曰:"岂京师破坏,此钱四出也。"

及董卓寻戈,火焚宫室,乃劫鸾驾,西幸长安,悉坏五铢钱,更铸小钱,尽取长安及洛阳铜人飞廉之属,以充鼓铸。又钱无轮郭,文章不便。时人以为秦始皇见长人于临洮,乃铸铜人。卓,临洮人也,兴毁不同,凶讹相类。及卓诛死,李傕、郭汜自相攻伐,于长安城中以为战地。是时谷一斛五十万,豆麦二十万,人相食啖,白骨盈积,残骸余肉,臭秽道路。帝使侍御史侯汶出太仓米豆,为饥民作糜,经日颁布而死者愈多。帝于是始疑有司盗其粮廪,乃亲于御前自加临给,饥者人皆泣曰:"今始得耳!"帝东归也,李傕、郭汜等追败乘舆于曹阳,夜潜渡河,六宫皆步。初出营栏,后手持缣数匹,董承使符节令孙徽以刃胁夺之,杀旁侍者,血溅后服。既至安邑,御衣穿败,唯以野枣园菜以为糇粮。自此长安城中尽空,并皆四散,二三年间,关中无复行人。建安元年,车驾至洛阳,宫阙荡涤,百官披荆棘而居焉。州郡各拥强兵,而委输不至,尚书郎官自出采稆,或不能自反,死于墟巷。

魏武之初,九州云扰,攻城略地,保此怀民,军旅之资,权时调给。于时袁绍军人皆资椹枣,袁术战士取给赢蒲。魏武于是乃募良民屯田许下,又于州郡列置田官,岁有数千万斛,以充兵戎之用。及初平袁氏,以定邺都,令收田租亩粟四升,户绢二匹而绵二斤,余皆不得擅兴,藏强赋弱。文帝黄初二年,以谷贵,始罢五铢钱。于时天下未并,戎车岁动,孔子曰,"加之以师旅,因之以饥馑",此言兵凶之谋而沴气应之也。于时三方之人,志相吞灭,战胜攻取,耕夫释耒,江淮之乡,尤缺储峙。吴上大将军陆逊抗疏请令诸将各广其田。权报曰:"甚善。今孤父子亲自受田,车中八牛,以为四耦。虽未及古人,亦欲与众均其劳也。"有吴之务农重谷,始于此焉。魏明帝不恭,淫于宫御,百僚编于手役,天下失其躬稼。此后关东遇水,民亡产业,而兴师辽阳,坐甲江甸,皆以国之经用,胡可胜言。

世祖武皇帝太康元年,既平孙皓,纳百万而馨三吴之资,接千年而总西蜀之用，韬干戈于府库，破舟船于江壑，河滨海岸，三丘八数，耒耨之所不至者，人皆受焉。农祥晨正，平秩东作，荷锸赢粮，有同云布。若夫因天而资五纬，因地而兴五材，世属升平，物流仓府，宫闱增饰，服顽相辉，于是王君夫、武子、石崇等更相夸尚，舆服鼎俎之盛，连衡帝室，布金埒之泉，粉珊瑚之树。物盛则衰，固其宜也。永宁之初，洛中尚有锦帛四百万，珠宝金银百余斛。惠后北征，荡阴反驾，寒桃在御，只鸡以给，其布衾两幅，囊钱三千，以为车驾之资焉。怀帝为刘曜所围，王师累败，府帑既竭，百官饥甚，比屋不见火烟，饥人自相啖食。愍皇西宅，馁馑弘多，斗米二金，死者太半。刘曜陈兵，内外断绝，十饼之麫，屑而供帝，君臣相顾，莫不挥涕。元后渡江，军事草创，蛮陬赕布，不有恒准，中府所储，数四千匹。于时石勒勇锐，挺乱淮南，帝惧其侵逼，甚患之，乃诏方镇云，有斩石勒首者，赏布千匹云。

汉自董卓之乱，百姓流离，谷石至五十余万，人多相食。魏武既破黄巾，欲经略四方，而苦军食不足，羽林监颍川枣祗建置屯田议。魏武乃令曰："夫定国之术在于强兵足食，秦人以急农兼天下，孝武以屯田定西域，此先世之良式也。"于是以任峻为典农中郎将，募百姓屯田许下，得谷百万斛。郡国列置田官，数年之中，所在积粟，仓库皆满。祗死，魏武后追思其功，封爵其子。建安初，关中百姓流入荆州者十余万家，及闻本土安宁，皆企望思归，而无以自业。于是卫觊议为"盐者，国之大宝，自丧乱以来放散，今宜如旧置使者监卖，以其直益市犁牛，百姓归者以供给之。勤耕积粟，以丰殖关中，远者闻之，必多竞还。"于是魏武遣谒者仆射监盐官，移司隶校尉居弘农。流人果还，关中丰实。既而又以沛国刘馥为扬州刺史，镇合肥，广屯田，修芍陂、茹陂、七门、吴塘诸堨，以溉稻田，公私有蓄，历代为利。贾逵之为豫州，南与吴接，修守战之具，堨汝水，造新陂，又通运渠二百余里，所谓贾侯渠者也。当黄初中，四方郡守垦田又加，以故国用不匮。时济北颜斐为京兆太守，京兆自马超之乱，百姓不专农殖，乃无车牛。斐又课百姓，令闲月取车材，转相教匠。其无牛者令养猪,投贵卖以买牛。始者皆以为烦,一二年中编户皆有车牛,于田役省赡,京兆遂以丰沃。郑浑为沛郡太守,郡居下湿,水涝为患,百姓饥乏。浑于萧、相二县兴陂堨,开稻田,郡人皆不以为便。浑以为终有经久之利,遂躬率百姓兴功,一冬皆成。比年大收,顷亩岁增,租入倍常,郡中赖其利,刻石颂之,号曰郑陂。魏明帝世徐邈为凉州,土地少雨,常苦乏谷。邈上修武威、酒泉盐池,以收虏谷。又广开水田,募贫民佃之,家家丰足,仓库盈溢。及度支州界军用之余,以市金锦犬马,通供中国之费。西域人入贡,财货流通,皆邈之功也。其后皇甫隆为敦煌太守,敦煌俗不作耧犁,及不知用水,人牛功力既费,而收谷更少。隆到,乃教作耧犁,又教使溉灌。岁终率计,所省庸力过半,得谷加五,西方以丰。

嘉平四年,关中饥,宣帝表徙冀州农夫五千人佃上邽,兴京兆、天水、南安盐池,以益军实。青龙元年,开成国渠,自陈仓至槐里;筑临晋陂,引汧洛溉舄卤之地三千余顷,国以充实焉。正始四年,宣帝又督诸军伐吴将诸葛恪,焚其积聚,恪弃城遁走。帝因欲广田积谷,为兼并之计,乃使邓艾行陈、项以东,至寿春地。艾以为田良水少,不足以尽地利,宜开河渠,可以大积军粮,又通运漕之道。乃著《济河论》以喻其指。又以为昔破黄巾,因为屯田,积谷许都,以制四方。今三隅已定,事在淮南。每大军征举,运兵过半,功费巨亿,以为大役。陈蔡之间,土下田良,可省许昌左右诸稻田,并水东下。令淮北二万人、淮南三万人分休,且佃且守。水丰,常收三倍于西,计除众费,岁完五百万斛以为军资。六七年间,可积三千万斛于淮土,此则十万之众五年食也。以此乘敌,无不克矣。宣帝善之,皆如艾计施行。遂北临淮水,自钟离而南横石以西,尽沘水四百余里,五里置一营,营六十人,且佃且守。兼修广淮阳、百尺二渠,上引河流,下通淮颍,大治诸陂于颍南、颍北,穿渠三百余里,溉田二万顷,淮南、淮北皆相连接。自寿春到京师,农官兵田,鸡犬之声,阡陌相属。每东南有事,大军出征,泛舟而下,达于江淮,资食有储,而无水害,艾所建也。

及晋受命，武帝欲平一江表。时谷贱而布帛贵，帝欲立平籴法，用布帛市谷，以为粮储。议者谓军资尚少，不宜以贵易贱。泰始二年，帝乃下诏曰："夫百姓平丰则用奢，凶荒则穷匮，是相报之理也。故古人权量国用，取赢散滞，有轻重平籴之法。理财钧施，惠而不费，政之善者也。然此事久废，天下希习其宜。加以官蓄未广，言者异同，财货未能达通其制。更令国宝散于穰岁而上不收，贫弱困于荒年而国无备。豪人富商，挟轻资，蕴重积，以管其利。故农夫苦其业，而末作不可禁也。今者省徭务本，并力垦殖，欲令农功益登，耕者益劝，而犹或腾踊，至于农人并伤。今宜通籴，以充俭乏。主者平议，具为条制。"然事竟未行。

是时江南未平，朝廷厉精于稼穑。四年正月丁亥，帝亲耕藉田。庚寅，诏曰："使四海之内，弃末反本，竞农务功，能奉宣朕志，令百姓劝事乐业者，其唯郡县长吏乎！先之劳之，在于不倦。每念其经营职事，亦为勤矣。其以中左典牧种草马，赐县令长相及郡国丞各一匹。"是岁，乃立常平仓，丰则籴，俭则粜，以利百姓。五年正月癸巳，敕戒郡国计吏、诸郡国守相令长，务尽地利，禁游食商贩。其休假者令与父兄同其勤劳，豪势不得侵役寡弱，私相置名。十月，诏以"司隶校尉石鉴所上汲郡太守王宏勤恤百姓，导化有方，督劝开荒五千余顷，遇年普饥而郡界独无匮乏，可谓能以劝教，时同功异者矣。其赐谷千斛，布告天下"。八年，司徒石苞奏："州郡农桑未有殿最之制，宜增掾属令史，有所循行。"帝从之。事见《石苞传》。苞既明于劝课，百姓安之。十年，光禄勋夏侯和上修新渠、富寿、游陂三渠，凡溉田千五百顷。

咸宁元年十二月，诏曰："出战入耕，虽自古之常，然事力未息，未尝不以战士为念也。今以邺奚官奴婢著新城，代田兵种稻，奴婢各五十人为一屯，屯置司马，使皆如屯田法。"三年，又诏曰："今年霖雨过差，又有虫灾。颍川、襄城，自春以来，略不下种，深以为虑。主者何以为百姓计，促处当之。"杜预上疏曰：

臣辄思惟，今者水灾东南特剧，非但五稼不收，居业并损，下田所在停污,高地皆多垲瘠,此即百姓困穷方在来年。虽诏书切告长吏二千石为之设计,而不廓开大制,定其趣舍之宜,恐徒文具,所益盖薄。当今秋夏蔬食之时,而百姓已有不赡,前至冬春,野无青草,则必指仰官谷,以为生命。此乃一方之大事,不可不豫为思虑者也。

臣愚谓既以水为困,当恃鱼菜螺蚌,而洪波泛滥,贫弱者终不能得。今者宜大坏兖、豫州东界诸陂,随其所归而宣导之。交令饥者尽得水产之饶,百姓不出境界之内,旦暮野食,此目下日给之益也。水去之后,填淤之田,亩收数钟。至春大种五谷,五谷必丰,此又明年益也。

臣前启,典牧种牛不供耕驾,至于老不穿鼻者,无益于用,而徒有吏士谷草之费,岁送任驾者甚少,尚复不调习,宜大出卖,以易谷及为赏直。

诏曰:"孳育之物,不宜减散。"事遂停寝。问主者,今典虞右典牧种产牛,大小相通,有四万五千余头。苟不益世用,头数虽多,其费日广。古者匹马丘牛,居则以耕,出则以战,非如猪羊类也。今徒养宜用之牛,终为无用之费,甚失事宜。东南以水田为业,人无牛犊。今既坏陂,可分种牛三万五千头,以付二州将吏士庶,使及春耕。谷登之后,头责三百斛。是为化无用之费,得运水次成谷七百万斛,此又数年后之益也。加以百姓降丘宅土,将来公私之饶乃不可计。其所留好种万头,可即令右典牧都尉官属养之。人多畜少,可并佃牧地,明其考课。此又三魏近甸,岁当复入数千万斛谷,牛又皆当调习,动可驾用,皆今日之可全者也。

预又言:

诸欲修水田者,皆以火耕水耨为便。非不尔也,然此事施于新田草莱,与百姓居相绝离者耳。往者东南草创人稀,故得火田之利,自顷户口日增,而陂埸岁决,良田变生蒲苇,人居沮泽之际,水陆失宜,放牧绝种,树木立枯,皆陂之害也。陂多则土薄水浅,潦不下润。故每有水雨,辄复横流,延及陆田。言者不思其故，因云此土不可陆种。臣计汉之户口，以验今之陂处，皆陆业也。其或有旧陂旧堨，则坚完修固，非今所谓当为人害者也。臣前见尚书胡威启宜坏陂，其言恳至。臣中者又见宋侯相应遵上便宜，求坏泗陂，徙运道。时下都督度支共处当，各据所见，不从遵言。臣案遵上事，运道东诣寿春，有旧渠，可不由泗陂。泗陂在遵地界坏地凡万三千余顷，伤败成业。遵县领应佃二千六百口，可谓至少，而犹患地狭，不足肆力，此皆水之为害也。当所共恤，而都督度支方复执异，非所见之难，直以不同害理也。人心所见既不同，利害之情又有异。军家之与郡县，士大夫之与百姓，其意莫有同者，此皆偏其利以忘其害者也。此理之所以未尽，而事之所以多患也。

臣又案，豫州界二度支所领佃者，州郡大军杂士，凡用水田七千五百余顷耳，计三年之储，不过二万余顷。以常理言之，无为多积无用之水，况于今者水涝瓮溢，大为灾害。臣以为与其失当，宁泻之不蓄。宜发明诏，敕刺史二千石，其汉氏旧陂旧堨及山谷私家小陂，皆当修缮以积水。其诸魏氏以来所造立，及诸因雨决溢蒲苇马肠陂之类，皆决沥之。长吏二千石躬亲劝功，诸食力之人并一时附功令，比及水冻，得粗枯涸，其所修功实之。人皆以俾之其旧陂堨沟渠当有所补塞者，皆寻求微迹，一如汉时故事，豫为部分列上，须冬东南休兵交代，各留一月以佐之。夫川渎有常流，地形有定体，汉氏居人众多，犹以无患，今因其所患而宣写之，迹古事以明近，大理显然，可坐论而得。臣不胜愚意，窃谓最是今日之实益也。

朝廷从之。

及平吴之后，有司又奏："诏书：'王公以国为家，京城不宜复有田宅。今未暇作诸国邸，当使城中有往来处，近郊有刍藁之田'。今可限之，国王公侯，京城得有一宅一处。近郊田，大国田十五顷，次国十顷，小国七顷。城内无宅城外有者，皆听留之。"

又制户调之式：丁男之户，岁输绢三匹，绵三斤，女及次丁男为户者半输。其诸边郡或三分之二,远者三分之一。夷人输賨布,户一匹,远者或一丈。男子一人占田七十亩,女子三十亩。其外丁男课田五十亩,丁女二十亩,次丁男半之,女则不课。男女年十六已上至六十为正丁,十五已下至十三、六十一已上至六十五为次丁,十二已下六十六已上为老小,不事。远夷不课田者输义米,户三斛,远者五斗,极远者输算钱,人二十八文。其官品第一至于第九,各以贵贱占田,品第一者占五十顷,第二品四十五顷,第三品四十顷,第四品三十五顷,第五品三十顷,第六品二十五顷,第七品二十顷,第八品十五顷,第九品十顷。而又各以品之高卑荫其亲属,多者及九族,少者三世。宗室、国宾、先贤之后及士人子孙亦如之。而又得荫人以为衣食客及佃客,品第六已上得衣食客三人,第七第八品二人,第九品及举辇、迹禽、前驱、由基、强弩、司马、羽林郎、殿中冗从武贲、殿中、武贲、持椎斧武骑武贲、持鈒冗从武贲、命中武贲武骑一人。其应有佃客者,官品第一第二者佃客无过五十户,第三品十户,第四品七户,第五品五户,第六品三户,第七品二户,第八品第九品一户。

　　是时天下无事,赋税平均,人咸安其业而乐其事。及惠帝之后,政教陵夷,至于永嘉,丧乱弥甚。雍州以东,人多饥乏,更相鬻卖,奔进流移,不可胜数。幽、并、司、冀、秦、雍六州大蝗,草木及牛马毛皆尽。又大疾疫,兼以饥馑,百姓又为寇贼所杀,流尸满河,白骨蔽野。刘曜之逼,朝廷议欲迁都仓垣,人多相食,饥疫总至,百官流亡者十八九。

　　元帝为晋王,课督农功,诏二千石长吏以入谷多少为殿最。其非宿卫要任,皆宜赴农,使军各自佃作,即以为廪。太兴元年,诏曰:"徐、扬二州土宜三麦,可督令燂地,投秋下种,至夏而熟,继新故之交,于以周济,所益甚大。昔汉遣轻车使者氾胜之督三辅种麦,而关中遂穰。勿令后晚。"其后频年麦虽有旱蝗,而为益犹多。二年,三吴大饥,死者以百数,吴郡太守邓攸辄开仓廪赈之。武帝时使黄门侍郎虞辌、桓彝开仓廪振给,并省众役。百官各上封事,后军将军应詹表曰:"夫一人不耕,天下必有受其饥者。而军兴以来,征战运漕,朝廷宗庙,百官用度,既已殷广,下及工商流寓僮仆不亲农桑而游食者,以十万计。不思开立美利,而望国足人给,岂不难哉!古人言曰:饥寒并至,尧舜不能使野无寇盗;贫富并兼,虽皋陶不能使强不陵弱。故有国有家者,何尝不务农重谷。近魏武皇帝用枣祗、韩浩之议,广建屯田,又于征伐之中,分带甲之士,随宜开垦,故下不甚劳,而大功克举也。间者流人奔东吴,东吴今俭,皆已还反。江西良田,旷废来久,火耕水耨,为功差易。宜简流人,兴复农官,功劳报赏,皆如魏氏故事,一年中与百姓,二年分税,三年计赋税以使之,公私兼济,则仓盈庾亿,可计日而待也。"又曰:"昔高祖使萧何镇关中,光武令寇恂守河内,魏武委钟繇以西事,故能使八表夷荡,区内缉宁。今中州萧条,未蒙疆理,此兆庶所以企望。寿春一方之会,去此不远,宜选都督有文武经略者,远以振河洛之形势,近以为徐豫之藩镇,绥集流散,使人有攸依,专委农功,令事有所局。赵充国农于金城,以平西零;诸葛亮耕于渭滨,规抗上国。今诸军自不对敌,皆宜齐课。"

咸和五年,成帝始度百姓田,取十分之一,率亩税米三升。六年,以海贼寇抄,运漕不继,发王公以下余丁,各运米六斛。是后频年水灾旱蝗,田收不至。咸康初,算度田税米,空悬五十余万斛,尚书褚裒以下免官。穆帝之世,频有大军,粮运不继,制王公以下十三户共借一人,助度支运。升平初,荀羡为北府都督,镇下邳,起田于东阳之石鳖,公私利之。哀帝即位,乃减田租,亩收二升。孝武太元二年,除度田收租之制,王公以下口税三斛,唯不在役之身。八年,又增税米,口五石。至于末年,天下无事,时和年丰,百姓乐业,谷帛殷阜,几乎家给人足矣。

汉钱旧用五铢,自王莽改革,百姓皆不便之。及公孙述僭号于蜀,童谣曰:"黄牛白腹,五铢当复。"好事者窃言,王莽称黄,述欲继之,故称白腹。五铢汉货,言汉当复并天下也。至光武中兴,除莽货泉。建武十六年,马援又上书曰:"富国之本,在于食货,宜如旧铸五铢钱。"帝从之。于是复铸五铢钱,天下以为便。及章帝时,谷帛价贵,县官经用不足,朝廷忧之。尚书张林言:"今非但谷贵也,百物皆贵,此钱贱故尔。宜令天下悉以布帛为租,市买皆用之,封钱勿出,如此则钱少物皆贱矣。又,盐者食之急也,县官可自卖盐,武帝时施行之,名曰均输。"于是事下尚书通议,尚书朱晖议曰:"王制,天子不言有无,诸侯不言多少,食禄者不与百姓争利。均输之法,与贾贩无异。以布帛为租,则吏多奸。官自卖盐,与下争利,非明王所宜行。"帝本以林言为是,得晖议,因发怒,遂用林言,少时复止。

和帝时有上书言:"人以货轻钱薄,故致贫困,宜改铸大钱。"事下四府群僚及太学能言之士,孝廉刘陶上议曰:

臣伏读铸钱之诏,平轻重之议,访覃幽微,不遗穷贱,是以藿食之人,谬延逮及。

盖以当今之忧,不在于货,在乎人饥。是以先王观象育物,敬授民时,使男不逋亩,女不下机,故君臣之道行,王路之教通。由是言之,食者乃有国之所宝,百姓之至贵也。窃以比年已来,良苗尽于蝗螟之口,杼柚空于公私之求。所急朝夕之飧,所患靡盐之事,岂谓钱之厚薄,铢两之轻重哉! 就使当今沙砾化为南金,瓦石变为和玉,使百姓渴无所饮,饥无所食,虽皇羲之纯德,唐虞之文明,犹不能以保萧墙之内也。盖百姓可百年无货,不可以一朝有饥,故食为至急也。

议者不达农殖之本,多言铸冶之便,或欲因缘行诈,以贾国利。国利将尽,取者争竞,造铸之端,于是乎生。盖万人铸之,一人夺之,犹不能给,况今一人铸之则万人夺之乎! 虽以阴阳为炭,万物为铜,役不食之民,使不饥之士,犹不能足无厌之求也。

夫欲民财殷阜,要在止役役禁夺,由百姓不劳而足。陛下圣德,愍海内之忧戚,伤天下之艰难,欲铸钱齐货,以救其弊,此犹养鱼沸鼎之中,栖鸟烈火之上。木水,本鱼鸟之所生也,用之不时,必至焦烂。愿陛下宽锲薄之禁,后冶铸之议也。

帝竟不铸钱。

及献帝初平中，董卓乃更铸小钱，由是货轻而物贵，谷一斛至钱数百万。至魏武为相，于是罢之，还用五铢。是时不铸钱既久，货本不多，又更无增益，故谷贱无已。及黄初二年，魏文帝罢五铢钱，使百姓以谷帛为市。至明帝世，钱废谷用既久，人间巧伪渐多，竞湿谷以要利，作薄绢以为市，虽处以严刑而不能禁也。司马芝等举朝大议，以为用钱非徒丰国，亦所以省刑。今若更铸五铢钱，则国丰刑省，于事为便。魏明帝乃更立五铢钱，至晋用之，不闻有所改创。孙权嘉平五年，铸大钱一当五百。赤乌元年，又铸当千钱。故吕蒙定荆州，孙权赐钱一亿。钱既太贵，但有空名，人间患之。权闻百姓不以为便，省息之，铸为器物，官勿复出也。私家有者，并以输藏，平畀其直，勿有所枉。

晋自中原丧乱，元帝过江，用孙氏旧钱，轻重杂行，大者谓之比轮，中者谓之四文。吴兴沈充又铸小钱，谓之沈郎钱。钱既不多，由是稍贵。孝武太元三年，诏曰："钱，国之重宝，小人贪利，销坏无已，监司当以为意。广州夷人宝贵铜鼓，而州境素不出铜，闻官私贾人皆于此下贪比轮钱斤两差重，以入广州，货与夷人，铸败作鼓。其重为禁制，得者科罪。"

安帝元兴中，桓玄辅政，立议欲废钱用谷帛。孔琳之议曰：

《洪范》八政，货为食次，岂不以交易所资，为用之至要者乎！若使百姓用力于为钱，则是妨为生之业，禁之可也。今农自务谷，工自务器，各隶其业，何当致勤于钱。故圣王制无用之货，以通有用之财，既无毁败之费，又省难运之苦，此钱所以嗣功龟贝，历代不废者也。谷帛为宝，本充衣食，分以为货，则致损甚多。又劳毁于商贩之手，耗弃于割截之用，此之为弊，著自于曩。故钟繇曰，巧伪之人，竞湿谷以要利，制薄绢以充资。魏世制以严刑，弗能禁也。是以司马芝以为用钱非徒丰国，亦所以省刑。钱之不用，由于兵乱积久，自致于废，有由而然，汉末是也。今既用而废之，则百姓顿亡其利。今括囊天下之谷，以周天下之食，或仓库充溢，或粮靡并储，以相资通，则贫者仰富。致富之道，实假于钱，一朝断之，便为弃物。是有钱无粮之人，皆坐而饥困，以此断之，又立弊也。

且据今用钱之处，不以为贫，用谷之处，不以为富。又人习来久，革之必惑。语曰，利不百，不易业。况又钱便于谷邪！魏明帝时钱废，谷用既久，不以便于人，乃举朝大议。精才达政之士莫不以宜复用钱，下无异情，朝无异论。彼尚舍谷帛而用钱，足以明谷帛之弊著于已诚也。

世或谓魏氏不用钱久，积累巨万，故欲行之，利公富国，斯殆不然。晋文后舅犯之谋，而先成季之信，以为虽有一时之勋，不如万世之益。于时名贤在列，君子盈朝，大谋天下之利害，将定经国之要术。若谷实便钱，义不昧当时之近利，而废永用之通业，断可知矣。斯实由困而思革，改而更张耳。近孝武之末，天下无事，时和年丰，百姓乐业，谷帛殷阜，几乎家给人足，验之实事，钱又不妨人也。

顷兵革屡兴，荒馑荐及，饥寒未振，实此之由。公既援而拯之，大革视听，弘敦本之教，明广农之科，敬授人时，各从其业，游荡知反，务末自休，固以南亩竞力，野无遗壤矣。于此以往，将升平必至，何衣食之足恤！愚谓救弊之术，无取于废钱。朝议多同琳之，故玄议不行。

晋书卷二七
志第一七

五行上

夫帝王者,配德天地,叶契阴阳,发号施令,动关幽显,休咎之
征,随感而作,故《书》曰:"惠迪吉,从逆凶,惟影响。"昔伏羲氏继天
而王,受《河图》,则而画之,八卦是也。禹治洪水,赐《洛书》,法而陈
之,《洪范》是也。圣人行其道,宝其真,自天佑之,吉无不利。三五
已降,各有司存。爰及殷之箕子,在父师之位,典斯大范。周既克殷,
以箕子归,武王虚己而问焉。箕子对以禹所得《雒书》,授之以垂训。
然则《河图》、《雒书》相为经纬,八卦、九章更为表里。殷道绝,文王
演《周易》;周道弊,孔子述《春秋》。奉乾坤之阴阳,效《洪范》之休
咎,天人之道粲然著矣。

汉兴,承秦灭学之后,文帝时,宓生创纪《大传》,其言五行庶征
备矣。后景武之际,董仲舒治《公羊春秋》,始推阴阳,为儒者之宗。
宣元之间,刘向治《谷梁春秋》,数其祸福,传以《洪范》,与仲舒多所
不同。至向子歆治《左氏传》,其言《春秋》及五行,又甚乖异。班固
据《大传》,采仲舒、刘向、刘歆著《五行志》,而传载眭孟、夏侯胜、京
房、谷永、李寻之徒所陈行事,讫于王莽,博通祥变,以传《春秋》。

综而为言,凡有三术。其一曰,君治以道,臣辅克忠,万物咸遂
其性,则和气应,休征效,国以安。二曰,君违其道,小人在位,众庶
失常,则乖气应,咎征效,国以亡。三曰,人君大臣见灾异,退而自
省,责躬修德,共御补过,则消祸而福至。此其大略也。辄举斯例,

错综时变，婉而成章，有足观者。及司马彪纂光武之后以究汉事，灾眚之说不越前规。今采黄初以降言祥异者，著于此篇。

《经》曰："五行：一曰水，二曰火，三曰木，四曰金，五曰土。水曰润下，火曰炎上，木曰曲直，金曰从革，土爰稼穑。"

《传》曰："田猎不宿，饮食不享，出入不节，夺农时及有奸谋，则木不曲直。"

说曰：木，东方也。于《易》，地上之木为《观》。于王事，威仪容貌亦可观者也。故行步有佩玉之度，登车有和鸾之节，三驱之制，饮食有享献之礼；出入有名，使人以时，务在劝农桑，谋在安百姓，如此，则木得其性矣。若乃田猎驰骋，不反宫室；饮食沈湎，不顾法度；妄兴徭役，以夺农时；作为奸诈，以伤人财，则木失其性矣。盖工匠之为轮矢者多伤败，及木为变怪，是为不曲直。

魏文帝黄初六年正月，雨，木冰。案刘歆说，上阳施不下通，下阴施不上达，故雨，而木为之冰，氛气寒，木不曲直也。刘向曰，冰者阴之盛，木者少阳，贵臣卿大夫象也。此人将有害，则阴气胁木，木先寒，故得雨而冰也。是年六月，利成郡兵蔡方等杀太守徐质，据郡反。太守，古之诸侯，贵臣有害之应也。一说以木冰为木介，介者甲兵之象。是岁，既讨蔡方，又八月天子自将以舟师征吴，戍卒十余万，连旌数百里，临江观兵，又属常雨也。

元帝太兴三年二月辛未，雨，木冰。后二年，周颛等遇害，是阳施不下通也。

穆帝永和八年正月乙巳，雨，木冰。是年殷浩北伐，明年军败，十年废黜。又曰，荀羡、殷浩北伐，桓温入关之象也。

孝武帝太元十四年十二月乙巳，雨，木冰。明年二月王恭为北藩，八月庾楷为西藩，九月王国宝为中书令，寻加领军将军，十七年殷仲堪为荆州，虽邪正异规，而终同夷灭，是其应也。

吴孙亮建兴二年，诸葛恪征淮南，后所坐听事栋中折。恪妄兴征役，夺农时，作邪谋，伤国财力，故木失其性致毁折也。及旋师而诛灭，于《周易》又为"栋桡之凶"也。

武帝太康五年五月，宣帝庙地陷，梁折。八年正月，太庙殿又陷，改作庙，筑基及泉。其年九月，遂更营新庙，远致名材，杂以铜柱，陈勰为匠，作者六万人。至十年四月乃成，十一月庚寅梁又折。天戒若曰，地陷者分离之象，梁折者木不曲直也。明年帝崩，而王室遂乱。

惠帝太安二年，成都王颖使陆机率众向京都，击长沙王乂，及军始引而牙竿折，俄而战败，机被诛，颖遂奔溃，卒赐死。此奸谋之罚，木不曲直也。

元帝太兴四年，王敦在武昌，铃下仪仗生华如莲华，五六日而萎落。此木失其性。干宝以为狂华生枯木，又在铃阁之间，言威仪之富，荣华之盛，皆如狂华之发，不可久也。其后王敦终以逆命加戮其尸。一说亦华孽也，于《周易》为"枯杨生华"。

桓玄始篡，龙旗竿折。时玄田猎无度，饮食奢恣，土木妨农，又多奸谋，故木失其性。天戒若曰，旗所以挂三辰，章著明也，旗竿之折，高明去矣。玄果败。

《传》曰："弃法律，逐功臣，杀太子，以妾为妻，则火不炎上。"

说曰：火，南方，扬光辉为明者也。其于王者，南面向明而治。《书》云："知人则哲，能官人。"故尧舜举群贤而命之朝，远四佞而放诸野。孔子曰："浸润之谮，肤受之愬，不行焉，可谓明矣。"贤佞分别，官人有序，帅由旧章，敬重功勋，殊别嫡庶，如此则火得其性矣。若乃信道不笃，或耀虚伪，谗夫昌，邪胜正，则火失其性矣。自上而降，及滥炎妄起，焚宗庙，烧宫馆，虽兴师众，不能救也，是为火不炎上。

魏明帝太和五年五月，清商殿灾。初，帝为平原王，纳河南虞氏为妃。及即位，不以为后，更立典虞车工卒毛嘉女为后。后本仄微，非所宜升，以妾为妻之罚也。

青龙元年六月，洛阳宫鞠室灾。二年四月，崇华殿灾，延于南阁，缮复之。至三年七月，此殿又灾。帝问高堂隆："此何咎也？于礼宁有祈禳之义乎？"对曰："夫灾变之发，皆所以明教诫也，惟率礼修德可以胜之。《易传》曰：'上不俭，下不节，孽火烧其室。'又曰：'君高其台，天火为灾。'此人君苟饰宫室，不知百姓空竭，故天应之以旱，火从高殿起也。案《旧占》曰："灾火之发，皆以台榭宫室为诫。'今宜罢散作役，务从节约，清扫所灾之处，不敢于此有所营造，萑莆嘉禾必生此地，以报陛下虔恭之德。"帝不从。遂复崇华殿，改曰九龙。以郡国前后言龙见者九，故以为名。多弃法度，疲众逞欲，以妾为妻之应也。

吴孙亮建兴元年十二月，武昌端门灾，改作，端门又灾。内殿门者，号令所出；殿者，听政之所。是时诸葛恪执政，而矜慢放肆，孙峻总禁旅，而险害终著。武昌，孙氏尊号所始。天戒若曰，宜除其贵要之首者，恪果丧众殄人，峻授政于綝，綝废亮也。或曰，孙权毁彻武昌以增太初宫，诸葛恪有迁都意，更起门殿，事非时宜，故见灾也。京房《易传》曰："君不思道，厥妖火烧宫。"

太平元年二月朔，建邺火，人之火也。是秋，孙綝始执政，矫以亮诏杀吕据、滕胤。明年，又辄杀朱异。弃法律逐功臣之罚也。

孙休永安五年二月，城西门北楼灾。六年十月，石头小城火，烧西南百八十丈。是时嬖人张布专擅国势，多行无礼，而韦昭、盛冲终斥不用，兼遣察战等为内史，惊扰州郡，致使交趾反乱，是其咎也。

孙皓建衡二年三月，大火，烧万余家，死者七百人。案《春秋》齐火灾，刘向以为桓公好内，听女口，妻妾数更之罚也。时皓制令诡暴，荡弃法度，劳臣名士，诛斥甚众，后宫万余，女谒数行，其中隆宠佩皇后玺绶者又多矣，故有大火。

武帝太康八年三月乙丑，震灾西阁楚王所止坊及临商观窗。十年四月癸丑，崇贤殿灾。十月庚辰，含章鞠室、修成堂前庑、景坊东屋、晖章殿南阁火。时有上书曰："汉王氏五侯，兄弟迭任，今杨氏三公，并在大位，故天变屡见，窃为陛下忧。"由是杨珧求退。是时帝纳冯紞之间，废张华之功，听杨骏之谗，离卫瓘之宠，此逐功臣之罚也。明年，宫车晏驾。其后楚王承窃发之旨，戕害二公，身亦不免。震灾其坊，又天意乎。

惠帝元康五年闰月庚寅,武库火。张华疑有乱,先命固守,然后救火。是以累代异宝,王莽头,孔子屐,汉高祖断白蛇剑及二百万人器械,一时荡尽。是后愍怀见杀太子之罚也。天戒若曰,夫设险击柝,所以固其国,储积戎器,所以戒不虞。今冢嗣将倾,社稷将泯,禁兵无所复施,皇旅又将谁卫。帝后不悟,终丧四海,是其应也。张华、阎纂皆曰,"武库火而氐羌反,太子见废,则四海可知"。

八年十一月,高原陵火。是时贾后凶恣,贾谧擅朝,恶积罪稔,宜见诛绝。天戒若曰,臣妾之不可者,虽亲贵莫比,犹宜忍而诛之,如吾燔高原陵也。帝既眊弱,而张华又不纳裴𫖮、刘卞之谋,故后遂与谧杀太子也。干宝以为"高原陵火,太子废之应。汉武帝世,高园便殿火,董仲舒对与此占同"。

永康元年,帝纳皇后羊氏,后将入官,衣中忽有火,众咸怪之。永兴元年,成都王遂废后,处之金墉城。是后还立,立而复废者四。又诏赐死,荀藩表全之。虽未还在位,然忧逼折辱,终古未闻。此孽火之应也。

永兴二年七月甲午,尚书诸曹火起,延崇礼闼及阁道。夫百揆王化之本,王者弃法律之应也。后清河王覃入嗣,不终于位,又杀太子之罚也。

孝怀帝永嘉四年十一月,襄阳火,烧死者三千余人。是时王如自号大将军、司雍二州牧,众四五万,攻略郡县。此下陵上,阳失其节之应也。

元帝太兴中,王敦镇武昌,武昌灾,火起,兴众救之,救于此而发于彼,东西南北数十处俱应,数日不绝。旧说所谓"滥炎妄起,虽兴师众不能救之"之谓也。干宝以为"此臣而君行,亢阳失节,是为王敦陵上,有无君之心,故灾也"。

永昌二年正月癸巳,京都大火。三月,饶安、东光、安陵三县火,烧七千余家,死者万五千人。

明帝太宁元年正月,京都火。是时王敦威侮朝廷,多行无礼,内外臣下咸怀怨毒,极阴生阳也。

成帝咸和二年五月，京师火。

康帝建元元年七月庚申，吴郡灾。

穆帝永和五年六月，震灾石季龙太武殿及两庙端门。震灾月余乃灭，金石皆尽。其后季龙死，大乱，遂灭亡。

海西公太和中，郗愔为会稽太守。六月大旱灾，火烧数千家，延及山阴仓米数百万斛，炎烟蔽天，不可扑灭。此亦桓温强盛，将废海西，极阴生阳之应也。

孝武帝宁康元年三月，京都风火大起。是时桓温入朝，志在陵上，少主践位，人怀忧恐，此与太宁火事同。

太元十年正月，国子学生因风放火，焚房百余间。是后考课不厉，赏黜无章。盖有育才之名，而无牧贤之实，此不哲之罚先兆也。

十三年十二月乙未，延贤堂灾。是月景申，螽斯则百堂及客馆、骠骑府库皆灾。于时朝多弊政，衰陵日兆，不哲之罚，皆有象类，主相不悟，终至乱亡。会稽王道子宠幸尼及姆母，各树用其亲戚，乃至出入宫掖，礼见人主。天戒若曰，登延贤堂及客馆者多非其人，故灾之也。又，孝武帝更不立皇后，宠幸微贱张夫人，夫人骄妒，皇子不繁，乖"螽斯则百"之道，故灾其殿焉。道子复赏赐不节，故府库被灾，斯亦其罚也。

安帝隆安二年三月，龙舟二乘灾，是水沴火也。其后桓玄篡位，帝乃播越。天戒若曰，王者流迁，不复御龙舟，故灾之耳。元兴元年八月庚子，尚书下舍曹火。时桓玄遥录尚书，故天火，示不复居也。

三年，卢循攻略广州，刺史吴隐之闭城固守。其十月壬戌夜，火起。时百姓避寇盈满城内，隐之惧有应贼者，但务严兵，不先救火。由是府舍焚荡，烧死者万余人，因遂散溃，悉为贼擒。

义熙四年七月丁酉，尚书殿中吏部曹火。九年，京都大火，烧数千家。十一年，京都所在大行火灾，吴界尤甚。火防甚峻，犹自不绝。王弘时为吴郡，昼在听事，见天上有一赤物下，状如信幡，遥集路南人家屋上，火即大发。弘知天为之灾，故不罪火主。此帝室衰微之应也。

《传》曰:"修宫室,饰台榭,内淫乱,犯亲戚,侮父兄,则稼穑不成。"

说曰:土,中央,生万物者也。其于王者,为内事,宫室、夫妇、亲属,亦相生者也。古者天子诸侯,宫庙大小高卑有制,后夫人媵妾多少有度,九族亲疏长幼有序。孔子曰:"礼,与其奢也,宁俭。"故禹卑宫室,文王刑于寡妻,此圣人之所以昭教化也。如此,则土得其性矣。若乃奢淫骄慢,则土失其性。亡水旱之灾而草木百谷不熟,是为稼穑不成。

吴孙皓时,常岁无水旱,苗稼丰美而实不成,百姓以饥,阖境皆然,连岁不已。吴人以为伤露,非也。案刘向《春秋说》曰"水旱当书,不书水旱而曰大无麦禾者,土气不养,稼穑不成",此其义也。皓初迁都武昌,寻还建邺,又起新馆,缀饰珠玉,壮丽过甚,破坏诸营,增广苑囿,犯暑妨农,官私疲怠。《月令》,季夏不可以兴土功,皓皆冒之。此修宫室饰台榭之罚也。

元帝太兴二年,吴郡、吴兴、东阳无麦禾,大饥。

成帝咸和五年,无麦禾,天下大饥。

穆帝永和十年,三麦不登。十二年,大无麦。

孝武太元六年,无麦禾,天下大饥。

安帝元兴元年,无麦禾,天下大饥。

《传》曰:"好战攻,轻百姓,饰城郭,侵边境,则金不从革。"

说曰:金,西方,万物既成,杀气之始也。故立秋而鹰隼击,秋分而微霜降。其于王事,出军行师,把旄杖钺,誓士众,抗威武,所以征叛逆,止暴乱也。《诗》云:"有虔执钺,如火烈烈。"又曰:"载戢干戈,载櫜弓矢。"动静应宜,说以犯难,人忘其死,金得其性矣。若乃贪欲恣睢,务立威胜,不重人命,则金失其性。盖工冶铸金铁,冰滞涸坚,不成者众,乃为变怪,是为金不从革。

魏时张掖石瑞,虽是晋之符命,而于魏为妖。好攻战,轻百姓,饰城郭,侵边境,魏氏三祖皆有其事。石图发于非常之文,此不从革之异也。

晋定大业,多毙曹氏,石瑞文"大讨曹"之应也。案刘歆以《春秋》石言于晋,为金石同类也,是为金不从革,失其性也。刘向以为石白色为主,属白祥。

魏明帝青龙中,盛修宫室,西取长安金狄,承露盘折,声闻数十里,金狄泣,于是因留霸城。此金失其性而为异也。

吴时,历阳县有岩穿,似印,咸云"石印封发,天下太平"。孙皓天玺元年,印发。又,阳羡山有石穴,长十余丈。皓初修武昌宫,有迁都之意。是时武昌为离宫。班固云"离宫与城郭同占",饰城郭之谓也。其宝鼎三年后,皓出东关,遣丁奉至合肥,建衡三年皓又大举出华里,侵边境之谓也。故令金失其性,卒面缚而吴亡。

惠帝元康三年闰二月,殿前六钟皆出涕,五刻止。前年贾后杀杨太后于金墉城,而贾后为恶不止,故钟出涕,犹伤之也。

永兴元年,成都伐长沙,每夜戈戟锋有火光如悬烛。此轻人命,好攻战,金失其性而为光变也。天戒若曰,兵犹火也,不戢将自焚。成都不悟,终以败亡。

怀帝永嘉元年,项县有魏豫州刺史贾逵石碑,生金可采,此金不从革而为变也。五月,汲桑作乱,群寇飙起。清河王覃为世子时,所佩金铃忽生起如粟者,康王母疑不祥,毁弃之。及后为惠帝太子,不终于位,卒为司马越所杀。

愍帝建兴五年,石言于平阳。是时帝蒙尘亦在平阳,故有非言之物而言,妖之大者。俄而帝为逆胡所弑。

元帝永昌元年,甘卓将袭王敦,既而中止。及还,家多变怪,照镜不见其头。此金失其性而为妖也。寻为敦所袭,遂夷灭。

石季龙时,邺城凤阳门上金凤凰二头飞入漳河。

海西太和中,会稽山阴县起仓,凿地得两大船,满中钱,钱皆轮文大形。时日向暮,凿者驰以告官,官夜遣防守甚严。至明旦,失钱所在,惟有船存。视其状,悉有钱处。安帝义熙初,东阳太守殷仲文照镜不见其头,寻亦诛剪,占与甘卓同也。

《传》曰:"简宗庙,不祷祠,废祭祀,逆天时,则水不润下。"

　　说曰：水，北方，终藏万物者也。其于人道，命终而形藏，精神放越。圣人为之宗庙，以收魂气，春秋祭祀，以终孝道。王者即位，必郊祀天地，祷祈神祇，望秩山川，怀柔百神，亡不宗事。慎其斋戒，致其严敬，是故鬼神歆飨，多获福助。此圣王所以顺事阴气，和神人也。及至发号施令，亦奉天时。十二月咸得其气，则阴阳调而终始成。如此，则水得其性矣。若乃不敬鬼神，政令逆时，水失其性。雾水暴出，百川逆溢，坏乡邑，溺人民，及淫雨伤稼穑，是为水润不下。

　　京房《易传》曰："颛事者加，诛罚绝理，厥灾水。其水也，雨，杀人，以阴霜，大风天黄。饥而不损，兹谓泰，厥大水，水杀人。避遏有德，兹谓狂，厥水，水流杀人也。已水则地生虫。归狱不解，兹谓追非，厥水寒，杀人。追诛不解，兹谓不理，厥水五谷不收。大败不解，兹谓皆阴，厥水流入国邑，陨霜杀谷。"董仲舒曰："交兵结仇，伏尸流血，百姓愁怨，阴气盛，故大水也。"

　　魏文帝黄初四年六月，大雨霖，伊洛溢，至津阳城门，漂数千家，杀人。初，帝即位，自邺迁洛，营造宫室，而不起宗庙。太祖神主犹在邺，尝于建始殿飨祭如家人礼，终黄初不复还邺。又郊社神祇，未有定位。此简宗庙废祭祀之罚也。

　　吴孙权赤乌八年夏，茶陵县洪水溢出，漂二百余家。十三年秋，丹杨、故鄣等县又洪水溢出。案权称帝三十年，竟不于建邺创七庙。惟父坚一庙远在长沙，而郊祀礼阙。嘉禾初，群臣奏宜郊祀，又不许。末年虽一南郊，而北郊遂无闻焉。吴楚之望亦不见秩，反祀罗阳妖神，以求福助。天戒若曰，权简宗庙，不祷祠，废祭祀，故示此罚，欲其感悟也。

　　太元元年，又有大风涌水之异。是冬，权南郊，宜是鉴咎征乎！还而寝疾，明年四月薨。一曰，权时信纳谮诉，虽陆逊勋重，子和储贰，犹不得其终，与汉安帝听谗免杨震、废太子同事也。且赤乌中无年不用兵，百姓愁怨。八年秋，将军马茂等又图逆。

　　魏明帝景初元年九月，淫雨，冀、兖、徐、豫四州水出，没溺杀人，漂失财产。帝自初即位，便淫奢极欲，多占幼女，或夺士妻，崇饰宫室，妨害农战，触情恣欲，至是弥甚，号令逆时，饥不损役。此水不润下之应也。

吴孙亮五凤元年夏，大水。亮即位四年，乃立权庙。又终吴世不上祖宗之号，不修严父之礼，昭穆之数有阙。亮及休、皓又并废二郊，不秩群神。此简宗庙不祭祀之罚也。又，是时孙峻专政，阴胜阳之应乎！

孙休永安四年五月，大雨，水泉涌溢。昔岁作浦里塘，功费无数，而田不可成，士卒死叛，或自贼杀，百姓愁怨，阴气盛也。休又专任张布，退盛冲等，吴人贼之应也。

五年八月壬午，大雨震电，水泉涌溢。

武帝泰始四年九月，青、徐、兖、豫四州大水。七年六月，大雨霖，河、洛、伊、沁皆溢，杀二百余人。自帝即尊位，不加三后祖宗之号。泰始二年又除明堂南郊五帝座，同称昊天上帝，一位而已。又省先后配地之祀。此简宗庙废祭祀之罚也。

咸宁元年九月，徐州大水。二年七月癸亥，河南、魏郡暴水，杀百余人。闰月，荆州郡国五大水，流四千余家。去年采择良家子女，露面入殿，帝亲简阅，务在姿色，不访德行，有蔽匿者以不敬论，缙绅愁怨，天下非之，阴盛之应也。

三年六月，益、梁二州郡国八暴水，杀三百余人。七月，荆州大水。九月，始平郡大水。十月，青、徐、兖、豫、荆、益、梁七州又大水。是时贾充等用事专恣，而正人疏外者多，阴气盛也。

四年七月，司、冀、兖、豫、荆、扬郡国二十大水，伤秋稼，坏屋室，有死者。

太康二年六月，泰山、江夏大水，泰山流三百家，杀六十余人，江夏亦杀人。时平吴后，王濬为元功而诋劾妄如，荀、贾为无谋而并蒙重赏，收吴姬五千，纳之后宫，此其应也。

四年七月，兖州大水。十二月，河南及荆、扬六州大水。五年九月，郡国四大水，又陨霜。是月，南安等五郡大水。六年四月，郡国十大水，坏庐舍。七年九月，郡国八大水。八年六月，郡国八大水。

惠帝元康二年，有水灾。五年五月，颍川、淮南大水。六月，城阳、东莞大水，杀人，荆、扬、徐、兖、豫五州又水。是时帝即位已五载，犹未郊祀，其蒸尝亦多不亲行事。此简宗庙废祭祀之罚。

六年五月，荆、扬二州大水。是时贾后乱朝，宠树贾、郭，女主专政，阴气盛之应也。

八年五月，金墉城井溢。《汉志》，成帝时有此妖，后王莽僭逆。今有此妖，赵王伦篡位，伦废帝于此城，井溢所在，其天意也。九月，荆、扬、徐、冀、豫五州大水。是时贾后暴戾滋甚，韩谧骄猜弥扇，卒害太子，旋以祸灭。九年四月，宫中井水沸溢。

永宁元年七月，南阳、东海大水。是时齐王冏专政，阴盛之应也。

太安元年七月，兖、豫、徐、冀四州水。时将相力政，无尊主心，阴盛故也。

孝怀帝永嘉四年四月，江东大水。时王导等潜怀翼戴之计，阴气盛也。

元帝太兴三年六月，大水。是时王敦内怀不臣，傲很陵上，此阴气盛也。四年七月，又大水。

永昌二年五月，荆州及丹杨、宣城、吴兴、寿阳大水。明帝太宁元年五月，丹杨、宣城、吴兴、寿春大水。是时王敦威权震主，阴气盛故也。

成帝咸和元年五月，大水。是时嗣主幼冲，母后称制，庾亮以元舅决事禁中，阴胜阳故也。

二年五月戊子，京都大水。是冬，以苏峻称兵，都邑涂地。

四年七月，丹杨、宣城、吴兴、会稽大水。是冬，郭默作乱，荆豫共讨之，半岁乃定，兵役之应也。

七年五月，大水。是时帝未亲机务，政在大臣，阴胜阳也。

咸康元年八月，长沙、武陵大水。穆帝永和四年五月，大水。五年五月，大水。六年五月，又大水。时幼主冲弱，母后临朝，又将相大臣各执权政，与咸和初同事也。

七年七月甲辰夜,涛水入石头,死者数百人。是时殷浩以私忿废蔡谟,遐迩非之。又幼主在上而殷桓交恶,选徒聚甲,各崇私权,阴胜阳之应也。一说,涛水入石头,以为兵占。是后殷浩、桓温、谢尚、荀羡连年征伐,百姓愁怨也。

升平二年五月,大水。五年四月,又大水。是时桓温权制朝廷,专征伐,阴胜阳也。

海西太和六年六月,京师大水,平地数尺,浸及太庙。朱雀大航缆断,三艘流入大江。丹杨、晋陵、吴郡、吴兴、临海五郡又大水,稻稼荡没,黎庶饥馑。初,四年桓温北伐败绩,十丧其九,五年又征淮南,逾岁乃克,百姓愁怨之应也。

简文帝咸安元年十二月壬午,涛水入石头。明年,妖贼卢竦率其属数百人入殿,略取武库三库甲仗,游击将军毛安之讨灭之,兵兴阴盛之应也。

孝武帝太元三年六月,大水。是时帝幼弱,政在将相。五年五月,大水。六年六月,扬、荆、江三州大水。八年三月,始兴、南康、庐陵大水,平地五丈。十年五月,大水。自八年破苻坚后,有事中州,役无宁岁,愁怨之应也。

十三年十二月,涛水入石头,毁大航,杀人。明年,慕容氏寇扰司兖,镇戍西北,疲于奔命,愁怨之应也。

十五年七月,沔中诸郡及兖州大水。是时缘河纷争,征戍勤瘁之应也。

十七年六月甲寅,涛水入石头,毁大航,漂船舫,有死者。京口西浦亦涛入杀人。永嘉郡潮水涌起,近海四县人多死。后四年帝崩,而王恭再攻京师,京师亦发众以御之,兵役频兴,百姓怨愁之应也。

十八年六月己亥,始兴、南康、庐陵大水,深五丈。十九年七月,荆徐大水,伤秋稼。二十年六月,荆徐又大水。二十一年五月癸卯,大水。是时政事多弊,兆庶非之。

安帝隆安三年五月,荆州大水,平地三丈。去年殷仲堪举兵向京师,是年春又杀郗恢,阴盛作威之应也。仲堪寻亦败亡。

五年五月，大水。是时会稽王世子元显作威陵上，又桓玄擅西夏，孙恩乱东国，阴胜阳之应也。

元兴二年十二月，桓玄篡位。其明年二月庚寅夜，涛水入石头。商旅方舟万计，漂败流断，骸胔相望。江左虽频有涛变，未有若斯之甚。三月，义军克京都，玄败走，遂夷灭之。

三年二月己丑朔夜，涛水入石头，漂没杀人，大航流败。

义熙元年十二月己未，涛水入石头。二年十二月己未夜，涛水入石头。明年，骆球父环潜结桓胤、殷仲文等谋作乱，刘稚亦谋反，凡所诛灭数十家。

三年五月景午，大水。四年十二月戊寅，涛水入石头。明年，王旅北讨。六年五月丁巳，大水。乙丑，卢循至蔡洲。八年六月，大水。九年五月辛巳，大水。十年五月丁丑，大水。戊寅，西明门地穿，涌水出，毁门扇及限，亦水沴土也。七月乙丑，淮北风灾，大水杀人。十一年七月景戌，大水淹渍太庙，百官赴救。明年，王旅北讨关河。

《经》曰："庶用五事：一曰貌，二曰言，三曰视，四曰听，五曰思。貌曰恭，言曰从，视曰明，听曰聪，思曰睿。恭作肃，从作乂，明作哲，聪作谋，睿作圣。休征：曰肃，时雨若；乂，时旸若；哲，时燠若；谋，时寒若；圣，时风若。咎，征曰狂，恒雨若；僭，恒旸若；豫，恒燠若；急，恒寒若；雾，恒风若。"

《传》曰："貌之不恭，是谓不肃，厥咎狂，厥罚恒雨，厥极恶。时则有服妖，时则有龟孽，时则有鸡祸，时则有下体生上之疴，时则有青眚青祥。惟金沴木。"

说曰：凡草木之类谓之妖。妖犹夭胎，言尚微也。虫豸之类谓之孽。孽则芽孽矣。及六畜，谓之祸，言其著也。及人，谓之疴。疴，病貌也，言浸深也。甚则异物生，谓之眚；自外来，谓之祥。祥，犹御名也。气相伤，谓之沴。沴犹临莅，不和意也。每一事云"时则"以绝之，言非必俱至，或有或亡，或在前或在后。孝武时，夏侯始昌通《五经》，善推《五行传》，以传族子夏侯胜，下及许商，皆以教所贤弟子。其传与刘向同，惟刘歆传独异。貌之不恭，是谓不肃。肃，敬也。内曰恭,外曰敬。人君行己,体貌不恭,怠慢骄蹇,则不能敬万事,失则狂易,故其咎狂也。上慢下暴,则阴气胜,故其罚常雨也。水伤百谷,衣食不足,则奸宄并作,故其极恶也。一曰,人多被刑,或形貌丑恶,亦是也。风俗狂慢,变节易度,则为剽轻奇怪之服,故有服妖。水类动,故有龟孽。于《易》,《巽》为鸡。鸡有冠、距,文武之貌。而不为威,貌气毁,故有鸡祸。一曰,水岁多鸡死及为怪,亦是也。上失威仪,则有强臣害君上者,故有下体生于上之疴。木色青,故有青眚青祥。凡貌伤者病木气,木气病则金沴之,冲气相通也。于《易》,《震》在东方,为春为木;《兑》在西方,为秋为金;《离》在南方,为夏为火;《坎》在北方,为冬为水。春与秋日夜分,寒暑平,是以金木之气易以相变,故伤则致秋阴常雨,言伤则致春阳常旱也。至于冬夏,日夜相反,寒暑殊绝,水火之气不得相并,故视伤常燠、听伤常寒者,其气然也。逆之,其极曰恶;顺之,其福曰攸好德。刘歆貌传曰有鳞虫之孽,羊祸,鼻疴。说以为于天文东方辰为龙星,故为鳞虫。于《易》,《兑》为羊,木为金所病,故致羊祸,与常雨同应。此说非是。春与秋气阴阳相敌,木病金盛,故能相并,惟此一事耳。祸与妖疴祥眚同类,不得独异。

魏尚书邓飏行步驰纵,筋不束体,坐起倾倚,若无手足,此貌之不恭也。管辂谓之鬼躁。鬼躁者,凶终之征,后卒诛也。

惠帝元康中,贵游子弟相与为散发倮身之饮,对弄婢妾,逆之者伤好,非之者负讥,希世之士耻不与焉。盖貌之不恭,胡狄侵中国之萌也。其后遂有二胡之乱,此又失在狂也。

元康中,贾谧亲贵,数入二宫,与储君游戏,无降下心。又尝因弈棋争道,成都王颖厉色曰:“皇太子国之储贰,贾谧何敢无礼!”谧犹不悛,故及于祸,貌不恭之罚也。

齐王冏既诛赵王伦,因留辅政,坐拜百官,符敕台府,淫恣专骄,不一朝觐,此狂恣不肃之咎也。天下莫不高其功而虑其亡也,冏终弗改,遂致夷灭。

司马道子于府园内列肆,使姬人酤鬻,身自买易。干宝以为贵

者失位,降在皂隶之象也。俄而道子见废,以庶人终,此貌不恭之应
也。

安帝义熙七年,将拜授刘毅世子。毅以王命之重,当设飨宴,亲
请史佐临视。至拜日,国僚不重白,默拜于厩中。王人将反命,毅方
知之,大以为恨,免郎中令刘敬督官。天戒若曰,此惰略嘉礼不肃之
妖也。其后毅遂被杀焉。

庶征恒雨,刘歆以为《春秋》大雨,刘向以为大水。魏明帝太和
元年秋,数大雨,多暴卒,雷电非常,至杀鸟雀。案杨阜上疏,此恒雨
之罚也。时天子居丧不哀,出入弋猎无度,奢侈繁兴,夺农时,故水
失其性而恒雨为罚。

太和四年八月,大雨霖三十余日,伊、洛、河、汉皆溢,岁以凶
饥。

吴孙亮太平二年二月甲寅,大雨、震电。乙卯,雪,大寒。案刘
歆说,此时当雨而不当大,大雨,恒雨之罚也。于始震电之明日而
雪,大寒,又常寒之罚也。刘向以为既已雷电,则雪不当复降,皆失
时之异也。天戒若曰,为君失时,贼臣将起。先震电而后雪者,阴见
间隙,起而胜阳,逆弑之祸将成也。亮不悟,寻见废。此与《春秋》鲁
隐同。

武帝泰始六年六月,大雨霖。甲辰,河、洛、伊、沁水同时并溢,
流四千九百余家,杀二百余人,没秋稼千三百六十余顷。

太康五年七月,任城、梁国暴雨,害豆麦。九月,南安郡霖雨暴
雪,树木摧折,害秋稼。是秋,魏郡西平郡九县、淮南、平原霖雨暴
水,霜伤秋稼。

惠帝永宁元年十月,义阳、南阳、东海霖雨,淹害秋麦。

元帝太兴三年,春雨至于夏。是时王敦执权,不恭之罚也。

永昌元年,春雨四十余日,书夜雷电震五十余日。是时王敦兴
兵,王师败绩之应也。

成帝咸和四年,春雨五十余日,恒雷电。是时虽斩苏峻,其余党
犹据守石头,至其灭后,淫雨乃霁。

咸康元年八月乙丑，荆州之长沙攸、醴陵，武陵之龙阳，三县雨水，浮漂屋室，杀人，损秋稼。是时帝幼，权在于下。

服妖

魏武帝以天下凶荒，资财乏匮，始拟古皮弁，裁缣帛为白帢，以易旧服。傅玄曰："白乃军容，非国容也。"干宝以为"缟素，凶丧之象也"。名之为帢，毁辱之言也，盖革代之后，劫杀之妖也。

魏明帝著绣帽，披缥纨半袖，常以见直臣杨阜，谏曰："此礼何法服邪！"帝默然。近服妖也。夫缥，非礼之色。亵服尚不以红紫，况接臣下乎？人主亲御非法之章，所谓自作孽不可禳也。帝既不享永年，身没而禄去王室，后嗣不终，遂亡天下。

景初元年，发铜铸为巨人二，号曰翁仲，置之司马门外。案古长人见，为国亡。长狄见临洮，为秦亡之祸。始皇不悟，反以为嘉祥，铸铜人以象之。魏法亡国之器，而于义竟无取焉。盖服妖也。

尚书何晏好服妇人之服，傅玄曰："此妖服也。夫衣裳之制，所以定上下殊内外也。《大雅》云'玄衮赤舄，钩膺镂锡'，歌其文也。《小雅》云'有严有翼，共武之服'，咏其武也。若内外不殊，王制失叙，服妖既作，身随之亡。末嬉冠男子之冠，桀亡天下；何晏服妇人之服，亦亡其家，其咎均也。"

吴妇人修容者，急束其发而劙角过于耳，盖其俗自操束太急，而廉隅失中之谓也。故吴之风俗，相驱以急，言论弹射，以刻薄相尚。居三年之丧者，往往有致毁以死。诸葛患之，著《正交论》，虽不可以经训整乱，盖亦救时之作也。

孙休后，衣服之制上长下短，又积领五六而裳居一二。干宝曰："上饶奢，下俭逼，上有余下不足之妖也。"至孙皓，果奢暴恣情于上，而百姓凋困于下，卒以亡国，是其应也。

武帝泰始初，衣服上俭下丰，著衣者皆厌腰，此君衰弱，臣放纵，下掩上之象也。至元康末，妇人出两裆，加乎交领之上，此内出外也。为车乘者苟贵轻细，又数变易其形，皆以白篾为纯，盖古丧车之遗象也。夫乘者，君子之器。盖君子立心无恒，事不崇实也。干宝以为晋之祸征也。及惠帝践阼,权制在于宠臣,下掩上之应也。至永嘉末,六宫才人流冗没于戎狄,内出外之应也。及天下挠乱,宰辅方伯多负其任,又数改易不崇实之应也。

泰始之后,中国相尚用胡床貊槃,及为羌煮貊炙,贵人富室,必畜其器,吉享嘉会,皆以为先。太康中,又以毡为绲头及络带、裤口。百姓相戏曰,中国必为胡所破。夫毡毳产于胡,而天下以为绲头、带身、裤口,胡既三制之矣,能无败乎!至元康中,氐羌互反,永嘉后,刘、后遂篡中都,自后四夷迭据华土,是服妖之应也。

初作屐者,妇人头圆,男子头方。圆者顺之义,所以别男女也。至太康初,妇人屐乃头方,与男无别。此贾后专妒之征也。

太康中,天下为《晋世宁》之舞,手接杯盘而反覆之,歌曰“晋世宁,舞杯盘”。识者曰:“夫乐生人心,所以观事也。今接杯盘于手上而反覆之,至危之事也。杯盘者,酒食之器,而名曰《晋世宁》,言晋世之士苟偷于酒食之间,而知不及远,晋世之宁犹杯盘之在手也。”

惠帝元康中,妇人之饰有五兵佩,又以金银玳瑁之属,为斧钺戈戟,以当笄。干宝以为“男女之别,国之大节,故服物异等,贽币不同。今妇人而以兵器为饰,此妇人妖之甚者。于是遂有贾后之事”。终亡天下。是时妇人结发者既成,以缯急束其环,名曰撷子紒。始自中宫,天下化之。其后贾后废害太子之应也。

元康中,天下始相效为乌杖以柱掖,其后稍施其镦,柱则植之。夫木,东方之行,金之臣也。杖者扶体之器,乌其头者,尤便用也。必旁柱掖者,旁救之象也。施其金,住则植之,言木因于金,能孤立也。及怀愍之世,王室多故,而此中都丧败,元帝以藩臣树德东方,维持天下,柱掖之应也。至社稷无主,海内归之,遂承天命,建都江外,独立之应也。

元康、太安之间,江淮之域有败屩自聚于道,多者至四五十量,人或散投坑谷,明日视之复如故。或云,见狸衔聚之。干宝以为“夫屩者,人之贱服,处于劳辱,黔庶之象也。故者,疲弊之象;道者,四方往来,所以交通王命也。今败屩聚于道者,象黔庶罢病,将相聚为乱，以绝王命也"。太安中，发壬午兵，百姓怨叛。江夏张昌唱乱，荆楚从之如流。于是兵革岁起，服妖也。

初，魏造白帢，横缝其前以别后，名之曰颜帢，传行之。至永嘉之间，稍去其缝，名无颜帢，而妇人束发，其缓弥甚，纷之坚不能自立，发被于额，目出而已。无颜者，愧之言也。覆额者，惭之貌也。其缓弥甚者，言天下亡礼与义，放纵情性，及其终极，至于大耻也。永嘉之后，二帝不反，天下愧焉。

孝怀帝永嘉中，士大夫竞服生笺单衣。识者指之曰："此则古者穗衰，诸侯所以服天子也。今无故服之，殆有应乎！"其后遂有胡贼之乱，帝遇害焉。

元帝太兴中，兵士以绛囊缚纷。识者曰："纷者在首，为乾，君道也。囊者坤，臣道也。今以朱囊缚纷，臣道上侵君之象也。"于是王敦陵上焉。

旧为羽扇柄者，刻木象其骨形，列羽用十，取全数也。自中兴初，王敦南征，始改为长柄，下出可捉，而减其羽用八。识者尤之曰："夫羽扇，翼之名也。创为长柄者，将执其柄以制羽翼也。改十为八者，将未备夺已备也。此殆敦之擅权以制朝廷之柄，又将以无德之材欲窃非据。"是时，为衣者又上短，带才至于掖，著帽者又以带缚项。下逼上，上无地也。为裤者直幅为口，无杀，下大之象。寻而王敦谋逆，再攻京师。

海西嗣位，忘设豹尾。天戒若曰，夫豹尾，仪服之主，大人所以豹变也。而海西豹变之日，非所宜忘而忘之。非主社稷之人，故亡其豹尾，示不终也。寻而被废焉。

孝武太元中，人不复著帩头。天戒若曰，头者元首，帩者助元首为仪饰者也。今忽废之，若人君独立无辅佐，以至危亡也。至安帝，桓玄乃篡位焉。旧为屐者，齿皆达楄上，名曰露卯。太元中忽不彻，名曰阴卯。识者以为卯，谋也，必有阴谋之事。至烈宗末，骠骑参军袁悦之始揽构内外，隆安中遂谋诈相倾，以致大乱。

太元中，公主妇女必缓鬓倾髻，以为盛饰。用髻既多，不可恒戴，乃先于木及笼上装之，名曰假髻，或名假头。至于贫家，不能自办，自号无头，就人借头。遂布天下，亦服妖也。无几时，孝武晏驾而天下骚动，刑戮无数，多丧其元。至于大殓，皆刻木及蜡或缚菰草为头，是假头之应云。

桓玄篡立，殿上施绛帐，镂黄金为颜，四角金龙衔五色羽葆流苏。群下相谓曰："颇类辆车。"寻而玄败，此服之妖也。

晋末皆冠小而衣裳博大，风流相放，舆台成俗。识者曰："上小而下大，此禅代之象也。"寻而宋受终焉。

鸡祸

魏明帝景初二年，廷尉府中雌鸡化为雄，不鸣不将。干宝曰："是岁宣帝平辽东，百姓始有与能之义，此其象也。然晋三后并以人臣终，不鸣不将，又天意也。"

惠帝元康六年，陈国有鸡生雄鸡无翅，既大，坠坑而死。王隐以为："雄者，胤嗣子之象。坑者，母象。今鸡生无翅，坠坑而死，此子无羽翼，为母所陷害乎？"于后贾后诬杀愍怀，此其应也。

太安中，周玘家雌鸡逃承溜中，六七日而下，奋翼鸣将，独毛羽不变。其后有陈敏之事。敏虽控制江表，终无纪纲文章，殆其象也。卒为玘所灭。鸡祸见玘家，又天意也。京房《易传》曰："牝鸡雄鸣，主不荣。"

元帝太兴中，王敦镇武昌，有雌鸡化为雄。天戒若曰，雌化为雄，臣陵其上。其后王敦再攻京师。

孝武太元十三年四月，广陵高平闾嵩家雌鸡生无右翅，彭城人刘象之家鸡有三足。京房《易传》曰："君用妇人言，则鸡生妖。"是时，主相并用尼媪之言，宠赐过厚，故妖象见焉。

安帝隆安元年八月，琅邪王道子家青雌鸡化为赤雄鸡，不鸣不将。桓玄将篡，不能成业之象。

四年，荆州有鸡生角，角寻堕落。是时桓玄始擅西夏，狂慢不肃，故有鸡祸。天戒若曰，角，兵象，寻堕落者，暂起不终之妖也。后皆应也。

元兴二年，衡阳有雌鸡化为雄，八十日而冠萎。天戒若曰，衡阳，桓玄楚国之邦略也。及桓玄篡位，果八十日而败，此其应也。

青祥

武帝咸宁元年八月丁酉，大风折大社树，有青气出焉，此青祥也。占曰："东莞当有帝者。"明年，元帝生。是时，帝大父武王封东莞，由是徙封琅邪。孙盛以为中兴之表。晋室之乱，武帝子孙无孑遗，社树折之应，又常风之罚。

惠帝元康中，洛阳南山有虻作声，曰"韩尸尸"。识者曰："韩氏将尸也，言尸尸者，尽死意也。"其后韩谧诛而韩族歼焉，此青祥也。

金沴木

魏文帝黄初七年正月，幸许昌。许昌城南门无故自崩，帝心恶之，遂不入，还洛阳。此金沴木，木动之也。五月，宫车晏驾。京房《易传》曰："上下咸悖，厥妖也城门坏。"

元帝太兴二年六月，吴郡米廪无故自坏。天戒若曰，夫米廪，货粜之屋，无故自坏，此五谷踊贵，所以无籴卖也。是岁遂大饥，死者千数焉。

明帝太宁元年，周莚自归王敦，既立其宅宇，所起五间六梁，一时跃出坠地，余桁犹亘柱头。此金沴木也。明年五月，钱凤谋乱，遂族灭莚，而湖熟寻亦为墟矣。

安帝元兴元年正月景子，会稽王世子元显将讨桓玄，建牙竿于扬州南门，其东者难立，良久乃正。近沴妖也。而元显寻为玄所擒。

三年五月，乐贤堂坏。时帝嚣眊，无乐贤之心，故此堂见沴。

义熙九年五月，国子圣堂坏。天戒若曰，圣堂，礼乐之本，无故自坏，业祚将坠之象。未及十年而禅位焉。

晋书卷二八
志第一八

五行中

《传》曰："言之不从，是谓不乂，厥咎僭，厥罚恒阳，厥极忧。时
则有诗妖，时则有介虫之孽，时则有犬祸，时则有口舌之痾，时则有
白眚白祥。惟木沴金。"言之不从，从，顺也。是谓不乂，乂，治也。孔
子曰："君子居其室，出其言不善，则千里之外违之，况其迩者乎！"
《诗》曰："如蜩如螗，如沸如羹。"言上号令不顺人心，虚哗愦乱，则
不能治海内。失在过差，故其咎僭差也。刑罚妄加，群阴不附，则阳
气胜，故其罚常阳也。旱伤百谷，则有寇难，上下俱忧，故其极忧也。
君炕阳而暴虐，臣畏刑而箝口，则怨谤之气发于歌谣，故有诗妖。介
虫孽者，谓小虫有甲飞扬之类，阳气所生也，于《春秋》为螽，今谓之
蝗，皆其类也。于《易》，《兑》为口，犬以吠守而不可信，言气毁，故有
犬祸。一曰，旱岁犬多狂死及为怪，亦是也。及人，则多病口喉咳嗽
者，故有口舌痾。金色白，故有白眚白祥。凡言伤者，病金气；金气
病，则木沴之。其极忧者，顺之，其福康宁。刘歆《言传》曰时则有毛
虫之孽。说以为于天文西方参为兽星，故为毛虫。

魏齐王嘉平初，东郡有讹言，云白马河出妖马，夜过官牧边鸣
呼，众马皆应，明日见其迹，大如斛，行数里，还入河。楚王彪本封白
马，兖州刺史令狐愚以彪有智勇，及闻此言，遂与王凌谋共立之。事
泄，凌、愚被诛，彪赐死。此言不从之罚也。《诗》云："人之讹言，宁
莫之惩。"

蜀刘禅嗣位,谯周曰:"先主讳备,其训具也;后主讳禅,其训授也。若言刘已具矣,当授与人,甚于晋穆侯、汉灵帝命子之详也。"蜀果亡,此言之不从也。刘备卒,刘禅即位,未葬,亦未逾月,而改元为建兴,此言之不从也。礼,国君即位逾年而后改元者,缘臣子之心不忍一年而有二君也。今可谓亟而不知礼义矣。后遂降焉。

魏明帝太和中,姜维归蜀,失其母。魏人使其母手书呼维令反,并送当归以譬之。维报书曰:"良田百顷,不计一亩,但见远志,无有当归。"维卒不免。

景初元年,有司奏,帝为烈祖,与太祖、高祖并为不毁之庙,从之。案宗庙之制,祖宗之号,皆身没名成乃正其礼。故虽功赫天壤,德迈前王,未有豫定之典。此盖言之不从失之甚者也。后二年而宫车晏驾,于是统微政逸。

吴孙休时,乌程人有得困病,及差,能以向言者,言于此而闻于彼。自其所听之,不觉其声之大也。自远听之,如人对言,不觉声之自远来也。声之所往,随其所向,远者所过十数里。其邻人有责息于外,历年不还,乃假之使为责让,惧以祸福。负物者以为鬼神,即值颠倒界之,其人亦不自知所以然也。言不从之咎也。

魏时起安世殿,武帝后居之。安世,武帝字也。武帝每延群臣,多说平生常事,未尝及经国远图。此言之不从也。何曾谓子遵曰:"国家无贻厥之谋,及身而已,后嗣其殆乎!此子孙之忧也。"自永熙后王室渐乱,永嘉中天下大坏,及何绥以非辜被杀,皆如曾言。

赵王伦废惠帝于金墉城,改号金墉城为永安宫。帝寻复位而伦诛。

惠帝永兴元年,诏废太子覃还为清河王,立成都王颖为皇太弟,犹加侍中、大都督,领丞相,备九锡,封二十郡,如魏王故事。案周礼传国以胤不以勋,故虽公旦之圣不易成王之嗣,所以远绝觊觎,永一宗祧。后代遵履,改之则乱。今拟非其实,僭差以甚。且既为国嗣,则不应复开封土,兼领庶职。此言之不从,进退乖爽,故帝既播越,颖亦不终,是其咎僭也。后犹不悟,又立怀帝为皇太弟。怀终流弑,不永厥祚,又其应也。语曰,"变古易常,不乱则亡",此之谓乎。

元帝永昌二年,大将军王敦下据姑孰。百姓讹言行虫病,食人大孔,数日入腹,入腹则死;疗之有方,当得白犬胆以为药。自淮泗遂及京都,数日之间,百姓惊扰,人人皆自云已得虫病。又云,始在外时,当烧铁以灼之。于是翕然,被烧灼者十七八矣。而白犬暴贵,至相请夺,其价十倍。或有自云能行烧铁灼者,赁灼百姓,日得五六万,惫而后已。四五日渐静。说曰:"夫裸虫人类,而人为之主。今云虫食人,言本同臭类而相残贼也。自下而上,明其逆也。必入腹者,言害由中不由外也。犬有守卫之性,白者金色,而胆,用武之主也。帝王之运,王霸会于戌。戌主用兵,金者晋行,火烧铁以疗疾者,言必去其类而来火与金合德,共除虫害也。"案中兴之际,大将军本以腹心受伊吕之任,而元帝末年,遂攻京邑,明帝谅暗,又有异谋,是以下逆上,腹心内烂也。及钱凤、沈充等逆兵四合,而为王师所挫,逾月而不能济水,北中郎刘遐及淮陵内史苏峻率淮泗之众以救朝廷,故其谣言首作于淮泗也。朝廷卒以弱制强,罪人授首,是用白犬胆可救之效也。

海西公时,庾晞四五年中喜为挽歌,自摇大铃为唱,使左右齐和。又宴会辄令倡妓作新安人歌舞离别之辞,其声悲切。时人怪之,后亦果败。太元中,小儿以两铁相打于土中,名曰斗族。后王国宝、王孝伯一姓之中自相攻击。

桓玄初改年为大亨,遐迩欢言曰"二月了",故义谋以仲春发也。玄篡立,又改年为建始,以与赵王伦同,又易为永始,永始复是王莽受封之年也。始徙司马道子于安成。永帝逊位,出永安宫,封为平固王,琅邪王德文为石阳公,并使住寻阳城。识者皆以为言不从之妖僭也。

武帝初,何曾薄太官御膳,自取私食,子劭又过之,而王恺又过劭。王恺、羊琇之畴,盛致声色,穷珍极丽。至元康中,夸恣成俗,转相高尚,石崇之侈,遂兼王、何,而俪人主矣。崇既诛死,天下寻亦沦丧。僭逾之咎也。

庶征恒阳，刘向以为《春秋》大旱也。其夏旱，雩，《礼》谓之大雩。不伤二谷谓之不雨。京房《易传》曰："欲德不用兹谓张，厥灾荒，旱也。其旱阴云不雨，变而赤，因四际。师出过时兹谓广，其旱不生。上下皆蔽兹谓隔，其旱天赤三月，时有雹杀飞禽。上缘求妃兹谓僭，其旱三月大温亡云。君高台府兹谓犯阴侵阳，其旱万物根死，数有火灾。庶位逾节兹谓僭，其旱泽物枯，为火所伤。"

魏明帝太和二年五月，大旱。元年以来，崇广宫府之应也。又，是春宣帝南擒孟达，置二郡，张郃西破诸葛亮，毙马谡。亢阳自大，又其应也。

太和五年三月，自去冬十月至此月不雨。辛巳，大雩。

齐王正始元年二月，自去冬十二月至此月不雨。去岁正月，明帝崩。二月，曹爽白嗣主，转宣帝为太傅，外示尊崇，内实欲令事先由己。是时宣帝功盖魏朝，欲德不用之应也。

高贵乡公甘露三年正月，自去秋至此月旱。是时文帝围诸葛诞，众出过时之应也。初，寿春秋夏常雨淹城，而此旱逾年，城陷，乃大雨。咸以诞为天亡。

吴孙亮五凤二年，大旱，百姓饥。是岁征役烦兴，军士怨叛。此亢阳自大，劳役失众之罚也。其役弥岁，故旱亦竟年。

孙皓宝鼎元年，春夏旱。是时皓迁都武昌，劳役动众之应也。

武帝泰始七年五月闰月旱，大雩。八年五月，旱。是时帝纳荀勖邪说，留贾充不复西镇，而任恺渐疏，上下皆蔽之应也。及李憙、鲁芝、李胤等并在散职，近厥德不用之谓也。

九年，自正月旱，至于六月，祈宗庙社稷山川。癸未，雨。十年四月，旱。去年秋冬，采择卿校诸葛冲等女。是春，五十余人入殿简选。又取小将吏女数十人，母子号哭于宫中，声闻于外，行人悲酸。是殆积阴生阳，上缘求妃之应也。

咸宁二年五月旱，大雩。至六月，乃澍雨。

太康二年旱，自去冬旱至此春。三年四月旱，乙酉诏司空齐王攸与尚书、廷尉、河南尹录讯系囚，事从蠲宥。

五年六月，旱。此年正月天阴，解而复合。刘毅上疏曰："必有阿党之臣奸以事君者，当诛而不赦也。"帝不答。是时荀勖、冯纨僭作威福，乱朝尤甚。

六年三月，青、梁、幽、冀郡国旱。六月，济阴、武陵旱，伤麦。七年夏，郡国十三大旱。八年四月，冀州旱。九年夏，郡国三十三旱，扶风、始平、京兆、安定旱，伤麦。十年二月，旱。

太熙元年三月，旱。自太康已后，虽正人满朝，不被亲仗，而贾充、荀勖、杨骏、冯纨等迭居要重，所以无年不旱者，欲德不用，上下皆蔽，庶位逾节之罚也。

惠帝元康七年七月，秦、雍二州大旱，疾疫，关中饥，米斛万钱。因此氐羌反叛，雍州刺史解系败绩。而饥疫荐臻，戎晋并困，朝廷不能振，诏听相卖鬻。其九月，郡国五旱。

永宁元年，自夏及秋，青、徐、幽、并四州旱。十二月，又郡国十二旱。是年春，三王讨赵王伦，六旬之中数十战，死者十余万人。

怀帝永嘉三年五月，大旱，襄平县梁水淡池竭，河、洛、江、汉皆可涉。是年三月，司马越归京都，遣兵入京，收中书令缪播等九人杀之，皆僭逾之罚也。又四方诸侯多怀无君之心，刘元海、石勒、王弥、李雄之徒贼害百姓，流血成泥，又其应也。五年，自去冬旱至此春。去岁十一月，司马越以行台自随，斥黜宫卫，无君臣之节。

愍帝建武元年六月，扬州旱。去年十二月，淳于伯冤死，其年即旱，而太兴元年六月又旱。干宝曰："杀淳于伯之后旱三年。"是也。刑罚妄加，群阴不附，则阳气胜之罚也。

元帝太兴四年五月，旱。是时王敦陵僭已著。

永昌元年夏，大旱。是年三月，王敦有石头之变，二宫陵辱，大臣诛死，僭逾无上，故旱尤甚也。其闰十一月，京都大旱，川谷并竭。

明帝太宁三年，自春不雨，至于六月。成帝咸和元年，夏秋旱。是时庾太后临朝称制，言不从而僭逾之罚也。

二年夏，旱。五年五月，大旱。六年四月，大旱。八年秋七月，旱。九年,自四月不雨,至于八月。

咸康元年六月,旱。是时成帝冲弱,未亲万机,内外之政,决之将相。此僭逾之罚,连岁旱也。至四年,王导固让太傅,复子明辟,是后不旱,殆其应也。时天下普旱,会稽、余姚特甚,米斗直五百,人有相鬻者。二年三月,旱。三年六月,旱。时王导以天下新定,务在遵养,不任刑罚,遂盗贼公行,频五年亢旱,亦舒缓之应也。

康帝建元元年五月,旱。

穆帝永和元年五月,旱。是时帝在襁褓,褚太后临朝,如明穆太后故事。五年七月不雨,至于十月。六年夏,旱。八年夏,旱。九年春,旱。

升平三年冬,大旱。四年冬,大旱。

哀帝隆和元年夏,旱。是时桓温强恣,权制朝廷,僭逾之罚也。海西公太和元年夏,旱。四年冬,旱。凉州春旱至夏。

简文帝咸安二年十月,大旱,饥。自永和至是,嗣主幼冲,桓温陵僭,用兵征伐,百姓怨苦。

孝武帝宁康元年三月,旱。是时桓温入觐高平陵,阖朝致拜,逾僭之应也。三年冬,旱。

太元四年夏,大旱。八年六月,旱。十年七月,旱,饥。初,八年破苻坚,九年诸将略地,有事徐豫,杨亮、赵统攻讨巴沔。是年正月,谢安又出镇广陵,使子琰进次彭城,频有军役。

十三年六月,旱。去岁北府遣戍胡陆,荆州经略河南。是年夏,郭铨置戍野王,又遣军破黄淮。

十五年七月,旱。十七年,秋旱至冬。是时烈宗仁恕,信任会稽王道子,政事舒缓。又茹千秋为骠骑谘议,窃弄主相威福。又丘尼乳母亲党及婢仆之子阶缘近习,临部领众。又所在多上春竟囚,不以其辜,建康狱吏,枉暴既甚。此又僭逾不从冤滥之罚。安帝隆安二年冬,旱,寒甚。四年五月,旱。五年,夏秋大旱。十二月,不雨。时孙恩作乱,桓玄疑贰,迫杀殷仲堪,而朝廷即授以荆州之任,司马元显又讽百僚悉使敬己,内外骚动,兵革烦兴。此皆陵僭忧愁之应也。

元兴元年七月，大饥。九月、十月不雨，泉水涸。二年六月，不雨。冬，又旱。时桓玄奢僭，十二月遂篡位。三年八月，不雨。

义熙四年冬，不雨。六年九月，不雨。八年十月，不雨。九年，秋冬不雨。十年九月，旱。十二月又旱，井渎多竭。是时军役烦兴。

诗妖

魏明帝太和中，京师歌《兜铃曹子》，其唱曰"其奈汝曹何"，此诗妖也。其后曹爽见诛，曹氏遂废。

景初初，童谣曰："阿公阿公驾马车，不意阿公东渡河，阿公来还当奈何！"及宣帝辽东归，至白屋，当还镇长安。会帝疾笃，急召之，乃乘追锋车东渡河，终如童谣之言。

齐王嘉平中，有谣曰："白马素羁西南驰，其谁乘者朱虎骑。"朱虎者，楚王小字也。王凌、令狐愚闻此谣，谋立彪。事发，凌等伏诛，彪赐死。

吴孙亮初，童谣曰："吁汝恪，何若若，芦苇单衣篾钩络，于何相求常子阁。""常子阁"者，反语石子冈也。钩络，钩带也。及诸葛恪死，果以苇席裹身，篾束其腰，投之石子冈。后听恪故吏收敛，求之此冈云。

孙亮初，公安有白鼍鸣。童谣曰："白鼍鸣，龟背平。南郡城中可长生，守死不去义无成。""南郡城中可长生"者，有急易以逃也。明年，诸葛恪败，弟融镇公安，亦见袭，融刮金印龟服之而死。鼍有鳞介，甲兵之象。又曰，白祥也。

孙休永安二年，将守质子群聚嬉戏，有异小儿忽来言曰："三公锄，司马如。"又曰："我非人，荧惑星也。"言毕上升，仰视若曳一匹练，有顷没。干宝曰："后四年而蜀亡，六年而魏废，二年而吴平。"于是九服归晋。魏与吴蜀并战国，"三公锄，司马如"之谓也。

孙皓遣使者祭石印山下妖祠，使者因以丹书岩曰："楚九州渚，吴九州都。扬州士，作天子。四世治，太平矣。"皓闻之，意益张，曰："从大皇帝至朕四世，太平之主非朕复谁！"恣虐逾甚，寻以降亡，近诗妖也。孙皓天纪中，童谣曰："阿童复阿童，衔刀游渡江。不畏岸上兽，但畏水中龙。"武帝闻之，加王濬龙骧将军。及征吴，江西众军无过者，而王濬先定秣陵。

武帝太康三年平吴后，江南童谣曰："局缩肉，数横目，中国当败吴当复。"又曰："宫门柱，且当朽，吴当复，在三十年后。"又曰："鸡鸣不拊翼，吴复不用力。"于时吴人皆谓在孙氏子孙，故窃发为乱者相继。案"横目"者四字，自吴亡至元帝兴几四十年，元帝兴于江东，皆如童谣之言焉。元帝懦而少断，"局缩肉"者，有所斥也。

太康末，京洛为《折杨柳》之歌，其曲始有兵革苦辛之辞，终以擒获斩截之事。是时三杨贵盛而被族灭，太后废黜，幽死中宫，"折杨柳"之应也。

惠帝永熙中，河内温县有人如狂，造书曰："光光文长，大戟为墙。毒药虽行，戟还自伤。"又曰："两火没地，哀哉秋兰。归形街邮，终为人叹。"及杨骏居内府，以戟为卫，死时又为戟所害伤。杨后被废，贾后绝其膳八日而崩，葬街邮亭北，百姓哀之也。两火，武帝讳，兰，杨后字也。其时又有童谣曰："二月末，三月初，荆笔杨板行诏书，宫中大马几作驴。"此时杨骏专权，楚王用事，故言"荆笔杨板"。二人不诛，则君臣礼悖，故云"几作驴"也。

元康中，京洛童谣曰："南风起，吹白沙，遥望鲁国何嵯峨，千岁髑髅生齿牙。"又曰："城东马子莫哤哅，比至来年缠女鬃。"南风，贾后字也。白，晋行也。沙门，太子小名也。鲁，贾谧国也。言贾后将与谧为乱，以危太子，而赵王因衅咀嚼豪贤，以成篡夺，不得其死之应也。

元康中，天下商农通著大鄣日。时童谣曰："屠苏鄣日覆两耳，当见瞎儿作天子。"及赵王伦篡位，其目实眇焉。赵王伦既篡，洛中童谣曰："兽从北来鼻头汗，龙从南来登城看，水从西来河灌灌。"数月而齐王、成都、河间义兵同会诛伦。案成都西藩而在邺，故曰"兽从北来"。齐东藩而在许，故曰"龙从南来"，河间水源而在关中，故曰"水从西来"。齐留辅政，居于宫西又无君之心，故言"登城看"也。

太安中,童谣曰:"五马游渡江,一马化为龙。"后中原大乱,宗藩多绝,唯琅邪、汝南、西阳、南顿、彭城同至江东,而元帝嗣统矣。

司马越还洛,有童谣曰:"洛中大鼠长尺二,若不早去大狗至。"及苟晞将破汲桑,又谣曰:"元超兄弟大洛度,上桑打椹为苟作。"由是越恶晞,夺其兖州,隙难逐构焉。

愍帝初,有童谣曰:"天子何在豆田中。"至建兴四年,帝降刘曜,在城东豆田壁中。

建兴中,江南谣歌曰:"訇如白坑破,合集持作瓶。扬州破换败,吴兴覆瓿甊。"案白者,晋行。坑器有口属瓮,瓦瓮质刚,亦金之类也。"訇如白坑破"者,言二都倾覆,王室大坏也。"合集持作瓶"者,元帝鸠集遗余,以主社稷,未能克复中原,但偏王江南,故其喻也。及石头之事,六军大溃,兵人抄掠京邑,爰及二宫。其后三年,钱凤复攻京邑,阻水而守,相持月余日,焚烧城邑,井堙木刊矣。凤等败退,沈充将其党还吴兴,官军蹑之,蹈藉郡县,充父子授首,党与诛者以百数。所谓"扬州破换败,吴兴覆瓿甊",瓿甊瓦器,又小于瓶也。

明帝太宁初,童谣曰:"恻恻力力,放马山侧。大马死,小马饿。高山崩,石自破。"及明帝崩,成帝幼,为苏峻所逼,迁于石头,御膳不足,此"大马死,小马饿"也。高山,峻也,又言峻寻死。石,峻弟苏石也。峻死后,石据石头,寻为诸公所破,复是崩山石破之应也。

成帝之末,又有童谣曰:"磕磕何隆隆,驾车入梓宫。"少日而宫车晏驾。

咸康二年十二月,河北谣云:"麦入土,杀石武。"后如谣言。

庾亮初镇武昌,出至石头,百姓于岸上歌曰:"庾公上武昌,翩翩如飞鸟。庾公还扬州,白马牵旒旐"。又曰:"庾公初上时,翩翩如飞鸟。庾公还扬州,白马牵流苏。"后连征不入,及薨于镇,以丧还都葬,皆如谣言。

穆帝升平中,童儿辈忽歌于道曰《阿子闻》,曲终辄云"阿子汝闻不?"无几而帝崩,太后哭之曰:"阿子汝闻不?"

升平末，俗间忽作《廉歌》，有扈谦者闻之曰："廉者，临也。歌云'白门廉，宫庭廉'，内外悉临，国家其大讳乎！"少时而穆帝晏驾。

哀帝隆和初，童谣曰："升平不满斗，隆和那得久！桓公入石头，陛下徒跣走。"朝廷闻而恶之，改年曰兴宁。人复歌曰："虽复改兴宁，亦复无聊生。"哀帝寻崩。升平五年而穆帝崩，"不满斗"，升平不至十年也。海西公太和中，百姓歌曰："青青御路杨，白马紫游缰。汝非皇太子，那得甘露浆？"识者曰："白者，金行。马者，国族。紫为夺正之色，明以紫闻朱也。"海西公寻废，其三子并非海西公之子，缢以马缰。死之明日，南方献甘露焉。

太和末，童谣曰："犁牛耕御路，白门种小麦。"及海西公被废，百姓耕其门以种小麦，遂如谣言。

海西公初生皇子，百姓歌云："凤皇生一雏，天下莫不喜。本言是马驹，今定成龙子。"其歌甚美，其旨甚微。海西公不男，使左右向龙与内侍接，生子，以为己子。

桓石民为荆州，镇上明，百姓忽歌曰"黄昙子"。曲中又曰："黄昙英，扬州大佛来上明。"顷之而桓石民死，王忱为荆州。黄昙子乃是王忱字也。忱小字佛大，是"大佛来上明"也。

孝武帝太元末，京口谣曰："黄雌鸡，莫作雄父啼。一旦去毛衣，衣被拉飒栖。"寻而王恭起兵诛王国宝，旋为刘牢之所败，故言"拉飒栖"也。

会稽王道子于东府造土山，名曰灵秀山。无几而孙恩作乱，再践会稽。会稽，道子所封；灵秀，恩之字也。

庾楷镇历阳，百姓歌曰："重罗黎，重罗黎，使君南上无还时。"后楷南奔桓玄，为玄所诛。

殷仲堪在荆州，童谣曰："芒笼目，绳缚腹。殷当败，桓当复。"未几而仲堪败，桓玄遂有荆州。

王恭镇京口，举兵诛王国宝。百姓谣云："昔年食白饭，今年食麦麸。天公诛谪汝，教汝捻咙喉。咙喉喝复喝，京口败复败。"识者曰："昔年食白饭，言得志也。今年食麦麸，麸粗秽，其精已去，明将败也,天公将加谴谪而诛之也。捥咙喉,气不通,死之祥也。败复败,丁宁之辞也。"恭寻死,京都又大行咳疾,而喉并喝焉。

王恭在京口,百姓间忽云:"黄头小儿欲作贼,阿公在城,下指缚得。"又云:"黄头小人欲作乱,赖得金刀作藩捍。"黄字上恭字头也,小人恭字下也,寻如谣言者焉。

安帝隆安中,百姓忽作《懊恼》之歌,其曲曰:"草生可揽结,女儿可揽撷。"寻而桓玄篡位,义旗以三月二日扫定京都,诛之。玄之宫女及逆党之家子女妓妾悉为军赏,东及欧越,北流淮泗,皆人有所获。故言时则草可结,事则女可撷也。

桓玄既篡,童谣曰:"草生及马腹,鸟啄桓玄目。"及玄败,走至江陵,时正五月中,诛如其期焉。

安帝义熙初,童谣曰:"官家养芦化成荻,芦生不止自成积。"其时官养卢龙,宠以金紫,奉以名州,养之极也。而龙不能怀我好音,举兵内伐,遂成仇敌也。"芦生不止自成积",及卢龙之败,斩伐其党,犹如草木以成绩也。

卢龙据广州,人为之谣曰:"芦生漫漫竟天半。"后拥上流数州之地,内逼京辇,应"天半"之言。

义熙二年,小儿相逢于道,辄举其两手曰"卢健健",次曰"斗叹斗叹",末曰"翁年老翁年老"。当时莫知所谓。其后卢龙内逼,舟舰盖川,"健健"之谓也。既至查浦,屡克期欲与官斗,"斗叹"之应也。"翁年老",群公有期颐之庆,知妖逆之徒自然消殄也。其时复有谣言曰:"卢橙橙,逐水流,东风忽如起,那得入石头!"卢龙果败,不得入石头也。

昔温峤令郭景纯卜己与庾亮吉凶,景纯云:"元吉。"峤语亮曰:"景纯每筮是,不敢尽言。吾等与国家同安危,而曰'元吉',是事有成也。"于是协同讨灭王敦。

符坚初,童谣云:"阿坚连牵三十年,后若欲败时,当在江湖边。"及坚在位凡三十年,败于淝水,是其应也。又谣语云:"河水清复清,苻坚死新城。"及坚为姚苌所杀,死于新城。复谣歌云:"鱼羊田斗当灭秦。"识者以为"鱼羊,鲜也;田斗,卑也,坚自号秦,言灭之者鲜卑也。"其群臣谏坚,令尽诛鲜卑,坚不从。及淮南败还,初为慕容冲所攻,又为姚苌所杀,身死国灭。

毛虫之孽

武帝太康六年,南阳献两足猛兽,此毛虫之孽也。识者为其文曰:"武形有亏,金兽失仪,圣主应天,斯异何为!"言兆乱也。京房《易传》曰:"足少者,下不胜任也。"干宝以为:"兽者阴精,居于阳,金兽也。南阳,火名也。金精入火而失其形,王室乱之妖也。"六,水数,言水数既极,火愿得作,而金受其败也。至元康九年,始杀太子,距此十四年。二七十四,火始终相乘之数也。自帝受命,至愍怀之废,凡三十五年焉。

太康七年十一月景辰,四角兽见于河间,河间王颙获以献。天戒若曰,角,兵象也,四者,四方之象,当有兵乱起于四方。后河间王遂连四方之兵,作为乱阶,殆其应也。

怀帝永嘉五年,蝘鼠出延陵。郭景纯筮之曰:"此郡东之县,当有妖人欲称制者,亦寻自死矣。"其后吴兴徐馥作乱,杀太守袁琇,馥亦时灭,是其应也。

成帝咸和六年正月丁巳,会州郡秀孝于乐贤堂,有麏见于前,获之。孙盛以为吉祥。夫秀孝,天下之彦士;乐贤堂,所以乐养贤也。自丧乱以后,风教陵夷,秀孝策试,乏四科之实。麏兴于前,或斯故乎?

哀帝隆和元年十月甲申,有麏入东海第。百姓欢言曰"主入东海第",识者怪之。及海西废为东海王,乃入其第。

孝武太元十三年四月癸巳,祠庙毕,有兔行庙堂上。天戒若曰,兔,野物也,而集宗庙之堂,不祥莫之甚焉。

犬祸

公孙文懿家有犬,冠帻绛衣上屋,此犬祸也。屋上,亢阳高危之地。天戒若曰,亢阳无上,偷自尊高,狗而冠者也。及文懿自立为燕王,果为魏所灭。京房《易传》曰:"君不正,臣欲篡,厥妖狗出朝门。"

魏侍中应琚在直庐，欸见一白狗出门，问众人，无见者。逾年卒，近犬祸也。

吴诸葛恪征淮南归，将朝会，犬衔引其衣。恪曰："犬不欲我行乎？"还坐。有顷复起，犬又衔衣，乃令逐犬，遂升车，入而被害。

武帝太康九年，幽州有犬，鼻行地三百余步。天戒若曰，是时帝不思和峤之言，卒立惠帝，以致衰乱，是言不从之罚也。

惠帝元康中，吴郡娄县人家闻地中有犬子声，掘之，得雌雄各一。还置窟中，覆以磨石，经宿失所在。天或若曰，帝既衰弱，藩王相潜，故有犬祸。

永兴元年，丹杨内史朱逮家犬生三子，皆无头。后逮为扬州刺史曹武所杀。

孝怀帝永嘉五年，吴郡嘉兴张林家狗人言云："天下人饿死。"于是果有二胡之乱，天下饥荒焉。

愍帝建兴元年，狗与猪交。案《汉书》，景帝时有此，以为悖乱之气，亦犬豕祸也。犬，兵革之占也。豕，北方匈奴之象。逆言失听，异类相交，必生害也。俄而帝没于胡，是其应也。

元帝太兴中，吴郡太守张懋闻斋内床下犬声，求而不得。既而地自坼，见有二犬子，取而养之，皆死。寻而懋为沈充所害。京房《易传》曰："谗臣在侧，则犬生妖。"

太兴四年，庐江灊县何旭家忽闻地中有犬子声，掘之得一母犬，青厘色，状甚羸瘦，走入草中，不知所在。视其处有二犬子，一雄一雌，哺而养之，雌死雄活。及长为犬，善噬兽。其后旭里中为蛮所没。

安帝隆安初，吴郡治下狗恒夜吠，聚高桥上，人家狗有限而吠声甚众。或有夜觇视之云："一狗假有两三头，皆前向乱吠。"无几，孙恩乱于吴会焉。是时辅国将军孙无终家于既阳，地中闻犬子声，寻而地坼，有二犬子，皆白色，一雄一雌，取而养之，皆死。后无终为桓玄所诛灭。案《尸子》曰："地中有犬，名曰地狼。"《夏鼎志》曰："掘地得犬，名曰贾。"此盖自然之物，不应出而出，为犬祸也。

桓玄将拜楚王，已设拜席，群官陪位。玄未及出，有狗来便其席，莫不惊怪。玄性猜暴，竟无言者，逐狗改席而已。天戒若曰，桓玄无德而叨窃大位，故犬便其席，示其妄据之甚也。八十日玄败亡焉。

白眚白祥

魏明帝青龙三年正月乙亥，陨石于寿光。案《左氏传》"陨石，星也"，刘歆说曰："庶众惟星陨于宋者，象宋襄公将得诸侯而不终也。"秦始皇时有陨石，班固以为："石，阴类也。又白祥，臣将危君。"是后宣帝得政云。

武帝太康五年五月丁巳，陨石于温及河阳各二。六年正月，陨石于温，三。

成帝咸和八年五月，星陨于肥乡，一。九年正月，陨石于凉州二。

吴孙亮五凤二年五月，阳羡县离里山大石自立。案京房《易传》曰："庶士为天子之祥也"，其说曰："石立于山同姓，平地异姓。"干宝以为"孙皓承废故之家得位，其应也"。或曰孙休见立之祥也。

武帝太康十年，洛阳宫西宜秋里石生地中，始高三尺，如香炉形，后如伛人，盘薄不可掘。案刘向说，此白眚也。明年宫车晏驾，王室始骚，卒以乱亡。京房《易传》曰"石立如人，庶士为天下雄。"此近之矣。

惠帝元康五年十二月，有石生于宜年里。永康元年，襄阳郡上言，得鸣石，撞之，声闻七八里。太安元年，丹杨湖熟县夏架湖有大石，浮二百步而登岸，民惊噪相告曰："石来"。干宝曰："寻有石冰入建邺。"

车骑大将军、东嬴王腾自并州迁镇邺，行次真定。时久积雪，而当门前方数丈独消释，腾怪而掘之，得玉马，高尺许，口齿缺。腾以马者国姓，上送之，以为瑞。然马无齿则不得食，妖祥之兆，衰亡之征。案占，此白祥也。是后腾为汲桑所杀，而天下遂乱。

武帝泰始八年五月，蜀地雨白毛，此白祥也。时益州刺史皇甫晏伐汶山胡，从事何旅固谏，不从，牙门张弘等因众之怨，诬晏谋逆，害之。京房《易传》曰："前乐后忧，厥妖天雨羽。"又曰："邪人进，贤人逃，天雨毛。"其《易妖》曰："天雨毛羽，贵人出走。"三占皆应。

惠帝永宁元年，齐王冏举义军。军中有小儿，出于襄城繁昌县，年八岁，发体悉白，颇能卜，于《洪范》，白祥也。

成帝咸康初，地生毛，近白祥也。孙盛以为人劳之异也。是后石季龙灭而中原向化，将相皆甘心焉。于是方镇屡革，边戍仍迁，皆拥带部曲，动有万数。其间征伐征赋，役无宁岁，天下劳扰，百姓疲怨。

咸康三年六月，地生毛。

孝武太元二年五月，京都地生毛，至四年而氐贼次襄国，围彭城，向广陵，征戍仍出，兵连年不解。太元十四年四月，京都地生毛。是时苻坚灭后，经略多事，人劳之应也。十七年四月，地生毛。

安帝隆安四年四月乙未，地生毛，或白或黑。元兴三年五月，江陵地生毛。是后江陵见袭，交战者数矣。义熙三年三月，地生白毛。十三年三月，地生毛。明年，王旅西讨司马休之。又明年，北扫关洛。

木沴金

魏齐王正始末，河南尹李胜治听事，有小材激堕，槌受符石彪头，断之，此木沴金也。胜后旬日而败。

惠帝元康八年五月，郊禖坛石中破为二，此木沴金也。郊禖坛者，求子之神位，无故自毁，太子将危之妖也。明年，愍怀废死。

孝武帝太元十年四月，谢安出镇广陵，始发石头，金鼓无故自破。此木沴金之异也，天意也。天戒若曰，安徒扬经略之声，终无其实，钲鼓不用之象也。月余，以疾还而薨。

《传》曰："视之不明，是谓不哲，厥咎舒，厥罚恒燠，厥极疾。时则有草妖，时则有蠃虫之孽，时则有羊祸，时则有目痾，时则有赤眚赤祥。惟水沴火。"视之不明，是谓不哲。哲，知也。《诗》云："尔德不明，以亡陪亡卿，不明尔德，以亡背亡侧。"言上不明，暗昧蔽惑，则不能，知善恶，亲近习，长同类，亡功者受赏，有罪者不杀，百官废乱，失在舒缓，故其咎舒也。盛夏日长，暑以养物，政弛缓，故其罚常燠也。燠则冬温，春夏不和，伤病疾人，其极病疾也。诛不行则霜不杀草，縣臣下则杀不以时，故有草妖。凡妖，貌则以服，言则以诗，听则以声。视不以色者，五色，物之大分也，在于眚祥，故圣人以为草妖，失物柄之明者也。温燠生虫，故有蠃虫之孽，谓螟螣之类当死不死，当生而不生，或多于故而为灾也。刘歆以为属思心不容。于《易》，刚而苞柔为《离》，《离》为火，为目。羊上角下蹄，刚而苞柔，羊大目而不精明，视气毁，故有羊祸。一曰，暑岁羊多疫死，及为怪，亦是也。及人，则多病目者，故有目痾。火色赤，故有赤祥。凡视伤者，病火气；火气伤，则水沴之。其极疾者顺之，其福曰寿。刘歆《视传》曰有羽虫之孽，鸡祸。说以为于天文南方朱张为鸟星，故为羽虫。祸亦从羽，故为鸡。鸡于《易》自在《巽》，说非是。

庶征之恒燠，刘向以为《春秋》无冰也。小燠不书，无冰然后书，举其大者也。京房《易传》曰："禄不遂行兹谓欺，厥咎燠。其燠，雨云四至而温。臣安禄乐逸兹谓乱，燠而生虫。知罪不诛兹谓舒，其燠，夏则暑杀人，冬则物华实。重过不诛兹谓亡征，其咎当寒而燠尽六日也。"

吴孙亮建兴元年九月，桃李华。孙权世政烦赋重，人凋于役。是时诸葛恪始辅政，息校官，原逋责，除关梁，崇宽厚，此舒缓之应也。一说桃李寒华为草妖，或属孽。

魏文帝景元三年十月，桃李华。时文帝深树恩德，事崇优缓，此其应也。

惠帝元康二年二月，巴西郡界草皆生华，结子如麦，可食。时帝初即位，楚王玮矫诏诛汝南王亮及太保卫瓘，帝不能察。今非时草结实，此恒燠宽舒之罚。

穆帝永和九年十二月，桃李华。是时简文辅政，事多弛略，舒缓之应也。

草妖

汉献帝建安二十五年春正月，魏武帝在洛阳起建始殿，伐濯龙而血出,又掘徙梨,根伤亦血出。帝恶之,遂寝疾,是月崩。盖草妖,又赤祥,是岁魏文帝黄初元年也。

吴孙亮五凤元年六月,交阯稗草化为稻。昔三苗将亡,五谷变种,此草妖也。其后亮废。

蜀刘禅景耀五年,宫中大树无故自折。谯周忧之,无所与言,乃书柱曰:"众而大,其之会。具而授,若何复。"言曹者众也,魏者大也,众而大,天下其当会也。具而授,如何复有立者乎?蜀果亡,如周言,此草妖也。

吴孙皓天玺元年,吴郡临平湖自汉末秽塞,是时一夕忽开除无草。长老相传:此湖塞,天下乱;此湖开,天下平。吴寻亡而九服为一。

天纪三年八月,建邺有鬼目菜于工黄狗家生,依缘枣树,长丈余,茎广四寸,厚二分。又有荬菜生工吴平家,高四尺,如枇杷形,上圆,径一尺八寸,茎广五寸,两边生叶,绿色。东观案图,名鬼目作芝草,荬菜作平虑,遂以狗为侍芝郎,平为平虑郎,皆银印青绶。干宝曰:明年平吴,王濬止船正得平渚,姓名显然,指事之征也。黄狗者,吴以土运承汉,故初有黄龙之瑞。及其季年,而有鬼目之妖托黄狗之家。黄称不改,而贵贱大殊,天道精微之应也。

惠帝元康二年春,巴西郡界竹生花,紫色,结实如麦,外皮青,中赤白、味甘。

元康九年六月庚子,有桑生东宫西厢,日长尺余,甲辰枯死。此与殷太戊同妖,太子不能悟,故至废戮也。班固称"野木生朝而暴长,小人将暴居大臣之位,危国亡家之象,朝将为墟也"。是后孙秀、张林用事,遂至大乱。

永康元年四月,立皇孙臧为皇太孙。五月甲子,就东宫,桑又生于西厢。明年,赵王伦篡位,鸠杀臧,此与愍怀同妖也。是月,壮武国有桑化为柏,而张华遇害。壮武,华之封邑也。

孝怀帝永嘉二年冬,项县桑树有声如解材,人谓之桑树哭。案刘向说,"桑者丧也",又为哭声,不祥之甚。是时京师虚弱,胡寇交侵，东海王越无卫国之心，四年冬季而南出，五年春薨于此城。石勒邀其众，围而射之，王公以下至众庶，死者十余万人。又剖越棺，焚其尸。是败也，中原无所请命，洛京亦寻覆没，桑哭之应也。

六年五月，无锡县有四株茱萸树，相樛而生，状若连理。先是，郭景纯筮延陵蝘鼠，遇《临》之《益》，曰："后当复有妖树生，若瑞而非，辛螫之木也。傥有此，东西数百里必有作逆者。"及此木生，其后徐馥果作乱，亦草妖也。郭又以为"木不曲直"。其七月，豫章郡有樟树久枯，是月忽更荣茂，与汉昌邑枯社复生同占。是怀愍沦陷之征，元帝中兴之应也。

明帝太宁元年九月，会稽剡县木生如人面。是后王敦称兵作逆，祸败无成。昔汉哀成之世并有此妖，而人貌备具，故其祸亦大。今此但如人面而已，故其变也轻矣。

成帝咸和六年五月癸亥，曲阿有柳树枯倒六载，是日忽复起生，至九年五月甲戌，吴县吴雄家有死榆树，是日因风雨起生，与汉上林断柳起生同象。初，康帝为吴王，于时虽改封琅邪，而犹食吴郡为邑，是帝越正体飨国之象也。曲阿先亦吴地，象见吴邑雄之舍，又天意乎！

哀帝兴宁三年五月癸卯，庐陵西昌县修明家有僵栗树，是日忽复起生。时孝武年始四岁，俄而哀帝崩，海西即位，未几而废，简文越自藩王，入纂大业，登阼享国，又不逾二年，而孝武嗣统。帝讳昌明，识者窃谓西昌修明之祥，帝讳实应焉。是亦与汉宣帝同象也。

海西太和元年，凉州杨树生松。天戒若曰，松者不改柯易叶，杨者柔脆之木，今松生于杨，岂非永久之叶将集危亡之地邪？是时张天锡称雄于凉州，寻而降苻坚。

孝武太元十四年六月，建宁郡铜乐县枯树断折，忽然自立相属。京房《易传》曰："弃正作淫，厥妖木断自属。妃后有专，木仆反立。"是时正道多僻，其后张夫人专宠，及帝崩，兆庶归咎张氏焉。

安帝元兴三年，荆、江二州界竹生实，如麦。义熙二年九月，扬武将军营士陈盖家有苦荬菜，茎高四尺六寸，广三尺二寸，厚三寸，亦草妖也。此殆与吴终同象。识者以为苦荬者,买勤苦也。自后岁岁征讨,百姓劳苦,是买苦也。十余年中,姚泓灭,兵始戢,是苦荬之应也。义熙中,宫城上及御道左右皆生蒺藜,亦草妖也。蒺藜有刺,不可践而行。生宫墙及驰道,天戒若曰,人君不听政,虽有宫室驰道,若空废也,故生蒺藜。

羽虫之孽

魏文帝黄初四年五月,有鹈鹕鸟集灵芝池。案刘向说,此羽虫之孽,又青祥也。诏曰:"此诗人所谓污泽者也。曹诗'刺共公远君子近小人',今岂有贤智之士处于下位,否则斯鸟胡为而至哉!其博举天下俊德茂才独行君子,以答曹人之刺。"于是杨彪、管宁之徒咸见荐举,此所谓睹妖知惧者也。虽然犹不能优容亮直而多溺偏私矣。京房《易传》曰"辟退有德,厥妖水鸟集于国井"。

黄初元年,未央宫中又有燕生鹰,口爪俱赤,此与商纣、宋隐同象。

景初元年,又有燕生巨觳于卫国李盖家,形若鹰,吻似燕,此羽虫之孽,又赤眚也。高堂隆曰:"此魏室之大异,宜防鹰扬之臣于萧墙之内。"其后宣帝起诛曹爽,遂有魏室。

汉献帝建安二十三年,秃鹙鸟集邺宫文昌殿后池。明年,魏武王薨。魏文帝黄初三年,又集雒阳芳林园池。七年,又集。其夏,文帝崩。景初末,又集芳林园池。已前再至,辄有大丧,帝恶之。其年,明帝崩。

蜀刘禅建兴九年十月,江阳至江州有鸟从江南飞渡江北,不能达,堕水死者以千数。是时朱葛亮连年动众,志吞中夏,而终死渭南,所图不遂。又诸将分争,颇丧徒旅,鸟北飞不能达堕水死者,皆有其象也。亮竟不能过渭,又其应乎!此与汉时楚国乌斗堕泗水粗类矣。

景初元年,陵霄阙始构,有鹊巢其上。鹊体白黑杂色,此羽虫之孽,又白黑祥也。帝以问高堂隆,对曰:"《诗》云'惟鹊有巢,惟鸠居之',今兴起宫室而鹊来巢,此宫室未成身不得居之象也。天戒若曰，宫室未成，将有他姓制御之，不可不深虑。"于是帝改颜动色。

吴孙权赤乌十二年四月，有两乌衔鹊堕东馆，权使领丞相朱据燎鹊以祭。案刘歆说，此羽虫之孽，又黑祥也。视不明、听不聪之罚也。是时权意溢德衰，信谗好杀，二子将危，将相俱殆，睹妖不悟，加之以燎，昧道之甚者也。明年，太子和废，鲁王霸赐死，朱据左迁，陆议忧卒，是其应也。东馆，典教之府；鹊堕东馆，又天意乎？

吴孙权太元二年正月，封前太子和为南阳王，遣之长沙，有鹊巢其帆樯。和故宫僚闻之，皆忧惨，以为樯末倾危，非久安之象。是后不得其死。

孙亮建兴二年十一月，有大鸟五见于春申，吴人以为凤凰。明年，改元为五凤。汉桓帝时有五色大鸟，司马彪云："政道衰缺，无以致凤，乃羽虫孽耳。"孙亮未有德政，孙峻骄暴方甚，此与桓帝同事也。案《瑞应图》，大鸟似凤而为孽者非一，宜皆是也。

孙皓建衡三年，西苑言凤皇集，以之改元，义同于亮。

武帝泰始四年八月，有翟雉飞上阊阖。天戒若曰，阊阖门非雉所止，犹殷宗雉登鼎耳之戒也。

惠帝永康元年，赵王伦既篡，京师得异鸟，莫能名。伦使人持出，周旋城邑市以问人。积日，宫西有小儿见之，逆自言曰："服留鸟翳。"持者即还白伦，伦使更求，又见之，乃将入宫，密笼鸟，并闭小儿户中，明日视之，悉不见。此羽虫之孽。时赵王伦有目瘤之疾，言服留者，谓伦留将服其罪也。寻而伦诛。

赵王伦篡位，有鹑入太极殿，雉集东堂。天戒若曰，太极东堂皆朝享听政之所，而鹑雉同日集之者，赵王伦不当居此位也。《诗》云："鹑之强强，鹊之奔奔，人之无良，我以为君。"其此之谓乎！寻而伦灭。

孝怀帝永嘉元年二月，洛阳东北步广里地陷，有苍白二色鹅出，苍者飞翔冲天，白者止焉。此羽虫之孽，又黑白祥也。陈留董养曰："步广，周之狄泉，盟会地也。白者，金色，国之行也。苍为胡象，其可尽言乎？"是后，刘元海、石勒相继乱华。

明帝太宁三年八月庚戌,有大鸟二,苍黑色,翼广一丈四尺,其一集司徒府,射而杀之,其一集市北家人舍,亦获焉。此羽虫之孽,又黑祥也。及闰月戊子而帝崩,后遂有苏峻、祖约之乱。

成帝咸和二年正月,有五鸥鸟集殿庭,此又白祥也。是时庾亮苟违众谋,将召苏峻,有言不从之咎,故白祥先见也。三年二月,峻果作乱,宫掖焚毁,化为污莱,此其应也。

咸康八年七月,有白鹭集殿屋。是时康帝始即位,不永之祥也。后涉再期而帝崩。案刘向曰:"野鸟入处,宫室将空。"此其应也。

海西初以兴宁三年二月即位,有野雉集于相风。此羽虫之孽也。寻为桓温所废也。

孝武帝太元十六年六月,鹊巢太极东头鸱尾,又巢国子学堂西头。十八年东宫始成,十九年正月鹊又巢其西门。此殆与魏景初同占。学堂,风教之所聚;西头,又金行之祥。及帝崩后,安皇嗣位,桓玄遂篡,风教乃颓,金行不竞之象也。

安帝义熙三年,龙骧将军朱猗戍寿阳。婢炊饭,忽有群乌集灶,竞来啄啖,婢驱逐不去。有猎狗咋杀两乌,余乌因共啄杀狗,又啖其肉,唯余骨存。此亦羽虫之孽,又黑祥也。明年六月,猗死,此其应也。

羊祸

成帝咸和二年五月,司徒王导厩羊生无后足,此羊祸也。京房《易传》曰:"足少者,下不胜任也。"明年,苏峻破京都,导与帝俱幽石头,仅乃得免,是其应也。

赤眚赤祥

公孙文懿时,襄平北市生肉,长围各数尺,有头目口喙,无手足而动摇,此赤祥也。占曰:"有形不成,有体不声,其国灭亡。"文懿寻为魏所诛。

吴戍将邓喜杀猪祠神,治毕悬之,忽见一人头往食肉,喜引弓射中之,咋咋作声,绕屋三日,近赤祥也。后人白喜谋北叛,阖门被诛。京房《易妖》曰:"山见葆,江于邑,邑有兵,状如人头,赤色。"

武帝太康五年四月壬子,鲁国池水变赤如血。七年十月,河阴有赤雪二顷。此赤祥也。是后四载而帝崩,王室遂乱。

惠帝元康五年三月,吕县有流血,东西百余步,此赤祥也。至元康末,穷凶极乱,僵尸流血之应也。干宝以为"后八载而封云乱徐州,杀伤数万人",是其应也。

永康元年三月,尉氏雨血。夫政刑舒缓,则有常燠赤祥之妖。此岁正月,送愍怀太子幽于许宫。天戒若曰,不宜缓恣奸人,将使太子冤死。惠帝愚眊不寤,是月愍怀遂毙。于是王室成衅,祸流天下。淖齿杀齐湣王曰,天雨血沾衣,天以告也,此之谓乎?京房《易传》曰:"归狱不解,兹谓追非,厥咎天雨血,兹谓不亲,下有恶心,不出三年,无其宗。"又曰:"佞人禄,功臣戮,天雨血也。"

愍帝建兴元年十二月,河东地震,雨肉。四年十二月景寅,丞相府斩督运令史淳于伯,血逆流上柱二丈三尺,此赤祥也。是时,后将军褚裒镇广陵,丞相扬声北伐,伯以督运稽留及役使赃罪,依军法戮之。其息诉称:"督运事讫,无所稽乏,受赇役使,罪不及死。兵家之势,先声后实,实是屯戍,非为征军。自四年已来,运漕稽停,皆不以军兴法论。"僚佐莫之理。及有变,司直弹劾众官,元帝不问,遂频旱三年。干宝以为冤气之应也。郭景纯曰:"血者水类,同属于《坎》。《坎》为法象,水平润下,不宜逆流。此政有咎失之征也。"

刘聪伪建元元年正月,平阳地震,其崇明观陷为池,水赤如血,赤气至天,有赤龙奋迅而去。流星起于牵牛,入紫微,龙形委蛇,其光照地,落于平阳北十里。视之则肉,臭闻于平阳,长三十步,广二十七步。肉旁常有哭声,昼夜不止。数日,聪后刘氏产一蛇一兽,各害人而走。寻之不得,顷之见于陨肉之旁。是时,刘聪纳刘殷三女,并为其后。天戒若曰,聪既自称刘姓,三后又俱刘氏,逆骨肉之纲,乱人伦之则。陨肉诸妖,其眚亦大。俄而刘氏死,哭声自绝。

晋书卷二九
志第一九

五行下

　　《传》曰:"听之不聪,是谓不谋,厥咎急,厥罚恒寒,厥极贫。时则有鼓妖,时则有鱼孽,时则有豕祸,时则有耳疴,时则有黑眚黑祥。惟火沴水。"听之不聪,是谓不谋,言上偏听不聪,下情隔塞,则谋虑利害,失在严急,故其咎急也。盛冬日短,寒以杀物,政促迫,故其罚常寒也。寒则不生百谷,上下俱贫,故其极贫也。君严猛而闭下,臣战栗而塞耳,则妄闻之气发于音声,故有鼓妖。寒气动,故有鱼孽。而龟能为孽,龟能陆处,非极阴也,鱼去水而死,极阴之孽也。于《易》,《坎》为水,为豕,豕大耳而不聪察,听气毁,故有豕祸也。一曰,寒岁豕多死及为怪,亦是也。及人,则多病耳者,故有耳疴。水色黑,故有黑眚黑祥。凡听伤者,病水气;水气病,则火沴之。其极贫者,顺之,其福曰富。刘歆《听传》曰有介虫之孽也。

　　庶征之恒寒,刘歆以为大雨雪,及未当雨雪而雨雪,及大雨雹,陨霜杀菽草,皆常寒之罚也。京房《易传》曰:"有德遭险,兹谓逆命,厥异寒。诛罚过深,当燠而寒,尽六日,亦为雹。害正不诛,兹谓养贼,寒七十二日,杀飞禽。道人始去,兹谓伤,其寒,物无霜而死,涌水而出。战不量敌,兹谓辱命,其寒,虽雨物不茂。闻善不予,厥咎聋。"

　　吴孙权嘉禾三年九月朔,陨霜伤谷。案刘向说,"诛罚不由君,出在臣下之象也。"是时,校事吕壹专作威福,与汉元帝时石显用事陨霜同应。班固书九月二日，陈寿言朔，皆明未可以伤谷也。壹后亦伏诛。京房《易传》曰：“兴兵妄诛，兹谓亡法，厥灾霜，夏杀五谷，冬杀麦。诛不原情，兹谓不仁，其霜，夏先大雷风，冬先雨，乃阴霜，有芒角。贤圣遭害，其霜附木不下地。佞人依刑，兹谓私贼，其霜在草根土隙间。不教而诛，兹谓虐，其霜反在草下。”

四年七月，雨雹，又阴霜。案刘向说，“雹者，阴胁阳也。”是时，吕壹作威用事，诋毁重臣，排陷无辜。自太子登以下咸患毒之，而壹反获封侯宠异，与春秋时公子遂专任雨雹同应也。汉安帝信谗，多杀无辜，亦雨雹。董仲舒曰：“凡雹皆为有所胁，行专一之政故也。”

赤乌四年正月，大雪，平地深三尺，鸟兽死者太半。是年夏，全琮等四将军攻略淮南、襄阳，战死者千余人。其后，权以谗邪数责让陆议，议愤恚致卒，与汉景武大雪同事。十一年四月，雨雹。是时，权听谗，将危太子。其后，朱据、屈晃以忤意黜辱，陈正、陈象以忠谏族诛，而太子终废。此有德遭险，诛罚过深之应也。

武帝泰始六年冬，大雪。七年十二月，又大雪。明年，有步阐、杨肇之败，死伤甚众，不聪之罚也。九年四月辛未，阴霜。是时，贾充亲党比周用事，与鲁定公、汉元帝时阴霜同应也。

咸宁三年八月，平原、安平、上党、泰山四郡霜，害三豆。是月，河间暴风寒冰，郡国五阴霜伤谷。是后大举征吴，马隆又帅精勇讨凉州。五年五月丁亥，钜鹿、魏郡雨雹，伤禾麦。辛卯，雁门雨雹，伤秋稼。六月庚戌，汲郡、广平、陈留、荥阳雨雹。景辰，又雨雹，阴霜，伤秋麦千三百余顷，坏屋百二十余间。癸亥，安定雨雹。七月庚申，魏郡又雨雹。闰月壬子，新兴又雨雹。八月庚子，河南、河东、弘农又雨雹，兼伤秋稼三豆。

太康元年三月，河东、高平霜雹，伤桑麦。四月，河南、河内、河东、魏郡、弘农雨雹，伤麦豆。是月庚午，畿内县二及东平、范阳雨雹。癸酉，畿内县五又雨雹。五月，东平、平阳、上党、雁门、济南雨雹，伤禾麦三豆。是时王濬有大功，而权戚互加陷抑，帝从容不断，阴胁阳之应也。

二年二月辛酉，陨霜于济南、琅邪，伤麦。壬申，琅邪雨雹，伤麦。三月甲午，河东陨霜，害桑。五月景戌，城阳、章武、琅邪伤麦。庚寅，河东、乐安、东平、济阴、弘农、濮阳、齐国、顿丘、魏郡、河内、汲郡、上党雨雹，伤禾稼。六月，郡国十七雨雹。七月，上党雨雹。三年十二月，大雪。五年七月乙卯，中山、东平雨雹，伤秋稼。甲辰，中山雨雹。九月，南安大雪，折木。

六年二月，东海陨霜，伤桑麦。三月戊辰，齐郡临淄、长广不其等四县，乐安梁邹等八县，琅邪临沂等八县，河间易城等六县，高阳北阳新城等四县陨霜，伤桑麦。六月，荥阳、汲郡、雁门雨雹。

八年四月，齐国、天水二郡陨霜。十二月，大雪。九年正月，京都大风雨雹，发屋拔木。四月，陇西陨霜。十年四月，郡国八陨霜。

惠帝元康二年八月，沛及荡阴雨雹。三年四月，荥阳雨雹。六月，弘农湖、城华阴又雨雹，深三尺。是时，贾后凶淫专恣，与春秋鲁桓夫人同事，阴气盛也。五年六月，东海雨雹，深五寸。十二月，丹杨建邺雨雹。是月，丹杨建邺大雪。六年三月，东海陨雪，杀桑麦。七年五月，鲁国雨雹。七月，秦、雍二州陨霜，杀稼也。九年三月旬有八日，河南、荥阳、颍川陨霜，伤禾。五月，雨雹。是时，贾后凶躁滋甚，及冬，遂废愍怀。

永宁元年七月，襄城、河南雨雹。十月，襄城、河南、高平、平阳又风雹，折木伤稼。

光熙元年闰八月甲申朔，霰雪。刘向曰："盛阳雨水汤热，阴气胁之，则转而为雹。盛阴雨雪，凝滞，阳气薄之，则散而为霰。今雪非其时，此听不聪之应。"是年，帝崩。

孝怀帝永嘉元年十二月冬，雪，平地三尺。七年十月庚午，大雪。

元帝太兴二年三月丁未，成都风雹，杀人。三年三月，海盐雨雹。是时，王敦陵上。

永昌二年十二月，幽、冀、并三州大雨。

明帝太宁元年十二月，幽、冀、并三州大雪。二年四月庚子，京都大雨雹,燕雀死。三年三月丁丑,雨雪。癸巳,陨霜。四月,大雨雹。是年,帝崩,寻有苏峻之乱。

成帝咸和六年三月癸未,雨雹。是时,帝幼弱,政在大臣。

咸和九年八月,成都大雪。是岁,李雄死。

咸康二年正月丁巳,皇后见于太庙,其夕雨雹。

康帝建元元年八月,大雪。是时,政在将相,阴气盛也。刘向曰:"凡雨,阴也,雪又雨之阴也。出非其时,迫近象也。"

穆帝永和二年八月,冀方大雪,人马多冻死。五年六月,临漳暴风震电,雨雹,大如升。十年五月,凉州雪。明年八月,张祚祁罕护军张瓘率宋混等攻灭祚,更立张耀灵弟玄靓。京房《易传》曰:"夏雪,戒臣为乱。"此其乱之应也。十一年四月壬申朔,霜。十二月戊午,雷。己未,雪。是时帝幼,母后称制,政在大臣,阴盛故也。

升平二年正月,大雪。

海西太和三年四月,雨雹,折木。

孝武太元二年四月己酉,雨雹。十二月,大雪。是时帝幼,政在将相,阴之盛也。十二年四月己丑,雨雹。二十年五月癸卯,上虞雨雹。二十一年四月丁亥,雨雹。是时,张夫人专幸,及帝暴崩,兆庶尤之。十二月,雨雪二十三日。是时嗣主幼冲,冢宰专政。

安帝隆安二年三月乙卯,雨雹。是秋,王恭、殷仲堪称兵内侮,终皆诛之也。

元兴二年十二月,酷寒过甚。是时,桓玄篡位,政事烦苛。识者以为朝政失在舒缓,玄则反之以酷。案刘向曰:"周衰无寒岁,秦灭无燠年。"此之谓也。

三年正月甲申,霰雪又雷。雷霰同时,皆失节之应也。四月丙午,江陵雨雹。是时,安帝蒙尘。

义熙元年四月壬申,雨雹。是时,四方未一,钲鼓日戒。五年三月己亥,雪,深数尺。五月癸巳,溧阳雨雹。九月己丑,广陵雨雹。明年,卢循至蔡洲。

六年正月景寅,雪又雷。五月壬申,雨雹。八年四月辛未朔,雨雹。六月癸亥,雨雹,大风发屋。是秋,诛刘蕃等。十年四月辛卯,雨雹。

雷震

魏明帝景初中,洛阳城东桥、城西洛水浮桥桓楹同日三处俱时震。寻又震西城上候风木飞鸟。时劳役大起,帝寻晏驾。

吴孙权赤乌八年夏,震宫门柱,又击南津大桥桓楹。

孙亮建兴元年十二月朔,大风震电。是月,又雷雨。义同前说,亮终废。

武帝太康六年十二月甲申朔,淮南郡震电。七年十二月己亥,毗陵雷电,南沙司盐都尉戴亮以闻。十年十二月癸卯,庐江、建安雷电大雨。

惠帝永康元年六月癸卯,震崇阳陵标西南五百步,标破为七十片。是时,贾后陷害鼎辅,宠树私戚,与汉桓帝时震宪陵寝同事也。后终诛灭。

永兴二年十月丁丑,雷震。

怀帝永嘉四年十月,震电。

愍帝建兴元年十一月戊午,会稽大雨震电。己巳夜,赤气曜于西北。是夕,大雨震电。庚午,大雪。案刘向说,“雷以二月出,八月入。”今此月震电者,阳不闭藏也。既发泄而明日便大雪,皆失节之异也。是时,刘载僭号平阳,李雄称制于蜀,九州幅裂,西京孤微,为君失时之象也。赤气,赤祥也。

元帝太兴元年十一月乙卯,暴雨雷电。

永昌二年七月景子朔,雷震太极殿柱。十二月,会稽、吴郡雷震电。

成帝咸和元年十月己巳,会稽郡大雨震电。三年六月辛卯,临海大雷,破郡府内小屋柱十枚,杀人。九月二日壬午立冬,会稽雷电。四年十一月,吴郡、会稽又震电。

穆帝永和七年十月壬午,雷雨震电。升平元年十一月庚戌,雷。乙丑,又雷。十月庚午,雷发东南方。

　　孝武帝太元五年六月甲寅,雷震含章殿四柱,并杀内侍二人。十年十二月,雷声在南方。十四年七月甲寅,雷震,烧宣阳门西柱。

　　安帝隆安二年九月壬辰,雷雨。

　　元兴三年,永安皇后至自巴陵,将设仪导入宫,天雷震,人马各一俱殪焉。

　　义熙四年十一月辛卯朔,西北方疾风发。癸丑,雷。五年六月景寅,雷震太庙,破东鸱尾,彻柱,又震太子西池合堂。是时,帝不亲蒸尝,故天震之,明简宗庙也。西池是明帝为太子时所造次,故号太子池。及安帝多病,患无嗣,故天震之,明无后也。六年正月景寅,雷,又雪。十二月壬辰,大雷。九年十一月甲戌,雷。乙亥,又雷。

　　鼓妖

　　惠帝元康九年三月,有声若牛,出许昌城。十二月,废愍怀太子,幽于许宫。明年,贾后遣黄门孙虑杀太子,击以药杵,声闻于外,是其应也。

　　苏峻在历阳外营,将军鼓自鸣,如人弄鼓者。峻手自破之,曰:"我乡土时有此,则城空矣。"俄而作乱夷灭,此听不聪之罚也。

　　石季龙末,洛阳城西北九里,石牛在青石跌上,忽鸣,声闻四十里。季龙遣人打落两耳及尾,铁钉钉四脚。寻而季龙死。

　　孝武太元十五年三月己酉朔,东北方有声如雷。案刘向说,以为"雷当托于云,犹君托于臣。无云而雷,此君不恤于下,下人将叛之象也"。及帝崩而天下渐乱,孙恩、桓玄交陵京邑。

　　吴兴长城夏架山有石鼓,长丈余,面迳三尺所,下有盘石为足,鸣则声如金鼓,三吴有兵。至安帝隆安中大鸣,后有孙恩之乱。

　　鱼孽

　　魏齐王嘉平四年五月,有二鱼集于武库屋上,此鱼孽也。王肃曰:"鱼生于水,而亢于屋,介鳞之物,失其所也。边将其殆有弃甲之变乎!"后果有东关之败。干宝又以为高贵公兵祸之应。二说皆与班固旨同。

　　武帝太康中,有鲤鱼二见武库屋上。干宝以为:"武库兵府,鱼有鳞甲,亦兵类也。鱼既极阴,屋上太阳,鱼见屋上,象至阴以兵革之祸干太阳也。至惠帝初,诛杨骏,废太后,矢交馆阁。元康末,贾后谤杀太子,寻亦诛废。十年之间,母后之难再兴,是其应也,自是祸乱构矣。"京房《易传》曰:"鱼去水,飞入道路,兵且作。"

蝗虫

《春秋》,螽。刘歆从介虫之孽,与鱼同占。

魏文帝黄初三年七月,冀州大蝗,人饥。案蔡邕说,"蝗者,在上贪苛之所致也。"是时,孙权归顺,帝因其有西陵之役,举大众袭之,权遂背叛也。

武帝泰始十年六月,蝗。是时,荀、贾任政,疾害公直。

惠帝永宁元年,郡国六蝗。

怀帝永嘉四年五月,大蝗,自幽、并、司、冀至于秦雍,草木牛马毛鬣皆尽。是时,天下兵乱,渔猎黔黎,存亡所继,惟司马越、苟晞而已。竞为暴刻,经略无章,故有此孽。

愍帝建兴四年六月,大蝗。去岁刘曜频攻北地、冯翊,麴允等悉众御之,卒为刘曜所破,西京遂溃。五年,帝在平阳,司、冀、青、雍螽。

元帝太兴元年六月,兰陵合乡蝗,害禾稼。乙未,东莞蝗虫纵广三百里,害苗稼。七月,东海、彭城、下邳、临淮四郡蝗虫害禾豆。八月,冀、青、徐三州蝗,食生草尽,至于二年。是时,中州沦丧,暴乱滋甚也。二年五月,淮陵、临淮、淮南、安丰、庐江等五郡蝗虫食秋麦。是月癸丑,徐州及扬州江西诸郡蝗,吴郡百姓多饿死。是年,王敦并领荆州,苟暴之衅自此兴矣。

孝武帝太元十五年八月,兖州蝗。是时,慕容氏逼河南,征戍不已,故有斯孽。十六年五月,飞蝗从南来,集堂邑县界,害苗稼。是年春,发江州兵营甲士二千人,家口六七千,配护军及东宫,后寻散亡殆尽。又边将连有征役,故有斯孽。

豕祸

吴孙皓宝鼎元年,野豕入右大司马丁奉营,此豕祸也。后奉见遣攻谷阳,无功而反。皓怒,斩其导军。及举大众北出,奉及万彧等相谓曰:"若至华里,不得不各自还也。"此谋泄,奉时虽已死,皓追讨谷阳事,杀其子温,家属皆远徙,豕祸之应也。龚遂曰,"山野之兽,来入宫室,宫室将空",又其象也。

怀帝永嘉中,寿春城内有豕生两头而不活,周馥取而观之。时识者云:"豕,北方畜,胡狄象。两头者,无上也。生而死,不遂也。天戒若曰,勿生专利之谋,将自致倾覆也。"周馥不寤,遂欲迎天子令诸侯,俄为元帝所败,是其应也。石勒亦寻渡淮,百姓死者十有其九。

元帝建武元年,有豕生八足,此听不聪之罚,又所任邪也。是后有刘隗之变。

成帝咸和六年六月,钱唐人家㺊豕产两子,而皆人面,如胡人状,其身犹豕。京房《易妖》曰:"豕生人头豕身者,危且乱。今此㺊豕而产,异之甚者也。"

孝武帝太元十年四月,京都有豚一头二脊八足。十三年,京都人家豕产子,一头二身八足,并与建武同妖也。是后,宰相沉酗,不恤朝政,近习用事,渐乱国纲,至于大坏也。

黑眚黑祥

孝怀帝永嘉五年十二月,黑气四塞,近黑祥也。帝寻沦陷,王室丘墟,是其应也。

愍帝建兴二年正月己巳朔,黑雾著人如墨,连夜,五日乃止,此近黑祥也。其四年,帝降刘曜。

元帝永昌元年十月,京师大雾,黑气蔽天,日月无光。十一月,帝崩。

火沴水

武帝太康五年六月,任城、鲁国池水皆赤如血。案刘向说,近火沴水,听之不聪之罚也。京房《易传》曰:"君淫于色,贤人潜,国家危,厥异水流赤。"

穆帝升平三年二月,凉州城东池中有火。四年四月,姑臧泽水中又有火。此火沴水之妖也。明年,张天锡杀中护军张邕。邕,执政之人也。

安帝元兴二年十月,钱唐临平湖水赤,桓玄讽吴郡使言开除以为己瑞,俄而桓玄败。

《传》曰:"思心之不容,是谓不圣,厥咎霿,厥罚恒风,厥极凶短折。时则有脂夜之妖,时则有华孽,时则有牛祸,时则有心腹之痾,时则有黄眚黄祥,时则有金木水火沴土。"思心不容,是谓不圣。思心者,心思虑。容,宽也。孔子曰:"居上不宽,吾何以观之哉!"言上不宽大包容,臣下则不能居圣位。貌言视听,以心为主,四者皆失,则区霿无识,故其咎霿也。雨旱寒燠,亦以风为本,四气皆乱,故其常恒风也。常风伤物,故其极凶短折也。伤人曰凶,禽兽曰短,草木曰折。一曰,凶,夭也;兄丧弟曰短,父丧子曰折。在人,腹中肥而包裹心者,脂也。心区霿则冥晦,故有脂夜之妖。一曰,有脂物而夜为妖,若脂夜污人衣,淫之象也。一曰,夜妖者,云风并起而杳冥,故与常风同象也。温而风则生螟螣,有裸虫之孽。刘向以为:"于《易》,《巽》为风,为木。卦在三月四月,继阳而治,主木之华实。风气盛至,秋冬木复华,故有华孽。"一曰,地气盛则秋冬复华。一曰,华者色也,土为内事,谓女孽也。于《易》,《坤》为土,为牛。牛大心而不能思虑,心气毁,故有牛祸。一曰,牛多死及为怪,亦是也。及人,则多病心腹者,故有心腹之痾。土色黄,故有黄眚黄祥。凡思心伤者,病土气;土气病,则金木水火沴之,故曰时则有金木水火沴土。不言"惟"而独曰"时则有"者,非一冲气所沴,明其异大也。其极凶短折者,顺之,其福曰考终命。刘歆《思心传》曰:"时有赢虫之孽,谓螟螣之属也。"

庶征恒风

魏齐王正始九年十一月,大风数十日,发屋折树。十二月戊午晦尤甚,动太极东阁。

嘉平元年正月壬辰朔,西北大风,发屋折树木,昏尘蔽天。案管辂说,此为时刑大臣,执政之忧也。是时,曹爽区霿自专,骄僭过度,天戒数见，终不改革，此思心不睿，恒风之罚也。后逾旬而爽等诛灭。京房《易传》曰："众逆同志，至德乃潜，厥异风。其风也，行不解，物不长，雨小而伤。政悖德隐兹谓乱，厥风先风不雨，大风暴起，发屋折木。守义不进兹谓眊，厥风与云俱起，折五谷茎。臣易上政兹谓不顺，厥风大焱发屋。赋敛不理兹谓祸，厥风绝经纪，正即温，温即虫。侯专封兹谓不统，厥风疾而树不水，谷不成。辟不思道利兹谓无泽，厥风不摇木，旱无云，伤禾。公常于利兹谓乱，厥风微而温，生虫蝗，害五谷。弃政作淫兹谓惑，厥风温，螟虫起，害有益人之物。诸侯不朝兹谓畔，厥风无恒，地变赤，雨杀人。"

吴孙权太元元年八月朔，大风，江海涌溢，平地水深八尺，拔高陵树二千株，石碑蹉动，吴城两门飞落。案华核对，役繁赋重，区霜不容之罚也。明年，权薨。

孙亮建兴元年十二月景申，大风震电。是岁，魏遣大众三道来攻，诸葛恪破其东兴军，二军亦退。明年，恪又攻新城，丧众太半，还，伏诛。

孙休永安元年十一月甲午，风四转五复，蒙雾连日。是时，孙綝一门五侯，权倾吴主，风雾之灾，与汉五侯、丁、傅同应也。十二月丁卯夜，有大风，发木扬沙。明日，綝诛。

武帝泰始五年四月辛卯朔，广平大风，折木。

咸宁元年五月，下邳、广陵大风，坏千余家，折树木。其月甲申，广陵、司吾、下邳大风，折木。三年八月，河间大风，折木。

太康二年五月，济南暴风，折木，伤麦。六月，高平大风，折木，发坏邸阁四十余区。七月，上党又大风，伤秋稼。八年六月，郡国八大风。九年正月，京都风雹，发屋拔树。后二年，宫车晏驾。

惠帝元康四年六月，大风雨，拔树。五年四月庚寅夜，暴风，城东渠波浪杀人。七月，下邳大风，坏庐舍。九月，雁门、新兴、太原、上党灾风伤稼。明年，氐羌反叛，大兵西讨。

九年六月，飘风吹贾谧朝服飞数百丈。明年，谧诛。十一月甲子朔，京都连大风，发屋折木。十二月，愍怀太子废，幽于许昌。

永康元年二月,大风拔木。三月,愍怀被害。己卯,丧柩发许昌还洛。是日,又大风雷电,帏盖飞裂。四月,张华第舍飙风起,折木飞缯,折轴六七。是月,华遇害。十一月戊午朔,大风从西北来,折木飞沙石,六日止。明年正月,赵王伦篡位。

永宁元年八月,郡国三大风。

永兴元年正月乙丑,西北大风。赵王伦建始元年正月癸酉,赵王伦祠太庙,灾风暴起,尘四合。其年四月,伦伏辜。

元帝永昌元年七月景寅,大风拔木,屋瓦皆飞。八月,暴风坏屋,拔御道柳树百余株。其风纵横无常,若风自八方来者。是时,王敦专权,害尚书令刁协、仆射周顗等,故风纵横若非一处也。此臣易上政,诸侯不朝之罚也。十一月,宫车晏驾。

成帝咸康四年三月壬辰,成都大风,发屋折木。四月,李寿袭杀李期,自立。

康帝建元元年七月庚寅,晋陵、吴郡灾,风。

穆帝升平元年八月丁未,策立皇后何氏。是日,疾风。后桓玄篡位,乃降后为零陵县君,不睿之罚也。五年正月戊午朔,疾风。

海西公太和六年二月,大风迅急,是年被废。

孝武帝宁康元年三月,京都大风,火大起。是时,桓温入朝,志在陵上,帝又幼少,人怀忧恐,斯不睿之征也。三年三月戊申朔,暴风迅起,从丑上来,须臾逆转,从子上来,飞沙扬砾。

太元二年二月乙丑朔,暴风折木。闰三月甲子朔,暴风疾雨俱至,发屋折木。三年六月,长安大风,拔符坚宫中树。其后,坚再南伐,遂有淝水之败,身戮国亡。四年八月乙未,暴风扬沙石。十二年正月壬子夜,暴风。七月甲辰,大风折木。十三年十二月己未,大风,昼晦。其后帝崩而诸侯违命,权夺于元显,祸成于桓玄,是其应也。十七年六月乙未,大风折木。

安帝元兴二年二月夜,大风雨,大航门屋瓦飞落。明年,桓玄篡位,由此门入。三年正月,桓玄出游大航南,飘风飞其辇锐盖,经三月而玄败归江陵。五月,江陵又大风折木。是月,桓玄败于峥嵘洲,身亦屠裂。十一月丁酉，大风，江陵多死者。

义熙四年十一月辛卯朔，西北疾风起。五年闰十一月丁亥，大风发屋。明年，卢循至蔡洲。六年五月壬申，大风拔北郊树，树几百年也。并吹琅邪、扬州二射堂倒坏。是日，卢循大舰漂没。甲戌，又风，发屋折木。是冬，王师南讨。九年正月，大风，白马寺浮图刹柱折坏。十年四月己丑朔，大风拔木。六月辛亥，大风拔木。七月，淮北大风，坏庐舍。明年，西讨司马休之应。

夜妖

魏高贵乡公正元二年正月戊戌，景帝讨毌兵俭，大风晦暝，行者皆顿伏，近夜妖也。刘向曰："正昼而暝，阴为阳，臣制君也。"

元帝景元三年十月，京都大震，昼晦，此夜妖也。班固曰："夜妖者，云风并起而杳冥，故与常风同象也。"刘向《春秋说》云："天戒若曰，勿使大夫世官，将令专事。暝晦，公室卑矣。"魏见此妖，晋有天下之应也。

怀帝永嘉四年十月辛卯，昼昏，至于庚子，此夜妖也。后年，刘曜寇洛川，王师频为贼所败，帝蒙尘于平阳。

孝武帝太元十三年十二月乙未，大风晦暝。其后帝崩，而诸侯违命，干戈内侮，权夺于元显，祸成于桓玄。

赢虫之孽

京房《易传》曰："臣安禄位兹谓贪，厥灾虫食根。德无常兹谓烦，虫食叶。不绌无德，虫食本。与东作争兹谓不时，虫食茎。蔽恶生孽，虫食心。"

武帝咸宁元年七月，郡国螟。九月，青州又螟。是月，郡国有青虫食其禾稼。四年，司、冀、兖、豫、荆、扬郡国二十螟。

太康四年，会稽彭暝及蟹皆化为鼠，其众，复大食稻为灾。九年八月，郡国二十四螟。九月，虫又伤秋稼。是时，帝听谗谀，宠任贾充、杨骏，故有虫蝗之灾，不绌无德之罚。

惠帝元康三年九月，带方等六县螟，食禾叶尽。永宁元年七月，梁、益、凉三州螟。是时，齐王冏执政，贪奇之应也。永宁元年十月，南安、巴西、江阳、太原、新兴、北海青虫食禾叶，甚者十伤五六。十二月，郡国六螟。

牛祸

武帝太康九年，幽州塞北有死牛头语，近牛祸也。是时，帝多疾病，深以后事为念，而托付不以至公，思瞀乱之应也。案师旷曰："怨讟动于人，则有非言之物而言。"又其义也。京房《易传》曰："杀无罪，牛生妖。"

惠帝太安中，江夏张骋所乘牛言曰："天下乱，乘我何之！"骋惧而还，犬又言曰："归何早也？"寻后牛又人立而行。骋使善卜者卦之，谓曰："天下将有兵乱，为祸非止一家。"其年，张昌反，先略江夏，骋为将帅，于是五州残乱，骋亦族灭。京房《易妖》曰："牛能言，如其言占吉凶。"《易萌气枢》曰："人君不好士，走马被文绣，犬狼食人食，则有六畜谈言。"时天子诸侯不以惠下为务，又其应也。

元帝建武元年七月，晋陵陈门才牛生犊，一体两头。案京房《易传》言："牛生子二首一身，天下将分之象也。"是时，愍帝蒙尘于平阳，寻为逆胡所杀。元帝即位江东，天下分为二，是其应也。

太兴元年，武昌太守王谅牛生子，两头八足，两尾共一腹，三年后死。又有牛一足三尾，皆生而死。案司马彪说，"两头者，政在私门，上下无别之象也。"京房《易传》曰："足多者，所任邪也；足少者，不胜任也。"其后王敦等乱政，此其祥也。

四年十二月，郊牛死。案刘向说《春秋》郊牛死曰："宣公区霿昏乱，故天下不飨其祀。"今元帝中兴之业，实王导之谋也。刘隗探会上意，以得亲幸，导见疏外，此区霿不睿之祸。

成帝咸和二年五月，护军牛生犊，两头六足。是冬，苏峻作乱。七年，九德人袁荣家牛产犊，两头八足，二尾共身。

桓玄之国，在荆州诣刺史殷仲堪，行至鹤穴，逢一老公驱青牛，形色环异，桓玄即以所乘牛易取。乘至零陵泾溪，骏驶非常，息驾饮牛，牛迳入江水不出。玄遣人觇守，经日无所见。于后玄败被诛。

黄眚黄祥

蜀刘备章武二年,东伐。二月,自秭归进屯夷道。六月,秭归有黄气见,长十余里,广数十丈。后逾旬,备为陆议所破,近黄祥也。

魏齐王正始中,中山王周南为襄邑长。有鼠从穴出,语曰:"王周南,尔以某日死。"周南不应,鼠还穴。后至期,更冠帻皂衣出,语曰:"周南,汝日中当死。"又不应,鼠复入穴。斯须奥出,语如向。日适欲中,鼠入须奥复出,出复入,转更数,语如前。日适中,鼠曰:"周南,汝不应,我复何道!"言绝,颠蹶而死,即失衣冠。取视,俱如常鼠。案班固说,此黄祥也。是时,曹爽专政,竞为比周,故鼠作变也。

惠帝元康四年正月,大雾。帝时昏瞆,政非己出,故有区霿之妖。

元帝太兴四年八月,黄雾四塞,埃氛蔽天。永昌元年十月,京师大雾,黑气贯天,日无光。

明帝太宁元年正月癸巳,黄雾四塞。二月,又黄雾四塞。是时王敦擅权,谋逆愈甚。

穆帝永和七年三月,凉州大风拔木,黄雾下尘。是时,张重华纳谮,出谢艾为酒泉太守,而所任非其人,至九年死,嗣子见杀,是其应也。京房《易传》曰:"闻善不予兹谓有知,厥异黄,厥咎聋,厥灾不嗣。黄者,有黄浊气四塞天下。蔽贤绝道,故灾至绝世也。"

孝武太元八年二月癸未,黄雾四塞。是时,道子专政,亲近佞人,朝纲方替。

安帝元兴元年十月景申朔,黄雾昏浊不雨。是时桓玄谋逆之应。

义熙五年十一月,大雾。十年十一月,又大雾。是时,帝室衰微,臣下权盛,兵及土地,略非君有,此其应也。

地震

刘向曰:"地震,金木水火渗土者也。"伯阳甫曰:"天地之气,不过其序;若过其序,人之乱也。阳伏而不能出,阴迫而不能升,于是有地震。"

吴孙权黄武四年,江东地连震。是时,权受魏爵命为大将军、吴王,改元专制,不修臣迹。京房《易传》曰:"臣事虽正,专必震。其震,于水则波,于木则摇,于屋则瓦落。大经在辟而易臣兹谓阴动,厥震摇政官。大经摇政兹谓不阴,厥震摇山,出涌水。嗣子无德专禄兹谓不顺,厥震动丘陵,涌水出。"刘向并云:"臣下强盛,将动而为害之应也。"

魏明帝青龙二年十一月,京都地震,从东来,隐隐有声,摇屋瓦。

景初元年六月戊申,京都地震。是秋,吴将朱然围江夏,荆州刺史胡质击退之。又,公孙文懿叛,自立为燕王,改年,置百官。明年,讨平之。

吴孙权嘉禾六年五月,江东地震。

赤乌二年正月,地再震。是时,吕壹专事,步骘上疏曰:"伏闻校事吹毛求瑕,趣欲陷人,成其威福,无罪无辜,横受重刑,虽有大臣,不见信任,如此,天地焉得无变!故地连震动,臣下专政之应也。冀所以惊悟人主,可不深思其意哉!"壹后卒败。

魏齐王正始二年十一月,南安郡地震。三年七月甲申,南安郡地震。十二月,魏郡地震。六年二月丁卯,南安郡地震。是时,曹爽专政,迁太后于永宁宫,太后与帝相泣而别。连年地震,是其应也。

吴孙权赤乌十一年二月,江东地仍震。是时,权听谗,寻黜朱据,废太子。

蜀刘禅炎兴元年,蜀地震。是时宦人黄皓专权。案司马彪说,"阉官无阳施,游妇人也。"皓见任之应。与汉和帝时同事也。是冬,蜀亡。

武帝泰始五年四月辛酉,地震。是年冬,新平氏羌叛。明年,孙皓遣大众入涡口。七年六月景申,地震。

咸宁二年八月庚辰,河南、河东、平阳地震。四年六月丁未,阴平广武地震,甲子又震。

太康二年二月庚申,淮南、丹杨地震。五年正月朔壬辰,京师地震。六年七月己丑,地震。七年七月,南安、犍为地震。八月,京兆地震。八年五月壬子,建安地震。七月,阴平地震。八月,丹杨地震。九年正月,会稽、丹杨、吴兴地震。四月辛酉,长沙、南海等郡国八地震。七月至于八月,地又四震,其三有声如雷。九月,临贺地震,十二月又震。十年十二月己亥,丹杨地震。

太熙元年正月,地又震。武帝世,始于贾充,终于杨骏,阿党昧利,苟窃朝权。至于末年,所任转弊,故频年地震,过其序也,终丧天下。

惠帝元康元年十二月辛酉,京都地震。此夏,贾后使楚王玮杀汝南王亮及太保卫瓘,此阴道盛、阳道微故也。

四年二月,上谷、上庸、辽东地震。五月,蜀郡山移;淮南寿春洪水出,山崩地陷,坏城府。八月,上谷地震,水出,杀百余人。十月,京都地震。十一月,荥阳、襄城、汝阴、梁国、南阳地皆震。十二月,京都又震。是时,贾后乱朝,终至祸败之应也。汉邓太后摄政时,郡国地震。李固以为:"地,阴也,法当安静。今乃越阴之职,专阳之政,故应以震。"此同事也。京房《易传》曰:"小人剥庐,厥妖山崩,兹谓阴乘阳,弱胜强。"又曰:"阴背阳则地裂,父子分离,夷羌叛去。"

元康五年五月丁丑,地震。六月,金城地震。六年正月丁丑,地震。八年正月景辰,地震。

太安元年十二月,地震。时齐王冏专政之应。二年十二月景辰,地震。是时,长沙王乂专政之应也。

孝怀帝永嘉三年十月,荆、湘二州地震。时司马越专政。四年四月,兖州地震。五月,石勒寇汲郡,执太守胡宠,遂南济沔,是其应也。

愍帝建兴二年四月甲辰,地震。三年六月丁卯,长安又地震。是时主幼,权倾于下,四方云扰,兵乱不息之应也。

元帝太兴元年四月,西平地震,涌水出。十二月,庐陵、豫章、武昌、西陵地震,涌水出,山崩。干宝以为王敦陵上之应也。

二年五月己丑,祁山地震,山崩,杀人。是时,相国南阳王保在祁山,称晋王不终之象也。三年五月庚寅,丹杨、吴郡、晋陵又地震。

成帝咸和二年二月，江陵地震。三月，益州地震。四月己未，豫州地震。是年，苏峻作乱。九年三月丁酉，会稽地震。

穆帝永和元年六月癸亥，地震。是时，嗣主幼冲，母后称制，政在臣下，所以连年地震。二年十一月，地震。三年正月丙辰，地震。九月，地又震。四年十月己未，地震。五年正月庚寅，地震。是时，石季龙僭即皇帝位，亦过其序也。九年八月丁酉，京都地震，有声如雷。十年正月丁卯，地震，声如雷，鸡雉皆鸣响。十一年四月乙酉，地震。五月丁未，地震。

升平二年十一月辛酉，地震。五年八月，凉州地震。

哀帝隆和元年四月甲戌，地震。是时，政在将相，人主南面而已。

兴宁元年四月甲戌，扬州地震，湖渎溢。二年三月庚寅，江陵地震。是时，桓温专政。

海西公太和元年二月，凉州地震，水涌。是海西将废之应也。

简文帝咸安二年十月辛未，安成地震。是年帝崩。

孝武帝宁康元年十月辛未，地震。二年二月丁巳，地震。七月甲午，凉州地又震，山崩。是时，嗣主幼冲，权在将相，阴盛之应也。

太元二年闰三月壬午，地震。五月丁丑，地震。十一年六月己卯，地震。是后缘河诸将连岁兵役，人劳之应也。十五年三月己酉朔夜，地震。八月，京都地震。十二月己未，地震。十七年六月癸卯，地震。十二月己未，地又震。是时，群小弄权，天下侧目。十八年正月癸亥朔，地震。二月乙未夜，地震。

安帝隆安四年四月乙未，地震。九月癸丑，地震。是时，幼主冲昧，政在臣下。

义熙四年正月壬子夜，地震有声。十月癸亥，地震。五年正月戊戌夜，寻阳地震，有声如雷。明年，卢循下。八年，自正月至四月，南康、庐陵地四震。明年，王旅西讨荆、益。十年三月戊寅，地震。

山崩地陷裂

吴孙权赤乌十三年八月，丹杨、句容及故鄣、宁国诸山崩，鸿水溢。案刘向说，"山，阳，君也。水，阴，百姓也。天戒若曰，君道崩坏，百姓将失其所与！"春秋梁山崩，汉齐、楚众山发水，同事也。夫三代命祀，祭不越望，吉凶祸福，不是过也。吴虽称帝，其实列国，灾发丹杨，其天意矣。刘歆以为"国主山川，山崩川竭，亡之征也。"后二年而权薨，又二十六年而吴亡。

魏元帝咸熙二年二月，太行山崩，此魏亡之征也。其冬，晋有天下。

武帝泰始三年三月戊午，大石山崩。四年七月，泰山崩坠三里。京房《易传》曰："自上下者为崩，厥应泰山之石颠而下，圣王受命人君虏。"及帝晏驾，而禄去王室，惠皇懦弱，怀、愍二帝俱辱虏庭，沦胥于北，元帝中兴于南，此其应也。

太康五年景午，宣帝庙地陷。六年十月，南安新兴山崩，涌水出。七年二月，朱提之大泸山崩，震坏郡舍，阴平之仇池崖陨。八年七月，大雨，殿前地陷，方五尺，深数丈，中有破船。

惠帝元康四年，蜀郡山崩，杀人。五月壬子，寿春山崩，洪水出，城坏，地陷方三十丈，杀人。六月，寿春大雷，山崩地坼，人家陷死，上郡亦如之。八月，居庸地裂，广三十六丈，长八十四丈，水出，大饥。上庸四处山崩，地坠广三十丈，长百三十丈，水出杀人。皆贾后乱朝之应也。

太安元年四月，西墉崩。

怀帝永嘉元年三月，洛阳东北步广里地陷。二年八月乙亥，鄄城城无故自坏七十余丈，司马越恶之，迁于濮阳，此见诊之异也。越卒以陵上受祸。三年七月戊辰，当阳地裂三所，广三丈，长三百余步。京房《易传》曰："地坼裂者，臣下分离，不肯相从也。"其后司马越、苟晞交恶，四方牧伯莫不离散，王室遂亡。三年十月，宜都夷道山崩。四年四月，湘东酃黑石山崩。元帝太兴元年二月，庐陵、豫章、武昌、西阳地震山崩。二年五月，祁山地震，山崩，杀人。三年，南平郡山崩，出雄黄数千斤。时王敦陵傲，帝优容之，示含养祸萌也。四年八月，常山崩，水出，潀浥盈溢，大木倾拔。

成帝咸和四年十月，柴桑庐山西北崖崩。十二月，刘胤为郭默所杀。

穆帝永和七年九月，峻平、崇阳二陵崩。十二年十一月，遣散骑常侍车灌修峻平陵，开埏道，崩压，杀数十人。

升平五年二月，南掖门马足陷地，得钟一，有文四字。

哀帝隆和元年四月丁丑，浩亹山崩，张天锡亡征也。

安帝义熙八年三月壬寅，山阴地陷，方四丈，有声如雷。十年五月戊寅，西明门地穿，涌水出，毁门扇及限，此水沴土也。十一年五月，霍山崩，出铜钟六枚。十三年七月，汉中城固县水涯有声若雷，既而岸崩，出铜钟十有二枚。

惠帝元康九年六月夜，暴雷雨，贾谧斋屋柱陷入地，压谧床帐，此木沴土，土失其性，不能载也。明年，谧诛焉。

光熙元年五月，范阳国地燃，可以爨，此火沴土也。是时，礼乐征伐自诸侯出。

《传》曰："皇之不极，是谓不建，厥咎眊，厥罚恒阴，厥极弱。时则有射妖，时则有龙蛇之孽，时则有马祸，时则有下人伐上之痾，时则有日月乱行，星辰逆行。"皇之不极，是谓不建。皇，君；极，中；建，立也。人君貌言视听思心五事皆失，不得其中，不能立万事，失在眊悖，故其咎眊也。王者自下承天理物。云起于山，而弥于天；天气乱，故其罚常阴。一曰，上失中，则下强盛而蔽君明也。《易》曰："亢龙有悔，贵而亡位，高而亡民，贤人在下位而亡辅。"如此，则君有南面之尊，而亡一人之助，故其极弱也。盛阳动进轻疾。礼，春而大射，以顺阳气。上微弱则下奋惊动，故有射妖。《易》曰："云从龙。"又曰："龙蛇之蛰，以存身也。"阴气动，故有龙蛇之孽。于《易》，《乾》为君，为马。任用而强力，君气毁，故有马祸。一曰，马多死及为怪，亦是也。君乱且弱，人之所叛，天之所去，不有明王之诛，则有篡杀之祸，故有下人伐上之痾。凡君道伤者，病天气。不言五行沴天，而曰"日月乱行，星辰逆行"者，为若下不敢沴天，犹《春秋》曰"王师败绩于贸戎"，不言败之者，以自败为文，尊尊之意也。刘歆《皇极传》曰有下体生于上之疴。说以为下人伐上，天诛已成，不得复为疴云。

常阴

吴孙亮太平三年，自八月沉阴不雨，四十余日。是时，将诛孙綝，谋泄。九月戊午，綝以兵围宫，废亮为会稽王，此常阴之罚也。

吴孙皓宝鼎元年十二月，太史奏久阴不雨，将有阴谋。孙皓惊惧。时陆凯等谋因其谒庙废之。及出，留平领兵前驱，凯先语平，平不许，是以不果。皓既肆虐，群下多怀异图，终至降亡。

射妖

蜀车骑将军邓芝征涪陵，见玄猿缘山，手射中之。猿拔其箭，卷木叶塞其创。芝曰："嘻！吾违物之性，其将死矣！"俄而卒，此射妖也。一曰，猿母抱子，芝射中之，子为拔箭，取木叶塞创。芝叹息，投弩水中，自知当死。

恭帝为琅邪王，好奇戏，尝闭一马于门内，令人射之，欲观几箭死。左右有谏者曰："马，国姓也。今射之，不祥。"于是乃止，而马已被十许箭矣。此盖射妖也。俄而禅位于宋焉。

龙蛇之孽

魏明帝青龙元年正月甲申，青龙见郏之摩陂井中。凡瑞兴非时，则为妖孽，况困于井，非嘉祥矣。魏以改年，非也。干宝曰："自明帝，终魏世，青龙、黄龙见者，皆其主废兴之应也。魏土运，青木色，而不胜于金。黄得位，青失位之象也。青龙多见者，君德国运内相克伐也。故高贵乡公卒败于兵。"案刘向说，龙贵象而困井中，诸侯将有幽执之祸也。魏世，龙莫不在井，此居上者逼制之应。高贵乡公著潜龙诗，即此旨也。

高贵乡公正元元年戊戌，黄龙见于邺井中。

甘露元年正月辛丑，青龙见轵县井中。六月乙丑，青龙见元城县界井中。二年二月，青龙见温县井中。三年，黄龙、青龙俱见顿丘、冠军、阳夏县界井中。四年正月，黄龙二见宁陵县界井中。

元帝景元元年十二月甲申，黄龙见华阴县井中。三年二月，龙见轵县井中。

吴孙皓天册中，龙乳于长沙人家，啖鸡雏。京房《易妖》曰："龙乳人家，王者为庶人。"其后皓降晋。

武帝咸宁二年六月景午，白龙二见于九原井中。

太康五年正月癸卯，二龙见武库井中。帝观之，有喜色。百僚将贺，刘毅独表曰："昔龙漦夏庭，祸发周室。龙见郑门，子产不贺。"帝答曰："朕德政未修，未有以应受嘉祥。"遂不贺也。孙盛曰："龙，水物也，何与于人！子产言之当矣。但非其所处，实为妖灾。夫龙以飞翔显见为瑞，今则潜伏幽处，非休祥也。"汉惠帝二年，两龙见兰陵井中，本志以为其后赵王幽死之象。武库者，帝王威御之器所宝藏也，屋宇邃密，非龙所处。是后七年，藩王相害，二十八年，果有二胡僭窃神器，二逆皆字曰龙，此之表异，为有证矣。

愍帝建兴二年十一月，枹罕羌妓产一龙子，色似锦文，常就母乳，遥见神光，少得就视。此亦皇之不建，于是帝竟沦没。

吕纂末，龙出东厢井中，到其殿前蟠卧，比旦失之。俄又有黑龙升其宫门。纂咸以为美瑞。或曰："龙者阴类，出入有时，今而屡见，必有下人谋上之变。"后纂果为吕超所杀。

武帝咸宁中，司徒府有二大蛇，长十许丈，居听事平橑上而人不知，但数年怪府中数失小儿及猪犬之属。后有一蛇夜出，被刃伤不能去，乃觉之，发徒攻击，移时乃死。夫司徒，五教之府；此皇极不建，故蛇孽见之。汉灵帝时，蛇见御座，杨赐之为帝溺于色之应也。魏代宫人猥多，晋又过之，燕游是酖，此其孽也。《诗》云"惟虺惟蛇，女子之祥"也。

惠帝元康五年三月癸巳，临淄有大蛇，长十余丈，负二小蛇入城北门，迳从市入汉城阳景王祠中，不见。天戒若曰，昔汉景王有定倾之功，而不厉节忠慎，以至失职夺功之辱。今齐王冏不寤，虽建兴复之功，而骄陵取祸，此其征也。

明帝太宁初，武昌有大蛇，常居故神祠空树中，每出头从人受食。京房《易妖》曰："蛇见于邑，不出三年有大兵，国有大忧。"寻有王敦之逆。

马祸

武帝太熙元年,辽东有马生角,在两耳下,长三寸。案刘向说曰,"此兵象也。"及帝晏驾之后,王室毒于兵祸,是其应也。京房《易传》曰:"臣易上,政不顺,厥妖马生角,兹谓贤士不足。"又曰:"天子亲伐,马生角。"《吕氏春秋》曰:"人君失道,马有生角。"及惠帝践阼,昏愚失道,又亲征伐成都,是其应也。

惠帝元康八年十二月,皇太子将释奠,太傅赵王伦骖乘,至南城门,马止,力士推之不能动。伦入辂车,乃进。此马祸也。天戒若曰,伦不知义方,终为乱逆,非傅导行礼之人也。

九年十一月戊寅,忽有牡骝马惊奔至廷尉讯堂,悲鸣而死。天戒若曰,愍怀冤死之象也。见廷尉讯堂,其天意乎!

怀帝永嘉六年二月,神马鸣南城门。

愍帝建兴二年九月,蒲子县马生人。京房《易传》曰:"上亡天子,诸侯相伐,厥妖马生人。"是时,帝室衰微,不绝如线,胡狄交侵,兵戈日逼,寻而帝亦沦陷,故此妖见也。

元帝太兴二年,丹杨郡吏濮阳演马生驹,两头,自项前别,生而死。司马彪说曰:"此政在私门,二头之象也。"其后王敦陵上。

成帝咸康八年五月甲戌,有马色赤如血,自宣阳门直走入于殿前,盘旋走出,寻逐莫知所在。己卯,帝不豫。六月,崩。此马祸,又赤祥也。是年,张重华在凉州,将诛其西河相张祚,厩马数十匹,同时悉无后尾也。

安帝隆安四年十月,梁州有马生角,刺史郭铨送示桓玄。案刘向说曰,马不当生角,犹玄不当举兵向上也。玄不寤,以至夷灭。

石季龙在邺,有一马尾有烧状,入其中阳门,出显阳门,东宫皆不得入,走向东北,俄尔不见。术者佛图澄叹曰:"灾其及矣!"逾年季龙死,其国遂灭。

人痾

魏文帝黄初初,清河宋士宗母化为鳖,入水。

明帝太和三年,曹休部曲丘奚农女死复生。时又有开周世家,得殉葬女子,数日而有气,数月而能言,郭太后爱养之。又,太原人发冢破棺,棺中有一生妇人,问其本事,不知也,视其墓木,可三十岁。案京房《易传》曰:"至阴为阳,下人为上。"宣帝起之象也。汉平帝、献帝并有此异;占以为王莽、曹操之征。

孙休永安四年,安吴民陈焦死七日复生,穿冢出。干宝曰:"此与汉宣帝同事,乌程侯皓承废故之家,得位之祥也。"

孙皓宝鼎元年,丹杨宣骞母年八十,因浴化为鼋,兄弟闭户卫之。掘堂上作大坎,实水其中,鼋入坎游戏,三日恒延颈外望。伺户小开,便轮转自跃,入于远潭,遂不复还。与汉灵帝时黄氏母同事,吴亡之象也。

魏元帝咸熙二年八月,襄武县言有大人见,长三丈余,迹长三尺二寸,发白,著黄巾黄单衣,柱杖呼王始语曰:"今当太平。"晋寻代魏。

武帝泰始五年,元城人年七十生角。殆赵王伦篡乱之象也。

咸宁二年十二月,琅邪人颜畿病死,棺敛已久,家人咸梦畿谓己曰:"我当复生,可急开棺。"遂出之,渐能饮食屈伸视瞻,不能行语,二年复死。京房《易传》曰:"至阴为阳,下人为上,厥妖人死复生。"其后刘元海、石勒僭逆,遂亡晋室,下为上之应也。

惠帝元康中,安丰有女子周世宁,年八岁,渐化为男,至十七八而气性成。京房《易传》曰:"女子化为丈夫,兹谓阴昌,贱人为王。"此亦刘元海、石勒荡覆天下之妖也。

永宁初,齐王冏唱义兵,诛除乱逆,乘舆反正。忽有妇人诣大司马门求寄产,门者诘之,妇曰:"我截脐便去耳。"是时,齐王冏匡复王室,天下归功,识者为其恶之,后果斩戮。

永宁元年十二月甲子,有白头公入齐王冏大司马府,大呼曰:"有大兵起,不出甲子旬。"冏杀之。明年十二月戊辰,冏败,即甲子旬也。

太安元年四月癸酉,有人自云龙门入殿前,北面再拜曰:"我当作中书监。"即收斩之。干宝以为"禁庭尊秘之处,今贱人径入而门卫不觉者,宫室将虚而下人逾上之妖也"。是后帝北迁邺,又迁长安,宫阙遂空焉。

元康中,梁国女子许嫁,已受礼娉,寻而其夫戍长安,经年不归,女家更以适人。女不乐行,其父母逼强,不得已而去,寻得病亡。后其夫还,问其女所在,其家具说之。其夫迳至女墓,不胜哀情,便发冢开棺,女遂活,因与俱归。后婿闻知,诣官争之,所在不能决。秘书郎王导议曰:"此是非常事,不得以常理断之,宜还前夫。"朝廷从其议。

惠帝世,杜锡家葬而婢误不得出,后十年开冢祔葬而婢尚生。始如瞑,有顷渐觉,问之,自谓再宿耳。初,婢之埋年十五六,及开冢更生,犹十五六也,嫁之有子。

光熙元年,会稽谢真生子,头大而有发,两蹠反向上,有男女两体,生便作丈夫声,经一日死。此皇之不极,下人伐上之痾,于是诸王有僭乱之象也。

惠帝之世,京洛有人兼男女体,亦能两用人道,而性尤淫,此乱气所生。自咸宁、太康之后,男宠大兴,甚于女色,士大夫莫不尚之,天下相仿效,或至夫妇离绝,多生怨旷,故男女之气乱而妖形作也。

怀帝永嘉元年,吴郡吴县万详婢生子,鸟头,两足马蹄,一手,无毛,尾黄色,大如枕。此亦人妖,乱之象也。

五年五月,枹罕令严根妓产一龙,一女,一鹅。京房《易传》曰:"人生他物,非人所见者,皆为天下大兵。"是时,帝承惠皇之后,四海沸腾,寻而陷于平阳,为逆胡所害,此其征也。

愍帝建兴四年,新蔡县吏任侨妻产二女,腹与心相合,自胸以上、脐以下各分,此盖天下未一之妖也。时内史吕会上言:《案瑞应》图,异根同体谓之连理,异亩同颖谓之嘉禾。草木之异犹以为瑞,今二人同心,《易》称'二人同心,其利断金',盖四海同心之瑞也。"时皆哂之。俄而四海分崩,帝亦沦没。

元帝太兴初,有女子其阴在腹,当脐下,自中国来至江东,其性淫而不产。又有女子阴在首,渡在扬州,性亦淫。京房《易妖》曰:

"人生子,阴在首,天下大乱;在腹,天下有事;在背,天下无后。"于时王敦据上流,将欲为乱,是其征。

三年十二月,尚书骆谢平妻生女,堕地漭漭有声,须臾便死。鼻目皆在顶上,面处如项,口有齿,都连为一,胸如鳖,手足爪如鸟爪,皆下勾。此亦人生他物,非人所见者。后二年,有石头之败。

明帝太宁二年七月,丹杨江宁侯纪妻死,经三日复生。

成帝咸康五年四月,下邳民王和侨居暨阳,息女可年二十,自云上天来还,得征瑞印绶,当母天下。晋陵太守以为妖,收付狱。至十一月,有人持栌杖绛衣诣止车门,口列为圣人使求见天子。门候受辞,辞称姓吕名赐,其言王和女可右足下有七星,星皆有毛,长七寸,天今命可为天下母。奏闻,即伏诛,并下晋陵诛可。

康帝建元二年十月,卫将军营督过望所领兵陈湨女台有文在其足,曰"天下之母",炙之愈明。京都喧哗,有司收系以闻。俄自建康县狱亡去。明年,帝崩,献后临朝,此其祥也。

孝武帝宁康初,南郡州陵女唐氏渐化为丈夫。

安帝义熙七年,无锡人赵未年八岁,一旦暴长八尺,髭须蔚然,三日而死。

义熙中,东阳人莫氏生女不养,埋之数日,于土中啼,取养遂活。

义熙末,豫章吴平人有二阳道,重累生。

恭帝元熙元年,建安人阳道无头,正平,本下作女人形体。

晋书卷三〇
志第二〇

刑　法

　　传曰："齐之以礼,有耻且格。"刑之不可犯,不若礼之不可逾,
则昊岁比于牺年,宜有降矣。若夫穹圆肇判,肖貌攸分,流形播其喜
怒,禀气彰其善恶,则有自然之理焉。念室后刑,衢樽先惠,将以屏
除灾害,引导休和,取譬琴瑟,不忘衔策,拟阳秋之成化,若尧舜之
为心也。郊原布肃,轩皇有礜野之师;雷电扬威,高辛有触山之务。
陈乎兵甲而肆诸市朝,具严天刑,以惩乱首,论其本意,盖有不得已
而用之者焉。是以丹浦兴仁,羽山咸服。而世属佻幸,事关攸蠹,政
失礼微,狱成刑起,则孔子曰:"听讼吾犹人也,必也,使无讼乎!"及
周氏龚行,却收锋刃,祖述生成,宪章尧禹,政有膏露,威兼礼乐,或
观辞以明其趣,或倾耳以照其微,或彰善以激其情,或除恶以崇其
本。至夫取威定霸,一匡九合,寓言成康,不由凝网,此所谓酌其遗
美,而爱民治国者焉。若乃化蔑彝伦,道睽明慎,则夏癸之虐刘百
姓,商辛之毒痛四海,卫鞅之无所自容,韩非之不胜其虐,与夫《甘
棠》流咏,未或同归。秦文初造参夷,始皇加之抽胁,囹圄如市,悲哀
盈路。汉王以三章之法以吊之,文帝以刑厝之道以临之,于时百姓
欣然,将逢交泰。而犴逐情迁,科随意往,献琼杯于阙下,徙青衣于
蜀路,覆醢裁刑,倾宗致狱。况乃数囚于京兆之夜,五日于长安之
市,北阙相引、中都继及者,亦往往而有焉。而将亡之国,典刑咸弃,
刊章以急其宪,适意以宽其网,桓灵之季,不其然钦!魏明帝时,宫

室盛兴,而期会迫急,有稽限者,帝亲召问,言犹在口,身首已分。王肃抗疏曰:"陛下之所行刑,皆宜死之人也。然众庶不知,将为仓卒,愿陛下下之于吏而暴其罪。均其死也,不污宫掖,不为缙绅惊愕,不为远近所疑。人命至重,难生易杀,气绝而不续者也,是以圣王重之。孟轲云:'杀一不辜而取天下者,仁者不为也。'"

世祖武皇帝接三统之微,酌千年之范,乃命有司,大明刑宪。于时诏书颁新法于天下,海内同轨,人甚安之。条纲虽设,称为简惠,仰昭天眷,下济民心,道有法而无败,德侔刑而久立。及晋图南徙,百有二年,仰止前规,挹其流润,江左无外,蛮陬来格。孝武时,会稽王道子倾弄朝权,其所树之党,货官私狱,烈祖昏迷,不闻司败,晋之纲纪大乱焉。

传曰"三皇设言而民不违,五帝画象而民知禁",则《书》所谓"象以典刑,流宥五刑,鞭作官刑,朴作教刑"者也。然则犯黥者皂其巾,犯劓者丹其服,犯膑者墨其体,犯宫者杂其屦,大辟之罪,殊刑之极,布其衣裾而无领缘,投之于市,与众弃之。舜命皋陶曰:"五刑有服,五服三就,五流有宅,五宅三居。"方乎前载,事既参倍。夏后氏之王天下也,则五刑之属三千。殷因于夏,有所损益。周人以三典刑邦国,以五听察民情,左嘉右肺,事均熔造,而五刑之属犹有二千五百焉。乃置三刺、三宥、三赦之法:一刺曰讯群臣,再刺曰讯群吏,三刺曰讯万民;一宥曰不识,再宥曰过失,三宥曰遗忘;一赦曰幼弱,再赦曰老耄,三赦曰蠢愚。《司马法》:或起甲兵以征不义,废贡职则讨,不朝会则诛,乱嫡庶则絷,变礼刑则放。

传曰:"殷周之质,不胜其文。"及昭后徂征,穆王斯耄,爰制刑辟,以诰四方,奸宄弘多,乱离斯永,则所谓"夏有乱政而作《禹刑》,商有乱政而作《汤刑》,周有乱政而作《九刑》"者也。古者大刑用甲兵,中刑用刀锯,薄刑用鞭朴。自兹厥后,狙诈弥繁。武皇帝并以为往宪犹疑,不可经国,乃命车骑将军、守尚书令、鲁公征求英俊,刊律定篇云尔。

汉自王莽篡位之后,旧章不存。光武中兴,留心庶狱,常临朝听

讼,躬决疑事。是时承离乱之后,法网弛纵,罪名既轻,无以惩肃。梁统乃上疏曰:

　　臣窃见元帝初元五年,轻殊刑三十四事,哀帝建平元年尽四年,轻殊死者刑八十一事,其四十二事,手杀人皆减死罪一等,著为常法。自是以后,人轻犯法,吏易杀人,吏民俱失,至于不羁。

　　臣愚以为刑罚不苟务轻,务其中也。君人之道,仁义为主,仁者爱人,义者理务。爱人故当为除害,理务亦当为去乱。是以五帝有流殛放杀之诛,三王有大辟刻肌之刑,所以为除残去乱也。故孔子称“仁者必有勇”,又曰“理财正辞,禁人为非曰义”。高帝受命,制约令,定法律,传之后世,可常施行。文帝宽惠温克,遭世康平,因时施恩,省去肉刑,除相坐之法,他皆率由旧章,天下几致升平。武帝值中国隆盛,财力有余,出兵命将,征伐远方,军役数兴,百姓罢弊,豪杰犯禁,奸吏弄法,故设遁匿之科,著知纵之律,宣帝聪明正直,履道握要,以御海内,臣下奉宪,不失绳墨。元帝法律,少所改更,天下称安。孝成、孝哀,承平继体,即位日浅,听断尚寡。丞相王嘉等猥以数年之间,亏除先帝旧约,穿令断律,凡百余事,成不便于政,或不厌人心。臣谨表取其尤妨政事、害良善者,传奏如左。

　　伏惟陛下苞五常,履九德,推时拨乱,博旋济时,而反因循季世末节,衰微轨迹,诚非所以还初反本,据元更始也。愿陛下宣诏有司,悉举初元、建平之所穿凿,考其轻重,察其化俗,足以知政教所处,择其善者而从之,其不善者而改之,定不易之典,施之无穷,天下幸甚。

事下三公、廷尉议,以为隆刑峻法,非明王急务,不可开许。统复上言曰:“有司猥以臣所上不可施行。今臣所言,非曰严刑。窃谓高帝以后,至于宣帝,其所施行,考合经传,比方今事,非隆刑峻法。不胜至愿,愿得召见,若对尚书近臣,口陈其意。”帝令尚书问状,统又对,极言政刑宜改。议竟不从。及明帝即位,常临听讼观录洛阳诸狱。帝性既明察,能得下奸,故尚书奏决罚近于苛碎。

至章帝时,尚书陈宠上疏曰:"先王之政,赏不僭,刑不滥,与其不得已,宁僭不滥。故唐尧著典曰'流宥五刑,眚灾肆赦'。帝舜命皋陶以'五宅三居,惟明克允'。文王重《易》六爻,而列丛棘之听;周公作立政,戒成王勿误乎庶狱。陛下即位,率由此义,而有司执事,未悉奉承。断狱者急于榜格酷烈之痛,执宪者繁于诈欺放滥之文,违本离实,棰楚为奸,或因公行私,以逞威福。夫为政也,犹张琴瑟,大弦急者小弦绝,故子贡非臧孙之猛法,而美郑侨之仁政。方今圣德充塞,假于上下,宜因此时,隆先圣之务,荡涤烦苛,轻薄棰楚,以济群生,广至德也。"帝纳宠言,决罪行刑,务于宽厚。其后遂诏有司,禁绝钻诸酷痛旧制,解祅恶之禁,除文致请,谳五十余事,定著于令。是后狱法和平。

永元六年,宠又代郭躬为廷尉,后校律令,刑法溢于《甫刑》者,奏除之,曰:"臣闻礼经三百,威仪三千,故《甫刑》大辟二百,五刑之属三千。礼之所去,刑之所取,失礼即入刑,相为表里者也。今律令,犯罪应死刑者六百一十,耐罪千六百九十八,赎罪以下二千六百八十一,溢于《甫刑》千九百八十九,其四百一十大辟,千五百七耐罪,七十九赎罪。《春秋保乾图》曰:'王者三百年一蠲法。'汉兴以来,三百二年,宪令稍增,科条无限。又律有三家,说各驳异。刑法繁多,宜令三公、廷尉集平律令,应经合义可施行者,大辟二百,耐罪、赎罪二千八百,合为三千,与礼相应。其余千九百八十九事,悉可详除。使百姓改易视听,以成大化,致刑措之美,传之无穷。"未及施行,会宠抵罪,遂寝。

宠子忠。忠后复为尚书,略依宠意,奏上三十三条,为《决事比》,以省请谳之弊。又上除蚕室刑,解赃吏三世禁锢,狂易杀人得减重论,母子兄弟相代死听赦所代者,事皆施行。虽时有蠲革,而旧律繁芜,未经纂集。

献帝建安元年,应劭又删定律令,以为《汉议》,表奏之曰:"夫国之大事,莫尚载籍也。载籍也者,决嫌疑,明是非,赏刑之宜,允执厥中，俾后之人永有鉴焉。故胶东相董仲舒老病致仕，朝廷每有政议，数遣廷尉张汤亲至陋巷，问其得失，于是作《春秋折狱》二百三十二事，动以《经》对，言之详矣。逆臣董卓，荡覆王室，典宪焚燎，靡有孑遗，开辟以来，莫或兹酷。今大驾东迈，巡省许都，拔出险难，其命惟新。臣窃不自揆，辄撰具《律本章句》、《尚书旧事》、《廷尉板令》、《决事比例》、《司徒都目》、《五曹诏书》及《春秋折狱》，凡二百五十篇，蠲去复重，为之节文。又集《议驳》三十篇，以类相从，凡八十二事。其见《汉书》二十五，《汉记》四，皆删叙润色，以全本体。其二十六，博采古今瑰玮之士，德义可观。其二十七，臣所创造。《左氏》云：‘虽有姬姜，不弃憔悴；虽有丝麻，不弃菅蒯。’盖所以代匮也。是用敢露顽才，厕于明哲之末，虽未足纲纪国体，宣洽时雍，庶几观察，增阐圣德。惟因万机之余暇，游意省览。”献帝善之，于是旧事存焉。

　　是时天下将乱，百姓有土崩之势，刑罚不足以惩恶，于是名儒大才故辽东太守崔实、大司晨郑玄、大鸿胪陈纪之徒，咸以为宜复行肉刑。汉朝既不议其事，故无所用矣。及魏武帝匡辅汉室，尚书令荀彧博访百官，复欲申之，而少府孔融议以为：“古者敦庬，善否区别，吏端刑清政简，一无过失，百姓有罪，皆自取之。末世陵迟，风化坏乱，政挠其俗，法害其教。故曰‘上失其道，人散久矣’。而欲绳之以古刑，投之以残弃，非所谓与时消息也。纣所朝涉之胫，天下谓为无道。夫九牧之地，千八百君，若各刖一人，是天下常有千八百纣也，求世休和，弗可得已。且被刑之人，虑不念生，志在思死，类多趋恶，莫复归正。夙沙乱齐，伊戾祸宋，赵高、英布，为世大患。不能止人遂为非也。虽忠如鬻拳，信如卞和，智如孙膑，冤如巷伯，才如史迁，达如子政，一罹刀锯，没世不齿。是太甲之思庸，穆公之霸秦，陈汤之都赖，魏尚之临边，无所复施也。汉开改恶之路，凡为此也。故明德之君，远度深惟，弃短就长，不苟革其政者也。”朝廷善之，卒不改焉。

　　及魏国建，陈纪子群时为御史中丞，魏武帝下令又欲复之，使群申其父论。群深陈其便。时钟为相国，亦赞成之，而奉常王修不同其议。魏武帝亦难以藩国改汉朝之制，遂寝不行。于是乃定甲子科，犯左右趾者易以木斗争，是时乏铁，故易以木焉。又嫌汉律太重，故令依律论者听得科半，使从半减也。

魏文帝受禅，又议肉刑。详让未定，会有军事，复寝。时有大女刘朱，挝子妇酷暴，前后三妇自杀，论朱朱减死输作尚方，因是下怨毒杀人减死之令。魏明帝改士庶罚金之令，男听以罚金，妇人加笞还从鞭督之例，以其形体裸露故也。

是时承用秦汉旧律，其文起自魏文侯师李悝。悝撰次诸国法，著《法经》。以为王者之政，莫急于《盗贼》，故其律始于盗贼。盗贼须劾捕，故著《纲捕》二篇。其轻狡、越城、博戏、借假不廉、淫侈、逾制以为《杂律》一篇，又以《其律》具其加减。是故所著六篇而已，然皆罪名之制也。商君受之以相秦。汉承秦制，萧何定律，除参夷连坐之罪，增部主见知之条，益事律《兴》、《厩》、《户》三篇，合为九篇。叔孙通益律所不及，傍章十八篇，张汤《越宫律》二十七篇，赵禹《朝律》六篇，合六十篇。又汉时决事，集为《令甲》以下三百余篇，及司徒鲍公撰嫁娶辞讼决为《法比都目》，凡九百六卷。世有增损，率皆集类为篇，结事为章。一章之中或事过数十，事类虽同，轻重乖异。而通条连句，上下相蒙，虽大体异篇，实相采入。《盗律》有贼伤之例，《贼律》有盗章之文，《兴律》有上狱之法，《厩律》有逮捕之事，若此之比，错糅无常。后人生意，各为章句。叔孙宣、郭令卿、马融、郑玄诸儒章句十有余家，家数十万言。凡断罪所当由用者，合二万六千二百七十二条，七百七十三万二千二百余言，言数益繁，览者益难。天子于是下诏，但得用郑氏章句，不得杂用余家。

卫觊又奏曰："刑法者，国家之所贵重，而私议之所轻贱；狱吏者，百姓之所悬命，而选用者之所卑下。王政之弊，未必不由此也。请置律博士，转相教授。"事遂施行。然而律文烦广，事比众多，离本依末，决狱之吏如廷尉狱吏范洪受囚绢二丈，附轻法论之，狱吏刘象受属偏考囚张茂物故，附重法论之。洪、象虽皆弃市，而轻枉者相继。是时太傅钟繇又上疏求复肉刑，诏下其奏。司徒王朗议又不同。时议者百余人，与朗同者多。帝以吴蜀未平，又寝。

其后，天子又下诏改定刑制，命司空陈群、散骑常侍刘邵、给事黄门侍郎韩逊、议郎庾嶷、中郎黄休、荀诜等删约旧科，傍采汉律，定为魏法，制《新律》十八篇，《州郡令》四十五篇，《尚书官令》、《军中令》，合百八十余篇。其序略曰：

旧律所难知者，由于六篇篇少故也。篇少则文荒，文荒则事寡，事寡则罪漏。是以后人稍增，更与本体相离。今制新律，宜都总事类，多其篇条。

旧律因秦《法经》，就增三篇，而《具律》不移，因在第六。罪条例既不在始，又不在终，非篇章之义。故集罪例以为《刑名》，冠于律首。

《盗律》有劫略、恐喝、和卖买人，科有持质，皆非盗事，故分以为《劫略律》。《贼律》有欺谩、诈伪、逾封、矫制，《囚律》有诈伪生死，《令景》有诈自复免，事类众多，故分为《诈律》。贼律有贼伐树木、杀伤人畜产及诸亡印，《金布律》有毁伤亡失县官财物，故分为《毁亡律》。《囚律》有告劾、传覆，《厩律》有告反逮受，科有登闻道辞，故分为《告劾律》。《囚律》有系囚、鞫狱、断狱之法，《兴律》有上狱之事，科有考事报谳，宜别为篇，故分为《系讯》、《断狱律》。《盗律》有受所监受财枉法，《杂律》有假借不廉，《令乙》有呵人受钱，科有使者验赂，其事相类，故分为《请赇律》。《盗律》有勃辱强贼，《兴律》有擅兴徭役，《具律》有出卖呈，科有擅作修舍事，故分为《兴擅律》。《兴律》有之徭稽留，《贼律》有储峙不办，《厩律》有乏军之兴，及旧典有奉诏不谨、不承用诏书，汉氏施行有小愆之反不如令，辄劾以不承用诏书乏军要斩，又减以《丁酉诏书》。《丁酉诏书》，汉文所下，不宜复以为法，故别为之《留律》。秦世旧有厩置、乘传、副车、食厨，汉初承秦不改，后以费广稍省，故后汉但设骑置无车马，而律犹著其文，则为虚设，故除《厩律》，取其可用合科者，以为

《邮驿令》。其告反逮验,别入《告劾律》。上言变事,以为《变事令》,以惊事告急,与《兴律》烽燧及科令者,以为《惊事律》。《盗律》有还赃畀主,《金布律》有罚赎入责以呈黄金为价,科有平庸坐赃事,以为《偿赃律》。律之初制,无免坐之文,张汤、赵禹始作监临部主、见知故纵之例。其见知而故不举劾,各与同罪,失不举劾,各以赎论,其不见不知,不坐也,是以文约而例通。科之为制,每条有违科,不觉不知,从坐之免,不复分别,而免坐繁多,宜总为免例,以省科文,故更制定其由例,以为《免坐律》。诸律令中有其教制,本条无从坐之文者,皆从此取法也。凡所定增十三篇,就故五篇,合十八篇,于正律九篇为增,于旁章科令为省矣。

改汉旧律不行于魏者皆除之,更依古义制为五刑。其死刑有三,髡刑有四,完刑、作刑各三,赎刑十一,罚金六,杂抵罪七,凡三十七名,以为律首。又改《贼律》,但以言语及犯宗庙园陵,谓之大逆无道,要斩,家属从坐,不及祖父母、孙。至于谋反大逆,临时捕之,或污潴,或枭菹,夷其三族,不在律令,所以严绝恶迹也。贼斗杀人,以劾而亡,许依古义,听子弟得追杀之。会赦及过误相杀,不得报仇,所以止杀害也。正杀继母,与亲母同,防继假之隙也。除异子之科,使父子无异财也。殴兄姊加至五岁刑,以明教化也。囚徒诬告人反,罪及亲属,异于善人,所以累之使省刑息诬也。改投书弃市之科,所以轻刑也。正篡囚弃市之罪,断凶强为义之踪也。二岁刑以上,除以家人乞鞫之制,省所烦狱也。改诸郡不得自择伏日,所以齐风俗也。斯皆魏世所改,其大略如是。其后正始之间,天下无事,于是征西将军夏侯玄、河南尹李胜、中领军曹羲、尚书丁谧又追议肉刑,卒不能决。其文甚多,不载。

及景帝辅政,是时魏法,犯大逆者诛及已出之女。毌丘俭之诛,其子甸妻荀氏应坐死,其族兄颙与景帝姻,通表魏帝,以丐其命。诏听离婚。荀氏所生女芝,为颍川太守刘子元妻,亦坐死,以怀妊系狱。荀氏辞诣司隶校尉何曾乞恩，求没为官婢，以赎芝命。曾哀之，使主簿程咸上议曰：“夫司寇作典，建三等之制；甫侯修刑，通轻重之法。叔世多变，秦立重辟，汉又修之。大魏承秦汉之弊，未及革制，所以追戮已出之女，诚欲殄丑类之族也。然则法贵得中，刑慎过制。臣以为女人有三从之义，无自专之道，出适他族，还丧父母，降其服纪，所以明外成之节，异在室之恩。而父母有罪，追刑已出之女；夫党见诛，又有随姓之戮。一人之身，内外受辟。今女既嫁，则为异姓之妻；如或产育，则为他族之母，此为元恶之所忽。戮无辜之所重，于防则不足惩奸乱之源，于情则伤孝子之心。男不得罪于他族，而女独婴戮于二门，非所以哀矜女弱，蠲明法制之本分也。臣以为在室之女，从父母之诛；既醮之妇，从夫家之罚。宜改旧科，以为永制。”于是有诏改定律令。

　　文帝为晋王，患前代律令本注烦杂，陈群、刘邵虽经改革，而科网本密，又叔孙、郭、马、杜诸儒章句，但取郑氏，又为偏党，未可承用。于是令贾充定法律，令与太傅郑冲、司徒荀𫖮、中书监荀勖、中军将军羊祜、中护军王业、廷尉杜友、守河南尹杜预、散骑侍郎裴楷、颍川太守周雄、齐相郭颀、骑都尉成公绥、尚书郎柳轨及吏部令史荣邵等十四人典其事，就汉九章增十一篇，仍其族类，正其体号，改旧律为《刑名》、《法例》，辨《囚律》为《告劾》、《系讯》、《断狱》，分《盗律》为《请赇》、《诈伪》、《水火》、《毁亡》，因事类为《卫宫》、《违制》，撰《周官》为《诸侯律》，合二十篇，六百二十条，二万七千六百五十七言。蠲其苛秽，存其清约，事从中典，归于益时。其余未宜除者，若军事、田农、酤酒，未得皆从人心，权设其法，太平当除，故不入律，悉以为令。施行制度，以此设教，违令有罪则入律。其常事器式章程，各还其府，为故事。减枭斩族诛从坐之条，除谋反适养母出女嫁皆不复还坐父母弃市，省禁固相告之条，去捕亡、亡没为官奴婢之制。轻过误，老小女人当罚金杖罚者，皆令半之。重奸伯叔母之令，弃市。淫寡女，三岁刑。崇嫁娶之要，一以下娉为正，不理私约。峻礼教之防，准五服以制罪也。凡律令合二千九百二十六条，十二万六千三百言,六十卷,故事三十卷。泰始三年,事毕,表上。

武帝诏曰:"昔萧何以定律令受封,叔孙通制仪为奉常,赐金五百斤,弟子百人皆为郎中。夫立功立事,古今之所重,宜加禄赏,其详考差叙。辄如诏简异弟子百人,随才品用,赏帛万余匹。"武帝亲自临讲,使裴楷执读。四年正月,六赦天下,乃班新律。

其后,明法掾张裴又注律,表上之,其要曰:

律始于《刑名》者,所以定罪制也;终于《诸侯》者,所以毕其政也。王政布于上,诸侯奉于下,礼乐抚于中,故有三才之义焉,其相须而成,若一体焉。

《刑名》所以经略罪法之轻重,正加减之等差,明发众篇之多义,补其章条之不足,较举上下纲领。其犯盗贼、诈伪、请赇者,则求罪于此,作役、水火、畜养、守备之细事,皆求之作本名。告讯为之心舌,捕系为之手足,断狱为之定罪,名例齐其制。自始及终,往而不穷,变动无常,周流四极,上下无方,不离于法律之中也。

其知而犯之谓之故,意以为然谓之失,违忠欺上谓之谩,背信藏巧谓之诈,亏礼废节谓之不敬,两讼相趣谓之斗,两和相害谓之戏,无变斩击谓之贼,不意误犯谓之过失,逆节绝理谓之不道,陵上僭贵谓之恶逆,将害未发谓之戕,唱首先言谓之造意,二人对议谓之谋,制众建计谓之率,不和谓之强,攻恶谓之略,三人谓之群,取非其物谓之盗,货财之利谓之赇:凡二十者,律义之较名也。

夫律者,当慎其变,审其理。若不承用诏书,无故失之刑,当从赎。谋反之同伍,实不知情,当从刑。此故失之变也。卑与尊斗争,皆为贼。斗之加兵刃水火中,不得为戏,戏之重也。向人室庐道径射,不得为过,失之禁也。都城人众中走马杀人,当为贼,贼之似也。过失似贼,戏似斗,斗而杀伤傍人,又似误,盗伤缚守似强盗,呵人取财似受赇,囚辞所连似告劾,诸勿听理似故纵,持质似恐喝。如此之比,皆为无常之格也。

五刑不简,正于五罚,五罚不服,正于五过,意善功恶,以金赎之。故律制,生罪不过十四等,死刑不过三,徒加不过六,囚加不过五,累作不过十一岁,累笞不过千二百,刑等不过一岁,金等不过四两。月赎不计日,日作不拘月,岁数不疑闰。不以加至死,并死不复加。不可累者,故有并数;不可并数,乃累其加。以加论者,但得其加;与加同者,连得其本。不在次者,不以通论。以人得罪与人同,以法得罪与法同。侵生害死,不可齐其防;亲疏公私,不可常其教。礼乐崇于上,故降其刑;刑法闲于下,故全其法。是故尊卑叙,仁义明,九族亲,王道平也。

律有事状相似,而罪名相涉者,若加威势下手取财为强盗,不自知亡为缚守,将中有恶言为恐喝,不以罪名呵为呵人,以罪名呵为受赇,劫召其财为持质。此八者,以威势得财而名殊者也。即不求自与为受求,所监求而后取为盗贼,输入呵受为留难,敛人财物积藏于官为擅赋,加殴击之为戮辱。诸如此类,皆为以威势得财而罪相似者也。

夫刑者,司理之官;理者,求情之机;情者,心神之使。心感则情动于中,而形于言,畅于四支,发于事业。是故奸人心愧而面赤,内怖而色夺。论罪者务本其心,审其情,精其事,近取诸身,远取诸物,然后乃可以正刑。仰手似乞,俯手似夺,捧手似谢,拟手似诉,拱臂似自首,攘臂似格斗争,矜庄似威,怡悦似福,喜怒忧欢,貌在声色。奸真猛弱,候在视息。出口有言当为告,下手有禁当为贼,喜子杀怒子当为戏,怒子杀喜子当为贼。诸如此类,自非至精不能极其理也。

律之名例,非正文而分明也。若八十,非杀伤人,他皆勿论,即诬告谋反者反坐。十岁,不得告言人;即奴婢捍主,主得谒杀之。贼燔人庐舍积聚,盗贼赃五匹以上,弃市;即燔官府积聚盗,亦当与同。殴人教令者与同罪,即令人殴其父母,不可与行者同得重也。若得遗物强取强乞之类,无还赃法随例卑之文。法律中诸不敬,违仪失式,及犯罪为公为私,赃身不入身,皆随事轻重取法，以例求其名也。

夫理者，清玄之妙，不可以一方行也；律者，幽理之奥，不可以一体守也。或计过以配罪，或化略不循常，或随事以尽情，或趣舍以从时，或推重以立防，或引轻以就下。公私废避之宜，除削重轻之变，皆所以临时观衅者，用法执诠者幽于未制之中，采其根牙之微，致之于机格之上，称轻重于豪铢，考辈类于参伍，然后乃可以理直刑正。

夫奉圣典者，若操刀执绳，刀妄加则伤物，绳妄弹则侵直。枭首者恶之长，斩刑者罪之大，弃市者死之下，髡作者刑之威，赎罚者误之诫。王者立此五刑，所以宝君子而逼小人，故为救慎之经，皆拟《周易》有变通之体焉。欲令提纲而大道清，举略而王法齐，其旨远，其辞文，其言曲而中，其事肆而隐。通天下之志唯忠也，断天下之疑唯文也，切天下之情唯远也，弥天下之务唯大也，变无常体唯理也，非天下之贤圣，孰能与于斯！

夫形而上者谓之道，形而下者谓之器，化而财之谓之格。刑杀者是冬震曜之象，髡罪者似秋凋落之变，赎失者是春阳悔吝之疵也。五刑成章，辄相依准，法律之义焉。

是时侍中卢珽、中书侍郎张华又表：“抄《新律》诸死罪条目，悬之亭传，以示兆庶。”有诏从之。及刘颂为廷尉，频表宜复肉刑，不见省，又上言曰：

臣昔上行肉刑，从来积年，遂寝不论。臣窃以为议者拘孝文之小仁，而轻违圣王之典刑，未详之甚，莫过于此。

今死刑重，故非命者众；生刑轻，故罪不禁奸。所以然者，肉刑不用之所致也。今为徒者，类性元恶不轨之族也，去家悬远，作役山谷，饥寒切身，志不聊生，又有廉士介者，苟虑不首死，则皆为盗贼，岂况本性奸凶无赖之徒乎！又令徒富者输财，解曰归家，乃无役之人也。贫者起为奸盗，又不制之虏也。不刑，则罪无所禁；不制，则群恶横肆。为法若此，近不尽善也。是以徒亡日属，贼盗日烦，亡之数者至有十数，得辄加刑，日益一岁,此为终身之徒也。自顾反善无期,而灾困逼身,其志亡思盗,势不得息,事使之然也。

古者用刑以止刑,今反于此。诸重犯亡者,发过三寸辄重髡之,此以刑生刑;加作一岁,此以徒生徒也。亡者积多,系囚猥畜。议者曰,囚不可不赦,复从而赦之,此为刑不制罪,法不胜奸。下知法之不胜,相聚而谋为不轨,月异而岁不同。故自顷以来,奸恶陵暴,所在充斥。议者不深思此故,而曰肉刑于名忤听,忤听孰与贼盗不禁?

圣王之制肉刑,远有深理,其事可得而言,非徒惩其畏剥割之痛而不为也,乃去其为恶之具,使夫奸人无用复肆其志,止奸绝本,理之尽也。亡者刖足,无所用复亡。盗者截手,无所用复盗。淫者割其势,理亦如之。除恶塞源,莫善于此,非徒然也。此等已刑之后,便各归家,父母妻子,共相养恤,不流离于涂路。有今之困,创愈可役,上准古制,随宜业作,虽已刑残,不为虚弃,而所患都塞,又生育繁阜之道自若也。

今宜取死刑之限轻,及三犯逃亡淫盗,悉以肉刑代之。其三岁刑以下,已自杖罚遣,又宜制其罚数,使有常限,不得减此。其有宜重者,又任之官长。应四五岁刑者,皆髡笞,笞至一百,稍行,使各有差,悉不复居作。然后刑不复生刑,徒不复生徒,而残体为戮,终身作诫。人见其痛,畏而不犯,必数倍于今。且为恶者随发被刑,去其为恶之具,此为诸已刑者皆良士也,岂与全其为奸之手足,而蹴居必死之穷地同哉!而犹曰肉刑不可用,臣窃以为不识务之甚也。

臣昔常侍左右,数闻明诏,谓肉刑宜用,事便于政。愿陛下信独见之断,使夫能者得奉圣虑,行之于今。比填沟壑,冀见太平。周礼三赦三宥,施于老幼悼耄,黔黎不属逮者,此非为恶之所出,故刑法逆舍而宥之。至于自非其族,犯罪则必刑而无赦,此政之理也。暨至后世,以时险多难,因赦解结,权以行之,又不以宽罪人也。至今恒以罪积狱繁,赦以散之,是以赦愈数而狱愈塞,如此不已,将至不胜。原其所由,肉刑不用之故也。今行肉刑之徒不积,且为恶无具则奸息。去此二端,狱不得繁,故无取于数赦,于政体胜矣。

疏上,又不见省。

至惠帝之世,政出群下,每有疑狱,各立私情,刑法不定,狱讼繁滋。尚书裴頠表陈之曰:

夫天下之事多涂,非一司之所管;中才之情易扰,赖恒制而后定。先王知其所以然也,是以辨方分职,为之准局。准局既立,各掌其务,刑赏相称,轻重无二,故下听有常,群吏安业也。旧宫掖陵庙有水火毁伤之变,然后尚书乃躬自奔赴,其非此也,皆止于郎令史而已。刑罚所加,各有常刑。

去元康四年,大风之后,庙阙屋瓦有数枚倾落,免太常荀寓。于时以严诏所遣,莫敢据正。然内外之意,佥谓事轻责重,有违于常。会五年二月有大风,主者惩惧前事。臣新拜尚书始三日,本曹尚书有疾,权令兼出,案行兰台。主者乃瞻望阿栋之间,求索瓦之不正者,得栋上瓦小邪十五处。或是始瓦时邪,盖不足言,风起仓卒,台官更往,太常案行,不及得周,文书未至之顷,便竞相禁止。臣以权兼暂出,出还便罢,不复得穷其事。而本曹据执,却问无已。臣时具加解遣,而主者畏咎,不从臣言,禁止太常,复兴刑狱。

昔汉氏有盗庙玉环者,文帝欲族诛,释之但处以死刑,曰:"若侵长陵一抔土,何以复加?"文帝从之。大晋垂制,深惟经远,山陵不封,园邑不饰,墓而不坟,同乎山壤,是以丘阪存其陈草,使齐乎中原矣。虽陵兆尊严,唯毁发然后族之,此古典也。若登践犯损,失尽敬之道,事止刑罪可也。

去八年,奴听教加诬周龙烧草,廷尉遂奏族龙,一门八口并命。会龙狱翻,然后得免。考之情理,准之前训,所处实重。今年八月,陵上荆一枝围七寸二分者被斫,司徒太常,奔走道路,虽知事小,而案劾难测,搔扰驱驰,各竞免负,于今太常禁止未解。近日太祝署失火，烧屋三间半。署在庙北，隔道在重墙之内，又即已灭，频为诏旨所问。主者以诏旨使问频繁，便责尚书不即案行，辄禁止，尚书免，皆在法外。

刑书之文有限，而舛违之故无方，故有临时议处之制，诚不能皆得循常也。至于此等，皆为过当，每相逼迫，不复以理，上替圣朝画一之德，下损崇礼大臣之望。臣愚以为，犯陵上草木，不应乃用同产毕刑之制。按行奏劾，应有定准，相承务重，体例遂亏。或因余事，得容浅深。

颙虽有此表，曲议犹不止。时刘颂为三公尚书，又上疏曰：

自近世以来，法渐多门，令甚不一。臣今备掌刑断，职思其忧，谨具启闻。

臣窃伏惟陛下为政，每尽善，故事求曲当，则例不得直；尽善，故法不得全。何则？夫法者，固以尽理为法，而上求尽善，则诸下牵文就意，以赴主之所许，是以法不得全。刑书征文，征文必有乖于情听之断，而上安于曲当，故执平者因文可引，则生二端。是法多门，令不一，则吏不知所守，下不知所避。奸伪者因法之多门，以售其情，所欲浅深，苟断不一，则居上者难以检下，于是事同议异，狱犴不平，有伤于法。

古人有言："人主详，其政荒；人主期，其事理。"详匪他，尽善则法伤，故其政荒也。期者轻重之当，虽不厌情，苟入于文，则很而行之，故其事理也。夫善用法者，忍违情不厌听之断，轻重虽不允人心，经于凡览，若不可行，法乃得直。又君行之分，各有所司。法欲必奉，故令主者守文；理有穷塞，故使大臣释滞；事有时宜，故人主权断。主者守文，若释之执犯跸之平也；大臣释滞，若公孙弘断郭解之狱也；人主权断，若汉祖戮丁公之为也。天下万事，自非斯格重为，故不近似此类，不得出以意妄议，其余皆以律令从事。然后法信于下，人听不惑，吏不容奸，可以言政。人主轨斯格以责群下，大臣小吏各守其局，则法一矣。

古人有言:"善为政者,看人设教。"看人设教,制法之谓也。又曰"随时之宜",当务之谓也。然则看人随时,在大量也,而制其法。法轨既定则行之,行之信如四时,执之坚如金石,群吏岂得在成制之内,复称随时之宜,傍引看人设教,以乱政典哉!何则?始制之初,固已看人而随时矣。今若设法未尽当,则宜改之。若谓已善,不得尽以为制,而使奉用之司公得出入以差轻重也。夫人君所与天下共者,法也。已令四海,不可以不信以为教,方求天下之不慢,不可绳以不信之法。且先识有言,人至愚而不可欺也。不谓平时背法意断,不胜百姓愿也。

上古议事以制,不为刑辟。夏殷及周,书法象魏。三代之君齐圣,然咸弃曲当之妙鉴,而任征文之直准,非圣有殊,所遇异也。今论时敦弊,不及中古,而执平者欲适情之所安,自托于议事以制。臣窃以为听言则美,论理则违。然天下至大,事务众杂,时有不得悉循文如令。故臣谓宜立格为限,使主者守文,死生以之,不敢错思于成制之外,以差轻重,则法恒全。事无正据,名例不及,大臣论当,以释不滞,则事无阂。至如非常之断,出法赏罚,若汉祖戮楚臣之私己,封赵氏之无功,唯人主专之,非奉职之臣所得拟议。然后情求傍请之迹绝,似是而非之奏塞,此盖齐法之大准也。主者小吏,处事无常。何则?无情则法徒克,有情则挠法。积克似无私,然乃所以得其私,又恒所阻以卫其身。断当恒克,世谓尽公,时一曲法,乃所不疑。故人君不善倚深似公之断,而责守文如令之奏,然后得为有检,此又平法之一端也。

夫出法权制,指施一事,厌情合听,可适耳目,诚有临时当意之快,胜于征文不允人心也。然起为经制,终年施用,恒得一而失十。故小有所得者,必大有所失;近有所漏者,必远有所苞。故谙事识体者,善权轻重,不以小害大,不以近妨远。忍曲当之近适,以全简直之大准。不牵于凡听之所安,必守征文以正例。每临其事,恒御此心以决断,此又法之大概也。

又律法断罪，皆当以法律令正文，若无正文，依附名例断之，其正文名例所不及，皆勿论。法吏以上，所执不同，得为异议。如律之文，守法之官，唯当奉用律令。至于法律之内，所见不同，乃得为异议也。今限法曹郎令史，意有不同为驳，唯得论释法律，以正所断，不得援求诸外，论随时之宜，以明法官守局之分。

诏下其事，侍中、太宰、汝南王亮奏以为："夫礼以训世，而法以整俗，理化之本，事实由之。若断不断，常轻重随意，则王宪不一，人无所错矣。故观人设教，在上之举；守文直法，臣吏之节也。臣以去太康八年，随事异议。周悬象魏之书，汉咏画一之法，诚以法与时共，义不可二。令法素定，而法为议，则有所开长，以为宜如颂所启，为永久之制。"于是门下属三公曰："昔先王议事以制，自中古以来，执法断事，既以立法，诚不宜复求法外小善也。若常以善夺法，则人逐善而不忌法，其害甚于无法也。案启事，欲令法令断一，事无二门，郎令史已下，应复去法驳案，随事以闻也。"

及于江左，元帝为丞相时，朝廷草创，议断不循法律，人立异议，高下无状。主簿熊远奏曰："礼以崇善，法以闲非。故礼有常典，法有常防，人知恶而无邪心。是以周建象魏之制，汉创画一之法，故能阐弘大道，以至刑厝。律令之作，由来尚矣。经贤智，历夷险，随时斟酌，最为周备。自军兴以来，法度陵替，至于处事不用律令，竞作属命，人立异议，曲适物情，亏伤大例。府立节度，复不奉用，临事改制，朝作夕改，至于主者不敢任法，每辄关谘，委之大官，非为政之体。若本曹处事不合法令，监司当以法弹违，不得动用开塞，以坏成事。案法盖粗术，非妙道也，矫割物情，以成法耳。若每随物情，辄改法制，此为以情坏法。法之不一，是谓多门，开人事之路，广私请之端，非先王立法之本意也。凡为驳议者，若违律令节度，当合经传及前比故事，不得任情以破成法。愚谓宜令录事更立条制，诸立议者皆当引律令经传，不得直以情言，无所依准，以亏旧典也。若开塞随宜，权道制物，此是人君之所得行，非臣子所宜专用。主者唯当征文据法,以事为断耳。”

是时帝以权宜从事,尚未能从。而河东卫展为晋王大理,考擿故事有不合情者,又上书曰:“今施行诏书,有考子正父死刑,或鞭父母问子所在。近主者所称《庚寅诏书》,举家逃亡家长斩。若长是逃亡之主,斩之虽重犹可。设子孙犯事,将考祖父逃亡,逃亡是子孙,而父祖婴其酷。伤顺破教,如此者众。相隐之道离,则君臣之义废;君臣之义废,则犯上之奸生矣。秦网密文峻,汉兴,扫除烦苛,风移俗易,几于刑厝。大人革命,不得不荡其秽匿,通其圮滞。今诏书宜除者多,有便于当今,著为正条,则法差简易。”元帝令曰:“礼乐不兴,则刑罚不中,是以明罚敕法,先王所慎。自元康已来,事故荐臻,法禁滋漫。大理所上,宜朝堂会议,蠲除诏书不可用者,此孤所虚心者也。”

及帝即位,展为廷尉,又上言:“古者肉刑,事经前圣,汉文除之,增加大辟。今入户凋荒,百不遗一,而刑法峻重,非句践养胎之义也。愚谓宜复古施行,以隆太平之化。”诏内外通议。于是骠骑将军王导、太常贺循、侍中纪瞻、中书郎庾亮、大将军谘议参军梅陶、散骑郎张嶷等议,以:“肉刑之典,由来尚矣。肇自古先,以及三代,圣哲明王所未曾改也。岂是汉文常主所能易者乎!时萧曹已没,绛灌之徒不能正其义。逮班固深论其事,以为外有轻刑之名,内实杀人。又死刑太重,生刑太轻,生刑纵于上,死刑怨于下,轻重失当,故刑政不中也。且原先王之造刑也,非以过怒也,非以残人也,所以救奸,所以当罪。今盗者窃人之财,淫者好人之色,亡者避叛之役,皆无杀害也,则刖之以刑。刑之则止,而加之斩戮,戮过其罪,死不可生,纵虐于此,岁以巨计。此乃仁人君子所不忍闻,而况行之于政乎!若乃惑其名而不练其实,恶其生而趣其死,此畏水投舟,避坎蹈井,愚夫之不若,何取于政哉!今大晋中兴,遵复古典,率由旧章,起千载之滞义,拯百残之遗黎,使皇典废而复存,黔首死而更生,至义畅于三代之际,遗风播乎百世之后,生肉枯骨,惠侔造化,岂不休哉! 惑者乃曰,死犹不惩,而况于刑? 然人者,冥也。其至愚矣,虽加斩戮,忽为灰土,死事日往,生欲日存,未以为改。若刑诸市朝,朝夕鉴戒,刑者咏为恶之永痛,恶者睹残刖之长废,故足惧也。然后知先王之轻刑以御物,显诚以惩愚,其理远矣。”

尚书令刁协、尚书薛兼等议,以为:“圣上悼残荒之遗黎,伤犯死之繁众,欲行刖以代死刑,使犯死之徒得存性命,则率土蒙更生之泽,兆庶必怀恩以反化也。今中兴祚隆,大命惟新,诚宜设宽法以育人。然惧群小愚蔽,习玩所见而忽异闻,或未能咸服。愚谓行刑之时,先明申法令,乐刑者刖,甘死者杀,则心必服矣。古典刑不上大夫,今士人有犯者,谓宜如旧,不在刑例,则进退为允。”

尚书周顗、郎曹彦、中书郎桓彝等议,以为:“复肉刑以代死,诚是圣王之至德,哀矜之弘私。然窃以为刑罚轻重,随时而作。时人少罪而易威,则从轻而宽之;时人多罪而难威,则宜化刑而济之。肉刑平世所应立,非救弊之宜也。方今圣化草创,人有余奸,习恶之徒,为非未已,截头绞颈,尚不能禁,而乃更断足劓鼻,轻其刑罚,使欲为恶者轻犯宽刑,蹈罪更众,是为轻其刑以诱人于罪,残其身以加楚酷也。昔之畏死刑以为善人者,今皆犯轻刑而残其身,畏重之常人,反为犯轻而致囚,此则何异断刖常人以为恩仁邪!受刑者转广,而为非者日多,踊贵屦贱,有鼻者丑也。徒有轻刑之名,而实开长恶之源。不如以杀止杀,重以全轻,权小停之。须圣化渐著,兆庶易威之日,徐施行也。”

议奏,元帝犹欲从展所上,大将军王敦以为:“百姓习俗日久,忽复肉刑,必骇远近。且逆寇未殄,不宜有惨酷之声,以闻天下。”于是乃止。

咸康之世,庾冰好为纠察,近于繁细,后益矫违,复存宽纵,疏密自由,律令无用矣。

至安帝元兴末,桓玄辅政,又议欲复肉刑斩左右趾之法,以轻死刑,命百官议。蔡廓上议曰:“建邦立法,弘教穆化,必随时置制,德刑兼施。长贞一以闲其邪,教禁以检其慢,洒湛露以流润,厉严霜以肃威,虽复质文迭用,而斯道莫革。肉刑之设,肇自哲王。盖由嚣世风淳，人多惇谨，图像既陈，则机心可戢；刑人在涂，则不遑改操。故能胜残去杀，化隆无为。季末浇伪，设网弥密，利巧之怀日滋，耻畏之情转寡。终身剧役，不足止其奸，况乎黥劓，岂能反于善！徒有酸惨之声，而无济俗之益。至于弃市之条，实非不赦之罪，事非手杀，考律同归，轻重约科，减降路塞，钟陈以之抗言，元皇所为留愍。今英辅翼赞，道邈伊周，诚宜明慎用刑，爱人弘育，申哀矜以革滥，移大辟于支体，全性命之至重，恢繁息于将来。"而孔琳之议不同，用王朗、夏侯玄之旨。时论多与琳之同，故遂不行。

晋书卷三一
列传第一

后妃上

宣穆张皇后　　景怀夏侯皇后

景献羊皇后　　文明王皇后

武元杨皇后　　武悼杨皇后

左贵嫔　胡贵嫔　诸葛夫人　惠贾皇后

惠羊皇后　谢夫人　怀王太后

元夏侯太妃

　　夫乾坤定位，男女流形，伉俪之义同归，贵贱之名异等。若乃作配皇极，齐体紫宸，象玉床之连后星，喻金波之合羲璧。爰自夐古，是谓元妃；降及中年，乃称王后。四人并列，光于帝喾之宫；二妃同降，著彼有虞之典。夏商以上，六宫之制，其详靡得而闻焉。姬刘以降，五翟之规，其事可略而言矣。《周礼》，天子立一后、三夫人、九嫔、二十七世妇、八十一御妻，以听王者内政。故《婚义》曰：“天子之与后，如日之与月，阴之与阳。”由斯而谭，其所从来远矣。故能母仪天宇，助宣王化，德均载物，比大坤维，宗庙歆其荐羞，穹壤俟其交泰。是以哲王垂宪，尤重造舟之礼；诗人立言，先奖《葛覃》之训。后烛流景，所以裁其宴私；房乐希声，是用节其容止。履端正本，抑斯之谓欤！若乃娉纳有方，防闲有礼，肃尊仪而修四德，体柔范而弘六义，阴教洽于宫闱，淑誉腾于区域。则玄云入户，上帝锡母萌之符；黄神降征，坤灵赞寿丘之道，终能鼎祚惟永，胤嗣克昌。至若俪极亏闲，凭天作孽，倒裳衣于衽席，感朓侧于弦望。则龙漦结衅，宗周鞠为黍苗；燕尾挺灾，隆汉坠其枌社矣。自曹刘内主，位以色登，甄卫之家，容非德举。淫荒挺性，蔑西郊之礼容；婉娈合辞，作南国之奇态。诐谒由斯外入，秽德于是内宣。椒掖播晨牝之风，兰殿绝河雎之响。永言彤史，大练之范逾微；缅视青蒲，脱珥之猷替矣。晋承其末，与世污隆，宣皇创基，功弘而道屈；穆后一善，勋侔于十乱。洎乎太祖，始亲选良家，既而帝掩纨扇，躬行请托。后采长白，实彰妒忌之情；贾纳短青，竟践覆亡之辙。得失遗迹，焕在缥缃，兴灭所由，义同画一。故列其本事，以为后妃传云。

宣穆张皇后，讳春华，河内平皋人也。父汪，魏粟邑令；母河内山氏，司徒涛之从祖姑也。后少有德行，智识过人，生景帝、文帝、平原王干、南阳公主。

宣帝初辞魏武之命，托以风痹。尝暴书，遇暴雨，不觉自起收之。家惟有一婢见之，后乃恐事泄致祸，遂手杀之以灭口，而亲自执爨。帝由是重之。其后柏夫人有宠，后罕得进见。帝尝卧疾，后往省病。帝曰："老物可憎，何烦出也！"后惭恚不食，将自杀，诸子亦不食。帝惊而致谢，后乃止。帝退而谓人曰："老物不足惜，虑困我好儿耳！"

魏正始八年崩，时年五十九，葬洛阳高原陵，追赠广平县君。咸熙元年，追号宣穆妃。及武帝受禅，追尊皇后。

景怀夏侯皇后，讳徽，字媛容，沛国谯人也。父尚，魏征南大将军；母曹氏，魏德阳乡主。

后雅有识度，帝每有所为，必豫筹画。魏明帝世，宣帝居上将之重，诸子并有雄才大略。后知帝非魏之纯臣，而后既魏氏之甥，帝深忌之。青龙二年，遂以鸩崩，时年二十四，葬峻平陵。武帝登阼，初未追崇，弘训太后每以为言，泰始二年始加号谥。后无男，生五女。

景献羊皇后，讳徽瑜，泰山南城人。父衜，上党太守；后母陈留蔡氏，汉左中郎将邕之女也。

后聪敏有才行。景怀皇后崩，景帝更娶镇北将军濮阳吴质女，见黜，复纳后，无子。武帝受禅，居弘训宫，号弘训太后。泰始九年，追赠蔡氏济阳县君，谥曰穆。咸宁四年，太后崩，时年六十五，祔葬峻平陵。

文明王皇后，讳元姬，东海郯人也。父肃，魏中领军、兰陵侯。

后年八岁，诵《诗》、《论》，尤善《丧服》；苟有文义，目所一见，必贯于心。年九岁，遇母疾，扶侍不舍左右，衣不解带者久之。每先意候指，动中所适，由是父母令摄家事，每尽其理。祖朗甚爱异之，曰："兴吾家者，必此女也，惜不为男矣！"年十二，朗薨，后哀戚哭泣，发于自然，其父益加敬异。

既笄，归于文帝，生武帝及辽东悼王定国、齐献王攸、城阳哀王兆、广汉殇王广德、京兆公主。后事舅姑尽妇道，谦冲接下，嫔御有序。及居父丧，身不胜衣，言与泪俱。时钟会以才能见任，后每言于帝曰："会见利忘义，好事端，宠过必乱，不可大任。"会后果反。

武帝受禅，尊为皇太后，宫曰崇化。初置宫卿，重选其职，以太常诸葛绪为卫尉，太仆刘原为太仆，宗正曹楷为少府。后虽处尊位，不忘素业，躬执纺绩，器服无文，御浣濯之衣，食不参味。而敦睦九族，垂心万物，言必典礼，浸润不行。

帝以后母羊氏未崇谥号，泰始三年下诏曰："昔汉文追崇灵文之号，武、宣有平原、博平之封，咸所以奉尊尊之敬，广亲亲之恩也。故卫将军、兰陵景侯夫人羊氏，含章体顺，仁德醇备，内承世胄，出嫔大国，三从之行，率礼无违。仍遭不造，频丧统嗣，抚育众胤，克成家道。母仪之教，光于邦族；诞启圣明，祚流万国。而早世殂陨，不遇休宠。皇太后孝思蒸蒸，永慕罔极。朕感存遗训，追远伤怀。其封夫人为县君，依德纪谥，主者详如旧典。"于是使使持节、谒者何融追谥为平阳靖君。

四年，后崩，时年五十二，合葬崇阳陵。将迁祔，帝手疏后德行，使史官为哀策曰：

> 明明先后，兴我晋道。晖章淑问，以翼皇考。迈德宣猷，大业有造。贻庆孤朦，堂构是保。庶资复顾，永享难老。奄然登遐，弃我何早！沉哀罔诉，如何穹昊。呜呼哀哉！

> 厥初生民，树之惠康。帝迁明德，顾予先皇。天立厥配，我皇是光。作邦作对，德音无疆。愍予不吊，天笃降殃。日没《明夷》，中年陨丧。茕茕在疚，永怀摧伤。寻惟景行，于穆不已。海岱降灵，世荷繁祉。永锡诈胤，笃生文母。诞膺纯和，淑慎容止。质直不渝，体兹孝友。《诗》《书》是悦，礼籍是纪。三从无违，中馈允理。追惟先后，劳谦是尚。爰初在室，竭力致养。嫔于大邦，皇基是相。谧静隆化，帝业以创。内叙嫔御，外协时望。履信居顺，德行洽畅。密勿无荒，劬劳克让。崇俭抑华，冲素是放。虽享崇高，欢嘉未飨。胡宁弃之，我将曷仰？咨余不造，大罚荐臻。皇考背世，始逾三年。仰奉慈亲，冀无后艰。凶灾仍集，何辜于天。呜呼哀哉！

> 灵辖凤驾，设祖中闱。辒辌动轸，既往不追。哀哀皇妣，永潜灵晖。进攀梓宫，顾援素旂。屏营穹痛，谁告谁依？诉情赠策，以舒伤悲。尚或有闻，顾予孤遗。呜呼哀哉！

其后帝追慕不已，复下诏曰："外曾祖母故司徒王朗夫人杨氏，舅氏尊属，郑、刘二从母，先后至爱。每惟圣善，敦睦遗旨，渭阳之感，永怀靡及。其封杨夫人及从母为乡君。邑各五百户。太康七年，追赠继祖母夏侯氏为荥阳乡君。

武元杨皇后，讳艳，字琼芝，弘农华阴人也。父文宗，见《外戚传》；母天水赵氏，早卒。后依舅家，舅妻仁爱，亲乳养后，遣他人乳其子。及长，又随后母段，依其家。

后少聪慧，善书，姿质美丽，闲于女工。有善相者尝相后，当极贵，文帝闻而为世子聘焉。甚被宠遇，生毗陵悼王轨、惠帝、秦献王柬，平阳、新丰、阳平公主。

武帝即位，立为皇后。有司奏依汉故事，皇后、太子各食汤沐邑四十县，而帝以非古典，不许。后追怀舅氏之恩，显官赵俊，纳俊兄虞女粲于后宫为夫人。

帝以皇太子不堪奉大统，密以语后。后曰：“立嫡以长不以贤，岂可动乎。”初，贾充妻郭氏使赂后，求以女为太子妃。及议太子婚，帝欲娶卫瓘女。然后盛称贾后有淑德，又密使太子太傅荀颉进言，上乃听之。泰始中，帝博选良家以充后宫，先下书禁天下嫁娶，使宦者乘使车，给骖骑，驰传州郡，召充选者使后拣择。后性妒，惟取洁白长大，其端正美丽者并不见留。时卜藩女有美色，帝掩扇谓后曰：“卜氏女佳。”后曰：“藩三世后族，其女不可枉以卑位。”帝乃止。司徒李胤、镇军大将军胡奋、廷尉诸葛冲、太仆臧权、侍中冯荪、秘书郎左思及世族子女并充三夫人九嫔之列。司、冀、兖、豫四州二千石将吏家，补良人以下。名家盛族子女，多败衣瘁貌以避之。

及后有疾，见帝素幸胡夫人，恐后立之，虑太子不安。临终，枕帝膝曰：“叔父骏女男胤有德色，愿陛下以备六宫。”因悲泣，帝流涕许之。泰始十年，崩于明光殿，绝于帝膝，时年三十七。诏曰：“皇后逮事先后，常冀能终始永奉宗庙，一旦殂陨，痛悼伤怀。每自以夙丧二亲，于家门之情特隆。又有心欲改葬父祖，以顷者务俭约，初不有言，近垂困，说此意，情益慜之。其使领前军将军骏等自克改葬之宜，至时主者供给葬事。赐谥母赵氏为县君，以继母段氏为乡君。《传》不云乎，‘慎终追远，民德归厚。’且使亡者有知，尚或嘉之。”

于是有司卜吉，窆窆有期，乃命史臣作哀策叙怀。其辞曰：

天地配序，成化两仪。王假有家，道在伉俪。姜嫄佐誉，二妃兴妫。仰希古昔，冀亦同规。今胡不然，景命凤亏。呜呼哀哉！

我应图箓，统临万方。正位于内，实在嫔嫱。天作之合，骏发之祥。河狱降灵，启祚华阳。奕世丰衍，朱绂斯煌。缵女惟行，受命溥将。来翼家邦，宪度是常。缉熙阴教，德声显扬。昔我先妣，晖曜休光。后承前训，奉述遗芳。宜嗣徽音，继序无荒。如何不吊，背世陨丧。望齐无主，长去蒸尝。追怀永悼，率土摧伤。呜呼哀哉！

陵兆既窆，将迁幽都。宵陈凤驾，元妃其徂。宫闱遏密，阶庭空虚。设祖布绋，告驾启涂。服翟褕狄，寄象容车。金路晻蔼，裳帐不舒。千乘动轸，六骥踟蹰。铭旌树表，翠柳云敷。祁祁同轨，炭炭蒸徒。孰不云怀，哀感万夫。宁神虞卜，安休玄庐。土房陶簋，齐制遂初。依行纪谥，声被八区。虽背明光，亦归皇姑。没而不朽，世德作谟。呜呼哀哉！

乃葬于峻阳陵。

武悼杨皇后，讳芷，字季兰，小字男胤，元后从妹。父骏，别有传。以咸宁二年立为皇后。婉嬺有妇德，美映椒房，甚有宠。生渤海殇王，早死，遂无子。太康九年，后率内外夫人命妇躬桑于西郊，赐帛各有差。

太子妃贾氏妒忌，帝将废之。后言于帝曰："贾公闾有勋社稷，犹当数世宥之。贾妃亲是其女，正复妒忌之间，不足以一眚掩其大德。"后又数诫厉妃，妃不知后之助己，因以致恨，谓后构之于帝，忿怨弥深。

及帝崩，尊为皇太后。贾后凶悖，忌后父骏执权，遂诬骏为乱，使楚王玮与东安王繇称诏诛骏。内外隔塞，后题帛为书，射之城外，曰"救太傅者有赏。"贾后因宣言太后同逆。

骏既死，诏使后军将军荀恽送后于永宁宫。特全后母高都君庞氏之命，听就后居止。贾后讽群公有司奏曰："皇太后阴渐奸谋，图危社稷，飞箭击书，要募将士，同恶相济，自绝于天。鲁侯绝文姜，《春秋》所许，盖以奉顺祖宗，任至公于天下。陛下虽怀无已之情，臣下不敢奉诏。可宣敕王公于朝堂会议。"诏曰:"此大事,更详之。"有司又奏:"骏藉外戚之资,居冢宰之任,陛下既居谅暗,委以重权,至乃阴图凶逆,布树私党。皇太后内为唇齿,协同逆谋,祸衅既彰,背捍诏命,阻兵负众,血刃宫省,而复流书募众,以奖凶党,上背祖宗之灵,下绝亿兆之望。昔文姜与乱,《春秋》所贬,吕宗叛戾,高后降配,宜废皇太后为峻阳庶人。"中书监张华等以为"太后非得罪于先帝者也,今党恶所亲,为不母于圣世。宜依孝成赵皇后故事,曰武帝皇后,处之离宫,以全贵终之恩。"尚书令、下邳王晃等议曰:"皇太后与骏潜谋,欲危社稷,不可复奉承宗庙,配合先帝。宜贬尊号,废诸金墉城。"于是有司奏:"请从晃等议,废太后为庶人。遣使者以太牢告于郊庙,以奉承祖宗之命,称万国之望。至于诸所供奉,可顺圣恩,务从丰厚。"诏不许。有司又固请,乃可之。又奏:"杨骏造乱,家属应诛,诏原其妻庞命,以慰太后之心。今太后废为庶人,请以庞付廷尉行刑。"诏曰:"听庞与庶人相随。"有司希贾后旨,固请,乃从之。庞临刑,太后抱持号叫,截发稽颡,上表诣贾后称妾,请全母命,不见省。初,太后尚有侍御十余人,贾后夺之,绝膳而崩。时年三十四,在位十五年。贾后又信妖巫,谓太后必诉冤先帝,乃覆而殡之,施诸厌劾符书药物。

　　永嘉元年,追复尊号,别立庙,神主不配武帝。至成帝咸康七年,下诏使内外详议。卫将军虞潭议曰:"世祖武皇帝光有四海,元皇后应乾作配。元后既崩,悼后继作,至杨骏肆逆,祸延天母。孝怀皇帝追复号谥,岂不以鲧殛禹兴,义在不替者乎!又太宁二年,臣忝宗正,帝谱泯弃,罔所循按。时博谘旧齿,以定昭穆,与故骠骑将军华恒、尚书荀崧、侍中荀邃因旧谱忝论撰次,尊号之重,一无改替。今圣上孝思,祗肃禋祀,询及群司,将以恢定大礼。臣辄思详,伏见惠皇帝《起居注》、群臣议奏,列骏作逆谋,危社稷,引鲁之文姜,汉之吕后。臣窃以文姜虽庄公之母,实为父雠,吕后宠树私戚,几危刘氏,按此二事异于今日。昔汉章帝窦后杀和帝之母,和帝即位,尽诛诸窦。当时议者欲贬窦后,及后之亡,欲不以礼葬。和帝以奉事十年，义不可违，臣子之道，务从丰厚，仁明之称，表于往代。又见故尚书仆射裴颜议悼后故事，称继母虽出，追服无改。是以孝怀皇帝尊崇号谥，还葬峻陵。此则母子道全，而废事荡革也。于时祭于弘训之宫，未入太庙。尽是事之未尽，非义典也。若以悼后复立为宜，则应配食世祖，若以复之为非，则谱谥宜阙，未有位号居正，而偏祠别室者也。若以孝怀皇帝私隆母子之道，特为立庙者，此苟崇私情，有亏国典，则国谱帝讳，皆宜除弃，匪徒不得同祀于世祖之庙也。"会稽王昱、中书监庾冰、中书令诸葛恢、尚书谢广、光禄勋留罹、丹杨尹殷融、护军将军冯怀、散骑常侍邓逸等咸从潭议，由是太后配食武帝。

左贵嫔，名芬。兄思别有传。芬少好学，善缀文，名亚于思。武帝闻而纳之。泰始八年，拜修仪。受诏作愁思之文，因为《离思》赋曰：

生蓬户之侧陋兮，不闲习于文符。不见图画之妙像兮，不闻先哲之典谟。既愚陋而寡识兮，谬忝厕于紫庐。非草苗之所处兮，恒休惕以忧惧。怀思慕之切怛兮，兼始终之万虑。嗟殷忧之沉积兮，独郁结而靡诉。意惨愤而无聊兮，思缠绵以增慕。夜耿耿而不寐兮，魂憧憧而至曙。风骚骚而四起兮，霜皑皑而依庭。日晻暖而无光兮，气栗慄以冽清。怀愁戚之多感兮，患涕泪之自零。

昔伯瑜之婉娈兮，每彩衣以娱亲。悼今日之乖隔兮，奄与家为参辰。岂相去之云远兮，曾不盈乎数寻。何言禁之清切兮，欲瞻睹而莫因。仰行云以歔欷兮，涕流射而沾巾。惟屈原之哀感兮，嗟悲伤于离别。彼城阙之作诗兮，亦以日而喻月。况骨肉之相于兮，永缅邈而两绝。长含哀而抱戚兮，仰苍天而泣血。

乱曰：骨肉至亲，化为他人，永长辞兮。惨怆愁悲，梦想魂归，见所思兮。惊寤号咷，心不自聊，泣涟泗兮。援笔舒情，涕泪增零，诉斯诗兮。

后为贵嫔，姿陋无宠，以才德见礼。体羸多患，常居薄室，帝每游华林,辄回辇过之。言及文义,辞对清华,左右侍听,莫不称美。

及元杨皇后崩,芬献诔曰:

惟泰始十年秋七月景寅,晋元皇后杨氏崩。呜呼哀哉!昔有莘适殷,姜姒归周,宣德中闱,徽音永流。樊卫二姬,匡齐翼楚;马邓两妃,亦毗汉主。峨峨元后,光嫔晋宇。伉俪圣后,比踪往古。遭命不永,皆阳即阴。六宫号咷,四海恸心。嗟余鄙妄,御恩特深。追慕三良,甘心自沉。何用存思?不忘德音。何用纪述?托辞翰林。乃作诔曰:

赫赫元后,出自有杨。弈世朱轮,燿彼华阳。惟岳降神,显兹御名祥。笃生英媛,休有烈光。含灵握文,异于庶姜。和畅春日,操厉秋霜。疾彼攸遂,敦此义方。率由四教,匪怠匪荒。行周六亲,徽音显扬。显扬伊何?京室是臧。乃娉乃纳,聿嫔圣皇。正位闺阃,惟德是将。鸣珮有节,发言有章。仰观列图,俯览篇籍。顾问女史,咨询竹帛。思媚皇姑,处恭朝夕。允厘中馈,执事有恪。

于礼斯劳,于敬斯勤。虽曰齐圣,遇德日新。日新伊何?克广弘仁。终温且惠,帝妹是亲。经纬六宫,罔不弥纶。群妾惟仰,譬彼北辰。亦既青阳,鸣鸠告时。躬执桑曲,率导媵姬。修成蚕族,分蚕理丝。女工是察,祭服是治。祗奉宗庙,永言孝思。于彼六行,靡不蹈之。皇英佐舜,涂山翼禹。惟卫惟樊,二霸是辅。明明我后,异世同矩。亦能有乱,谋及天府。内敷阴教,外毗阳化。绸缪庶正,密勿夙夜。恩从风翔,泽随雨播。中外禔福,遐迩咏歌。

大祚贞吉,克昌克繁。则百斯庆,育圣育贤。教逾妊姒,训过姜嫄。堂堂太子,惟国之元。济济南阳,为屏为藩。本枝菴蔼,四海荫焉。微斯皇姒,孰兹克臻。曰乾盖聪,曰圣允诚。积善之堂,五福所并。宜享高年,匪陨匪倾。如彭之齿,如聃之龄。云胡不造,于兹祸殃。寝疾弥留,寤寐不康。巫咸骋术,和鹊奏方。祈祷无应,尝药无良。形神将离,载昏载荒。奄忽崩徂,湮精灭光。哀哀太子，南阳繁昌。攀援不寐，擗踊摧伤。呜呼哀哉！阖宫号咷，宇内震惊，奔者填衢，赴者塞庭。哀恸雷骇，流泪雨零。歔欷不已，若丧所生。

惟帝与后，契阔在昔。比翼白屋，双飞紫阁。悼后伤后，早即窀穸。言斯既及，涕泗陨落。追惟我后，实聪实哲。通于性命，达于俭节。送终之礼，比素上世。襚无珍宝，晗无明月。潜辉梓宫，永背昭晰。臣妾哀号，同此断绝。庭宇遏密，幽室增阴。空设帏帐，虚置衣衾。人亦有言，神道难寻。悠悠精爽，岂浮岂沉。丰奠日陈，冀魂之临。孰云元后，不闻其音。

乃议景行，景行已溢。乃考龟筮，龟筮袭吉。爰定宅兆，克成玄室。魂之往矣，于以今日。仲秋之晨，启明始出。星陈凤驾，灵舆结驷。其舆伊何？金根玉箱。其驷伊何？二骆双黄。习习容车，朱服丹章。隐隐辒轩，弁经缞裳。华毂曜野，素盖被原。方相仡仡，旌旐翻翻。挽童引歌，白骥鸣辕。观者夹涂，士女涕涟。千乘万骑，迄彼峻山。峻山峨峨，曾阜重阿。弘高显敞，据洛背河。左瞻皇姑，右睇帝家。推存揆亡，明神所嘉。诸姑姐妹，娣姒媵御。追送尘轨，号咷衢路。王侯卿士，云会星布。群官庶僚，缟盖无数。咨嗟通夜，东方云曙。百祇奉迎，我后安厝。中外俱临，同哀并慕。涕如连云，泪如湛露。扃闺既阖，窈窈冥冥。有夜无昼，曷用其明。不封不树，山坂同形。

昔后之崩，大火西流，寒往暑过，今亦孟秋。自我衔恤，奄忽一周。衣服将变，痛心若抽。逼彼礼制，惟以增忧。去此素衣，结恋灵丘。有始有终，天地之经。自非三光，谁能不零。存播令德，没图丹青。先哲之志，以此为荣。温温元后，实宣慈焉。抚育群生，恩惠滋焉。遗爱不已，永见思焉。悬名日月，垂万春焉。呜呼庶妾，感四时焉。言思言慕，涕涟洏焉。

咸宁二年，纳悼后，芬于座受诏作颂，其辞曰：

峨峨华狱，峻极泰清。巨灵导流，河渎是经。惟渎之神，惟岳之灵。钟于杨族，载育盛明。穆穆我后，应期挺生。含聪履哲，岐嶷凤成。如兰之茂，如玉之荣。越在幼冲，休有令名。飞声入极，翕习紫庭。超妊邈姒，比德皇英。京室是嘉，备礼致娉。令月吉辰，百僚奉迎。周生归韩，诗人是咏。我后庆止，车服晖映。登位太微，明德日盛。群黎欣戴，函夏同庆。

翼翼圣皇，叡哲孔纯。愍兹狂戾，阐惠播仁。躅衅涤秽，与时惟新。沛然洪赦，恩诏遐震。后之践祚，圄圉虚陈。万国齐欢，六合同欣。坤神掭舞，天人载悦。兴瑞降祥，表精日月。和气烟煴，三光朗烈。既获嘉时，寻播甘雪。玄云晻蔼，灵液霏霏。既储既积，待阳而晞。瞩眂沾濡，柔闰中畿。长享丰年，福禄永绥。

及帝女年公主死，帝痛悼不已，诏芬为诔，其文甚丽。帝重芬词藻，每有方物异宝，必诏为赋颂，以是屡获恩赐焉。答兄思诗、书及杂赋颂数十篇，并行于世。

胡贵嫔，名芳。父奋，别有传。

泰始九年，帝多简良家子女以充内职，自择其美者以绛纱系臂。而芳既入选，下殿号泣。左右止之曰："陛下闻声。"芳曰："死且不畏，何畏陛下！"帝遣洛阳令司马肇策拜芳为贵嫔。帝每有顾问，不饰言辞，率尔而答，进退方雅。时帝多内宠，平吴之后，复纳孙皓宫人数千，自此掖庭殆将万人。而并宠者甚众，帝莫知所适，常乘羊车，恣其所之，至便宴寝。宫人乃取竹叶插户，以盐汁洒地，而引帝车。然芳最蒙爱幸，殆有专房之宠焉，侍御服饰亚于皇后。帝尝与之樗蒲，争矢，遂伤上指。帝怒曰："此固将种也！"芳对曰："北伐公孙，西距诸葛，非将种而何？"帝甚有惭色。芳生武安公主。

诸葛夫人，名婉，琅邪阳都人也。父冲，字茂长，迁尉卿。婉以泰始九年春入宫，帝临轩，使使持节、洛阳令司马肇拜为夫人。

兄铨，字德林，散骑常侍。铨弟玫，字仁林，侍中、御史中丞。玫妇弟周穆，清河王覃之舅也。永嘉初，穆与玫劝东海王越废怀帝，立覃，越不许。重言之，越怒，遂斩玫及穆。临刑，玫谓穆曰："我语卿何道？"穆曰："今日复何所说。"时人方知谋出于穆，非玫之意。

　　惠贾皇后，讳南风。平阳人也，小名旹。父充，别有传。初，武帝欲为太子取卫瓘女，元后纳贾、郭亲党之说，欲婚贾氏。帝曰："卫公女有五可，贾公女有五不可。卫家种贤而多子，美而长白；贾家种妒而少子，丑而短黑。"元后固请，荀颢、荀勖并称充女之美，乃定婚。始欲娉后妹午，午年十二，小太子一岁，短小未胜衣。更娶南风，时年十五，大太子二岁。泰始八年二月辛卯，册拜太子妃。妒忌多权诈，太子畏而惑之，嫔御罕有进幸者。

　　帝常疑太子不慧，且朝臣和峤等多以为言，故欲试之。尽召东宫大小官属，为设宴会，而密封疑事，使太子决之，停信待反。妃大惧，倩外人作答。答者多引古义。给使张泓曰："太子不学，而答诏引义，必责作草主，更益谴负。不如直以意对。"妃大喜，语泓："便为我好答，富贵与汝共之。"泓素有小才，且草，令太子自写。帝省之，甚悦。先示太子少傅卫瓘，瓘大踧踖，众人乃知瓘先有毁言，殿上皆称万岁。充密遣语妃云："卫瓘老奴，几破汝家。"

　　妃性酷虐，尝手杀数人。或以戟掷孕妾，子随刃坠地。帝闻之，大怒，已修金墉城，将废之。充华赵粲从容言曰："贾妃年少，妒是妇人之情耳，长自当差。愿陛下察之。"其后杨珧亦为之言曰："陛下忘贾公间邪？"荀勖深救之，故得不废。惠帝即位，立为皇后，生河东、临海、始平公主、哀献皇女。

　　后暴戾日甚。侍中贾模，后之族兄，右卫郭彰，后之族舅，并以才望居位，与楚王玮、东安公繇分掌朝政。后母广城君养孙贾谧干预国事，权侔人主。繇密欲废后，贾氏惮之。及太宰亮、卫瓘等表繇徙带方，夺楚王中侯，后知玮怨之，乃使帝作密诏，令玮诛瓘、亮，以报宿憾。模知后凶暴，恐祸及己，乃与裴頠、王衍谋废之，衍悔而谋寝。

　　后遂荒淫放恣，与太医令程据等乱彰内外。洛南有盗尉部小吏，端丽美容止，既给厮役，忽有非常衣服，众咸疑其窃盗，尉嫌而辩之。贾后疏亲欲求盗物，往听对辞。小吏云："先行逢一老妪，说家有疾病,师义云宜得城南少年厌之,欲暂相烦,必有重报。于是随去,上车下帷,内簏箱中,行可十余里,过六十门限,开簏箱,忽见楼阙好屋。问此是何处,云是天上,即以香汤见浴,好衣美食将入。见一妇人,年可三十五、六,短形青黑色,眉后有疵。见留数夕,共寝欢宴,临出赠此众物。"听者闻其形状,知是贾后,惭笑而去,尉亦解意。时他人入者多死,惟此小吏,以后爱之,得全而出。及河东公主有疾,师巫以为宜施宽令,乃称诏大赦天下。

初,后诈有身,内稾物为产具,遂取妹夫韩寿子慰祖养之,托谅暗所生,故弗显。遂谋废太子,以所养代立。时洛中谣曰:"南风烈烈吹黄沙,遥望鲁国郁嵯峨,前至三月灭汝家。"后母广城君以后无子,甚敬重愍怀,每劝厉后,使加慈爱。贾谧恃贵骄纵,不能推崇太子,广城君恒切责之。及广城君病笃,占术谓不宜封广城,乃改封宜城。后出侍疾十余日,太子常往宜城第,将医出入,恂恂尽礼。宜城临终,执后手,令尽意于太子,言甚切至。又曰:"赵粲及午,必乱汝事,我死后,勿复听入,深忆吾言。"后不能遵之,遂专制天下,威服内外。更与粲、午专为奸谋,诬害太子,众恶彰著。

初,诛杨骏及汝南王亮、太保卫瓘、楚王玮等,皆临机专断,宦人董猛参预其事。猛,武帝时为寺人监,侍东宫,得亲信于后,预诛杨骏,封武安侯,猛三兄皆为亭侯,天下咸怨。

及太子废黜,赵王伦、孙秀等因众怒,谋欲废后。后数遣宫婢微服于人间视听,其谋颇泄。后甚惧,遂害太子,以绝众望。赵王伦乃率兵入宫,使翊军校尉齐王冏入殿废后。后与冏母有隙,故伦使之。后惊曰:"卿何为来!"冏曰:"有诏收后。后曰:"诏当从我出,何诏也?"后至上阁,遥呼帝曰:"陛下有妇,使人废之,亦行自废。"又问冏曰:"起事者谁?"冏曰:"梁、赵"。后曰:"系狗当系颈,今反系其尾,何得不然!"至宫西,见谧尸,再举声而哭遽止。伦乃矫诏遣尚书刘弘等持节赍金屑酒赐后死。后在位十一年。赵粲、贾午、韩寿、董猛等,皆伏诛。

临海公主先封清河,洛阳之乱,为人所略,传卖吴兴钱温。温以送女，女遇主甚酷。元帝镇建邺，主诣县自言。元帝诛温及女，改封临海，宗正曹统尚之。

惠羊皇后，讳献容，泰山南城人。祖瑾，父玄之，并见《外戚传》。贾后既废，孙秀议立后。后外祖孙旂与秀合族，又诸子自结于秀，故以太安元年立为皇后。将入宫，衣中有火。

成都王颖伐长沙王乂，以讨玄之为名。乂败，颖奏废后为庶人，处金墉城。陈眕等唱伐成都，大赦，复后位。张方入洛，又废后。方逼迁大驾幸长安，留台复后位。永兴初，张方又废后。河间王颙矫诏，以后屡为奸人所立，遣尚书田淑敕留台赐后死。诏书累至，司隶校尉刘暾与尚书信射荀藩、河南尹周馥驰上奏曰："奉被手诏，伏读惶悴。臣按古今书籍，亡国破家，毁丧宗祊，皆由犯众违人之所致也。陛下迁幸，旧京廓然，众庶悠悠，罔所依倚。家有跂踵之心，人想銮舆之声，思望大德，释兵归农。而兵缠不解，处处互起，岂非善者不至，人情猜隔故邪！今上官巳犯阙称兵，焚烧宫省，百姓誼骇，宜镇之以静。而大使卒至，赫然执药，当诣金墉，内外振动，谓非圣意。羊庶人门户残破，废放空宫，门禁峻密，若绝天地，无缘得与奸人构乱。众无愚智，皆谓不然，刑书猥至，罪不值幸，人心一愤，易致兴动。夫杀一人而天下喜悦者，宗庙社稷之福也。今杀一枯穷之人而令天下伤惨，臣惧凶竖承闻，妄生变故。臣忝司京华，观察众心，实以深忧，宜当含忍。不胜所见，谨密启闻。愿陛下更深与太宰参详，勿令远近疑惑，取谤天下。"见表颙，大怒，乃遣陈颜、吕朗东收暾。暾奔青州，后遂得免。帝还洛，迎后复位。后洛阳令何乔入，废后。及张方首至，其日复后位。

会帝崩，后虑太弟立为嫂叔，不得称太后，催前太子清河王覃入，将立之，不果。怀帝即位，尊后为惠帝皇后，居弘训宫。洛阳败，没于刘曜。曜僭位，以为皇后。因问曰："吾何如司马家儿？"后曰："胡可并言？陛下开基之圣主，彼亡国之暗夫，有一妇一子及身三耳，不能庇之。贵为帝王，而妻子辱于凡庶之手。遣妾尔时实不思生,何图复有今日。妾生于高门,尝谓世间男子皆然。自奉巾栉已来,始知天下有丈夫耳。"曜甚爱宠之,生曜二子而死,伪谥献文皇后。

谢夫人,名玖。家本贫贱,父以屠羊为业。玖清惠贞正而有淑姿,选入后庭为才人。

惠帝在东宫,将纳妃。武帝虑太子尚幼,未知帷房之事,乃遣往东宫侍寝,由是得幸有身。贾后妒忌之,玖求还西宫,遂生愍怀太子,年三四岁,惠帝不知也。入朝,见愍怀与诸皇子共戏,执其手,武帝曰:"是汝儿也。"及立为太子,拜玖为淑媛。贾后不听太子与玖相见,处之一室。及愍怀遇酷,玖亦被害焉。永康初,诏改葬太子,因赠玖夫人印绶,葬显平陵。

怀王皇太后,讳媛姬,不知所出。初入武帝宫,拜中才人,早卒。怀帝即位,追尊曰皇太后。

元夏侯太妃,名光姬,沛国谯人也。祖威,兖州刺史。父庄,字仲容,淮南太守、清明亭侯。

妃生自华宗,幼而明慧。琅邪武王为世子觐纳焉,生元帝。及恭王觐,元帝嗣立,称王太妃。永嘉元年,薨于江左,葬琅邪国。初有谶云:"铜马入海建邺期"。太妃小字铜环,而元帝中兴于江左焉。

晋书卷三二
列传第二

后妃下

元敬虞皇后 <small>荀豫章君</small> 明穆庾皇后
成恭杜皇后 <small>章周太妃</small> 康献褚皇后
穆章何皇后 哀靖王皇后
废帝庾皇后 简文宣郑太后
简文顺王皇后 孝武文李太后
孝武定王皇后 安德陈太后
安僖王皇后 恭思褚皇后

元敬虞皇后,讳孟母,济阳外黄人也。父豫,见《外戚传》。帝为琅邪王,纳后为妃,无子,永嘉六年薨,时年三十五。

帝为晋王,追尊为王后。有司奏王后应别立庙。令曰:“今宗庙未成,不宜更兴作,便修饰陵上屋以为庙。”太兴三年,册曰:“皇帝咨前琅邪王妃虞氏:朕祗顺昊天成命,用陟帝位。悼妃夙徂,徽音潜翳,御于家邦,靡所仪刑,阴教有亏,用伤于怀。追号制谥,先王之典。今遣使持节兼太尉万胜奉册赠皇后玺绶,祀以太牢。魂而有灵,嘉兹宠荣。”乃祔于太庙,葬建平陵。

太宁中,明帝追怀母养之恩,赠豫妻王氏为邳阳县君,从母散骑常侍、新野王罕妻为平阳乡君。

豫章君荀氏，元帝宫人也。初有宠，生明帝及琅邪王褒，由是为虞后所忌。自以位卑，每怀怨望，为帝所谴，渐见疏薄。及明帝即位，封建安君，别立弟宅。太宁元年，帝迎还台内，供奉隆厚。及成帝立，尊重同于太后。

咸康元年薨。诏曰："朕少遭悯凶，慈训无禀，抚育之勤，建安君之仁也。一旦薨殂，实思报复，永惟平昔，感痛哀摧。其赠豫章郡君，别立庙于京都。"

明穆庾皇后，讳文君，颖川鄢陵人也。父琛，见《外戚传》。后性仁惠，美姿仪。元帝闻之，聘为太子妃，以德行见重。

明帝即位，立为皇后。册曰："妃庾氏昔承明命，作嫔东宫，处恭中馈，思媚轨则。履信思顺，以成肃雍之道；正位闺房，以著协德之美。朕凤凰不造，茕茕在疚。群公卿士，稽之往代，金以崇嫡明统，载在典谟，宜建长秋，以奉宗庙。是以追述先志，不替旧命，使使持节兼太尉授皇后玺绶。夫坤德尚柔，妇道承姑，崇粢盛之礼，敦蠲斯之义。是以利在永贞，克隆堂基，母仪天下，潜畅阴教。鉴于六列，考之篇籍，祸福无门，盛衰由人，虽休勿休。其敬之哉，可不慎欤！"

及成帝即位，尊后曰皇太后。群臣奏：天子幼冲，宜依汉和熹皇后故事。辞让数四，不得已而临朝摄万机。皇兄中书令亮管诏命，公卿奏事称皇太后陛下。咸和元年，有司奏请追赠后父及夫人毌丘氏，后陈让不许，三请不从。

及苏峻作逆，京都倾覆，后见逼辱，遂以忧崩，时年三十二。后即位凡六年。其后帝孝思罔极，赠琛骠骑大将军、仪同三司，毌丘氏安陵县君，从母荀氏永宁县君，何氏建安县君。亮表陈先志，让而不受。

成恭杜皇后，讳陵阳，京兆人，镇南将军预之曾孙也。父乂，见《外戚传》。成帝以后弈世名德，咸康二年，备礼拜为皇后，即日入宫。帝御太极前殿，群臣毕贺，昼漏尽，悬篇，百官乃罢。后少有姿色，然长犹无齿，有来求婚者辄中止。及帝纳采之日，一夜齿尽生。改宣城陵阳县为广阳县。七年三月，后崩，年二十一。外官五日一临，内官旦入，葬讫止。后在位六年，无子。

先是，三吴女子相与簪白花，望之如素柰，传言天公织女死，为之著服，至是而后崩。帝下诏曰："吉凶典仪，诚宜德设；然丰约之度，亦当随时，况重壤之下，而崇饰无用邪！今山陵之事，一从节俭，陵中唯洁扫而已，不得施涂车刍灵。"有司奏造凶门柏历及调挽郎，皆不许。又禁远近遣使。明年元会，有司奏废乐。诏废管弦，奏金石如故。

孝武帝立，宁康二年，以后母裴氏为广德县君。裴氏名穆，长水校尉绰孙，太傅主簿遐女，太尉王夷甫外孙。中表之美，高于当世。遐随东海王越遇害，无子。唯穆渡江，遂享荣庆，立第南掖门外，世所谓杜姥宅云。

章太妃，周氏，以选入成帝宫。有宠，生哀帝及海西公。始拜为贵人。哀帝即位，诏有司议贵人位号，太尉桓温议宜称夫人，尚书仆射江虨议应曰太夫人。诏崇为皇太妃，仪服与太后同。又诏"朝臣不为太妃敬，合礼典不"。太常江逌议"位号不极，不应尽敬"。兴宁元年薨。帝欲服重，江虨启应缌麻三月。诏欲降为期年，虨又启："厌屈私情，所以上严祖考"，帝从之。

康献皇后，讳蒜子，河南阳翟人也。父褒，见《外戚传》。后聪朗有器识，少以名家入为琅邪王妃。及康帝即位，立为皇后，封母谢氏为寻阳乡君。

及穆帝即位，尊后曰皇太后。时帝幼冲，未亲国政。领司徒蔡谟等上奏曰："嗣皇帝诞哲岐嶷，继承天统，率土宅心，兆庶蒙赖。陛下体兹坤道，训隆文母。昔涂山光夏，简狄熙殷，实由宣哲，以隆休祚。伏惟陛下，德侔二妫，淑美《关雎》，临朝摄政，以宁天下。今社稷危急，兆庶悬命，臣等章惶，一日万极，事运之期，天禄所钟，非复冲虚高让之日。汉和熹、顺烈,并亦临朝,近明穆故事,以为先制。臣等不胜悲怖,谨伏地上请。乞陛下上顺祖宗,下念臣吏,推公弘道,以协天人,则万邦承庆,群黎更生。"太后诏曰:"帝幼冲,当赖群公卿士将顺匡救,以酬先帝礼贤之意,且是旧德世济之美,则莫重之命不坠,祖宗之基有奉,是其所以欲正位于内而已。所奏恳到,形于翰墨,执省未究,以悲以惧。先后允恭谦挹,思顺坤道,所以不距群情,固为国计。岂敢执守冲暗,以违先旨。辄敬从所奏。"

于是临朝称制。有司奏,谢夫人既封,荀、卞二夫人亦应追赠,皆后之前母也。太后不许。太常殷融议依郑玄义,卫将军褒在宫庭则尽臣敬,太后归宁之日,自如家人之礼。太后诏曰:"典礼诚所未详,如所奏,是情所不能安也。更详之"。征西将军翼、南中郎尚议谓"父尊尽于一家,君敬重于天下,郑玄义合情礼之中"。太后从之。自后朝臣皆敬褒焉。

帝既冠,太后诏曰:"昔遭不造,帝在幼冲,皇绪之微,眇若赘旒。百辟卿士率遵前朝,劝喻摄政。以社稷之重,先代成义,俛俛敬从,弗遑固守。仰凭七庙之灵,俯仗群后之力,帝加元服,礼成德备,当阳亲览,临御万国。今归事反政,一信旧典。"

于是居崇德宫,手诏群公曰:"昔以皇帝幼冲,从群后之议,既以暗弱,又频丁极艰,衔恤历祀,沉忧在疚。司徒亲尊德重,训救其弊,王室之不坏,实公是凭!帝既备兹冠礼,而四海未一,五胡叛逆,豺狼当路,费役日兴,百姓困苦。愿诸君子思量远算,戮力一心,辅翼幼主,匡救不逮。未亡人永归别宫,以终余齿。仰惟家国,故以一言托怀。"

及哀帝、海西公之世,太后复临朝称制。桓温之废海西公也,太后方在佛屋烧香,内侍启云"外有急奏",太后乃出。尚倚户前视奏数行,乃曰"我本自疑此"至半便止,索笔答奏云:"未亡人罹此百忧,感念存没,心焉如割。"温始呈诏草,虑太后意异,悚动流汗,见于颜色。及诏出,温大喜。

简文帝即位,尊后为崇德太后。及帝崩,孝武帝幼冲,桓温又薨。群臣启曰："王室多故，祸艰仍臻，国忧始周，复丧元辅，天下恇然，若无攸济。主上虽圣资奇茂，固天诞纵。而春秋尚富，如在谅暗，蒸蒸之思，未遑庶事。伏惟陛下德应坤厚，宣兹圣善，遭家多艰，临朝亲览。光大之美，化洽在昔，讴歌流咏，播溢无外。虽有莘熙殷，女娰隆周，未足以喻。是以五谋克从，人鬼同心，仰望来苏，悬心日月。夫随时之义，《周易》所尚，宁固社稷，大人之任。伏愿陛下抚综万机，厘和政道，以慰祖宗，以安兆庶。不胜忧国喁喁至诚。"太后诏曰："王室不幸，仍有艰屯。览省启事，感增悲叹。内外诸君，并以主上春秋冲富，加蒸蒸之慕，未能亲览，号令宜有所由。苟可安社稷，利天下，亦岂有所执。辄敬从所启。但暗昧之阙，望尽弼谐之道。"于是太后复临朝。帝既冠，乃诏曰："皇帝婚冠礼备，遐迩宅心，宜当阳亲览，缉熙惟如。今归政事，率由旧典。"于是复称崇德太后。

太元元年，崩于显阳殿。年六十一，在位凡四十年。太后于帝为从嫂，朝议疑其服。太学博士徐藻议曰："资父事君而敬同。又《礼》云'其夫属父道者，妻皆母道也'，则夫属君道，妻亦后道矣。服后以齐，母之义也。鲁讥逆祀，以明尊卑。今上躬奉康、穆、哀皇及靖后之祀，致敬同于所天，岂可敬之以君道，而服废于本亲。谓应齐衰期。"从之。

穆章何皇后，讳法倪，庐江灊人也。父准，见《外戚传》。以名家膺选。升平元年八月，下玺书曰："皇帝咨前太尉参军何琦：混元资始，肇经人伦，爰及夫妇，以奉天地宗庙社稷。谋于公卿，咸以宜率由旧典。今使使持节太常彪之、宗正综，以礼纳采。"琦答曰："前太尉参军、都乡侯粪土臣何琦稽首顿首再拜。皇帝嘉命，访婚陋族，备数采择。臣从祖弟故散骑侍郎准之遗女，未闲教训，衣履若如人。钦承旧章，肃奉典制。"又使兼太尉、武陵王晞，兼太尉、中领军洽，持节奉册立为皇后。

后无子。哀帝即位，称穆皇后，居永安宫。桓玄篡位，移后入司徒府。路经太庙，后停舆恸哭，哀感路人。玄闻而怒曰："天下禅代常理，何预何氏女子事邪！”乃降后为零陵县君。与安帝俱西，至巴陵。及刘裕建议，殷仲文奉后还京都，下令曰：“戎车屡警，黎元阻饥。而赡御丰靡，岂与百姓同其俭约。咸损供给，勿令游过后。”后以远还，欲奉拜陵庙。有司以寇难未平，奏停。永兴三年崩，年六十六，在位凡四十八年。

哀靖王皇后，讳穆之，太原晋阳人也。司徒左长史濛之女也。后初为琅邪王妃。哀帝即位，立为皇后，追赠母爰氏为安国乡君。后在位三年，无子。兴宁二年崩。

废帝孝庾皇后，讳道怜，颍川鄢陵人也。父冰，自有传。初为东海王妃。及帝即位，立为皇后。太和六年崩，葬于敬平陵。帝废为海西公，追贬后曰海西公夫人。太元九年，海西公死于吴，又以后合葬于吴陵。

简文宣郑太后，讳阿春，河南荥阳人也。世为冠族。祖合，临济令。父恺，字祖元，安丰太守。

后少孤，无兄弟，唯姐妹四人，后最长。先适渤海田氏，生一男而寡，依于舅濮阳吴氏。元帝为丞相，敬后先崩，将纳吴氏女为夫人。后及吴氏女并游后园，或见之，言于帝曰：“郑氏女虽鳌，贤于吴氏远矣。”建武元年，纳为琅邪王夫人，甚有宠。后虽贵幸，而恒有忧色。帝问其故，对曰：“妾有妹，中者已适长沙王褒，余二妹未有所适，恐姊为人妾，无复求者。”帝因从容谓刘隗曰：“郑氏二妹，卿可为求佳对，使不失旧。”隗举其从子傭娶第三者，以小者适汉中李氏，皆得旧门。帝召王褒为尚书郎，以悦后意。后生琅邪悼王、简文帝、寻阳公主。帝称尊号，后虽为夫人，诏太子及东海、武陵王皆母事之。帝崩，后称建平国夫人。

咸和元年薨。简文帝时为琅邪王，制服重。有司以王出继，宜降所生，国臣不能匡正，奏免国相诸葛颐。王上疏曰：“亡母生临臣国,没留国第,臣虽出后,亦无所厌,则私情得叙。昔敬后崩,孝王已出继,亦还服重。此则明比,臣所宪章也。"明穆皇后不夺其志,乃徙琅邪王为会稽王,追号曰会稽太妃。及简文帝即位,未及追尊。临崩,封皇子道子为琅邪王,领会稽国,奉太妃礼。

太元十九年,孝武帝下诏曰:"会稽太妃文母之德,徽音有融,诞载圣明,光延于晋。先帝追尊圣善,朝议不一,道以疑屈。朕述遵先志,常惕于心。今仰奉遗旨,依《阳秋》二汉孝怀皇帝故事,上太妃尊号曰简文太后。"于是立庙于太庙路西,陵曰嘉平。时群臣希旨,多谓郑太后应配食于元帝者。帝以问太子前率徐邈,邈曰:"臣案《阳秋》之义,母以子贵。鲁隐尊桓母,别考仲子之宫而不配食于惠庙。又平素之时,不伉俪于先帝,至于子孙,岂可为祖考立配?其崇尊尽礼,由于臣子,故得称太后,陵庙备典。若乃祔葬配食,则义所不可。"从之。

简文顺王皇后,讳简姬,太原晋阳人也。父遐,见《外戚传》。后以冠族,初为会稽王妃,生子道生,为世子。永和四年,母子并失帝意,俱被幽废,后遂以忧薨。咸安二年,孝武帝即位,追尊曰顺皇后,合葬高平陵,追赠后父遐特进、光禄大夫,加散骑常侍。

孝武文李太后,讳陵容,本出微贱。始简文帝为会稽王,有三子,俱夭。自道生废黜,献王早世,其后诸姬绝孕将十年。帝令卜者扈谦筮之,曰:"后房中有一女,当育二贵男,其一终盛晋室。"时徐贵人生新安公主,以德美见宠。帝常冀之有娠,而弥年无子。会有道士许迈者,朝臣时望多称其得道。帝从容问焉,答曰:"迈是好山水人,本无道术,斯事岂所能判!但殿下德厚庆深,宜隆弈世之绪,当从扈谦之言,以存广接之道。"帝然之,更加采纳。又数年无子,乃令善相者召诸爱妾而示之,皆云非其人,又悉以诸婢媵示焉。时后为宫人,在织坊中,形长而色黑,宫人皆谓之昆仑。既至,相者惊云:"此其人也。"帝以大计,召之以侍寝。后数梦两龙枕膝,日月入怀,意以为吉祥,向侪类说之,帝闻而异焉,遂生孝武帝及会稽文孝王、鄱阳长公主。

及孝武帝初即位,尊为淑妃。太元三年,进为贵人。九年,又进为夫人。十二年,加为皇太妃,仪服一同太后。十九年,会稽王道子启:"母以子贵,庆厚礼崇。伏惟皇太妃纯德光大,休祐攸钟,启嘉祚于圣明,嗣徽音于上列。虽幽显同谋,而称谓未尽,非所以仰述圣心,允答天人。宜崇正名号,详案旧典。"八月辛巳,帝临轩,遣兼太保刘耽尊为皇太后,称崇训宫。安帝即位,尊为太皇太后。

隆安四年,崩于含章殿。朝议疑其服制,左仆射何澄、右仆射王雅、尚书车胤、孔安国、祠部郎徐广等议曰:"太皇太后名位允正,体同皇极,理制备尽,情礼兼申。《阳秋》之义,母以子贵。既称夫人,礼服从正。故成风显夫人之号,昭公服三年之丧。子于父母之所生,体尊义重。且礼,祖不厌孙,固宜追服无屈,而缘情立制。若嫌明文不存,则疑斯从重,谓应同于为祖母后齐衰三年。"从之。皇后及百官皆服齐衰期,永安皇后一举哀。于是设卢于西堂,凶仪施于神兽门,葬修平陵,神主祔于宣太后庙。

孝武定王皇后,讳法慧,哀靖皇后之侄也。父蕴,见《外戚传》。

初,帝将纳后,访于公卿。于时蕴子恭以弱冠见仆射谢安,安深敬重之。既而谓人曰:"昔毛嘉耻于魏朝,杨骏几倾晋望。若帝纳后,有父者,唯荫望如王蕴乃可。"既而访女,容德淑令,乃举以应选。宁康三年,中军将军桓冲等奏曰:"臣闻天地之道,盖相须而化成;帝后之德,必相协而政隆。然后品物流形,彝伦攸序,灵根长固,本枝百世。天人同致,莫不由此。是以涂山作俪而夏族以熙;妊姒配周,而姬祚以昌。今长秋将建,宜时简择。伏闻试守晋陵太守王蕴女,天性柔顺,四业允备。且盛德之胄,美善先积。臣等参议,可以配德乾元,恭承宗庙,徽音六宫,母仪天下。"于是帝始纳焉。封蕴妻刘氏为乐平乡君。

后性嗜酒骄妒,帝深患之。乃召蕴于东堂,具说后过状,令加训诚。蕴免冠谢焉。后于是少自改饰。太元五年崩,年二十一,葬隆平陵。

安德陈太后,讳归女,松滋寻阳人也。父广,以倡进,仕至平昌太守。后以美色,能歌弹,入宫为淑媛。生安、恭二帝。太元十五年薨,赠夫人。追崇曰皇太后,神主祔于宣太后庙,陵曰熙平。

安僖王皇后,讳神爱,琅邪临沂人也。父献之,见别传;母新安愍公主。后以太元二十一年纳为太子妃。及安帝即位,立为皇后。无子。义熙八年,崩于徽音殿。时年二十九,葬休平陵。

恭思褚皇后,讳灵媛,河南阳翟人,义兴太守爽之女也。后初为琅邪王妃。元熙元年,立为皇后。生海盐、富阳公主。及帝禅位于宋,降为零陵王妃。宋元嘉十三年崩,时年五十三,祔葬冲平陵。

史臣曰:方祇体安,俪乾仪而合德;圆舒循咎,配羲曜以齐明。故知阳烁阴凝,万物假其陶铸;火炎水润,六气由其调理。取譬贤淑,作伉文思,灵根式固,实资于此。宣穆阅礼,偶德潜鳞,翊天造之艰虞,嗣涂山之逸响,宝运归其后胤,盖有母仪之助焉。武元杨氏预闻朝政,明不逮远,爱溺私情,深杜卫瓘之言,不晓张泓之诈,运其阴脊,韬映乾明,晋道中微,基于是矣。惠皇禀质,天纵其器,识暗鸣蛙,智昏文蛤。南风肆狡,扇祸稽天。初践椒宫,逞枭心于长乐,方观梓树,颁鸩羽于离明。褒后灭周,方之盖小;末妃倾夏,曾何足喻。中原陷于鸣镝,其兆彰于此焉。昔者高宗谅暗,总百官于元老;成王冲眇,托万机于上公。太后御宸,谅知非古。而明穆、康献,仍世临朝,时属委裘,躬行负扆。名免华阳之衅,竟蹑和熹之踪,保陵迟以克终,所幸实为多矣。

赞曰:二妃光舜,三母翼周。末升夷癸,褒进亡幽。家邦兴灭,职此之由。穆后沈断,忘情执爨。故敛辞恩,池蒲起叹。崇化繁祉,肇基商乱。二杨继宠，福极灾生。南风炽虐，国丧身倾。献容幸乱，居辱疑荣。援笔废主，持尺威帝。契阔终罹，殷忧以毙。芬实窃窕，芳菲婉嬺。吕姜变嬴，黄姬化芊。石文远著，金行潜徙。妇德倾城，迷朱夺紫。

晋书卷三三
列传第三

王祥 _{弟览} 郑冲 何曾

子劭 遵 石苞 子崇 欧阳建 孙铄

王祥,字休征,琅邪临沂人,汉谏议大夫吉之后也。祖仁,青州刺史。父融,公府辟不就。

祥性至孝,早丧亲,继母朱氏不慈,数谮之,由是失爱于父。每使扫除牛下,祥愈恭谨。父母有疾,衣不解带,汤药必亲尝。母常欲生鱼,时天寒水冻,祥解衣将剖冰求之,冰忽自解,双鲤跃出,持之而归。母又思黄雀炙,复有黄雀数十飞入其幕,复以供母。乡里惊叹,以为孝感所致焉。有丹柰结实,母命守之,每风雨,祥辄抱树而泣。其笃孝纯至如此。

汉末遭乱,扶母携弟览避地庐江,隐居三十余年,不应州郡之命。母终,居丧毁瘁,杖而后起。徐州刺史吕虔檄为别驾,祥年垂耳顺,固辞不受。览劝之,为具车牛,祥乃应召,虔委以州事。于时寇盗充斥,祥率励兵士,频讨破之。州界清静,政化大行。时人歌之曰:"海沂之康,实赖王祥。邦国不空,别驾之功。"

举秀才,除温令,累迁大司农。高贵乡公即位,与定策功,封关内侯,拜光禄勋,转司隶校尉。从讨毌丘俭,增邑四百户,迁太常,封万岁亭侯。天子幸太学,命祥为三老。祥南面几杖,以师道自居。天子北面乞言,祥陈明王圣帝君臣政化之要以训之,闻者莫不砥砺。

及高贵乡公之弑也,朝臣举哀,祥号哭曰"老臣无状",涕泪交流,众有愧色。顷之,拜司空,转太尉,加侍中。五等建,封睢陵侯,邑一千六百户。

及武帝为晋王,祥与荀颛往谒。颛谓祥曰:"相王尊重,何侯既已尽敬,今便当拜也"。详曰:"相国诚为尊贵,然是魏之宰相。吾等魏之三公,公王相去,一阶而已,班例大同,安有天子三司而辄拜人者!损魏朝之望,亏晋王之德,君子爱人以礼,吾不为也。"及入,颛遂拜,而祥独长揖。帝曰:"今日方知君见顾之重矣!"

武帝践阼,拜太保,进爵为公,加置七官之职。帝新受命,虚己以求谠言。祥与何曾、郑冲等耆艾笃老,希复朝见,帝遣侍中任恺谘问得失,及政化所先。祥以年老疲毫,累乞逊位,帝不许。御史中丞侯史光以祥久疾,阙朝会礼,请免祥官。诏曰:"太保元老高行,朕所毗倚以隆政道者也。前后逊让,不从所执,此非有司所得议也。"遂寝光奏。祥固乞骸骨,诏听以睢陵公就第,位同保傅,在三司之右,禄赐如前。诏曰:"古之致仕,不事王侯。今虽以国公留居京邑,不宜复苦以朝请。其赐几杖,不朝,大事皆谘访之。赐安车驷马,第一区,钱百万,绢五百匹,床帐簟褥,以舍人六人为睢陵公舍人,置官骑二十人。以公子骑都尉肇为给事中,使常优游定省。又以太保高洁清素,家无宅宇,其权留本府,须所赐第成乃出。"

及疾笃,著遗令训子孙曰:"夫生之有死,自然之理。吾年八十有五,启手何恨。不有遗言,使尔无述。吾生值季末,登庸历试,无毗佐之勋,没无以报。气绝但洗手足,不须沐浴,勿缠尸,皆潎故衣,随时所服。所赐山玄玉佩、卫氏玉玦,绶笥皆勿以敛,西芒上土自坚贞,勿用礜石,勿起坟陇。穿深二丈,椁趣容棺。勿作前堂、布几筵、置书箱镜奁之具,棺前但可施床榻而已。糒脯各一盘,玄酒一杯,为朝夕奠。家人大小不须送丧,大小祥乃设特牲。无违余命!高柴泣血三年,夫子谓之愚。闵子除丧出见,援琴切切而哀,仲尼谓之孝。故哭泣之哀,日月降杀,饮食之宜,自有制度。夫言行可覆,信之至也;推美引过,德之至也;扬名显亲,孝之至也;兄弟怡怡,宗族欣欣,悌之至也;临财莫过乎让,此五者,立身之本。颜子所以为命,未之思也，夫何远之有！"其子皆奉而行之。

泰始五年薨，诏赐东园秘器，朝服一具，衣一袭，钱三十万，布帛百匹。时文明皇太后崩始逾月。其后诏曰："为睢陵公发哀，事乃至今。虽每为之感伤，要未得特叙哀情。今便哭之。"明年，策谥曰元。

祥之薨，奔赴者非朝廷之贤，则亲亲故吏而已，门无杂吊之宾。族孙戎叹曰："太保可谓清达矣！"又称："祥在正始，不在能言之流。及与之言，理致清远，将非以德掩其言乎！"祥有五子：肇、夏、馥、烈、芬。

肇孽庶，夏早卒，馥嗣爵。咸宁初，以祥家甚贫俭，赐绢三百匹，拜馥上洛太守，卒谥曰孝。子根嗣，散骑郎。肇仕至始平太守。肇子俊，守太子舍人，封永世侯。俊子遐，郁林太守。

烈、芬并幼知名，为祥所爱。二子亦同时而亡。将死，烈欲还葬旧土，芬欲留葬京邑。祥流涕曰："不忘故乡，仁也；不恋本土，达也。惟仁与达，吾二子有焉。"

览，字玄通。母朱，遇祥无道。览年数岁，见祥被楚挞，辄涕泣抱持。至于成童，每谏其母，其母少止凶虐。朱屡以非理使祥，览辄与祥俱。又虐使祥妻，览妻亦趋而共之。朱患之，乃止。祥丧父之后，渐有时誉。朱深疾之，密使酖祥。览知之，径起取酒。祥疑其有毒，争而不与。朱遽夺反之。自后朱赐祥馔，览辄先尝。朱惧览致毙，遂止。

览孝友恭恪，名亚于祥。及祥仕进，览亦应本郡之召，稍迁司徒西曹掾、清河太守。五等建，封即丘子，邑六百户。泰始末，除弘训少府。职省，转太中大夫，禄赐与卿同。

咸宁初，诏曰："览少笃至行，服仁履义，贞素之操，长而弥固。其以览为宗正卿。"顷之，以疾上疏乞骸骨。诏听之，以太中大夫归老，赐钱二十万，床帐荐褥，遣殿中医疗疾给药。后转光禄大夫，门施行马。

咸宁四年卒，时年七十三，谥曰贞。有六子。

裁,字士初,抚军长史。基,字士先,治书御史。会,字士和,侍御史。正,字士则,尚书郎。彦,字士治,中护军。琛,字士玮,国子祭酒。

初,吕虔有佩刀,工相之,以为必登三公,可服此刀。虔谓祥曰:"苟非其人,刀或为害。卿有公辅之量,故以相与。"祥固辞,强之乃受。祥临薨,以刀授览曰:"汝后必兴,足称此刀。"览后奕世多贤才兴于江左矣。裁子导,别有传。

郑冲,字文和,荥阳开封人也。起自寒微,卓尔立操,清恬寡欲,耽玩经史,遂博究儒术及百家之言。有姿望,动必循礼,任真自守,不要乡曲之誉,由是州郡久不加礼。

及魏文帝为太子,搜扬仄陋,命冲为文学,累迁尚书郎,出补陈留太守。冲以儒雅为德,莅职无干局之誉,箪缊袍,不营资产,世以此重之。大将军爽引为从事中郎,转散骑常侍、光禄勋。嘉平三年,拜司空。及高贵乡公讲《尚书》,冲执经亲授,与侍中郑小同具被赏赐。俄转司徒。常道乡公即位,拜太保,位在三司之上,封寿光侯。冲虽位阶台辅,而不预世事。时文帝辅政,平蜀之后,命贾充、羊祜等分定礼仪、律令,皆先谘于冲,然后施行。

及魏帝告禅,使冲奉策。武帝践阼,拜太傅,进爵为公。顷之,司隶李憙、中丞侯史光奏冲及何曾、荀顗等各以疾病,俱应免官。帝不许。冲遂不视事,表乞骸骨,优诏不许,遣使申喻。冲固辞,上貂蝉印绶,诏又不许。

泰始六年,诏曰:"昔汉祖以知人善任,克平宇宙,推述勋劳,归美三俊。遂与功臣剖符作誓,藏之宗庙,副在有司,所以明德庸勋,藩翼王室者也。昔我祖考,遭世多难,揽授英俊,与之断金,遂济时务,克定大业。太傅寿光公郑冲、太保朗陵公何曾、太尉临淮公荀顗各尚德依仁,明允笃诚,翼亮先皇,光济帝业。故司空博陵元公王沉、卫将军钜平侯羊祜,才兼文武,忠肃居正,朕甚嘉之。《书》不云乎:'天秩有礼,五服五章哉!'其为寿光、朗陵、临淮、博陵、钜平国置郎中令,假夫人、世子印绶,食本秩三分之一,皆如郡公侯比。"

九年,冲又抗表致仕。诏曰:"太傅韫德深粹,履行高洁,恬远清虚,确然绝世。艾服王事,六十余载,忠肃在公,虑不及私。遂应众举,历登三事。仍荷保傅之重,绸缪论道之任,光辅奕世,亮兹天工,迪宣谋猷,弘济大烈,可谓朝之俊老,众所具瞻者也。朕昧于政道,庶事未康,挹仰耆训,导扬厥蒙,庶赖显德,缉熙有成。而公屡以年高疾笃,致仕告退。惟从公志,则朕孰与谘谋?譬彼涉川,罔知攸济。是用未许,迄于累载。而高让弥笃,至意难违,览其盛指,俾朕忾然。夫功成弗有,上德所隆,成人之美,君子与焉。岂必遂朕凭赖之心,以枉大雅进止之度哉!今听其所执,以寿光公就第,位同保傅,在三司之右。公宜颐精养神,保卫太和,以究遐福。其赐几杖,不朝。古之哲王,钦祗国老,宪行乞言,以弥缝其阙。若朝有大政,皆就谘之。又赐安车驷马,第一区,钱百万,绢五百匹,床帷簟褥,置舍人六人,官骑二十人。以世子徽为散骑常侍,使常优游定省。禄赐所供,策命仪制,一如旧典而有加焉。"

明年薨。帝朝堂发哀,追赠太傅,赐秘器,朝服,衣一袭,钱三十万,布百匹。谥曰成。咸宁初,有司奏,冲与安平王孚等十二人皆存铭太常,配食于庙。

初,冲与孙邕、曹羲、荀顗、何晏共集《论语》诸家训注之善者,记其姓名,因从其义,有不安者,辄改易之,名曰《论语集解》。成,奏之魏朝,于今传焉。

冲无子,以从子徽为嗣,位至平原内史。徽卒,子简嗣。

何曾,字颖考,陈国阳夏人也。父夔,魏太仆、阳武亭侯。曾少袭爵,好学博闻,与同郡袁侃齐名。

魏明帝初为平原侯,曾为文学。及即位,累迁散骑侍郎、汲郡典农中郎将、给事黄门侍郎。上疏曰:"臣闻为国者以清静为基,而百姓以良吏为本。今海内虚耗,事役众多,诚宜恤养黎元,悦以使人。郡守之权虽轻,犹专任千里,此之于古,则列国之君也。上当奉宣朝恩，以致惠和，下当兴利而除其害。致其人则可安，非其人则为患。故汉宣称曰：'百姓所以安其田里，而无叹息愁恨之心者，政平讼理也。与我共此者，其惟良二千石乎！'此诚可谓知政之本也。方今国家大举，新有发调，军师远征，上下勤劳。夫百姓可与乐成，难与虑始。愚惑之人，能厌目前之小勤，而忘为乱之大祸者，是以郡守益不可不得其人。才虽难备，犹宜粗有威恩，为百姓所信惮者。臣闻诸郡守，有年老或疾病，皆委政丞掾，不恤庶事。或体性疏急，不以政理为意。在官积年，惠泽不加于人。然于考课之限，罪亦不至诎免。故得经延岁月，而无斥罢之期。臣愚以为可密诏主者，使隐核参访郡守，其有老病不隐亲人物，及宰牧少恩，好修人事，烦挠百姓者，皆可征还，为更选代。"顷之，迁散骑常侍。

及宣帝将伐辽东，曾上疏魏帝曰："臣闻先王制法，必全于慎。故建官受任，则置副佐；陈师命将，则立监贰；宣命遣使，则设介副；临敌交刃，又参御右。盖以尽思谋之功，防安危之变也。是以在险当难，则权足相济；隙缺不豫，则才足中相代。其为国防，至深至远。及至汉氏，亦循旧章，韩信伐赵，张耳为贰；马援讨越，刘隆副军。前世之迹，著在篇志。今太尉奉辞诛罪，精甲锐锋，步骑数万，道路迥阻，且四千里。虽假天威，有征无战，寇或潜遁，消引日月。命无常期，人非金石，远虑详备，诚宜有副。今北军诸将及太尉所督，皆为僚属，名位不殊，素无定分统御之尊，卒有变急，不相镇摄。存不忘亡，圣达所裁。臣愚以为宜选大臣名将威重宿著者，成其礼秩，遣诣北军，进同谋略，退为副佐。虽有万一不虞之变，军主有储，则无患矣。"帝不从。出补河内太守，在任有威严之称。征拜侍中，母忧去官。

嘉平中，为司隶校尉。抚军校事尹模凭宠作威，奸利盈积，朝野畏惮，莫敢言者。曾奏劾之，朝廷称焉。时曹爽专权，宣帝称疾，曾亦谢病。爽诛，乃起视事。魏帝之废也，曾预其谋焉。

时步兵校尉阮籍负才放诞，居丧无礼。曾面质籍于文帝座曰："卿纵情背礼，败俗之人，今忠贤执政，综核名实，若卿之曹，不可长也。"因言于帝曰："公方以孝治天下,而听阮籍以重哀饮酒食肉于公座。宜摈四裔,无令污染华夏。"帝曰："此子羸病若此,君不能为吾忍邪!"曾重引据,辞理甚切。帝虽不从,时人敬惮之。

毌丘俭诛,子甸、妻荀应坐死。其族兄颙、族父虞并景帝姻通,共表魏帝以丐其命。诏听离婚。荀所生女芝为颍川太守刘子元妻,亦坐死,以怀妊系狱。荀辞诣曾乞恩曰："芝系在廷尉,顾影知命,计日备法。乞没为官婢,以赎芝命。"曾哀之,腾辞上议。朝廷佥以为当,遂改法。语在《刑法志》。

曾在司隶积年,迁尚书。正元年中为镇北将军、都督河北诸军事、假节。将之镇,文帝使武帝、齐王攸辞送数十里。曾盛为宾主,备太牢之馔。侍从吏驺,莫不醉饱。帝既出,又过其子劭。曾先敕劭曰："客必过汝,汝当豫严。"劭不冠带,停帝良久,曾深以谴劭。曾见崇重如此。迁征北将军,进封颍昌乡侯。咸熙初,拜司徒,改封朗陵侯。文帝为晋王,曾与高柔、郑冲俱为三公,将入见,曾独致拜尽敬,二人犹揖而已。

武帝袭王位,以曾为晋丞相,加侍中。与裴秀、王沈等劝进。践阼,拜太尉,进爵为公,食邑千八百户。泰始初,诏曰："盖谟明弼谐,王躬是保,所以宣崇大训,克咸四海也。侍中、太尉何曾,立德高峻,执心忠亮,博物洽闻,明识弘远,翼佐行皇,勋庸显著。朕纂洪业,首相王室。迪惟前人,施于朕躬。实佐命兴化,光赞政道。夫三司之任,虽左右王事,若乃予违汝弼,匡奖不逮,则存乎保傅。故将明衮职,未如用乂厥辟之重。其以曾为太保,侍中如故。"久之,以本官领司徒。曾固让,不许。遣散骑常侍谕旨,乃视事。进位太傅。

曾以老年,屡乞逊位。诏曰："太傅明朗高亮,执心弘毅,可谓旧德老成,国之宗臣者也。而高尚其事,屡辞禄位。朕以寡德,凭赖保佑,省览章表,实用忾然。虽欲成人之美,岂得遂其雅志,而忘翼佐之益哉!又司徒所掌务烦,不可久劳耆艾。其进太宰,侍中公如故。朝会剑履乘舆上殿,如汉相国萧何、田千秋、魏太傅钟繇故事。赐钱百万,绢五百匹,及八尺床帐簟褥自副。置长史掾属祭酒及员吏,一依旧制。所给亲兵官骑如前。主者依次按礼典，务使优备。"后每召见，敕以常所饮食服物自随，令二子侍从。

咸宁四年薨，时年八十。帝于朝堂素服举哀，赐东园秘器，朝服一具，衣一袭，钱三十万，布百匹。将葬，下礼官议谥。博士秦秀谥为"缪丑"，帝不从，策谥曰孝。太康末，子劭自表改谥为元。

曾性至孝，闺门整肃，自少及长，无声乐嬖幸之好。年老之后，与妻相见，皆正衣冠，相待如宾。己南向，妻北面，再拜上酒，酬酢既毕便出。一岁如此者不过再三焉。

初，司隶校尉傅玄著论称曾及荀颗曰："以文王之道事其亲者，其颍昌何侯乎，其荀侯乎！古称曾、闵，今曰荀、何。内尽其心以事其亲，外崇礼让以接天下。孝子，百世之宗；仁人，天下之命。有能行孝之道，君子之仪表也。《诗》云：'高山仰止，景行行止。'令德不遵二夫子之景行者，非乐中正之道也。"又曰："荀、何，君子之宗也。"又曰："颍昌侯之事亲，其尽孝子之道乎！存尽其和，事尽其敬，亡尽其哀，予于颍昌侯见之矣。"又曰："见其亲之党，如见其亲，六十而孺慕，予于颍昌侯见之矣。"

然性奢豪，务在华侈。帷帐车服，穷极绮丽，厨膳滋味，过于王者。每燕见，不食大官所设，帝辄命取其食。蒸饼上不坼作十字不食。食日万钱，犹曰无下箸处。人以小纸为书者，敕记室勿报。

刘毅等数劾奏曾侈忲无度，帝以其重臣，一无所问。都官从事刘享尝奏曾华侈，以铜钩戴纼车，莹牛蹄角。后曾辟享为掾，或劝勿应；享谓至公之体，不以私憾，遂应辟。曾常因小事加享杖罚。其外宽内忌，亦此类也。时司空贾充权拟人主，曾卑充而附之。及与庾纯因酒相竞，曾议党充而抑纯，以此为正直所非。二子：遵、劭。劭嗣。

劭，字敬祖，少与武帝同年，有总角之好。帝为王太子，以劭为中庶子。及即位，转散骑常侍，甚见亲待。劭雅有姿望，远客朝见，必以劭侍直。每诸方贡献，帝辄赐之，而观其占谢焉。咸宁初，有司奏劭及兄遵等受故鬲令袁毅货，虽经赦宥，宜皆禁止。事下廷尉。诏曰："太保与毅有累世之交，遵等所取差薄，一皆置之。"迁侍中尚书。

惠帝即位，初建东宫，太子年幼，欲令亲万机，故盛选六傅，以劭为太子太师，通省尚书事。后转特进，累迁尚书左仆射。

劭博学，善属文，陈说近代事，若指诸掌。永康初，迁司徒。赵王伦篡位，以劭为太宰。及三王交争，劭以轩冕而游其间，无怨之者。而骄奢简贵，亦有父风。衣裘服玩，新故巨积。食必尽四方珍异，一日之供以钱二万为限。时论以为太官御膳，无以加之。然优游自足，不贪权势。尝语乡人王诠曰："仆虽名位过幸，少无可书之事，惟与夏侯长容谏授博士。可传史册耳。"所撰《荀粲王弼传》及诸奏议文章并行于世。永宁元年薨，赠司徒，谥曰康。子岐嗣。

劭初亡，袁粲吊岐，岐辞以疾。粲独哭而出曰："今年决下婢子品。"王诠谓之曰："知死吊死，何必见生！岐前多罪，尔时不下，何公新亡，便下岐品，人谓中正畏强易弱。"粲乃止。

遵，字思祖，劭庶兄也。少有干能。起家散骑黄门郎、散骑常侍、侍中，累转大鸿胪。性亦奢，役使御府工匠作禁物，又鬻行器，为司隶刘毅所奏，免官。太康初，起为魏郡太守，迁太仆卿，又免官，卒于家。四子，嵩、绥、机、羡。

嵩，字泰基。宽弘爱士，博观坟籍，尤善《史》、《汉》。少历清官，领著作郎。

绥，字伯蔚，位至侍中尚书。自以继世名贵，奢侈过度，性既轻物，翰札简傲。城阳王尼见绥书疏，谓人曰："伯蔚居乱而矜豪乃尔，岂其免乎！"刘舆、潘滔谮之于东海王越，越遂诛绥。

初，曾侍武帝宴，退而告遵等曰："国家应天受禅，创业垂统。吾每宴见，未尝闻经国远图，惟说平生常事，非贻厥孙谋之兆也。及身而已，后嗣其殆乎！此子孙之忧也。汝等犹可获没。"指诸孙曰："此辈必遇乱亡也。"及绥死，嵩哭之曰："我祖其大圣乎！"

机，为邹平令。性亦矜傲，责乡里谢鲲等拜。或戒之曰："礼敬年爵，以德为主。令鲲拜势，惧伤风俗。"机不以为惭。

羡，为离狐令。既骄且吝，陵驾人物，乡闾疾之如仇。永嘉之末，何氏灭亡无遗焉。

　　石苞，字仲容，渤海南皮人也。雅旷有智局，容仪伟丽，不修小节。故时人为之语曰："石仲容，姣无双。"县召为吏，给农司马。会谒者阳翟郭玄信奉使，求人为御，司马以苞及邓艾给之。行十余里，玄信谓二人曰："子后并当至卿相。"苞曰："御隶也，何卿相乎？"既而又被使到邺，事久未决，乃贩铁于邺市。市长沛国赵元儒，名知人，见苞，异之，因与结交。叹苞远量，当至公辅，由是知名。见吏部郎许允，求为小县。允谓苞曰："卿是我辈人，当相引在朝廷，何欲小县乎？"苞还叹息，不意允之知己乃如此也。

　　稍迁景帝中护军司马。宣帝闻苞好色薄行，以让景帝。帝答曰："苞虽细行不足，而有经国才略。夫贞廉之士，未必能经济世务。是以齐桓忘管仲之奢僭，而录其匡合之大谋；汉高舍陈平之污行，而取其六奇之妙算。苞虽未可以上俦二子，亦今日之选也。"意乃释。

　　徙邺典农中郎将。时魏世王侯多居邺下，尚书丁谧贵倾一时，并较时利。苞奏列其事，由是益见称。历东莱、琅邪太守，所在皆有威惠。迁徐州刺史。

　　文帝之败于东关也，苞独全军而退。帝指所持节谓苞曰："恨不以此授卿，以究大事。"乃迁苞为奋武将军、假节、监青州诸军事。及诸葛诞举兵淮南，苞统青州诸军，督兖州刺史州泰、徐州刺史胡质，简锐卒为游军，以备外寇。吴遣大将朱异、丁奉等来迎，诞等留辎重于都陆，轻兵渡黎水。苞等逆击，大破之。泰山太守胡烈以奇兵诡道袭都陆，尽焚其委输，异等收余众而退。寿春平，拜苞镇东将军，封东光侯、假节。顷之，代王基都督扬州诸军事。苞因入朝。当还，辞高贵乡公，留语尽日。既出，白文帝曰："非常主也。"数日而有成济之事。后进位征东大将军，俄迁骠骑将军。

　　文帝崩，贾充、荀勖议葬礼未定。苞时奔丧，恸哭曰："基业如此，而以人臣终乎！"葬礼乃定。后每与陈骞讽魏帝历数已终，天命有在。乃禅位，苞有力焉。

　　武帝践阼，迁大司马，进封乐陵郡公，加侍中，羽葆鼓吹。

　　自诸葛诞破灭，苞便镇抚淮南，士马强盛，边境多务，苞既勤庶事，又以威德服物。淮北监军王琛轻苞素微，又闻童谣曰："宫中大马几作驴，大石压之不得舒。"因是密表苞与吴人交通。先时望气者云"东南有大兵起"。及琛表至，武帝甚疑之。会荆州刺史胡烈表吴人欲大出为寇，苞亦闻吴师将入，乃筑垒遏水以自固。帝闻之，谓羊祜曰："吴人每来，常东西相应，无缘偏尔，岂石苞果有不顺乎？"祜深明之，而帝犹疑焉。会苞子乔为尚书郎，上召之，经日不至。帝谓为必叛，欲讨苞而隐其事。遂下诏以苞不料贼势，筑垒遏水，劳扰百姓，策免其官。遣太尉义阳王望率大军征之，以备非常。又敕镇东将军、琅邪王伷自下邳会寿春。苞用掾孙铄计，放兵步出，住都亭待罪。帝闻之，意解。及苞诣阙，以公还第。苞自耻受任无效而无怨色。

　　时邺奚官督郭廙上书理苞。帝诏曰："前大司马苞，忠允清亮，才经世务，干用之绩，所历可纪。宜掌教典，以赞时政。其以苞为司徒。"有司奏："苞前有折挠，不堪其任。以公还第，已为弘厚，不宜擢用。"诏曰："吴人轻脆，终无能为。故疆场之事，但欲完固守备，使不得越逸而已。以苞计画不同，虑敌过甚，故征还更授。昔邓禹挠于阙中，而终辅汉室，岂以一眚而掩大德哉！"于是就位。

　　苞奏："州郡农桑未有赏罚之制，宜遣掾属循行，皆当均其土宜，举其殿最，然后黜陟焉。"诏曰："农殖者，为政之本，有国之大务也。虽欲安时兴化，不先富而教之，其道无由。而至今四海多事，军国用广，加承征代之后，屡有水旱之事，仓库不充，百姓无积。古者稼穑树艺，司徒掌之。今虽登论道，然经国立政，惟时所急，故陶唐之世，稷官为重。今司徒位当其任，乃心王事，有毁家纾国，乾乾匪躬之志。其使司徒督察州郡播殖，将委事任成，垂拱仰辨。若宜有所循行者，其增置掾属十人，听取王官更练事业者。"苞在位称为忠勤，帝每委任焉。

　　泰始八年薨。帝发哀于朝堂，赐秘器，朝服一具，衣一袭，钱三十万，布百匹。及葬，给节、幢、麾、曲盖、追锋车、鼓吹、介士、大车，皆如魏司空陈泰故事，车驾临送于东掖门外。策谥曰武。咸宁初，诏苞等并为王功，列于铭飨。

　　苞豫为《终制》曰："延陵薄葬，孔子以为达礼；华元厚葬，《春秋》以为不臣，古之明义也。自今死亡者，皆敛以时服，不得兼重。又不得饭唅，为愚俗所为。又不得设床帐明器也。定窆之后，复土满坎，一不得起坟种树。昔王孙裸葬矫时，其子奉命，君子不讥，况于合礼典者耶？"诸子皆奉遵遗令，又断亲戚故吏设祭。有六子：越、乔、统、浚、儁、崇。以统为嗣。

　　统，字弘绪，历位射声校尉、大鸿胪。子顺，为尚书郎。越，字弘伦，早卒。

　　乔，字弘祖，历尚书郎、散骑侍郎。帝既召乔不得，深疑苞反。及苞至，有惭色，谓之曰："卿子几破卿门。"苞遂废之。终身不听仕。又以有秽行，徙顿丘，与弟崇同被害。二子超、熙亡走得免。成都王颖之起义也，以超为折冲将军，讨孙秀，以功封侯。又为振武将军，征荆州贼李辰。颖与长沙王乂相攻，超常为前锋，迁中护军。陈眕等挟惠帝北伐，超走还邺。颖使超距帝于荡阴，王师败绩，超逼帝幸邺宫。会王浚攻颖于邺，颖以超为右将军以距浚，大败而归。从驾之洛阳，西迁长安。河间王颙以超领北中郎将，使与颖共距东海王越。超于荥阳募兵，右将军王阐与典兵中郎赵则并受超节度，为豫州刺史刘乔继援。范阳王虓逆击斩超，而熙得走免。永嘉中，为太傅越参军。

　　浚，字景伦，清俭有鉴识，敬爱人物。位至黄门侍郎，为当世名士，早卒。

　　儁，字彦，少有名誉，议者称为令器。官至阳平太守，早卒。

　　崇，字季伦，生于青州，故小名齐奴。少敏惠，勇而有谋。苞临终，分财物与诸子，独不及崇。其母以为言，苞曰："此儿虽小，后自能得。"年二十余，为修武令，有能名。入为散骑郎，迁城阳太守。伐吴有功,封安阳乡侯。在郡虽有职务,好学不倦,以疾自解。顷之,拜黄门郎。

兄统忤扶风王骏,有司承旨奏统,将加重罚,既而见原。以崇不诣阙谢恩,有司欲复加统罪。崇自表曰:"臣兄统以先父之恩,早被优遇,出入清显,历位尽勤。伏度圣心,有以垂察。近为扶风王骏横所诬谤,司隶中丞等飞笔重奏,劾案深文,累尘天听。臣兄弟踯躅,忧心如悸。骏威属尊重,权要赫奕。内外有司,望风承旨。苟有所恶,易于投卵。自统枉劾以来,臣兄弟不敢一言稍自申理。戢舌钳口,惟须刑书。古人称'荣华于顺旨,枯槁于逆违',诚哉斯言,于今信矣。是以虽董司直绳,不能不深其文,抱柱含谤,不得不输其理。幸赖陛下天听四达,灵鉴昭远,存先父勋德之重,察臣等勉励之志。中诏申料,罪谴澄雪。臣等刻肌碎首,未足上报。臣即以今月十四日,与兄统、浚等诣公车门拜表谢恩。伏度奏御之日,暂经天听。此月二十日,忽被兰台禁止符,以统蒙宥,恩出非常,臣晏然私门,曾不陈谢,复见弹奏,诮辱理尽。臣始闻此,惶惧狼狈,静而思之,固无怪也。苟尊势所驱,何所不至,望奉法之直绳,不可得也。臣以凡才,累荷显重,不能负载析薪,以答万分。一月之中,奏劾频加,曲之与直,非臣所计。所愧不能承奉戚属,自陷于此,不媚于灶,实愧王孙。《随巢子》称'明君之德,察情为上,察事次之。'所怀具经圣听,伏待罪黜,无所多言。"由是事解。累迁散骑常侍、侍中。

武帝以崇功臣子,有干局,深器重之。元康初,杨骏辅政,大开封赏,多树党援。崇与散骑郎蜀郡何攀共立议,奏于惠帝曰:"陛下圣德光被,皇灵启祚,正位东宫,二十余年,道化宣流,万国归心。今承洪基,此乃天授。至于班赏行爵,优于泰始革命之初。不安一也。吴会僭逆,几于百年,边境被其荼毒,朝廷为之旰食。先帝决独断之聪,奋神武之略,荡灭逋寇,易于摧枯。然谋臣猛将,犹有致思竭力之效。而今恩泽之封,优于灭吴之功。不安二也。上天眷佑,实在大晋,卜世之数,未知其纪。今之开制,当垂于后。若尊卑无差,有爵必进,数世之后,莫非公侯。不安三也。臣等敢冒陈闻。窃谓泰始之初,及平吴论功,制度名牒,皆悉具存。纵不能远遵古典,尚当依准旧事。"书奏,弗纳。出为南中郎将、荆州刺史,领南蛮校尉,加鹰扬将军。崇在南中,得鸩鸟雏,以与后军将军王恺。时制,鸩鸟不得过江,为司隶校尉傅祗所纠,诏原之,烧鸩于都街。

崇颖悟有才气,而任侠无行检。在荆州,劫远使商客,致富不赀。征为大司农,以征书未至擅去官免。顷之,拜太仆,出为征房将军,假节、监徐州诸军事,镇下邳。崇有别馆在河阳之金谷,一名梓泽,送者倾都,帐饮于此焉。至镇,与徐州刺史高诞争酒相侮,为军司所奏,免官。复拜卫尉,与潘岳谄事贾谧。谧与之亲善,号曰"二十四友"。广城君每出,崇降车路左,望尘而拜,其卑佞如此。

财产丰积,室宇宏丽。后房百数,皆曳纨绣,珥金翠。丝竹尽当时之选,庖膳穷水陆之珍。与贵戚王恺、羊琇之徒以奢靡相尚。恺以饴澳釜,崇以蜡代薪。恺作紫丝布步障四十里,崇作锦步障五十里以敌之。崇涂屋以椒,恺用赤石脂。崇、恺争豪如此。武帝每助恺,尝以珊瑚树赐之,高二尺许,枝柯扶疏,世所罕比。恺以示崇,崇便以铁如意击之,应手而碎。恺既惋惜,又以为嫉己之宝,声色方厉。崇曰:"不足多恨,今还卿。"乃命左右悉取珊瑚树,有高三四尺者六七株,条干绝俗,光彩耀日,如恺比者甚众。恺惘然自失矣。

崇为客作豆粥,咄嗟便辨。每冬,得韭萍齑。尝与恺出游,争入洛城,崇牛迅若飞禽,恺绝不能及。恺每以此三事为恨,乃密货崇帐下问其所以。答云:"豆至难煮,豫作熟末,客来,但作白粥以投之耳。是韭萍齑是捣韭根杂以麦苗耳。牛奔不迟,良由驭者逐不及反制之,可听蹁蒲田辕则驶矣。"于是悉从之,遂争长焉。崇后知之,因杀所告者。

尝与王敦入太学,见颜回、原宪之象,顾而叹曰:"若与之同升孔堂,去人何必有间。"敦曰:不知余人云何,子贡去卿差近。"崇正色曰:"士当身名俱泰,何至瓮牖哉!"其立意类此。

刘舆兄弟少时为王恺所嫉,恺召之宿,因欲坑之。崇素与舆等善,闻当有变,夜驰诣恺,问二刘所在,恺迫卒不得隐。崇径进于后斋牵出,同车而去。语曰:"年少何以轻就人宿!"與深德之。

及贾谧诛,崇以党与免官。时赵王伦专权,崇甥欧阳建与伦有隙。崇有妓曰绿珠,美而艳,善吹笛。孙秀使人求之。崇时在金谷别馆,方登凉台,临清流,妇人侍侧。使者以告。崇尽出其婢妾数十人以示之,皆蕴兰麝,被罗縠,曰:"在所择。"使者曰:"君侯服御丽则丽矣,然本受命指索绿珠,不识孰是?"崇勃然曰:"绿珠吾所爱,不可得也"。使者曰:"君侯博古通今,察远照迩,愿加三思。"崇曰:"不然。"使者出而又反,崇竟不许。秀怒,乃劝伦诛崇、建。崇、建亦潜知其计,乃与黄门郎潘岳阴劝淮南王允、齐王冏以图伦、秀。秀觉之,遂矫诏收崇及潘岳、欧阳建等。崇正宴于楼上,介士到门。崇谓绿珠曰:"我今为尔得罪。"绿珠泣曰:"当效死于官前。"因自投于楼下而死。崇曰:"吾不过流徙交、广耳。"及车载诣东市,崇乃叹曰:"奴辈利吾家财。"收者答曰:"知财致害,何不早散之?"崇不能答。崇母兄妻子无少长皆被害,死者十五人。崇时年五十二。

初,崇家稻米饭在地,经宿皆化为螺,时人以为族灭之应。有司簿阅崇水碓三十余区,苍头八百余人,他珍宝货贿田宅称是。

及惠帝复阼,诏以卿礼葬之。封崇从孙演为乐陵公。

苞曾孙朴,字玄真,为人谨厚,无他材艺,没于胡。石勒以与朴同姓,俱出河北,引朴为宗室,特加优宠,位至司徒。

欧阳建,字坚石,为冀方右族。雅有理思,才藻美赡,擅名北州。时人为之语曰:"渤海赫赫,欧阳坚石。"辟公府,历山阳令、尚书郎、冯翊太守,甚得时誉。及遇祸,莫不悼惜之。年三十余。临命作诗,文甚哀楚。

孙铄,字巨邺,河内怀人也。少乐为县吏,太守吴奋转以为主簿。铄自微贱登纲纪,时僚大姓犹不与铄同坐。奋大怒,遂荐铄为司隶都官从事。司隶校尉刘讷甚知赏之。时奋又荐铄于大司马石苞,苞辟为掾。铄将应命,行达许昌,会台已密遣轻军袭苞。于时,汝阴王镇许,铄过谒之。王先识铄,以乡里之情私告铄曰:"无与祸"。铄既出,即驰诣寿春,为苞画计,苞赖而获免。迁尚书郎,在职驳议十有余事，为当时所称。

史臣曰：若夫经为帝师，郑冲于焉无愧；孝为德本，王祥所以当仁，何曾善其亲而及其亲之党者也。夏禹恭俭，殷因损益。牲牢服用，各有品章，诸侯不常牛，命士不恒豕。御而骄奢，其关乎治政。乘时立制，莫不由之。石崇学乃多闻，情乖寡悔，超四豪而取富，逾五侯而竞爽。春畦藿靡，列于凝冱之晨；锦障逶迤，亘以山川之外。撞钟舞女，流宕忘归，至于金谷含悲，吹楼将坠，所谓高蝉处乎轻阴，不知螳螂袭其后也。

赞曰：郑冲含素，王祥迟暮。百行斯融，双飞天路。何、石殊操，芳饪标奇。帝风流靡，崇心载驰。矜奢不极，寇害成赟。邦分身坠，乐往哀随。

晋书卷三四
列传第四

羊祜　杜预 子锡

　　羊祜,字叔子,泰山南城人也。世吏二千石,至祜九世,并以清德闻。祖续,仕汉南阳太守。父衟,上党太守。祜,蔡邕外孙,景献皇后同产弟。

　　祜年十二丧父,孝思过礼,事叔父耽甚谨。尝游汶水之滨,遇父老谓之曰:"孺子有好相,年未六十,必建大功于天下。"既而去,莫知所在。及长,博学能属文,身长七尺三寸,美须眉,善谈论。郡将夏侯威异之,以兄霸之子妻之。举上计吏,州四辟从事、秀才,五府交命,皆不就。太原郭奕见之曰:"此今之颜子也。"与王沉俱被曹爽辟。沉劝就征,祜曰:"委质事人,复何容易。"及爽败,沉以故吏免,因谓祜曰:"常识卿前语。"祜曰:"此非始虑所及。"其先识不伐如此。

　　夏侯霸之降蜀也,姻亲多告绝,祜独安其室,恩礼有加焉。寻遭母忧,长兄发又卒,毁慕寝顿十余年,以道素自居,恂恂若儒者。

　　文帝为大将军,辟祜,未就,公车征拜中书侍郎,俄迁给事中、黄门郎。时高贵乡公好属文,在位者多献诗赋,汝南迺和以忤意见斥,祜在其间,不得而亲疏,有识尚焉。陈留王立,赐爵关中侯,邑百户。以少帝不愿为侍臣,求出补吏,徙秘书监。及五等建,封钜平子,邑六百户。钟会有宠而忌,祜亦惮之。及会诛,拜相国从事中郎,与荀勖共掌机密。迁中领军,悉统宿卫,入直殿中,执兵之要,事兼内外。

武帝受禅,以佐命之勋,进号中军将军,加散骑常侍,改封郡公,邑二千户。固让封不受,乃进本爵为侯,置郎中令,备九官之职,加夫人印绶。

泰始初,诏曰:"夫总齐机衡,允厘六职,朝政之本也。祜执德清劭,忠亮纯茂,经纬文武,謇謇正直,虽处腹心之任,而不总枢机之重,非垂拱无为委任责成之意也。其以祜为尚书右仆射、卫将军,给本营兵。"时王佑、贾充、裴秀皆前朝名望,祜每让,不处其右。

帝将有灭吴之志,以祜为都督荆州诸军事、假节,散骑常侍,卫将军如故。祜率营兵出镇南夏,开设庠序,绥怀远近,甚得江汉人心。与吴人开布大信,降者欲去皆听之。时长吏丧官,后人恶之,多毁坏旧府,祜以死生有命,非由居室,书下征镇,普加禁断。吴石城守去襄阳七百余里,每为边害,祜患之,竟以诡计令吴罢守。于是戍逻减半,分以垦田八百余顷,大获其利。祜之始至也,军无百日之粮,及至季年,有十年之积。诏罢江北都督,置南中郎将,以所统诸军在汉东江夏者,皆以益祜。祜在军常轻裘缓带,身不被甲,玲阁之下,侍卫者不过十数人,而颇以畋渔废政。尝欲夜出,军司徐胤执棨当营门曰:"将军都督万里,安可轻脱!将军之安危,亦国家之安危也。胤今日若死,此门乃开耳。"祜改容谢之,此后稀出矣。

后加车骑将军,开府如三司之仪。祜上表固让曰:"臣伏闻恩诏,拔臣使同台司。臣自出身以来,适十数年,受任外内,每极显重之任。常以智力不可顿进,恩宠不可久谬,夙夜战悚,以荣为忧。臣闻古人之言,德未为人所服而受高爵,则使才臣不进;功未为人所归而荷厚禄,则使劳臣不劝。今臣身抚外戚,事连运会,诚在过宠,不患见遗。而猥降发中之诏,加非次之荣。臣有何功可以堪之,何心可以安之?身辱高位,倾覆寻至,愿守先人弊庐,岂可得哉!违命诚忤天威,曲从即复若此。盖闻古人申于见知,大臣之节,不可则止。臣虽小人,敢缘所蒙,念存斯义。今天下自服化以来,方渐八年,虽侧席求贤,不遗幽贱,然臣不能推有德,达有功,使圣听知胜臣者多，未达者不少。假令有遗德于版筑之下，有隐才于屠狗之间，而朝议用臣不以为非，臣处之不以为愧，所失岂不大哉！臣忝窃虽久，未若今日兼文武之极宠，等宰辅之高位也。且臣虽所见者狭，据今光禄大夫李憙执节高亮，在公正色；光禄大夫鲁芝洁身寡欲，和而不同；光禄大夫李胤清亮简素，立身在朝，皆服事华发，以礼终始。虽历位外内之宠，不异寒贱之家，而犹未蒙此选，臣更越之，何以塞天下之望，少益日月！是以誓心守节，无苟进之志。今道路行通，方隅多事，乞留前恩，使臣得速还屯。不尔留连，必于外虞有阙。匹夫之志，有不可夺。"不听。

及还镇，吴西陵督步阐举城来降。吴将陆抗攻之甚急，诏祜迎阐。祜率兵五万出江陵，遣荆州刺史杨肇攻抗，不克，阐竟为抗所擒。有司奏："祜所统八万余人，贼众不过三万。祜顿兵江陵，使贼备得设。乃遣扬肇偏军入险，兵少粮悬，军人挫衄。背违诏命，无大臣节。可免官，以侯就第。"竟坐贬为平南将军，而免杨肇为庶人。

祜以孟献营武牢而郑人惧，晏弱城东阳而莱子服，乃进据险要，开建五城，收膏腴之地，夺吴人之资，石城以西尽为晋有。自是前后降者不绝，乃增修德信，以怀初附，慨然有吞并之心。每与吴人交兵，克日方战，不为掩袭之计。将帅有欲进谲诈之策者，辄饮以醇酒，使不得言。人有略吴二儿为俘者，祜遣送还其家。后吴将夏详、邵颛等来降，二儿之父亦率其属与俱。吴将陈尚、潘景来寇，祜追斩之，美其死节而厚加殡敛。景、尚子弟迎丧，祜以礼遣还。吴将邓香掠夏口，祜募生缚香，既至，宥之。香感其恩甚，率部曲而降。祜出军行吴境，刈谷为粮，皆计所侵，送绢偿之。每会众江沔游猎，常止晋地。若禽兽先为吴人所伤而为晋兵所得者，皆封还之。于是吴人翕然悦服，称为"羊公"，不之名也。

祜与陆抗相对，使命交通，抗称祜之德量，虽乐毅、诸葛孔明不能过也。抗尝病，祜馈之药，抗服之无疑心。人多谏抗，抗曰："羊祜岂鸩人者！"时谈以为华元、子反复见于今日。抗每告其戍曰："彼专为德，我专为暴，是不战而自服也。各保分界而已，无求细利。"孙皓闻二境交和,以诘抗。抗曰:"一邑一乡,不可以无信义,况大国乎!臣不如此,正是彰其德,于祜无伤也。"

祜贞悫无私,疾恶邪佞,荀勖、冯统之徒甚忌之。从甥王衍尝诣祜陈事,辞甚俊辩。祜不然之,衍拂衣而起。祜顾谓宾客曰:"王夷甫方以盛名处大位,然败俗伤化,必此人也。"步阐之役,祜以军法将斩王戎,故戎、衍并憾之,每言论多毁祜。时人为之语曰:"二王当国,羊公无德。"

咸宁初,除征南大将军、开府仪同三司,得专辟召。

初,祜以伐吴必藉上流之势。又时吴有童谣曰:"阿童复阿童,御刀浮渡江。不畏岸上兽,但畏水中龙。"祜闻之曰:"此必水军有功,但当思应其名者耳。"会益州刺史王濬征为大司农,祜知其可任,濬又小字阿童,因表留濬监益州诸军事,加龙骧将军,密令修舟楫,为顺流之计。

祜缮甲训卒,广为戎备。至是上疏曰:"先帝顺天应时,西平巴蜀,南和吴会,海内得以休息,兆庶有乐安之心。而吴复背信,使边事更兴。夫期运虽天所授,而功业必由人而成,不一大举扫灭,则众役无时得安。亦所以隆先帝之勋,成无为之化也。故尧有丹水之伐,舜有三苗之征,咸以宁静宇宙,戢兵和众者也。蜀平之时,天下皆谓吴当并亡,自比来十三年,是谓一周,平定之期复在今日矣。议者常言吴楚有道后服,无礼先强,此乃诸侯之时耳。当今一统,不得与古同谕。夫适道之论,皆未应权,是故谋之虽多,而决之欲独。凡以险阻得存者,谓所敌者同,力足自固。苟其轻重不齐,强弱异势,则智士不能谋,而险阻不可保也。蜀之为国,非不险也,高山寻云霓,深谷肆无景,束马悬车,然后得济,皆言一夫荷戟,千人莫当。及进兵之日,曾无藩篱之限,斩将搴旗,伏尸数万,乘胜席卷,径至成都,汉中诸城,皆鸟栖而不敢出。非皆无战心,诚力不足相抗。至刘禅降服,诸营堡者索然俱散。今江淮之难,不过剑阁;山川之险,不过岷汉;孙皓之暴,侈于刘禅;吴人之困,甚于巴蜀。而大晋兵众,多于前世;资储器械,盛于往时。今不于此平吴,而更阻兵相守,征夫苦役,日寻干戈，经历盛衰，不可长久，宜当时定，以一四海。今若引梁益之兵水陆俱下，荆、楚之众进临江陵，平南、豫州，直指夏口，徐、扬、青、兖并向秣陵，鼓旆以疑之，多方以误之，以一隅之吴，当天下之众，势分形散，所备皆急。巴汉奇兵出其空虚，一处倾坏，则上下震荡。吴缘江为国，无有内外，东西数千里，以藩篱自持，所敌者大，无有宁息。孙浩情任意，与下多忌，名臣重将不复自信，是以孙秀之徒皆畏逼而至。将疑于朝，士困于野，无有保世之计，一定之心。平常之日，犹怀去就，兵临之际，必有应者，终不能齐力致死，已可知也。其俗急速，不能持久，弓弩戟盾不如中国，唯有水战是其所便。一入其境，则长江非复所固，还保城池，则去长入短。而官军悬进，人有致节之志，吴人战于其内，有凭城之心。如此，军不逾时，克可必矣。"帝深纳之。

会秦凉屡败，祜复表曰："吴平，则胡自定，但当速济大功耳。"而议者多不同，祜叹曰："天下不如意，恒十居七八，故有当断不断。天与不取，岂非更事者恨于后时哉！"

其后，诏以泰山之南武阳、牟、南城、梁父、平阳五县为南城郡，封祜为南城侯，置相，与郡公同。祜让曰："昔张良请受留万户，汉祖不夺其志。臣受钜平于先帝，敢辱重爵，以速官谤！"固执不拜，帝许之。祜每被登进，常守冲退，至心素著，故特见申于分列之外。是以名德远播，朝野具瞻，缙绅佥议，当居台辅。帝方有兼并之志，仗祜以东南之任，故寝之。祜历职二朝，任典枢要，政事损益，皆谘访焉，势利之求，无所关与。其嘉谋谠议，皆焚其草，故世莫闻。凡所进达，人皆不知所由。或谓祜慎密太过者，祜曰："是何言欤！夫入则造膝，出则诡辞，君臣不密之诚，吾惟惧其不及。不能举贤取异，岂得不愧知之人难哉！且拜爵公朝，谢恩私门，吾所不取。"

祜女夫尝劝祜："有所营置，令有归戴者，可不美乎？"祜默然不应，退告诸子曰："此可谓知其一，不知其二。人臣树私则背公，是大惑也。汝宜识吾此意。"尝与从弟琇书曰："既定边事，当角巾东路，归故里，为容棺之墟。以白士而居重位，何能不以盛满受责乎！疏广是吾师也。”

祜乐山水，每风景，必造岘山，置酒言咏，终日不倦。尝慨然叹息，顾谓从事中郎邹湛等曰：“自有宇宙，便有此山。由来贤达胜士，登此远望，如我与卿者多矣！皆湮灭无闻，使人悲伤。如百岁后有知，魂魄犹应登此也。”湛曰：“公德冠四海，道嗣前哲，令闻令望，必与此山俱传。至若湛辈，乃当如公言耳。”

祜当讨吴贼有功，将进爵土，乞以赐舅子蔡袭。诏封袭关内侯，邑三百户。

会吴人寇弋阳、江夏，略户口，诏遣侍臣移书诘祜不追讨之意，并欲移州复旧之宜。祜曰：“江夏去襄阳八百里，比知贼问，贼去亦已经日矣。步军方往，安能救之哉！劳师以免责，恐非事宜也。昔魏武帝置都督，类皆与州相近，以兵势好合恶离。疆场之间，一彼一此，慎守而已，古之善教也。若辄徙州，贼出无常，亦未知州之所宜据也。”使者不能诘。

祜寝疾，求入朝。既至洛阳，会景献宫车在殡，哀恸至笃。中诏申谕，扶疾引见，命乘辇入殿，无下拜，甚见优礼。及侍坐，面陈伐吴之计。帝以其病，不宜常入，遣中书令张华问其筹策。祜曰：“今主上有禅代之美，而功德未著。吴人虐政已甚，可不战而克。混一六合，以兴文教，则主齐尧舜，臣同稷契，为百代之盛。如舍之，若孙皓不幸而没，吴人更立令主，虽百万之众，长江未可而越也，将为后患乎！”华深赞成其计。祜谓华曰：“成吾志者，子也。”帝欲使祜卧护诸将，祜曰：“取吴不必须臣自行，但既平之后，当劳圣虑耳。功名之际，臣所不敢居。若事了，当有所付授，愿审择其人。”

疾渐笃，乃举杜预自代。寻卒，时年五十八。帝素服哭之，甚哀。是日大寒，帝涕泪沾须鬓，皆为冰焉。南州人征市日闻祜丧，莫不号恸，罢市，巷哭者声相接。吴守边将士亦为之泣。其仁德所感如此。赐以东园秘器，朝服一袭，钱三十万，布百匹。

诏曰：“征南大将军南城侯祜，蹈德冲素，思心清远。始在内职，值登大命，乃心笃诚，左右王事，入综机密，出统方岳。当终悬烈，永辅朕躬，而奄忽殂陨，悼之伤怀。其追赠侍中、太傅，持节如故。”

祜立身清俭，被服率素，禄俸所资，皆以赡给九族，赏赐军士，家无余财。遗令不得以南城侯入柩。从弟琇等述祜素志，求葬于先人墓次。帝不许，赐去城十里外近陵葬地一顷，谥曰成。祜丧既引，帝于大司马门南临送。祜甥齐王攸表祜妻不以侯敛之意，帝乃诏曰：“祜固让历年，志不可夺。身没让存，遗操益厉，此夷叔所以称贤，季子所以全节也。今听复本封，以彰高美。”

初，文帝崩，祜谓傅玄曰：“三年之丧，虽贵遂服，自天子达；而汉文除之，毁礼伤义，常以叹息。今主上天纵至孝，有曾闵之性，虽夺其服，实行丧礼。丧礼实行，除服何为邪！若因此革汉魏之薄，而兴先王之法，以敦风俗，垂美百代，不亦善乎！”玄曰：“汉文以末世浅薄，不能行国君之丧，故因而除之。除之数百年，一旦复古，难行也。”祜曰：“不能使天下如礼，且使主上遂服，不犹善乎！”玄曰：“主上不除而天下除，此为但有父子，无复君臣，三纲之道亏矣。”祜乃止。

祜所著文章及为《老子传》并行于世。襄阳百姓于岘山祜平生游憩之所建碑立庙，岁时飨祭焉。望其碑者，莫不流涕，杜预因名为“堕泪碑”。荆州人为祜讳名，屋室皆以门为称，改户曹为辞曹焉。

祜开府累年，谦让不辟士，始有所命，会卒，不得除署。故参佐刘俭、赵寅、刘弥、孙勃等笺诣预曰：“昔以谬选，忝备官属，各得与前征南大将军祜参同庶事。祜执德冲虚，操尚清远，德高而体卑，位优而行恭。前膺显命，来抚南夏，既有三司之仪，复加大将军之号。虽居其位，不行其制。至今海内渴仁，群俊望风。涉其门者，贪夫反廉，懦夫立志，虽夷惠之操，无以尚也。自镇此境，政化被乎江汉，潜谋远计，辟国开疆，诸所规摹，皆有轨量。志存公家，以死勤事，始辟四掾，未至而陨。夫举贤报国，台辅远任也；搜扬侧陋，亦台辅之宿心也；中道而废，亦台辅之私恨也。履谦积稔，晚节不遂，此远近所以为之感痛者也。昔召伯所憩，爱流甘棠；宣子所游，封殖其树。夫思其人，尚及其树，况生存所辟之士，便当随例放弃者乎！乞蒙列上,得依已至掾属。"预表曰:"祜虽开府而不备僚属,引谦之至,宜见显明。及扶疾辟士,未到而没。家无胤嗣,官无命士,此方之望,隐忧载怀。夫笃终追远,人德归厚,汉祖不惜四千户之封,以慰赵子弟心。请议之。"诏不许。

祜卒二岁而吴平,君臣上寿,帝执爵流涕曰:"此羊太傅之功也。"因以克定之功,策告祜庙,仍依萧何故事,封其夫人。策曰:"皇帝使谒者杜宏告故侍中、太傅、钜平成侯祜:昔吴为不恭,负险称号,郊境不辟,多历年所。祜受任南夏,思静其难;外扬王化,内经庙略;著德推诚,江汉归心;举有成资,谋有全策。昊天不吊,所志不卒,朕用悼恨于厥心。乃班命群帅,致天之讨,兵不逾时,一征而灭,畴昔之规,若合符契。夫赏不失劳,国有彝典,宜增启土宇,以崇前命,而重违公高让之素。今封夫人夏侯氏万岁乡君,食邑五千户,又赐帛万匹,谷万斛。"

祜年五岁,时令乳母取所弄金环。乳母曰:"汝先无此物。"祜即诣邻人李氏东垣桑树中探得之。主人惊曰:"此吾亡儿所失物也,云何持去!"乳母具言之,李氏悲惋。时人异之,谓李氏子则祜之前身也。又有善相墓者,言祜祖墓所,有帝王气,若凿之则无后,祜遂凿之。相者见曰"犹出折臂三公,"而祜竟坠马折臂,位至公而无子。

帝以祜兄子暨为嗣,暨以父没不得为人后。帝又令暨弟伊为祜后,又不奉诏。帝怒,并收免之。太康二年,以伊弟篇为钜平侯,奉祜嗣。篇历官清慎,有私牛于官舍产犊,乃迁而留之。位至散骑常侍,早卒。

孝武太元中,封祜兄玄孙之子法兴为钜平侯,邑五千户。以桓玄党诛,国除。尚书祠部郎荀伯子上表讼之,曰:"臣闻咎繇亡嗣,臧文以为深叹;伯氏夺邑,管仲所以称仁。功高可百世不泯,滥赏无得崇朝。故太傅、钜平侯羊祜,明德通贤,国之宗主,勋参佐命,功成平吴,而后嗣阙然,蒸尝莫寄。汉以萧何元功,故绝世辄继,愚谓钜平封宜同酂国。故太尉、广陵公准,党翼贼伦,祸加淮南,因逆为利,窃飨大邦。值西朝政刑失裁,中兴因而不夺。今王道维新,岂可不大判臧否,谓广陵国宜在削除。故太保卫瓘本爵菑阳县公,既被横害,乃进茅土,始赠兰陵,又转汇夏。中朝名臣,多非理终,瓘功德无殊,而独受偏赏,谓宜罢其郡封,复邑菑阳,则与夺有伦,善恶分矣。"竟寝不报。

祜前母,孔融女,生兄发,官至都督淮北护军。初,发与祜同母兄承俱得病,祜母度不能两存,乃专心养发,故得济,而承竟死。

发长子伦,高阳相。伦弟暨,阳平太守。弟伊,初为车骑贾充掾,后历平南将军、都督江北诸军事,镇宛,为张昌所杀,追赠镇南将军。

祜伯父祕,官至京兆太守。子祉,魏郡太守。祕孙亮,字长玄,有才能,多计数。与之交者,必伪尽款诚,人皆谓得其心,而殊非其实也。初为太傅杨骏参军,时京兆多盗窃。骏欲更重其法,盗百钱加大辟,请官属会议。亮曰:"昔楚江乙母失布,以为盗由令尹。公若无欲,盗宜自止,何重法为?"骏惭而止。累转大鸿胪。时惠帝在长安,亮与关东连谋,内不自安,奔于并州,为刘元海所害。亮弟陶,为徐州刺史。

杜预,字元凯,京兆杜陵人也。祖几,魏尚书仆射。父恕,幽州刺史。预博学多通,明于兴废之道,常言:"德不可以企及,立功立言可庶几也。"初,其父与宣帝不相能,遂以幽死,预久不得调。

文帝嗣立,预尚帝妹高陆公主,起家拜尚书郎,袭祖爵丰乐亭侯。在职四年,转参相府军事。钟会伐蜀,以预为镇西长史。及会反,僚佐并遇害,唯预以智获免,增邑千一百五十户。

与车骑将军贾充等定律令,既成,预为之注解,乃奏之曰:"法者,盖绳墨之断例,非穷理尽性之书也。故文约而例直,听省而禁简。例直易见,禁简难犯。易见则人知所避,难犯则几于刑厝。刑之本在于简直,故必审名分。审名分者,必忍小理。古之刑书,铭之钟鼎,铸之金石,所以远塞异端,使无淫巧也。今所注皆网罗法意,格之以名分。使用之者执名例以审趣舍,伸绳墨之直,去析薪之理也。"诏班于天下。

泰始中,守河南尹。预以京师王化之始,自近及远,凡所施论,务崇大体。受诏为"黜陟之课",其略曰:"臣闻:上古之政,因循自然,虚己委诚,而信顺之道应;神感心通,而天下之理得。逮至淳朴渐散,彰美显恶,设官分职,以颁爵禄,弘宣六典,以详考察。然犹倚明哲之辅,建忠贞之司,使名不得隐越功而独美,功不得后名而独隐,皆畴咨博询,敷纳以言。及至末世,不能纪远而求于密微;疑诸心而信耳目;疑耳目而信简书。简书愈繁,官方愈伪,法令滋章,巧饰弥多。昔汉之刺史,亦岁终奏事,不制算课,而清浊粗举。魏氏考课,即京房之遗意,其文可谓至密。然由于累细以违其体,故历代不能通也。岂若申唐尧之旧,去密就简,则简而易从也。夫宣尽物理,神而明之,存乎其人。去人而任法,则以伤理。今科举优劣,莫若委任达官,各考所统。在官一年以后,每岁言优者一人为上第,劣者一人为下第,因计皆以名闻。如此六载,主者总集采案,其六岁处优举者超用之;六岁处劣举者,奏免之;其优多劣少者,叙用之;劣多优少者,左迁之。今考课之品,所对不钧,诚有难易。若以难取优,以易而否,主者固当准量轻重,微加降杀,不足复曲以法尽也。《己丑诏书》,以考课难成,听通荐例。荐例之理,即亦取于风声。六年顿荐,黜陟无渐,又非古者三考之意也。今每岁一考,则积优以成陟,累劣以取黜。以士君子之心相处,未有官故六年六黜清能,六进否劣者也。监司将亦随而弹之。若令上下公相容过,此为清议大颓,亦无取于黜陟也。"

司隶校尉石鉴以宿憾奏预,免职。时虏寇陇右,以预为安西军司,给兵三百人,骑百匹。到长安,更除秦州刺史,领东羌校尉、轻车将军、假节。属虏兵强盛,石鉴时为安西将军,使预出兵击之。预以虏乘胜马肥,而官军悬乏,宜并大运,须春进讨,陈"五不可"、"四不须"。鉴大怒,复奏预擅饰城门官舍,稽乏军兴,遣御史槛车征诣廷尉。以预尚主,在八议,以侯赎论。其后,陇右之事卒如预策。

是时朝廷皆以预明于筹略,会匈奴帅刘猛举兵反,自并州西及河东、平阳，诏预以散侯定计省闼，俄拜度支尚书。预乃奏立藉田，建安边，论处军国之要。又作人排新器，兴常平仓，定谷价，较盐运，制课调，内以利国、外以救边者五十余条，皆纳焉。石鉴自军还，论功不实，为预所纠，遂相仇恨，言论喧哗，并坐免官，以侯兼本职。数年，复拜度支尚书。

元皇后梓宫将迁于峻阳陵。旧制：既葬，帝及群臣即吉。尚书奏，皇太子亦宜释服。预议"皇太子宜复古典，以谅暗终制"从之。

预以时历差舛，不应晷度，奏上《二元乾度历》，行于世。

预又以孟津渡险，有覆没之患，请建河桥于富平津。议者以为殷周所都，历圣贤而不作者，必不可立故也。预曰："'造舟为梁'，则河桥之谓也。"及桥成，帝从百僚临会，举觞属预曰："非君，此桥不立也。"对曰："非陛下之明，臣亦不得施其微巧。"

周庙欹器，至汉东京犹在御坐。汉末丧乱，不复存，形制遂绝。预创意造成，奏上之，帝甚嘉叹焉。咸宁四年秋，大霖雨，蝗虫起。预上疏多陈农要，事在《食货志》。

预在内七年，损益万机，不可胜数，朝野称美，号曰"杜武库"，言其无所不有也。

时帝密有灭吴之计，而朝议多违，唯预、羊祜、张华与帝意合。祜病，举预自代，因以本官假节行平东将军，领征南军司。及祜卒，拜镇南大将军、都督荆州诸军事，给追锋车、第二驸马。

预既至镇，缮甲兵，耀威武，乃简精锐，袭吴西陵督张政，大破之，以功增封三百六十五户。政，吴之名将也，据要害之地，耻以无备取败，不以所丧之实告于孙皓。预欲间吴边将，乃表还其获之众于皓。皓果召政，遣武昌监刘宪代之。故大军临至，使其将帅移易，以成倾荡之势。

预处分既定，乃启请伐吴之期。帝报待明年方欲大举，预表陈至计，曰："自闰月以来，贼但敕严，下无兵上。以理势推之，贼之穷计，力不两完，必先认上流，勤保夏口以东，以延视息，无缘多兵西上，空其国都。而陛下过听，便用委弃大计，纵敌患生。此诚国之远图,使举而有败,勿举可也。事为之制,务从完牢。若或有成,则开太平之基;不成,不过费损日月之间,何惜而不一试之!若当须后年,天时人事不得如常,臣恐其更难也。陛下宿议,分命臣,随界分进,其所禁持,东西同符,万安之举,未有倾败之虑。臣心实了,不敢以暧昧之见,自取后累。惟陛下察之。"

预旬月之中,又上表曰:"羊祜与朝臣多不同,不先博画而密与陛下共施此计,故益令多异。凡事当以利害相较,今此举十有八九利,其一二止于无功耳。其言破败之形亦不可得,直是计不出已,功不在身,名耻其前言,故守之也。自顷朝廷事无大小,异意锋起,虽人心不同,亦由恃恩不虑后难,故轻相同异也。昔汉宣帝议赵充国所上,事效之后,诘责诸议者,皆叩头而谢,以塞异端也。自秋已来,讨贼之形颇露。若今中止,孙皓怖而生计,或徙都武昌,更完修江南诸城,远其居人,城不可攻,野无所掠,积大船于夏口,则明年之计或无所及。"时帝与中书令张华围棋,而预表适至。华推枰敛手曰:"陛下圣明神武,朝野清晏,国富兵强,号令如一。吴主荒淫骄虐,诛杀贤能,当今讨之,可不劳而定。"帝乃许之。

预以太康元年正月,陈兵于江陵,遣将军樊显、尹林、邓圭、襄阳太守州奇等率众循江西上,授以节度,旬日之间,累克城邑,皆如预策焉。又遣牙门管定、周旨、伍巢等率奇兵八百,泛舟夜渡,以袭乐乡,多张旗帜,起火巴山,出于要害之地,以夺贼心。吴都督孙歆震恐,与伍延书曰:"北来诸军,乃飞渡江也。"吴之男女降者万余口,旨、巢等伏兵乐乡城外。歆遣军出距王濬,大败而还。旨等发伏兵,随歆军而入,歆不觉,直至帐下,虏歆而还。故军中为之谣曰:"以计代战一当万。"于是进逼江陵。吴督将伍延伪请降,而列兵登陴,预攻克之。既平上流,于是沅湘以南,至于交广,吴之州郡皆望风归命,奉送印绶,预仗节称诏而绥抚之。凡所斩及生获吴都督、监军十四,牙门、郡守百二十余人。又因兵威,徙将士屯戍之家以实江北,南郡故地各树之长吏,荆土肃然,吴人赴者如归矣。

王濬先列上得孙歆头,预后生送歆,洛中以为大笑。时众军会议,或曰:"百年之寇,未可尽克。今向暑,水潦方降,疾疫将起,宜俟来冬,更为大举"。预曰:"昔乐毅藉济西一战以并强齐,今兵威已振,譬如破竹,数节之后,皆迎刃而解,无复著手处也。"遂指授群帅,径造秣陵。所过城邑,莫不束手。议者乃以书谢之。

孙皓既平,振旅凯入,以功进爵当阳县侯,增邑并前九千六百户,封子耽为亭侯,千户,赐绢八千匹。

初,攻江陵,吴人知预病瘿,惮其智计,以瓠系狗颈示之。每大树似瘿,辄斫使白,题曰"杜预颈"。及城平,尽捕杀之。

预既还镇,累陈家世吏职,武非其功,请退。不许。

预以天下虽安,忘战必危,勤于讲武,修立泮宫,江汉怀德,化被万里。攻破山夷,错置屯营,分据要害之地,以固维持之势。又修邵信臣遗迹,激用滍淯诸水以浸原田万余顷,分疆刊石,使有定分,公私同利。众庶赖之,号曰"杜父"。旧水道唯沔汉达江陵千数百里,北无通路。又巴丘湖,沅湘之会,表里山川,实为险固,荆蛮之所恃也。预乃开杨口,起夏水达巴陵千余里,内泻长江之险,外通零桂之漕。南土歌之曰:"后世无叛由杜翁,孰识智名与勇功。"

预公家之事,知无不为。凡所兴造,必考度始终,鲜有败事。或讥其意碎者,预曰:"禹稷之功,期于济世,所庶几也。"

预好为后世名,常言"高岸为谷,深谷为陵",刻石为二碑,纪其勋绩,一沉万山之下,一立岘山之上,曰:"焉知此后不为陵谷乎!"

预身不跨马,射不穿札,而每在大事,辄居将率之列。结交接物,恭而有礼,问无所隐,诲人不倦,敏于事而慎于言。既立功之后,从容无事,乃耽思经籍,为《春秋左氏经传集解》。又参考众家谱策,谓之《释例》。又作《盟会图》、《春秋长历》,备成一家之学,比老乃成。又撰《女记赞》。当时论者谓预文义质直,世人未之重,唯秘书监挚虞赏之,曰:"左丘明本为《春秋左传》,而《左传》遂自孤行。《释例》本为《传》设,而所发明何但《左传》,故亦孤行。"

时王济解相马,又甚爱之,而和峤颇聚敛,预常称"济有马癖,峤有钱癖"。武帝闻之,谓预曰:"卿有何癖?"对曰:"臣有《左传癖。”

预在镇，数饷遗洛中贵要。或问其故，预曰：“吾但恐为害，不求益也。”

预初在荆州，因宴集，醉卧斋中。外人闻呕吐声，窃窥于户，止见一大蛇垂头而吐。闻者异之。

其后征为司隶校尉，加位特进，行次邓县而卒，时年六十三。帝甚嗟悼，追赠征南大将军、开府仪同三司，谥曰成。

预先为遗令，曰：“古不合葬，明于终始之理，同于无有也。中古于人改而合之，盖以别合无在，更缘生以示教也。自此以来，大人君子或合或否，未能知生，安能知死，故各以己意所欲也。吾往为县郎，尝以公事使过密县之邢山。山上有冢，问耕父，云是郑大夫祭仲，或云子产之冢也，遂率从者祭而观焉。其造冢居山之顶，四望周达，连山体南北之正而邢东北，向新郑城，意不忘本也。其隧道唯塞其后而空其前，不填之，示藏无珍宝，不取于重深也。山多美石不用，必集洧水自然之石以为冢藏，贵不劳工巧，而此石不入世用也。君子尚其有情，小人无利可动，历千载无毁，俭之致也。吾去春入朝，因郭氏丧亡，缘陪陵旧义，自表营洛阳城东首阳之南为将来兆域。而所得地中有小山，上无旧冢。其高显虽未足比邢山，然东奉二陵，西瞻宫阙，南观伊洛，北望夷叔，旷然远览，情之所安也。故遂表树开道，为一定之制。至时皆用洛水圆石，开隧道南向，仪制取法于郑大夫，欲以俭自完耳。棺器小敛之事，皆当称此。”子孙一以遵之。子锡嗣。

锡，字世瑕。少有盛名，起家长沙王乂文学，累迁太子中舍人。性亮直忠烈，屡谏愍怀太子，言辞恳切，太子患之。后置针著锡常所坐处毡中，刺之流血。他日，太子问锡：“向著何事？”锡对：“醉不知。”太子诘之曰：“君喜责人，何自作过也。”后转卫将军长史。赵王伦篡位，以为治书御史。孙秀求交于锡，而锡拒之，秀虽衔之，惮其名高，不敢害也。惠帝反政，迁吏部郎、城阳太守，不拜，仍迁尚书左丞。年四十八卒，赠散骑常侍。子乂嗣，在《外戚传》。

史臣曰：泰始之际，人只呈睨，羊公起平吴之策，其见天地之心焉。昔齐有黔夫，燕人祭北门之鬼；赵有李牧，秦王罢东并之势。桑枝不竞，瓜润空惭。垂大信于南服，倾吴人于汉渚，江衢如砥，襁袄同归。而在乎成功弗居，幅巾穷巷，落落焉其有风飚者也。杜预不有生知，用之则习，振长策而攻取，兼儒风而转战。孔门称四，则仰止其三；《春秋》有五，而独擅其一，不其优欤！夫三年之丧，云无贵贱。虽纤夺于在位，可以兴嗟；既葬释于储君，何其斯酷。徇以苟合，不求其正，以当代之元良，为诸侯之庶子，檀弓习于变礼者也，杜预其有焉。

赞曰：汉池西险，吴江左回。羊公恩信，百万归来。昔之誓旅，怀经罕素。元凯文场，称为"武库"。

晋书卷三五
列传第五

陈骞 子舆　　裴秀 子頠　秀从弟楷
楷子宪

　　陈骞，临淮东阳人也。父矫，魏司徒。矫本广陵刘氏，为外祖陈氏所养，因而改焉。骞沉厚有智谋。初，矫为尚书令，侍中刘晔见幸于魏明帝，潜谮矫专权。矫忧惧，以问骞。骞曰："主上明圣，大人大臣，今若不合意，不过不作公耳。"后帝意果释。骞尚少，为夏侯玄所侮，意色自若，玄以此异之。

　　起家尚书郎，迁中山、安平太守，并著称绩。征为相国司马、长史、御史中丞，迁尚书，封安国亭侯。蜀贼寇陇右，以尚书持节行征蜀将军，破贼而还。会诸葛诞之乱，复以尚书行安东将军。寿春平，拜使持节、都督淮北诸军事、安东将军，进爵广陵侯。转都督豫州诸军事、豫州刺史，持节、将军如故。又转都督江南诸军事，徙都督荆州诸军事、征南大将军，封郯侯。

　　武帝受禅，以佐命之勋，进车骑将军，封高平郡公，迁侍中、大将军，出为都督扬州诸军事，余如故，假黄钺。攻拔吴枳里城，破涂中屯戍，赐骞兄子悝爵关中侯。

　　咸宁初，迁太尉，转大司马。骞因入朝，言于帝曰："胡烈、牵弘皆勇而无谋，强于自用，非绥边之材，将为国耻。愿陛下详之。"时弘为扬州刺史，不承顺骞命。帝以为不协相构，于是征弘，既至，寻复以为凉州刺史。骞窃叹息，以为必败。二人后果失羌戎之和，皆被寇丧没，征讨连岁，仅而得定，帝乃悔之。

骞少有度量，含垢匿瑕，所在有绩。与贾充、石苞、裴哀秀等俱为心膂，而骞智度过之，充等亦自以为不及也。

累处方任，为士庶所怀。既位极人臣，年逾致仕，思欲退身。咸宁三年，求入朝，因乞骸骨。赐衮冕之服，诏曰："骞元勋旧德，统人东夏，方弘远绩，以一吴会，而所苦未除，每表恳切。重劳以方事，今听留京城，以前太尉府为大司马府，增置祭酒二人，帐下司马、官骑、大车、鼓吹皆如前，亲兵百人，厨田十顷，厨园五十亩，厨士十人，器物经用皆留给焉。又给乘舆辇，出入殿中加鼓吹，如汉萧何故事。"骞屡称疾辞位，诏曰："骞履德论道，朕所咨询。方赖谋猷，以弘庶绩，宜时视事。可遣散骑常侍谕意。"骞辄归第，诏又遣侍中敦谕还府。遂固请，许之，位同保傅，在三司之上，赐以几杖，不朝，安车驷马，以高平公还第。帝以其勋旧耆老，礼之甚重。又以骞有疾，听乘舆上殿。

骞素无赛谔之风，然与帝语傲；及见皇太子加敬，时人以为谄。弟稚与其子舆忿争，遂说骞子女秽行，骞表徙弟，以此获讥于世。

元康二年薨，年八十一。加以衮敛，赠太傅，谥曰武。及葬，帝于大司马门临丧，望枢流涕，礼依大司马石苞故事。子舆嗣爵。

舆，字显初。拜散骑侍郎、洛阳令，迁黄门侍郎，历将校左军将军、大司农、侍中。坐与叔父不睦，出为河内太守。舆虽无检正，而有力致。寻卒，子植字弘先嗣。官至散骑常侍。卒，子粹嗣，永嘉中遇害，孝武帝以骞玄孙袭爵。卒，弟子浩之嗣。宋受禅，国除。

裴秀，字季彦，河东闻喜人也。祖茂，汉尚书令。父潜，魏尚书令。秀少好学，有风操，八岁能属文。叔父徽有盛名，宾客甚众。秀年十余岁，有诣徽者，出则过秀。然秀母贱，嫡母宣氏不之礼，尝使进馔于客，见者皆为之起。秀母曰："微贱如此，当应为小儿故也。"宣氏知之，后遂止。时人为之语曰："后进领袖有裴秀。"

渡辽将军毌丘俭尝荐秀于大将军曹爽，曰："生而岐嶷，长蹈自然；玄静守真，性入道奥；博学强记，无文不该；孝友著于乡党，高声闻于远近。诚宜弼佐谟明，助和鼎味，毗赞大府，光昭盛化。非徒子奇、甘罗之俦。兼包颜、冉、游、夏之美。"爽乃辟为掾，袭父爵清阳亭侯，迁黄门侍郎。爽诛，以故吏免。顷之，为廷尉正，历文帝安东及卫将军司马，军国之政，多见信纳。迁散骑常侍。

帝之讨诸葛诞也，秀与尚书仆射陈泰、黄门侍郎钟会以行台从，豫参谋略。及诞平，转尚书，进封鲁阳乡侯，增邑千户。常道乡公立，以豫议定策，进爵县侯，增邑七百户，迁尚书仆射。

魏咸熙初，厘革宪司。时荀颛定礼仪，贾充正法律，而秀改官制焉。秀议五等之爵，自骑督已上六百余人皆封。于是封秀济川侯，地方六十里，邑千四百户，以高苑县济川墟为侯国。

初，文帝未定嗣，而属意舞阳侯攸。武帝惧不得立，问秀曰："人有相否？"因以奇表示之。秀后言于文帝曰："中抚军人望既茂，天表如此，固非人臣之相也。"由是世子乃定。

武帝既即王位，拜尚书令、右光禄大夫，与御史大夫王沉、卫将军贾充俱开府，加给事中。及帝受禅，加左光禄大夫，封钜鹿郡公，邑三千户。

时安远护军郝诩与故人书云："与尚书令裴秀相知，望其为益。"有司奏免秀官。诏曰："不能使人之不加诸我，此古人所难。交关人事，诩之罪耳，岂尚书令能防乎！其勿有所问。"司隶校尉李憙复上言，骑都尉刘尚为尚书令裴秀占官稻田，求禁止秀。诏又以秀干翼朝政，有勋绩于王室，不可以小疵掩大德，使推正尚罪而解秀禁止焉。

久之，诏曰："夫三司之任，以翼宣皇极，弼成王事者也。故经国论道，赖之明哲，苟非其人，官不虚备。尚书令、左光禄大夫裴秀，雅量弘博，思心通远，先帝登庸，赞事前朝。朕受明命，光佐大业，勋德茂著，配踪元凯。宜正位居体，以康庶绩。其以秀为司空。"

秀儒学洽闻，且留心政事，当禅代之际，总纳言之要，其所裁当，礼无违者。又以职在地官，以《禹贡》山川地名，从来久远，多有变易。后世说者或强牵引,渐以暗昧。于是甄摭旧文,疑者则阙,古有名而今无者,皆随事注列,作《禹贡地域图》十八篇,奏之,藏于秘府。其序曰:

图书之设,由来尚矣。自古立象垂制,而赖其用。三代置其官,国史掌厥职。暨汉屠咸阳,丞相萧何尽收秦之图籍。今秘书既无古之地图,又无萧何所得,惟有汉氏《舆地》及《括地》诸杂图。各不设分率,又不考正准望,亦不备载名山大川。虽有粗形,皆不精审,不可依据。或荒外迂诞之言,不合事实,于义无取。

大晋龙兴,混一六合,以清宇宙,始于庸蜀,深入岨。文皇帝乃命有司,撰访吴蜀地域。蜀土既定,六军所经,地域远近,山川险易,征路迂直,校验图记,罔或有差。今上考《禹贡》山海川流,原隰陂泽,古之九州,及今之十六州,郡国系县,疆界乡陬,及古国盟会旧名,水陆径路,为地图十八篇。

制图之体有六焉。一曰分率,所以辨广轮之度也。二曰准望,所以正彼此之体也。三曰道里,所以定所由之数也。四曰高下,五曰方邪,六曰迂直,此三者各因地而制宜,所以校夷险之异也。有图象而无分率,则无以审远近之差;有分率而无准望,虽得之于一隅,必失之于他方;有准望而无道里,则施于山海绝隔之地,不能以相通;有道里而无高下、方邪、迂直之校,则径路之数必与远近之实相违,失准望之正矣,故以此六者参而考之。然远近之实定于分率,彼此之实定于道里,度数之实定于高下、方邪、迂直之算。故虽有峻山钜海之隔,绝域殊之迥,登降诡曲之因,皆可得举而定者。准望之法既正,则曲直远近无所隐其形也。

秀创制朝仪,广陈刑政,朝廷多遵用之,以为故事。在位四载,为当世名公。服寒食散,当饮热酒而饮冷酒,泰始七年薨,时年四十八。诏曰:"司空经德履哲,体蹈儒雅,佐命翼世,勋业弘茂。方将宣献敷制,为世宗范,不幸薨殂,朕甚痛之。其赐秘器、朝服一具、衣一袭、钱三十万、布百匹。谥曰元。"

初，秀以尚书三十六曹统事，准例不明，宜使诸卿任职，未及奏而薨。其友人料其书记，得表草言平吴之事，其词曰："孙皓酷虐，不及圣明御世兼弱攻昧，使遗子孙，将遂不能臣；时有否泰，非万安之势也。臣昔虽已屡言，未有成旨。今既疾笃不起，谨重尸启。愿陛下时共施用。"乃封以上闻。诏报曰："司空薨，痛悼不能去心。又得表草，虽在危困，不忘王室，尽忠忧国。省益伤切，辄当与诸贤共论也。"

咸宁初，与石苞等并为王公，配享庙庭。有二子：濬颀。

濬嗣位，至散骑常侍，早卒。庶子憬不惠，别封高阳亭侯，以濬少弟颀嗣。

颀，字逸民。弘雅有远识，博学稽古，自少知名。御史中丞周弼见而叹曰："颀若武库，五兵纵横，一时之杰也。"贾充即颀从母夫也，表"秀有佐命之勋，不幸嫡长丧亡，遗孤稚弱。颀才德英茂，足以兴隆国嗣。"诏袭爵，固让，不许。太康三年，征为太子中庶子，迁散骑常侍。

惠帝即位，转国子祭酒，兼右军将军。

初，颀兄子憬为白衣，颀论述世勋，赐爵高阳亭侯。杨骏将诛也，骏党左军将军刘豫陈兵在门，遇颀，问太傅所在。颀绐之曰："向于西掖门遇公乘素车，从二人西出矣。"豫曰："吾何之？"颀曰："宜至廷尉。"豫从颀言，遂委而去。寻而诏颀代豫领左军将军，屯万春门。及骏诛，以功当封武昌侯，请以封憬，帝竟封颀次子该。颀苦陈憬本承嫡，宜袭钜鹿，先帝恩旨，辞不获命。武昌之封，己之所蒙，特请以封憬。该时尚主，故帝不听。累迁侍中。

时天下暂宁，颀奏修国学，刻石写经。皇太子既讲，释奠祀孔子，饮飨射侯，甚有仪序。又令荀藩终父勖之志。铸钟凿磬，以备郊庙朝享礼乐。颀通博多闻，兼明医术。荀勖之修律度也，检得古尺，短世所用四分有余。颀上言："宜改诸度量。若未能悉革，可先改太医权衡。此若差违，遂失神农、岐伯之正。药物轻重，分两乖互，所可伤夭，为害尤深。古寿考而今短折者，未必不由此也。"卒不能用。乐广尝与颀清言，欲以理服之，而颀辞论丰博，广笑而不言。时人谓颀为言谈之林薮。

颀以贾后不悦太子，抗表请增崇太子所生谢淑妃位号，仍启增置后卫率吏，给三千兵，于是东宫宿卫万人。迁尚书，侍中如故，加光禄大夫。每授一职，未曾不殷勤固让，表疏十余上，博引古今成败以为言，览之者莫不寒心。

颀深虑贾后乱政，与司空张华、侍中贾模议废之而立谢淑妃。华、模皆曰："帝自无废黜之意，若吾等专行之，上心不以为是。且诸王方刚，朋党异议，恐祸如发机，身死国危，无益社稷。"

颀曰："诚如公虑。但昏虐之人，无所忌惮，乱可立待，将如之何？"华曰："卿二人犹且见信，然勤为左右陈祸福之戒，冀无大悖。幸天下尚安，庶可优游卒岁。"此谋遂寝。

颀旦夕劝说从母广城君，令戒喻贾后亲待太子而已。或说颀曰："幸与中宫内外可得尽言。言若不行，则可辞病屏退。若二者不立，虽有十表，难乎免矣。"颀慨然久之，而竟不能行。

迁尚书左仆射，侍中如故。颀虽后之亲属，然雅望素隆，四海不谓之以亲戚进也，惟恐其不居位。俄复使颀专任门下事，固让，不听。颀上言："贾模适亡，复以臣代，崇外戚之望，彰偏私之举。后族何常有能自保，皆知重亲无脱者也。然汉二十四帝惟孝文、光武、明帝不重外戚，皆保其宗，岂将独贤，实以安理故也。昔穆叔不拜越礼之飨，臣亦不敢闻殊常之诏。"又表云："咎繇谟虞，伊尹相商，吕望翊周，萧张佐汉，咸播功化，光格四极。暨于继体，咎单、傅说、祖己、樊仲，亦隆中兴。或明扬仄陋，或起自庶族，岂非尚德之举，以臻斯美哉！历观近世，不能慕远，溺于近情，多任后亲，以致不静。昔疏广戒太子以舅氏为官属，前世以为知礼。况朝廷何取于外戚，正复才均，尚当先其疏者，以明至公。汉世不用冯野王，即其事也。"表上，皆优诏敦譬。

时以陈准子匡、韩蔚子嵩并侍东宫，颀谏曰："东宫之建，以储皇极。其所与游接，必简英俊，宜用成德。匡、嵩幼弱，未识人理立身之节。东宫实体凤成之表，而今有童子侍从之声，未是光阐遐风之弘理也。"愍怀太子之废也，颐与张华苦争不从，语在《华传》。

颐深患时俗放荡，不尊儒术，何晏、阮籍素有高名于世，口谈浮虚，不遵礼法，尸禄耽宠，仕不事事；至王衍之徒，声誉太盛，位高势重，不以物务自婴，遂相仿效，风教陵迟，乃著《崇有之论》以释其蔽曰：

　　夫总混群本，宗极之道也。方以族异，庶类之品也。形象著分，有生之体也。化感错综，理迹之原也。夫品而为族，则所禀者偏，偏无自足，故凭乎外资。是以生而可寻，所谓理也。理之所体，所谓有也。有之所须，所谓资也。资有攸合，所谓宜也。择乎厥宜，所谓情也。识智既授，虽出处异业，默语殊途，所以宝生存宜，其情一也。众理并而无害，故贵贱形焉。失得由乎所接，故吉凶兆焉。是以贤人君子，知欲不可绝，而交物有会。观乎往复，稽中定务。惟夫用天之道，分地之利，躬其力任，劳而后飨。居以仁顺，守以恭俭，率以忠信，行以敬让，志无盈求，事无过用，乃可济乎！故大建厥极，绥理群生，训物垂范，于是乎在，斯则圣人为政之由也。

　　若乃淫抗陵肆，则危害萌矣。故欲衍则速患，情佚则怨博，擅恣则兴攻，专利则延寇。可谓以厚生而失生者也。悠悠之徒，骇乎若兹之衅，而寻艰争所缘。察夫偏质有弊，而睹简损之善，遂阐贵无之议，而建贱有之论。贱有则必外形；外形则必遗制。遗制，则必忽防，忽防则必忘礼。礼制弗存，则无以为政矣。众之从上，犹水之居器也。故兆庶之情，信于所习；习则心服其业，业服则谓之理然。是以君人必慎所教，班其政刑一切之务，分宅百姓，各授四职，能令禀命之者不肃而安，忽然忘异，莫有迁志。况于据在三之尊，怀所隆之情，敦以为训者哉！斯乃昏明所阶，不可不审。

　　夫盈欲可损而未可绝有也，过用可节而未可谓无贵也。盖有讲言之具者,深列有形之故,盛称空无之美。形器之故有征,空无之义难检,辩巧之文可悦,似象之言足惑。众听眩焉,溺其成说。虽颇有异此心者,辞不获济,屈于所狎,因谓虚无之理,诚不可盖。唱而有和,多往弗反,遂薄综世之务,贱功烈之用,高浮游之业,埤经实之贤。人情所殉,笃夫名利。于是文者衍其辞,讷者赞其旨,染其众也。是以立言藉于虚无,谓之玄妙;年处不亲所司,谓之雅远;奉用散其廉操,谓之旷达。故砥砺之风,弥以陵迟。放者因斯,或悖吉凶之礼,而忽容止之表,渎弃长幼之序,混漫贵贱之级。其甚者,至于裸裎,言笑忘宜,以不惜为弘,士行又亏矣。

老子既著五千之文,表摭秽杂之弊,甄举静一之义,有以令人释然自夷,合于《易》之《损》、《谦》、《艮》、《节》之旨。而静一守本,无虚无之谓也;《损》、《艮》之属,盖君子之一道,非《易》之所以为体守本无也。观老子之书,虽博有所经,而云“有生于无”,以虚为主,偏立一家之辞,岂有以而然哉!人之既生,以保生为全;全之所阶,以顺感为务。若味近以亏业,则沉溺之衅兴;怀末以忘本,则天理之真灭。故动之所交,存亡之会也。夫有非有,于无非无;于无非无,于有非有。是以申纵播之累,而著贵无之文。将以绝所非之盈谬,存大善之中节,收流遁于既过,反澄正于胸怀。宜其以无为辞,而旨在全有,故其辞曰“以为文不足。”若斯,则是所寄之途,一方之言也。若谓至理信以无为宗,则偏而害当矣。先贤达识,以非所滞,示之深论。惟班固著难,未足折其情。孙卿、杨雄大体抑之,犹偏有所许。而虚无之言,日以广衍,众家扇起,各到其说。上及造化,下被万事,莫不贵无,所存金同。情以众固,乃号凡有之理皆义之埤者,薄而鄙焉。辩论人伦及经明之业,遂易门肆。颀用矍然,申其所怀,而攻者盈集。或以为一时口言。有客幸过,咸见命著文,列虚无不允之征。若未能每事释正,则无家之义弗可夺也。颀退而思之,虽君子宅情,无求于显,及其立言,在乎达旨而已。然去圣久远，异同纷纠，苟少有仿佛，可以崇济先典，扶明大业，有益于时，则惟患言之不能，焉得静默，及未举一隅，略示所存而已哉！

夫至无者无以能生，故始生者自生也。自生而必体有，则有遗而生亏矣。生以有为已分，则虚无是有之所谓遗者也。故养既化之有，非无用之所能全也；理既有之众，非无为之所能循也。心非事也，而制事必由于心，然不可以制事以非事，谓心为无也。匠非器也，而制器必须于匠，然不可以制器以非器，谓匠非有也。是以欲收重泉之鳞，非偃息之所能获也；陨高墉之禽，非静拱之所能捷也；审投弦饵之用，非无知之所能览也。由此而观，济有者皆有也，虚无奚益于已有之群生哉！

王衍之徒攻难交至，并莫能屈。又著《辩才论》，古今精义皆辨释焉，未成而遇祸。

初，赵王伦谄事贾后，颁甚恶之。伦数求官，颁与张华复固执不许，由是深为伦所怨。伦又潜怀篡逆，欲先除朝望，因废贾后之际，遂诛之，时年三十四。

二子嵩、该，伦亦欲害之。梁王肜、东海王越称颁父秀有勋王室，配食太庙，不宜灭其后嗣，故得不死，徙带方。惠帝反正，追复颁本官，改葬以卿礼，谥曰成。以嵩嗣爵，为中书黄门侍郎。该出后从伯凯，为散骑常侍。并为乞活贼陈午所害。

楷，字叔则。父徽，魏冀州刺史。楷明悟有识量，弱冠知名，尤精《老》、《易》，少与王戎齐名。钟会荐之于文帝，辟相国掾，迁尚书郎。贾充改定律令，以楷为定科郎。事毕，诏楷于御前执读，平议当否。楷善宣吐，左右属目，听者忘倦。武帝为抚军，妙选僚采，以楷为参军事。吏部郎缺，文帝问其人于钟会。会曰："裴楷清通，王戎简要，皆其选也。"于是以楷为吏部郎。

楷风神高迈，容仪俊爽，博涉群书，特精理义，时人谓之"玉人"，又称"见裴叔则如近玉山，映照人也"。转中书郎，出入宫省，见者肃然改容。武帝初登阼，探策以卜世数多少，既而得一，帝不悦。

群臣失色，莫有言者。楷正容仪，和其声气，从容而进曰："臣闻天得一以清，地得一以宁，王侯得一以为天下贞。"武帝大悦，群臣皆称万岁。俄拜散骑侍郎，累迁散骑常侍、河内太守，入为屯骑校尉、右军将军，转侍中。

石崇以功臣子，有才气，与楷志趣各异，不与之交。长水校尉孙季舒尝与崇酣燕，慢傲过度，崇欲表免之。楷闻之，谓崇曰："足下饮人狂药，责人正礼，不亦乖乎！"崇乃止。

楷性宽厚，与物无忤。不持俭素，每游荣贵，辄取其珍玩。虽车马器服，宿昔之间，便以施诸穷乏。尝营别宅，其从兄衍见而悦之，即以宅与衍。

梁、赵二王，国之近属，贵重当时，楷岁请二国租钱百万，以散亲族。人或讥之，楷曰："损有余以补不足，天之道也。"安于毁誉，其行己任率，皆此类也。

与山涛、和峤并以盛德居位，帝尝问曰："朕应天顺时，海内更始，天下风声，何得何失？"楷对曰："陛下受命，四海承风，所以未比德于尧舜者，但以贾充之徒尚在朝耳。方宜引天下贤人，与弘正道，不宜示人以私。"时任恺、庾纯亦以充为言，帝乃出充为关中都督。充纳女于太子，乃止。平吴之后，帝方修太平之化，每延公卿，与论政道。楷陈三五之风，次叙汉魏盛衰之迹。帝称善，坐者皆叹服焉。

楷子瓒娶杨骏女，然楷素轻骏，与之不平。骏既执政，乃转为卫尉，迁太子少师，优游无事，默如也。及骏诛，楷以婚亲收付廷尉，将如法。是日事起仓卒，诛戮纵横，众人为之震恐。楷容色不变，举动自若，索纸笔与亲故书。赖侍中傅祗救护得免，犹坐去官。太保卫瓘、太宰亮称楷贞正不阿附，宜蒙爵土，乃封临海侯，食邑二千户。代楚王玮为北军中侯，加散骑常会。玮怨瓘、亮斥己任楷，楷闻之，不敢拜，转为尚书。

楷长子舆先娶亮女，女适卫瓘子，楷虑内难未已，求出外镇，除安南将军、假节、都督荆州诸军事，垂当发而玮果矫诏诛亮、瓘。玮以楷前夺己中候，又与亮、瓘婚亲，密遣讨楷。楷素知玮有望于己，闻有变，单车入城，匿于妻父王浑家，与亮小子一夜八徙，故得免难。玮既伏诛，以楷为中书令，加侍中，与张华、王戎并管机要。

楷有渴利疾，不乐处势。王浑为楷请曰："楷受先帝拔擢之恩，复蒙陛下宠遇，诚竭节之秋也。然楷性不竞于物，昔为常侍，求出为河内太守；后为侍中，复求出为河南尹；与杨骏不平，求为卫尉；及转东宫，班在时类之下，安于淡退，有识有以见其心也。楷今委顿，臣深忧之。光禄勋缺，以为可用。今张华在中书，王戎在尚书，足举其契，无为复令楷入。名臣不多，当见将养，不违其志，要其远济之益。"不听，就加光禄大夫、开府仪同三司。及疾笃，诏遣黄门郎王衍省疾，楷回眸瞩之曰："竟未相识。"衍深叹其神俊。

楷有知人之鉴，初在河南，乐广侨居郡界，未知名，楷见而奇之，致之于宰府。尝目夏侯玄云"肃肃如入宗庙中，但见礼乐器"，钟会"如观武库森森，但见矛戟在前"，傅嘏"汪翔靡所不见"，山涛"若登山临下，幽然深远"。

初，楷家炊黍在甑，或变如拳，或作血，或作芜菁子。其年而卒，时年五十五，谥曰元。有五子：舆、瓒、宪、礼、逊。

舆，字祖明。少袭父爵，官至散骑侍郎，卒谥曰简。

瓒，字国宝，中书郎，风神高迈，见者皆敬之。特为王绥所重，每从其游。绥父戎谓之曰："国宝初不来，汝数往，何也？"对曰："国宝虽不知绥，绥自知国宝。"杨骏之诛，为乱兵所害。

宪，字景思。少而颖悟，好交轻侠。及弱冠，更折节严重，修尚儒学，足不逾阈者数年。陈郡谢鲲、颍川庾敳皆俊朗士也，见而奇之，相谓曰："裴宪鲠亮宏达，通机识命，不知其何如父；至于深弘保素，不以世物婴心者，其殆过之。"

初，侍讲东宫，历黄门吏部郎、侍中。东海王越以为豫州刺史、北中郎将、假节。王浚承制，以宪为尚书。永嘉末，王浚为石勒所破，枣嵩等莫不谢罪军门，贡赂交错，惟宪及荀绰恬然私室。勒素闻其名，召而谓之曰："王浚虐暴幽州，人鬼同疾。孤恭行乾宪，拯兹黎元，羁旧咸欢，庆谢交路。二君齐恶傲威，诚信阻绝，防风之戮，将谁归乎?"宪神色侃然,泣而对曰:"臣等世荷晋荣,恩遇隆重。王浚凶粗丑正,尚晋之遗藩。虽欣圣化,义阻诚心。且武王伐纣,表商容之闾,未闻商容在倒戈之例也。明公既不欲以道化厉物,必于刑忍为治者,防风之戮,臣之分也。请就辟有司。"不拜而出。勒深嘉之,待以宾礼。勒乃簿王浚官寮亲属,皆赀至巨万,惟宪与荀绰家有书百余帙,盐米各十数斛而已。勒闻之,谓其长史张宾曰:"名不虚也。吾不喜得幽州,喜获二子。"署从事中郎,出为长乐太守。及勒僭号,未遑制度,宪与王波为之撰朝仪,于是宪章文物,拟于王者。勒大悦,署太中大夫,迁司徒。

及季龙之世,弥加礼重。宪有二子:挹、榖,并以文才知名。鹈仕季龙为太子中庶子、散骑常侍。挹、鹈俱豪侠耽酒,好臧否人物。与河间邢鱼有隙,鱼窃乘榖马奔段辽,为人所获,鱼诬榖使己以季龙当袭鲜卑,告之为备。时季龙适谋伐辽,而与鱼辞正会。季龙悉诛挹、榖,宪亦坐免。未几,复以为右光禄大夫、司徒、太傅,封安定郡公。

宪历官无干绩之称,然在朝玄默,未尝以物务经怀。但以德重名高,动见尊礼。竟卒于石氏,以族人峙子迈为嗣。

楷长兄黎,次兄康,并知名。

康子盾,少历显位。永嘉中,为徐州刺史,委任长史司马奥。奥劝盾刑杀立威,大发良人为兵,有不奉法者,罪便至死。在任三年,百姓嗟怨。东海王越,盾妹夫也。越既薨,骑督满衡便引所发良人东还。寻而刘元海遣将王桑、赵固向彭城,前锋数骑至下邳,文武不堪苛政,悉皆散走。盾、奥奔淮阴,妻子为贼人所得。奥又诱盾降赵固。固妻盾女,有宠,盾向女涕泣,固遂杀之。

盾弟邵,字道期。元帝为安东将军,以邵为长史,王导为司马,二人相与为深交。征为太子中庶子,复转散骑常侍,使持节、都督扬州江西淮北诸军事、东中郎将,随越出项,而卒于军中。及王导为司空,既拜,叹曰:"裴道期、刘王乔在,吾不得独登此位。"导子仲豫与康同字,导思旧好,乃改为敬豫焉。

楷弟绰,字季舒,器宇宏旷,官至黄门侍郎、长水校尉。

绰子遐,善言玄理,音辞清畅,冷然若琴瑟。尝与河南郭象谈论,一坐嗟服。又尝在平东将军周馥坐,与人围棋。馥司马行酒,遐未即饮,司马醉怒,因曳遐堕地。遐徐起还坐,颜色不变,复棋如故。其性虚和如此。东海王越引为主簿,后为越子毗所害。

初,裴、王二族盛于魏晋之世,时人以为“八裴”方“八王”:徽比王祥,楷比王衍,康比王绥,绰比王澄,瓒比王敦,遐比王导,頠比王戎,邈比王玄云。

史臣曰:周称多士,汉曰得人,取类星象,頠颁符契。时乏名流,多以干翮相许,自家光国,岂陈骞之谓欤! 秀则声盖朋僚,称为领袖。楷则机神幼发,目以清通。俱为晋代名臣,良有以也。

赞曰:世既顺才,才膺世至。高平沉敏,蕴兹名器。钜鹿自然,亦云经笥。娲皇炼石,晋图开秘。頠有清规,承家来媚。

晋书卷三六
列传第六

卫瓘 子恒 孙璪 玠　张华 子祎 韪
刘卞

卫瓘,字伯玉,河东安邑人也。高祖暠,汉明帝时,以儒学自代郡征,至河东安邑卒,因赐所亡地而葬之,子孙遂家焉。父觊,魏尚书。

瓘年十岁丧父,至孝过人。性贞静有名理,以明识清允称。袭父爵阌乡侯。弱冠为魏尚书郎。时魏法严苛,母陈氏忧之,瓘自请得徙为通事郎,转中书郎。时权臣专政,瓘优游其间,无所亲疏,甚为傅嘏所重,谓之"宁武子"。在位十年,以任职称,累迁散骑常侍。陈留王即位,拜侍中,持节慰劳河北。以定议功,增邑户。数岁转廷尉卿。瓘明法理,每至听讼,小大以情。

邓艾、钟会之伐蜀也,瓘以本官持节监艾、会军事,行镇西军司,给兵千人。蜀既平,艾辄承制封拜。会阴怀异志,因艾专擅,密与瓘俱奏其状。诏使槛车征之,会遣瓘先收艾。会以瓘兵少,欲令艾杀瓘,因加艾罪。瓘知欲危己,然不可得而距,乃夜至成都,檄艾所统诸将,称诏收艾,其余一无所问。若来赴官军,爵赏如先;敢有不出,诛及三族。比至鸡鸣,悉来赴瓘,唯艾帐内在焉。平旦开门,瓘乘使者车,径入至成都殿前。艾卧未起,父子俱被执。艾诸将图欲动艾,整仗趣瓘营。瓘轻出迎之,伪作表草,将申明艾事,诸将信之而止。

俄而会至，乃悉请诸将胡烈等，因执之，囚益州解舍，遂发兵反。于是士卒思归，内外骚动，人情忧惧。会留相谋议，乃书版云"欲杀胡烈等"，举以示瓘，瓘不许，因相疑贰。瓘如厕，见胡烈故给使，使宣语三军，言会反。会逼瓘定议，经宿不眠，各横刀膝上。在外诸军已潜欲攻会，瓘既不出，未敢先发。会使瓘慰劳诸军。瓘心欲去，且坚其意，曰："卿三军主，宜自行。"会曰："卿监司，且先行，吾当后出。"瓘便下殿。会悔遣之，使呼瓘。瓘辞眩疾动，诈仆地。比出阁，数十信追之。瓘至外解，服盐汤，大吐。瓘素羸，便似困笃。会遣所亲人及医视之，皆言不起，会由是无所惮。及暮，门闭，瓘作檄宣告诸军。诸军并已唱义，陵旦共攻会。会率左右距战，诸将击败之，唯帐下数百人随会绕殿而走，尽杀之。瓘于是部分诸将，群情肃然。

邓艾本营将士复追破槛车出艾，还向成都。瓘自以与会共陷艾，惧为变，又欲专诛会之功，乃遣护军田续至绵竹，夜袭艾于三造亭，斩艾及其子忠。初，艾之入江由也，以续不进，将斩之，既而赦焉。及瓘遣续，谓之曰："可以报江由之辱矣。"

事平，朝议封瓘。瓘以克蜀之功，群帅之力，二将跋扈，自取灭亡，虽运智谋，而无搴旗之效，固让不受。除使持节、都督关中诸军事、镇西将军，寻迁都督徐州诸军事、镇东将军，增封菑阳侯，以余爵封弟实开阳亭侯。

泰始初，转征东将军，进爵为公，都督青州诸军事、青州刺史，加征东大将军、青州牧。所在皆有政绩。除征北大将军、都督幽州诸军事、幽州刺史、护乌桓校尉。至镇，表立平州，后兼督之。于时幽、并东有务桓，西有力微，并为边害。瓘离间二虏，遂致嫌隙，于是务桓降而力微以忧死。朝廷嘉其功，赐一子亭侯。瓘乞以封弟，未受命而卒，子密受封为亭侯。瓘六男无爵，悉让二弟，远近称之。累求入朝，既至，武帝善遇之，俄使旋镇。

咸宁初，征拜尚书令，加侍中。性严整，以法御下，视尚书若参佐，尚书郎若掾属。瓘学问深博，明习文艺，与尚书郎敦煌索靖俱善草书,时人号为"一台二妙"。汉末张芝亦善草书,论者谓瓘得伯英筋,靖得伯英肉。

太康初,迁司空,侍中、令如故。为政清简,甚得朝野声誉。武帝敕瓘第四子宣尚繁昌公主。瓘自以诸生之胄,婚对微素,抗表固辞,不许。又领太子少傅,加千兵百骑鼓吹之府。以日蚀,瓘与太尉汝南王亮、司徒魏舒俱逊位,帝不听。

瓘以魏立九品,且权时之制,非经通之道,宜复古乡举里选。与太尉亮等上疏曰:"昔圣王崇贤,举善而教,用使朝廷德让,野无邪行。诚以闾伍之政,足以相检,询事考言,必得其善,人知名不可虚求,故还修其身。是以崇贤而俗益穆,黜恶而行弥笃。斯则乡举里选者,先王之令典也。自兹以降,此法陵迟。魏氏承颠覆之运,起丧乱之后,人士流移,考详无地,故立九品之制,粗具一时选用之本耳。其始造也,乡邑清议,不拘爵位,褒贬所加,足为劝励,犹有乡论余风。中间渐染,遂计资定品,使天下观望,唯以居位为贵,人弃德而忽道业,争多少于锥刀之末,伤损风俗,其弊不细。今九域同规,大化方始,臣等以为宜皆荡除下法,一拟古制,以土断定,自公卿以下,皆以所居为正,无复悬客远属异土者。如此,则同乡邻伍,皆为邑里,郡县之宰,即以居长,尽除中正九品之制,使举善进才,各由乡论。然则下敬其上,人安其教,俗与政俱清,化与法并济。人知善否之教,不在交游,即华竞自息,各求于己矣。今除九品,则宜准古制,使朝臣共相举任,于出才之路既博,且可以厉进贤之公心,核在位之明暗,诚令典也。"武帝善之,而卒不能改。

惠帝之为太子也,朝臣咸谓纯质,不能亲政事。瓘每欲陈启废之,而未敢发。后会宴陵云台,瓘托醉,因跪帝床前曰:"臣欲有所启。"帝曰:"公所言何耶?"瓘欲言而止者三,因以手抚床曰:"此座可惜!"帝意乃悟,因谬曰:"公真大醉耶?"瓘于此不复有言。贾后由是怨瓘。

宣尚公主,数有酒色之过。杨骏素与瓘不平,骏复欲自专权重,宣若离婚,瓘必逊位,于是遂与黄门等毁之,讽帝夺宣公主。瓘惭惧,告老逊位。乃下诏曰:"司空瓘年未致仕,而逊让历年,欲及神志未衰,以果本情,至真之风,实感吾心。今听其所执,进位太保,以公就第。给亲兵百人,置长史、司马、从事中郎掾属;及大车、官骑、麾盖、鼓吹诸威仪,一如旧典。给厨田十顷、园五十亩、钱百万、绢五百匹;床帐簟褥,主者务令优备,以称吾崇贤之意焉。"有司又奏收宣付廷尉,免瓘位,诏不许。帝后知黄门虚构,欲还复主,而宣疾亡。

惠帝即位,复瓘千兵。及杨骏诛,以瓘录尚书事,加绿绶绶,剑履上殿,入朝不趋,给骑司马,与汝南王亮共辅朝政。亮奏遣诸王还藩,与朝臣廷议,无敢应者,唯瓘赞其事,楚王玮由是憾焉。贾后素怨瓘,且忌其方直,不得骋己淫虐;又闻瓘与玮有隙,遂谤瓘与亮欲为伊、霍之事,启帝作手诏,使玮免瓘等官。黄门赍诏授玮,玮性轻险,欲骋私怨,夜使清河王遐收瓘。左右疑遐矫诏,咸谏曰:"礼律刑名,台辅大臣,未有此比,且请距之。须自表得报,就戮未晚也。"瓘不从,遂与子恒、岳、裔及孙等九人同被害,时年七十二。恒二子璪、玠,时在医家得免。

初,杜预闻瓘杀邓艾,言于众曰:"伯玉其不免乎!身为名士,位居总帅,既无德音,又不御下以正,是小人而乘君子之器,当何以堪其责乎?"瓘闻之,不俟驾而谢。终如预言。初,瓘家人炊饮,堕地尽化为螺,岁余而及祸。太保主簿刘繇等冒难收瓘而葬之。

初,为司空,时帐下督荣晦有罪,瓘斥遣之。及难作,随兵讨瓘,故子孙皆及于祸。

楚王玮之伏诛也,瓘女与国臣书曰:"先公名谥未显,无异凡人,每怪一国蔑然无言。《春秋》之失,其咎安在?悲愤感慨,故以示意。"于是繇等执黄幡,挝登闻鼓,上言曰:"初,矫诏者至,公承诏当免,即便奉送章绶,虽有兵仗,不施一刃,重敕出第,单车从命。知矫诏之文唯免公官,右军以下即承诈伪,违其本文,辄戮宰辅,不复表上,横收公子孙辄皆行刑,贼害大臣父子九人。伏见诏书'为楚王所诳误,非本同谋者皆弛违'。如书之旨,谓里舍人被驱逼赍白杖者耳。律:"受教杀人,不得免死。"况乎手害功臣,贼杀忠良,虽云非谋，理所不赦。今元恶虽诛，杀贼犹存。臣惧有司未详事实，或有纵漏，不加精尽，使公父子仇贼不灭，冤魂永恨，诉于穹苍，酷痛之臣，悲于明世。臣等身被创痍，殡敛始讫。谨条瓘前在司空时，帐下给使荣晦无情被黜，知瓘前家人数、小孙名字。晦后转给右军，其夜晦在门外扬声大呼，宣诏免公还第。及门开，晦前到中门，复读所赍伪诏，手取公章绶貂蝉，催公出第。晦按次录瓘家口及其子孙，皆兵仗将送，著东亭道北围守，一时之间，便皆斩斫。害公子孙，实由于晦。及将人劫盗府库，皆晦所为。考晦一人，众奸皆出。乞验尽情伪，加以族诛。"诏从之。

朝廷以瓘举门无辜受祸，乃追瓘伐蜀勋，封兰陵郡公，增邑三千户，谥曰成，赠假黄钺。

恒，字巨山，少辟司空齐王府，转太子舍人、尚书郎、秘书丞、太子庶子、黄门郎。

恒善草隶书，为《四体书势》，曰：

昔在黄帝，创制造物。有沮诵、仓颉者，始作书契，以代结绳，盖睹鸟迹以兴思也。因而遂滋，则谓之字，有六义焉。一曰指事，上、下是也。二曰象形，日、月是也。三曰形声，江、河是也。四曰会意，武、信是也。五曰转注，老、考是也。六曰假借，令、长是也。夫指事者，在上为上，在下为下。象形者，日满月亏，效其形也。形声者，以类为形，配以声也。会意者，止戈为武，人言为信也。转注者，以老寿考也。假借者，数言同字，其声虽异，文意一也。自黄帝至三代，其文不改。及秦用篆书，焚烧先典，而古文绝矣。汉武时，鲁恭王坏孔子宅，得《尚书》、《春秋》、《论语》、《孝经》。时人以不复知有古文，谓之科斗书。汉世秘藏，希得见之。魏初传古文者，出于邯郸淳。恒祖敬侯写淳《尚书》，后以示淳，而淳不别。至正始中，立三字石经，转失淳法，因科斗之名，遂效其形。太康元年，汲县人盗发魏襄王冢，得策书十余万言。案敬侯所书，犹有仿佛。古书亦有数种，其一卷论楚事者最为工妙，恒窃悦之，故竭愚思，以赞其美，愧不足厕前贤之作，冀以存古人之象焉。古无别名，谓之"字势"云。

"黄帝之史，沮诵、仓颉，眺彼鸟迹，始作书契。纪纲万事，垂法立制，帝典用宣，质文著世。爰暨暴秦，滔天作戾，大道既泯，古文亦灭。魏文好古，世传丘坟，历代莫发，真伪靡分。大晋开元，弘道敷训，天垂其象，地耀其文。其文乃耀，粲矣其章，因声会意，类物有方：日处君而盈其度，月执臣而亏其旁；云委蛇而上布，星离离以舒光；禾卉苯蓴以垂颖，山岳峨嵯而连冈；虫跂跂其若动，鸟似飞而未扬。观其错笔缀墨，用心精专；势和体均，发止无间。或守正循检，矩折规旋；或方员靡则，因事制权。其曲如弓，其直如弦。矫然特出，若龙腾于川；森尔下颓，若雨坠于天。或引笔奋力，若鸿雁高飞，逸逸翩翩；或纵肆阿那，若流苏悬羽，靡靡绵绵。是故远而望之，若翔风厉水，清波漪涟；就而察之，有若自然。信黄唐之遗迹，为六艺之范先。籀篆盖其子孙，隶草乃其曾玄。睹物象以致思，非言辞之所宣"。

昔周宣王时，史籀始著《大篆》十五篇，或与古同，或与古异，世谓之"籀书"者也。及平王东迁，诸侯力政，家殊国异，而文字乖形。秦始皇帝初兼天下，丞相李斯乃奏益之，罢不合秦文者。斯作《仓颉篇》，中车府令赵高作《爰历篇》，太史令胡毋敬作《博学篇》，皆取史籀《大篆》，或颇省改，所谓小篆者。或曰，下土人程邈为衙狱吏，得罪始皇，幽系云阳十年，从狱中作大篆，少者增益，多者损减，方者使员，员者使方，奏之始皇。始皇善之，出以为御史，使定书。或曰，邈所定乃隶字也。自秦坏古文，有八体，一曰大篆；二曰小篆；三曰刻符；四曰虫书；五曰摹印；六曰署书；七曰殳书；八曰隶书。王莽时，使司空甄丰校文字部，改定古文，复有六书。一曰古文，孔氏壁中书也。二曰奇字，即古文而异者也。三曰篆书，秦篆书也。四曰佐书，即隶书也。五曰缪篆，所以摹印也。六曰鸟书，所以书幡信也。及许慎撰《说文》，用篆书为正，以为体例，最可得而论也。秦时李斯号为二篆，诸山及铜人铭皆斯书也。汉建初中，扶风曹喜少异于斯，而亦称善。邯郸淳师焉，略究其妙，韦诞师淳而不及也。太和中，诞为武都太守，以能书，留补侍中，魏氏宝器铭题皆诞书也。汉末又有蔡邕，采斯、喜之法，为古今杂形，然精密闲理不如淳也。

邕作《篆势》曰："鸟遗迹，皇颉循。圣作则，制斯文。体有六，篆为真。形要妙，巧入神。或龟文针列，栉比龙鳞；纾体放尾，长短复身；颓若黍稷之垂颖，蕴若虫蛇之焚缊；扬波振擎，鹰跱鸟震，延颈胁翼，势似陵云。或轻笔内投，微本浓末，若绝若连；似水露绿丝，凝垂下端；从者如悬，衡者如编；杳杪邪趣，不方不员；若行若飞，跂跂翾翾。远而望之，象鸿鹄群游，骆驿迁延；迫而视之，端际不可得见，指㧑不可胜原。研桑不能数其诘屈，离娄不能睹其隙间，般倕揖让而辞巧，籀诵拱手而韬翰。处篇籍之首目，粲斌斌其可观。摛华艳于纨素，为学艺之范先。喜文德之弘懿，愠作者之莫刊。思字体之俯仰，举大略而论旃。"

秦既用篆，奏事繁多，篆字难成，即令隶人佐书，曰隶字。汉因行之，独符、印玺、幡信、题署用篆。隶书者，篆之捷也。上谷王次仲始作楷法。至灵帝好书，时多能者，而师宜官为最，大则一字径丈，小则方寸千言，甚矜其能。或时不持钱诣酒家饮，因书其壁，雇观者以酬酒，讨钱足而灭之。每书辄削而焚其柎。梁鹄乃益为版而饮之酒，候其醉而窃其柎。鹄卒以书至选部尚书。宜官后为袁术将，今钜鹿宋子有《耿球碑》，是术所立，其书甚工，云是宜官也。梁鹄奔刘表，魏武帝破荆州，募求鹄。鹄之为选部也，魏武欲为洛阳令，而以为北部尉，故惧而自缚诣门，署军假司马；在秘书以勤书自效，是以今者多有鹄手迹。魏武帝悬著帐中，及以钉壁玩之，以为胜宜官。今宫殿题署多是鹄象。鹄宜为大字，邯郸淳宜为小字。鹄谓淳得次仲法，然鹄之用笔尽其势矣。鹄弟子毛弘教于秘书，今八分皆弘法也。汉末有左子邑,小与淳、鹄不同,然亦有名。

魏初有钟、胡二家为行书法,俱学之于刘德升,而钟氏小异,然亦各有巧,今大行于世云。作《隶势》曰:"鸟迹之变,乃惟佐隶。蠲彼繁文,崇此简易。厥用既弘,体象用度。焕若星陈,郁若云布。其大径寻,细不容发。随事从宜,靡有常制。或穹隆恢廓,或栉比针列,或砥平绳直,或蜿蜒胶戾,或长邪角趣,或规旋矩折。修短相副,异体同势。奋笔轻举,离而不绝。纤波浓点,错落其间。若钟虡设张,庭燎飞烟。崭岩嵯峨,高下属连。似崇台重宇,增云冠山。远而望之,若飞龙在天;近而察之,心乱目眩。奇姿谲诡,不可胜原。研桑所不能计,宰赐所不能言。何草篆之足算,而斯文之未宣。岂体大之难睹,将秘奥之不传?聊俯仰而详观,举大较而论旃。"

汉兴而有草书,不知作者姓名。至章帝时,齐相杜度号善作篇。后有崔瑗、崔实,亦皆称工。杜氏杀字甚安,而书体微瘦。崔氏甚得笔势,而结字小疏。弘农张伯英者,因而转精甚巧。凡家之衣帛,必书而后练之。临池学书,池水尽黑。下笔必为楷则,号忩忩不暇草书。寸纸不见遗,至今世尤宝其书,韦仲将谓之"草圣"。伯英弟文舒者,次伯英。又有姜孟颖、梁孔达、田彦和及韦仲将之徒,皆伯英弟子,有名于世,然殊不及文舒也。罗叔景、赵元嗣者,与伯英并时,见称于西州,而矜巧自与,众颇惑之。故英自称"上比崔、杜不足,下方罗、赵有余"。河间张超亦有名,然虽与崔氏同州,不如伯英之得其法也。

崔瑗作《草书势》曰:"书契之兴,始自颉皇。写彼鸟迹,以定文章。爰暨末叶,典籍弥繁。时之多僻,政之多权。官事荒芜,剿其墨翰。惟作佐隶,旧字是删。草书之法,盖又简略。应时谕指,用于卒迫。兼功并用,爱日省力。纯俭之变,岂必古式。观其法象,俯仰有仪。方不中矩,员不副规;抑左扬右,望之若崎。竦企鸟峙,志在飞移;狡兽暴骇,将奔未驰。或黝黭点黡,状似连珠,绝而不离,畜怒怫郁,放逸生奇。或凌遽惴栗,若据

槁临危；旁点邪附，似蜩螗捣枝。绝笔收势，余綖纠结，若杜伯
捷毒缘巇，腾蛇赴穴，头没尾垂。是故远而望之，隀焉若沮岑崩
崖；就而察之，一画不可移。机微要妙，临时从宜。略举大较，
仿佛若斯。"

及瓘为楚王玮所构，恒闻变，以何劭，嫂之父也，从墙孔中诣
之，以问消息。劭知而不告。恒还经厨下，收人正食，因而遇害。后
赠长水校尉，谥兰陵贞世子。二子：璪、玠。

璪，字仲宝，袭瓘爵。后东海王越以兰陵益其国，改封江夏郡
公，邑八千五百户。怀帝即位，为散骑侍郎。永嘉五年，没于刘聪。
元帝以瓘玄孙崇嗣。

玠，字叔宝。年五岁，风神秀异。祖瓘父曰："此儿有异于众，顾
吾年老，不见其成长耳！"总角乘羊车入市，见者皆以为"玉人"，观
之者倾都。骠骑将军王济，玠之舅也，俊爽有风姿，每见玠，辄叹曰：
"珠玉在侧，觉我形秽。"又尝语人曰："与玠同游，冏若明珠之在侧，
朗然照人。"及长，好言玄理。其后多病体羸，母恒禁其语。遇有胜
日，亲友时请一言，无不咨嗟，以为入微。琅邪王澄有高名，少所推
服，每闻玠言，辄叹息绝倒。故时人为之语曰："玠谈道，平子绝倒。"
澄及王玄、王济并有盛名，皆出玠下，世云"王家三子，不知卫家一
儿。"玠妻父乐广，有海内重名，议者以为"妇公冰清，女婿玉润。"

辟命屡至，皆不就。久之，为太傅西阁祭酒，拜太子洗马。玠为
散骑侍郎，内侍怀帝。玠以天下大乱，欲移家南行。母曰："我不能
舍仲宝去也。"玠启论深至，为门户大计，母涕泣从之。临别，玠谓兄
曰："在三之义，人之所重。今可谓致身之日，兄其勉之。"乃扶舆母
转至江夏。

玠妻先亡。征南将军山简见之，甚相钦重。简曰："昔戴叔鸾嫁
女，唯贤是与，不问贵贱，况卫氏权贵门户令望之人乎！"于是以女
妻焉。遂进豫章。是时大将军王敦镇豫章，长史谢鲲先雅重玠，相
见欣然，言论弥日。敦谓鲲曰："昔王辅嗣吐金声于中朝，此子复玉
振于江表，微言之绪，绝而复续。不意永嘉之末，复闻正始之音，何

平叔若在,当复绝倒。"玠尝以人有不及,可以情恕;非意相干,可以理遣,故终身不见喜愠之容。

以王敦豪爽不群,而好居物上,恐非国之忠臣,求向建邺。京师人士闻其姿容,观者如堵。玠劳疾遂甚,永嘉六年卒,时年二十七。时人谓玠被看杀。葬于南昌。谢鲲哭之恸,人问曰:"子有何恤而致斯哀?"答曰:"栋梁折矣,不觉哀耳。"咸和中,改窆于江宁。丞相王导教曰:"卫洗马明当改葬。此君风流名士,海内所瞻,可修薄祭,以敦旧好。"后刘惔、谢尚共论中朝人士,或问:"杜乂可方卫洗马不?"尚曰:"安得相比,其间可容数人。"惔又云:"杜乂肤清,叔宝神清。"其为有识者所重若此。于时中兴名士,唯王承及玠为当时第一云。

恒族弟展,字道舒,历尚书郎、南阳太守。永嘉中,为江州刺史,累迁晋王大理。诏有考子证父,或鞭父母问子所在,展以为恐伤正教,并奏除之。中兴建,为廷尉,上疏宜复肉刑,语在《刑法志》。卒,赠光禄大夫。

张华,字茂先,范阳方城人也。父平,魏渔阳郡守。华少孤贫,自牧羊,同郡卢钦见而器之。乡人刘放亦奇其才,以女妻焉。华学业优博,辞藻温丽,朗赡多通,图纬方伎之书莫不详览。少自修谨,造次必以礼度。勇于赴义,笃于周急。器识弘旷,时人罕能测之。初未知名,著《鹪鹩赋》以自寄。其词曰:

何造化之多端,播群形于万类。惟鹪鹩之微禽,亦摄生而受气,育翩翾之陋体,无玄黄以自贵;毛无施于器用,肉不登乎俎味。鹰鹯过犹戢翼,尚何惧于罿罦!翳荟蒙笼,是焉游集。飞不飘扬,翔不翕习。其居易容,其求易给;巢林不过一枝,每食不过数粒。栖无所滞,游无所盘;匪陋荆棘,匪荣茝兰。动翼而逸,投足而安。委命顺理,与物无患。伊兹禽之无知,而处身之似智。不怀宝以贾害,不饰表以招累。静守性而不矜,动因循而简易。任自然以为资,无诱慕于世伪。

雕鹗介其觜距,鹄鹭轶于云际,鹍鸡窜于幽险,孔翠生乎遐裔，彼晨凫与归雁，又矫翼而增逝，咸美羽而丰肌，故无罪而皆毙；徒衔芦以避缴，终为戮于此世。苍鹰鸷而受绁，鹦鹉惠而入笼，屈猛志以服养，块幽絷于九重；变音声以顺旨，思摧翮而为庸。恋钟岱之林野，慕陇坻之高松。虽蒙幸于今日，未若畴昔之从容。海鸟爰居，避风而至；条支巨爵，逾岭自致；提挈万里，飘遥逼畏。夫惟体大妨物，而形瑰足伟也。

　　阴阳陶烝，万品一区。巨细舛错，种繁类殊。鹪冥巢于蚊睫，大鹏弥乎天隅，将以上方不足而下比有余。普天壤而遐观，吾又安知大小之所如。

陈留阮籍见之，叹曰："王佐之才也！"由是声名始著。

　　郡守鲜于嗣荐华为太常博士。卢钦言之于文帝，转河南尹丞，未拜，除佐著作郎。顷之，迁长史，兼中书郎。朝议表奏，多见施用，遂即真。晋受禅，拜黄门侍郎，封关内侯。

　　华强记默识，四海之内，若指诸掌。武帝尝问汉宫室制度及建章千门万户，华应对如流，听者忘倦，画地成图，左右属目。帝甚异之，时人比之子产。数岁，拜中书令，后加散骑常侍。遭母忧哀毁过礼，中诏勉励，逼令摄事。

　　初，帝潜与羊祜谋伐吴，而群臣多以为不可，唯华赞成其计。其后，祜疾笃，帝遣华诣祜，问以伐吴之计，语在《祜传》。及将大举，以华为度支尚书，乃量计运漕，决定庙算。众军既进，而未有克获，贾充等奏诛华以谢天下。帝曰："此是吾意，华但与吾同耳。"时大臣皆以为未可轻进，华独坚执，以为必克。及吴灭，诏曰："尚书、关内侯张华，前与故太傅羊祜，共创大计，遂典掌军事，部分诸方，算定权略，运筹决胜，有谋谟之勋。其进封为广武县侯，增邑万户，封子一人为亭侯，千五百户，赐绢万匹。"

　　华名重一世，众所推服，晋史及仪礼宪章并属于华，多所损益，当时诏诰皆所草定，声誉益盛，有台辅之望焉。而荀勖自以大族，恃帝恩深，憎疾之，每伺间隙，欲出华外镇。会帝问华："谁可托寄后事者？"对曰："明德至亲，莫如齐王攸。"既非上意所在，微为忤旨，间言遂行。乃出华为持节、都督幽州诸军事、领护乌桓校尉、安北将军。抚纳新旧,戎夏怀之。东夷马韩、新弥诸国,依山带海,去州四千余里,历世未附者二十余国,并遣使朝献。于是远夷宾服,四境无虞,频岁丰稔,士马强盛。

朝议将欲征华入相,又欲进号仪同。初,华毁征士冯恢于帝,纮即恢之弟也,深有宠于帝。纮尝侍帝,从容论魏晋事,因曰:"臣窃谓钟会之衅,颇由太祖。"帝变色曰:"卿何言邪!"纮免冠谢曰:"臣愚冗瞽言,罪应万死。然臣微意,犹有可申。"帝曰:"何以言之?"纮曰:"臣以为善御者,必识六辔盈缩之势,善政者必审官方控带之宜。故仲由以兼人被抑,冉求以退弱被进,汉高八王以宠过夷灭,光武诸将由抑损克终。非上有仁暴之殊,下有愚智之异,盖抑扬与夺使之然耳。钟会才见有限,而太祖夸奖太过,嘉其谋猷,盛其名器,居以重势,委以大兵,故使会自谓算无遗策,功在不赏,辄张跋扈,遂构凶逆耳。向太祖录其小能,节以大礼,抑之以权势,纳之以轨则,则乱心无由而生,乱事无由而成矣。"帝曰:"然。"纮稽首曰:"陛下既已然微臣之言,宜思坚冰之渐,无使如会之徒复致覆丧。"帝曰:"当今岂有如会者乎?"纮曰:"东方朔有言'谈何容易',《易》曰'臣不密则失身'。"帝乃屏左右曰:"卿极言之。"纮曰:"陛下谋谟之臣,著大功于天下,海内莫不闻知,据方镇总戎马之任者,皆在陛下圣虑矣。"帝默然。顷之,征华为太常。以太庙屋栋折,免官。遂终帝之世,以列侯朝见。

惠帝即位,以华为太子少傅,与王戎、裴楷、和峤俱以德望为杨骏所忌,皆不与朝政。及骏诛后,将废皇太后,会群臣于朝堂,议者皆承望风旨,以为"《春秋》绝文姜,今太后自绝于宗庙,亦宜废黜。"惟华议以为"夫妇之道,父不能得之于子,子不能得之于父,皇太后非得罪于先帝者也。今党其所亲,为不母于圣世,宜依汉废赵太后为孝成后故事,贬皇后之号,还称武皇后,居异宫,以全贵终之恩。"不从,遂废太后为庶人。

楚王玮受密诏杀太宰汝南王亮、太保卫瓘等,内外兵扰,朝廷大恐，计无所出。华白帝以"玮矫诏擅害二公，将士仓卒，谓是国家意，故从之耳。今可遣驺虞幡使外军解严，理必风靡。"上从之，玮兵果散。及玮诛，华以首谋有功，拜右光禄大夫、开府仪同三司、侍中、中书监，金章紫绶。固辞开府。

贾谧与后共谋，以华庶族，儒雅有筹略，进无逼上之嫌，退为众望所依，欲倚以朝纲，访以政事。疑而未决，以问裴𬱟，𬱟素重华，深赞事华，遂尽忠匡辅，弥缝补阙，虽当暗主虐后之朝，而海内晏然，华之功也。

华惧后族之盛，作《女史箴》以为讽。贾后虽凶妒，而知敬重华。久之，论前后忠勋，进封壮武郡公。华十余让，中诏敦譬，乃受。数年，代下邳王晃为司空，领著作。

及贾后谋废太子，左卫率刘卞甚为太子所信遇，每会宴，卞必预焉。屡见贾谧骄傲，太子恨之，形于言色，谧亦不能平。卞以贾后谋问华，华曰："不闻。"卞曰："卞以寒悴，自须昌小吏受公成拔，以至今日。士感知己，是以尽言，而公更有疑于卞邪！"华曰："假令有此，君欲如何？"卞曰："东宫俊乂如林，四率精兵万人。公居阿衡之任，若得公命，皇太子因朝入录尚书事，废贾后于金墉城，两黄门力耳。"华曰："今天子当阳，太子，人子也，吾又不受阿衡之命，忽相与行此，是无其君父，而以不孝示天下也。虽能有成，犹不免罪，况权戚满朝，威柄不一，而可以安乎！"

及帝会群臣于式乾殿，出太子手书，遍示群臣，莫敢有言者。惟华谏曰："此国之大祸。自汉武以来，每废黜正嫡，恒至丧乱。且国家有天下日浅，愿陛下详之。"尚书左仆射裴𬱟以为宜先检校传书者，又请比校太子手书，不然，恐有诈妄。贾后乃内出太子素启事十余纸，众人比视，亦无敢言非者。议至日西不决，后知华等意坚，因表乞免为庶人，帝乃可其奏。

初，赵王伦为镇西将军，挠乱关中，氐羌反叛，乃以梁王肜代之。或说华曰："赵王贪昧，信用孙秀，所在为乱，而秀变诈，奸人之雄。今可遣梁王斩秀，刘赵之半，以谢关右，不亦可乎！"华从之，肜许诺。秀友人辛冉从西来，言于肜曰："氐羌自反，非秀之为。"故得免死。伦既还，谄事贾后，因求录尚书事，后又求尚书令。华与裴颜皆固执不可，由是致怨，伦、秀疾华如仇。

武库火，华惧因此变作，列兵固守，然后救之，故累代之宝及汉高斩蛇剑、王莽头、孔子屐等尽焚焉。时华见剑穿屋而飞，莫知所向。

初，华所封壮武郡有桑化为柏，识者以为不祥。又华第舍及监省数有妖怪。少子韪以中台星坼，劝华逊位。华不从，曰："天道玄远，惟修德耳。不如静以待之，以俟天命。"及伦、秀将废贾后，秀使司马雅夜告华曰："今社稷将危，赵王欲与公共匡朝廷，为霸者之事。"华知秀等必成篡夺，乃距之。雅怒曰："刃将加劲，而吐言如此！"不顾而出。华方昼卧，忽梦见屋坏，觉而恶之。是夜难作，诈称诏召华，遂与裴颜俱被收。华将死，谓张林曰："卿欲害忠臣耶？"林称诏诘之曰："卿为宰相，任天下事，太子之废，不能死节，何也？"华曰："式乾之议，臣谏事具存，非不谏也。"林曰："谏若不从，何不去位？"华不能答。须臾，使者至曰："诏斩公。"华曰："臣先帝老臣，中心如丹。臣不爱死，惧王室之难，祸不可测也。"遂害之于前殿马道南，夷三族，朝野莫不悲痛之。时年六十九。

华性好人物，诱进不倦，至于穷贱侯门之士有一介之善者，便咨嗟称咏，为之延誉。雅爱书籍，身死之日，家无余财，惟有文史溢于机箧。尝徙居，载书三十乘。秘书监挚虞撰定官书，皆资华之本以取正焉。天下奇秘，世所希有者，悉在华所。由是博物洽闻，世无与比。

惠帝中，人有得鸟毛长三丈，以示华。华见，惨然曰："此谓海凫毛也，出则天下乱矣。"陆机尝饷华鲊，于时宾客满座，华发器，便曰："此龙肉也。"众未之信，华曰："试以苦酒濯之，必有异。"既而五色光起。机还问鲊主，果云："园中茅积下得一白鱼，质状殊常，以作鲊，过美，故以相献。"武库封闭甚密，其中忽有雉雊。华曰："此必蛇化为雉也。"开视，雉侧果有蛇蜕焉。吴郡临平岸崩，出一石鼓，槌之无声。帝以问华，华曰："可取蜀中桐材，刻为鱼形，扣之则鸣矣。"于是如其言，果声闻数里。

初，吴之未灭也，斗牛之间常有紫气，道术者皆以吴方强盛，未可图也，惟华以为不然。及吴平之后，紫气愈明。华闻豫章人雷焕妙达纬象，乃要焕宿，屏人曰："可共寻天文，知将来吉凶。"因登楼仰观。焕曰："仆察之久矣，惟斗牛之间颇有异气。"华曰："是何祥也？"焕曰："宝剑之精，上彻于天耳。"华曰："君言得之。吾少时有相者言，吾年出六十，位登三事，当得宝剑佩之。斯言岂效与！"因问曰："在何郡？"焕曰："在豫章丰城。"华曰："欲屈君为宰，密共寻之，可乎？"焕许之。华大喜，即补焕为丰城令。焕到县，掘狱屋基，入地四丈余，得一石函，光气非常，有双剑，并刻题，一曰龙泉，一曰太阿。其夕，斗牛间气不复见焉。焕以南昌西山北岩下土以拭剑，光芒艳发。大盆盛水，置剑其上，视之者精芒炫目。遣使送一剑并土与华，留一自佩。或谓焕曰："得两送一，张公岂可欺乎？"焕曰："本朝将乱，张公当受其祸。此剑当系徐君墓树耳。灵异之物，终当化去，不永为人服也。"华得剑，宝爱之，常置坐侧。华以南昌土不如华阴赤土，报焕书曰："详观剑文，乃干将也，莫邪何复不至？虽然，天生神物，终当合耳。"因以华阴土一斤致焕。焕更以拭剑，倍益精明。华诛，失剑所在。焕卒，子华为州从事，持剑行经延平津，剑忽于腰间跃出堕水。使人没水取之，不见剑，但见两龙各长数丈，蟠萦有文章，没者惧而反。须臾光彩照水，波浪惊沸，于是失剑。华叹曰："先君化去之言，张公终合之论，此其验乎！"华之博物多此类，不可详载焉。

后伦、秀伏诛，齐王冏辅政，挚虞致笺于冏曰："间于张华没后入中书省，得华先帝时答诏本草。先帝问华可以辅政持重付以后事者，华答：'明德至亲，莫如先王，宜留以为社稷之镇。'其忠良之谋，款诚之言，信于幽冥，没而后彰，与苟且随时者不可同世而论也。议者有责华以愍怀太子之事不抗节廷争。当此之时，谏者必得违命之死。先圣之教，死而无益者，不以责人。故晏婴，齐之正卿，不死崔杙之难；季札，吴之宗臣，不争逆顺之理。理尽而无所施者，固圣教之所不责也。"冏于是奏曰："臣闻兴微继绝，圣王之高政；贬恶嘉善，《春秋》之美义。是以武王封比干之墓，表商容之闾，诚幽明之故有以相通也。孙秀逆乱，灭佐命之国，诛骨鲠之臣，以斫丧王室；肆其虐庆，功臣之后，多见泯灭。张华、裴頠各以见惮取诛于时，解系、解结同以羔羊并被其害，欧阳建等无罪而死，百姓怜之。今陛下更日月之光，布维新之命，然此等诸族未蒙恩理。昔栾郤降在皂隶，而《春秋》传其违；幽王绝功臣之后，弃贤者子孙，而诗人以为刺。臣备忝在职，思纳愚诚。若合圣意，可令群官通议。"议者各有所执，而多称其冤。壮武国臣竺道又诣长沙王，求复华爵位，依违者久之。

太安二年，诏曰："夫爱恶相攻，佞邪丑正，自古而有。故司空、壮武公华，竭其忠贞，思翼朝政，谋谟之勋，每事赖之。前以华弼济之功，宜同封建，而华固让至于八、九，深陈大制不可得尔，终有颠败危辱之虑，辞义恳诚，足劝远近。华之至心，誓于神明。华以伐吴之勋，受爵于先帝。后封既非国体，又不宜以小功逾前大赏。华之见害，俱以奸逆图乱，滥被枉贼。其复华侍中、中书监、司空、公、广武侯及所没财物与印绶符策，遣使吊祭之。"

初，陆机兄弟志气高爽，自以吴之名家，初入洛，不推中国人士，见华一面如旧，钦华德范，如师资之礼焉。华诛后，作诔，又为《咏德赋》以悼之。

华著《博物志》十篇，及文章并行于世。二子：祎、韪。

祎，字彦仲。好学，谦敬有父风，历位散骑常侍。韪，儒博，晓天文，散骑侍郎。同时遇害。

祎子舆，字公安，袭华爵。避难过江，丞相掾、太子舍人。

刘卞，字叔龙，东平须昌人也。本兵家子，质直少言。少为县小吏，功曹夜醉如厕，使卞执烛，不从，功曹衔之，以他事补亭子。有祖秀才者，于亭中与刺史笺，久不成，卞教之数言，卓荦有大致。秀才谓县令曰："卞，公府掾之精者，卿云何以为亭子？"令即召为门下史，百事疏简，不能周密。令问卞："能学不？"答曰："愿之。"即使就学。无几，卞兄为太子长兵，既死，兵例须代，功曹请以卞代兄役。令曰："祖秀才有言。"遂不听。卞后从令至洛，得入太学，试《经》为台四品吏。访问令写黄纸一鹿车，卞曰："刘卞非为人写黄纸者也。"访问知怒，言于中正，退为尚书令史。或谓卞曰："君才简略，堪大不堪小，不如作守舍人。"卞从其言。

　　后为吏部令史，迁齐王攸司空主簿，转太常丞、司徒左西曹掾、尚书郎，所历皆称职。累迁散骑侍郎，除并州刺史。入为左卫率，知贾后废太子之谋，甚忧之。以计干张华而不见用，益以不平。贾后亲党微服听察外间，颇闻卞言，乃迁卞为轻车将军、雍州刺史。卞知言泄，恐为贾后所诛，乃饮药卒。初，卞之并州，昔同时为须昌小吏者十余人祖饯之，其一人卿卞，卞遣扶出之，人以此少之。

　　史臣曰：夫忠为令德，学乃国华，譬众星之有礼义，人伦之有冠冕也。卫瓘抚武帝之床，张华距赵伦之命；进谏则伯玉居多，临危则茂先为美。遵乎险辙，理有可言：昏乱方凝，则事暌其趣；松筠无改，则死胜于生，固以赴蹈为期，而不辞乎倾覆者也。俱陷淫网，同嗟承剑，邦家殄瘁，不亦伤哉！

　　赞曰：贤人委质，道映陵寒。尸禄观败，吾生未安。卫以贾灭，张由赵残。忠于乱世，自古为难。